【清】魏源 撰

海國圖志

（三）

岳麓書社 · 長沙

海国图志卷三十七 _{邵阳魏源辑}

大西洋

大西洋欧罗巴洲各国总叙

叙曰：恭读康熙五十有年十月壬子圣祖谕曰：海外如西洋等国，千百年后，中国恐受其累。此朕逆料之言。夫康熙之世，荷兰效戈船，定贡期；意大里国备台官，佐历算，四海宾服。而大圣人已智周六合，虑深万世，何哉？地气自南而北，闻禽鸟者知之；天气自西而东，验海渡者知之。

大秦之名闻中国，自汉世始。大秦之通中国，自明万历中利马窦始。大秦者，西洋之意大里亚国也。凡佛郎机①、葡萄亚之住澳门、入钦天监，皆意大里开之，为天主教之宗国，代有持世之教皇，代天宣化。至今西洋各国王即位，必得教皇册封，有大事咨决请命焉；又请其大弟子数十，分掌各国教事，号曰法王。教皇犹西藏佛教之达赖剌麻，而法王则犹住持蒙古各部之胡土克图。_{今澳门市埠属葡萄亚国，而其法王则亦意大里国人。}故自昔惟意大里亚足以纲纪西洋。

自意大里裂为数国，教虽存而富强不竞。于是佛郎机②、英吉

---

①此"佛郎机"即葡萄牙，魏源误以为他国。
②此"佛郎机"指法国。

利代兴，而英吉利尤炽，不务行教而专行贾，且佐行贾以行兵，兵贾相资，遂雄岛夷。人知鸦烟流毒为中国三千年未有之祸，而不知水战、火器为沿海数万里必当师之技；而不知饷兵之厚、练兵之严、驭兵之纪律，为绿营水师对治之药。故今志于英夷特详。志西洋正所以志英吉利也。

塞其害、师其长，彼且为我富强；舍其长、甘其害，我乌制彼胜败？奋之！奋之！利分害所随，祸分福所基，吾闻由余之告秦缪矣。善师四夷者，能制四夷；不善师外夷者，外夷制之。

又案：明万历二十九年，意大里亚国人利玛窦始入中国，博辩多智，精天文，中国重之。自称大西洋之意大里亚人，未尝以大西洋名其国。时佛郎机筑城室于（濠）〔蠔〕镜，及明季亦旋弃澳而去①，皆非今澳门大西洋②。澳门大西洋者，明末布路亚人，以历法闻于中朝③。礼部尚书徐光启奏用其法，并居其人于澳门。至今相沿，呼澳夷为大西洋国。《明史·外国传》自当专立布路亚国一传，以著中历用西法之始，及澳门有大西洋之始④。乃仅一语附见意大里、佛郎机传中，遂至今如堕云雾。其实大西洋者，欧罗巴洲各国之通称。澳夷特其一隅，不得独擅也。以其洲言之，则各国皆曰欧罗巴；以其方隅言之，则皆可曰大西洋；以其人言

①无其事。《澳门纪略》所记至清初，"无复所谓佛郎机者"，大误。

②"澳门大西洋"就是我国史籍所载"佛郎机"。

③明末"以历法闻于中朝"的，如邓玉函、汤若望、罗雅各等人均非葡人。

④魏源误甚。一、明末，"佛郎机"，即葡萄牙殖民者继续盘踞澳门，却说他们已"弃澳而去"。二、盘踞澳门的葡萄牙殖民者分明是因为"佛郎机"之名太臭，有意蒙混欺骗，才自称为"大西洋国"人的，却说他们既非"佛郎机"，也不是自称大西洋人，而是中国人误称他们为"大西洋人"的；还否认《明史·佛郎机传》就是葡萄牙传，反而提出《明史》应专立一葡萄牙传。三、不但误指编写《崇祯历法》的一些西方传教士为葡人，甚至把澳门"有大西洋之始"也视为可纪念的事情。这段文字实在错得太严重了。

之，则皆可曰红毛。至《澳门纪略》以今澳夷为意大里亚国，亦误。意大里但行教于澳，其市舶、兵舶、炮台、洋楼及岁输地租，则皆布路亚国主之，无与意大里。

欧罗巴与利未亚之分洲也，以地中海界之。而欧罗巴一洲，复中亘一海，其袤几与地中海相亚。海北为瑞丁、那耳威（社）等国，北界冰海，西史称别一天下。而是海独无专名，随国立称，难以举似。今以洲中海名之，犹朝鲜、辽东之与登、莱中隔渤海①矣。

大西洋各国总沿革原无，今补。

《后汉书》：大秦国一名犁鞬②，以在海西，亦云海西国。地方数千里，有四百余城。小国役属者数十。以石为城郭。列置邮亭，皆垩塈之。有松柏诸木百草，人俗力田作，多种树蚕桑。皆髡头而衣文绣，乘辎𫐐白盖小车，出入击鼓，建旌旗幡帜。

所居城邑，周圜百余里。城中有五宫，相去各十里，宫室皆以水精为柱，食器亦然。其王日游一宫，听事五日而后遍。常使一人持囊随王车，人有言事者即以书投囊中，王至宫发省，理其枉直。各有官曹文书，置三十六将，皆会议国事。其王无有常人，皆简立贤者。国中灾异及风雨不时，辄废而更立，受放者甘黜不怨。今西洋荷兰、弥利坚等国尚用此俗。其人民皆长大平正，有类中国，故谓之大秦。观此知大秦乃中国人称彼之词，非彼国本号。土多金银奇宝、珊瑚、琥珀、琉璃、琅玕、朱丹、青碧。刺金缕绣，织成金缕罽、杂色绫。作黄金涂、火浣布。又有细布，或言水羊毳，野蚕茧所

---

①应作"黄海、渤海"。
②犁鞬，指罗马帝国。后亦以此名指东罗马帝国或专指埃及的亚历山大城（Alexandria）。

作也。即今之大呢。合会诸香，煎其汁以为苏合。凡外国诸珍异皆出焉。

以金银为钱，银钱十当金钱一。与安息、天竺交市于海中，利有十倍。其人质直，市无二价。谷食常贱，国用富饶。邻国使到其界首，有乘驿诣王都，至则给以金钱。其王常欲通使于汉，而安息欲以汉缯彩与之交市，故遮阂不得自达。观此语则知《安息传》中所言土人告汉使"赍三岁粮"乃得渡海，及"海中〔善〕使人思〔土恋〕慕〔数有〕死亡"之语，皆安息人所以恫喝汉使，不欲其通大秦也。至桓帝延熹九年，大秦王安敦遣使自日南徼外献象牙、犀角、玳瑁，始乃一通焉。其所表贡，并无珍异，疑传者过焉。

或曰其国西有弱水、流沙，近西王母所居处，几于日所入也。《汉书》云"从条支西行二百余日，近日所入"，则与今书异矣。前世汉使皆自乌弋以还，莫有至条支者。又云："从安息陆道绕海北行，出海西至大秦，此即今都鲁机及鄂罗斯相通之陆路。人庶连属，十里一亭，三十里一置，终无盗贼寇警。而道多猛虎、狮子，遮害行旅，不百余人赍兵器，辄为所食。"又言："有飞桥数百里，可渡海北。"诸国所生奇异玉石诸物，谲怪多不经，故不记云。《职方外纪》曰：百尔西亚西北诸国皆为度尔格所并。其地有一海，长四百里，广百里，命曰死海。其西北有〔安〕那多理亚[1]国，西界欧罗巴处，中隔一海，宽五里许。昔有一名王曰失尔塞者，造一跨海石梁，通连两地。今为风浪冲击，亦崩颓矣。源案：度尔格国在死海之西北，界欧罗巴阿细亚（尔）〔两〕洲之间，今都鲁机国也。所云跨海石梁，正与此地望相准，长止五里。盖塞外得水谓海之例，未为不经。而《后汉书》言飞桥数百里，则传闻之过也。

《晋书》：大秦国一名犁靬，在西海之西，其地东西南北各数千里。有城邑，其城周回百余里。屋宇皆以珊瑚为棁栭，琉璃为

---

[1]安那多理亚（Anatolia），安纳塔利亚。

墙壁，水精为柱础。其王有五宫，其宫相去各十里，每旦于一宫听事，终而复始。若国有灾异，辄更立贤人，放其旧王，被放者亦不敢怨。有官曹簿领，而文字习胡；亦有白盖小车、旌旗之属及邮驿制置，一如中州。其人长大，貌类中国人而胡服。其土多出金玉宝物、明珠大贝，有夜光璧、骇鸡犀及火浣布，又能刺金缕绣及织锦缕罽。以金银为钱，银钱十当金钱之一。安息、天竺人与之交市于海中，其利百倍。邻国使到者，辄廪以金钱。途经大海，海水咸苦不可食，商客往来皆赍三岁粮，是以至者稀少。

汉时都护班超遣掾甘英使其国，入海，船人曰："海中有思慕之物，往者莫不悲怀。若汉使不恋父母妻子者，可入。"此皆彼土人夸诳之词，妄以地中海为大海①。英不能渡。武帝太康中，其王遣使贡献。

《魏书》：大秦国，一名黎轩②，〔都〕安都城③。从条支西渡海曲一万里。从条支渡海万里，非地中海乎？可证拂（林）〔菻〕为大秦矣。其海傍出，犹渤海也，而东西与渤海相望，盖自然之理。地方六千里，居两海之间。源案：自汉、晋以来，皆误以地中海为大西海，故有赍粮数岁始达大秦之诞说。独《魏书》始知其海傍出犹渤海，与中国渤海东西相望。自古言地中海者，莫先于此。所云渡海曲万里者，以其纵长言之，南北横渡实止三千余里。所云地居两海之间者，大秦之北又有洲中海，亦与地中海广长略半。皆渤海，非大西海也。故言西域莫精于《魏书》。其地平正，人居星布。其王都城分为五城，各分五里，周六十里。王居中城。城置八臣以主四方，而王城亦置八臣，分主四城。若谋国事及四方有不决者，则四城之臣集议王所，王自听之，然后施行。王三年一出观风化，人有冤枉诣王

---

①大海，指大西洋（Atlantic Ocean）。

②黎轩（Byzantium），指东罗马帝国。

③安都城，或为 Byzantium（Constantinople）的讹译，今土耳其伊斯坦布尔（Istanbul）；或指塞琉西王国都城 Antioch（安条克），今土耳其安塔基亚（Antakia）。

诉讼者，当方之臣小则让责，大则黜退，令其举贤人以代之。其人端正长大，衣服车旗拟中国，故外域谓之大秦。其土宜五谷桑麻，人务蚕田，多璆琳、琅玕、神龟、白马、朱鬣、明珠、夜光璧。东南通交趾，又水道通益州永昌郡，多出异物。大秦西海水之西有河，河西南流。河西有南、北山，山西有赤水，西有白玉山。玉山西有西王母山，玉为堂云。从安息西界循海曲，亦至大秦，（四）〔回〕万余里。于彼国观日月星辰，无异中国，而前史云条支西行二百余日近日入处，失之远矣。此皆能破旧史之妄。

《职方外纪》：天下第二洲曰欧罗巴。南起地中海，北极出地三十五度；北至冰海，出地八十余度。南北相距四十五度，径一万一千二百五十里。西起西海福岛①初度，东至阿比河②九十二度，径二万三千里。共七十余国。其大者曰（倚）〔以〕西把尼（国）〔亚〕，吕宋。曰拂郎祭③，即佛兰西也。祭，旧误作察，案祭音近机西，其作察，则形讹也。曰意大里，与今志同。曰亚勒马尼④，耶玛尼。曰法兰得斯⑤，荷兰。曰波罗尼，波兰。曰翁加里⑥，今并入西都鲁机。曰大尼，曰雪际〔亚〕⑦，瑞国。曰诺勿惹⑧，即那威国与瑞丁合为一国。曰厄勒祭，即额力西。曰莫哥斯未。俄罗斯。其地中海则有甘的亚⑨诸岛，西海则有意而兰大、谙厄利诸岛云。谙厄利即英吉利，其意而兰大，亦其属岛。

---

①福岛（Insulac Fortunate），今加那利群岛（Canaries），古称幸福岛。
②阿比河（Ob River），鄂毕河。
③拂郎祭（France，Francia，Franca），法国。
④亚勒马尼（Alemanni），即德国（Germany）。
⑤法兰得斯（Flanders），位于北海沿岸低地的西南部，即今法国东北部和比利时，荷兰的西南部。
⑥翁加里（Hungary），匈牙利。
⑦雪际亚（Sverige，语源 Svea），瑞典（Sweden）。
⑧诺勿惹（Norge，语源 Norreweg），挪威（Norway）。
⑨甘的亚（Candia），今克里特（Kriti）岛。

凡欧罗巴洲内大小诸国，自国王以及庶民，皆奉天主耶稣之教，纤毫异学，不容窜入。国主互为婚姻，世相和好。财用百物，有无相通，不私封殖。其婚娶，男子大约三十，女子至二十外，临时议婚，不预聘。通国之中皆一夫一妇，无敢有二色者。土多肥饶，产五谷，米麦为重，果实更繁。出五金，以金、银、铜铸钱为币。

衣服：蚕丝者，有天鹅绒、织金段之属；羊绒者，有毯、罽、（销）〔锁〕、哈剌之属；又有苎麻之类，名利诺者为布，绝细坚而轻滑，大胜棉布，敝则可捣为纸，极坚韧。今西洋纸率此物。君臣冠服，各有差等，相见以免冠为礼。男子二十以上，概衣青色，兵士勿论。女人以金宝为饰，服御罗绮，佩带诸香。至四十及未四十而寡者，即屏去，衣素衣。酒悉以葡萄酿成，不杂他物。其酒可积至数十年，当生子之年酿酒，至儿年三十娶妇时用之，酒味愈美。诸种不同。无葡萄处，或用牟麦酿之。其膏油之类，味美而用多者，曰阿利袜，是树头之果，熟后即全为油。其生最繁，又易长，平地山冈，皆可栽种。国人以法制之，最饶风味，食之齿颊生津，在橄榄、马金囊之上。其核又可为炭，滓可为硷，叶可食牛羊。凡国人所称赀产，蓄大小麦第一，葡萄酒次之，阿利袜油又次之，蓄牛羊者为下。其国俗虽多酒，但会客不以劝饮为礼。偶犯醉者，终身以为诟辱。饮食用金、银、玻璃及磁器。天下万国，坐皆席地，惟中国及欧罗巴诸国知用椅棹。其屋有三等：最上者纯以石砌；其次砖为墙柱，木为栋梁；其下土为墙，木为梁柱。石屋、砖屋，筑基最深，可上累六七层，高至十余丈。地中亦有一层，既可窖藏，亦可除湿。瓦或用铅，或轻石板，或陶瓦。凡砖石屋皆历千年不坏。墙厚而实，外气难通，冬不寒而夏不溽。其工作，如木工、石工、画工、塑工、绣工之类，皆颇知度数之学，制造备极精巧。凡为国工者，皆考选用之。其驾车，国王用八马，大臣六马，其次四马或二马。乘载，骡、马、驴互用。战马皆用牡骟，过则弱不堪战矣。又良马止饲大麦及秆，不杂他草及豆。食豆者足重不可行。此欧罗巴饮食、衣服、宫室制度之大略也。

又曰：欧罗巴诸国皆尚文学。国王广设学校，一国一郡有大学中学，一邑一乡有小学。小学选学行之士为师，中学、大学又选学行最优之士为师。生徒多者至数万人。其小学曰文科，有四种：一古贤名训，一各国史书，一各种诗文，一文章议论。学者自七八岁至十七八岁。学成而本学之师儒试之，优者进于中学，曰理科，有三家：初年学落日加，译言辩是非之法；二年学费西加，译言察性理之道；三年学默达费西加，译言察性理以上之学。总名（裴）〔斐〕录所费亚。学成而本学师儒又试之，优者进于大学，乃分为四科，而听人自择：一曰医科，主疗病疾；一曰治科，主习政事；一曰教科，主守教法；一曰道科，主兴教化。皆学数年而后成，学成而师儒又严考阅之。凡试士之法，师儒群集于上，生徒北面于下，一师问难毕又轮一师，果能对答如流。然后取中。其试一日止一二人，一人遍应诸师之问，如是取中，便许任事。学道者，专务化民，不与国事；治民者，秩满后，国王遣官察其政绩，详访于民间，凡所为听理词讼、劝课农桑、兴革利弊、育养人民之类，皆审其功罪之实，以告于王而黜陟之。凡四科官，禄入皆厚，养廉有余，尚能推惠贫乏，绝无交贿行贿等情。其诸国所读书籍，皆圣贤撰著，从古相传而一以天主经典为宗。即后贤有作，亦必合于大道，有益人心，乃许流传。国内亦专设检书官看详群书，经详定讫，方准书肆刊行。故书院积书至数十万卷，毋容一字蛊惑人心、败坏风俗者。其都会大地，皆有官设书院，聚书于中。日开门二次，听士子入内抄写诵读，但不许携出也。又四科大学之外，有度数之学，曰玛得玛第加，亦属斐录所科内。此专究物形之度与数度，其完者以为几何大数，其截者以为几何多。二者或脱物而空论之，则数者立算法家，度者立量法家。或体物而（偕）〔皆〕论之，则数者在音相济为和，立律吕家；度者在天迭运为时，立历法家。此学亦设学立师，但不以取士耳。此欧罗巴建学设官之大略也。

又曰：欧罗巴国人奉天主正教，在遵持两端：其一，爱敬天主万物之上；其一，爱人如己。爱敬天主者，心坚信望仁三德，而身则勤行瞻礼工夫。其瞻礼殿堂，自国都以至乡井，随在建立。复有掌教者，专主教事，人皆称为神父。俱守童身，屏俗缘，纯全一心，敬事天主，化诱世人。其殿堂一切供亿，皆国王、大臣、民庶转输不绝。国人群往归焉。每七日则行公共瞻礼，名曰弥撒。此日百工悉罢，通国上下往焉。听掌教者讲论经典，劝善戒恶。妇女则另居一处而听，男女有别。其爱人如己，一是爱其灵魂，使之为善去恶，尽享生天之福；二是爱其形躯，如我不慈人，天主必不慈我。故欧罗巴人俱喜施舍，千余年来，未有因贫鬻子女者，未有饥饿转沟壑者。在处皆有贫院，专养一方鳏寡孤独。处其中者，又各有业，虽残废之人亦不废。如瞽者运手足，痹者运耳目，各有攸当，务使曲尽其才，而不为天壤之废物。又有幼院，专育小儿。为贫者生儿举之无力、杀之有罪，故特设此院，令人抚育，以全儿命。其族贵而家贫者，耻于送子入院，更有两全之法。其院穴墙以设转盘，内外隔绝不相见。送儿者乘人不见置儿盘中，扣墙则院中人转儿入矣。其曾领洗与否，皆明记儿胸。异时父母复欲收养，则按所入之年月，便得其子。又有病院，大城多至数十所。有中下院，处中下人；有大人院，处贵人。凡贵人若羁旅、若使客，偶患疾病，则入此院。院倍美于常屋，所需药物悉有主者掌之。预备名医，日与病者诊视。复有衣衾帷幔之属，调护看守之人，病愈而去。贫者量给资斧，此乃国王大家所立，或城中人并力而成。月轮一大贵人总领其事，凡药物饮食，皆亲自验视之。各城邑遇丰年，多积米麦，饥岁以常价粜之，如所谓常平仓者。人遇道中遗物或兽畜之类，多觅其主还之，弗得主则养之。国中每年数日定一公所，认识遗畜，失者与得者偕来会集。如遇原主，则听其领去；如终弗得主，则或宰肉，或卖价，以散贫人。若拾金银宝物，则书于天主堂门外，令人来识，先令预言其状，如一一符合，即以还之；不得主，亦散于贫乏。国中又有天理堂，选盛德宏才无求于世者主之。凡国家有大举动、大征伐，必先质之此堂，问合天理与否？拟以为可，然后行之。国人病危，悔过祈赦，则分析产业，遗一分为仁用，或以救贫乏，或以助病院，或以赎敌国所虏，或以修饰天主殿庭。一切仁事，悉从病人之意。遗于子孙，谓子孙之财；遗于仁用，谓己灵魂之财。其圣教中人，（事）〔更〕有慕道最深，抛弃世间福乐，或避居于山谷，或入圣人圣女所立之会，而毕世修持者。其入会须发三誓：一守贞以绝色，一安贫以绝财，一从命以绝意。凡欧罗巴诸国从十六七岁、愿入会中、矢守童身者，自国王、大臣、宗室以下，男女不可胜纪。其女子入会后，惟父母至戚得往见之，余绝不相交接。其会中居屋原极宏敞，亦自不碍游息也。其男子入会例有多端，有专自修不务化人者，有务化人不能远游者，又有化人而欲及天下者，此则离本国、捐朋友、弃亲戚，遍历遐方，其视天下犹一家，视天下人犹一体，不辞险阻艰辛，虽啖人炙人之地，亦身历焉，惟祈普天之下，皆识真主而救其灵魂升天，以毕素志。此欧罗巴敬天爱人之大略也。

又曰：欧罗巴诸国赋税不过十分之一，民皆自输，无征比催科之法。词讼极简，小事里中有德者自与和解，大事乃闻官府。官府听断不以己意裁决，所凭法律条例皆从前格物穷理之王所立，至详至当。官府必设三堂。词讼大者先诉第三堂；不服，告之第二堂；又不服，告之第一堂；终不服，则上之国堂。经此堂判后，人无不听于理矣。讼狱皆据实，诬告，则告者与证见即以所告之罪坐之。若告者与诉者指言证见是仇，或生平无行，或尝经酒（醉）〔酢〕，即不听为证者。凡官府判事，除实犯真赃外，亦不先事加刑；必俟事明罪定，招认允服，然后行之，官亦始终不加詈骂。即词色略有偏向，讼者亦得执言不服，改就他官听断焉。吏胥饩廪虽亦出于词讼，但因事大小以为多寡，立有定例，刊布署前，不能多取。故官府无恃势剥夺，吏胥无舞文诈害。此欧罗巴刑政之大略也。

封内虽无战斗，其有邪教异国，恃强侵侮，不可德驯，如鞑而靼、度尔格等者，本国除常设兵政外，又有世族英贤智勇兼备者，尝以数千人结为义会，大抵一可当十，皆以保国护民为志。其初入会者，试果不惮诸艰，方始听入焉。会在地中海马儿达岛①，长者主之，遇警则鸠集成师，而必能灭寇成功。他国亦有别会，俱仿佛乎此。即国王亦有与其会者。此又欧罗巴武备之大略也。

又曰：地中海有岛百千，大者曰甘的亚岛，曩有百城，周二千三百里。古王造一苑囿，路径交错，一入便不能出，游者须以物识地然后可入。生一草，名阿力满，少嚼便能疗饥。地中海风浪至冬极大，难行。有鸟作巢于水次，一岁一乳。但自卵至翼，

---

①马儿达岛（Malta I.），马耳他岛。

不过半月。此半月内海必平静无风波，商舶待之以渡海。鸟名亚尔爵虐，此半月遂名为亚尔爵虐日云。

又曰：欧罗巴〔西海〕迤北一带，海岛极多。冬长暗数月，行路工作以灯。产貂类极多，人以为衣。又有人长大多力，遍体生毛，如猱猴。产牛、羊、鹿甚多。犬最猛烈，一犬可杀一虎，遇狮亦不避也。源案：东北海①黑龙江以下，有使犬、使鹿部，捕貂为生。此西北地亦然。盖地近北海，故貂、鹿、犬所产相同。冬月海（水）〔冰〕为风所击，尝涌积如山。人善渔猎。山多鸟兽，水多鱼鳖。人以鱼肉为粮，或磨鱼为面，油为灯，骨造舟车屋室，亦可为薪。其鱼皮以为舟，遇风不沉不破，如陆走则负皮舟而行。源案：黑龙江东，有鱼皮部，以鱼皮为衣。此亦西北海②与东北海物产同之一证。其海风甚猛，能拔树拆屋及摄人物于他处。又曰：北海滨有小人国，高不二尺，须眉绝无，男女无辨，跨鹿而行。鹳鸟常欲食之，小人恒与鹳相战，或（顶）〔预〕破其卵以绝种类。又有小岛，其人性嗜酒，任饮不醉，年寿最长。近谙厄利亚国，为格落兰得③（岛），其地多火，以砖石障之，仍可居处。或宛转作沟以通火，火焰所至，便置釜甑，熟物更不须薪。其火亦终古不灭。

《万国地理全图集》曰：欧罗巴列国，南至地中（之）海〔之〕义八搭（峡海）〔海峡〕④，隔亚非利加地；东南至黑海，连亚齐亚；北及冰海，东接亚齐亚；西及大西洋海。广袤圆方九百七十五万方里，长一万零五百里，阔七千五百里。居民二万万丁。其半地归峨罗斯。北极出自三十六度至七十一度，自英都中线偏西十度、偏东三十六度。遍地江河支流灌溉田亩，中间高岗崎岖，

①东北海，指鄂霍次克海（Sea of Okhotsk）。
②西北海，指北海（North Sea）。
③格落兰得（Greenland），格陵兰岛。
④义八搭海峡（Str. of Gibraltar），直布罗陀海峡。

千峰险峻，由此延曼南北。大湖在峨罗斯国，由海隅深入其地，交通往来，自有转圜之易。古时此地林树稠密，群蛮游猎。商朝盘庚年间①，希腊族种到峨罗斯而开新地，渐进教化，在地中海岛各地，与亚齐亚列王战胜。于是罗马国在以他里大兴，攻服欧罗巴之大半，化民成俗，四夷共服。惟有北方之野蛮，与罗马交战屡获全胜。东汉献帝年间②，匈奴侵欧罗巴东境，其土民迁移邻邦，一至罗马国之交界，尽力战斗，被罗马国荡覆君室，自创新鼎③，异族者渐奉天主之教，勉为良善，但无见识。其僧乘机弄权，敢作敢为。唐朝年间，回回前进，与西国接战。宋朝年间，千万居民离其本地而往犹太国，百有余年与回回苦斗不息。自后欧罗巴内城邑大兴，并操自主之权，始知印书、知制火药、初造罗经。泊明嘉靖年间，舟楫无所不至，初寻出亚默利加大地，次到五印度国，后驶至中国。通商日增，见识日广。此时欧列国万民之慧智才能高大，纬武经文，故新地日开，遍于四海焉。

《瀛环志略》曰：欧罗〔巴〕或作友罗巴一土，在亚细亚极西北隅，以乌拉大岭④为界。详《峨罗斯图说》。中国之所谓大西洋也。绝长补短，约得亚细亚四分之一。西距大西洋海。海水由西北湾环注入大地，曰波罗的海，一作八得海，俗名黄海。转注东北分两汊，约三四千里。波罗的海之南，海水由正西注入大地，曰地中海，泰西名墨力特尔勒尼安，一作美的德拉虐。由西而东，约七十余里。再分小汊注东北成巨浸，曰黑海，泰西名（勒必）〔必勒〕西。周回二三千里。环

---

①希腊大殖民要比盘庚迁殷晚好几个世纪。
②匈奴西迁至欧洲东部要比东汉献帝时晚两个世纪。
③匈奴帝国的瓦解，不是因为沙隆（Châlons）战役失败。此役之后不久，阿提拉又率军攻取北意大利，占领阿奎利亚（Aquileia），西罗马帝国岌岌可危。匈奴帝国的瓦解是因为阿提拉死后，诸子内讧；被征服的日耳曼人起而反抗，把匈奴人打得大败。
④乌拉大岭（Ural Mts.），乌拉尔山脉。

波罗的海，南尽地中海，黑海之北岸，为欧罗巴全土。其地自夏以前，土人游猎为生，食肉寝皮，如北方蒙古之俗。有夏中叶，希腊各国初被东方之化，耕田造器，百务乃兴。汉初意大里亚之罗马国创业垂统，疆土四辟，成泰西一统之势，汉史所谓大秦国也。前五代之末，罗马衰乱，欧罗巴遂散为战国。唐、宋之间，西域回部方强，时侵扰欧罗巴。诸国苍黄自救，奔命不暇。先是火炮之法，创于中国，欧罗巴人不习也。元末有日耳曼人苏尔的斯始仿为之，犹未得运用之法。明洪武年间，元驸马帖木儿王撒马儿罕威行西域。欧罗巴人有投部下为兵弁者，携火药炮位以归。诸国讲求练习，尽得其妙。又变通其法，创为鸟枪，用以攻敌，百战百胜。以巨舰涉海巡行，西辟亚墨利加全土，东得印度、南洋诸岛国，声势遂纵横于四海。现大小共十余国。

波罗的海之东，有大城曰彼得罗堡①，一作必特尔土木尔。峨罗斯之都城也。波罗的海之西岸，与大西洋海相表里也，形如葵扇下垂，曰瑞兰国②。从南岸突出如臂，亘波罗的海之阈，与瑞国作凹凸之势，曰桗国③。桗国之南曰日耳曼列国，为欧罗巴之中原。日耳曼之东北，临波罗的海，曰普鲁士。日耳曼东南曰奥地利亚。其东南临地中海曰土耳其。土耳其有三土，此其西土，中、东两土，在亚西亚界内。土耳其之南，地形如人掌拊于地中海，曰希腊。日耳曼之南曰瑞士。再南，如人股之着屦于地中海，曰意大里亚列国。日耳曼之西北临海，曰荷兰。荷兰之南曰比利时。比利时之南曰佛郎西。佛郎西之西南曰西班牙。西班牙之西，临大西洋海，曰葡萄

---

①彼得罗堡（Petersburg，Petergrad，Leningrad，Sankt Peterburg），又作必特尔土木尔，即圣彼得堡。
②瑞兰国（Sweden），又作瑞国，即瑞典。
③桗国（Denmark，Danmark），丹麦。

亚。佛郎西之西北，有三岛雄峙海中，曰英吉利。

按：以上各国，惟峨罗斯与中国互市，在西北陆路，不由海道。其至粤东贸易者，英吉利船最多，居各国十分之六。西班亚之船，大半自吕宋来粤东，称大、小吕宋，不称西班亚，其船之多，几过于英吉利，而洋米之外少别货。此外则奥地利亚、普鲁士次之，琏国、荷兰又次之，瑞国又次之。佛郎西货船每岁来粤多不过三四只，少则一二只，所载皆呢、羽、钟表诸珍贵之物。葡萄亚即居澳门之大西洋，其本国商船来者甚稀。日耳曼之翰堡①、一作昂不尔厄。北闵一作不来梅②。两埠，间有货船来粤。比利时现求通商，船尚未来。意大里亚近分四国，商船无来者。土耳其系回回。希腊新造小国，向未通商。

按：诸书述各国地域之正方里，各各不同，与中国开方法不同，不知其如何折算？其所列进帑、兵额、师船之数，复各书多不相合，殊不足据。所谓欠项者，乃国所欠于民之数。西土之例，国有兵事，则聚乡绅于公会，令其筹办兵饷。皆贷于富商大贾，而岁偿其息，愈积愈多。或罄一岁之入，而不足以偿，则加税额以取盈焉。民之怨畔，国之衰弱，半由于此。

欧罗巴一土，以罗经视之，在乾戌方，独得金气。其地形则平土之中，容畜沧海数千里，回环吞吐，亦与他壤回别。其土膏腴，物产丰阜。其人情性缜密，善于运思，长于制器。金木之工，精巧不可思议，运用水火尤为奇妙。火器创自中国，彼土仿而为之，益加精妙。铸造之工，施放之敏，殆所独擅。造舟尤极奥妙，篷索器具，无一不精。测量海道，处处志其浅深，不失尺寸。越

①翰堡（Hamburg），又作昂不尔厄，即汉堡。
②北闵、不来梅（Bremen），即今不来梅。

七万里而通于中土，非偶然也。

欧罗巴诸国，迤南者在北黄道之北，寒暑略似中原；迤北者在北黑道之南，积雪至五六尺，坚冰至三四尺。俗传西洋人畏冷，误矣。冬月室皆炽炭，衣毡数重，无着裘者。所传畏冷者黑夷，皆印度或南洋各岛人，与赤道相近，亘古未见冰雪，其遇祈寒而瑟缩也宜矣。

欧罗巴诸国来粤东，皆从大西洋海开行，沿亚非利加之西岸南行，至尽头之好望海角，俗名大浪山，乃转而东北。舟行至此，风涛最恶，彼土人惯于浮海，亦罔不栗栗危惧，过此乃额手称庆。浮印度海东北行，入苏门答腊、葛留巴之巽他海峡，又东北而至粤东，计程约七万余里。俗称来三去五，盖由大西洋来中国约三月程，回国则须五月程。往返同途，而迟速不同者，非尽由风信之顺逆也；四海之水皆东趋，至尾闾而入大地，又从万派源泉分流而出，由欧罗巴至中国则为顺流，由中国西旋则为逆流，故迟速不同耳。

欧罗巴诸国，纪年皆称一千八百几十年，非其传国之年数也。各国皆奉耶稣教，以耶稣降生之年为元年，至今凡一千八百余年耳。至各国祚数，或修或短，惟佛郎西传世最久。其余多者亦不过数百年，且时立女主，族姓潜移。俗传西洋诸国自古未易姓者，妄也。

西洋诸国语言文字相同者，普鲁士、奥地利亚与峨罗斯同，地相接也。英吉利与米利坚同，西班亚与墨西哥以南诸部同，葡萄亚与巴西同。彼州本三国之所开辟也。余国皆不相同。

泰西人造屋，外无墙垣，中无院落，惟层楼叠架，绕以回廊，遍开牖户。贱者处下层，贵者居上层，虽王宫亦如此。所称峨罗斯新都，王廷长四十五丈、阔三十八丈；旧都王廷广七十七丈，长二百一十丈，非指一宫言之，总其宫墙四隅计之，而中则自分层数、间数也。

欧罗巴之大界限①，自地中海以外，一为州中海，横贯瑞丁、那威、大尼、普鲁社之南，峨、日、奥、佛、椗②、瑞、意大里各国之北，亦名黄海，亦名巴得海，亦名波的亚海，皆此州之异名也。一为乌垃岭，即葱岭之北干，起白尔摩③，北抵冰海，长四千余里，分亚细亚、欧罗巴二洲之界，峨罗斯跨此岭东西焉。其岭所连诸山，皆葱岭西北之干，蜿蜒回环，千曲百折，以抵海滨。信乎！葱岭之大雪山为古昆仑，巍为群山之祖也。

《地理备考·欧罗巴各国总叙上》曰：欧罗巴洲各国建立始末，以额力西国为最。而额力西国之前，又系上古亚西黎亚④与厄日度二国开创风气。当中国唐虞之世，亚西黎亚国政教昌隆。自夏后不降十三岁，嗣君尼〔尼〕亚斯不勤政事，国势渐衰。自后八百余载，朝政日非，古史无所记载。惟厄日度国代有明君，然古史但载兵革始末，而贤君善政，均未之述。自商王祖辛十二年，亚美奴非斯溺死红海后，西索斯的里嗣位，武备文事，极一时之盛。是时厄日度国人约二千七百万余口，传世七百一十一载，每遣人民迁赴他方，开创教化。故亚德纳斯⑤国渐为声名文物之邦，实赖厄日度国人前往其地变化之也。是时，额力西国王（开）〔闻〕而向风，遣其能臣游说各国，因得十二国会盟，彼此相卫。岁遣

---

①此段疑为魏源改写。
②"大尼"与"椗"都是丹麦，却说是两国，并说一在波罗的海之北，一在该海之南，误。
③白尔摩（Perm），彼尔姆。
④亚西黎亚（Assyria），亚述。
⑤亚德纳斯（Athinai，Athens），雅典。

使臣再会于德尔摩比勒①之地，议行善政。复思延国祚必须立教，遂将德尔佛斯堂〔并〕诸善士布施之资财，尽付十二国会议之人管理，缓急相关，并力御侮。是以伯尔西亚（回）国兵来侵，无不败北。偃武修文二百余载，航海四出，并至葛尔给斯②等处创建新国焉。殷王廪辛六祀，亚德纳斯国王名德修者，武勇绝伦，自思十二部落事权不一，遂欲合而一之。先得庶民之心，次散其附和首领之众，又裁汰国内各衙署，惟建会议公堂一所，设礼制，轻税敛，招徕远人，弹丸之地，竟成通都大邑，较额力西各处更盛。国中大权尽归一人，尽革前此各部强霸衡行之习。其国人分三等：一则尊爵绅士，二则百工匠役，三则农夫庶民。因一等之人权重，故自德修王至哥德洛斯（亚）〔王〕两世，特加惠于二、三等之人，以分爵士之势。久之，民志日骄，畸重之势，权遂归下。当周康王时，哥德洛斯王薨，其民以此后必无如先君之贤者，遂扬言惟玉必德尔③为君，方可推戴。玉必德尔者，乃其国供奉宗神之首，示不欲更立国王也。遂立会议官以执政事。从此额力西各国效尤，纷纷逐君革爵、设官擅政，风俗政治为大变易。惟亚德纳斯国人初虽除国王之名，尚立哥德洛斯王后裔为统领之官，曰阿尔干，势权与国君相等。越三百三十一载，当中国周平王时，国人复议：阿尔干官永执国政，与君何异？嗣后（州）〔每〕官三年一易。越五十五年，又议每岁分立九官，于任满卸退之时，必述职于民以定臧否，人皆视为畏途。自后亚德纳斯国人各自专擅，无复法度。国中诸才智士复议创造法律以约束其下，推达拉固④主

①德尔摩比勒（Thermopylae），塞摩皮莱。
②葛尔给斯（Kérkira, Corfu），克拉基岛（科孚岛）。
③玉必德尔（Jupiter），通译朱比特。
④达拉固（Draco），通译德拉古。

其议。其人性过严酷，纂修法制，罪无大小，尽定斩决，时人谓之血书。越数十载，有梭伦者，当周灵王年间，修改律例，归于平允。遂按一国资财之多寡，分尊卑贵贱四等。其四等至贫贱之人虽不得居官，至有通国会议公务，亦可参预。又恐人多语杂，因建议事厅、大理寺二署。其议事厅定额四百人，为庶民会议之所；其大理寺乃官府会议之所。其官必名望才德，由众推举。此梭伦所定政治章程，各国多〔有〕效之者。又有斯（尔）巴〔尔〕达①国，其始亦如额力西，分列小国，而统于一君，历代相传四百余载。当周成王时，有兄弟二人者，同登君位。嗣后相传，皆系二君同治，至九百年之久，此事最为奇异。迨秦始皇时，葛黎厄美尼斯②王践位，始复改为一君。其国政严禁奢侈，不用银钱，不丰饮食，皆练习武事，故富强善战。国中世守其教，视亚德纳斯国梭伦所立法度，更为悠久。当其时，伯尔西亚（回）国达黎约③王兴兼并之意，又听阿德纳斯国人诉请报复，步骑十一万大举来攻。然伯尔西亚承平日久，士卒或习奢过度，或从役劳苦，不能如昔年之劲旅。于是亚德纳斯国中良将，简精锐万人迎敌，大破敌军。逾二十载，伯尔西亚国嗣王名舍尔时④者志图报复，率马步舟三军数十万众，倾国大举，复攻额力西之亚德纳斯等国。各国齐心盟约，背城力战，破之，水陆全胜。然自后额力西各国恃胜而骄，所获敌财彼此侵夺，于是亚德纳斯与斯巴尔达二国首先背盟，号召各小国自相侵伐，干戈不休，日至衰微。越九十三

1141

①斯巴尔达（Sparta），斯巴达。
②葛黎厄美尼斯（Cleomenes），通译克利奥蒙尼。
③达黎约（Darius），通译大流士。
④舍尔时（Xerces），通译薛西斯。

载，当周显王时，遂为马斯多尼亚①国王袭破，尽有额力西全国，开辟疆土，更广于额力西。其子阿勒山德里②王嗣为盟主。当周显王时，复率步军三万、马军五千，攻服伯尔西亚国，远至天竺诸处，无不归附。屡战屡胜，兼有欧罗巴洲、亚细亚洲之半。迨殂后，其将帅等互相割据，事迹纷繁。建为东都，号君士但丁城，后为土尔其、希腊国所有焉。东汉时始为意大里国所并。③额力西国自昔盛时，当周景王、显王时二百余载，文名显著之士不可胜计，百工技艺皆至精巧。玉必德尔与（的亚）〔亚的〕纳二庙堂，尤天下第一壮观。虽东方各国，尚不及。诗书文字，绘画工塑，无不奥妙，而军务尤所讲习。方行天下，至于海表。洵欧罗巴州开创之首国，在意大里之前者也。

欧罗巴洲古时国最盛者，自额力西外，嗣惟罗马国一统最久。其创建在成周中叶，其混一在西汉之中，分裂在东晋之末，其宗社全墟，在明景之世祚历二千余年，自古无其强大悠久。然自昔至今，一兴一衰，为欧罗巴二次大变，亦欧罗巴之大关系也。当周平王时，环意大里亚皆强勇之国，而国王罗毋洛者，与邻国战胜时，即收其精锐归入营伍，并择其军器号令之胜己者而效从之，每战胜一次，势力愈增，连年练战，上下皆善用兵，纪律严肃。且勤治国政，设立议事厅，选才智百人会议，法度无不尽善。其后四代贤君，国益富强。迨七世之君达尔癸（伯）〔虐〕者，残忍

---

①马斯多尼亚（Macedon，Macedonia），马其顿。
②阿勒山德里（Alexandros，Alexander the Great），通译亚历山大大帝。
③"建为东都"开始的三十二字是魏源改写《地理备考》第三卷为《欧罗巴各国总叙》时误加。原书未说明希腊人建立拜占庭这一殖民城市是公元前七世纪的事，亦未说明罗马帝国在西汉初期就已把希腊并入它的版图，更未说明至1453年奥斯曼土耳其人才攻陷君士坦丁堡。但对罗马的君士坦丁大帝迁都官上丹的诺伯拉（君士坦丁堡），注明具体年代为晋成帝咸和三年，提前了两年。

无道，败乱伦常，通国怒而逐之。嗣后遂不立君，惟推主师一人以领兵；别推官长二员代理国务，一年一易。此罗马国之大变局也。自后政事修明，国益富强。越数百年之久，环意大里亚诸部，尽归版图。惟隔海之加尔达额国，实为劲敌，其国在亚非里加州海滨，以舟楫为贸易事，海滨两〔岸〕〔边〕，皆归其掌握，延及欧罗巴之西班亚地方，遂雄据各岛。而罗马国人亦畏其水军强盛，不敢阻遏。自后二国常相抗敌。虽加尔达额风俗甚野，不如罗马国之法度，其兵多招募异乡乌合，亦不如罗马国士兵之纪律，然罗马止长陆战，而加尔达额国则舟舰娴习。迨交战二十余年，罗马国亦学习水战，取加尔达额国遭风漂入之船以为程式，造成舟师一队，选水师将官驾驶，水战而获大捷。两国仇忌日深。加尔达额国人有阿尼巴者，世为名将，父子祭神，誓灭罗马，讲习韬略，幼立战功，年（三）〔二〕十五岁即拜大师，引军渡厄伯洛河，逾峻岭，抵意大里亚国，进攻罗马都城，连败罗马之兵，收服各部。奈罗马国有三杰士，竭力战守。一曰发比约马西摩，则坚垒不战，惟游兵清野，佯败引诱，以老其师；暂为羁縻于前，而亟整御备于后。一曰马尔塞罗，则率兵围困诺拉，收复余城，以分敌军之势。斯二人者，罗马通国所倚重。至于西（北）〔比〕扬，则尤为超卓，不在本国拒敌，而反提军远出。窥加尔达额国兵大半外出，乘虚深入，随攻随拔，势如破竹，直抵其都，国人望风败溃。阿尼巴闻警，旋师自救，被罗马奇兵邀其归路，舟师迎击海中，全军尽覆，阿尼巴乘渔舟逃归，不得已纳款送质，并立盟约，非奉罗马国之命，永不得擅与别国交兵，时汉高祖六年也。斯时诸国分而为二：一则为罗马与加尔达额二国之战场，一则额力西国土酋分据之属地互相争斗。额力西分为三国：一名厄多里亚①，一名亚加压②，一名白阿西亚③。会议立官，而（额力西）〔马斯多尼亚〕国王仍为其地之长。其君暴虐失民心，而厄多里亚国人更恨之，乃迎请罗马国之兵至本国，协逐暴君出国，罗马（逐）〔遂〕胁额力西各处为藩属。厄多里亚各国自悔失计，复乞师于西里亚④国；以驱除罗马，而加尔达额国败将阿尼巴亦往西里亚国求援，皆因西里亚新兼并犹太、波斯，为东方强大之国，故希腊诸部欲倚之以拒罗马。时西里亚心畏罗马之强，而阿尼巴力言罗马师疲易败，于是出偏师前往额力西，以助厄多里亚国。罗马军迎击败之，乘胜追北，围其都城。西里亚国亦归臣服。于是希腊诸国皆献土，阿尼巴自杀，时汉孝惠帝五年也⑤。汉景帝十年，罗马大举伐加尔达额，围其都城，陷之。因毁其城，略定其部属。复征服西班亚，置为部属。于是地中海南岸，仅余两强国未服：一曰宾多⑥，一曰玉古尔达⑦。时宾多国恃有高哥斯山⑧为屏障，兵亦强悍，故与罗马兵相持二十〔六〕年之久，始为奇岳所破。而玉古尔达国尤险，遂于汉元封五年始征服焉。由是地中

① 厄多里亚（Ætolia），埃托利亚。
② 亚加压（Achaia），亚加亚。
③ 白阿西亚（Boeotia），彼奥提亚。
④ 西里亚（Syria），叙利亚。
⑤ 叙利亚败降应为汉惠帝六年。《备考》未说汉尼拔自杀于何年，其实为此后七年，即汉高后六年。
⑥ 宾多，原书作崩多，即 Pontus，今译本都，在黑海东南岸，不是在地中海南岸。原书误把米特拉达悌（Mithridates，本都国王）战争时间之长，归因于有高加索山为屏障，并误注其结束时间为汉元后元年间。此一战争的结束时间应为汉元康年间。打败米特拉达悌的罗马将军是格内乌·庞培（Gnaeus Pompius Magnus），原书译崩彪。"奇岳"一名可能是 Gnaeus 的音译。
⑦ 玉古尔达（Jugurtha），《备考》误刻为入占尔达，今译朱古达，是努米底亚国王名，魏源再误为国名，原书错了的"占"字也没改正。朱古达战争的结束时间应是汉元封六年。
⑧ 高哥斯山（Bolshoi Kavkas，Caucasus Mts.），高加索山脉。

海南亚非里加州各国尽入版图，犹太、麦西国亦俯首归附。其地中海北欧罗巴境，亚马尼、佛兰西无不臣服。又渡海征英吉利番，建为大部。西土数万里，无复抗颜行者。然罗马国人民自裁革王位以后，其议事官原议一年一易，后因军事难更生手，渐有久于其位者。议事官之后嗣，世沐荣宠，偏庇姑息。其庶民虽有例许为显职，得遇选举。然其所选，仍皆议事官之后嗣，民间才杰皆不得进。以此上下人心不睦。且征伐诸国之后，偏染繁华，骄奢日甚。富贵子孙，恃势凌人。诸将各拥强兵，悍不驯服。故外患既平，内衅渐启。幸边圉皆有重兵镇压，互相钳制，故国中变乱未作。若非（东都）西拉①之兵，则罗马国早为大将马黎约②军卒所擅据矣。先是西拉之兵与马黎约之兵积衅交讦，其黠民乘机倡乱，杀高爵子孙。民与绅斗，兵与兵哄。既而兵、民、绅分党相攻，同时并起，至相屠戮数万。时二大将出征东北夷族者，一曰潘沛③，一曰塞萨尔④。闻变旋师，共平内难，尽戮反侧十余万人，国事乃定。于是大权尽归两帅。潘沛曾定麦西、犹太各国，立功东北；塞萨尔曾收服佛兰西、英吉利，立功西北。二人威名相等，积不相下。而塞萨〔尔〕兼有文学，尤得民心。潘沛遂起（东都）兵攻之，为塞萨尔败诸希腊之地，潘沛走死。由是塞萨尔总大政，立法制，罗马大治。有议事官忌之，使刺客杀之。于是塞萨尔之兄子额达唯约⑤起兵复仇，夺回其国，遂即尊位，是为罗马复立国

---

①西拉（Sulla），即苏拉。

②马黎约（Marius），即马略。

③潘沛，即庞培。

④塞萨尔（Gaius Julius Caesar），恺撒，那时的罗马内战并非庞培、恺撒回师平定，原书也没这么说。

⑤额达唯约（Gaius Octavius），屋大维。公元前 27 年获得奥古斯都（Augustus）称号。是恺撒的甥孙。原书说恺撒之侄，魏源谓为恺撒兄子，均误。

王之始。时汉建始二年也①。是时欧罗巴、利〔未〕亚二州及亚细亚西境，周回数万里，尽入版图，惟罗马国独立行政于天下。四国之使云集于罗马，皆纳款献赋焉。义地约比〔亚〕国②使人求和，巴尔的亚③国昔与罗马深仇，亦使人结盟和好，天竺国命使前赴会盟，其余各国畏威怀义，无不奉命，水陆无警，兵革休息。于是额达维约王亲闭仍讷庙门。仍讷者，乃其国之神也。凡有战斗之事，其庙门则启；若干戈宁静，则闭其庙门，以示偃武修文。从此四海升平，人物熙和，为西土极隆平之世。越三载，当汉孝哀帝建平二年，耶稣乃降诞于如德亚国。罗马国之创始如此。至其文学技艺，古时亦未开辟，惟以兵农是习。迨胜额力西后，尽获其珍奇；嗣服阿细亚各国，复得其积贮。各国文艺精华，尽入于罗马。外敌既谧，爰修文学。常取高才，置诸高位。文章诗赋、著作撰述，不乏出类拔萃之人。但除开国数君之外，余多骄暴败常，视国人如奴仆。且国君既以酷虐待民，而己身又为骄兵所制；既使天下闻名悚惧，而其君反自畏三军。此则罗马国之大势也。初罗马征服各国之后，其边外夷狄尚未收服。后嗣遂欲穷兵绝域，深入沙漠，穷追至北海，犁庭扫穴，伏尸百万，始能征服。然开地既广，鞭长莫及，国中既皆放辟邪侈之习，（如）〔加〕以北地降王，处之内地，生聚渐盛，报复不忘。各旋其本部，告以罗马人物之富丽，田土之膏腴，复述亲友死亡之惨，以耸土夷愤怒之心，遂倾国奋矛枕戈，并携妻子、奴仆、六畜、器皿，蜂拥四至，所过扫荡，遇室即焚，逢人即杀，肝脑涂地。及晋惠帝时，嗣王

①汉建始二年是屋大维灭埃及托勒密王朝的时间。元老院奉以"奥古都斯"尊号在汉河平二年。
②义地约比亚国（Ethiopia），今埃塞俄比亚。
③巴尔的亚（Parthia），帕提亚（安息）。

以御狄殒于阵，国大震。不得已，乃与之和。自罗马西都迁于伯拉东都；以避其锋①，并将西都守河之兵，调赴东方护卫。自彻藩离，以致故都守备单弱。东晋孝武帝二十（二）年，复分国为二王，以治东西二都。其后西都屡为羑（时）〔特〕族②所侵。宋元徽三年，峨特围罗马西都，王出降，由是西都遂为罗马所据③，惟东都仍称罗马国焉。夷酋科多亚塞者，遂据西都，即位称汗。宫室焚毁，府库倾荡。阅数百载，倾覆尽矣。唐初，回教之摩哈默兴于天方，兼并波斯，其势欲强罗马入回教，不从。由是，波斯回兵数侵罗马东境，犹太、麦西诸部皆陷，峡东地全归回教，仅余希腊片土。元末，峡东尽归土尔其，数渡海峡侵罗马，吞其旁邑殆尽。明景泰（二）〔四〕年攻陷君士但丁都城，罗马遂亡。罗马军旅最有纪律，至今犹传留为法，止因后不守先王之道，勤修政治，专以辟疆黩武为事，盛满必倾，外患骤至，辱国损威，千百年繁华富丽皆成化外，良可叹息焉。

《欧罗巴各国总序下》曰：自罗马西都陷于夷狄之后，迨当唐中宗嗣圣年间，英吉利④南边膏腴之地，归于萨索尼亚⑤夷国，奥

---

①罗马帝国迁都拜占庭不是因为外族入侵。罗马皇帝瓦林斯（Flavius Volens）战死于晋孝武帝时，事在罗马帝国迁都拜占庭并将该城改名君士坦丁堡（Constantinople）之后数十年。东都就是 Constantinople，伯拉只是它的尾音 ple。称为"伯拉"或"伯拉东都"都不对。

②羑特族（Goths），指哥特人。

③事实是西罗马帝国雇佣兵首领日耳曼人鄂多亚克（Odoacer）于宋元徽四年废黜西罗马皇帝罗慕路斯·奥古斯都鲁夺取意大利统治权。史称其所建国家为鄂多亚克王国。这一事件在传统的历史编纂学上被定为西罗马帝国灭亡和古典奴隶制终结的标志。十七年后，狄奥多里克（Theodoric）攻杀鄂多亚克，创建东哥特王国。

④英吉利，《备考》作"比勒打尼亚"，即不列颠。

⑤萨索尼亚（Saxony），撒克逊。

卢地①归于法郎古②夷国，西班亚归于厄都③夷国，意大里亚及各邻近之地归于龙巴尔多④夷国。于是，罗马国之政治法度、技艺、文学等，扫荡仅存踪迹；政事、律例、风俗、衣冠、言语、人名、国号，尽变夷俗。自后数百年，欧罗巴风俗鄙陋，即显宦缙绅，亦不能读书识字。且因导引诸夷内攻之酋领等，以所得之地，与其大夫、将军按职分授。而大夫、将军等，亦所在效尤，与其麾下分授地方，迫夺民田，迫使佃耕。又各部互相攻击，动辄挟制君上，无复纲纪。于是各国君筹议，务结民心，以强己势，而分部酋之权。庶民始立会议公廨，选举官员，经理约束国政，渐变昔之荒蒙。惰慢者皆讲习以开其智，勤奋以励其身。且夷狄攻破西都时，独东都伯拉未遭倾覆，国中文学事业，仍存一二。迨数百年后，其地又为大市埠，而天竺国之珍奇货物、巧妙工作，多往聚售。意大里亚国始再与各国来往，复习文学之事，后又与欧罗巴各奉耶稣教之君会盟，共逐回回出如德亚国都。时各国三军，或赴如德亚，或归本国，无不会集于伯拉东都，而列西国之生意，实赖此创始。宋哲宗绍圣三年也。迨各国干戈休戢之后，有意大里亚国人曰日威亚者，当元成帝年间，始造罗盘，以便舟行。从此，意大里亚各国人始赴东方厄日度诸埠，收买天竺土产、奇巧各物归欧罗巴，甚获利益。时元大德年间至明建文帝年间也。至耶稣一千四百年间，欧罗巴北方之人，无不奋营贸易。是时邻近洲中海之的纳马尔加⑤、瑞典等国，海盗猖狂。及与意大里亚通

①奥卢地（Gaul），高卢。
②法郎古（Frank），法兰克。
③厄都，西哥特人（Visigoths）在西班牙建立的王国。
④龙巴尔多，伦巴德人（Lombards）在意大利北部和中部建立的王国。
⑤的纳马尔加（Denmark），丹麦。

商，结盟保护，而他方效之。于是，亚里曼①及弗兰地②二国之八十城，亦约盟互卫。邻近别部，亦皆求和好。始公立贸易章程，各埠财物，积贮于弗兰地国之布卢日③城及其邻近各城，皆为欧罗巴至富庶之福土。再，奉耶稣教各君往救如德亚之后，因与旧蒙古达尔哥斯丹④各王结约，以拒土耳基回国。其奉使赴蒙古者，皆耶稣教中僧人，素好云游四海，远方绝域，无不历遍。其首赴蒙古，记录沿途古迹者，乃若翰·加尔宾⑤也。宋理宗淳祐六年，复有数僧赍教主公牒，投蒙古国王，恳其关照保护。嗣后往蒙古、印度等处者益多。迨明太祖洪武年间，蒙古国王达美尔兰⑥者，人甚英武，印度远域，无不攻克。彼时，欧罗巴人已于蒙古部落充

当兵卒，后携其火药、炮位运用之法旋归本国，较阿里曼国人所造更精，至是始讲求益善焉。蒙古国王达美尔兰薨后，欧罗巴之奉教诸僧皆旋本国。遂以印度等东方之富丽丰饶，启发本国人，并言海面水路，直达各处。先此，西洋舟船不过游奕亚非里加近处海边，后渐向南驾驶，于明孝宗弘治（十）〔元〕年，驶越好望海角，始为赴东海⑦及印度海之水路。彼时，西洋人有日讷瓦⑧国人名哥隆波⑨者，拟由西方而赴东方，国人皆谓孟浪之谈；复禀弗兰西、英吉利、布路亚三国王，亦皆不见用，最后得大吕宋国王赏发银币，备三大船，于明孝宗弘治五年开行西往，越三十三日，

---

①亚里曼（Allemagne，Germany），德国。
②弗兰地（Flanders），佛兰德。
③布卢日（Brugge，Bruges），布鲁日，在今比利时。
④达尔哥斯丹（Turkestan），土耳其斯坦。
⑤若翰·加尔宾（Giovanni de Planno Carpini），普兰诺·卡尔平尼。
⑥达美尔兰（Timur，Timur Lang），波斯语"跛子帖木儿"，欧洲人讹为Tamerlane。
⑦东海，在此指太平洋。
⑧日讷瓦（Genoa，Genova），热那亚。
⑨哥隆波（Cristoforo Colombo），即哥伦布。

探得前途始有洲岛。及临近其地，并非印度；所遇人民，言形殊异，即今之亚美里加洲①地也。语详后卷，兹不及赘。再，罗马国败废之后，欧罗巴余邦皆遭大幽暗，世衰道微，国人卤莽，文学攸敉。迄明永乐以后，复如田禾旱稿得雨还苏，渐再知教化。况新寻得各洲，浡然复兴，创造印撰书籍，百工技艺，交接贸易。故诸史推今世为极盛。

《地理备考》曰：欧罗巴虽为地球五州中之至小者，然各处文学、技艺，较之他处，大相悬殊。故自古迄今，常推之为首。其地纬度离赤道往北三十五度起至七十二度止，经度自巴黎斯②第一午线西十二度起至东六十度止。东连亚细亚，西至亚德兰的海，南统黑海及地中海，北至冰海。东西长约一万五千六百里，南北宽约一万零八百里，地面积方约五百九十一万六千里。

欧罗巴内外共十四海，回环穿绕。其至大者三：一名冰海，为北方之界；一名大西洋海，为西方之界；一名地中海，为南方之界。其余小者十一：一名白海③，乃冰海之分派；一名巴尔的哥海④，一名北海，一名漫沙海⑤，一名一尔兰大海⑥，以上四者，皆系大西洋海之分派；一名若尼约海⑦，一名亚尔给白拉科海⑧，一名马尔马拉海⑨，一名黑海，一名亚索弗海⑩，以上五者，皆系

---

①亚美里加洲（America），美洲。

②巴黎斯（Paris），巴黎。

③白海（Beloye More，White Sea），白海。

④巴尔的哥海（Baltic Sea），波罗的海。

⑤漫沙海（English Channel，La Manche），英吉利海峡。

⑥一尔兰大海（Irish Sea），爱尔兰海。

⑦若尼约海（Ionian Sea，Iónioi Nísoi），爱奥尼亚海。

⑧亚尔给白拉科海（Aegean Sea，希腊文为 Aiyáion Pélagos），爱琴海。

⑨马尔马拉海（Marmara Denizi，Sea of Marmara），马尔马拉海。

⑩亚索弗海（Sea of Azov，Azovskoy More），亚速海。

地中海之分派；一名加斯比约海①，此海原天下至大之湖，是以俗名为里海，在欧罗巴之东，与各海均不相通。

欧罗巴地大半在北温道，其居北寒道者，只十二分之一。至于地气，则分四等：第一，自纬三十五度起，北至四十五度，乃热；第二，自四十五度至五十五度，乃温；第三，自五十五度至六十五度，乃寒；第四，自六十五度至七十二度，乃极寒也。四等之内，或热、或温、或寒、或极寒，皆有损其太过，益其不及。其临（德亚）〔亚德〕兰的海一面之各国，冷则由南而北，渐渐加甚；热则有海风解散暑气也。其临地中海一面之各地，冷则乍寒乍暖，不时变易，由西而东，以渐加增；热则随风更变，全无定准；而东方各处，较西方微觉凉爽。其枕亚西亚一面之各处，虽属严凛，然由南而北，无甚（参）〔差〕别；热则因其冷之甚，反为炎酷。按四季而论，其第一、二、三等，虽各按时令，然皆有先后迟早之分。其第四等之地，只有二季。居北寒道各处，冰雪凝结，有越三月不夜之天，有数月尤长之夕，日只比晓悬于空中。故冬长而冽，乃因久无日光之故也。夏短而炎，乃因常有日照之由也。

欧罗巴所产金、银、宝玉，较之他州虽属微鲜，然其所有铜、铁、锡、铅、煤、水银等矿及盐田，则胜于别处。

欧罗巴一州，地临北方者多，近赤道者寡。故凡热域之草木，实为难得。然而濒地中海各边，凡他州所有卉、木、百谷，亦皆有之。且诸物中，草、木、五谷，皆以地道为限，莫能到处皆宜。即如（何）〔阿〕利袜树与葡萄、黍、稷之类，产〔于〕南方者，皆在赤道北三十六度以内，若四十九度外，则全无矣。欧〔罗〕

---

①加斯比约海（Caspian Sea），里海。

巴（离）西方诸处，较之亚细亚东方北极出地同度者，颇为卑下，所产草木，甚为悬殊。除四海同生之草木外，其余皆止宜于二方极北之地。至于欧罗巴中央所产者，则凡高山，由巅至麓，树木最繁，花卉万种。然亦只宜此方，难移植他地。橡树在欧罗巴北方甚为高大，名曰树王。椵、松、柽、榆等树，乃北方所共有，黑杨、皂角等树，丛茂成林，亦在北方温道之末，惟松、柽二树最多。赤道往北六十八度外，殆无树木；至四十四度内，皆有。所产五谷，皆足以供欧罗巴一州之人。厄罗斯、伯罗尼①、亚里曼等国五谷丰登，除本国食用外，尚可外运。佛兰西地荞麦甚丰。厄罗斯、伯罗尼、亚里曼皆有荞麦，意大里种粳稻，土耳基种黍稷，诺鲁威②、苏益萨③二国在北方，五谷甚鲜，只有油麦而已。又〔麦〕至六十二度外则无，荞麦还可至（四十六）〔六十四〕度，（全无）〔至于〕果菜杂（处）〔粮〕，欧罗巴各（粮）〔处〕皆有，而南方犹茂盛。柠檬、橘子、阿唎袜果、桑椹、甘蔗等，皆聚于南方。葡萄乃欧罗巴至美至繁之果，或至四十五度，或至五十度方无。黄麻、苎麻之类，欧罗巴中央用意栽种。桑树惟欧罗巴南方栽种。至于颜料、药材，在热道者较多于他处。其香料亦生于热道者多，种类不一，然通行常用者，各国山中皆有之。

欧罗巴州所在生齿日繁，种植日甚，禽兽充斥，然较少于他州，尤少恶毒之兽。盖人烟日稠，户口繁滋，是以此一州人，每于恶兽毒虫，务将除绝。所产野兽近日迹微，但高山尚有熊兽，毛色种类各异。其豺狼、狐狸、豪獾二猪等，皆生于深山幽谷、旷野丛林之地。其麋鹿、麂、兔、松貂、二鼠等，不缺于游畋狩

---

① 伯罗尼（Poland，Pologne），波兰。
② 诺鲁威（Norway），挪威。
③ 苏益萨（Sweden），瑞典。

猎之人。至于畜牲，日增月盛，且其种昔尚矮小，今则配合于他方所生，皆高大雄骏，其至多者，乃马、牛、羊、犬。至于野鸟，则鹰、鹫、鹇、鸢，遍林皆满。家禽则鸡、鸽、鸭、鹅，不可胜数。孔雀、白鸽、白鹤、乌燕，无不备具。外此或裸、或鳞、或介、或甲，种则繁盛，味则甘浓焉。

欧罗巴一州之人，共约二垓二京七兆七亿口。除回回国外，其余欧罗巴各国皆奉耶稣教，大同小异，各从其门。

欧罗巴中所有诸国，政治纷繁，各从其度。或国王自为专主者，或国主与群臣共议者，或无国君惟立冢宰执政者。

五州之内皆有文学，其技艺至备至精者，惟欧罗巴一州也。其外各州亦皆有之，但未能造至其极。如镂刻、地理、音乐等书，通行各国者，皆欧罗巴人所著作。其铸造、修制钟表、枪炮、风球、火船、阴晴表、寒暑针等有裨日用之器及织造各色匹头，大半皆创造于其地。

欧罗巴古为卤莽之州，后其地因近于厄日度，又连于亚西亚，故额力西国始得离暗就明，弃鄙归雅。且其民人才能敏慧，文艺、理学、政治彝伦，靡弗攻修，以臻其至。时有非尼西〔亚〕① 国人自亚细亚州至于本州南方，教以贸易事务，建立货局，招募商贾。其后加尔达厄② 国人始至焉。而额力西国人遂泛海于意大里地立新国，即罗马也。是时，不惟意大里诸地归其所有，抑且英国及亚里曼等国，皆为其所得。及罗马叛乱之后，为北方夷族夺据，彼时天主教既由亚细亚入于欧罗巴，又遍布于四方，〔其官士丹的诺伯拉③于斯兴焉，〕传国数百余载。迨夷狄占据后，所建新国非一，

①非尼西亚（Phonenicia），腓尼基。
②加尔达厄（Carthage），迦太基。
③官士丹的诺伯拉（Constantinople），君士坦丁堡，今土耳其的伊斯坦布尔（Istanbul）。

其奥卢地归于法郎（西）〔古〕人①，其义斯巴尼亚②地归于维西哥多人③，其英吉利地归（克）萨〔克〕索尼哑人④，其俄罗斯地归于古斯干的纳维亚人⑤。嗣后由大尼、那威而至之海寇，占据佛兰西国之一部。由亚非里加而至之回人，侵犯大吕宋国之数地。而罗马国则归于天主教王管辖。其昔有各地，大半为佛兰西国所有，更定新国，创业垂统。欧罗巴现在诸国，乃耶苏降生后数百年间始为建立。

①法郎古人（Frank），指法兰克人。
②义斯巴尼亚（España），西班牙（Spain）。
③维西哥多人（Visigoths），指西哥特人。
④萨克索尼哑人（Saxons），指撒克逊人。
⑤古斯干的纳维亚人（Scandinavian），指北欧的斯堪的纳维亚人。

海国图志卷三十八

欧罗巴人原撰　侯官林则徐译　邵阳魏源重辑

大西洋 欧罗巴洲

布路亚国

布路亚国总记 一作葡萄亚，一作博

（都尔）〔尔都〕噶亚，即住澳门之夷。明以来所谓大西洋国也。

布路亚国，古名鲁西达尼阿①，与大吕宋毗连一区。西南俱界大海，东北俱界大吕宋。在耶稣未纪年以前，加达尼晏士②侵夺大吕宋时，尚不知有布路亚。迨吕宋为阿丹攻击，割布路亚地请和，旋复兴兵灭阿丹而夺回之。千二百年③，宋宁宗庆元二年。吕宋加色代尔④部落嫁女于佛兰西之律兴厘⑤，律，官名；兴厘，人名。割布路亚地之北隅数部赠嫁。于是兴厘迁居北隅，日渐盛强，复兴师攻取南隅之义斯门⑥、西弥里⑦等处，遂建都于义斯门，立国称王。千五

①鲁西达尼阿（Lusitania），卢西塔尼亚。
②加达尼晏士（Carthaginians），指迦太基人。
③应译十二世纪，所注我国古代纪年亦误。
④加色代尔（Castile），卡斯提王国。
⑤兴厘（Henry, Duke of Burgundy），通译亨利。
⑥义斯门（Lisbon），里斯本。
⑦西弥里（Seville），塞维利亚，在西班牙。

百年^①后，<small>明武宗正德年间。</small>驾驶舟师东取沿海，西取南弥利坚洲^②之摩那济尔^③地。百余年后，有塞麻斯田^④王往侵，布路亚军伍淆乱，自误截己兵，遂大溃。国王没，诸子争立，乞援于大吕宋菲里王^⑤始定王位。自是国事受制于吕宋，边地被侵于荷兰。先感菲里王之德，继成仇隙。千六百四十年，<small>崇祯十三年。</small>部众咸愤，起兵驱大吕宋之人，并废前王而改立新王，不受大吕宋节制。传至四代，国事废弛，边境俱失。维时大吕宋之麻密王^⑥，深念唇齿，既缔好于英吉利，复释布路亚之世仇，互市通商。故布路亚部落摩那济尔所产之金，始得进口。千八百有七年，<small>嘉庆十二年。</small>佛兰西摩那巴底^⑦王，遣禹诺^⑧领兵往袭。布路亚仓卒无备，遂弃义斯门而走摩那济尔；旋得英吉利之助，始逐佛兰西，复其故都。其子遂即位于摩那济尔。

国中官无常俸，不守廉隅。世禄之家，奴使小民，专擅骄纵，如大吕宋。兵丁三万，无纪律。自纠英吉利兵拒退佛兰西后，留英国兵帅助其训练，始成劲旅。近已不亚于欧罗巴各国。

俗奉加特力教，所在多立庙宇，统计教师庙四百所，尼庵百五十所。为人骄惰，虚假鲜实，尚白好洁，贵富贱贫。

河道三：鲁罗河^⑨之源，发自吕宋，历本国之阿波多^⑩大市镇

---

①应译十五世纪，所注我国古代纪年亦误。
②南弥利坚洲（South America），南美洲。
③摩那济尔（Brazil），巴西。
④塞麻斯田（Sebastian），通译塞巴斯蒂安。
⑤菲里王，指菲利普二世（Hereupon Philip Ⅱ.）。
⑥麻密王指波旁王（Bourbons）。
⑦摩那巴底，指波拿巴（Bonaparte）。
⑧禹诺（Junot），朱诺。
⑨鲁罗河（Douro R.），杜罗河。
⑩阿波多（Oporto），即波尔图（Porto）。

而注之海；达俄河①之源，亦发自吕宋，历国都而注之海；惟密里俄河②自本国发源。沙中有金可淘。

产羽毛、布匹、鱼、盐、煤、金、哔叽、鼻烟。

葡萄亚国即布路亚，东北俱界大吕宋，西南俱界阿兰底海。幅员三万八千八百方里，户三百五十三万口。领大部落六，小部落五十。俗奉加特力教。

伊斯〔特〕里麻鲁那③东、南俱界阿领底若④，西、北俱界弥那⑤。领小部落十有二。

晏特厘多罗⑥（东）北（俱）界大吕宋，西界阿兰底海，（南）〔东〕界特那斯阿满底⑦。领小部落四。

特拉斯阿满底东界大吕宋，西界（阿兰底海南界）敏那⑧（北界）〔与〕晏特里多罗。领小部落五。

弥那东界大吕宋，南界伊斯特里麻鲁那，（西）〔北〕界特那斯阿满底，（北）〔西〕界阿兰底海。领小部落十四。

阿领底若东界大吕宋，南界阿尔牙威⑨，（西）北（俱）界依士特里（底）〔麻〕鲁那⑩。领小部落十一。

阿尔牙威东界大吕宋，北界阿兰底若，西、南俱界阿兰底海。领小部落四。

———————

①达俄河（Tejo，Tagus R.），特茹河（塔古斯河）。
②密里俄河（Mondego R.），蒙德戈河。
③伊斯特里麻鲁那（Estremadra），埃什特里马杜拉。
④阿领底若（Alemtejo，Alentejo），阿连特如。
⑤弥那（Beira），贝拉。
⑥晏特厘多罗（Entre Douro），恩特里杜罗。
⑦特那斯阿满底（Tras os Montes），外山。
⑧敏那（Minho），米纽。
⑨阿尔牙威（Algarve），阿尔加维。
⑩依士特里麻鲁那（Estremadra），埃什特里马杜拉。

葡萄亚国沿革原无，今补。

《皇清四裔考》：博尔都噶国即布路亚国，一作葡萄亚，即住澳之大西洋国也。博都噶即布路亚三字转音。在欧逻巴极西境，径七百里，西滨大洋，地分五道，四方商船皆聚都城。有大河曰德若河①，经都城西入海。通国大市凡六，水泉二万五千。国有二学：曰厄物辣②，曰哥应拔③。欧逻巴高士，多出此中。有耶苏会士苏氏者，著陡禄日亚书最精。土产果实、丝绵，多水族，善酿葡萄酒，即过海至中国，不坏。园囿有周数十里者，禽兽充牣。异国名王过其地，往射猎焉。俗有仁会，恤孤寡茕独。商船至，或有死而无主者，收其行李，访其戚属，还之。国王随处遣官为孤子治家，长则还所有，且加益焉。明以前未通中国，雍正五年，表贡方物，乾隆十八年复贡，命钦天监正刘松龄前途引导至京，召见赐宴。

先是雍正五年朝贡，于常赏外，特赐国王人参四十斤、库缎二十五匹、磁器一百三十件、洋漆器六十六件、纸三百张、墨二十匣、字画绢一百张及荔枝、酒、哈密瓜、松糕、茶糕、芽茶、香饼、灯、扇、香囊等物，又加赏来使倭缎、磁器、漆器、纸墨、扇、绢等物。至乾隆十八年，又特赐国王龙缎四匹，妆缎、花缎、线缎各八匹，百花妆缎十二匹，绫、纺、丝各二十二匹，罗十三匹，杭绸七匹，册页一付，玛瑙玉器六件，珐琅器二种，漆器十九种，磁器三十三种，及紫檀木器、画绢、香袋、香饼、纸、墨、扇、茶。又加赏正使画绢、纸、墨、扇、茶及文绮。又随敕书赐国王龙缎、片金各二匹，蟒缎、倭缎各三匹，妆缎七匹，花缎六

---

① 德若河（Tejo，Tagus），特茹河。
② 厄物辣（Evora），即指埃武拉大学。
③ 哥应拔（Coimbra），即指科英布拉大学。

匹，闪缎、花缎、青花缎、蓝缎、青缎、帽缎、线缎各四匹，绫纺绸各二十二匹，罗十三匹，绢七匹。又因端阳节，加赏国王纱四十匹，葛百匹，香囊、香串、宫扇、药锭等物，并正副使纱、葛、香囊、香串、药锭等物。盖念其远来，从优锡予焉。

二十五年，广东南海县民林六因缘入教，至于变易服饰，娶妻生子。经两广督臣李侍尧奏准比照左道惑众为从例治罪，以维风俗，部议从之。其国东境为伊西巴尼亚①，又东北为拂朗祭，又东北为法兰得斯，又东北为热尔玛尼亚②、博厄美亚③诸国，山川风俗见《职方外纪》。

初，博尔都噶国君乏嗣，伊西巴尼亚之君为其昆仲，乃权署其国事。后复自立君长，不相统属。

乾隆初，博尔都噶国人傅作林以天文家来仕中朝，为钦天监。

《海录》：大西洋国又名布路（亚）〔叽〕士④，气候严寒。出散爹里正北行，约二旬可到国境。其海口南有二炮台，谓之交牙炮台，储大铜炮四五百架，有兵二千守之。凡有海艘回国及各国船到本国，必先遣人查看有无出痘疮者，若有则不许入口；须待痘疮平愈，方得进港内。有市镇七处，如中国七府。由交牙炮台进港行数十里，到预济窝亚⑤，此一大市镇也，国王建都于此。有炮台，无城郭。又由此进，则为金巴喇⑥，亦一市镇。凡入中华为

---

①伊西巴尼亚（España），即西班牙（Spain）。
②热尔玛尼亚（Germany），德国。
③博厄美亚（Bohemia），波希米亚，捷克旧地区名。
④布路叽士（Monarquia Portugueza），葡萄牙王国。
⑤预济窝亚（Lisboa），即里斯本（Lisbon）。
⑥金巴喇（Coimbra），科英布拉。

钦天监及至澳门作大和尚者，多此土人。又进为窝达①。又进为维丢②。其余为（来）〔耒〕鲁③，为阿喇加④，为（渣）比〔渣〕⑤，皆大市镇也。人烟稠密，舟车辐辏，各有重兵镇守。土番色白好洁，居必楼屋，器用精巧，色尚白。凡墙屋皆以灰涂饰，稍旧则复涂之。女人亦以色白者为贵。

称王曰"理"，称世子曰"黎番爹"，王子曰"必林西比"，王女曰"必林梭使"，相国为"干爹"，将军为"马喇（亚）〔叽〕乍"。文官有五等，武官有九等。其镇守所属外洋埠头各土官，即取移居彼处之富户为之，亦分四等：一理民间杂事，一理人间斗争，一掌粮税，一掌出入船艘。本国岁差一文一武到彼管辖。疆域大者，或差三四人，每大事则六人合议，若所差官未携眷属，则必俟土官四人熟议，合民情土风，然后施行，差官不得自专。若均有室家，则听差官主谋，土官多不与争，谓其患难相共也。

男子短衣窄裤，仅可束身，有事则加一衣，前短后长，若蝉翅然。官长两肩别镶一〔物如〕壶芦形，金者为贵，银次之。帽圆旁直而上平，周围有边。女人上衣亦短窄，下不裤，围以裙，至八九重。年少则露胸，老者掩之。出必以宽幅长巾挂其首，垂至两膝，富者更以黑纱掩其面，纱极细致，远望之如云烟，价有值二十金者。手中多弄串珠，富者则以珍珠或钻石为之。男女俱穿皮鞋。

自国王至于庶民，无二妻者。妻死乃再娶，夫死乃再嫁。凡

①窝达（Evora），埃武拉。
②维丢（Viseu，Vizeu），维塞乌。
③耒鲁（Faro），法鲁。
④阿喇加（Brage），布拉加。
⑤比渣（Beja），贝雅。

婚姻，婿家必先计妆奁，父母但以女不得嫁为耻，虽竭家资不惜。而男之有妇与否则不复计。盖又恃有妇家取偿也。婚不禁同姓，唯亲兄弟不得为婚。寡妇再醮者，虽叔侄亦相娶。凡婚必请于教主，教主许然后婚。教主者，庙中大僧师也。俗奉天主教，每七日妇女俱诣庙礼拜。凡娶妻，男女俱至庙，听僧师说法，然后同归。男女将议婚，父母媒妁必先告教主，教主则出示通谕，俾众共知。男女先有私约，许情告，即令各从其愿，虽父母莫能争也。妇女有犯奸淫各罪欲改过者，则进庙请僧忏悔。僧坐于小龛中，旁开一窗，妇女跪于窗下，向僧耳语诉其情实，僧为说法解罪，僧若以其事告知众人，则众以僧为非，其罪绞。凡男女有犯法恐家主罪之者，至庙中求僧，僧若许为解释，以书告其家主，家主虽怒，不敢复罪也。

人死俱葬庙中。有后来者，则掘其先葬弃诸庙隅，而补葬其处。生死皆告于庙，僧为记其世系。然阅三世后，亦多不知其祖矣。

国王立，不改元，以奉天主教计其年。每年以冬至后七日为岁始，合计一岁而分十二月，不论月之合朔与否，故月有三十一日者。以月借日而光，为不足法也。冬至后五十余日，国中男女俱不肉食，谓之食斋，至四十九日而后止。将止三日，妇女遍拜各庙，谓之寻祖先。三日后，则庙僧将所藏木雕教主置之庙堂，或置路隅，先见者则遍告，以为寻获。次日番僧及军民等送置别庙藏之，大和尚出迎。穿大衣，长至地，衣四角使四僧牵之，为布幕，其长丈许，宽五六尺，用四竿擎其四角，择富户四人，人执一竿，大和尚在幕下，手执圆镜，中有十字形，仪仗军士拥之而行，见者咸跪道旁，俟和尚过而后起。其女人亦有出家为尼者，别为一庙而扃闭其门户，衣服饮食俱自窦进，终其身不复出。有女为尼，则其家俱食禄于王，父母有罪，尼为书请乞，轻重咸赦除之。

凡军民见王及官长，门外去帽，入门趋而进，手抚其足而嗫之，然后垂手屈身，拖足向后退数步。立而言，不跪。子见父，久别者，亦门外去其帽，趋进抱父腰，父以两手拍其背，嗅其面数四，子乃屈身拖足退数步，立而言。未冠则不抱腰。早晚见父母，俱执手嗫之，余如前。兄弟及亲戚相好者，久不相见则相抱，然后垂手屈身。见长辈，如见父仪，而不相嗅。长辈而年相若者亦相抱，唯卑者微悬其足。女见父母，幼则如男，长则趋进执其手嗫之，退后两手摄其裙，稍屈足数四。见舅姑亦如之。亲戚男女相见，男则垂手屈（手）〔身〕拖足，女则两手摄其裙，屈足数四，然后坐。女相见则相向立，各摄其裙，屈足左右团转，然后坐。朋友亲戚路遇则各去其帽。出外携眷回家，有亲戚访问者，女人必出陪坐语。女人出外游观，则丈夫或家长亲戚携手同行，亦有一男携二女而行者，此其大略也。

俗贵富而贱贫，其家富豪，则兄弟叔侄之贫者，不敢入其室，不敢与同食云。案：此所述该西洋各国风俗，非独葡萄亚也。以澳夷居中国最久，故《海录》以冠各国，并将全洲风俗系之。

《澳门纪略》乾隆十六年宣城张汝霖撰：西洋夷居香山澳，自明万历迄今几二百年，悉长子孙。其国上世有"历山王"，又号"古总王"，今有二王曰"教化王"，曰"治世王"。治世者，奉教化之命惟谨。案：教化王最大者惟一人，驻意大里国，总掌西洋各国之天主教，谓之教皇，犹西藏之活佛，非国国有之也。今来粤贸易各国，从未有每国各二王之说。此篇所述澳门亦有法王，不过大僧师之称耳。若国中只有一法王，既来驻澳，其本国又安得有法王，岂能遥制数万里外乎？澳寺番僧皆教化类，夷人贸易者则治世类，西洋国岁遣官更治之。澳素饶富，国初洋禁严，诸番率借其名号以入市，酬之多金，财货盈溢。今诸番俱得自市，又澳舶日少，富庶非昔比。

大西洋去中国远，三年始至。稍西曰小西洋①，去中土万里，大西洋遣酋守之。澳门头目悉（禀）〔遵〕小西洋令，岁轮一舶往，有大事则附小西洋酋帅以闻，不能自达也。

有地汶岛②，在南海中，即地问岛，一作地盆。水土恶毒，人黝黑，无所主，大西洋与红毛分据其地。有兵头镇戍，三年一更，遣自小西洋，由澳而后达于地汶，亦岁轮一舶往。澳夷罪不至死者，遣戍之，终其身无一生还者。

其行贾之地曰马西③，与之约，不得以所产市他国。康熙中，马西背约私与他国市。澳夷怒，驾舶往所市之国责之。马西患之，遂相仇杀，死者三百余人，市道中绝。今所与市易者，曰哥（所）〔斯〕达④（岛），曰葛罗巴（岛），曰吕宋（岛）。凡所往之国，海道不可以里计，但分一昼夜为十更，计由某达某路若干更云。

其人白皙，鼻昂，而目深碧不眴。不蓄须发，别编黑白发蒙首及颈，蜷然蒙茸，赐自法王，得者以为荣。其通体黝黑如漆，特唇红齿白略似人者，是曰鬼奴。明洪武十四年，爪哇国贡黑奴三百人，明年，又贡黑奴男女百人。案：海南太守以摩诃赠陶岘即此。唐时谓之昆仑奴，入水不眯目，贵家大族多畜之。《明史》亦载和兰所役使名乌鬼，入水不沉，走海面若平地。粤中富人亦间有畜者，绝有力，可负数百斤。生海外诸岛，初至时与之火食，累日洞泄，

---

①小西洋，指果阿（Goa），在印度。
②地汶岛（Timor I.），帝汶岛。魏源改原书的地满岛为地汶岛，并释为地问岛是对的，惜又误注为地盘岛（Tioman I. 潮满岛）。
③马西，疑指香料群岛，即马鲁古（Maluku）群岛。
④哥斯达（Costa，Coast），指印度半岛两岸。

谓之换肠，或病死，若不死即可久畜，渐为华语。须发皆卷而黄，其在澳者则不蓄须发。女子亦具白黑二种，别主奴。凡为户四百三十有奇，丁口十倍之。

澳城明季创自佛郎机。万历中，总督何士晋令隳澳城台。天启时，徐如珂署海道副使，澳夷奔告红毛将犯香山，请兵、请饷、请木石以缮埤垣。如珂昌言于两府曰："此狡夷尝我也。"已而夷警寂然，而澳垣日筑百丈。如珂遣中军领兵戍澳，谕之曰："埤垣不毁，澳人力少也，吾助若毁。"不两日，粪除殆尽。夷相睬视，自是稍戒心。今城固而库，大门一，小门三，炮台六。大者曰三巴炮台，列炮二十八，上宿番兵。台垣四周为砖龛，以置守夜者。台下为窟室，贮焰硝。次则东、西望洋，两台对峙。东置炮七，西五，余制与三巴略同。娘妈角炮台，在西望洋下，炮二十有六。南环炮台，置炮三。噶斯兰炮台，置炮七，设火药局于左侧。通计炮七十有六，大者六十一，余差小；铜铸四十六，余铁。其大铜铸者重三千斤，大有余围，长二丈许，受药数石。明时红毛擅此火器，尝欲窥香山澳，胁夺市利。澳人乃仿为之，其制视红毛尤精，发时以（统）〔铳〕尺量之，测远镜度之，靡不奇中，红毛乃不敢犯。今海宇承平，诸番向化，以此为天朝守海门而固外围耳。

夷兵头遣自小西洋，率三岁一代，辖番兵百有五十，分戍诸炮台及三巴门。番人犯法，兵头集夷目于议事亭，或请法王至，会鞫定谳，籍其家财而散其眷属，上其狱于小西洋，其人属狱候报而行法。其刑或戮，或焚，或缚置炮口而烬之。夷目不职者，兵头亦得劾治。其小事则由判事官量予鞭责。判事官掌刑名，有批验所、挂号所，朔望、礼拜日放告，赴告者先于挂号所登记，然后向批验所投入，既受词，集两造听之，曲者予鞭，鞭不过五十，亦自小西洋遣来。理事官一曰库官，掌本澳番舶税课、兵饷、财货出入之数，修理城台街道，每年通澳金举诚朴殷富一人为之。番书二名皆唐人。凡郡邑下牒于理事官，理事官用呈禀上之郡邑，字遵汉文，有番字小印，融火膝烙于日字下，缄口亦如之。凡法王、兵头、判事官，岁给俸一二千金有差。理事官食其所赢，不给俸。外红棍官二等。大红棍于夷人将殁时，察其赀财而籍记之，询其人以若干送寺庙，若干遗子女，若干分给亲属，详书于册，俾无后争。二红棍于夷人既殁，有子女俱幼不能成立者，即依大红棍所开应给之数，抚育其子女，而经理其余财，待其既长婚嫁，举以付之。如无子女，悉归其赀于寺庙。其晨昏讥察，如内地保甲者，曰小红棍，兼守狱。狱设龙松庙右，为楼三重，夷人罪薄者置之上层，稍重者系于中，重则桎梏于下。有土窟，委干牛马矢，炷火其中，名曰矢牢。皆无禄。凡中国官府如澳，判事官以降皆迎于三巴门外，三巴炮台然大炮，番兵肃队，一人鸣鼓，一人颭旗，队长为帕首靴袴（牀）〔状〕，舞枪前导。及送亦如之。入谒则左右列坐。如登炮台，则番兵毕陈，吹角演阵，犒之牛酒。其然炮率以三或五发、七发致敬也。

岁十月，肖楮为红毛夷缚而走于市，诸番手椎追击之，詈而出，歌而入，晚则焚于野。明季红毛夺澳市，澳夷怨之，每岁有举，所以志之也。

番舶视外洋夷舶差小，以铁力木厚二三尺者为之，锢以沥青、石脑油，钉以独鹿木，束以藤，缝以（柳）〔椰〕索。其碇以铁力水杪。底二重，或二樯、三樯，度可容数百人。行必以罗经，掌之者为一舶司命。每舶用罗经三，一置神楼，一舶后，一桅间，必三针相对而后行。向编香字号，由海关监督给照，凡二十五号。前数年尚有一十六号，近年止十三号。二十余年间，飘没殆半。

澳番生计日绌，其夷目舶税，上货抽加二，次加以五，又次加一。小艇曰三板，长丈余。西洋俗以行贾为业，富者男女坐食，贫者为兵，为梢工、为人掌舶。妇女绣巾带、炊饼饵、糖果，粥之以糊口。凡一舶，货值巨万，家饶于财，辄自置舶。问其富，数舶以对，赀微者附之，或数十主同一舶。每岁一出，出则数十百家之命系焉。出以冬月，冬月多北风。其来以四五月，四五月多南风。计当返，则妇孺绕舍呼号，以祈南风。脱卒不还，相率行乞于市，乞者常千人。然性侈，稍赢于赀，居室服食辄以华靡相胜。出必张盖乘舆，相见脱帽以为礼。以冬至后七日为岁首，插（柳）〔椰〕叶于户，人相贺岁。三百六十五日分为十二分，一分曰沙聂禄，三十一日；二分曰勿伯勒禄，二十八日；三分曰马尔所，三十一日；四分曰亚伯理，三十日；五分曰马约，三十一日；六分曰如虐，三十日；七分曰如略，三十一日；八分曰亚我斯笃，三十一日；九分曰斯等伯禄，三十日；十分曰呵多伯禄，三十一日；十一分曰诺文伯禄，三十日；十二分曰特生伯禄，三十一日。纪年以耶稣始生之岁为元年，称一千四百若干年。

四时无节令，春秋亦无祀先礼。庆吊无牢醴币帛之仪，燕饮不修宾主揖让之节，饮酣则掷玻璃盏以为乐。每日晨兴，食已皆卧，闻两点钟而起。暮张灯作人事，夜分乃息。两点钟者，日为午，夜为子也。

重女而轻男，家政皆女子操之。及死，女承其业。男子则出赘女家，不得有二色，犯者女诉之法王，立诛死。或许悔过，则以铁钩钩其手足，血流被体而后免。女则不禁，得一唐人为聟，皆相贺。

婚姻不由媒妁，男女相悦则相耦。婚期父母携之诣庙跪，僧诵经毕，讯其两谐，即以两手携男女手送之庙门外，谓之交印。

庙惟（天主）〔花王〕、大庙、风信，三分番户而司其婚，余皆否。尤薄于送死。家有丧，号哭不过七日，不炊，亲友馈之食。无棺椁，异支粮庙公匣，至殓，以布帛覆以罩。僧鸣铎前导，赴素所礼拜之庙而葬之。既至，出诸匣，富者入赀多，许于天主前穴地藁葬，镌志姓名于石。贫者葬庙外，其富者又分赀献诸庙，葬之日争为鸣钟，其妻子迄无一送者，故僧以日饶。葬逾年，出骨瘗之他所。如尚肉，谓获罪不上升，僧鞭其尸而掩之，需其化而改葬。丧期或一年，或数月，有吉事则不至期亦释服。产子未弥月而夭，遍告戚友，聚而焚香，置诸盘，插花缠彩，送庙中葬之。僧劳其父母以（镪）〔襁〕，谓之仙童。遇黑奴无道，不匹配，锢之终其身，示不蕃其类也。

无族姓亲属。白多玛著《圣教切要》，窃中土五服图为同姓外亲四代之图，叩之澳夷，实蒪如。门供十字架，谓之圣架。诸庙每日卯叩钟以迎神，酉扣以送神，是日三点钟，闻者必蒲伏持咒，虽道路不废。案：所述风俗亦西洋各国所同，不独澳夷也。故以冠西洋之首。

《贸易通志》曰：布路牙国民昔豪于远贾，近日颇怠。其出入之货，每年不过几百万员。英吉利商船往市甚多，每年载八十余万石，与其国易布帛、大呢。

《万国地理全图集》曰：葡萄亚在欧罗巴列国之极西，东北连是（斑）〔班〕牙，东南乃大西洋海，北极出自三十七度三分至四十二度一十二分，偏西自六度一十五分。袤延方圆十二万八百方里。国甚褊小，居民三百六十三万丁。所有江河，尽皆（是）由〔是〕斑亚国流出，若土罗①、大菜②等江是也。产葡萄酒及南果，

①土罗（Douro），又作杜以罗江、斗罗河，指杜罗河。
②大菜（Tejo，Tagus），又作太古江，指特茹河。

英商以织造物件易之，每年所进价银七千三百万两，所出价银二百万两。

其居民懒惰惮劳，诈伪好报仇，天主教之僧操摄国权，所有田亩多归之，是以积财自肥，而勤劳之农不得自给。地土丰盛，而耕不勤。其国昔服罗马国，敬奉天主教。后有回回自亚非地征取全国。于元朝年间，其土民自愤，力驱回教，势成鼎足。于明朝时，国王专务算法，深通天文，选能干水手驶南，寻出新地，周绕亚非全地，竟至五印度国，最为西洋各国之向导。国民豪气大兴，冒浪冲涛，视死如归，不远万里，于明世宗年直抵中国，在澳门踞住，贸易通商。嗣后人心渐弛，所有新地马头以及各蕃属，或让给荷兰，或服属是班亚国，气力非昔。然其前世，本国之人，在各新地娶妻生子，至今后裔讲葡话、崇葡教，不独流于澳门，尚遍于五印度各地也。其国王现系女主，不专主国政。今设议国政两班贵人，如其议不合众意，则女主所谕，亦不得遵行焉。国都（系）勒门[1]，在大江边，大战舰能到之处。其殿庙最妙，其街污秽。屡结党乘机杀民报仇。阿破多[2]设大书院，亦出葡萄红酒。其国之西，亚素群岛[3]多产南果，天气晴明，风景甚美。

《地球图说》：葡萄牙国东北界大吕宋国，南、西界大海，百姓约三百五十万。都地名力斯朋[4]，城内民二十六万，统属天主教。其百姓昔极兴旺，能与西海[5]通商，今大不如昔。且学校未广，民多怠惰。肤色颇黑，与西班牙国相似。土地膏腴，天时和

---

①勒门（Lisboa, Lisbon），里斯本。

②阿破多（Oporto），即波尔图（Porto）。

③亚素群岛（Azores Is.），亚速尔群岛。

④力斯朋（Lisbon），里斯本。

⑤西海，泛指大西洋东岸，即欧洲、非洲西岸国家。

畅。乾隆二十（六）年，（间）是国都城地震，屋宇倾颓，人民泯
没者三万人。内有三大江，曰卦地亚那江①、太古江、杜以罗江。
另有亚非利加大洲之西海三岛：名马太拉岛②、亚琐利岛③、加法
岛④。与天竺国网买部内之俄亚城并中国之澳门（岛）均其所属。
土产葡萄酒、盐、羊毛、布、油等物。

　　《地理备考》曰：布路亚国，古名卢西达尼〔亚〕，今称伯尔
都（加）〔牙〕里，在欧罗巴州极西。北极出地三十六度五十六分
起至四十二度七分止，经线自西八度四十六分起至十一度五十一
分止。凡论经线皆系自佛兰西国都第一午线算起，后皆仿此。东
北二方皆连西班牙国，西南二方皆至亚德兰的海。南北一千三百
里，东西五百里，地面积方约五万一千二百五十里。烟户三兆五
亿三万口。本国除海涯与河岸各平原外，余皆冈陵重叠，络绎不
绝。河之至长者八：米虐河⑤，黎马河⑥，斗罗河，窝乌加河⑦，
萨（阿）都河⑧，瓜的亚那河⑨。湖至大者六：义土孤拉湖，勒敦
大湖，隆加湖，（色）〔巴〕砂湖，萨斯卑洛湖，科比多湖。土沃
产饶，地气温和。土产金、银、铜、铁、锡、铅、窝宅、水银、
煤、矾、硫黄、花石、砒石、寒水石、红蓝宝石、紫石英、吸铁
石、宝砂、水晶、磁器等。

---

①卦地亚那江（Guadiana R.），瓜迪亚纳河。
②马太拉岛（Madaira Is.），马德拉群岛。
③亚琐利岛（Arores Is.），亚速尔群岛。
④加法岛（Cap‑Vert），佛得角共和国（The Republic of Cape Verde）。
⑤米虐河（Minho R.），米纽河。
⑥黎马河（Limia R.），利米亚河。
⑦窝乌加河（Vouga R.），沃加河。
⑧萨都河（Saldo, Saido），赛多河。
⑨瓜的亚那河（Guadiana），瓜迪亚纳河。原书列二十一河，魏源改为八长河，但只列
　　六名，疑漏 Tejo、Ancora 二河。

王位男女皆得嗣立，惟以长幼为序。奉罗马天主教，外国人寄寓，或奉别教者不禁。工肆林立，技艺精巧。旧不立国君，惟设宰臣理政。后有非尼西亚国人兴兵克之，旋为加尔达厄国人驱逐，即主其地。三百余载，又并于罗马。晋义熙五年，又为亚拉与隋窝二国分据。隋开皇五年，遂为哥度国王①所取。唐景云二年，回人夺之。宋绍圣元年，加斯德辣②国王因佛兰西国王之孙英黎给与回人交兵有功，赐以所克葡萄亚之地，妻以己女。厥后英黎给之子袭职，于金熙宗天眷二年，大败回人，众立为王，是为本国开基之君也。其后历代渐次征服回人，开辟益广。明万历八年，国君绝嗣。大吕宋国王非里卑乘时举兵占据。越六十载，明崇祯中，国人逐吕宋监守官，自立若翰③为君。嘉庆十二年，佛兰西兵来侵，国君走据巴拉西利④地。道光元年，复归本国，始立巴拉西利地自为一国，不相管属。旧分六部，今为八部：一义德斯勒马都拉⑤部，乃国都也，建于德入河⑥边，由河滨至于高陵，楼台叠起，景色峻丽，四方辐辏；一卑辣亚尔达⑦部；一卑辣拜砂⑧部；一亚零德入⑨部；一亚利牙尔威⑩部；一斗罗⑪部；一米虐⑫

①哥度国王，指哥特王朝（Gothic dynasty）。
②加斯德辣（Castile），卡斯提。
③若翰指若奥四世（João Ⅳ.）。
④巴拉西利（Brazil），巴西。
⑤义德斯勒马都拉（Estremadura），埃什特里马杜拉。原书说该省省会里斯玻亚（里斯本）才是国都，魏源误删，变成以该省为国都。
⑥德入河（Tejo），特茹河。
⑦卑辣亚尔达（Beira Alta），上贝拉。
⑧卑辣拜砂（Beira Baixa），下贝拉。
⑨亚零德入（Alentejo），阿连特茹。
⑩亚利牙尔威（Algarve），阿尔加维。
⑪斗罗（Douro），杜罗。
⑫米虐（Minho），米纽。

部；一达拉斯德〔斯〕蒙〔德世〕①部；其国通商冲繁之地，或为内地大埠，或海滨马头。除八部外，尚有数处归其统属：一亚索利斯海岛②，在亚德兰的海，与本国东西相对，共有九岛，是为至大之岛；一马地义拉③；一加玻威尔的④；一安可拉；一三多美暨比〔零西比〕⑤；一莫桑比给。以上五处皆在亚非里加州。一小西洋暨其属辖各处，皆在亚细亚州：一地门、索罗尔等处，皆在南洋海⑥中。

《外国史略》曰：葡萄亚国于周朝时已通贸易，后罗马国攻服之，以为藩属。汉朝时，国日强，然屡被外国侵伐。唐肃宗时，并入回回国者三百年。宋朝时，攻败回回，军士欢呼，自此立国。历二百年，贤王在位，招商航海，望西南而驶，遇岛即据，立新埠。远驶亚未利加沿海地方，渐近赤道之地，触热前进，绕过大浪山，遂抵五印度国。复东南驶一周，仍回五印度。时明弘治六年也。由此散布在南海各岛。于明正德十一年至中国，前驻上川，后至舟山、宁波、泉州，而据澳门。广通商之路，与日本贸易，获厚利。又别在亚默利加州之东南开藩属国。嗣后国内之教师弄权，五爵恃势，王又好战。万历五年，亲出兵于亚未利加之北，以强伐回回，屡败战死。西班亚闻风即侵葡萄国，强据之，并乘间强取葡萄国藩属地之大半。荷兰亦攻击澳门。垂六十年，百姓大怨西班亚国。明崇祯四年，其大爵公侯共驱西班亚兵师，国势再兴。据东南亚默利加之巴悉开埠，并五印度数港，与英国连唇

---

①达拉斯德斯蒙德世（Tras–os–Montes），外山。
②亚索利斯海岛（Azores Is.），又作亚朔群岛，亚速尔群岛。
③马地义拉（Madeira Is.），马德拉群岛。
④加玻威尔的，今佛得角共和国（The Republic of Cape Verde）。
⑤三多美暨比零西比（São Tomé et Principe），圣多美和普林西比。
⑥"南洋海"，原书作"阿塞亚尼亚州"，魏源改为"南洋海"。

齿，广通商市。乾隆十四年，约色弗王号第一王即位，招贤改政，名扬海外，尽逐天主教擅权之士，而亲自摄权焉。嗣后佛兰西大起兵侵葡国，入据其地，国王逃避巴悉国。英国以婚姻之故，不忍坐视，大军于嘉庆十三年攻胜佛兵，与葡军合阵败敌，尽归其侵地，返其君。道光十四年，国王没，女王即位，与外国联姻。居民连年启衅，国帑尽空，欠项日积，虽将道院之财悉充公，犹不足用。幸其国畏天顺人，颇知自守。

其地（东）〔西〕南及大海，（西）〔东〕北连西班亚国，北极自三十七度至四十度，偏东自九度至十二度五十八分，其东北与西班亚交界，中亘山岭。其水一自西班亚来之他峨河①，一为北方土罗河，大船可入。其谷最丰盛，山水形势最美。天气不暑不寒，故民不染病。其春时于十二月中起，二月多大风雨，四月收谷，但百姓未善耕田，故五谷不给。其嘉美之产，惟红白葡萄。国地方圆千七百二十二里。居民三百五十四万九千余。附近之亚朔群岛，二百二十四里，居民三十九万一千。其面棕色，好作乐，喜游玩，不好饮食。其男之健者好航船，气量甚褊，有怨必报。惟北方之民有礼，厚待旅客。其贵人尤以礼自持。国中富者皆大爵，庶民有财者鲜。葡萄亚人固执天主新教，轻耶稣本教。国中教宗大师一位，教主二位，副教主十四位。男道院三百六十处，内居五千七百六十人，岁廪七千六百万圆。女院百三十八间，内居三千零九十三人，岁俸四千五百万圆。此时已籍其道院之大半入官，独存一大学院。土音与西班亚语相同，鲜文士，乏制造。其始建都于利士本②，近〔他〕峨河口，长仅一里，阔半里，无

①他峨河（Tejo, Tagus），特茹河。
②利士本（Lisbon, Lisboa），里斯本。

城，在港口建炮台为卫。乾隆（十九）〔二十〕年地震，炮台坏，今复建之。居民二十万，建礼拜堂三百处，修道院六十四处。好善之家立病院，每年养病人万有六千。亦有育婴院，每年收婴孩千六百名。近城有道以引水。书院积书册八万本。

都城为葡国最大之市埠，本地各行店二百四十家，外国百三十家。每年进口商船万二千只，英国大战舰每停泊焉。博多①亦海边港口，居民八万，土罗河边，每年进口船千只，多运红葡萄酒。居民织缎袜等货，街衢洁净。益文邑②居民万八千，哥音邑③居民万五千，国之肄业院在此，学术之士千五百名。

葡国君多与外国婚姻。若办国事，必听命于乡绅、五爵，不得径行。

所入国帑共千七百万圆，近时所入更少，其欠项至今仅还十分之一。

步兵二万，骑兵三千，水师益少。大战舰二只，中战舰四只，二桅战船六只。

百姓三百五十四万九千余丁，共八十二万七千余家。道光十八年，所生之人九万九千零九十七，所死者六万七千五百名，小儿未及七岁者五十一万名。亚非利加所属辖之民六十八万二千，亚细亚五十七万六千。

---

①博多（Porto），波尔图。
②益文邑（Evora），埃武拉。
③哥音邑（Coimbra），科英布拉。

海国图志卷三十九

欧罗巴人原撰　　侯官林则徐译　　邵阳魏源重辑

大西洋 欧罗巴洲

大吕宋国 即斯扁国，一名西班亚，

一作是班牙，一作以西把尼亚，《海录》谓之意细班〔惹〕尼[1]，皆译音之转。又一作干丝腊[2]。

大吕宋国在葡萄亚国之北少西[3]，亦明以来住澳之大西洋也[4]。四围皆山，中央平衍。在耶稣未纪年以前，为加达尼晏所据，开采银矿，政多暴横，居民苦之。时意大里亚国势方盛，请兵驱逐，因举国归意大里，心悦诚服。虽后值意大里衰微，犹不忍背。四百十八年，晋安帝义熙十四年。有完那尔士[5]、曷士[6]二人聚众雄长，各不相下，血战经年，曷士战胜，遂王吕宋，建都麻特义[7]，设官分治。三百载，阿丹国逾海往侵，力不能拒，弃国遁保山林。旋

---

①意细班惹尼（Monarquia Hespanhola），西班牙王国。

②干丝腊（Castilla, Costille），卡斯提。

③西班牙在葡萄牙的东北面。

④西班牙于1580年至1640年吞并了葡萄牙，在这六十年间这句话是讲得通的。但从1640年起，葡萄牙就获得独立了。

⑤完那尔士（Vandals），指汪达尔人。

⑥曷士（Goths），指哥特人。

⑦麻特义（Madrid），马德里。

得渣力司马特尔①力战三日，阿丹不敢进追，乃割国中部落之半归阿丹议和。千（七）〔四〕百（四）〔七〕十〔四〕年，（乾隆五）〔成化十〕年。曷士后裔之华里兰②王始破阿丹，日渐强盛，乘势攻击，获北墨利加之（审）〔密〕斯果③，继得南墨利加之毕卢④，皆产金著名之地，并夺得阿细亚洲之蛮尼那岛⑤，名之曰小吕宋，兼并旁近数部落，为海滨巨国。传至菲利王⑥渐弱，身后诸子争立，牟满⑦求助于佛兰西得立，虽不称藩于佛兰西，而感其援立，如小事大。政事旧归马约里衙门⑧，因专权裁汰；别设士特⑨、干西尔衙门⑩，正副各一，众推公举，分理其事，以防专擅。后复朋党为奸，佛里王⑪欲革不能，借助邻国，始得裁废。近又新设戈底司⑫，以备差遣。大小战船百艘，护行兵二万五千，水陆兵共三十五万五千。水师先号强悍，后攻南弥利坚无功，遂以不竞。陆兵骁勇，旧甲诸国，百年来亦远不如昔。赋税岁征二千九百九十万员。市廛货物凡易一手，纳税一次，重征叠敛，遂致萧索。（国用）〔宫禄〕岁需二百五十二万五千员，（王宫中）〔国用〕岁支五十四万员，（宫禄）〔司法〕七十二万五千员，战船费二百万员，水师兵饷七百二十二万五千员，陆路兵饷千三百二十五万员。常

1175

①渣力司马特尔（Charles Martel），通译查理·马特尔。
②华里兰（Ferdinand），通译费迪南。
③密斯果（Mexico），墨西哥。
④毕卢（Peru），秘鲁。
⑤蛮尼那岛（Manila），马尼拉，指吕宋（Luzon）岛。
⑥菲利王，指菲力普二世（Philip Ⅱ.）。
⑦牟满，指波旁王朝（Boubon dynasty）。
⑧马约里衙门，原文为 majority of the nation。
⑨士特衙门，原文为 The council of state。
⑩干西尔衙门，原文为 the council of castile。
⑪佛里王，即费迪南（Ferdinand）。
⑫戈底司（Cortes），指国会。

年出纳，有盈无（纳）〔绌〕。惟意外大兵大役，不无匮缺。故国中积欠（九）〔八〕万万员。俗骄好斗，不甚遵约束。然性灵巧，工丹青，尤喜音乐，节奏之妙，亚于意大里。国中俱遵加特力教，例禁两歧，有犯者治以焚如之刑。河道五：达俄河、鲁罗河均源伊墨连山①，由大吕宋而至布路亚出海，上游在大吕宋地内者大半，下游在葡萄亚地内者甚短，而舟楫云集，倍蓰于吕宋；俄阿里那②自那满查③发源，至葡萄亚出海；伊（浚）〔没〕河④由北隅之加（逵）〔达〕墨连山⑤发源，历数部落而至东隅出海；俄（斯）那尔亏威河⑥之源，发自西腊摩里那山⑦，历数部落至南隅之鲁加尔⑧出海，商舶所汇聚。土产铅、水银、铁、丝发、毡毛、呢布、琥珀、棉、硵、沙纸。所属之密斯果、毕卢产金银，近已减少。今中国所行洋银，俱吕宋所铸，他国银钱罕。由澳门通市之始，先行吕宋货币云。

《贸易通志》曰：是班牙国与葡萄亚相邻。其国连年混乱，商旅微少。所运出者水银、铅、铁、橄榄油果、红花、葡萄酒、蚕丝、羊毛，每年不过数百万员。此条补入。

斯扁即大吕宋国。（都）东南界海，西界葡萄亚，北界佛兰西，幅员十八万八千二百方里，户〔千二〕百二十四万八千口。领总部落十有六。大部落八十，小部落四百三十有七。

———————

①伊墨连山（Iberian Chaim），伊比利亚山脉。
②俄阿里那河（Guadiana R.），瓜迪亚纳河。
③那满查（La Mancha），拉曼查。
④伊没河（Ebro R.），埃布罗河。
⑤加达墨连山（Cantabrian Mts），埃塔布里亚山脉。
⑥俄那尔亏威河（Guadalquivir），瓜达尔基维尔河。
⑦西腊摩里那山（Sierra Morena），莫雷纳山脉。
⑧鲁加尔（Sanlucar de Barrameda, S. Lucar），桑卢卡尔。

纽加塞代尔①东界哇领（含）〔社〕②，西界伊塞那麻鲁③，南界（奄那鲁社）〔那满查〕④，北界阿尔加色代尔⑤。领大部落七，小部落六十。

加达罗尼阿⑥东、南界海，西界阿拉顽⑦，北界佛兰西。领大部落九，小部落三十有三。

阿腊湾⑧东界加达罗尼阿，南界哇领（含）〔社〕，西界阿尔加色代尔，北界佛兰西。领大部落七，小部落四十有三。

那哇腊⑨东、南界阿腊湾，西界弥斯计⑩，北界佛兰西。领大部落五，小部落八。

洼领（含）〔社〕东、南界海，西界纽加色代尔，北界阿腊湾。领大部落四，小部落二十有四。

毋社⑪东界哇领（含）〔社〕，西界奄那鲁社⑫，南界海，北界纽加色代尔。领大部落三，小部落二十有二。

奄那鲁社东界毋社，西界波底牙⑬，南界海，北界（纽加色代尔）〔那满查〕。领大部落十有五，小部落七十有四。

阿尔加色代尔东界阿拉湾，西界里稔⑭，南界纽加色代尔，北界海。领大

---

①纽加塞代尔（New Castile），新卡斯提。

②哇领社（Voloncia），巴伦西亚。

③伊塞那麻鲁（Estremadura），埃斯特雷马杜拉。

④那满查（La Mancha），拉曼查。

⑤阿尔加色代尔（Old Castile），旧卡斯提。

⑥加达罗尼阿（Catalonia），加泰罗尼亚。

⑦阿拉顽（Aragon），阿拉贡。

⑧阿腊湾（Aragon），又作阿拉湾，阿拉贡。

⑨那哇腊（Navarre），纳瓦拉。

⑩弥斯计（Biscay），比斯开。

⑪毋社（Murcia），穆尔西亚。

⑫奄那鲁社（Andalusia），安达卢西亚。

⑬波底牙（Portugal），葡萄牙。

⑭里稔（León），莱昂。

部落六，小部落三十有七。

弥斯计东界那哇腊，北界海，西、南俱界阿尔加色代尔。领大部落一，小部落十有七。

牙厘社①东界阿色都里斯②，西、北界海，南界布路亚。领大部落五，小部落二十有五。

里稔东界阿加色代尔，西界布路亚，南界伊塞特那麻鲁③，北界阿塞都里司。领大部落七，小部落四十有八。

依塞特那麻鲁东界钮加色代尔，西界大西洋，南界埯那鲁社，北界里稔。领大部落七，小部落三十有二。

麻育加岛④在国东，与哇领社近。领大部落一，小部落三。

弥那加岛⑤在国东，与哇领社近。领大部落一，小部落一。

依委沙岛⑥在国东，与哇领社近。领大部落一，小部落一。

大吕宋国沿革原无，今补。

《职方外纪》：欧罗巴之极西，曰以西把尼〔亚〕国，即吕宋国。南起三十五度，北至四十度；东起七度，西至十八度。周一万二千五百里。疆域遍跨他国。世称天下万国相连一处者，中国为冠；若分散于他域者，以西把尼亚为冠。案：吕宋在明代甚强，所至攻取各岛，如台湾南之小吕宋其一也。故分散他域者众。以西把尼亚本地三面环海，一面临山。山曰北勒搠（阿）〔司〕⑦，产骏马、五金、丝棉、细

①牙厘社（Galicia），加利西亚。
②阿色都里斯（Austurias），又作阿塞都里斯，即阿斯图里亚斯。
③伊塞特那麻鲁（Estremadura），又作埃斯特雷马杜拉。
④麻育加岛（Majorca I.），今马略尔卡岛（Mallorka I.）。
⑤弥那加岛（Minorca I.，Menorca I.），米诺卡岛。
⑥依委沙岛（Ivica I.，Ibiza I.），伊维萨岛。
⑦北勒搠司（Pyrenees Mts.），比利牛斯山脉。

绒、白糖之属。国人极好学，有共学在撒辣蔓加①，与亚而加辣②
二所，远近学者聚焉。高人辈出，著作甚富，而陡禄日亚③〔与〕
天文之学尤精。古一名贤曰多斯达笃者，居俾斯玻之位，著书最
多，寿仅五旬有二。所著书籍就始生至卒计之，每一日当得三十
六章，每章二千余言，尽属奥理。后人绘其像，两手各持一笔，
彰其勤敏也。又有一王名亚丰肃者，好天文、历法，精研诸天之
运，列宿之躔，撰成《历学全书》。世传岁差本原皆其考定，制为
一定图像，为今历家大用。又将国典分门定类，为七大部，法纪
极备。复取天主古今经籍有注疏者不下千余卷，遍阅至十有四次。
又纂本国自古史书。以身亲国政之人，傍及著述，种种如此，后
世称曰贤王宜矣。此国人自古虔奉天主圣教，最忍耐，又刚果，
且善远游海外，曾有绕大地一周者。国中有二大名城：一曰西未
利亚④，近地中海，为亚墨利加诸舶所聚，金银如土，奇物无数，
又多阿袜利果，有一林长五百里者；一名多勒多⑤城，在山巅，无
泉，下山取水甚艰。近百年内有巧者制一水器，能盘水直至山城，
不用人力。其器昼夜自能转动也。又有浑天象，其大如屋，人可
以身入于其中，见各重天之运动，其度数皆与天合。相传制此象
者注想十七年，造作三年，曾未重作一轮。其境内有河，曰寡第
亚纳⑥，伏流地中百余里，穿窿若桥梁，其上为牧场，畜牛羊无
算。有塞恶未亚⑦城，乏甘泉，从远山递水，架一石梁桥，上作水

1179

①撒辣蔓加（Salamanca），萨拉曼卡。
②亚而加辣（Alcala de Henares），今称埃纳雷斯堡。
③陡禄日亚，原文作 theology。
④西未利亚（Seville，Sevilla），塞维利亚。
⑤多勒多（Toledo），托莱多。
⑥寡第亚纳（Guadiana R.），瓜的亚纳河。
⑦塞恶未亚（Segovia），塞哥维亚。

道，擎以石柱，绵亘数十里。又一都城，悉皆火石砌成，故本国有言，以西把尼亚有三奇：有一桥万羊牧其上，有一桥水流其上，有一城以火为城池也。国中天主堂虽多，而最著者有三：一以奉雅歌（黔）〔默〕圣人，为十二宗徒之一，首传圣教于此国，国人尊为大师大保主，四方万国之人，多至此瞻礼；一在多勒多城，创建极美，中有金宝祭器不下数千，有一精巧银殿，高丈余、阔丈许，内有一小金殿高数尺，其工费又皆多于本殿金银之数。其黄金乃国人初通海外亚墨利加所携来者，贡之于王，王用以供天主耶稣者。近来国主又造一瞻礼大堂，高大奇巧无比，修道之士环居焉，其内可容三国之王，水泉四十余处。堂前有古王像六位，每位高一丈八尺，乃黑白玉琢成者。堂内有三十六祭台，中台左右有编箫二座，中各有三十二层，每层百管，管各一音，合三千余管。凡风雨、波涛、讴吟、战斗，与夫百鸟之声，皆可模仿，真奇物也。又有书堂，阔三十步，长一百八十五步，周列诸国经典书籍，种种皆备，即海外额勒济亚①国之古书，亦以海舶载来，贮于此处。其地原系旷野山林，后因造此堂，鸠工住集，七年遂成一城云。以西把尼亚属国大者二十余，中下共百余。其在最西者曰波尔杜瓦尔②，分为五道，向有本王，后因乏嗣，以西（抱）〔把〕尼亚之君系其伯仲，乃权署其国事焉。其境内大河曰得若，经都城里西波亚③入海，故四方商舶皆聚都城，为欧罗巴总会之地也。土产果实、丝绵极美，水族亦繁。所出土产，葡萄酒最佳，即过海至中国，毫不损坏。国中（其）〔共〕学二所，曰厄物腊，曰哥应拔。其讲学名贤曾经国王所聘，虽已辍讲，亦终身给禄不

①额勒济亚（Greecia, Greece），希腊。
②波尔杜瓦尔（Portugal），葡萄牙。
③里西波亚（Lisboa），里斯本。

绝，欧罗巴高士多出此学。近有耶稣会士苏氏，著陡禄日亚书最精最广，超数百年名贤之上，其德更迈于文。国都又有一地，界两河间，周围仅七百里，（为）〔而〕高士聚会修道之所有一百三十处。又有天主堂一千四百八十所，水泉二万五千，大方石桥二百，通海大市六处。由此可见其地之丰厚也。侯家苑囿有周数十里者，各种禽兽充牣其中，异国名王过其地者，往射猎焉。随处立有仁会，遍恤孤寡茕独，或给衣食，或助赀贿，或保护其家，或葬死者。商舶至，或有死而无主者，则为收其行李，访其亲戚还之。种种仁事他国虽各有会，莫如此中之盛。此外，国王随处遣官，专抚恤孤子，理其家产，广其生殖，长则还所有，且增益焉。欧罗巴初通海道，周经利未亚、过大浪山、抵小西洋，而至中国贸迁者，从此国始。详见别纪。

《海录》：大吕宋国又名意细班尼惹，在布路亚北少西，由布路亚西北行约八九日可到。海口向西，疆域较布路亚稍宽，民情凶恶。亦奉天主教，风俗与布路亚略同。土产金、银、铜、铁、多罗绒、羽纱、哔叽、蒲桃酒、琉璃、番磁、钟表。凡中国所用番银，俱吕宋所铸，各国〔皆〕用之。

佛朗机国又名佛兰西，在吕宋北少西，疆域较吕宋尤大，沿海舟行四十余日方尽，由吕宋陆行约二十日可到。民情淳厚，心计奇巧。所制钟表，甲于诸国。风俗土产，与布路亚略同。亦奉天主教，所用银钱，或三角，或四方，中有十字文。案：意细班尼惹即以西把尼亚，音同字异。

《万国地理全图集》曰：是班牙国东连佛兰西国，西交葡萄地，南北及海，而有海峡隔绝亚非①海滨。北极出自三十六度至四

———————————

①亚非，指非洲（Africa）。

十三度四十分，偏西九度十七分至偏西三度十七分。方〔图〕〔圆〕五十三万九千方里。居民千三百七十三万丁。其地之山成三带，自东而西通行。其最北者至长，分全〔图〕〔国〕为三方。其北地崇山峻岭，夹以溪涧，无处可耕。其中央乃国都，天气燥暴，雨水罕得，草木不登，惟牧羊而已。其南方晴和，所产瓜果及所畜羊、马、驴、骡，甲于他国。国民骄豪敢战，在家好逸惮劳，饮食节用。其五爵形容清俊，视庶民如草芥，但多贫乏，徒恃世爵之威，有名无实。男女并好弹琴歌舞，又好斗牛。古时国属罗马，后被东方回回突来攻夺，勒百姓改奉回教。于是回军操权，立国历七百年，占据南方。然天主教人不服，后世兴兵复仇获胜，剿灭回回，靡有孑遗，独留其岩堡及殿廷瓦砾而已。明孝宗四年①，国王遣船寻新地，赴到亚墨利加国，得其地金银之山，自开矿冶，每年所出之财无数。彼时是班牙国之富强，几为欧罗巴洲之冠。特其上下恃富而骄，内不勤生，外不修武。于是佛兰西国兴兵争之，英吉利又兴兵争之。吕宋屡战不胜，其战舰或被英夺，或沉于水，尽驱是班牙军，夺其产金银之地。所存者，东惟吕宋②，西惟古巴而已。于嘉庆十二年，佛兵侵国，居民同仇，英兵来助，协力击退。其民久经战斗，常有变国家之意，又择五爵、绅士以办国政。现嗣位者乃国王之女。国饷银每年千八百万两。其兵八十万丁，陆军每年七百九十五万两，水师四百三十二万两，理刑名官各员四十万五千两，文武三十二万四千两，王宫百五十一万五千两，国家欠项四万八千万两。前此恃外来之财，今金银产地皆失，故国用甚窘。国事惟僧是从，以僧为议士，各处建高

---

① "四年"，应作"五年"。
② 吕宋，在此指菲律宾。

大之殿庙，而设天后与各圣人之偶像，群会赛神拜像。其庙田屋宇，亦多为僧所据，随时施济，以市人心。其教主，众民敬仰如帝君，为天主教最盛之邦。昔修道避世之男女几千万，此时异端渐废，国家籍其产业入官。其国分二十五部。国都马特①乃新城，内建大殿，有如城邑，费金无算。但其地沙野，草木不登，内地所有巴牙突②、撒（接）〔拉〕曼加③、瓦剌多勒④等城，昔人户甚繁，今废衰。北海边威我⑤、北破亚⑥等城，有嘉海口，经理通商。在地中海边，巴耳所罗那⑦以及加特⑧等埠头，运出南果、酒、油等货甚丰。加那他⑨昔乃回回之都，多古迹。多勒多与西味里⑩城广大，居民不少。国南两大岛，南果所产。

《地球图说》：大吕宋国东南并界地中海，西界葡萄牙国，北界大西洋并佛兰西国。百姓约有千三百（九）〔五〕十万之数。都城名马特，城内居民二十（五）万。宗天主教，民之文者弹琴行乐，武者斗牛尚勇。火轮船与火轮车亦少。国之北有崇山峻岭。中央高燥，草木难生，以牧羊、马、驴、骡为业。〔南土山川秀发，〕天时和畅，果实倍繁。惜十余年来，君民不睦，不时叛逆。现今国君是女主。又其南与亚非利加相近之处有高山，上有炮台，

---

①马特（Madrid），马德里。

②巴牙突（Badajors），巴达霍斯。

③撒拉曼加（Salamanca），萨拉曼加。

④瓦剌多勒（Valladolid），巴利亚多里德。

⑤威我（Vigo），维哥。

⑥北破亚（Bilboa），毕尔巴鄂。

⑦巴耳所罗那（Barcelona），巴塞罗那。

⑧加特（Cadiz），加的斯。

⑨加那他（Granada），格拉纳达。

⑩西味里（Seville，Sevilla），塞维利亚。

现属英吉利管辖。（再南方）有地名义（人）〔八〕答①，亦被英吉利占据。有江五：一伊伯罗江②，一加大怪法江③，一卦地亚那江，一太古江，一杜以罗江。虽大而浅，舟难深入。东南有三岛：一马实耳加岛④，一米诺耳加岛⑤，一伊非加岛⑥。外此又有西印度之二岛与亚非利加之加拿利岛⑦，并（中国）〔亚细亚洲〕之小吕宋岛，均是国所属也。产葡萄酒、蒲提子、羊毛、布、绸、缎、百果。

《地理备考》曰：大吕宋国，古名意卑里亚⑧，今称义斯巴尼亚⑨，在欧罗巴州西南。其国土在北极出地三十六度起至四十四度止，经线自东一度起至西十二度止。东南至地中海⑩，西连葡萄亚国暨亚德兰的海，北接加斯哥尼〔亚〕海湾⑪，西南距东北约二千四百五十里，东南距西北约二千零八十里，地面积方约二十一万八千七百六十里。烟户一京三兆九亿口。崇山峻岭，络绎不绝。河十二，注于亚德兰的海者七，注于地中海者五。湖三：一名亚尔不非辣⑫，一名伯乍尔⑬，一名加罗干达⑭。平原山谷，靡弗膏

①义八答（Gibraltar），直布罗陀。

②伊伯罗江（Ebro R.），埃布雷河。

③加大怪法江（Guadalquivir R.），瓜达尔基维尔河。

④马实耳加岛（Majorca I., Mallorka I.），马略尔卡岛。

⑤米诺耳加岛（Minoca I.），米诺加岛。

⑥伊非加岛（Ivica, Ibiza I.），伊维萨岛。

⑦加拿利岛（Islas Canarias），加那利群岛。

⑧意卑里亚（Eberia），西班牙古名。

⑨义斯巴尼亚，译自西班牙语 España，即西班牙。

⑩原书作"东至地中海"、"南统亚德兰的海"，魏源改为"东南至地中海"。

⑪加斯哥尼亚海湾（Golf de Gascogne），加斯科涅湾。原书作"北接加斯哥尼亚海湾暨比里牛斯山"。

⑫亚尔不非辣（L. Albufera），阿尔武费拉湖。

⑬伯乍尔（L. Béjar），贝哈尔湖。

⑭加罗干达（Laguna de la Janda），庄达湖。

腴。谷果丰登，禽兽蕃衍。地气〔北〕冷、中热、南暑。土产金、银、铜、铁、锡、铅、水银、窝宅、煤、矾、硝、磺、硇砂、石膏、花石、砺石、青石、火石、蓝绿宝石、钻石、红玉、碧玉、玛瑙、琥珀、水晶、紫石英、石榴珠等。王位男女皆得临御，惟以长幼为序。奉罗马天主公教，严禁旁门。工作技艺，较欧罗巴州各国稍拙，然工肆亦不少。通商贸易，陆少水多。在昔为加尔达厄国人所得，汉初归于罗马国。罗马衰弱，遂为北狄侵占。隋开皇末，为维西哥多人所取。唐睿宗时，又被回人侵据。彼时本国将军伯拉约者，乘回人不睦，遂激励遗民奋起驱逐，获大胜，众立为王，是为本国开基之君。后世渐扩邦土，分建数国，协力逐寇。明宪宗成化十（五）〔三〕年，亚拉冈①之君既娶加斯德辣②后，遂将列国归于一统。迨亚拉冈③薨后，奥斯的里亚国④（大臣）〔头等公非里卑之子〕加尔罗斯⑤者，以（王婚）〔外孙〕嗣君位。康熙三十九年，加尔罗斯⑥王薨，无嗣，遗命传国与佛兰西国王之孙非里卑⑦，是以佛兰西与奥斯的里亚二国举兵互争，究为非里卑所得。嘉庆十三年，被佛兰西国王那波良者占据，立其弟为君。自后布路亚、大吕宋、英吉利三国合军挫敌，救之。复立前王之子非尔难多⑧为君。迨道光十三年薨后，其女即位，乃大

①亚拉冈（Aragon），阿拉贡。"亚拉冈之君"指 Fernando Ⅱ（1479—1516）。
②加斯德辣（Castilla，Castille），卡斯提。魏源简称的"加斯德辣后"指 Isabella。
③应作"阿拉冈君非尔难多"，即 Fernando Ⅱ（斐迪南二世）。魏源删节后，误将"亚拉冈"变成人名了。
④奥斯的里亚国（Austria），奥地利。
⑤加尔罗斯（Carlos I），通译查理一世（1516—1556）。
⑥这个"加尔罗斯"是十七世纪末至十八世纪的，与上文的查理一世不是同一人，魏源误会了。
⑦指十八世纪的 Philip。
⑧指十九世纪初的斐迪南七世（Fernando Ⅶ）。

吕宋国现在之女王也。大吕宋国昔分十二国、二部，今则连国外海岛〔改为〕四十九部。

其国通商冲繁之地，内地大埠十，海边大马头八。除四十九部外，尚有数地归其统属：一搜达①，一北嫩德威勒〔斯〕②，一亚虑塞纳〔斯〕③，一美里黎〔亚〕④，一加拿里亚斯⑤，以上各处，皆在亚非里加州；一固巴⑥，一伯尔多黎〔各〕海岛⑦，皆在亚美里加州。一名小吕宋，一马黎〔亚〕纳海岛⑧，皆在（南洋）阿塞亚尼州⑨。

又有大吕宋属国曰安多勒⑩，在（其）国之加达鲁尼〔亚〕⑪部极边山坡小谷之中，为塞哥勒河⑫分派巴利拉小河⑬所穿者，其地长宽皆不及七十里。佛兰西国王与大吕宋国（王）〔乌尔惹耳⑭府主教〕互相覆庇。其官除国人自立会议官一员外，尚有佛兰西国王与大吕宋国（王）〔乌尔惹耳主教〕派委（理事）〔副领〕官二员。其人民以土产材木及制造铁器易谷果与日用所需各物。会城建于巴利拉河边，烟户约二千口。

---

①搜达（Ceuta），休达。
②北嫩德威勒斯（Penon–de Velez），佩诺德韦莱兹。
③亚虑塞纳斯（Alhucemas I.），阿卢塞马斯岛。
④美里黎亚（Melilla），梅利利亚。
⑤加拿里亚斯（Islas Canarias），加那利群岛。
⑥固巴（Cuba），古巴。
⑦伯尔多黎各海岛（Puerto Rico I.），波多黎各岛。
⑧马黎亚纳海岛（Mariana Is.），马里亚纳群岛。1565 年起，西班牙曾占领此群岛。
⑨阿塞亚尼州（Oceania），指大洋洲。
⑩安多勒（Andorre，Andorra），安道尔。
⑪加达鲁尼亚（Catalonia），加泰罗尼亚。
⑫塞哥勒河（Segre R.），塞格雷河。
⑬巴利拉小河（Varila R.），巴利拉河。
⑭乌尔惹耳（Seo de Urgel），塞奥—德乌赫尔。

《外国史略》曰：西班亚国自古由海滨开垦，渐通贸易。后在北亚非利加州之甲他哥国①设新埠。既而为罗马军所据，土人随其风俗语音者四百年。东晋恭帝时，有夷人自东至西，战胜，据其全地。唐睿宗年间，回回人侵取南方与北方，崇天主教之民力战七百年，不分胜负。回回之焰稍衰，而西班亚之势正旺，明弘治间，遂尽逐回回，兼并列国，独称雄焉。维时各国各寻新地以通商，西班亚有驶西海②之船，初抵亚墨利加州立新国，每年收银不下千万，亦时并旁国，名扬海外。其国专务天主新教，其僧及其教司皆统管庶民，有不信者重罚。于是荷兰、英吉利两国崇老教，与西班亚军力战八十年，荷兰获胜。然是时西班亚权在亚墨利加南北，地愈广，财日裕，又据吕宋群岛，传天主新教。康熙三十八年，国衰君废，改立新君，其国再兴。所通商半属英船，布帛、呢羽等货，皆赴西班亚国。其国旧禁银出洋，因此生衅。西班亚结佛兰西军共击英人。乃佛国之新君波那良③竟诱西班亚之君至国逐之，而立其弟以君西班亚国。其民不顺，英国助之，复立前王之子，时嘉庆十三年也。道光十三年，国主卒，其女摄权，固执新教，变乱未定，国帑如洗。其民有财者不肯借，而亚墨利加南北各藩属地复尽驱其主而自操权，财凋军废。然固执天主新教，终不悔悟也。

西班亚与葡萄亚为半土。东北连佛兰西；西及葡萄亚；南及地中海，与亚非利加州相隔；北及西班亚海。北极出自三十六度至四十三度四十七分，偏西三度十七分至九度十七分。地多山，北方山尤崇峻，中高，气燥水少，草木不生；南方多晴，产物丰

---

①甲他哥国，指属迦太基（罗马人称为 Carthago）的地方。
②西海，在此指大西洋西部海域。
③波那良，指拿破仑·波拿巴（Napoléon Bonaparte）。

盛。东北界佛兰西，有险阻为保障。南北海港，大船能入。河曰他峨河，长百二十里，西流至葡萄亚国，入大洋海；以伯罗河，长百里，西南流入地中海；危亚地那河①长百里，危他其威河②长六十里，皆南流也。国内无运河，货物难通；又无往来之路，故国帑如洗。道途不修，故防范难恃。其民人千二百五十七万。此际渐减，以其君禁不信天主新教，即不准居住。后在藩属地之人大获利，迁徙益众，以故居民益少。

其爵之名最多，为上、下爵。其上爵最古，有产业权势；其下爵与庶民无异。男女入寺，往往遂绝俗不出，在内参禅。立修道院，盛财帛，招贵人入院念经。天主教之院几占地之大半，甚殷裕，有权势，尊贵者罔不畏之。自佛兰西侵后，道院之势渐衰，遂籍其产入官，以充公费。然道院中之教师庶民，至今引领焉。屡唆是非，使民不安。地方褊小，财帛不多，然可足食。全地半垦为田，半归五爵。其三分之一，归在城绅士；其六分之一，归道院之僧师。南方出米并橄榄油、葡萄酒，不甚产木。其山产水银、黑铅。民无巧思，少制造。其亚墨利加之生理，前获厚利；今则为各国所分，生意微少。其教师不好文，故儿童多不入学，女鲜识字。国内立大学院十七间，以神道设教。居民大半棕色，眼有光明，好施济，重礼拜。故罢工之日多，暇则以斗牛为戏。南方女多美。西班亚人崇天主新教，祈祷念经，口内长称其名。临危时，即恳吁马利亚之名，以为凭信。其民好逸而惮劳。

乾隆五十六年，各口入货银九千万圆。由藩属国运入者八千三百万圆，其中金、银四千四百万圆。外国所运出者银四千九百

---

① 危亚地那河（Guadiana R.），瓜迪亚纳河。
② 危他其威河（Guadal Quivir R.），瓜达尔基维尔河。

万圆，藩国所运出者（五）〔二〕千三百万圆。其岁收藩属金银之贡三千五百万圆，杂货价值银（二）〔五〕千万圆，然国帑犹时时缺乏。所立通商之公班衙久歇。于道光十八年，外国所运入者六千万圆，运出者银二千六百万圆。铅山每年出五十万石，水银二十四万石。嘉庆三年，谷果计三千万圆，牲畜价银四千六百万圆，所出之矿四千三百万圆，杂货银千四百万圆。

　　国内设教主教师、副教师、教先生、小教师、副师、修道男女僧并教师等，一年所（收）〔牧〕之田共六千万圆。礼拜堂庙寺共二万八千二百四十九间，修道之男女居焉。教师财日盛，权日重，屡与国抗，或反为所败。

　　国都在中地，曰马特城，居民十九万五千。地皆平坦，高于海二百二十七丈。内建礼拜堂七十七间，修道院六十二间，国君并朝臣居此。设大学院各术之堂十八间，以广志识。巴悉罗那①城在地中海滨，居民十二万。港口极广，但水浅，大船不得入。其贸易甚盛，每年进口船千五百只，所出入货价计银千万圆。居民善造火器、花布、丝缎。在海边有军局铸火炮之地。别设病院、养婴院。悉威剌②邑居民九万六千，周三里半，有十二门。礼拜堂三十间。制烟之人千五百名。铺七百间，织绸缎。城内设大学院，学生七百八名。加那他邑居民八万，前回回族所建之城也。加得③邑居民七万，在地中海边。此港最广，昔与亚墨利加人于此大通商，四方立炮台，近地多产葡萄。瓦林西亚④邑在河边，山水清美，为一国之最。土田丰产。居民六万，其中二万二千织绸缎。

①巴悉罗那（Barcelona），巴塞罗那。
②悉威剌（Sevilla，Seville），塞维利亚。
③加得（Cadiz），加的斯。
④瓦林西亚（Volencia），巴伦西亚。

马拉亚①邑在海边，亦通商之地，有甘葡萄酒。可多瓦②邑居民三四万。

西班亚今之女王年尚少，其母妃督同大臣代摄国事。居民千二百二十八万，城百四十五座，共万八千八百七十方里。全地分四十三部，外有在北亚非利加海边之城、在南方之岛、在西北之岛、在亚墨利加之岛、在吕宋之群岛。惟其臣不善理国帑，公项积欠五万零七百万圆，其利息至今未还，大累他国之债主。道光十九年，计所费用银五千万圆。文官百万圆，刑部二百三十万圆，内国务千四百万圆，军士水师九千六百万圆，欠项利息三千八百万圆。道光二十二年，国费至银万万圆。所收者六千二百万圆，其欠项一百五万圆，所入不敷所出。

步兵六万七千。炮手凡七千八百，军机营兵千二百，骑兵万三千，后营四万。尚有民壮五十营。军势虽广大，奈不能抚驭百姓，屡有叛衅。此时水师渐衰，仅数号兵船朽烂在港口。

---

①马拉亚（Malaga），马拉加。
②可多瓦（Cordoba），科尔多瓦。

海国图志卷四十 邵阳魏源辑

大西洋

荷兰及弥尔尼壬国

荷兰及弥尔尼壬两国总记弥尔尼壬国，一名伊宣，又名北义。

荷兰及弥尔尼壬两国同区，总名曰尼达兰①，犬牙互错，参差不齐。幅员二万四千八百七十方里，半水半陆，居欧罗巴洲南北之中，为贸易之总埠。弥尔尼壬地势平芜，而多高阜。惟荷兰处于低洼，四围滨海，潮至，高出地面，修堤捍卫。

二国先皆无王，连合为一。弥尔尼壬之人强悍，与意大里亚之西撒尔②鏖战，为所服。荷兰则结意大里亚为援应。于是两处皆为意大里亚之藩部。中世各国兵起，两处旋属于佛兰西。嗣佛兰西之渣麻额厘王薨，其子各霸一方，荷兰、弥尔尼壬分属佛兰西之麻更里③管辖。麻更里以女嫁于奥地里亚国王，割十七部落为奁赠，荷兰、弥尔尼壬即在其中。继复为大吕宋所得。迨大吕宋之

---

① 尼达兰（Netherlands），尼德兰，荷兰自十六世纪以来即名尼德兰，1830 年比利时独立后仍用此名。而欧洲人惯称其为荷兰，汉译名从之。

② 西撒尔（Caesar），通译恺撒。

③ 麻更里，指勃艮第（Burgundy）家族。

菲厘王昏虐无道，荷兰、弥尔尼壬不服统辖，兴兵血战五十载。弥尔尼壬以边无险隘，不能拒守，惟荷兰抗拒如故。吕宋决堤浸灌，城不没者三版，固守不下。会奥大利亚国兵来援，吕宋退走，荷兰遂抚沃饶之七部落自为一国，建都于岩士达揽①，筑城练武。以舟师东征，克因里阿②；西攻南墨利加洲之墨腊济尔③，遂与东洋通贸易，国都日盛。会佛兰西兵取弥尔尼壬，旋进荷兰，据好司阿兰治④。于是两国仍为佛兰西所属。千七百九十九年，_{嘉庆四年。}俄罗斯、英吉利欲恢复荷兰，不克。迨佛兰西之那波里稔王即位，以其弟罗弥斯王荷兰仍节制。（佛）〔荷〕兰西之岩士达揽市埠，英吉利商贾所聚也。佛兰西与英吉利构兵连年，遂封荷兰港口，以断英商之贸易，荷兰埠市遂微。嗣奥大利亚国复取回荷兰，并得弥尔尼壬，合为一属国，名曰尼达兰。设好司阿兰治镇守，以防佛兰西侵夺。第荷兰与弥尔尼壬虽同区，而音语、教门迥异，名合心离。千八百三十年，_{道光十年。}二地果生衅，大战旬月。奥地里亚兵鞭长莫及。于是欧罗巴五大国调停讲和，仍分两国。遂议弥尔尼壬别立一王，公举色斯哥麦之（子）厘阿波尔⑤主之。_{今英国女王赘色斯哥麦国之王子为夫，即此国也。}即名其国曰弥尔尼壬国，建都于墨腊西尔斯⑥，辖大部落者九。荷兰辖大部落十有二。其荷兰旧所夺东洋之因里阿地：葛留巴岛、沙麻特拉岛⑦、细利洼岛⑧、文

①岩士达揽（Amsterdam），阿姆斯达丹。
②因里阿（Indies），指印度半岛和东印度群岛。
③墨腊济尔（Brazil），巴西。
④阿兰治，指奥兰治王朝（the dynasty of the house of Orange）。
⑤指萨克森—科堡（Leopold de Saxe - coboug）。
⑥墨腊西尔斯（Brussel，Brussels），布鲁塞尔。
⑦沙麻特拉岛（Sumatera，Sumatra），苏门答腊岛。
⑧细利洼岛（Sulawesi，Celebes I.），苏拉威西岛。

莱岛①、麻拉马②岛、哥罗曼尼③岛，即在阿非里加洲之伊尔弥
〔那〕④、俄尔果色⑤诸地，并其地驻防之水师船，仍专归荷兰统
辖。荷兰向尊波罗特士顿教，弥尔尼壬向尊加特力教，今亦各仍
其旧。从兹分国，不复名尼达兰矣。

　　政事：荷兰国都设色特底司衙门一，仁尼腊尔衙门一。在色
特底司⑥供职者，终身不易；在仁尼腊尔⑦供职者，三年一易，届
期岁更三之一，俟有熟手接代。弥尔尼壬国都设立西那底⑧衙门
一，厘勃力新挞底⑨衙门一。在西那底供职者，八年一更，在厘勃
力新挞底供职者四年一更。

　　二国未分时，共有兵六万。其各部落久作佛兰西及奥大利亚
两国之战场。近分两国，各设兵丁，未详其数。荷兰大小战船百
三十只，火船四只。两国赋税，岁征银三（百）〔千〕五（十）
〔百〕万圆。户六百万三千五百七十八口。分国后，荷兰得五
之三。

　　其国习勤俭，精技艺，善绘画。遇有乞丐，即送工作房差使，
其不能工作者，则令戽水。无游民，寡盗贼。文学以依腊斯毋
士⑩、俄罗是阿斯⑪为最。各村皆设义学，弥尔尼壬逊之。

────────

①文莱岛（Borneo I.），加里曼丹岛。
②麻拉马（Malabar Coast），马拉巴尔海岸。
③哥罗曼尼（Coromandel Coast），科罗曼德尔海岸。
④伊尔弥那（El Mina），埃尔米纳。
⑤俄尔果色（Gold Coast），黄金海岸。
⑥色特底司是 States 的音译，应指上议院（Upper Chamber）。
⑦仁尼腊尔是 General 的音译，应为下议院（Second Chamber）。
⑧西那底是 Senate 的音译，即参议院。
⑨厘勃力新挞底是 Representative Chamber 的音译，即众议院。
⑩依腊斯毋士（Erasmus），通译依拉斯谟。
⑪俄罗是阿斯（Grotius），通译格罗提阿。

河道三：奈因河①发源极远，经蚁尔那兰②，由特力治③至猎达里④部落西；缪色河⑤亦发源远方，自南至北，径弥尔尼壬境内，至休斯伦⑥北与奈因河合流出海；色支尔河⑦亦发源远方，经过弥尔尼壬诸部落，至奄都洼⑧而注之海。欧罗巴洲有数大河，皆由此出海，故奄都洼最为大市埠。

土产米、麦、豆、麻、果、大呢、白纻布、洋布、鼻烟⑨、菜油、海鳅骨⑩、磁器、煤、铁。

荷兰国十二部

北荷兰部：东、北界海，（及）〔南界〕由特力治，西〔南〕界南荷兰。（南界西兰岛又勒治墨那满）领小部落十有八。

非利斯兰⑪部：东界俄罗忍银⑫及（阿委厘斯）〔特凌提⑬〕，南界（特凌题）〔阿委厘斯⑭〕，西、北界海。领小部落二十。

俄罗忍银部：东界耶玛尼，南界（阿威厘斯）〔特凌提〕，西界非力斯兰，北界海。领小部落十有二。

阿威厘斯部：东界（□□□）〔耶玛尼〕，南界特凌题，西界

---

①奈因河（R. Rhine），莱茵河。
②蚁尔那兰（Gelderland，Guelderland），格尔德兰。
③由特力治（Utrecht），乌得勒支。
④猎达里（Rotterdam），鹿特丹。
⑤缪色河（Maas，Meuse R.），马斯河。
⑥休斯伦（Heusdon），霍伊斯顿。
⑦色支尔河（Scheldt），斯凯尔特河。
⑧奄都洼（Antwerpen，Antwerp），安特卫普。
⑨鼻烟（tobacco - pipes），应译烟斗。
⑩海鳅骨（Whale bone），今译鲸须。
⑪非利斯兰（Friesland），又作非力斯兰，即弗里斯兰。
⑫俄罗忍银（Groningen），格罗宁根。
⑬特凌提（Drenthe），德伦特。
⑭阿委厘斯（Overijssel），又作阿威厘斯，即上艾塞尔。

非力斯兰，北界俄罗忍银。领小部落十有一。

　　特凌题部：东界耶玛尼，西界（海）〔非利斯兰〕，南界（蚁尔那兰）〔阿威厘斯〕，北界（阿威厘斯）〔俄罗忍银〕。领小部落二十有二。

　　蚁尔那兰部：东界耶玛尼，西界海及由特力治，南界勒治墨那〔满〕①，北界（特凌题）〔阿威厘斯〕。领小部落二十有四。

　　由特力治部：东界蚁尔那兰，南界（勒治墨那满）〔南荷兰〕，西〔、北〕界北荷兰。（北界海）领小部落八。

　　南荷兰部：东界由特力治，南界勒治墨那满，西界海，北界北荷兰。领小部落十有五。

　　西兰（岛）②部：东界勒治墨那满，南界弥尔尼壬，西界海，北界南荷兰。领小部落十。

　　勒治墨那满部：东界耶玛尼，南界弥尔尼壬，西界西兰（岛），北界南荷兰、蚁尔那兰。领小部落二十有二。

　　临麦③部：东界耶玛尼，东南界弥尔尼〔壬〕，西、北界勒治墨那满。领小部落十有二。

　　勒心麦④部：东界耶玛尼，南界佛兰西，西北界弥尔尼壬。领小部落十有六。

弥尔尼壬国九部

　　小墨那满⑤部：东界临麦，南界希挠尔⑥、那摩⑦，西界依色

---

①勒治墨那满（North Brabant），北布拉邦特。
②西兰（Zeeland，Zealand），泽兰。
③临麦（Limburg），林堡。
④勒心麦（Luxemburg），又作勒新麦，即卢森堡。
⑤小墨那满（Brabant，South Brabant），布拉邦特。
⑥希挠尔（Hainault），埃诺。
⑦那摩（Namur），又作那麻，即那慕尔。

佛兰那①，北界奄都洼。领小部落十有六。

奄都洼部：东界临麦，西界依色佛兰那，南界小墨那满，北界荷兰。领小部落十有八。

依色佛兰那部：东界小墨那满，西界威色佛兰那②，南界希挠尔，北界荷兰。领小部落十有七。

威色佛兰那部：东界依色佛兰那，西界海，南界佛兰西，北界荷兰。领小部落十有六。

临麦部：东界荷兰，西界奄都洼、小墨那满，南界里尼③，北界荷兰。领小部落十。

希挠尔部：东界那摩，南界佛兰西，西界威色佛兰那，北界小墨那满及依色佛兰那。领小部落十有九。

那摩部：东界尼里，南界佛兰西、勒新麦，西界希挠尔，北界临麦及小墨那满。领小部落十有五。

里尼部：东界耶麻尼，西界那摩，南界勒新麦，北界临麦。领小部落二十有四。

勒新麦部：东界荷兰，南界佛兰西，西界那麻，北界里尼。领部落十有四。

荷兰国沿革 原无，今补。

《明史》：和兰又名红毛番，地近佛郎机④，古不知何名。永乐、宣德时，郑和七下西洋，历诸番数十国，无所谓和兰者。其人深目长鼻，须眉发皆赤，足长尺二寸，顾伟倍常。

---

①依色佛兰那（East Flanders），东佛兰德。
②威色佛兰那（West Flanders），西佛兰德。
③里尼（Liège），列日。
④《明史》以此名指葡萄牙或西班牙。魏源认为此名指法国。

万历中，福建商人岁给引往贩大泥、吕宋及交留巴者，和兰人即就诸国转贩，未敢窥中国也。自佛郎机①市香山，据吕宋，佛夷惟市香山，未尝据吕宋。据吕宋岛者乃西洋之大吕宋，以其国名名此岛②，至今尚然，未尝为佛郎机所据也。此语亦误。和兰闻而慕之。万历二十九年，驾大舰携巨炮直薄吕宋，吕宋人力拒之，则转薄香山澳。澳中人数诘问，言欲通贡市，不敢为寇。当事难之。税使李道③即召其酋入城，与游处一月，亦不敢闻于朝，乃遣还。澳中人又虑其登陆，力为防御，始引去。

海澄人李锦及奸商潘秀、郭震久居大泥，与和兰人习。语及中华事，锦曰："若欲通贡市，无若漳州者。漳南有彭湖屿，去海远，诚夺而守之，贡市不难成也。"其酋麻韦耶④曰："守臣不许，奈何？"曰："税使高寀嗜钱甚，若厚贿之，彼特疏上闻，天子必报可，守臣敢抗哉？"酋曰："善。"锦乃代为大泥国王书，一移寀，一移兵备副使，一移守将，俾秀、震赍以来。守将陶拱圣大骇，亟白当事，系秀于狱，震遂不敢入。初，秀与酋约，入闽有成议，当遣舟相闻，而酋卞急不能待，即驾二大舰直抵彭湖。时三十二年之七月，汛兵已（撒）〔撤〕，如入无人之墟，遂伐木筑舍，为久居计。锦亦潜入漳城侦探，诡言被获逃还，当事已廉知其状，并系狱。已而议遣二人谕其酋还国，许以自赎，且拘震与俱。三人既与酋成约，不欲自彰其失，第云"我国尚依违未定"。而当事所遣将校詹献忠赍檄往谕者，乃多携币帛食物，觊其厚酬。

---

① 据澳门的"佛郎机"是葡萄牙，据吕宋（Luzon）的"佛朗机"是西班牙。
② 魏源在把《海国图志》扩编为百卷本之前是看到了我国俗呼西班牙为大吕宋是因为吕宋群岛已归其"统属"，"故以此而名之"的资料的。但他仍用旧说，倒过来说吕宋群岛是"大吕宋""以其国名此岛"。
③ 李道乃李凤之讹。
④ 麻韦耶（Wybrand Von Warwick），应译韦麻郎。

海滨人又潜载货物往市，酋益观望不肯去。当事屡使使谕之，见酋语辄不竞，愈为所慢，而寀已遣心腹周之范诣酋，说以三万金馈寀，即许贡市，酋喜与之。盟已就矣，会总兵施德政令都司沈有容将兵往谕。有容负胆智，大声谕说，酋心折，乃曰："我从不闻此言。"其下人露刃相诘，有容无所慑，盛气与辨，酋乃悔悟，令之范还所赠金，止以哆啰哖、（琉）〔玻〕璃器及番刀、番酒馈寀，乞代奏通市，寀不敢应。而抚按严禁奸民下海，犯者必诛。由是接济路穷，番人无所得食，十月末扬帆去。巡抚徐学聚劾秀、锦等罪，论死、遣戍有差。

1198

然是时佛郎机横海上，红毛与争雄，复泛舟东来，攻破美洛居国，与佛郎机分地而守。后又侵夺台湾地，筑室耕田，久留不去，海上奸民，阑出货物与市。已，又出据彭湖，筑城设守，渐为求市计。守臣惧祸，说以毁城远徙，即许互市，番人从之。天启三年，毁彭湖所筑城，移舟去，巡抚商周祚以遵谕远徙上闻，然其据台湾自若也。已而互市不成，番人怨，复筑城彭湖，掠渔舟六百余艘，俾华人运土石助筑。寻犯厦门，官军御之，俘斩数十名，乃诡词求款，再许毁城远徙，而修筑如故。已又泊舟风柜仔，出没浯屿、白坑、东椗、莆头、古雷、洪屿、沙洲、甲洲间，要求互市。而海寇李旦复助之，滨海郡邑为戒严。

其年巡抚南居益初至，谋讨之。上言："臣入境以来，闻番船五艘续至，与风柜仔船合，凡十有一艘，其势愈炽。有小校陈士瑛者，先遣往交留巴宣谕其王，至三角屿，遇红毛船，言交留巴王已往阿南国①，因与士瑛偕至大泥，谒其王。王言交留巴国主，已大集战舰，议往彭湖求互市，若不见许，必致构兵。盖阿南即

---

① 阿南国，指荷兰。

红毛番国，而交留巴、大泥与之合谋，必不可以理谕。为今日计，非用兵不可。"因列上调兵足饷方略，部议从之。天启四年正月，遣将先夺镇海港而城之，且筑且战，番人乃退守风柜城。居益增兵往助，攻击数月，寇犹不退，乃大发兵，诸军齐进，寇势窘，两遣使求缓兵，容运米入舟即退去。诸将以穷寇莫追，许之，遂扬帆去。独渠（师）〔帅〕高文律等十二人据高楼自守，诸将破擒之，献俘于朝，彭湖之警以息。而其据台湾者犹自若也。

崇祯中为郑芝龙所破，不敢窥内地者数年，乃与香山佛郎机通好，私（买）〔贸〕外洋。崇祯十年，驾四舶由虎跳门薄广州，声言求市，其酋招摇市上，奸民视之若金穴，盖大姓有为之主者。当道鉴（壕）〔濠〕镜事，议驱斥，或从中挠之。会总督张镜心初至，力持不可，乃遁去。已，为奸民李叶荣所诱，交通总兵陈谦为居停出入。事露，叶荣下吏，谦自请调用以避祸，为兵科凌义渠等所劾，坐逮讯。自是，奸民知事终不成，不复敢勾引，而番人犹据台湾自若。

其本国在西洋者，去中国绝远，华人未尝至。其所恃惟巨舟大炮。舟长三十丈，广六丈，厚二尺余，树五桅，后为三层楼。傍设小窗置铜炮。桅下置二丈巨铁炮，发之可洞裂石城，震数十里，世所传红夷炮，即其制也。然以舟大难转，或遇浅沙，即不能动。而其人又不善战，故往往挫衄。其所役使名乌鬼，入水不沉，走海〔面〕若平地。其柁后置照海镜，大径数尺，能照数百里。其人悉奉天主教，所产有金银、（虎）〔琥〕珀、（马）〔玛〕瑙、玻璃、天鹅绒、琐服、多罗琏。国土既富，遇中国货物当意者，不惜厚资，故华人乐与为市。

《皇清四裔考》：荷兰俗称红毛番，亦曰红夷，在西北海，（中）西（北）〔南〕与佛郎机接，去中国水程五万余里。其国有大山，名那兰山①，山麓建城，名那兰城②。其国受朝敕称王，名列外服。其臣下官爵见于奉使者，亦有户部官、总兵官等名。俗奉天主教，与英吉利同。性强悍，好争雄，所恃惟巨舟大炮。

明万历中，荷兰来侵吕宋，泊香山澳，入彭湖屿，寻据台湾。又与葛剌巴合，将入彭湖求互市。明发兵击败之。崇祯十年，复为明将郑芝龙所破，余众犹据台湾，教习土番耕作，筑平安、赤嵌二城以自固。顺治九年，郑成功寇镇江败归，谋取台湾。会荷兰通事何斌逋夷负，遁投成功，说成功以水师从鹿耳门入，与荷兰相持久。荷兰战屡败，弃台湾走。十年，广东巡抚奏报荷兰愿备外藩，谨修职贡。十三年六月赍表朝贡，经礼部议覆，应五年一贡，贡道由广东入。诏改八年一贡，以示柔远。康熙三年，大兵渡海攻郑锦等，进克厦门，荷兰国率舟师助剿，以夹板船乘势追击，斩首千余级。遂取浯屿、金门二岛。事由靖南王耿继茂奏闻，赐国王文绮、白金等物。

先是（二）〔六〕年（六）〔五〕月入贡，有刀剑八，皆可屈伸；马四，凤膺鹤胫，迅速异常。二十五年献方物，请定进贡限期五年一次。又贡船例由广东入，但广东路近而泊地险，福建路远而泊地稳，嗣后请由福建入。部议应如所请。是年，定减荷兰贡额。乾隆元年，裁减荷兰税额。谕曰："朕闻外洋红毛夹板船到广时，泊于黄（浦）〔埔〕，输税之法，海船按梁头征银二千两左右，再按则抽其货物之税，此向例也。近于额税之外，将伊所携置货〔物〕、现银，另抽加一之税，名曰缴送，与旧例不符，非朕嘉惠远人之意。着查例裁减，并宣谕各夷知之。"荷兰故居西北

---

①那兰山，今比利时阿登山脉（Ardennes Mts.）。
②那兰城，指今比利时的那慕尔（Namur）。

地，界西陇①，去中国甚远。自通市后常占居葛剌巴地，事详《葛剌巴传》。乾隆六年，闽浙总督策楞奏称西陇为荷兰祖家，去葛喇巴甚远。所谓西陇者，当即西洋故地②，荷兰虽占居葛喇巴，而荷兰之名久通朝贡，故仍其故号云。

《海录》：荷兰国在佛郎机西北，疆域、人物、衣服，俱与西洋同。唯富家将死，所有家产欲给谁何？必先呈明官长，死后即依所呈分授，虽给亲戚、朋友亦听。若不预呈，则必籍没，虽子孙不得守也。原奉天主教，后因寺僧滋事，遂背之。然仍立庙宇，亦七日礼拜。死则葬于坟园。国王已绝嗣，群臣奉王女为主，世以所生女继。今又绝，国中不复立王，唯以四大臣办理国政，有死者则除，其次如中国，循资格，以次迁转，不世袭。所属各埠各岛，虽在数万里之外，悉遵号令，无敢违背。亦以天主教纪年。国中所用银钱，为人形骑马举剑，谓之剑钱。亦有用纸钞者。土产金、银、铜、铁、（琉）〔玻〕璃、哆罗绒、（羽纱、）哔叽、番靦酒、钟表、羽纱，（而琉）〔玻〕璃尤甲于诸国。

伊宣国在荷兰北，疆域较布路亚稍狭，由荷兰向北行约七八日可到，风俗土产与布路亚同。此即所谓弥尔尼壬国也。与荷兰连疆域，始合终分。奉加特力教，与荷兰异。

盈兰尼士国③在伊宣西北，疆域、风俗、土产与伊宣同。由伊宣沿海向北少西行，约旬余可到。

亚里披华国④在盈兰尼士东，其南与佛朗机毗连。由盈兰尼士向东少北行，约数日到，人颇豪富。男子所穿衣较布路亚稍长。

①西陇（Seylon），今 Sri Lanka 斯里兰卡。
②斯里兰卡既不在欧洲，亦非荷兰"祖家"。
③盈兰尼士国，疑指阿登（Ardennes）地区。
④亚里披华国，疑指德国威斯特法伦（Westphulia）地区。

女人以巾裹头，连下颔包之；头戴一圈，平顶插以花，其额围以珠翠。亦与布路亚稍异云。

壬颇辇①国在亚里披华东北，风俗、疆域、土产略同。其伊宣、盈兰尼士、亚里披华、壬颇辇各国交界处，有地名郎玛②，众建一庙，礼拜者日无隙暑。是布路亚、吕宋、佛朗机、伊宣、壬颇辇、双鹰③、单鹰④七国所共奉祀。盈兰尼士、亚里披华二国则不拜。《四洲地理志》：佛朗西、布路亚、大吕宋俱尊加特力教，此庙必是也。其不拜者，殆与荷兰均奉波罗士特教。

《贸易通志》曰：荷兰国沿海有大港口，自古专务贸易。其通商自顺治、康熙年间甚盛，于今渐衰。所载出者为牛油、酥饼、丹参、麻子、麻布、酒等，进口者各南洋之货。道光十年，国都进口之船千有九百（八）〔九〕十四只，进口货价千五百万圆，出者千四百万圆。国帑亏空，故重征饷税，甚塞通商之路。南有罗得坦⑤埠头，道光八年进口船二千零八十五只。其余海口各港各埠，赢缩不等。

《职方外纪》：法兰得斯⑥在亚勒马尼之西南。地不甚广，人居稠密。有大城二百八十，小城六千三百六十八。共学三所，一学分二十余院。人情俱乐易温良，最好谈论，善讴歌。其妇人与人贸易，无异男子，顾其性极贞洁。能手作错金绒，不烦机杼。西洋布最轻细者皆出此地。

---

①"壬颇辇"，《海录》原作"滛跛辇"，魏源改。Imperio（Empire）的音译，指神圣罗马帝国或奥地利帝国（神圣罗马帝国在《海录》成书之前十四年灭亡）。
②郎玛（Roma），罗马。
③双鹰（Austria），奥地利。Austria 一名，由 Orienta Regnum 演变而成。
④单鹰，指普鲁士（Prussia）。
⑤罗得坦（Rotterdam），又作鹿特堤，即鹿特丹。
⑥法兰得斯（Flanders），佛兰德。

《万国地理全图集》曰：荷兰国极褊小，东连日耳曼国，南至北义，西北至海，西离英国不远。地虽最窄，人户稠密，共计三百六十万丁。其地似中国之江苏，形势极低。若不筑堤防范，则海水涨溢，其害无穷。由佛、日两国所流出之江，支曼入海矣。内地运河无数，船只往来不绝。田畴不多，到处牧场，故奶饼、牛油盛于他国。

古时荷地原系水泽，蛮夷所居。国民勤劳，筑堤掘河。是以从日、佛两国所流之水，入海不涨而肥，草场兴焉。士民皆自幼习水，故出水手，自古专务通商。于宋、元等朝，西洋列国以荷为通市，商贾云集，舟车辐辏。善造毡、呢、布匹，是以大城、富邑兴焉。当明朝时，吕宋国王操权，欲荷兰背波罗士特教而遵加特力教，荷民死拒不从。吕宋欲以兵船强服之，连战八十年后，不得不议和。荷则广开通商，乃合七部自为一邦，选（中）国〔中〕英杰统督各部。当此时，荷船驶到四海，战舟与英、佛交锋获胜，其商贾驶开新地，又在东南盖建葛拉巴，又据台湾，与日本国往来。其势隆隆，炎炎日盛。不幸乾隆年间，为佛兰西国所逼，降服请盟。嘉庆十七年①，荷赖他国协力驱逐佛军，与北义部合为一国，十五年不变。忽然北义作乱而逐荷王，两国交战，又永绝交焉。其居民朴实勤俭，以积财为务。身体壮健，好食酒烟，屋宇、街市洒扫净洁。古时与万国贸易，近日他国乘机各自交易，故荷船减少。国分七部，乡乡相续，邑邑相连，人物如蚁。但恨其人好酒，其国欠项最重，纳税倍于他国。国王不得专制其国，惟听绅士会议施行。其都安特堤②在海隅，其居民二十万丁。建屋

---

① "十七年"，应作 "二十年"。
② 安特堤（Amsterdam），阿姆斯特丹。

在泽上，用木扶之。各街有河汊。其房高大，内外美观。每年进口船二千只。鹿特堤城广街多屋，城内无处不通舟楫，居民温和，厚接远客。合琪①乃国王所居，离海不远，殿廷不高大，然其良民之屋甚美。来丁②、乌特③等城内，有大书院，名儒贤士所出也。荷国语音，北与日耳曼民如出一辙。

北义国即弥尔尼壬国，道光十一年与荷相绝。南及佛，北连荷，东交日耳曼，西至海。居民二百六十七万丁。其地与荷无异，但其河不多。产五谷、蔬菜。其百姓固执加特力教，效是班牙国之尤。庶民勤劳度生，饮食过量，又好动，轻诺寡信。其国王非与百姓公举之绅士商议，不能立法纳饷。现王爱其民，但其僧诱民纠众犯法。绝荷以后，贸易路塞。昔所进港口之船，移往他处。但城中之民皆巧手造织呢布，今亦制铁轲辘路，以便经商。其王都北历悉美④城，遍栽树林以为乐园，俾民人游赏山水。安威耳⑤乃大马头，船只往来甚便。而荷兰忌之，封其江口也。

《地球图说》：荷兰国东界波路西亚⑥国并亚利曼⑦诸小国，南界（北）〔伯〕利诸恒⑧国，西北界北海。百姓约二百（五）〔六〕十万。都城名海克，城内民（六）〔五〕万，大半耶苏教，小半天主教。地极低陷，连间江河。若不时时修筑堤防，则潦涨横溢。土地膏腴，故务农者众，而牧羊者亦不少。身体壮健，性爱清白，

①合琪（Hague），又作海克，即海牙。
②来丁（Leyden），莱顿。
③乌特（Utrecht），乌得勒支。
④北历悉美（Brussels），布鲁塞尔。
⑤安威耳（Antwerp），安特卫普。
⑥波路西亚（Prussia），又作布鲁西亚，即普鲁士。
⑦亚利曼（All-men，Allemagne），指德国（Germany）。
⑧伯利诸恒（Belgium，Belgica），又作北尔日加，即比利时。

房屋街衢，统勿污秽，惜好烟酒耳。其土民娴习于水，故多为水手。复有于水泽腹坚之际，用木屐流行冰上，其捷如飞。经营不懈。国内兵船不若往昔，故昔时能与英吉利、佛兰西战胜，复能至中国，据台湾，与日本往来，尽据有亚细亚之南海各岛，今则仅有四分之一焉。所出土产，牛油、奶饼、火（酒）〔油〕、毯毡、呢、绵布、羊毛、布等物。

《地理备考》曰：贺兰国在欧罗巴州之中，北极出地五十一度七分起至五十三度止，经线自东一度起至四度四十八分止，东连亚里曼之亚诺威①国暨布鲁西〔亚〕国，南〔接〕北尔日加国，西北至海。长约六百五十里，宽约三百五十里，地面积方一万八千三百三十里。烟户二兆五亿五万八千口。本国除给尔德勒②暨卢森不尔厄③二处邱阜寥寥外，其余各地平坦低洼，荒沙泽湿。河至长者五，湖则甚多，其至大者曰亚尔零海④。地气湿寒，北方少谷果，南方则禾稼丰盈。土产胡麻、茜草、材木、烟叶、滑石、生铁、花石，惟煤甚富。禽兽蕃衍，鳞介充斥。

王位传男，以长幼为序，无男方得立女。奉加尔威诺修教者过半，奉天主公教暨路得罗修教者稍少。若外国人寄寓，或奉别教者，不为禁止。工肆林立，技艺精巧，百货骈集。本国耶苏未生以前，皆为加理亚⑤及亚里曼二国之地，继为罗马国人所克服。耶苏降生后四百年间，始则尽为法郎哥人⑥所服，继则归于佛兰西国统属。至耶苏九百余载，佛兰西国变乱，本国诸酋纷纷自立，

①亚诺威（Hanover），汉诺威。
②给尔德勒（Guelderland），格尔德兰。
③卢森不尔厄（Luxembourg），卢森堡。
④亚尔零海（Haerlem-Meer），哈尔伦海，今称艾瑟尔湖（Ijsselmeer）。
⑤加理亚（Gallia），加利亚。
⑥法郎哥人（Frank，Franke），指法兰克人。

分为十七小国。明成化中，尽归奥斯的里〔亚〕国所取，传位于吕宋国王。明穆宗隆庆中，吕宋国王设稽查邪教院，凡国人信从左道者，从重治罪。因此国人叛乱，废君逐官，分通国为七部，自立官宰，互相结盟，各不统属。再越二百十六载，即乾隆六十年，又遭佛兰西兵占据。迨佛兰西国君那波良临御之后，封建其地，复立为国。迨那波良败绩后，国人乃将北尔日加国合为一邦。道光十（一）年（也），北尔日加国乱，不服管辖，自立为国。分十一部：一北贺兰部，乃本国都也，建于义河①岸，屋宇峻丽，商贾云集，仍为欧罗巴州富丽之国；一南贺兰部，一斯兰的〔亚〕②部，一北巴拉班〔的〕③部，一乌德勒支④部〔一给尔德勒部〕，一科（尔）威〔尔〕义塞耳⑤部，一德伦得⑥部，一哥罗宁加⑦部，一非里萨⑧部，一灵不尔厄⑨部。除此十一部外，尚有一区，名曰卢森布〔尔〕厄，长二百五十里，宽二百里，地面积方三千九百四十里，烟户二十九万五千口，与亚里曼各国结盟，应出兵丁二千五百五十六名，其地应为头等公爵统摄，即贺兰国王也。

所兼摄各地，凡亚非里加州、亚美里加州、阿塞（里）〔亚尼〕亚州皆有之。

《外国史略》曰：荷兰国濒海地洼，潮水涨溢，昼夜筑堤以捍海水，水退则陆地成草场，足资游牧。民猛勇善战，不服罗马之

---

①义河，指伊河。

②斯兰的亚（Zealand），又作斯兰得亚，即泽兰。

③北巴拉班的（North Brabant），北布拉邦特。

④乌德勒支（Utrecht），乌得勒支。

⑤科威尔义塞耳（Overijssel, Overyssel），上艾塞尔。

⑥德伦得（Drenthe），德伦特。

⑦哥罗宁加（Groningen），又作哥罗凝加，即格罗宁根。

⑧非里萨（Friesland），弗里斯兰。

⑨灵不尔厄（Limburg），林堡。

军。唐朝时进天主教，尚分数国，各擅其民，互争强弱。国内江河无数，以通商为业。土产甚多，而居民稠密，勤织布匹，以补食用。自明洪武及嘉靖，国蒸蒸蔚起，舟舰云集，街衢辐辏。民恃庶富，屡逆国命。于明嘉靖时，有豪氏倚西班亚之助，于日耳曼近地，僭号曰甲利，号第五王。甲利王崇天主新教，立志殄灭老教，禁谕甚严。凡老教拜上帝之人，宁死不从。北方七部难民并起，立首领抗拒，八十年交战不息。西班亚国助之，亦师老饷糜。于顺治四年①，北七部各自主其地。惟南部仍归西班亚国，入日耳曼国之版舆，仍天主新教，商贾工匠，皆畏避他徙。故北方率富，而南方益衰。是时荷兰叠与西班亚战胜，广通商之路，至五印度国，夺葡萄亚人所开之牙瓦岛，开市葛留巴。两攻澳门不得志。万历二年又开埠台湾②，后亦归中国。顺治、康熙年间，荷兰国运货至粤贸易。欧罗巴各国忌其富，佛兰西、英吉利水陆交攻之。幸上帝保护其国，能胜敌而通商益广。其时英吉利奉耶苏老教之民不从天主新教，于康熙二十七年逐英吉利王，招贺兰君即位。佛兰西亦惧，来结平。他国有缺乏者，赴贺兰贷之。其国库常充。乾隆五十七年③，佛兰西背荷兰国，驱其君，掠积聚。佛君波罗稳王乃复立其弟为荷兰王。其时荷兰已失藩属，贸易之商船又畏英人之战舰，不敢航海。于嘉庆十八年，其民会合欧罗巴各国驱佛兰西兵，复自立其旧君，复南方之地。（时）道光十（三）年（也），南北交战，遂分二国。其北部仍归旧主，存荷兰之名号，其南方为北义国，乃昔日英吉利女王之所配者。南北虽

①应为"万历二十五年"。
②荷人始据我国澎湖为万历三十二年，其停居我国台湾始自天启二年，其占据我国台湾则始自天启四年。
③"五十七年"，应作"六十年"。

尚通商，然较曩时贸易大不如矣。

荷兰乃最褊小之地，东连日耳曼，南界北义，西北皆滨海。由日耳曼国来之支流，曰来尼河，马士①、悉得②等河皆西流，北入海。遍筑堤防御水，尚屡次溢涨，覆乡邑。内地运河，船往来不绝。南方多出五谷。余惟牧场，无林木。西边多出蓝靛、颜料，运卖他国。最著名者花卉，甲于各国。牛高大多乳，牛油、酥饼有名。人稠地狭，田园不足于耕，故商贾遍游各国。水手熟悉水性。不惮勤劳，不取乐，不好战。若激之，则猛烈不惜身命，不畏风浪。好洁净，屋宇街衢洒扫不辍，故城邑最美。其乡如城，无极贫者。好饮酒、吸烟，昼夜不辍。不妄耗财，而喜赒济，遍国无丐。若有之，即运送新地，俾自食其力，不容一闲手也。荷兰本日耳曼之族，故语音风俗相近。

其国之广袤，方圆五百七十五里。居民男百四十万，女百四十五万。其屋共计四十四万，居民十六万③。崇耶苏老教者计百七十万四千，崇天主新教者百一十万，犹太人五万二千。国人敬畏上帝，所派之势师，厚其禄，设礼拜堂。土产牛最多。道光十七年，运出之牛油十九万四千石，奶饼三十三万四千石。所制麻布、漂布、羽毛、蒸酒，皆运之他国。内地之运货船万五千只，大艇五千六百只，航海之船千五百只，别有在藩属国者。道光十九年，国中进口之船二④千三百只，在鹿得堤入口者三千只，大洋捕鲸鱼、黄花鱼之艇二百六十只。共计运出货价银四千四百万圆，运入银千六百万圆。

---

①马士（Maas），即马斯河。
②悉得（Schelde），即斯海尔德河。
③疑有讹误，当时荷兰约三百万人。
④疑为"三"字的讹刻。

国内大开书院，学士云集，讲术艺。小学馆二千八百余处，大学院四处，皆聚印翻绎之书。

理国务公会两班：其一班王自择之，悉当职者；其一班是民之所尊贵，三年一推选焉，会办国务。若公会不准，即不得征饷。外国务、藩属国务及兵部、户部、水师部各有大臣。正教门、天主教门各有首领官。议军机者，皆有功绩之大臣。各部有管地之五爵绅士议定，然后赴公会视事征饷。自道光二十一年，地税二百四十万两，人丁百五十万两，印票六十万两，白糖八十万两，葡萄二十万两，酒八十万两，牲畜三百六十万两，盐课四十万两，番硇二十万两，票纸三十五万两，税饷百三十八万〔两〕，盖绥三十五万两，关津税银百三十八万两。公费自道光二十三年，（言）〔官〕三十一万两，文官俸二十五万两，外国务十三万两，刑法师三十九万两，国内务百二十六万两，耶苏老教师三十五万两，天主新教师十三万两，水师百四十万两，藩属地万一千两，公项欠利息八百四十万两，养廉六十四万两，各部公费百五十万两，兵饷费一百七十万两。因欠项太重，故敛饷较难。虽在南洋之牙瓦岛并他藩属地有余费二百万两，而亚墨利加之藩属地耗费太过，每年银八百两。总共公欠项三万一千三百万两余。国小费繁，故各物重征，而民益困。

地分七部，都城曰安得堤，居民二十万，百年前为海外最大之埠，各国商舟云集在海港之南。其街直，其屋峻。凿河通海，其土淖，必先铺木板，始可建造。其公宇长二十八丈，阔二十三丈，高六十丈，上有塔，高二十一丈。商贾会馆甚美，长二十五丈，阔十四丈，内外之客所集以议论者。城中二百九十桥，遍通来往。水咸，鲜清泉，夏月沟渠尤臭，居民收雨水用之。海边有哈地①，最美之邑也，建高殿为王居。鹿得堤城在马士河边，居民七万八千。其与国通商，惟英夷为最，火轮往来不绝。大书院三所，在来丁邑、乌得邑②、峨宁音邑③。（之）〔有〕城二：曰鹿堡④，曰白他⑤。

《瀛环志略》曰：荷兰，和兰、贺兰、法兰得斯⑥。欧罗巴小国也。东界日耳曼，南界比利时，西北距大西洋海。壤地褊小，欧罗巴地形，此最低陷。海潮冲啮，划为洲渚。港道纵横交贯。其地沮洳卑湿，而土脉最腴。民擅水利，善筑堤防、开沟洫，又善于操舟，能行远。故欧罗巴海市之（道）〔通〕行，自荷兰始。其地古时为土番部落。〔汉〕时意大里扩地至佛郎西，荷兰土番悍不听命，意大里兵阻水不能进，因置为荒服，不（能）〔复〕争。后为日耳曼之弗郎哥人所据。萧齐时，佛郎西取之，置酋长分领其众。佛有内乱，诸酋拥地自擅，分为十七部，后复并诸部为一，自立为侯国。北宋时，海潮决堤数百里，居民皆没，都城几陷。潮退之后，积水汇为巨浸，曰亚尔零海。经营数十年，户口繁滋，商贾通行，完富过于曩时。明初侯查理侵佛郎西，围其都城，耀兵而还。时荷兰富民多恃财犯科律，侯以峻法绳之，刑戮过当，众怨怒，有叛志。佛郎西乘势伐之，侯震恐，纳赂请盟，佛兵乃退。荷兰旧分南北部，侯政苛虐，南部即比利时画疆不听命，侯与战败绩，堕沟中死。正德季年，西班牙查理第五王新为日耳曼所推立，

①哈地（Hague），海牙。
②乌得邑（Utrecht），乌得勒支。
③峨宁音邑（Groningen），格罗宁根。
④鹿堡（Luxemburg），卢森堡（城堡）。
⑤白他（Breda），布雷达（城堡）。
⑥法兰得斯（Flanders），通译佛兰德地区，跨今比、法二国，不是荷兰一名的异译，在比利时独立后亦已与荷兰无关。魏源照录《志略》原注，误。

已详《奥地利亚图说》。有大权，击佛郎西，掳其王，西土诸国无敢抗颜行者。遂下令兼王荷兰，荷兰不敢抗。时荷兰富甚，王减税以悦其民，而悉令入天主教。有遵耶稣教者，积薪燔之。已而西班牙王令其子兼王荷兰，禁耶稣教尤急。北部夙崇耶稣教，西班牙王以峻法绳之，荷兰人愤甚。有阿兰治者智勇过人，众推为主，起兵拒西班牙。西班牙以大众攻之，荷兰人殊死战，屡败而气不衰。佛郎西、英吉利尝引兵救之，已而退去。阿兰治激其众曰：西人以我供刀俎，当涂肝脑，决死战。幸而胜，国之福也；不济，则决海堤，挈妻子为波臣。不死者，乘舟逃万里外，誓不为之氓。众皆曰诺。遂引军独进，与西班牙鏖战数十年，屡挫西军，西班牙遣客刺杀之。其子继立，雄武过父，奋力击西军，大破之。西班牙乃敛兵议和。由是荷兰复立为国，晏然富庶者二百余年。当前明中叶，荷兰航海东来，至中国之东南洋，据爪哇海口即（噶）〔噶〕罗巴迤东迤北各岛国，皆建设埠头，通东西七万里之海市。故国虽小而富饶甲于西土。明季尝以兵船扰闽、浙，垦台湾而据之，后为郑氏所逐。小西洋各埠头，亦颇为英、佛诸国所侵削，而南洋数大岛，依然荷兰有也。康熙二十七年，威廉第三王有雄略，英吉〔利〕人招之渡海，奉以为王，几霸西土。嘉庆初，佛郎西拿破仑侵伐四国，兵及荷兰，荷兰王走死荒野，地归佛郎西。英吉利乘荷兰之乱也，夺其爪哇埠头。拿破仑既败，荷兰复立故王之裔，英人乃还其埠头。先是，荷兰南部与北部相仇，当北部与西班牙构兵，南部附西班牙不相助。嘉庆十九年①，南部与荷兰合。道光十一年，南部复绝荷兰，立他族为王，称比利时国。荷兰地形平衍，有水无山，东偏仅有邱阜，亦甚寥落。其民俗朴实

---

①"十九年"，应作"二十年"。

耐劳，节衣啬食，治生最勤，无游（手）〔民〕盗贼。利之所在，不远数千〔万〕里。性喜洁，房屋时时扫涤。街衢有污秽，必洗刷净尽。税饷颇重，听绅士筹办，王不得专。地分十一部：

北荷兰，西距大西洋海，东环亚尔零内海。都城建于义河之滨，架木水中，上起楼阁，遂以河为街衢。居民二十万。贸易之盛，为欧土大都会。又有别都曰合其，在海滨，国王所居。殿廷制颇卑狭，而居民极整洁。来丁、乌特两城有大书院，士儒所萃。

南荷兰，在北荷兰之南，西面大海，南界内港，隔断成两洲，会城曰海牙，所属鹿特堤城，内通舟楫，殷商所萃，街市华洁。

斯兰德亚，在南荷兰之南，西面大海，内港纵横，界隔成六洲。

北巴拉班的，在斯兰德亚之东，幅员颇广，南与比利时接壤，会城在南荷兰之东。〔乌德勒支在两荷兰之东。〕

给尔德勒，在乌（支）德勒之东北，西界亚尔零内海，东界日耳曼。

德〔伦〕得，在给尔德勒之北，西界内海，东界日耳曼。

科威〔尔〕义塞〔耳〕在德伦得之（北）〔南〕，东界日耳曼。

非里萨，在（科威塞）〔德伦得〕之西，三面距内海。

哥罗凝加，在（科威义塞）〔德伦得〕之北，为荷兰极北境，东界日耳曼。

灵不尔厄，在北巴拉班的之东南隅，与日耳曼接壤。

十一部之外，别一部曰卢森不尔厄，在日耳曼界内①，长二百五十里，广二百里，会城同部名，户口二十九万，入日耳曼公会，

---

①当时卢森堡不在日耳曼界内。

应出兵二千五百。

《瀛环志略》曰：欧罗巴诸国皆好航海，立埠头，远者或数万里，非好勤远略也，彼以商贾为本，计得一埠头，则擅其利权而归于我，荷兰尤专务此。其航海而东来也，亚非利加、印度、麻喇甲、苏门答腊，即已遍设埠头。噶罗巴即爪哇一岛，大、小西洋入中国之门户，富盛甲于两洋，为诸岛国之纲领。荷兰以诡谋据其海口，建设城邑，流通百货。由是迤东、迤北诸岛国，如婆罗洲、一名蟠尼阿。西里百、一名失勒密士①。摩鹿加、一名美罗洛②。巴布亚一名那吉尼③之类，大小凡数十处，说见《南洋图》。皆巫来由、绕阿、武吃番族，荷兰以次据口岸，立埠头，有租（债）〔赁〕其地者，有侵胁得之者。大约近年以来，小西洋诸岛国，以英吉利为主，东南洋诸岛国，除吕宋属西班牙，余皆以荷兰为主。地本弹丸，而图国计于七万里之外，历数百年无改，亦可谓善于运筹者欤。

《地球图说》：伯利诸恒国又名北义国，东界波路西亚国，南界佛兰西国，西界北海，北界荷兰国。百姓约四百二十万。都城名北律悉④，城内民十一万，大半天主教，小半耶稣教。人甚聪明，善绘画。言语各异，在南则与佛兰西国土音相似，在北则与亚利曼国土音相似。昔本与荷兰同国，后于道光十一年间两相分析，各自立君。土产呢、布、羽毛最佳，五谷最多。

《地理备考》曰：北尔日加国亦名北义国，在欧罗巴州之中，北极出地四十九度三十二分起至五十一度二十八分止，经线自东

---

①失勒密士（Sulawesí，Celebes），苏拉威西。

②摩鹿加，一名美罗洛（Molucca），今译马鲁古。

③那吉尼（New Guinea），新几内亚岛，亦称伊里安岛（Irian）或巴布亚岛（Papua）。现东部称巴布亚新几内亚（Papua New Guinea），西部为印度尼西亚的伊里安查亚（Irian Jaya）。

④北律悉（Brusse，Brussels，Bruxelles），布鲁塞尔。

十五分起至三度四十六分止。东至贺兰、布鲁西〔亚〕二国，西连佛兰西国暨北海，南接佛兰西国，北界贺兰国。长约五百里，宽约三百里，地面积方一万五千里。烟户三兆五亿六万口。北方平坦，南方丘陵。河之至长者惟三：一名义士加尔达①，一名米于塞②，一名勒鲁③，下流皆在荷兰。货船由此出运。地温土腴，生殖蕃衍，各矿富庶，制造精良。王位历代世袭。奉天主公教者过半，奉路得罗修教者无几。本国当贺兰国被法郎哥人攻克时，一并归其统属，后又为大吕宋国管辖。康熙五十三年，吕宋国王将此让与奥斯的里〔亚〕国统摄。越八十一载，乾隆间，本国与贺兰国同归佛郎西。迨（贺兰）〔佛郎〕西国君那波良败绩后，本国与贺兰虽合为一，然各奉一教，风俗言语不同，贺兰〔薄〕视北义人，不许居显爵，不得入学院。道光十（一）年，国人遂倡变交战，驱逐荷兰监守官出境。佛郎西助之，立日耳曼之萨克撒（小）〔各不尔厄〕侯留波尔多④为君，由是复析为二国。

国分九部：一南巴拉班的⑤部〔首府名布鲁舍拉斯⑥〕，乃国都也，建于塞内河⑦岸，宫殿甚壮；一安都厄〔尔〕比〔亚〕⑧部，一东发兰德〔斯〕⑨部，一西发兰德〔斯〕⑩部，一海脑德⑪

---

①义士加尔达（Escaut, Escalda, Schelde），埃斯考河，斯凯尔特河。
②米于塞（Meuse R.），默兹河。
③勒鲁（Rheno R.），雷诺河。
④萨克撒各不尔厄侯留波尔多（Leopold de Saxe – coboug），指萨克森—科堡的利奥波德。
⑤南巴拉班的（South Brabant），南布拉邦特。
⑥布鲁舍拉斯（Brussels），布鲁塞尔。
⑦塞内河（Senne），森内河。
⑧安都厄尔比亚（Antwerp），安特卫普。
⑨东发兰德斯（East Flanders），东佛兰德。
⑩西发兰德斯（West Flanders），西佛兰德。
⑪海脑德（Hainaut, Hainault），埃诺。

部，一那慕（兰）〔尔〕①部，一列日部，一林布尔厄②部，一卢森布尔厄部。其国通商冲繁之地，或内地，或濒海。

《外国史略》曰：北义国，微地耳。南及佛兰西，北及荷兰，东及日耳曼，西及北海。最长者悉得河，西北流入海。马士江，出佛兰西，通北义国，流入荷兰。地方圆五百三十四里，半为田，其余种菜果及为牧场、为草场、为林木。其未垦地仅十分之一。出蓝色颜料、麻、烟、牛、马、铁、石炭，售与他国，价值银二百万圆。民力于耕，无闲土。惟南方尚系硗地，广（潲）〔潴〕水。有两海口，曰安威宾③，曰东末④。道光十九年，入安威⑤之船千二百只，他海口之船只，共百三十七只。民奉僧，不好学，故男女中不识字者十之七八。娶妻后，夫妇终身不离。好施济，少聪敏，言语不通，体肥多疑，出外者少。作铁路以火车往来，迅速如风。

国务仿佛兰西。时君娶英国王女。殁，又娶佛国王女。有乡绅、五爵之会。居民每八十五名中择一为乡绅，王必听其所议。法度有未便，随时改变。国费最多。其欠项利息银至六百三十万圆，赐五爵银六十万圆，兵刑各司之俸二百四十万圆，外国务银二十一万圆，国内务九千⑥五十万圆，工部费二百万圆，水师十九万圆，军营诸费五百八十九万圆，征饷费二百二十万圆，共计二千一百万圆有余。所费过所入。兵十万一千四百，合民壮共计五十九万九百二十丁。此西洋最微之国，其广袤不过当中国之三府，

①那慕尔（Namur），那慕尔。
②林布尔厄（Limburg），林堡。
③安威宾（Antwerpen，Antwerp），安特卫普。
④东末（Ostende，Ostend），奥斯坦德，佛兰芒语意为"东端"。
⑤安威（Antwerp），安特卫普。
⑥"千"，疑为"百"字之讹。

然且分为九部，且用费如此其重，非通商所入，曷以至此。

《瀛环志略》云：比利时，比勒治、惟理仪、北义、北尔日加、比尔（百）〔日〕喀、密尔闻、弥尔尼壬、比利闻。欧罗巴小国也。北界荷兰，西北距大西洋海，西南暨正南俱界佛郎西，东接普鲁士西部。纵约五百里，横约三百里。古时本荷兰南部。荷兰多水，而比利时多平陆。明初，荷兰侯查理好用兵，征调繁苦，比利时不听命。查理引兵突入其境，掩杀八百人，比利时结大队复仇，查理败死。后西班牙王兼王荷兰两部。荷兰人阿兰治起兵拒战，相持数十年。比利时隶西班牙，未敢贰。康熙五十三年，西班牙以比利时归奥地利亚，为奥藩属者七十余年。嘉庆初，佛郎西拿破仑兼并诸国，先取比利时，次灭荷兰。拿破仑败，荷兰再立国。嘉庆十九年①，比利时复与荷兰合。先是荷兰崇耶苏教，因此与西班牙构兵数十年，卒获胜复国。而比利时毗近佛郎西，顾独从佛俗，尚天主教，又夙隶西班牙、奥地利，皆天主教国。既与荷兰合，不肯从荷俗，两部之民不相能，时时构衅。既绝荷兰，荷兰遏其港口，使不得通，乃造铁轭辘路，以火轮车由陆转运以达海。

---

① "十九年"，应作 "二十年"。

海国图志卷四十一

欧罗巴人原撰　侯官林则徐译　邵阳魏源重辑

大西洋_{欧罗巴洲}

佛兰西国总记上_{即佛郎机，一作佛朗西，一作拂兰祭，一作法兰西，一作和兰西①，一作勃兰西。}

佛兰西国，古曰俄尔②。北与英吉利对峙，仅隔一港，并近荷兰；东界耶玛尼国、瑞国、意大里国；南抵海并比利里山③；西抵大洋。四围非山即海，形势崎岖。

先属意大里亚，始学文字，故尊加特力教。嗣因耶玛尼率师来侵，意大里不能援救，自此佛兰西不属意大里亚节制，自立国称王，建都于巴立斯④。迨渣（尔）马〔尔〕额里王⑤没后，诸子争位，分为数国。至珂加毗王⑥始复并为一，至今为欧罗巴洲富强之国。惟与英吉利不睦，世寻兵戈。

政事：设占马阿富⑦衙门一所，官四百三十员，由各部落互相

---

①和兰西，此名录自《清通考》，疑"和"字为"佛"字之讹。

②俄尔（Gaul），通译高卢。

③比利里山（Pyreness Mts.），比利牛斯山脉。

④巴立斯（Paris），又作巴利斯，即巴黎。

⑤渣马尔额里王（Charlemagne），即查理大帝（查理曼）。

⑥珂加毗王（Hugh Capet），即休·加佩。

⑦占马阿富（Chamber of Deputies），指众议院。原书"富"字下脱几个字。

保充，如英国甘文好司①之例；审讯衙门三百六十所，官三千员。旧日官皆世袭，擅赋税，调人丁，政多紊乱，后遂裁革世职。陆路步军武官九千五百有五员，领步兵二十（四）〔六〕万四千有百名；骑军武官二千八百有五员，领骑兵五万一千三百名；火器营武官千（九）〔一〕百（五）〔九〕十员，领火器兵三万二千五百九十四名；水师大小战船百有十，火船十有七，小船百三十有三。

俗向奢华，虚文鲜实，精技艺，勤贸易。商船万四千五百三十。

河道四：罗牙河②发源布罗温斯③，至南底斯④西隅出海；伦河⑤发源（沙缓）〔绥沙〕兰⑥之浔伦冰雪⑦，至布罗温斯南隅出海；新河⑧发源麻（良）〔艮〕里⑨，至英吉利分界⑩港口出海；来因河发源柔查底湖⑪，至荷兰出海。

土产羽毛、纱、钟表、纱呢、绒毡、地毡、夏布、棉布、糖、棉花、葡萄酒、盐、蚕、铁、锡、银、铅、铜、白矾、煤、火石、水晶、玻璃、陶器。

佛兰西国东界瑞国、意大里，西界海，南界大吕宋，北界荷兰、弥尔尼壬。幅员二十（一）万五千七百方里，户二千九百二十一万七千口，

---

①甘文好司（House of Commons），指下院（众议院）。
②罗牙河（Loire），罗瓦尔河。
③布罗温斯（Provence），普罗旺斯，卢瓦尔河实发源于塞文山脉（Cévennes）。
④南底斯（Nantes），南特。
⑤伦河（Rhône），罗纳河（罗尼河）。
⑥绥沙兰（Switzer land），瑞士。
⑦浔伦冰雪（Glaciers of Shreckhorn and Grimsel），施里克霍昂和格里姆霍尔冰川。
⑧新河（Seine），塞纳河。
⑨麻艮里（Burgundy），勃艮第。
⑩英吉利分界（English Channel），指英吉利海峡。
⑪柔查底湖（Lae de Neuchàtel），纳沙特尔湖。莱茵河不是发源于纳沙特尔湖，而是发源于瑞士东南部的阿尔卑斯山麓。

大部落八十一，小部落五百三十，俱奉加特力教。

西尼爱西①部东界西（耶）〔尼〕玛尼②，南界内匪③，西界由厘内野④，北界爱栖⑤。领小部落八。其首部曰巴利斯，即国都也。原本佛兰西国各大部落内所领小部，亦止载一首部，余俱未详。

洼⑥部东南界海，北界罗阿付⑦，西界里伦⑧。领小部落十〔三〕。

罗阿付部东界意大里，西界（鬲）〔沃克吕兹〕⑨，南界洼，北界海及阿尔付斯⑩。领小部落（六）〔七〕。

海阿付部东界意大里，西界特林⑪，南界罗阿付，北界依西里⑫。领小部落（四）〔七〕。

依西尔部东界意大里，西界伦庵内里⑬，南界海及阿付、特林，北界引⑭。领小部落十有（一）〔二〕。

引部东界意大里亚，南界依西尔，西界伦庵内里，北界由那⑮。领小部落（四）〔八〕。

---

①西尼爱西（Seine – et – Oise），塞纳—瓦兹，相当于今巴黎大区一部分。

②西尼玛尼（Seine – et – Marne），塞纳—马恩省。

③内匪（Loiret），卢瓦雷省。

④由厘内野（Eure – et – Loir），厄尔—卢瓦尔省。

⑤爱栖（Oise），瓦兹省。

⑥洼（Var），瓦尔省。

⑦罗阿付（Lower Alpes），今阿尔卑斯滨海（Alpes – Maritimes）及上普罗旺斯阿尔卑斯（Alpes – de Haute – Provence）省。

⑧里伦（Bouches – du – Rhône），罗纳河口省。

⑨沃克吕兹（Vaucluse），沃克吕兹省。

⑩海及阿尔付斯（Hautes – Alpes），又作海阿付，即上阿尔卑斯省。

⑪特林（Drôme），德龙省。

⑫依西里（Isère），又作依西尔，即伊泽尔省。

⑬伦庵内里（Lyonnais），今罗纳（Rhône）省和卢瓦尔（Loire）省。

⑭引（Ain），安省。

⑮由那（Jura），又作由拉，即汝拉（侏罗）省。

由那部_{东界瑞国，南界引，西界顺尼奄内里①，北界菉斯②}。领小部落（八）〔七〕。

菉斯部_{东界瑞国，西南界由拉，北界阿巴顺尼③}。领小部落（四）〔十〕。

阿巴腊引④部_{东界瑞国，南界菉斯，西界窝斯尼⑤，北界罗拉引⑥}。领小部落（五）〔七〕。

磨西里⑦部_{东界罗那引，南界缪地⑧，西界缪西⑨，北界（罗拉引）〔荷兰〕}。领小部落（六）〔九〕。

缪地部_{东界罗拉引，南界窝斯尼，西界缪西，北界磨西尔里}。领小部落（四）〔六〕。

窝斯尼部_{东界阿巴那引，南界阿巴顺，西界阿巴麻⑩，北界缪地}。领小部落（六）〔十〕。

阿巴顺部_{东界阿巴那引，南界菉斯，西界葛罗⑪，北界窝斯尼}。领小部落（六）〔八〕。

特林部_{东界海、阿付，南界（鬲）〔沃克吕兹〕，西界阿里支⑫，北界依西里}。领小部落（七）〔八〕。

---

①顺尼奄内里（Saône‐et‐Loire），索恩—卢瓦尔省。

②菉斯（Doubs），杜省。

③阿巴顺尼（Haute Saône，Upper Saone），又作阿巴顺，即上索恩省。

④阿巴腊引（Haut Rhin，Upper Rhine），又作阿巴那引，即上莱茵省。

⑤窝斯尼（Vosges），孚日省。

⑥罗拉引（Bas Rhin，Lower Rhine），又作罗那引，罗腊引即下莱茵省。

⑦磨西里（Moselle），又作磨西尔里，即摩泽尔省。

⑧缪地（Meurthe），今默尔特—摩泽尔省（Meurthe‐et‐Moselle）。

⑨缪西（Meuse），又作谬栖，或貌栖，即默兹省。

⑩阿巴麻（Haut‐Márne，Upper Marne），又作阿巴麻尼，即上马恩省。

⑪葛罗（Cote‐d'or），科多尔省。

⑫阿里支（Ardèche），阿尔代什省。

鬲①部东界（阿尔付）〔沃克吕兹〕，南界里伦，西界（希律）〔阿威伦〕②，北界阿里支。领小部落七。

里伦部东界洼，南界海，西北界（鬲）〔沃克吕兹〕。领小部落（六）〔七〕。

阿里支部东界特林，西界罗西里③，南界鬲，北界伦庵内里。领小部落（二）〔七〕。

伦庵内里部东界依栖里④，南界阿巴内里⑤，西界稗里林⑥，北界顺庵内里⑦。领小部落（四）〔六〕。

顺庵内里部东界由那，南界伦庵内里，西界阿里野⑧，北界葛罗。领小部落（七）〔六〕。

葛罗部东界由那，南界顺庵内里，西界润尼⑨，北界阿巴麻尼。领小部落（六）〔十一〕。

阿巴麻尼部东界窝斯尼，南界葛罗，西界欧敏⑩，北界缪西。领小部落（六）〔九〕。

藐栖部东界缪地，南界阿巴麻尼，西界麻尼⑪，北界（荷兰）〔比利时〕。领小部落（八）〔九〕。

———————

①鬲（Gard），加尔省。

②阿威伦（Aveyron），阿韦龙省。

③罗西里（Lozère），又作罗西厘，即洛泽尔省。

④依栖里（Isère），伊泽尔省。

⑤阿巴内里（Haute - Loire，英文 Upper Loire），上卢瓦尔省。

⑥稗里林（Puy - de - Dôme），多姆山省。

⑦顺庵内里（Saône - et - Loire，英文 Saone and Loire），索恩—卢瓦尔省。

⑧阿里野（Allier），阿利埃省。

⑨润尼（Yonne），荣纳省。

⑩欧敏（Aube），又作欧米，即奥布省。

⑪麻尼（Marne），马恩省。

阿邻尼斯①部_{东界缪栖，南界麻尼，西界埃斯尼②，北界（荷兰）〔比利时〕。}领小部落九。

麻尼部_{东界缪栖，南界欧敏，西界西尼庵麻③，北界阿邻尼斯。}领小部落（七）〔十一〕。

欧敏部_{东界阿巴麻尼，南界润尼，西界西尼庵麻，北界麻尼。}领小部落（六）〔八〕。

润尼部_{东界葛罗，西界内匡，南界奈威里④，北界欧米。}领小部落十。

奈威里部_{东界顺庵内里，南界阿里野，西界借⑤，北界润尼。}领小部落（七）〔十〕。

阿里野部_{东界顺庵内里，南界稗离林⑥，西界借，北界奈威里。}〔领小部落十。〕

阿巴内里部_{东界阿里支，南界罗西厘，西界（千伐）〔干代〕⑦，北界伦庵内里。}领小部落（四）〔五〕。

罗西厘部_{东界阿里支，西（里）〔界〕阿威伦，南界（希老尔）〔鬲〕，北界阿巴内里。}领小部落（四）〔九〕。

希老尔⑧部_{东界鬲，南界海，西界旦⑨，北界罗西厘。}领小部落（六）〔八〕。

---

①阿邻尼斯（Ardennes），阿登省。

②埃斯尼（Aisne），埃纳省。

③西尼庵麻（Seine‐et‐Marne，英文 Seine and Marne），又作西尼庵麻尼，即塞纳—马恩省。

④奈威里（Nièvre），涅夫勒省。

⑤借（Cher），歇尔省。

⑥稗离林（Puy‐de‐Dôme），多姆山省。

⑦干代（Cantal），康塔尔省。

⑧希老尔（Herault），埃罗省。

⑨旦（Tarn），塔尔纳省。

阿威伦部_{东界罗西里，南界旦，西界离律①，北界干代。}领小部落（六）〔九〕。

干代部_{东界阿巴内里，南界阿（伦威）〔威伦〕，西界戈立栖②，北界稗厘林。}领小部落（六）〔七〕。

稗厘林部_{东界伦（里）〔庵〕内厘，南界干代，西界戈立栖，北界阿里野。}领小部落（六）〔十〕。

伊塞稗厘尼③部_{东界海，西南界大吕宋，北界欧里④。}领小部落六。

欧里部_{东界海，西界阿里尼⑤，南界伊塞稗〔厘〕呢，北界旦。}领小部落（六）〔七〕。

旦部_{东界希老尔，西界阿巴牙伦尼⑥，南界欧里，北界阿威伦。}领小部落（六）〔七〕。

阿里尼部_{东界欧里，南界大吕宋，西北界阿巴牙伦尼。}领小部落（三）〔六〕。

阿巴牙伦尼部_{东界阿里尼，南界大吕宋，西界海及稗厘尼⑦，北界（离律）〔旦牙伦尼〕⑧。}领小部落（七）〔九〕。

离律部_{东界阿威伦，西界律庵牙伦尼⑨，南界（阿巴）〔旦〕牙伦尼，北界戈立栖。}领小部落（九）〔六〕。

①离律（Lot），洛特省。
②戈立栖（Corrèze），科雷兹省。
③伊塞稗厘尼（Pyrénées–Orientales，Eastern Pyrenees），东比利牛斯省。
④欧里（Aude），奥德省。
⑤阿里尼（Ariège），阿里埃日省。
⑥阿巴牙伦尼（Haute–Garonne，Upper Garonne），上加龙省。
⑦海及稗厘尼（Hautes Pyrénées），又作海稗厘尼，即上比利牛斯省。
⑧旦牙伦尼（Tarn–et–Garonne），塔尔纳—加龙省。
⑨律庵牙伦尼（Lot–et–Garonne，英文 Lot and Garonne），洛特—加龙省。

戈立栖部_{东界干代，南界离律，西界罗龙}①_{，北界格流栖}②。领小部落（六）〔八〕。

格流栖部_{东界稗厘林，南界戈立栖，西界阿（威）巴〔威〕引尼}③_{，北界英特厘}④。领小部落（五）〔三〕。

借部_{东界奈威里，南界阿厘野，（西）〔北〕界（阿巴威引尼）〔内匿〕，（北）〔西〕界英特厘。}领小部落（六）〔九〕。

内匿部_{东界润尼，西界（阿厘）〔由里内〕野，南界借，北界西尼爱栖。}领小部落（八）〔十一〕。

西尼庵麻尼部_{东界麻尼，南界内匿，西界西尼爱栖，北界埃斯尼。}领小部落（六）〔九〕。

埃斯尼部_{东界阿邻尼斯，西界爱栖，南界西尼（爱栖）〔庵麻尼〕，北界离那刺}⑤。领小部落九。

离那刺部_{东界（荷兰）〔比利时〕，南界埃斯尼，西界斯特力阿付加}⑥_{，北界（荷兰）〔比利时〕。}领小部落（八）〔九〕。

斯特力阿付加部_{东界离那刺，西界海，南界新敏}⑦_{，北界离那刺。}领小部落（七）〔十二〕。

新敏部_{东界埃斯尼，南界爱栖，西界海，北界斯特力阿付加。}领小部落（七）〔十〕。

爱栖部_{东界埃斯尼，南界西尼爱栖，西界罗洼西尼}⑧_{，北界新敏。}领小部落

1224

①罗龙（Dordogne），多尔多涅省。
②格流栖（Creuse），克勒兹省。
③阿巴威引尼（Haute - vienne，Upper Vienne），上维埃纳省。
④英特厘（Indre），安德尔省。
⑤离那刺（Nord），诺尔省。
⑥斯特力阿付加（Pas - de - Calais），加来海峡省（Strait of Calais）。
⑦新敏（Somme），索姆省。
⑧罗洼西尼（Seine - Maritime，Lower Seine），塞纳滨海省。

（七）〔十一〕。

罗洼西尼部_{东界爱栖，南界西尼爱栖，西北界海}。领小部落十一。

由厘^①部_{东界西尼爱栖，南界由厘内野，西界加洼罗司^②，北界罗洼西尼}。领小部落（七）〔十一〕。

由厘内野部_{东界西尼爱栖，南界内野庵借^③，西界阿尼^④，北界由厘}。领小部落（七）〔九〕。

内野庵借部_{东界内匪，西界英特厘庵内野^⑤，南界英特厘，北界由厘内野}。领小部落（七）〔四〕。

英特厘部_{东界借，南界格流栖，西界威引尼^⑥，北界内野庵借}。领小部落（六）〔九〕。

海稗厘尼部_{东界阿巴牙伦尼，南界大吕宋，西界罗稗厘尼司^⑦，北界离雅司^⑧}。领小部落（四）〔五〕。

罗稗厘尼部_{东界海稗厘尼，西南皆界大吕宋，北界兰特司^⑨}。领小部落（五）〔九〕。

离雅斯部_{东界阿巴牙伦尼，西界兰特司，南界海及稗厘尼，北界〔律庵〕牙伦尼}。领小部落（八）〔九〕。

兰特司部_{东界离雅司，南界罗稗厘尼，西界海，北界雅伦尼^⑩}。领小部落

①由厘（Eure），厄尔省。
②加洼罗司（Calvados），又作加尔洼罗，即卡尔瓦多斯省。
③内野庵借（Loir－et－Cher），卢瓦尔—歇尔省（Loir and Cher）。
④阿尼（Orne），又作荷尼，即奥恩省。
⑤英特厘庵内野（Indre－et－Loire，Indre and Loire），安德尔—卢瓦尔省。
⑥威引尼（Vienne），维埃纳省。
⑦罗稗厘尼司（Pyrénées Atlan－ticques，Lower Pyrenees），又作罗稗厘尼，即大西洋比利牛斯。
⑧离雅司（Gers），热尔省。
⑨兰特司（Landes），朗德省。
⑩雅伦尼（Gironde），纪龙德省。

十〔三〕。

律庵牙伦尼部<small>东界离律，南界离雅司，西界雅伦尼，北界罗龙。</small>领小部落（六）〔七〕。

雅伦尼部<small>东界罗龙，南界兰特司，西界海，北界罗洼渣邻底①。</small>领小部落（九）〔十四〕。

罗龙部<small>东界戈立栖，南界律庵雅伦尼，西界雅伦尼，北界渣邻底②。</small>领小部落（八）〔十二〕。

阿巴威引尼部<small>东界格流栖，南界戈立栖，（西）〔北〕界（雅伦尼）〔英特厘〕，（北）〔西〕界渣邻底。</small>领小部落（五）〔九〕。

渣邻底部<small>东界阿巴（引）威〔引〕尼，南界罗龙，西界罗洼渣邻底，北界威引尼。</small>领小部落（五）〔七〕。

威引尼部<small>东界英特厘，南界渣邻底，西界都西威力斯③，北界英特厘庵内野。</small>领小部落（五）〔九〕。

英特厘庵内野部<small>东界内野庵借，南界威引尼，西界麻引尼内野④，北界沙底⑤。</small>领小部落（六）〔八〕。

沙底部<small>东界内野庵借，南界英特厘庵内野，西界麻引尼⑥，北界荷尼。</small>领小部落（四）〔九〕。

荷尼部<small>东界由厘，南界（荷尼）〔麻引尼〕，西界赞尼尔⑦，北界加尔洼罗。</small>领小部落（七）〔八〕。

---

①罗洼渣邻底（Charente – Maritime，Lower Charente），夏朗德滨海省。

②渣邻底（Charente），夏朗德省。

③都西威力斯（Deux – Sèvres，Two Sevres），又作都西威力，都西威力司即德塞夫勒省。

④麻引尼内野（Main – et – Loire，Mayenne and Loire），又作麻引尼庵内野，即曼恩—卢瓦尔省。

⑤沙底（Sarthe），萨尔特省。

⑥麻引尼（Mayenne），马延省。

⑦赞尼尔（The Channel），即芒什省（Manche）。

加尔洼罗部_{东界由（尼）〔厘〕，南界荷尼，西界赞尼尔，北界海。}领小部落八。

赞尼尔部_{东界加尔（罗）洼〔罗〕，（南）〔西〕北界海，（西）〔南〕界伊厘庵威岭①。}领小部落（九）〔十四〕。

麻引尼部_{东界沙底，南界麻引尼庵内野，西界伊厘庵威领尼，北界荷尼。}领小部落（七）〔八〕。

麻引尼庵内野部_{东界英特厘庵内野，南界都西威力，西界罗洼内野②，北界麻引尼。}领小部落（七）〔九〕。

都西威力部_{东界威引尼，南界渣邻底，西界威引利③，北界麻引尼庵内野。}领小部落（十）〔八〕。

罗洼渣邻底部_{东界渣邻底，南界雅伦尼，西界海，北界威引利。}领小部落（六）〔十一〕。

伊厘庵威领尼部_{东界麻引尼，南界罗洼内野，西界摩敏寒④，北界海。}领小部落（六）〔十一〕。

那刺果⑤部_{东界伊厘庵威领尼，南界摩敏寒，西界非尼斯底里⑥，北界海。}领小部落（七）〔十〕。

摩敏寒部_{东界伊厘庵威〔领〕尼，南界海，西界非尼底里，北界那刺果。}领小部落（七）〔八〕。

非尼底里部_{东界（都西威利）〔那刺果〕，南（界罗洼渣邻底）、西（界威引利）、北〔均〕界〔海〕（伊厘奄威领尼）。}领小部落（二）〔九〕。

---

①伊厘庵威岭（Ille‑et‑Vilaine，Ille and Vilaine），又作伊厘庵威领尼，即伊尔—维兰省。

②罗洼内野（Loire‑Atlantique，Lower Loire），大西洋岸卢瓦尔省。

③威引利（Vendée），旺代省。

④摩敏寒（Morbihan），莫尔比昂省。

⑤那刺果（Côtes‑du‑Nord，North Coast），北滨海省。

⑥非尼斯底里（Finistère，Finisterre），又作非尼底里，即菲尼斯太尔省。

罗腊引部东界（绥沙兰）〔耶玛尼〕，南界阿巴拉引，西界（缪地）〔磨西里〕，北界（荷兰敏尔尼壬）〔耶玛尼〕。领小部落（八）〔七〕。

罗洼内里部东界麻引尼庵内野，西界海，南界威引利，北界伊厘庵〔威〕领尼。领小部落八。

威引利部东界都西威力司，西界海，南界罗洼渣邻底，北界罗洼内野。领小部落（七）〔十〕。

佛兰西国沿革原无，今补。

《职方外纪》：拂郎（祭）〔察〕即佛兰西国，在（倚）〔以〕西把尼〔亚〕东北。南起四十一度，北至五十度，西起十五度，东至三十一度。周一万一千二百里。地分十六道。属国五十余。其都城名把理斯[1]，设一共学，生徒尝四万余人。并他方学共有七所。又设社院以教贫士，一切供亿皆王主之，每士计费百金。院居数十人，共五十五处。中古有一圣王名类斯[2]者，恶回回占据如德亚地，兴兵伐之，始制大铳。因其国在欧逻巴内，回回遂概称西土人为拂郎机[3]，而铳亦沿袭此名。是国之王，天主特赐宠异。自古迄今之主，皆赐一神，能以手抚人疬疮，应手而愈。至今其王每岁一日疗人。先期斋戒三日，凡患此疾者，远在万里之外，预毕集天主殿中，国王举手抚之，祝曰："王者抚汝，天主救汝。"抚百人，百人愈；抚千人，千人愈，其神如此。国王元子，别有土地供其禄食，不异一小王，他国不尔也。国土极膏腴，物力丰富，居民安逸。有山出石，蓝色质脆，可锯为板，当瓦覆屋。国人性情温爽，礼貌周全，尚文好学。都中梓行书籍繁盛，甚有声

---

①把理斯（Paris），巴黎。
②类斯，指路易九世（Louis Ⅸ）。
③拂郎机（Frangi），阿拉伯人及其他东方民族对欧洲人的泛称。

闻。又奉教甚笃，所建瞻（理）〔礼〕天主与讲道殿堂，大小不下十万。初传教于此国者，原系如德亚国圣人辣杂琭，乃当时已死四日，蒙耶稣恩造命复活，即此人也。案《明史》在此书之后，并不知据此为蓝本，而云国近满剌加，竟不知为大西洋。明人荒陋至此。惟此《纪》国王以手愈疾，自古至今皆然云云，则夸诞无稽之说。

《明史》：佛郎机①近满剌加，古不知何国。案：满剌加乃暹罗南境②，明季为佛郎机所据，遂误以大西洋为南洋。相去数万里，《明史》舛甚。永乐时，海外诸邦通中国者以百数，亦未有其名。自正德中据满剌加地，逐其王。十三年正月，遣使臣加必丹〔末〕③等贡方物，请封。诏给方物之直，遣之还。其人久留不去，剽劫行旅，至掠小儿为食。已而夤缘镇守中贵，许入京。武宗南巡，其使火者亚三，因江彬侍帝左右。帝时学其语以为戏。其留怀远驿者，益掠买良民，筑室立（塞）〔寨〕，为久居计。

十五年十二月，御史邱道隆言："满剌加乃敕封之国，而佛郎机敢并之，且啖我以利，邀求封贡，决不可许。宜却其使臣，明示顺逆，还满剌加疆土，方许朝贡。倘执迷不悛，必檄告诸番，声罪致讨。"御史何鳌言："佛郎机最凶狡，兵械较诸番独精。前岁驾大舶突入广东会城，炮声殷地。留驿者违制交通，入都者桀骜争长。今听其往来贸易，势必争斗杀伤，南方之祸殆无纪极。祖宗朝贡有定期，防有常制，故来者不多。近因布政吴廷举谓缺

①《明史·佛郎机传》是写葡萄牙的，仅数语误西班牙为葡萄牙。魏源却把此传误为法国传。
②马六甲王国建国之前，为暹罗之属土。
③"加必丹末"是葡文 Capitãomor 的音译，意为较大的船长，指费尔南·佩雷斯·德·安特拉德（Fernao Peres de Andrade），但他不是使臣，葡萄牙使臣是皮雷斯（Tome Pirez）。1517 年，受葡王曼努埃尔一世（Manuel I）的派遣，费尔南率领一支船队，护送葡使皮雷斯来到广东。

上供香物，不问何（方）〔年〕，来即取货。致番舶不绝于海澨，蛮人杂遝于州城。禁防既疏，水道益熟，此佛郎机所以乘机突至也。乞悉驱在澳番舶及番人潜居者，禁私通，严守备，庶一方获安。"疏下，礼部言："道隆先宰顺德，鼇即顺德人，故深晰利害。宜俟满剌加使臣至，廷诘佛郎机侵夺邻邦、扰乱内地之罪，奏请处置。其他悉如御史言。"报可。

亚三侍帝骄甚。从驾入都，居会同馆。见提督主事梁焯不屈膝，焯怒挞之，彬大诉曰："彼尝与天子嬉戏，肯跪汝小官耶？"明年，武宗崩，亚三下吏，自言本华人，为番人所使，乃伏法。绝其朝贡。其年七月，又以接济朝使为词，携土物求市。守臣请抽分如故事，诏复拒之。

其将别都卢既以巨炮利兵肆掠满剌加诸国，横行海上，复率其属疏世利等驾五舟，击破巴西国①。嘉靖二年②遂寇新会之西草湾。指挥柯荣、百户王应恩御之。转战至稍州，向化人潘丁苟先登，众齐进，生擒别都卢、疏世利等四十二人，斩首三十五级，获其二舟。余贼复率三舟接战，应恩阵亡，贼亦败遁。官军得其炮，即名为"佛郎机"，副使汪鋐进之朝。九年秋，鋐累官右都御史，上言："今塞上墩台城堡未尝不设，乃寇来辄遭蹂躏者，盖墩台止瞭望，城堡又无制远之具，此所以往往受困也。当用臣所进'佛郎机'，其小止二十斤以下，远可六百步者，则用之墩台。每墩用其一，以三人守之。其大至七十斤以上，远可五六里者，则用之城堡。每堡用其三，以十人守之。五里一墩，十里一堡，大小相依，远近相应，寇将无所容足，可坐收不战之功。"帝悦，即

---

①巴西国，指苏门答腊岛之波奢（Passier）。
②"二年"，应作"元年"。

从之。火炮之有"佛郎机"自此始。然将士不善用，迄莫能制寇也。

初，广东文武官月俸多以番货代，至是货至者寡，有议复许佛郎机通市者。给事中王希文力争①，乃定令，诸番贡不以时及勘合差失者，悉行禁止，由是番舶几绝。巡抚林富上言："粤中公私诸费多资商税，番舶不至，则公私皆窘。今许佛郎机互市有四利焉②：祖宗时诸番常贡外，原有抽分之法，稍取其余，足供御用，利一；两粤比岁用兵，库藏耗竭，藉以充军饷，备不虞，利二；粤西素仰给粤东，小有征发，即措办不前，若番舶流通，则上下交济，利三；小民以懋迁为生，持一钱之货，即得展转贩易，衣食其中，利四。助国裕民，两有所赖，此因民之利而利之，非开利孔为民梯祸也。"部议又从之。自是佛郎机得入香山澳为市③，而其徒又越境商于福建，往来不绝。

至二十六年，朱纨为巡抚，严禁通番。其人无所获利，则整众犯漳州之月港、浯屿。副使柯乔等御却之。二十八年又犯诏安。官军迎击于走马溪，生擒贼首李光头等九十六人，余遁去。纨用便宜斩之，怨纨者御史陈九德遂劾其专擅。帝遣给事中杜汝祯往验，言此满剌加商人岁招海滨无赖之徒，往来鬻贩，无僭号流劫事，纨擅自行诛，诚如御史所劾。遂被逮，自杀④。盖不知满剌加即佛郎机也。

自纨死，海禁复弛，佛郎机遂纵横海上无所忌。而其市香山

---

①王希文力争在林富上疏之后，非在其前。

②1529 年林富的奏疏仅反对"广东之废市舶"，要求恢复；但声明"其《祖训》、《会典》之所不载，如佛郎机者即驱出境"。《明史》却擅改原疏，反称原疏谓"今许佛郎机互市有四利"，这是对原疏的严重歪曲，也是对林富的诬赖。

③谓葡萄牙因林富此疏得入澳门为市，与史实不符。

④朱纨在"被逮"前即已自杀。

澳壕镜者，至筑室建城，雄踞海畔若一国。此澳门有西洋夷屋之始。然佛郎机旋去澳不居，非今日之澳夷也。将吏不肖者反视为外府矣。壕镜在香山县南虎跳门外。先是，暹罗、占城、爪哇、琉球、浡泥诸国互市，俱在广州，设市舶司领之。正德时，移于高州之电白县①。嘉靖十四年，指挥黄庆纳贿②，请于上官，移之壕〔镜〕，岁输课二万金，佛郎机遂得混入，高栋飞甍，栉比相望，闽、粤商人，趋之若鹜。久之，其来益众。诸国人畏而避之，遂专为所据。四十四年伪称满剌加入贡。已，改称蒲（都）丽〔都〕家③。守臣以闻，下部议，言必佛郎机假托，乃却之。

万历中，破灭吕宋④，尽擅闽、粤海上之利，势益炽。明年，番禺〔举人〕卢廷龙入都，请尽逐澳中诸番出居浪白外海，还我壕镜故地，当事不能用。番人既筑城，聚海外杂番，广通贸易，至万余人。吏其土者，皆畏惧莫敢诘，甚有利其宝货，佯禁而阴许之〔者〕。总督戴耀在事十三年，养成其患而不问。番人又潜匿倭贼，敌杀官军。四十（一）〔二〕年，总督张鸣冈檄番人驱倭出海。因上言："粤之有澳夷，犹痈之在背也。澳之有倭贼，犹虎之傅翼也。今一旦驱斥，不费一矢，此圣天子威德所致。惟是倭去而番尚存，有谓宜剿除者，有谓宜移之浪白外洋就船贸易者，顾兵难轻动。而壕镜在香山内地，官军环海而守，彼日食所需，咸仰于我，一怀异志，我即制其死命。若移之外洋，则巨海茫茫，奸宄安诘，制御安施。似不如申明约束，内不许一奸阑出，外不

---

① 广东市舶司是否曾移电白，学界意见不一，待作进一步研究。
② 葡人强居澳门始于嘉靖年间。"黄庆"为王绰之讹，其纳贿事在万历年间。王绰纳贿使葡萄牙商人得以由"私番"变成"饷商"，取得合法贸易资格。
③ 蒲丽都家（Portugal），葡萄牙。
④ 破灭吕宋的是西班牙殖民者，时为隆庆五年。

许一倭阑入，无启衅，无弛防，相安无患之为愈也。"部议从之。居三年，设参将于中路雍陌营①，调千人戍之，防御渐密。天启元年②，守臣虑其终为患，遣监司冯从龙等毁其所筑青州城，番亦不敢拒。

其时大西洋人来中国，亦居此澳。今称澳夷为大西洋国始此。其实名葡萄亚也。澳夷见《明史》者，只此一语。由《外国传》中不立葡萄亚传，故今谭澳夷，皆莫得其源委。盖番人本求市易，初无不轨谋，而中朝疑之过甚，迄不许其朝贡，又无力以制之，故议者纷纷。然终明之世，此番故未尝为变也。其人长身高鼻，猫睛鹰嘴，拳发赤须，好经商，恃强陵轹诸国，无所不往。后又称干系腊国③，所产多犀、象、珠、贝。衣服华洁，贵者冠，贱者笠，见尊长辄去之。初奉佛教④，后奉天主教。市易但伸指示数，虽累千金不立约契，有事指天为誓，不相负。自灭满刺加、巴西、吕宋三国，海外诸番无敢与之抗者。

《皇清四裔考》：佛朗机一名和兰西，亦红毛番种也。（东）〔北〕与荷兰接。其国都地名巴离士⑤。至中国水程五万余里。从罗令山峡⑥出口，境绝险。风俗略同和兰、英吉利诸国。顺治四年八月，广督佟养甲疏言佛朗机国⑦人寓居壕镜澳（门），与粤商互市，于明季已有历年，后因深入省会，遂饬禁止。请嗣后仍准番舶通市。自是每岁通市不绝，惟禁入省会。其族种有居吕宋者，

①设参将于雍陌营时，已是周嘉谟任两广总督。
②应为"泰昌元年"。
③即令在明朝末年，葡萄牙受西班牙统治的八十年间，葡萄牙也没有称"干系腊"。
④葡萄牙从未"奉佛教"。
⑤巴离士（Paris），巴黎。
⑥罗令山峡，疑指塞纳河由鲁昂（Rouen）一带出海。这一带有低山环绕。
⑦佟疏中的"佛朗机国"指葡萄牙。

详《吕宋传》。来粤互市，或从其本国，或从吕宋国至云。此误以吕宋为佛朗机，辩见于前。

《每月统纪传》曰：法兰西国，东连阿理曼国，西〔南〕及西班牙国，〔东〕南及地中海、意大理国，北及英吉利海、比利润（峡）国①。广大六十二万七千方里，分八十六部落。田十万三千有余顷，圃园山林万八千有余顷。岁出土产约价银九万三千五百七十四万员。户三千二百五十万口。马二百十七万只，牛六百九十七万只，羊四百五十万只，岁出葡萄酒价银约万有六千万员。织绸缎极精巧。道光四年，所载出之货物约价银八千八百七十万员，入价九千九十七万员。巨战舰三十六只，中战舰三十五只，火轮舟八只，各项水师船百有八十六只。水师武官梢手共万有四千九百。商船梢手三十二万八千。营兵二十三万。岁入国帑银二千五十四万员，出二千七十万员。当中国汉代以前，此国土蛮强梗，攻邻焚掠。于是罗马国命帅领兵击服，调理野人向化遵法。齐明帝二年，土酋击败罗马之兵②，创立新国。旋进天主教，立庙建殿。传至苗裔三百年间，惟耽声色，委政臣下。有臣曰锤③者，敏智雄豪，当回回侵国时，举国震恐，惟锤领率士民，血战三日，破走敌寇。其孙甲利泰甫于唐德宗六年嗣位④，才德出众，创立法制，为四国风俗之表率。且东界土蛮叠侵，甲利率兵深入山林，与土蛮鏖战，败其十分之二。甲利正欲结和，而罗马之教皇意大里亚为天主教之宗国，称曰教皇。凡西洋各国王即位，必得教皇札付而后立。遣使来

---

① 比利润国（Belgium），比利时。
② 在此之前九年，克洛维（Clovis）已击溃罗马之兵。
③ 锤，指查理·马特（Charles Matel）。Martel 意为铁锤，是查理的绰号。
④ Charles the Great, Charlemagne（查理大帝，查理曼）与其弟卡罗曼共同嗣位为唐代宗大历三年，大历六年卡罗曼死，查理曼成为法兰克王国的唯一国王。

约，必除蛮酋以净根株。甲利遂进擒蛮王，禁之隐修院，复进攻回回之族，遇伏败（还）退。〔适〕值世子作乱，东蛮悖叛，甲利旋师奋虏四千五百人，发怒糜烂之，以惩叛党。自赴罗马国都，遂蒙教皇册立为西朝之君。礼贤兴学，文教日进。其所建之殿、所创之邑、所造之路，至今遗迹尚留。及没后，诸子争国①，五爵擅权，故王威福遂替。在宋朝时，西国之民赴犹太国观天主耶稣所活之地，又拜圣墓，住彼圣城②。回回族恶之，将天主教门之信士，禁监勒索，甚者杀戮之。于是五爵激烈，尽起国兵攻击回国。且邻邦协力，共取圣城。国王反乘其远出，籍其家产，人心遂离。及宋理宗二年，路易王③登位，兵政由旧，判事明允。人心悦服，国帑充盈。拒破英吉利之兵，复领舟师攻破回回④，名扬四海。适侵敌国，全军瘟疫，进退两难，为敌所获。赎还归国，益发愤修政，克保令终⑤。嗣王复战胜英吉利，恃胜而骄，国政混乱，民怀异志。垂及百年，国濒危殆。忽有童女高声苦劝庶民效死出力，驱逐叛逆。法兰西王即合诸侯，增兵士，（发）〔废〕新教。贤女又宣曰："必改邪归正，自拔流俗，始蒙上帝之祐。"于是法兰西国捕焚新教，广布善教⑥。明武宗正德年间，阿里曼国王⑦足智多

①查理大帝殁后，其子路易（虔诚者）是唯一继承人，虽有王室内讧，但非"诸子争国"。
②圣城指耶路撒冷（Jerusalem）。
③路易王，指路易九世（Louis Ⅸ）。
④此"回回"指埃及（Egypt），即第七次十字军进攻埃及。
⑤事实是路易九世以巨款赎身后，又率第八次十字军远征突尼斯，并于突尼斯城附近染疫身亡。
⑥法国的女民族英雄贞德（Jeanne d'Arc）因战功卓著深孚众望，招致法王查理七世和大贵族们的猜忌，后被勃艮第党人出卖给英军当局，查理坐视不救。英军将她交教会法庭审判，以异端罪烧死于鲁昂。
⑦指西班牙国王查理一世（Carlos Ⅰ），即神圣罗马帝国皇帝查理五世。

谋，连年交战，法兰西王被其所虏。王归，复与他国结盟报复，胜负相当，末年始彼此寝兵。嗣王屏弃正教，恶徒乘机株累无辜，国危民困。显理王于万历二十五年战胜登位①，发愤自修，广布仁惠，复兴正教，百姓归之。为邪教之党所弑。《每月统纪传》曰：正德、嘉靖、隆庆等年间，法兰西国良民进正教，而匪徒搅扰之，衅隙仇杀不止。明嘉靖三十年，显理王生。自幼不惮寒暑，驰马试剑，操练武艺，伏拜救世主耶稣。其始封本国褊小，介西班牙、法兰西两国间。自即位后，心烈性良，巡国平讼，薄敛立法。于是天主邪教之僧，日思毁除正教之党，设谋肆毒，请显理赴法兰西国都婚娶。礼成合卺夜，忽钟鸣，邪党蜂拥而入，杀正教之人。显理匿身床下避难。法兰西王后遂引诱之，纵情淫佚。四年内惟耽乐是从。忽然觉悟而逃，率正教之党，统兵攻击，互有胜负。当时法兰西王纨袴无谋，兵败被弑。显理自立，虽殉于货色，然执法如山，律例千条万绪，一一明析。十四年中，国泰民安。惟邪教僧百计设谋而欲害王，乘一日王车入街，前后簇拥，阴伏刺客，揕王之胸。百姓哀丧考妣。时明万历二十七年也②。嗣王男形女性，不亲政事，信用匪人，五爵百姓咸战栗。及王没，世子接位，好武用兵。诸国来朝，骄傲凌辱。故列君怨之，纠军协攻。法兰西国王愤辱而卒。是时，国家共亏欠银九千万员。当康熙五十三年，其孙登位③，纵情背理，丧心灭耻，娼佞弄权，奢用公钱，弁兵败散，国帑空虚。新王嗣位。是时北方亚墨里加之民与英吉利国交战，王助亚墨里加战胜。然其饷银渐减，故招爵、僧、民三品会集，以寻聚敛之法。国民弃王杀之④。七年，国政混乱，有臣曰那波利稔者，武功服众，嘉庆八年登王位⑤，连九年战服四方，恃强黩武，旋败失位。前王之苗裔复立，民暂安息。及弟嗣

①亨利四世（Henri Ⅳ）于万历十七年即位，其正式加冕及胡格诺战争结束，均为万历二十二年。
②亨利四世被刺杀为万历三十八年。
③路易十五是路易十四的曾孙，康熙五十四年登位。
④路易十六是在三级会议及巴黎人民武装起义之后三年半才被处决的。
⑤那波利稔，即拿破仑，其称帝之年为嘉庆九年。

位，复激民变，逐王而别择亲属以登位。道光十年，新王创立国家，受谏宽仁，百姓安堵。论西方诸国大有势力者，我英吉利国为第一，俄罗斯国为第二，法兰西国为第三焉。原无，今补。

又曰：法兰西那波利稔王初为总帅时，国王使驱逐奥士地喇①之军出意大理国境。维时法兰西军乏钱粮，缺兵械，又未训练。那波利稔鼓舞将士，整顿纪律，乘敌未设备，突然攻之。躬亲督战，麾兵冲击，战胜凯旋，为国王所忌。遂领兵三万，驾战船，离国至麦西地方，乃土耳基之藩属国也。其土兵竭力抵御，终不能胜，遂为法兰西总帅所据。自恃善战，既绝本国，谓可自开新地。适英吉利之师船来助土人，击法兰西巨舰，火药轰发，为英所败，于是退兵。嘉庆三年复还国都，结党握权。除国之五爵，自立为王②。时国帑甚空，民心未服。而那波利稔恃其兵力与其才智，且国之首领皆其所辖，设造新律，改正纪纲。国中匪徒，畏那波利稔之严，阴谋杀之，皆事败诛死。是时邻敌寻衅来攻，那波利稔王引精兵潜出山后，间道突袭其后，敌兵惊溃，诸国无敌。独英吉利人与为仇隙，再三水战，互有胜负。彼此劝和，西国咸宁。旧无，今补。

又曰：法兰西国王那波利稔篡立，与英吉利仇隙，谕饬诸港口逐英吉利之船，严禁通商，欲以窘迫英国。英国之水师再三竭力烧其战船，法兰西复与峨罗斯及他国结盟，募兵五十万，每十万兵给钱粮银六十万员，于嘉庆九年出师来攻。英军拒击，败其大半。三国排阵相抵，随结和而退。法兰西之战船又与西班牙战舰合，英吉利水师将又破散之。法兰西又与破鲁斯国结衅隙，损

---

①奥士地喇（Austria），奥地利。
②拿破仑于嘉庆四年年底返法，发动雾月十八日政变，自任第一执政。嘉庆九年（1804）才称帝。

兵折将。法兰西军保守坚城。嗣后与峨罗斯国王会盟结好，一理东方，一统西方①。当是时，西班牙之国王世子悖命，且佞臣弄权，故法兰西王召其父子君臣至国，执而废之，以国封其（弟）〔兄〕。西班牙民不服，招英吉利之军助其战守，驱逐敌军。嘉庆十三年，佛兰西复领兵侵西班牙，土民降服，法军凯旋，娶西班牙国王之女为妃，遂谕阿里曼诸国仰之若共主。法兰西之武势益广，心志益侈。联合诸属国，各领其兵士共五十万，欲攻服峨罗斯。峨罗斯军已退避。不意上帝降灾，大风凛冽，雾雪如山，法兰西诸军冻死者十有九。遁回后，又募兵攻阿里曼之国，诸侯皆苦其暴酷。破鲁斯王拒敌。欧罗巴列国合而攻之，互有胜负，卒后法军败散。诸国合兵伐之，法兰西王失国。嘉庆十八年避于小屿，创立新国②，日夜思复仇，寝食皆废。猝回法兰西国，逐其新王。惟上帝不祐，复为英吉利、破鲁斯两军击败。于是法兰西旧王复立，禁放〔那〕波利稔王于远屿，欲逃不得。道光元年愤恨而死。论其才能，非不出类超众，惟佳兵好战，以至于亡。旧无，今补。〔那〕波利稔，一作〔那〕破戾翁，一作拿破仑。

颜斯（徐）〔综〕《海防余论》曰：佛兰西地广人多，旗号纯白，可与英吉利抗衡。自古有大仇，不能解释。每二三十年争战一次，每战辄数年而后各国为之讲解罢息。近来与荷兰连结，改旗号红、白、蓝三色而竖用，荷兰国旗则三色横用。

《海岛逸志》曰：勃兰西居于西北海，与和兰、英圭黎鼎峙为

---

① 以上史实为1805年（嘉庆十年）拿破仑击败俄奥联军；1806年（嘉庆十一年）打败普鲁士，颁大陆封锁令；1807年（嘉庆十二年）打败俄军，始迫使俄罗斯暂时加入封锁体系；1808年（嘉庆十三年）特拉法尔加角海战，英舰队击败法西联合舰队。无1804年（嘉庆九年）法俄联军攻英并为其所败之事。
② 拿破仑于1814年（嘉庆十九年）始被流放于厄尔巴岛，次年重返巴黎，建百日王朝。同年在滑铁卢战役失败后被流放到圣赫勒拿岛。

邻，其状貌、衣服、器用并同，惟字迹、言语则异。性甚强悍，少经商之徒，所以罕至葛留巴者。和兰每受红毛欺凌，则倚以为助。勃兰西国大人众，英圭黎所畏惧也。

《贸易通志》曰：佛兰西国，其西港口曰波尔多，每年商船出口二千九百三十八只。道光八年，货价三百七十八万员。其南港口曰马耳西利①，道光十二年，海关征税六百万员有奇。通计国中大小各船插佛兰西旗者，共计八万二千三百九十八只，载三千余石②，水手三十五万八千人。外国船进其口者三千三百八十二只，道光十一年，国中进口货价万四千七百万员，出口货价万二千九百万员。

《万国地理全图集》曰：佛兰西国南至地中海，东南连以大里③，北及英吉利海峡，连北义国，东与日耳曼国交界，西及是班牙海隅④。北极出自四十二度四分至五十一度十分，偏东自八度二分至偏西四度四分，广袤方圆六十二万七千方里。其居民三千三百万丁，其中男一千六百万丁，女一千七百万丁，娶妻者六百二十一万名，寡妇一百六十九万名。于道光十五年媾姻共计二十七万五千，生子男女九十九万三千丁；人死者八十一万六千名，其中自尽者二千二百三十五名，国家定死罪四十一名。三军不下三十万丁，大小兵船二百九十只，水手五万。其中最大船，载七十二炮至一百二十门。火轮船巡驶于地中之海。每年收银约一万二千九百万两有余，收国帑万二千九百六十六万两，欠项五万八千万两。西北两方平坦少山，西南一带山岭与是班牙国交界，东南

①马耳西利（Marseille），又作马耳西里，即马赛。
②疑有讹脱。
③以大里（Italy），又作以他里，即意大利。
④是班牙海隅（Bay of Biscay），比斯开湾。

一最高之峰与以他里隔界。其江不多亦不长。自北直流入地中海，名罗尼江①；由东至西者，名曰罗亚利②。中间多开运河，故内地交通。山（山）〔出〕石炭、铁、铅、白矾，专资国用，不得运出他国。惟西南各方多葡萄酒出售各国，尚有橄榄油及种萝卜以造糖。五谷亦有，而民惟食面。佛兰西国民最精神好礼，厚待远客，男女会集歌舞，惟乐目前，不虑久远。危时敢作敢为，宁死不居人下。其女巧言如簧，甚悦人意，但不甚守礼。其民轻诺寡信，豪兴喜武，是以常与各国肇衅，效死勇战。汉朝年间，居民尚野。得罗马国征服，渐渐教化，通其语言文字，同于各国。三百年后，遂驱逐罗马之官而自立国，始称曰佛郎机。于唐顺宗之年，有甲利王者，攻胜蛮夷，有功自立。其后裔不明，是以数百年无治。及元朝年间，人颣再悟，而佛国渐得操权，然与英夷累次交战。当危急时，忽有童女统军驱敌③。如此，国家再得加力教演士卒。嗣后国主好色，妾妇弄权。及乾隆五十四年，庶民怨之，废戕其主④，而自择君。于是有将军名曰那波仑即位，十有余年，百战百胜。各国震怒，故于嘉庆十七年同心协力御防，并力攻击。那波仑败丧，暂时退位⑤。复回再战，佛国王约英国及普鲁社国助援，炮火迫急，那波仑登英国兵船求避，英国待同俘虏，见流在大西洋孤峙。自后其王再归。本国产最丰盛者乃葡萄酒，每年价值银六千九百万两。别有三百万两之热酒，售与天下各国。又出胡丝，每年十万有余石，然不敷内地织造之用，别由意大里国运来。国

---

①罗尼江（Rhône），罗讷河。
②罗亚利（Loire），卢瓦尔河。
③贞德统军驱敌故事在明代。
④乾隆五十四年巴黎人民武装起义，但处决路易十六为乾隆五十七年年底。
⑤莱比锡战役为嘉庆十八年，次年拿破仑第一次退位。

地作五十三分计之，其二十三分系耕田，十分园林，七分牧场，其余系野路水泽。居民实巧，其丝缎大有名，每月变新样以悦四方之意，所织售价银每年千五百两。不但由海与列国交易，亦由陆路交市。各港口所据船万五千二百四十九只。佛兰〔西〕国大半崇加特力教，不信波罗士特教。国家重儒，有才能者即速官之。其藏书院内，印本三十六万册，写本七万册，准各人随便往来勤读。又有繁术院，内居各艺师，及诸项文艺传其徒。凡学兵法、开河道及造物之术，种种过人。国中昔分三十部，各部分府。今改为八十六部。其王都曰巴勒①，居民九十万九千丁，宫殿广大光耀，其街四方货物充积，都民每年纳饷税银九百万两。所有养济医院十四间，每年疗痊者万四千名。故此西国列方之士，多赴巴勒学医术。其金银匠皆卓异超群，共计二千名。岁造时辰表四万，自鸣钟一万八千。干丁②部民造粗麻布③，部内有五万人等以造织度生。中地之阿耳兰④、土耳⑤、破罗亚⑥等城，及南方里翰⑦、土路士⑧等城，皆大有名，务织通商。南海边有广港口与地中海沿各国互市，一曰马耳西里，一曰土仑⑨，战舰所造之处。其西海边最

---

①巴勒（Paris），巴黎。

②干丁（St. Questin），圣康坦。

③在当时圣康坦的织造业中，以上等薄麻布（lawn）居首，细麻布（cambric）次之。"粗"字疑讹。

④阿耳兰（Orléans），奥尔良。

⑤土耳（Tours），图尔。

⑥破罗亚（Blois），布卢瓦。

⑦里翰（Lyon），里昂。

⑧土路士（Toulouse），图卢兹。

⑨土仑（Toulon），土伦。

广大之海口曰破耳多①，乃运出葡萄酒之马头。另有罗治利②、辟勒③、马罗④、恩口⑤等港，遍通海路贸易。其北海峡之地，有补罗义（加）〔口〕⑥者，近英国之南境及东末口⑦，佛军屡由此港侵寇英国，英国周建炮台，敌船难入。佛国之南，可耳西加岛⑧本属以他里国，居民二十万丁，内地岭硗石，产物不多。佛兰西话音众儒所学，其书亦所共读，列国大臣皆用以会议而办外国之事。

1242

---

①破耳多（Bordeaux），波尔多。
②罗治利（La Rochelle），拉罗舍尔。
③辟勒（Brest），布勒斯特。
④马罗（St. – Malo）），圣马洛。
⑤恩口（Havre – de – Grâce，意为恩赐之港），勒阿佛尔（Le Havre）。
⑥补罗义口（Boulogne – sur – Mer，英文 Bou – logne），滨海布洛涅。
⑦东末口指奥斯坦德（Ostend）。
⑧可耳西加岛（Corsica），科西嘉岛。

海国图志卷四十二 邵阳魏源辑

大西洋

佛兰西国总记下

《地球图说》：佛兰西国东界意大里国并瑞西国、亚利曼国，南界地中海并大吕宋国，西界大西洋海，北界英吉利、荷兰二国。百姓约三千三百五十万。都城名巴勒城，城内之民九十万，大半宗天主教，小半耶稣教。教民习礼仪，交接极殷勤。其言语系欧罗巴之官音，故列国官长统识其语。道光二十七年①，民叛，国王逃避于英国，国民又自专制，不复立君矣。国南土地膏腴，天时和畅，果谷极盛。国之西北土地硗瘠，草木难生。国中多书院，以习文武技艺。又设养济院，以济贫民。有大江四，即罗尼江、罗亚利江、西利江②、伽伦江③是也。产绸缎、葡萄酒、香料、酒、磁器、自鸣钟、时辰表、洋绒布、绵布、呢、羽毛、麻布等货。

《地理备考》曰：佛兰西国古名奥卢④，又名牙里亚⑤，在欧罗巴州之中，北极出地四十二度二十分起至五十一度五分止，经

---

① "二十七年"，应作"二十八年"。

② 西利江（Seine），塞纳河。

③ 伽伦江（Garronne），加龙河。

④ 奥卢（Gaul），通译高卢。

⑤ 牙里亚（Gallia），通译高卢。

线自东五度五十六分起至西七度九分止。东至巴敦①、苏益萨②、萨尔的尼〔亚〕③等国，西统亚德兰的海，南接地中海暨比里牛斯山，北连满沙海④暨北尔日加国。南北相距约二千二百五十里，东西相去约二千零六十里，地面积方约二十七万里。烟户三京二兆口。西北丘陵寥寥，平原甚广，东南二方峰峦参天。河之至长者二十有一，湖之至大者则九。西北湿寒，东南燥暖。田土皆饶，生殖茂盛。土产金、银、铜、铁、锡、铅、水银、窝宅、煤、盐、信矾、宝石、钻石、白玉、水晶、花石、石膏、银朱、磁粉。王位历代皆男，册立以长。奉罗马天主公教者十之九，奉别教者十之一。外国寄寓，所奉何教，听其自便。工（考）〔巧〕艺精，匠肆林立，商贾辐辏。原本国在昔为塞尔达人所居。汉元帝初被罗马国征服⑤。迨罗马衰，又有北狄侵扰其地。南方各部，则为维西哥多人所取；西方各部，则为布尔给农人⑥兼并；其余各部，皆归于发郎哥人。齐高帝建元三年，发郎哥首领戈罗维斯⑦者，既逐各狄，遂据呀里亚国，自立为王，建国号曰发郎萨⑧，即佛郎机国所

①巴敦（Baden），今德国巴登符腾堡（Ba－den－Wuertemburg）州。
②苏益萨（Switerland），瑞士。
③萨尔的尼亚（Sardinia），撒丁王国，今意大利西北部。
④满沙海，法语 La Manche（拉芒什海峡），即英语 English Channel，即英吉利海峡。
⑤恺撒征服山北高卢为汉宣帝年间。
⑥指勃艮第（Burgundii）部落，此名源自哥特语 Baurgjans。当时勃艮第部落所居为法国中东部。
⑦戈罗维斯（Clovis），通译克洛维。法兰克王国（Frankreich）建国于五世纪末。齐高帝建元三年（481）是克洛维继其父为撒克利法兰克人部落酋长的年代，后来 France、França 等名均由 Frank 一名演变而来。
⑧发郎萨（France，França），法国。

由名也①。天宝间，嗣王被废，更立冢宰北（北）〔比〕诺②为君。传及其子，不惟通国尽归掌握，而且西方各地三分有其二焉。宋太宗时，王殁无嗣③，国人更立公爵武额加卑多④者为君。传至加尔禄斯⑤，薨后绝嗣，更立第三次非里卑⑥之孙为君。于时英吉利国王有舅甥之亲，觊觎分封，乃举兵索地。至其孙加尔禄斯⑦王立，干戈始息。乾隆三十九年，传至第十六次卢义斯⑧，国势大乱。至乾隆五十七年，乃裁革王爵，更立会议官员，办理国务。越七载，又改立领事官三员。其首领名那波良者，因有弭乱除暴功，将勇兵强，平定国家。嘉庆九年，国人共立为王。嘉庆二十年，与英吉利等国战败。国人复立前王卢义斯⑨者为王。及薨，国人更立其弟加尔禄斯⑩为王。在位九载，因乱被废。道光十年，更立卢义斯非里卑⑪为王，后又两立两废。道光二十七年⑫遂不立君，仍复旧制，立领事官。旧有三十三部，大小不等。今改八十六（名）〔府〕，或以经流之河为名，或以相近之山为名，其序如左：

---

①以上九字为魏源所加，原因是他误以为我国载籍中的"佛郎机"皆指法国。其实明代文献中的"佛郎机"本指葡萄牙，清代乾、嘉年间的一些著作误释此名为法国，魏源亦沿其讹。

②北比诺（Pepin Le Bret），丕平（矮子）。

③"王殁无嗣"四字，原书作"其朝遂亡"。

④武额加卑多（Hugh Capet），通译休·加佩。

⑤加尔禄斯（Charles Le Bel），指查理四世（美男子）。

⑥第三次非里卑（Philippe Ⅲ），即菲力浦三世。"次"字原书作"起"，魏改。下文类似情况均魏改。

⑦加尔禄斯，指查理七世（Charles Ⅶ）。

⑧第十六次卢义斯，即路易十六（Louis ⅩⅥ）。

⑨这里的"卢义斯"指路易十八。

⑩这里的"加尔禄斯"指查理十世。

⑪卢义斯非里卑（Louis Philippe），通译路易·菲力浦。

⑫"二十七年"，应为"二十八年"。

第一部：壹里亚德佛兰萨①，改为五府。一名塞纳府②，〔其首邑名巴黎斯，〕乃本国都也，建于塞纳河两岸，宫第雄丽，庠序美奂，桥梁、街衢之宽直，园亭之雅致，四时山水，景色尤佳。制造精良，商贾云集。

第二部：法郎德勒，〔改〕名诺尔府③。

第三部：亚尔多亚④，〔改〕名巴的加雷府⑤。

第四部：比加尔的亚⑥，〔改〕名索美府⑦。

第五部：诺尔满的亚⑧，改为五府。

第六部：〔赏巴尼亚⑨，改为四府。〕

第七部：罗勒纳⑩，改为四府。

第八部：卖内⑪，改为二府。

第九部：安如⑫，〔改〕名卖内罗亚〔尔〕府⑬。

---

①壹里亚德佛兰萨（The Isle of Frane，Ile de France，Ilha de França），法兰西岛，今巴黎大区的大部分。

②塞纳府（Seine），今巴黎市及塞纳—圣德尼（Seine - Saint Denis）、上塞纳（Hauts - de - Seine）等地。

③诺尔府（Nord），诺尔省。

④亚尔多亚（Artois），通译阿图瓦。

⑤巴的加雷府（Pas - de - Calais），加来海峡省。

⑥比加尔的亚（Picardy），通译皮卡尔第，在今索姆省。

⑦索美府（Somme），索姆省。

⑧诺尔满的亚（Normandy），通译诺曼第，今塞纳滨海（Seine - Mar - itime）省、厄尔（Eura）省、奥恩（Orne）省、卡尔瓦多斯（Calvados）省、芒什（Man - che）省。

⑨赏巴尼亚（Champagne），香巴尼，今阿登（Ardennes）省、马恩（Marne）省、奥布（Aube）省、上马恩（Haut - Marne）省。

⑩罗勒纳（Loraine），洛林，今孚日（Vosges）省、默尔特—摩泽尔（Meurthe - et - Mo-selle）省、默兹（Meuse）省、摩泽尔（Moselle）省。

⑪卖内（Maine），曼恩，今马延（Mayenne）省、萨尔特（Sarthe）省。

⑫安如（Anjou），通译安茹，在今曼恩—卢瓦尔省。

⑬卖内罗亚尔府（Maine - et - Loire），曼恩—卢瓦尔省。

第十部：北勒达尼①，改为五府。

第十一部：波亚都②，改为三府。

第十二部：可尼③，〔改〕名下沙兰德府④。

第十三部：森当日昂姑木亚⑤，〔改〕名沙兰德府⑥。

第十四部：耳里亚内斯⑦，改为三府。

第十五部：都勒内⑧，〔改〕名音德勒罗府⑨。

第十六部：北利⑩，改为二府。

第十七部：尼威尔内⑪，〔改〕名聂维勒府⑫。

第十八部：布尔波内⑬，〔改〕名亚列尔府⑭。

第十九部：马尔世⑮，〔改〕名哥留斯府⑯。

---

①北勒达尼（Bretagne），通译布列塔尼，今伊尔—维兰（Ille‐et‐vi‐laine）省、北滨海（Côtes‐du‐Nord）省、菲尼斯太尔（Finistere）省、莫尔比昂（Morbihan）省、大西洋卢瓦尔（Loire‐Atlantique）省。

②波亚都（Poitou），通译普瓦图，今维埃纳（Vi‐enne）省、德塞夫勒（Deux‐Se‐vres）省、旺代（Ven‐dée）省。

③可尼（Aunis），通译奥尼，在今夏朗德滨海省。

④下沙兰德府（Charente‐Maritime，Lower Charente），夏朗德滨海省。

⑤森当日昂姑木亚（Saintonge‐Angoumois），通译圣东日—昂古木瓦，在今夏朗德（Charente）省。

⑥沙兰德府（Charente），夏朗德省。

⑦耳里亚内斯（Orleanais），今厄尔—卢瓦尔（Eure‐et‐Loir）省、卢瓦雷（Loiret）省、卢瓦尔—歇尔（Loir‐et‐Cher）省。

⑧都勒内（Touraine），通译都兰，在今安德尔—卢瓦尔省。

⑨音德勒罗府（Indre‐et‐Loire），安德尔—卢瓦尔省。

⑩北利（Berri），贝里，在今安德尔（Indre）省、歇尔（Cher）省。

⑪尼威尔内（Nivernais），即尼维尔内，在今涅夫勒（Nievre）省。

⑫聂维勒府，今涅夫勒（Nievre）省。

⑬布尔波内（Bourbonnais），即波旁奈，在今阿利埃省。

⑭亚列尔府（Allier），阿利埃省。

⑮马尔世（Marche），即马尔什，在今克勒兹省。

⑯哥留斯府（Creuse），克勒兹省。

第二十部：黎木性①，改为二府。

第二十一部：科威尔内②，改为二府。

第二十二部：亚尔撒斯③，改为二府。

第二十三部：法郎师官德④，改为三府。

第二十四部：不尔科尼亚⑤，改为四府。

第二十五部：里科内⑥，改为二府。

第二十六部：德尔菲内⑦，改为三府。

第二十七部：布罗温萨⑧，改为四府。

第二十八部：郎给德⑨，改为八府。

第二十九部：佛亚⑩，〔改〕名亚（利）〔列〕日府⑪。

---

①黎木性（Limousin），即利穆赞，今科雷兹（Corrèze）省、上维埃纳（Haute‑Vienne）省。

②科威尔内（Auvergne），即奥弗涅，今康塔尔（Cante）省、多姆山（Puy‑de‑Dôme）省。

③亚尔撒斯（Alsace），即阿尔萨斯，今上莱茵（Haut Rhin）省、下莱茵（Bas Rhin）省。

④法郎师官德（Franche‑Comté），即弗兰什—康塔，今上索恩（Haute Saone）省、杜（Doubs）省、汝拉（Jura）省。

⑤不尔科尼亚（Bourgogne），即勃艮第，今科多尔（Côte‑d'Or）省、索恩—卢瓦尔（Saône‑et‑Loire）省、安（Ain）省、荣纳（Yonne）省。

⑥里科内（Lyonnais），即里昂奈，今卢瓦尔（Loire）省、罗讷（Rhône）省。

⑦德尔菲内（Dauphine），即道菲内，今伊泽尔（Isère）省、上阿尔卑斯（Hautes Alpes）省、德龙（Drôme）省。

⑧布罗温萨（Provence），即普罗旺斯，今沃克吕兹（Vauclause）省、阿尔卑斯滨海（Alpes‑Maritimes）省、瓦尔（Var）省、罗讷河口（Bouch‑es‑de‑Rhône）省、上普罗旺斯阿尔卑斯（Alpes‑de‑Haute‑Provence）省。

⑨郎给德（Languedoc），即郎格德，今加尔（Gard）省、阿尔代什（Ardèche）省、上卢瓦尔（Haute‑Loire）省、洛泽尔（Loizère）省、埃罗（Heraut）省、塔尔纳（Tarn）省、奥德（Aude）省、上加龙（Haute‑Garonne）省。

⑩佛亚（Foix），即弗瓦，在今阿里埃日省。

⑪亚列日府（Ariège），阿里埃日省。

第三十部：卢西隆①，〔改〕名东（北）〔比〕里牛斯府②。

第三十一部：（马）〔古〕耶内③，改为九府④。

第三十二部：〔伯尔内⑤，改为下比里牛斯府⑥。〕

第三十三部：哥尔塞牙⑦，〔改〕名哥尔塞牙府⑧。

其国通商冲繁之地，在内地，大埠十七处，海滨马头十一处。

除八十六府外，尚有所属地方，在于各州之内。后释其州，再为详明。

《外国史略》曰：佛兰西国古时亦山林之蛮夷，久渐向化。然性好勇，建屋不筑城，恶其障蔽拘禁也。战胜则取敌颅为酒器。使奴婢务农。以羊牛乳酪为生，衣其毛。女年将许嫁，则父母多招少年宴会，视女所爱者，以洗盘送之，即定聘焉。其丈夫操女之生死，随意可休妻。若女与人苟合，则其刑重。男誓报仇，然始严终怠，久亦渐逾禁矣。其教奉耶稣，以为天地之大主，不得以人之舍宇蔽之，故不建庙。每榛树间，以为神之居处也。人性猛烈，不肯安坐，好远游掳掠。于周安王时，侵罗马国之地，为所败⑨。后破希腊国。又结群渡海，据英国之苏各兰岛。今其岛山内之顽民，皆其遗种也。佛兰西之南方，人多为商。往岁侵罗马

①卢西隆（Roussillon），即鲁西隆，在今东比利牛斯省。

②东比里牛斯府（Pyrénées—Orientales），东比利斯省。

③古耶内（Guyenne），即古延。今纪龙德（Gironde）省、多尔多涅（Dordogne）省、洛特加龙（Lot—et—Garonne）省、洛特（Lot）省、阿韦龙（Aveyron）省、塔纳—加龙（Tarn—et—Garonne）省。

④"九府"，应作"六府"。

⑤伯尔内（Bearn），即贝亚恩，在今大西洋比利牛斯省。

⑥下比里牛斯府（Pyrénées – Atlantiques，Lower Pyrénées），大西洋比利牛斯省。

⑦哥尔塞牙（Corsica），即科西嘉。

⑧哥尔塞牙府（Corsica），科西嘉省。

⑨约在公元前五世纪，高卢人曾征服整个意大利北部，"山内高卢"由此得名。

国之役，其民尽出。日耳曼列族乘虚内侵，大获胜。而意大里者，亦夺其北方之地。是时罗马国与佛兰西相仇，战争六十年。奈罗马之将军名震海外，佛国难与之抗，因求和焉。汉宣帝时，罗马至佛国立新埠，且教其居民服教化，遂变其土音，皆习罗马国之语，垂二百年，通贸易。忽有中国东北方游牧之匈奴族类举兵西向，戮杀男女老幼，而日耳曼又渡河据其国，瓜分其地，列土操权。于唐（元）〔玄〕① 宗时，回回人来侵，佛国并力击退。于时佛国之大甲利王② 与弟共励国政，武勇胜敌，迭举兵攻服未向化之撒逊③、回族，使归天主教。是时意大里国内乱，甲利王又率兵往取地大半。又侵西班亚国，击退回族，又与罗马教主议，再复罗马西都之君号。甲利王虽久历战场，而好文教，招贤讲学，赏功绩，尚名分，智勇两全，为西海贤王。薨后，其子孙不能承先志，互战生衅，绝日耳曼之好。其爵士各据一方，海贼亦入攻其城，国势日弱。及元泰定四年，因藩国酋长僭号，佛君因减五爵之权，削其地，由是衅隙复肇④。又与犹太国回教交战数百年，阵亡满路。传至路义号第九王⑤，屡击回回，始则被虏，费十万金自赎。反国发愤修政，再攻回回，复疫作，军士多亡。赖非立王⑥ 与罗马之教师，尽力战胜，于是佛国之众推非立王即位。英吉利亦觊佛国之地，连年攻战获胜，遂入其都。忽有佛国童女激劝军士，众谓天助，奋力驱敌，英人乃退据海滨。嗣路义第十二王⑦ 亦好战，

---

① "元"字为避玄烨讳。
② 大甲利王，指查理大帝。
③ 撒逊（Saxon），指撒克逊人。
④ 法国王权扩大早于卡佩王朝末年，其参加十字军东征亦早于此时。
⑤ 路易九世在"元嘉定四年"之前大半个世纪就去世了。
⑥ 非立王，指腓力三世。
⑦ 应为法兰西斯一世（Francois I），其被俘为1525年（明嘉靖四年）。

与日耳曼交战被虏，赎回。是明正德十一年也。万历二十六年，显理第十三王①即位，因国中克力斯顿之天主教与波罗斯特之耶稣教不和，争战。乃示谕各居民，崇拜上帝各随所愿。民悦服，战息。旋被弑。顺治元年，路义第十四王即位，五爵敬服，攻战屡胜。与邻国连盟，而英国为盟主。康熙五十四年，路义第十五王即位。乾隆三十八年，路义第十六王即位，皆不修政事，国库耗于妃妾，乃议增饷以补国用，民心不服。正与欧罗巴列国交战，有将军那波伦者，佛国英雄也，乘虚擅权，百战百胜，威声大震，于嘉庆八年篡位，称尊号在诸国以上。与英吉利、西班亚、陂路斯、峨罗斯等国战，无不胜。于嘉庆十七年，倾国往攻峨罗〔斯〕国，长驱直入其都，被火焚溃而退，冰雪交侵，饥殍满路。于是峨罗斯与（破）〔陂〕路斯国连和合从，以驱佛军；日耳曼国又乘其后，又协英吉利、东国②等合攻佛国，于是那波伦失位，退居小岛。复纠其余党复国。英人又合（破）〔陂〕路斯军击之，那波伦败降，遂谪死于海岛。时嘉庆十九年也③。其旧王再即位。及道光十年，众又不悦，作乱，驱其君。嗣王号曰路义非立④。至道光二十七年复废，遂不立国王。

佛国为欧罗巴最美之邦，西南两际海，西及西班亚海隅，南及地中海，东连日耳曼列国，东南及瑞士、意大里等国，北及北义国。北极出自四十二度四分至五十一度十分，偏东自八度二分，偏西四度四分。沿海无多港口。南有（黑）〔里〕云海隅⑤，在西

①应为亨利四世（Henri Ⅳ），其即位时间为1589年（明万历十七年）。
②东国，指奥地利（Austria）。
③嘉庆十九年为拿破仑被流放到厄尔巴岛的时间，以后他被流放到圣赫勒拿岛为嘉庆二十年，死于该岛为道光元年。
④路义非立（Louis–philippe），通译路易·菲力浦。
⑤里云海隅（Golfe of Lion），利翁湾。

班亚及佛国之间；西北必当海隅①，北有那耳曼海隅②。在地中海，佛兰西所属之撒丁岛，名曰各西甲③。南流之罗尼河，长五十二里，两岸丰盛。西方之牙伦江④，长五十里；罗亚利江，长八十里，其岸多葡萄。西北有西尼河，国都在焉，曰巴利⑤。临瑞士地有白山⑥，为众山之冠，高一千四百八十一丈，尚有峰高六百丈。在西班亚、佛兰西交界，又有溜山⑦，高稍次之。其北山则平坦，四面环绕，负山表海，是以敌国难侵。物产五谷，仅足自给。民嗜曲，亦种葡萄，最重于欧罗巴各国。遍地种葡萄，计二万顷。所出之酒三万五百斗，六分之一为火酒。最美者为红葡萄酒，各国皆贵售之。计所产物，每年价银万四千四百万圆，运出者约千六百万圆。南方出橄榄油，最清贵。少林木，所需材料多购自异国。田亩计二十三万顷，其中五十分种五谷，九分为草场，四分葡萄埔，十四分林，一分果木蔬菜园。计铜、铁、煤、锡矿厂五（百二十）〔十有二〕处，采矿者三万人。南方出丝，不足给用。海中渔舟最繁。其民奉天主教，旧有斋戒之例，男女皆食鱼，禁食肉。今则天主教稍息而斋戒者亦少，故鱼之用迥不如前矣。人多巧思，制造精妙。每年所造呢羽，计银一万零五百万圆，运卖他国者七百万圆。其铜、铁器及时辰表尤妙，花纸有名，磁器亦

---

①必当海隅（Golfe de st‐Malo），圣马洛湾。"必当"译自旧省名 Bre‐tagne。
②那耳曼海隅（Baie de la Seine），塞纳湾。"那耳曼"译自旧省名 Nor‐mandie。
③各西甲（Corsica），科西嘉岛。本句疑应为"在地中海，佛兰西所属之岛名曰各西甲，近撒丁岛"。科西嘉岛于十八世纪六十年代已由城市国家热那亚把它划给法国。其后1800 年热那亚本身亦受法国统治。直至 1815 年拿破仑战败，热那亚才并入撒丁王国版图。
④牙伦江（Garonne），加龙河。
⑤巴利（Paris），巴黎。
⑥白山（Alpes），阿尔卑斯山脉。拉丁文 albus，意为白色山。
⑦溜山（Pyrénées Mts.），比利牛斯山脉。

珍重，皮靴鞋极佳。每年所造各物，约六万万圆。国中贸易，每年陆路万五千万圆，水路二万三千万圆。运进银二万三千万圆，运出价银二万七千万圆。每（多）〔年〕进口，本地船四千八百只，外国船亦如之。渔舟万五千只。

城中学馆最大。又民间小学二万八千九百六十三所，学生计二百二十余万名。其大学院三百五十八所，学生三万三千名。会学院一百所，学（士）〔生〕二万三千六百名。

佛国素称知礼，他国皆就学焉。民谦和，喜舞蹈，性反复机变，终日歌舞游乐，男女佚荡，军士尚勇好战。陆兵有名，水师则屡被英吉利、荷兰所败。嘉庆年间，英国以战舰封其海口，其船俱不能出。其民崇罗马天主教，惟八分之一守波罗士特正教。国中有大教主十四位，副教主六十六位。昔五爵及教主据田亩大半，百姓贫乏。后国大乱，驱杀五爵，教主、教师等皆出奔，产（殁）〔没〕入官。虽那波伦王在位，再立新爵，亦仅存其名号，而权不如前矣。学士能诗能文，昼夜勤诵，故各国有盟约誓辞，皆用佛国语。欧罗巴各国无不以佛国之字为正宗。其内外医科尤卓越。又精历法，知天文，能读汉字，造木板印书。所制造药材并各项料物，尤多新奇。自道光十年后，佛国王自操权，按国之义册，会商爵士、乡绅，以议国事。每年王宫所用之银二百四十万圆，世子每年俸银二十万圆，国之大臣如之。有司国玺之大臣，理兵部、教门、外国务之大臣，理水师、藩属地之大臣，理国内务之大臣，工务农商之大臣，文学大臣，司刑之官千六百三十员，审狱之司一千员。别有定商务拟断之司，派兵弁之司，与中国无异。其公会必派国之大爵有名望者。百姓中每年纳饷银五千员以上者，推为公会之乡绅，预论国事。能言之士最多。佛国富民最骄，动自专擅，屡结党作乱，与他国肇衅。以路义非立王之贤，又募壮丁为民之卫，而有财之民莫能弹压焉。其国库入项，虽每年二万五千六百三十万员，而三年欠项共一万四千万员。其出项，每年文官之禄并工部、教门、教学等费五千二百八十有余万圆，军士、水军六千五百万圆，造桥路、造炮、建战舰千五百万圆。纳税二千八百四十余万，所应交还之项千二百二十五万圆。计一年所费过于所入者七百四十七万圆。道光二十五年，更增兵数共计五十四万四千，马八万四千匹，坚城共一百七十八座，各有护兵。

郡县城邑，广袤方圆九千七百五十二里，分三十八郡，每部①分府州县。至城邑，有居民五千者，共七百零九处；居民一万者，共二百七十四处；居民一万以上者，共四十九处；居民二万者，共二十五处；居民二万以上者，共四十三处。

其都曰巴利城，居民九十万，国有大事皆在议焉。外国来人繁多，城内旅馆六百余，旅客不下十万，所用马车共计二万七千辆。每日寄出书信约七万件，新闻纸八万五千张，各印书三千名②。呢羽匠千二百名，税饷五百五十四万圆；赌场之租百二十三万圆；市租二十六万圆。护兵万五千丁，别有壮丁十二营。立仁义之院以施药，共二十处，一处每年计收病人一万。所藏古今书籍计八十万册。此皆国都以内之情形也。

南方大邑曰利云③，在罗泥河滨，居民十五万，工织丝绸，然骄不安分。地中海滨有马悉利④邑，居民十四万六千，系通商之大口，每年进船六千只，有佛国水师船，筑城立炮台以防范。西方

---

① "部"，疑为"郡"字之讹。
② "名"，疑为"印页"（sheets printed）之讹。
③ 利云（Lyon），里昂。
④ 马悉利（Marseille），马赛。

海边璞托①邑，居民九万八千余口，商贾云集，运出之物多红葡萄酒，埔头甚富。路安②邑，居民九万余口，在西尼河滨，商船来往，绵布所出。南方土路士邑，居民七万七千，多好学，与西班亚国交界。难得③邑，居民七万五千，每年出入之船计三四千，民善作铁器。同堡④邑，居民五万七千，在来尼河，日耳曼国界，坚城固垒，其城内礼拜堂，塔最高，士民大半崇正教。利里⑤邑，居民七万二千，在北方。亚面⑥邑，居民四万六千，在西北方。尼墨⑦邑，在南方，居民四万三千。密邑⑧，在东方，最固之城，居民四万二千。甲音⑨邑，居民四万。圣以典⑩邑，居民四万。罗米⑪古邑，昔时佛兰西君在此即位，居民三万八千。阿耳兰邑，在国之南，居民四万。门必勒⑫邑，在南方，无雨多晴，居民三万五千。安额邑，民三万五千九百。林区邑，在西边海，居民三万五千。⑬ 土伦邑，大海口，居民三万四千，佛国战舰皆泊此。亚威

---

①璞托（Bordeaux），波尔多。

②路安（Rouen），鲁昂。

③难得（Nantes），南特。

④同堡，指斯特拉斯堡（Strasbourg），古罗马称 Argentoratum。

⑤利里（Lille），里尔。

⑥亚面（Amiens），亚眠。

⑦尼墨（Nimes），尼姆。

⑧密邑（Metz），梅斯。

⑨甲音（Caen），卡昂。

⑩圣以典（St. - Etienne），圣太田。

⑪罗米（Reims，Rheims），兰斯，高卢 Remi 部落曾在此建立王国并以之为都城，后演变为城镇名。Reims 一名源自 Reim。

⑫门必勒（Montpellier），蒙彼利埃。

⑬以上二十三字疑为衍文。其中，"安额邑"所见《史略》版本作"土伦邑"，与下文重复；"林区邑"疑为下文"林匿邑"之讹。

云①邑，居民三万。难西邑②，在意大里交界，居民三万。林匿③邑，居民三万五千。必勒④邑，海边最固之城也，居民二万九千。比散孙邑⑤，居民二万九千，在瑞西交界。利摩义⑥邑，居民二万九千。威撒勒⑦邑，离其国不远，城内有大殿，多美园，其君随时所驻跸也，居民二万九千。额那比利⑧邑，居民二万九千。布罗义⑨邑，在查匿海⑩边，城坚港广，为佛国君往侵英国之要路。甲来⑪邑，与英国附近，英人常据之，居民二万三千。西尼港口⑫可通商，居民二万五千。太益⑬邑，居民二万五千。地云⑭邑，居民二万四千。安额⑮邑，在海边，与北义交界，坚固之城也。亚拉⑯邑，居民二万三千。哥西加岛去撒丁岛不远，方圆一百七十八里，其地多山，产五谷，居民畏劳，往往缺食，岛有十八邑，其中四

---

①亚威云（Avignon），阿维尼翁。

②"难西邑"，应作"尼西（Nice）邑"，即尼斯。

③林匿，译音似为法国西北的雷恩（Rennes），但《海国图志》辑用的译名大体与《史略》相同的中文法国地图，把今夏朗德省称林匿郡、下夏朗德省称下林匿郡。据此，"林匿邑"可能指下夏朗德省首府拉罗舍尔（la Rochelle）或夏朗德河的出海口罗什福尔（Rochefort）。

④必勒（Brest），布勒斯特。

⑤比散孙邑（Besançon），贝藏松。

⑥利摩义（Limoges），里摩日。

⑦威撒勒（Versailles），凡尔赛。

⑧额那比利（Grenoble），格勒诺布尔。

⑨布罗义（Boulogne），滨海布路涅。

⑩查匿海（English Channel），英吉利海峡。

⑪甲来（Calais），加来。

⑫西尼港口（Le Havre），勒阿弗尼，"西尼"为塞纳（Seine）河音译，Havre意为港口。

⑬太益（Troyes），特鲁瓦。

⑭地云（Dijon），第戎。

⑮安额（Angers），翁热。不是同比利时交界之地，距海边也较远。

⑯亚拉（Arras），阿拉斯。

邑系海口。五村五百六十乡，居民十八万八千。

《瀛环志略》云：佛郎西自乾隆三十（八）〔九〕年王路易第十六一作卢义斯第十六嗣立，时华盛顿一作兀兴腾据亚墨利加起兵，英吉利攻之不克，佛人以全军助华盛顿，英不能支，遂与华盛顿和，而佛亦由是虚耗。王好渔色，内宠擅权扰民，民不能堪。乾隆五十四年，国大乱，寻废王弑之，立领事官三人摄王政，以拿破仑为首。一作拿破利翁，又作那波良。拿破仑者，佛夙将，用兵如神，征麦西有大功，（主）〔王〕忌之，置散地。国人既弑王，拿破仑乘势鼓众，得大权。嘉庆（八）〔九〕年，国人推戴即王位，恃其武略，欲混一土宇，继罗马之迹。灭荷兰，废西班牙，取葡萄牙，兼并意大里、瑞士、日耳曼诸小部，割普鲁士之半，夺奥地利亚属藩，侵琏国，围其都城。战胜攻取，所向无敌，诸国畏之如虎。嘉庆十（六）〔七〕年，以大兵伐峨罗斯，围其旧都墨斯科，峨人烧之而走。佛方旋师，而天骤寒，军士冻死者十七八。诸国乘其敝也，合力攻之，佛师大溃，故所得土全失。嘉庆二十年，各国遣公使会议于维耶纳，奥地利亚都城。凡拿破仑所侵地，各归故主，其间有分析，有合并，立盟约，不相吞噬。拿破仑既败丧，惭而避位，复立故王之裔路易，一作卢义斯。仍握兵柄①。嘉庆二十一年②，与英吉利战于北境，兵败被擒。英人流之荒岛，道光二年③死。路易即位，数年卒。弟查理立，一作加尔禄斯。愚懫不任事，在

---

①拿破仑在莱比锡战役失败后，1814年第六次反法同盟联军进入巴黎。拿破仑第一次退位，被流放到厄尔巴岛。路易十八随反法联军回到法国，恢复波旁王朝的统治。两个月后，拿破仑百日王朝时，路易十八再次逃亡国外。以后拿破仑在滑铁卢第七次被反法同盟军击败，路易十八又在反法联军的保护下回法重登王位。所谓拿破仑第一次退位后"复立故王之裔路易，仍握兵柄"，不符史实。
②"二十一年"，应作"二十年"。
③"二年"，应作"元年"。

位九年①，国人废之，择立支属贤者路易非立，一作卢义斯菲里卑。即今在位之王也。以道光九年②嗣立，有贤声。

佛郎西颇重读书，学优者超擢为美官。其制：宰相一人，别立五爵公所，又于绅士中择四百五十九人立公局。国有大政，如刑赏征伐之类，则令公所筹议；事关税饷，则令公局筹办。相无权，宣传王命而已。国有额兵三十万，战船大小二百九十只，水兵五万。船之大者，载炮七十二门至一百二十门。亦有火轮船数十只，巡驶地中海。其俗：人人喜武功，军兴则意气激扬，面有矜色。临阵跳荡直前，（议）〔义〕不返顾。前队横尸杂逻，后队仍继进不已。获胜则举国欢呼，虽伤亡千万人不恤，但以崇国威、全国体为幸。其酋长沉鸷好谋，知兵者多，水战陆战之法无不讲求，又好用纵横之术，故与诸国交兵，常十出而九胜。

按：佛郎西在欧罗巴诸国中，传世最久。自哥罗昧③开基，至今已千余年，中间虽迭遭变故，而代立者皆其宗党，未滋他族，未立女主。较他国之弈棋置君者，固有间矣。立法骏厉，贤君复六七作，危而不亡，殆有由也。

欧罗巴用武之国，以佛郎西为最。争先处强，不居人下；偶有凌侮，必思报复。其民俗慷慨喜战，有《小戎》、《驷铁》之风。其用兵也，仗义执言，不似诸国之专于牟利。故千余年中侮乱迭生，而虎视泰西，国势未尝替削。至拿破仑之百战百胜，终为降虏，则所谓兵不戢而自焚，又可为渎武者之殷鉴矣。

佛郎西属地在别土者亦有数处，如南印度之本地治利④，南亚

---

①查理十世的在位时间为 1824 年至 1830 年，只有七年。
②路易·菲力浦嗣位之年应为道光十年。
③哥罗昧（Clovis），通译克洛维。
④本地治利（Pondicherry），本地治里。

墨利加之歪阿那①，亚非利加之阿尔及耳②，印度海之布尔奔③，得之不甚经营，弃之亦不甚惜。盖不以此为重也。

欧罗巴各国皆以贩海为业，如英吉利、米利坚、吕宋之属，每岁商船至中国，多者百余艘，少亦三四十艘。所贩鬻者，多绵花、洋布、粗重之物。至如洋米、胡椒、苏木、海参之类，皆从东南洋转贩，并非西产。独佛郎西商船最少，多则三四艘，少则一二艘。入口之货，皆羽毛、大呢、钟表诸珍贵之物。盖其国物产丰盈，制作精巧，葡萄酒、大呢、绸缎之类，售之欧罗巴各国，即已利市十倍，不必远涉数万里而谋生。其航海而东来也，意在于耀声名，不专于权子母。国势既殊，用意迥别，其情势可揣而知也。

---

①歪阿那（Guiana），圭亚那。
②阿尔及耳（Algiers），阿尔及尔。
③布尔奔（Isle de Bourbon），留尼汪岛（Réunion）。

海国图志卷四十三

欧罗巴人原撰　　侯官林则徐译　　邵阳魏源重辑

大西洋^{欧罗巴洲}

意大里国

意大里亚国总记_{一作伊达里，一作以}

他里，又名即史书所谓大秦国也。罗马，一作那马。案：利马窦即
此国人，始通中国，自称大西洋人，非今澳门之大西洋国也。又
案：凡地名末亚字、阿字，皆其余声，可有可无，故意大里亚，一
作伊达里。又如班那里阿，一作寒牙里；谙厄利亚即英吉利；印第
亚即印度。又如欧塞特里阿，一作欧塞特里。故知尾声皆可省。

意大里亚，欧罗巴中央之区。西北一隅依阿利大山①，余三面
皆滨地中海。四面受敌，乱世易招攻伐。其地上古无主统摄，各
霸一方。嗣里渣赤②之益喀尔西阿土王始并各部落为一，名曰罗马
国。③ _{一作那马国。}方其盛强时，航海攻服各国；厥后衰弱，分为九：

---

①阿利大山（Alps Mts.），又作牙而白山，即阿尔卑斯山脉。

②里渣赤（States of the Church），教皇国。

③无所谓"益喀尔西阿土王始并各部落为一，名曰罗马国"之事。Ecclesiastical States 通
译教皇国，即 States of the Church。参见陈华《有关〈四洲志〉的若干问题》一文
（暨南学报 1993 年 7 月）。

曰里渣赤，曰达士加呢①，曰沙里尼阿②，曰那勃尔士③，曰马领那④，曰磨里那⑤，曰纳加⑥，曰巴麻⑦，曰（依塞特里那）〔摩那戈〕⑧，各自为治，不相统属。遂致先日罗汶⑨之贺林宫署⑩，仅存基址。分国之后，事无统摄，皆才黠专政，盗贼蜂起，民无安业。其俗：富贵之家嗜酒游荡，居处华侈。虽以佛兰西之修饰庐舍，总不及意大里亚之精也。九国皆奉加特力教。河道三：底玛河⑪自阿比尼山⑫发源，至里渣赤出海，长百五十里；波河⑬之源发自葛底唵阿利大山⑭，阿底赤河⑮之源发自租利阿大山谷⑯，两水均至弥兰⑰汇合，同归海，长各四百余里⑱。

《贸易通志》曰：意大里国，自古以来化民成俗，与各国通商。西北大埠曰额那亚⑲，所出口者为橄榄油、米、柑、南果、铁

---

①达士加呢（Tuscany, Toscana），又作塔斯加尼，多斯加纳，即托斯卡纳。

②沙里尼阿（Sardinia），又作萨尔的尼亚，即撒丁王国。

③那勃尔士（Naples, Nápoli），又作那破里、纳波里，即那不勒斯（那波利）。

④马领那（Marino），今圣马力诺（San Marino）。

⑤磨里那（Modena），又作摩地那、摩德纳，即摩德纳。

⑥纳加（Lucca），卢卡。

⑦巴麻（Parma），又作儿玛、巴马、拍马、巴尔马，即帕尔马。

⑧摩那戈（Manoca），摩纳哥。

⑨罗汶（Roma），罗马。

⑩贺林宫署（Coliseum），科利西姆（圆形剧场）。

⑪底玛河（Tiber, Tevere），又作的北黎河，即台伯河（特韦雷河）。

⑫阿比尼山（Apennines, Appennini Mts.），亚平宁山脉。

⑬波河（Po），波河。

⑭葛底唵阿利大山（Cottian Alps），科蒂安阿尔卑斯山。

⑮阿底赤河（Adige），阿迪杰河。

⑯租利阿大山谷，指拉提亚和朱利亚阿尔卑斯山（Rhaetian and Julian Alps）之间的大山谷。

⑰弥兰（Milan），米兰。波河和阿迪杰河不汇合，也不是在米兰汇合，但同在伦巴第王国出海。

⑱波河是意大利最长的河流，约比阿杰迪河长百分之六十。

⑲额那亚（Genova），又作热拿亚、热奴亚、际那亚，即热那亚。

丝、纸、剪绒、大采缎等；入口货如各国，计价约八百万员。其西方市埠曰里窝耳那①，每年入口、出口货价千余万员，船千有七百九十三只。又有那破里埠头，为国之别都。户口甚众，而人游惰，故贸易不盛，每年进口不过几百万员。又其南方埠头曰西齐里洲②，物产山积，而政令不善，故货滞不销。此条补入。

意大里亚国即古罗马国。东、西、南皆界地中海，东北界土鲁机，北界奥地里（加）〔亚〕，西北界佛兰西。九部落近各自主，分为九国。原本。

一里渣赤部，东、西、南界海，北界（敏兰）〔磨里那〕。先为罗马部落，后自为一国。幅员万四千二百方里，户二百六十万口，兵六七（万）〔千〕名，赋税银八百六十万员。管小部落四十四，俱奉加特力教。产玻璃。

一达斯加尼部，东、南（北）俱界里渣赤，西界海。先为罗马国部落，后遂自主。幅员七千九百二十方里，户百二十七万五千口。小部落二十一，俱奉加特力教。产呢、草帽。

一沙里尼阿部，东界弥兰，西界佛兰西，南界海，北界绥沙兰。先为罗马国部落，后自为一国。幅员二万七千六百四十三方里，户四百十万五千余口。小部落三十有九，并辖沙里尼阿岛③小部落二十有一，俱奉加特力教。产银、铜、水银、铅。又，沙里尼阿岛与里渣赤近，领小部落二十〔余〕。产白矾、硫磺。

一那勒尔斯部，东、西、南界海，北界里渣赤。先为罗马国部落，后自为一国。幅员四万二千九百三十七方里，户五百四十五万余口。小部落七十有六，并辖西里岛小部落二十有六，俱奉加特力教。

①里窝耳那（Livorna），里窝那。
②西齐里洲（Sicilia），又作西里岛、西齐里亚、西治里，即西西里岛。其大港名巴勒莫（Palermo）。
③沙里尼阿岛（Sardegna，Sardinia），撒丁岛。

产磁器。又，西里岛与那勃尔斯近，户百七十二万九千余口，领小部落二十有六，俱奉加特力教。产银、铜、铅、铁、硫黄、麦、香芄。所属之糜那山产金。

一马领那部，东、北（界都鲁机）、西南俱界（海）〔里渣赤〕。先为罗马国部落，后自为一国。幅员三千二百方里①，户五万丁口②。小部落十有七，俱奉加特力教。产剪绒、大花缎、素缎。

一磨里那部，东界里渣赤，西界巴（腊）〔麻〕，南界纳加，北界弥兰。先为罗马国部落，后自为一国。幅员千九百五十八方里，户二万七千口。小部落四，俱奉加特力教。

一纳加部，东、南俱界达斯加尼，西界海，北界磨里（耶）〔那〕。先为罗马国部落，后自为一国。幅员四百十三方里，户十四万五千口。小部落四，并辖戈西加岛小部落十三，俱奉加特力教。又，戈西加岛与达斯〔加〕尼近，领小部落十三。

一巴麻部，东界磨里那，西界沙里尼阿，南界达斯加尼，北界弥兰。先为罗马国部落，后自为一国。幅员二千四百二十七方里，户三万口。小部落六，俱奉加特力教。

一（伊塞特里那部即）摩那戈③〔部〕，东界都鲁机，西、南、北俱界海④。先为罗马国部落，后自为一国，户六万五千口⑤。小部落六，俱奉加特力教。

---

①外文原著没说圣马力诺的面积多大，译者把它说得太大了。
②外文原著也没说圣马力诺的人口总数，只说它的首都约五千人，译者却说圣马力诺的人口总数为五万，过多。
③摩那戈（Manoca），即摩纳哥。译者说摩纳哥即伊塞特里那（Istra, Istria），大误。其实摩纳哥在当时意大利的西北部，今在法国境内；伊斯特拉半岛在当时意大利东北部，在今南斯拉夫。二地相去很远。
④这是伊斯特拉半岛的四至，不是摩纳哥的四至。摩纳哥的四至应是东、北、西俱界撒丁王国，南界海。
⑤外文原著说当时摩纳哥的人口仅六千五百人，译者却误译为六万五千口。

意大里国沿革原无，今补。

《职方外纪》：意大里亚在拂郎（祭）〔察〕东南，南北度数自三十八至四十六，东西度数自二十九至四十三，周围一万五千里。三面环地中海，一面临高山，名牙而白，又有亚伯尼诺山①横界于中。地产丰厚，物力十全。四远之人，辐辏于此。旧日千有（六）〔一〕百〔六〕十六郡，其最大者曰罗玛，古为总王之都，故又称为罗玛国。欧罗巴诸国皆臣服焉。城周百五十里。地有大渠，名曰地白里②，穿出城外百里以入于海。四方商舶悉输珍宝，骈集此渠。自古名贤多出此地。曾建一大殿，圜形宽大壮丽无比。上为圆顶，悉用砖石，砖石之上复加铅板，当瓦顶之正中，凿空二丈余以透天光，显其巧妙，供奉诸神于内。此殿至今二千余年，尚在也。耶苏升天之后，圣徒分走四方布教，中有二位。一伯多琭③，一宝禄④，皆至罗玛都城讲论天主事理，人多信从。此二圣之后，又累有盛德之士相继阐明。至于总王公斯珰丁⑤者，钦奉特虔，尽改前奉邪神之宇为瞻礼诸圣人之殿，而更立他殿以奉天主，至今存焉。教皇即居于此，以代天主在世布教。自伯多琭至今，千有六百余年，相继不绝。教皇皆不婚娶，永无世及之事，但凭盛德，辅弼大臣公推其一而立焉。欧罗巴列国之王虽非其臣，然咸致敬尽礼，称为圣父神师，认为代天主教之君也。凡有大事莫决，必请命焉。案：此乃欧罗巴洲之总教皇也。其左右尝简列国才全德备

①亚伯尼诺山（Appennino），又作亚闭尼山，即亚平宁山脉。
②地白里（Tiber，Tiberis，Tevere），指台伯河（特韦雷河）。
③伯多琭，指彼得（Peter）。
④宝禄，指保罗（Paul）。
⑤公斯珰丁，指君士坦丁一世（Gaius Flavius Valerius Constantinus I）。

或即王侯至戚五六十人，分领教事。此乃各国分主教化之法王也。此罗玛城，奇观甚多，聊举数事。宰辅之家，有一名苑，中造流觞曲水，机巧异常。多有铜铸各类禽鸟，遇机一发，自能鼓翼而鸣，各有本类之声。西乐编箫，最有巧音，然亦多假人工、风力成音。此苑中有一编箫，但置水中，机动则鸣，其音甚妙。此外又有高大浑全之堂，外周尽镂古来王者形像、故事，烂然可观。其内则空虚，可容几人登陟上下，如一塔然。伯多琭圣人之殿，悉用精石制造，花素奇巧，宽大可容五六万人。殿高处视在下之人如孩童然。城中有七山，其大者曰玛山，人烟最稠密，第苦无泉。迩来造一高梁，长六十里；梁上立沟，接其远山之水，如通流河也。

有水泉，饮之，其味与乳无异，汲之不竭，蓄之不溢。近地曰罗肋多，一圣殿，即昔日圣母玛利亚亲身所居之室。此室旧在如德亚国，后为回回窃据，天神凌空移至此地，越海七千余里。国人欲致崇饰，恐失其旧，因周（其）〔以〕玉墙，覆以大殿。今逢圣母诞日，行旅来朝者常至数万人。儒略尝亲诣此殿，今已屹然巨镇矣。其西北为勿搦祭亚①，无国王，世家共推一有功德者为主。城建海中，有一种木为桩，入水千万年不腐。其上铺石造室，复以砖石为之，备极精美。城内街衢俱是海，两傍可通陆行，城中有艘二万。又有一桥梁，极阔，上列三街，俱有民居间隔，了不异城市，其高又可下度风帆。国人精于造舟，预庀物料，一舟指顾可成。他方重客，每至其处，阅视一两时，其工已成一巨舫，可以航海者矣。所造玻璃极佳，甲于天下。有勿里诺湖，在山巅，从石峡泻下，声如迅雷，闻五十里。飞泉喷沫成珠，日光耀之，恍惚皆虹霓状。有一异泉，出山石中，不拘何物坠于其内，半月

---

① 勿搦祭亚（Venézia, Venice），又作非匿城，即威尼斯。

便生石皮，周裹其物。又有沸泉，有温泉。沸泉常沸高丈余，不可染指；投畜物于内，顷刻便可糜烂矣。温泉，女子或浴或饮，不生育者育，能育者多乳。所产铁矿，掘尽逾二十五年复生，第在本土，任加火力，铁终不熔，之他所始熔。其南为纳波里，地极丰厚，君长极多。有火山，昼夜出火，爆石弹射他方，恒至百里外。昔一名士欲穷其故，近其山，为火燎死。后移一圣人遗蜕至本国，其害遂息。有一城名亚既诺[①]，圣人多玛斯著陡录曰亚者生于此地。又地名哥生济亚[②]，有两河：一河濯发则黄，濯丝则白；一河濯丝发俱黑。其外有博（药）〔乐〕业[③]城，因多公学，名为学问之母。昔有二大家，争为奇事。一家造一方塔，高出云表，以为无复可逾；一家亦建一塔，与前塔齐，第彼塔直耸，此则斜倚若倾，而今已历数百年未坏，直耸者反将颓矣。又有城名把都亚[④]，中有公堂，纵二百步，横六十步，上为楼，覆以铅瓦，而中间不立一柱。又把儿玛一堂广可驰马，亦无一柱，惟以梁如人字相倚，寻丈至盈尺皆然。上压愈重，则下挺持愈坚也。从纳波里至左里城[⑤]，有石山相间隔。国人穴山以通道，长可四五里，广可容两车，对视则如明星。又有地出火，四周皆小山，山洞甚多，入内皆可疗病。又各主一疾，如欲得汗者，入某洞则汗至；欲除湿者，入某洞则湿去。因有百洞，遂名曰一百所。此皆意大里亚属国也。其大者六国，俱极富庶。西谚尝曰：罗玛为圣，勿

---

①亚既诺（Cassino），卡西诺。
②哥生济亚（Cosensa），科森察。
③博乐业（Bologna），博洛尼亚。
④把都亚（Padua，Pádova），又作巴土亚、帕都亚，即帕多瓦。
⑤左里城（Pozzuoli），波佐利，位于那波里西部海湾。

搦祭亚为富，弥郎为大，那坡里为华，热拿亚为高，福楞察①为整。各有专书备论。案：此古时疆域也，今日则各自为国，如福楞察即佛朗察、热拿亚即耶玛尼。然则，古时意大里地居全洲之大半，故史以大秦国该括全洲。

意大里亚之名岛有三：一西齐里亚，地极丰厚，俗称曰国之仓之库之魂，皆美其富庶也。亦有大山，喷火不绝。百年前，其火特异，火烬直飞逾海，达利未亚境。山四周多草木，积雪不消，常成晶石。亦有沸泉如醋，物入便黑。其国人最慧，善谈论，西土称为三舌人。最精天文，造日晷法，自此地始。有巧工德大禄者，造百鸟，自能飞，即微如蝇虫，亦能飞。更有天文师名亚而几墨得②者，有三绝。尝有敌国驾数百艘临其岛，国人计无所出，已则铸一巨镜，映日注射敌艘，光照火发，数百艘一时烧尽。又，其王命造一航海极大之舶，舶成将下之海，计虽倾一国之力，用牛、马、骆驼千万，莫能运舟，几墨得营运巧法，第令王一举手，舟如山岳转动，须臾下海矣。又，造一自动浑天仪，十二重，层层相间，七政各有本动，凡日、月、五星、列宿运行之迟疾，一一与天无二。其仪以玻璃为之，重重可透视，真希世珍也。其傍近有马尔岛③，不生毒物，即蛇、蝎等皆不螫人。毒物自外至，至岛辄死。一揉而地泥亚④，亦广大，生一草，名揉而多泥，人食之辄笑死。状虽如笑，中实楚也。西谚凡谓无情之笑，皆名揉而多泥笑。一哥而西加，有三十三城，所产犬能战，一犬可当一骑，故其国布阵，一骑间一犬，反有骑不如犬者。又近热奴亚一鸡岛，

---

① 福楞察（Firenze，Florence），佛罗伦萨。魏源误释为法国。又将热拿亚误释为德国。魏源明知德、法二国不在意大利境内，又说"此古时疆域也"，以自圆其说，误上加误。

② 亚而几墨得（Archimedes），通译阿基米德。

③ 马尔岛（Malta），又作马由他岛，即马耳他岛。

④ 揉而地泥亚（Sardegna），撒丁岛。

满岛皆鸡，自生自育，不须人养，又绝非野雉之属。

《明史》：意大里亚居大西洋中，自古不通中国。万历时，其国人利玛（宝）〔窦〕至京师，为《万国全图》，言天下有五大洲：第一曰亚细亚洲，中凡百余国，而中国居其一；第二曰欧罗巴洲，中凡七十余国，而意大里亚居其一；第三曰利未亚洲，亦百余国；第四曰亚墨利加洲，地更大，以境土相连，分为南、北二洲；最后得墨瓦腊尼加洲①为第五，而域中大地尽矣。其说荒渺莫考，然其国人充斥中土，则其地固有之，不可诬也。

大都欧罗巴诸国悉奉天主、耶稣教，而耶稣生于如德亚，其国在亚细亚洲之中，西行教于欧罗巴。其始生在汉哀帝元寿二年庚申。阅一千五百八十一年，至万历九年辛巳，玛窦始泛海九万里抵广州之香山澳，其教遂沾染中土。至二十九年入京师，中官马堂以其方物进献②，自称大西洋人。

礼部言："会典止有西洋琐里国，无大西洋，其真伪不可知。又寄居二十年方行进贡，则与远方慕义特来献琛者不同。且其所贡《天主》及《天主母图》，既属不经，而所携又有神仙骨诸物。夫既称神仙，自能飞升，安得有骨？则唐韩愈所谓凶秽之余，不宜入宫禁者也。况此等方物，未经臣部译验，径行进献，则内臣混进之非，与臣等溺职之罪，俱有不容辞者。及奉旨送部，乃不赴部审译，而私寓僧舍，臣等不知其何意？但诸番朝贡，例有回赐，其使臣必有宴赏，乞给赐冠带还国，勿令潜居两京与中人交

①墨瓦腊尼加洲，指南极洲（Antarctica），墨瓦兰是麦哲伦（Magalhães）的旧译。其实，1520年，麦哲伦及其船队只是通过万圣海峡（后人称麦哲伦海峡），望到火地岛（Tierre del Fuego），并未到达南极洲。但因火地岛较近南极洲，《职方外纪》说："其后追厥所自，谓墨瓦兰实开此区，因以其名命之曰墨瓦蜡尼加。"
②利玛窦至京为万历二十八年，马堂进其所献之物则为万历二十九年。

往，别生事端。”不报。八月，又言：“臣等议令利玛窦还国，候命五月，未赐纶音，毋怪乎远人之郁病而思归也。察其情词恳切，真有不愿上方锡予，惟欲山栖野宿之意。譬诸禽鹿久羁，愈思长林丰草，人情固然。乞速为颁赐，遣赴江西诸处，听其深山邃谷，寄迹怡老。”亦不报。

已而帝嘉其远来，假馆授（餐）〔粲〕，给赐优厚。公卿以下重其人，咸与晋接。玛窦安之，遂留居不去，以三十八年四月卒于京。赐葬西郭外。

其年十一月朔日食，历官推算多谬，朝议将修改。明年五官正周子愚言：“大西洋归化人庞迪我、熊三拔等深明历法，其所携历书，有中国载籍所未及者。当令译上，以资采择。”礼部侍郎翁正春等因请仿洪武初设回回历科之例，令迪我等同测验。从之。自玛窦入中国后，其徒来益众。有王丰肃者，居南京，专以天主教惑〔众〕，士大夫暨里巷小民间为所诱。礼部郎中徐如珂恶之。其徒又自夸风土人物远胜中华。如珂乃召两人，授以笔札，令各书所记忆，悉舛谬不相合，乃倡议驱斥。四十四年，与侍郎沈㴶、给事中晏文辉等合疏斥其邪说惑众，且疑其为佛郎机假托，乞急行驱逐。礼科给事中余懋孳亦言：“自利玛窦东来，而中国复有天主之教。乃留都王丰肃、阳玛诺等，煽惑群众不下万人，朔望朝拜动以千计。夫通番、左道并有禁，今公然夜聚晓散，一如白莲、无为诸教。且往来壕镜，与澳中诸番通谋，而所司不为遣斥，国家禁令安在？”帝纳其言。至十二月，令丰肃及迪我等俱遣赴广东，听还本国。命下久之，迁延不行，所司亦不为督发。

四十六年四月，迪我等奏：“臣与先臣利玛窦等十余人，涉海九万里，观光上国，叨食大官十有七年。近南北参劾，议行屏斥。窃念臣等梵修学道，尊奉天主，岂有邪谋，敢堕恶业？惟圣明垂怜，候风便还国。若寄居海屿，愈滋猜疑，乞并南都诸处陪臣，一体宽假。"不报，乃怏怏而去。丰肃寻变姓名，复入南京，行教如故①，朝士莫能察也。

其国善制炮，视西洋更巨。既传入内地，华人多效之，而不能用。天启、崇祯间，东北用兵，数召澳中人入都，令将士学习，其人亦为尽力。

崇祯时，历法益疏舛，礼部尚书徐光启请令其徒罗雅谷、汤若望等以其国新法相参较，开局纂修。报可。久之书成，即以崇祯元年戊辰为历元，名之曰《崇祯历书》，虽未颁行，其法视《大统历》为密，识者有取焉。

其国人东来者，大都聪明特达之士，意专行教，不求禄利。其所著书，多华人所未道，故一时好异者咸尚之。而士大夫如徐光启、李之藻辈，首好其说，且为润色其文词，故其教骤兴。

时著声中土者，更有龙华民、毕方济、艾（如）〔儒〕略、邓玉函诸人。华民、方济、（如）〔儒〕略及熊三拔皆意大里亚国人；玉函，热而玛尼国人；庞迪我，依西把尼亚国人；阳玛诺，波尔都瓦〔尔〕国人，皆欧罗巴洲之国也。〔其〕所言风俗、物产〔多夸，且〕有《职方外纪》诸书在，（故）不具述。案：邓玉函，耶马尼人；庞迪我，吕宋人；阳玛诺，布路亚人。译音之殊。

《皇清四裔考》：意达里亚在欧罗巴州南境，其地周万五千里，三面环地中海，一面临高山。土田饶沃，州郡繁多。其山川、风俗、政教具详《职方外纪》及《明史》。从古未通中国。明万历九年有利玛窦者，始泛海抵广州。二十九年②，遂入京师。中官马堂

---

①张维华先生认为王丰肃后虽改名高一志，无复入南京行教事，见《明史欧洲四国传注释》第164页。
②"二十九年"，应作"二十八年"。

以其方物进献。嘉其远来，给赐甚厚。利玛窦安之，遂留不去。嗣后来者益众，皆祖述其说。略言天下有五大州：一曰亚细〔亚〕州，自中国至日本、安南、西域等国是也。二曰欧罗巴州，南至地中海，北至冰海，东至阿比河①，西至大西洋，即利玛窦所生本国也②。三曰利未亚洲，南至大浪山，北至地中海，东至西红海，西至阿则亚诺海③是也。四曰亚墨利加洲，地分南北，中有一峡相连。峡南曰南亚墨利加，南起墨瓦蜡泥海峡④，北至加纳达⑤峡，北曰北亚墨利加，南起加纳达，北至冰海，东尽福（海）〔岛〕⑥是也。五曰墨瓦蜡泥加洲，相传欧罗巴属之伊西巴泥亚国王念地为圜体，西往可以东归，命其臣墨瓦兰者往访。沿亚墨利加东偏，展转经年，忽得海峡，亘千余里。以墨瓦兰首开此区，遂即其名，命曰墨瓦蜡泥加也。又盛夸天主之教为天地万物主宰，时礼部侍郎沈㴶、给事中晏文辉等斥其邪说惑众，乞加驱逐。

崇祯初，历法疏舛。礼部尚书徐光启请以其国新法相参校，开局纂修。报可。书成未用。会本朝建元，始采取其说，先后命西洋人汤若望、南怀仁等入为钦天监官。

先是钦天监按古法推算，康熙八年十二月当置闰。南怀仁言："雨水为正月中气。是月二十九日值雨水，即为康熙九年之正月，不当闰。置闰当在明年二月。"钦天监官多直怀仁言，乃改闰二月，并许自行其教。余凡直隶各省开堂设教者禁。康熙九年六月，

①阿比河（Ob），鄂毕河。欧亚二洲分界应是鄂毕河以西的乌拉尔（Ural）山脉。
②此"大西洋"应是 Atlantic Ocean，非指意大利。
③阿则亚诺海（Atlantic Ocean），大西洋。
④墨瓦蜡泥海峡（Estrecho de Magallanes），麦哲伦海峡（Magellan's Str.）。
⑤加纳达（New Granada），新格拉纳达。当时哥伦比亚、巴拿马等数国均为西班牙新格拉纳达总督区统治。
⑥福岛，古称幸福岛（Insulac Fortunate）。加那利群岛（Islas Canaries）。

国王遣使奉表，贡金刚石、饰金剑、金珀书箱、珊瑚树、珊瑚珠、琥珀珠、伽南香、哆啰绒、象牙、犀角、乳香、苏合香、丁香、金银、乳香花露、花幔、花毡、大玻璃镜等物。十七年八月，〔遣陪臣贡狮子，〕召见于太和殿，宴赉遣归①。五十六年，广东碣石镇总兵官陈昂疏言："天主一教，各省开堂聚众，在广州城内外者尤多。加以洋舶所汇，同类招引，恐滋事端。乞循康熙八年例，再行严禁，毋使滋蔓。"从之。五十七年，两广总督杨琳疏言："西洋人开堂设教，其风未息。请循康熙五十六年例，再行禁止。"五十九年，西洋人德里格以妄行陈奏获罪，从宽禁锢。雍正元年，恩诏释德里格于狱。时浙闽总督觉罗满保疏言："西洋于内地行教，闻见渐淆。请除送京效力人员外，俱安置澳门。其天主堂改为公廨。"奏入，得旨："远夷住居各省年久，今令其迁移，可给限半年，委官照看，毋使地方扰累，沿途劳苦。"二年十二月，两广总督孔毓珣疏言："西洋人先后来广东者若尽送澳门安置，滨海地窄难容，亦无便舟归国。请令暂居广州城天主堂内，年壮愿回者附洋舶归国，年老有疾不能归者听。惟不许妄自行走，衍倡教说。其外府之天主堂，悉撤为公廨。内地人民入其教者，出之。"三年二月，毓珣又言："广东香山澳有西洋人来居此二百余年，户口日繁，至三千余丁。迩来常从外洋造船回澳，已及二十五艘。请著为定额，毋许添置。彼处头目以瓜期来代者许留，余悉随船归国。"俱报可。三年八月，意达里亚国教化王表谢圣祖抚恤恩，并贺上登极，贡方物。使臣归国，令赍敕谕其王。四年六月，释西洋人毕天祥、计有纲于狱。初，天祥等于康熙间以罪系广东狱。及是，教化王伯纳第多请援德里格之例，释天祥等。从之。乾隆

①这两次进贡均果阿葡督假葡王名义所为，与意大利无关。

五十年十月，奉谕："前因西洋人巴（亚）〔也〕里央等私入内地传教，经湖广省查拿，究出直隶、山东、山西、陕西、四川等省俱有私自传教之犯。业据刑部审拟，永远监禁。第思此等人犯，不过意在传教，尚无别项不法情事，且究系外夷，未谙国法。若永禁囹圄，情殊可悯。俱著加恩释放，交京城天主堂安分居住。如情愿回洋者，著该部派司员押送回粤，示柔远至意。"

传闻意达里亚旁有八九国。西洋艾儒略为《职方外纪》，道诸国山川、风俗。略言由意达里亚东行为厄勒祭亚，当欧罗巴极南境，东北有罗玛尼亚。由厄勒祭亚东北[①]行为翁加里亚，由翁加里亚东北行为波罗尼亚，由波罗尼亚东行为莫斯哥未亚。此五国皆在意达里亚东境。其在西北境者有四大国：曰大尼亚，曰诺尔勿惹，曰雪际亚，曰鄂底亚[②]。此四国与热尔玛尼亚相隔一海套，道阻难行，西史称为别一天下。其南，夏至日长六十九刻；其中，长八十二刻；其北，夏至日轮横行地面，半年为一昼夜。盖意达里亚南际地中海，而四国则北际冰海云。

西洋去中国水程八万里。其道由地中海西出大洋，南行过福岛；东南行泛利未亚海[③]，过大浪山；折而东行，过西南海[④]，东北行过小西洋[⑤]；又东行至吕宋，入广东境。远泛重洋，倾诚慕义，锡赉之典，亦不与他国同。

《万国地理全图集》曰：以他里国即意大里亚，乃欧罗巴洲精华腹地也。天气不冷不热，花芽早苗，林香扑鼻。遍地古迹，想

---

①"东北"，似应作"西北"。
②鄂底亚（Gotland，Gothland），哥特兰岛，古代波罗的海的贸易中心。《职方外纪》成书后二十二年始属瑞典。
③利未亚海，指非洲西面的海洋，即大西洋东南面。
④此"西南海"指印度洋（Indian Ocean）西部。
⑤此"小西洋"指印度半岛及印度洋东部。

见往昔熙皞之遗。今则中邦罗马为教皇所据，而国王偏处东方。惟北地尚归东国管理。其中邦与南邦则分属列君，各自主其地。其土大半丰盛，饶五谷、橄榄、橙、柑、橡、栗等实。中间一带高山，然其谷如园囿焉，无所不产。北极出三十六度四十分至四十八度，偏东自六度至十四度，广袤圆方三十五万一千方里。其居民纤身，好诗歌、画像、刻雕各务。其女之眼光妖冶，不好廉节。居民好逸惮劳，有怨敌皆不明攻而但暗报。崇天主加特力教。产丝甲于全洲，每年所出丝价银三千六百万两。遍地栽葡萄树，酿酒。英国所运进造织之物，每年价银二千四百万两，所出者三百有余万两。佛国运出入之物，大概千有百万两。其列国皆服专主，并不知自主之名。最管束百姓者，乃东国官宪。其外小君，皆效其办法，又不许百姓得知机密，是以其五爵无事，只得逸乐，早进天主堂听僧念经、拜像，遂回家游玩，与女人叙谈笑论，如此终生度日。其农安分，勤劳不怨。

所属列国，陈如左：一曰罗马教皇之地。此乃以他里国中都会也，居民二百六十八万人，国饷银每年九百三十万员。地虽褊小，名及四海，古今无不闻之。在周朝间初建罗马城之际，仅若小乡。历二百年，惟农是务，其国最微，与夷蛮等。因罗马民敢作敢为，百攻百胜。如此，以他里全地，渐次皆服罗马，邻国闻名。于是，国王严正持法，力能奋武，南北东西，无不攻服。于汉朝年间，其地衺延，自葡萄亚、拂郎（祭）〔察〕各西域遍服一主，而万国景仰矣。其将军不论何处获胜，即扶良除暴，立律法。所有话音，达于西国。今日如葡萄亚、是班亚、佛兰西、英吉利等之音，皆原于罗马国。是时普天下变化从风。其后帝君纵欲妄行，国家危变；三军弄权，随意立主，国衰政弱。于是东方游牧野蛮，一齐攻界。罗马古时勇兵挫锐，外夷云集乱击。分国为两邦，东西各一。其东者，迨及明（宪）〔代〕宗年间又被土耳基国强服；其西国不久于（北）宋顺帝之时①为西夷侵取罗京，尽行虏掠，国归夷主。凡罗马昔时所造之殿庙、所存之古迹，尽皆拆毁。文艺并废，书册焚荡。驻罗马之教师乘机布异端，以管束其蛮，令崇其道，由此加特力教兴焉。即是藉福音之理，以人意（传）〔傅〕会参之，其教师遂操国权。自后愈加力能，占据地方，号曰教皇。自此以后，严谕凛奉天主之教，各君王如不服顺，即出禁谕，断绝往来，不准百姓仍遵其主。明朝年间，西国多归一道，自除异端，是以教皇之权大替。今尚执其地业，推广异端。遇有没时，其大教主集会，公择教皇，续其大统。所取之皇，多系老迈，惟执法从事。故其政令与其国制不变，常如山川焉。其国都亦称为罗马，内有前代之古迹与现今所盖之天主殿堂，街道宏整。远客至城者，视之若游仙山。城内僧多如蚁，各仰教皇俸禄。由外国到之祭司亦不少，又随时有别国之信士赴罗马焚香而拜偶像。其居民一千五十万②，无德行，无豪气，并不超众也。波罗峨那③古城恒执其义，并不悦服其教皇，而固执其自主之理。至罗④地之农，大半不甚勤力，尚有旷野。其山内多藏伏贼，攻害旅客。事露即逃天主堂，亦不能按例究办。观此则意大理国教皇为加特力教之主，各国奉加特力教者宗之。而英吉利等国奉波罗士特教者不宗之也。

以他里内各地：一曰米兰部，在波兰河⑤滨，四围山水最美。其庙拜天主教圣人之像，长四十五丈，阔二十七丈，高三十三丈。

---

①应是刘宋后废帝时。罗马城被西哥特人攻陷为更早的东晋义熙六年，罗马城为汪达尔人洗劫为刘宋孝武帝孝建二年。
②原书此数字讹，应为一十五万。当时整个教皇国才二百六十万人。
③波罗峨那（Bologna），波洛尼亚。
④罗，指教皇国（Ecclesiastical States）。
⑤波兰河，指波河支流兰布罗（Lambro）河。

其巨亏台①，令各国旅客所景仰。居民十五万丁。尚所有之大部落，曰伯仪②，有居民三万丁；曰额摩那③，有民二万六千；曰曼土亚④，其城甚坚，屡与异军交战，虽久围之不能服；曰罢味亚⑤，有民二万一千；曰罗地⑥，有民万八千，地方丰盛。

非匿城在以他里之东北方，其省会同名，古时此城为地中海最大之海口。千有余年，既富且强，屡与大国接战。其后五爵渐衰，百姓愚懦，邻国攻围，举手而得之。今尚存古时高威之古迹，殿庙甚壮丽。其城建立于泽地，各街夹沟，人不驾车而驶船往来，桥尤高壮，居民十万零一千丁。近日通商甚小。巴士亚城有大文学院，其内三百儒，务文艺。居民五万丁。味罗那⑦邑居民五万五千丁。味（普）〔肯〕撒⑧邑，居民三万丁。芜地那⑨邑，万八千丁。

两部择其尊贵绅士会议国政，而请东国帝君准行之。所云东国帝君，盖以他里尚有国王，居于东部，为列部之共主。犹春秋之东周天王也⑩。其故都罗马，则属于教皇。

---

①亏台（Milan Cathedral），今译米兰大教堂或杜莫（Duomo）主教堂. 是欧洲最大的哥特式大理石建筑之一。
②伯仪（Bréscia），布雷西亚。
③额摩那（Cremona），克雷莫纳。
④曼土亚（Mántova，Mantua），曼图亚。
⑤罢味亚（Pavia），帕维亚。
⑥罗地（Lodi），洛迪。
⑦味罗那（Verona），维罗纳。
⑧味肯撒（Vicenza），维琴察。
⑨芜地那（Údine，Udina），乌迪内。
⑩当时伦巴第一威尼斯王国（The Lombardo‑Venetian Kingdom）受奥地利皇帝统辖，又称 Austrian Italy，与东周同春秋列国的关系不同。

又曰：突加那①地极美，各国慕其丰盛，独立无二。北撒②乃古城，昔兴今衰。其居民十一万丁，渐消存二万。里窝那城系其地之海口，商船所集。巴马地被东国女主所管，昔系佛兰西国王那波利稔之后，现据此地，办其政令而别嫁夫也。

又曰：撒丁国分四分：曰辟门③，曰热那亚，曰撒歪④，曰撒丁岛。合为一国，皆其王所辖。居民共三百八十三万丁。其王都曰土林⑤，有好殿堂，民所称美。辟门多山地，其民全资外国营生。热那亚在广海⑥隅，昔为地中海滨之公市，守口兵船甚盛，今则衰废，独存其官署而已。撒丁岛广袤，居民粗鲁，带刀游牧，悍不遵法。故开道路以通交易，而便往来。

又曰：那波利国在以他里之南方，与西治里岛合为一国，居民五百万丁，其都城同名。屋宇高大，殿庙整肃。其乞丐结党，滋扰良民。绕城皆高山，洞壑奇秀，又有火峰，烟焰冲天，有时亦发热石撒空，有时灰尘盖地，有时火浆流出，尽烧草木。有古城两座，被灰掩蔽，兼屡次地震。然其地肥饶，无所不产。

西治里岛长五百四十里，阔四百五十里，居民百有十七万丁。田宜五谷，出甘酒。亦以火峰为患。政令不仁，僧寺弄权，五爵暴民，故国富而民贫。其都城曰巴勒摩⑦，其埠头曰墨西那⑧。

西南马里他岛，居民勤耕，人户稠密。昔为回回所服，有骁

---

①突加那（Tuscany），即托斯卡纳（Toscana）。
②北撒（Pisa），比萨。
③辟门（Piemonte，Piedmont），皮埃蒙特。
④撒歪（Savoy），萨瓦，今不在意大利境内。
⑤土林（Torino，Turin），都灵。
⑥广海，指利古里亚海（Ligurian Sea）。
⑦巴勒摩（Palermo），巴勒莫。
⑧墨西那（Messina），墨西那。

将扎住，御防全岛。嘉庆年间，佛兰西将军诱其骁将，举岛投降。于是英国又以战船攻取之，而调兵严守，以为地中海战舰之港口。

《地球图说》：以大利国东界亚得利亚海①，南界地中海，西界地中海并佛兰西，北界瑞西国并阿士氏拉国②，百姓约有二千一百七十万。罗马城内民十五万五千，犹太教少，天主教众。盖昔年天主教皇生于罗马，自称西门彼得罗为耶稣十二门徒之首，嗣后承其职者，涉于矜张。夫耶稣之教曰：凡欲为长，宜为人役；凡欲为首，宜为人仆。何与此教之不符也？是以天主教祈祷，不藉神子，而追古贤之功，守真神之诚，拜各贤之遗容。迄今教皇殁，群教主必会集，公举别立教皇，以承大统。故无论城乡野僻，悉立马利亚之像，以便礼拜。其民甚聪明，善图绘、雕刻物类。国内有高山名亚闭尼，火山名非苏未由③，自一千八百年以前，是山发焰，并有火浆灰土，将二城掩没。国王发帑开掘，尚未完工。又一城名（除）〔际〕那亚，即昔年能觅〔得〕美理驾（之）大洲④〔名可伦波者所生之处〕。国之形势，斜伸入海，似人股著靴之形。天气轻寒轻暖，土壤膏沃，花果极蕃。内有二大江，即波江、第巴江⑤也。近数百年来，分裂多国：一曰罗马，即天主教首自主之国；二（豸）〔沙〕第尼亚⑥，三波（斯）〔那〕利，又名双细历⑦。此二国各自立君；四狼罢地⑧，五搭斯加尼，六拍马，七摩

①亚得利亚海（Adriatic Sea），亚得里亚海。
②阿士氏拉国（Austria），又作奥斯的里亚，即奥地利。
③非苏未由火山，即维苏威（Vesuvio）火山。
④美理驾大洲（America），美洲。
⑤第巴江（Tiber, Tivere），台伯河。
⑥沙第尼亚（Sardinia），撒丁王国。
⑦双细历（Two Sicilies），二西西里。
⑧狼罢地（Lombardy），伦巴第。

地那，八鹿驾①，均为阿士氏拉国所属。产橄榄油、橙、柑、檬、栗、百果、麦、葡萄酒，并一切造织之物。再南有三岛。

《地理备考》曰：意大里国在欧罗巴州南，北极出地三十七度起至四十七度止，经线〔东〕四度起至十六度止，东西南三面皆地中海，北连苏益萨、奥斯的里亚二国。长约三千里，宽约千四百里，地面积方十五万一千八百二十里。烟户二京一兆四亿口。冈陵平原相间，地气温和，四季时若。河长者曰波河，湖至大者曰加尔达湖②。土沃产蕃，百工技艺皆备，丹青、音乐甲于通州。分十有三国，或王、或公、或侯、或民首、或教宗，名位不一。所奉之教乃罗马天主公教。其额力西国教暨路得、罗加尔威诺二修教，奉之者鲜。

罗马国人自上古创建邦基后，甲于天下。耶稣降生后四百年间，始有夷狄侵扰本国，占据三百余载。至佛兰西取之，合为一国。厥后佛兰西势衰，本国人仍分析其地，各建邦国，不相统属。众君之中，有伯棱日尔者，乘其强力，渐服诸酋，各国尽归掌握。嗣因暴虐无道，国人于后晋开运二年共议废之，而奉亚里曼国汗为主。此后外攻内乱，纷纷不一。其先受辖于人，后则自操于己；始则本为一君，继则改为列君，此乃本国数百年之事也。

嘉庆十年，佛兰西国君那波良者，复克其地，自王其国。再越十载，各国公使齐集维（耶）〔也〕纳地方会议，将本国分为十三国，大小不等。其中有属于别国者，有不属于别国者。其属于别国者则（西）〔四〕：一伦巴尔多威尼〔西亚奴〕③，一德西

---

①鹿驾（Lucca），又作卢加，即洛卡。
②加尔达湖（Lago di Garda），加尔达湖。
③伦巴尔多威尼西亚奴（Lombardo – Venetian Kingdom, Lombar – do – Veneziano），伦巴底—威尼斯王国。

（鲁）〔怒国①之二首郡〕，一哥尔（多）〔塞牙〕②，一马尔达③。以上四国，前三国分属于奥斯的里亚、苏益萨、佛兰西三国，其后一国属于英吉利国。其不属别国者则九，别序如左：

其一，萨尔的尼〔亚〕国，东连各国④，西连佛兰西国，南界地中海，北接瑞西国。长九百里，宽七百三十里，地面积方四万一千九百四十里。烟户四兆三亿口。王位世袭。通国分十部，一都灵部，〔其首府亦名都灵，〕乃本国都也。

其二，巴尔马国，宽袤皆二百里，地面积方二千六百里。烟户四亿四万口。公爵世袭。通国分五府，一巴尔马府，〔首邑亦名巴尔马，〕乃本国都也。

其三，摩德那国，长三百里，宽一百四十里，地面积方二千二百六十里。烟户三亿八万口。公爵世袭。通国分为四府。一摩德那府，〔首邑亦名摩德那，〕乃本国都也。

其四，卢加国，长九十里，宽五十里，地面积方五百六十里。烟户一亿四万三千口。公爵世袭。国分十二邑，卢加乃本国都也。

其五，摩纳哥国，周围四方，皆为萨尔的尼亚国包括。长三十五里，宽二十里，地面积方六十里。烟户六千五百口。侯爵世袭。摩纳哥乃本国都也。

其六，圣马里弱⑤国，周围四方皆为罗马国包括。地面积方约有五十里，烟户四千五百口。不设君位，国人自立官理务。首处亦名圣马里弱，建于山上。

---

①德西怒（Ticino），提契诺。
②哥尔塞牙（Corcica），科西嘉岛。
③马尔达（Malta），马耳他。
④原书写"东至德西怒、巴尔马、多斯加纳、摩德那四国"，改为"东连各国"，似失原意。
⑤圣马里弱（San Marino），圣马力诺。

其七，多斯加纳国，东至罗马国，西、南连地中海，北接卢加、摩德那、罗马三国。长四百五十里，宽三百五十里，地面积方九千五百里。烟户一兆二亿七万五千口。公爵世袭。通国分五部，一名佛罗棱萨①，〔首邑亦名佛罗棱萨，〕建于亚尔诺河②岸，乃本国（部）〔都〕也。

其八，教宗国③，即罗马（都城也）〔国〕④。东至贰西〔西〕里亚国，西连多斯加纳、摩德那二国，南枕地中海，北界（洲中）〔亚的里亚地各〕海⑤〔暨伦巴尔多威尼西亚奴国〕。长九百五十里，宽四百七十里，地面积方二万二千四百里。烟户二兆五亿九万口。教宗管辖，历代相传，递嬗继立。通国分二十一部，一名罗马，〔首邑亦名罗马，〕建于的北黎河岸，乃本国都也。庙堂壮丽，至若首堂，华绝无比。凡天下万方丹青画图、珍宝奇观，靡不毕集其中。

其（二）〔九〕，曰〔二〕西〔西〕里亚国，西连罗马国，东南枕〔若尼约〕⑥、地中〔二〕海，北界（州中）〔亚的里亚地各〕海暨罗马国。其地分而为二：一名那不勒斯，长六百四十里，宽五百八十里，地面积方四万一千九十里；一名西西里亚，长约六百余里，宽约三百六十余里，地面积方一万四千二百七十里。烟户共计七兆四亿二万口。王位世袭。通国分二十二部，一名那不勒斯，〔首府亦名那不勒斯，〕建于塞卑多河右，在维苏威约、包

①佛罗棱萨（Firenze，Florence），佛罗伦萨。
②亚尔诺河（Arno），阿尔诺河。
③教宗国（Ecclesiastical States），教皇国。
④魏源误改"罗马国"为"罗马都城"。
⑤亚的里亚地各海（Adriatic Sea），亚得里亚海。魏源误改"亚的里亚地各海"为"洲中海"。
⑥若尼约海（Ionian Sea），爱奥尼亚海。

西里波①二山之间，乃本国都也。风景幽雅，可称名胜。其维苏威约山顶出火，昼夜不息。余十（三）〔四〕部皆在那不勒斯地，发罗河②右。（其如）〔加〕达尼亚部③亦有火山曰挨德纳山④，乃欧罗巴州中至大之火山也。又七部皆在西西里亚岛，发罗河左⑤。其国通商冲繁之地，内外不一，或在海边，或在内地。

《瀛环志略》曰：罗马（国），一称教宗国，古罗马旧都也。当全盛时，文物声名为西洋第一大都会。至刘宋时，为北狄峨特族所据。故王宫阙大半残毁，书册旧典，亦扫荡无遗。由是民变夷俗。天主教自东汉时传播西土，罗马人崇信尤笃。故国既为狄所据，天主教之徒乘机招诱，党羽日繁，大权归其掌握。佛郎西既灭峨特族，遂以其地归天主教师，号曰教（主）〔王〕。教（主）〔王〕殁，则大会各教主签议，推老成者一人嗣位，略如前、后藏喇嘛坐床之俗。其教传布各国，有不遵者，辄挑衅构兵夷灭之，或教其民叛主。佛郎西之创霸也，教王为之加冕。英吉利北族之起兵也，请于教王，教王封以英土。其权如此。所据罗马都城，古迹最多，天主教堂极崇宏。入教之徒，各食教王俸粮。别国祭司、礼拜主事者。远方信士，焚香礼拜，踵相接也。天主之外，所崇奉者，耶苏之母马氏，称为天后，吁祷尤虔。其民惰于农事，野多旷土。山内多藏凶盗，捕急则逃入天主堂，无复过问者。

《后汉书》：大秦国，一名犁鞬。以在海西，此海指地中海⑥。亦云海西国。所居城邑，周围百余里。置三十六将，皆会议国事。

---

①包西里波山（Posilipuo Mt.），波西利波山。
②发罗河（Folare），福拉雷河。下文"右"字，原书刊作"布"，误。总之，指东面。
③加达尼亚（Catánia），卡塔尼亚。是西西里岛七部之一。
④挨德纳山（Etna Mt.），埃特纳火山。
⑤应是墨西拿海峡（Str. di Messina）西。
⑥此海应指波斯湾、阿拉伯海、红海等。

其王无有常人，皆简立贤者。其人民皆长大平正，有类中国，故谓之大秦。与安息即波斯、天竺即印度交市于海中。其王常欲通使于汉，为安息遮遏，不得自达。至桓帝延熹九年，大秦王安敦①遣使自日南徼外献象牙、犀角、玳瑁，始乃一通焉云云。考之泰西人所纪载，罗马都城最大，与《汉书》周围百余里之说相合。又罗马自帑马七世②后，不立国王，选贤者居高爵，立公会以治事，与《汉书》王无常人，简立贤者之说相合。汉成帝二年，（唯）〔屋〕大（屋）〔维〕③践王位，仍世及。《汉书》所云，乃其往事。又汉顺帝十二年，王安敦嗣位，号为中兴。与《汉书》延熹九年，大秦王安敦遣使入贡之说，年代名氏均相合。则意大里之为大秦，

无可疑矣。意大里在两汉时，欧罗巴一土，隶幅员者十七八。故大秦之外，别无海西部落之名见于范书。惟安敦之入贡，由日南徼外，其为航海东来，可想而知。然则谓欧罗巴诸国明以前未通中国者，殆不其然。惟市舶之聚于粤东，则自前明始耳。唐、宋以来，皆以拂（箖）〔菻〕④为大秦。不知拂（箖）〔菻〕乃大秦东鄙属部，犹之称浩罕为安集延也。然自宋以后，拂（箖）〔菻〕为回部所据，并不属大秦。中国不知其原委，故因仍不改耳。

---

①指马可·奥勒留（Marcus Aurelius Antoninus）。

②实指罗马王政时代的第七王，即最后一个国王塔克文·苏佩布（Tarquinius Superbus）。传说中罗马王政时代的第二王为怒玛·彭庇留，第四王是他的后裔。但史家认为前四王的事迹均不可信，后三王的事迹虽大致可信，但都是伊达鲁里亚人。

③屋大维，即奥古斯都（Augustus）。

④拂菻（Farang），指东罗马帝国（Byzantium），其首都君士坦丁堡（今土耳其伊斯坦布尔）及西亚地中海沿岸诸地。硬说不能指东罗马帝国或其首都君士坦丁堡，似太武断。

海国图志卷四十四

欧罗巴人原撰　　侯官林则徐译　　邵阳魏源重辑

大西洋欧罗巴洲

耶马尼①上一作热尔玛尼，一作者尔

麻尼，一作亚勒马尼，一作亚墨尼，一作日耳曼，一作阿理曼，一作亚咩里隔②。

耶马尼旧辖大小部落三十有奇，为欧罗巴洲巨国，于诸蛮中最强。当意大里亚攻取佛兰西、大吕宋时，耶玛尼遣其三臣将兵，乘意大里亚之空虚往侵，无所获。至耶苏纪年五百之时③，汉明帝永元二年。所属塞循之人④取得英吉利岛，创建部落。又所属览麻之人⑤取得意大里亚部落。又所属挽特尔斯之人⑥取得大吕宋。又所属佛郎斯、希鲁里⑦、麦晏奄斯之人⑧取得佛兰西数部落。当日盛强震于海国。然所辖部落，塞循最蛮，常行反侧，征讨不息。其

---

①耶马尼（Germany），德国。别称有亚勒马尼（Allemagne）、亚墨尼（Alemanni）。
②亚咩里隔（America），指美洲，不是德国。
③外文原著作五世纪，译文误。与下文注释的汉明帝时相距数百年，汉明帝亦无永元年号。
④塞循（Saxons）之人，即撒克逊人。
⑤览麻（Lombars）之人，即伦巴底人。
⑥挽特尔斯（Vandals）之人，即汪达尔人。
⑦希鲁里（Heruli），即赫吕利人。
⑧麦晏奄斯（Burgundians）之人，即勃艮第人。

后国势浸衰，佛兰西、意大里亚各部背叛而去。即本国旧部，若磨希弥阿①亦自称曰王，麻洼里阿②、塞循③、墨兰领麦④、哈那洼⑤四部自称曰禄⑥，腊引⑦自称曰巴腊达引⑧，敏斯⑨、特里威司⑩、戈禄尼⑪三部自称曰靡宿⑫。耶马尼之国，遂分为九，各自专制。厥后九国统归塞循管辖。塞循不保，始为佛朗戈尼阿⑬所夺。继又为麻洼里阿所夺。至千三百年⑭间，麻洼里阿不保，又为欧塞特里国所夺。嗣以各部群起，改遵波罗特士顿教。（奥地里加）〔欧塞特里〕国之王用兵禁止，不听。故温多里⑮_{奋勇之人，夷语曰温多里}等在利塞⑯之地交锋三十载，（奥大里加）〔欧塞特里〕国不克制服，各部落遂得改教。欧塞特里仅有统辖耶马尼之虚名。至千八百年_{嘉庆五年间}⑰，又为普鲁社⑱所夺。各部落不服普鲁社统

----

①磨希弥阿（Bohemia），波希米亚。
②麻洼里阿（Bavaria），巴伐利亚。
③塞循（Saxony），又作撒逊，即萨克森。
④墨兰领麦（Brandenburg），又作麻兰领麦，保林即勃兰登堡。
⑤哈那洼（Hanover），汉诺威。
⑥禄，指公爵（Duke）。
⑦腊引（Rhine），莱茵。
⑧巴腊达引（Palatime），有王权的伯爵。
⑨敏斯（Mentz），门斯。
⑩特里威司（Trèves），特里维斯。
⑪戈禄尼（Cologne, Köln），科隆。
⑫靡宿（Bishop），监督。
⑬佛朗戈尼阿（Franconia），又作法兰哥地，即法兰克尼亚。
⑭外文原著作十三世纪。
⑮原著此句意为"在三十年战争中，因新教同盟坚忍不拔与古斯塔夫·阿多夫（瑞典国王）之辉煌胜利"，不知何故独抽出"胜利（Victory）"一词音译。
⑯利塞（Leipzig），又作来赉，即莱比锡。古斯塔夫·阿多夫在莱比锡取得大胜，不是三十年战争皆在莱比锡进行。
⑰原著十八世纪中叶，不是嘉庆五年。
⑱普鲁社（Prussia），又作破鲁斯，即普鲁士。

辖，旋仍自立首领，各长其地，各子其民，不相统属，共二十五部。惟各部落之首领，于每年咸集欧塞特里国会议一次，申明约束，毋相残害。各部中遇有大事，亦至（奥地里加）〔欧塞特里〕国会议，故犹称（奥大利亚）〔欧塞特里〕为上国。以上原本。

耶马尼分国一

麻洼里阿，本耶马尼部落也。值耶马尼之衰，遂与诸部背叛，疆分为九。自是以后，强者王，弱者臣。始推塞循为盟主，各部咸听其号令。继属佛朗戈尼阿，旋归麻洼里阿。至耶苏纪年千有三百时①，元成宗大德四年。又属于（奥地里加）〔欧塞特里〕国。维时麻洼里阿仅存本有旧部而已。近百余年前，始夺得腊引之数小部并普鲁社之唵斯巴治②、弥鲁剌③两小部，故至今尚称麻洼里阿为强国。政事设立两（麻）占〔麻〕④：一为总领大官大教师办事之处；一为首领教师办事之处。首领教师并管理文学馆、技艺馆。又每七千户立一头目议事。其王每届三年聚集两占麻之人及各处头目议事一次。除防守及兰威兵⑤未载数目外，额设步兵三万六千五百六十六名，马兵六千四百零八名，大炮手三千三百五十七名。其兵自十九岁以至三十岁者充伍。原本。

《贸易通志》曰：日尔曼国，其国被列君分治，民雅好文，不勤商务。产铜、铁、麻布、五谷、酒、羊皮、玻璃、自鸣钟。北

---

①外文原著作十三世纪，不是元成宗大德四年。
②唵斯巴治（Anspach），安斯帕。
③弥鲁剌（Bayreuth），拜罗伊特。
④占麻（Chamber），意为议院。原著此句意谓巴伐利亚设两议院：一由王族、上层贵族、教会首领组成；一由较小地主、城市、一般教士以至大学的代表组成。
⑤兰威兵（Landwehr），意为后备军。

方港口曰翰堡①，其进口出口之货，计价七千一百五十万员。道光十二年入口船千八百九十六只。其南沿江之城曰比里敏②，进口船千百余只。所载入者，皆南洋、印度之物。此条补入。

麻洼里阿，东南俱界（奥地里加国）〔欧塞特里阿〕，西界洼鼎麦③，北界希西加司④。疆域平芜，城邑华丽。幅员二万九千四百六十四方里，户三百三十一万五千口，领小部落七十三。俗奉加特力教者，二（千一）百六十万人；波罗特士顿教者，（千四）百四十万人，余俱尊奉由教⑤。产盐、铁、木、玻璃、酒、纸、鸟枪、黄铜、时辰表、红铜器、金线、银线。

耶马尼分国二

塞循，亦耶马尼旧部也。其人强蛮乐斗，外夺英吉利，内叛本国，与其王家兵戈不息。值本国衰弱，偕诸部群起背叛，各擅号令。嗣又恃其盛强，并胁诸部。后为佛郎歌尼阿所夺。递传至欧塞特里阿统辖时，番众竞改教门。欧塞特里阿王以兵禁止，终不能制。各部落既改教，塞循日渐衰败。非特不能保护诸部，即后得波兰所属之数小部，亦旋失去。千八百一十三年，嘉庆十八年。尚设兵三万七千，近兵仅满万。

塞循，东北界普鲁社，南界（奥地里加国）〔欧塞特里阿〕，西界（哈）〔阿〕尔（领）〔鼎〕麦⑥。平坦饶沃。幅员七千四百六十四方里，户百有十九万二千六百四十六口，领小部落十有六。俗奉波罗特士顿教。

①翰堡（Hamburg），又作汉麦，即汉堡。
②比里敏（Bremen），不来梅。
③洼鼎麦（Würtremberg, Wirtemberg），又作威丁山，即符腾堡。
④希西加司（Hesse‐Cassel），黑森—卡塞尔。
⑤由教（Judaism），指犹太教。
⑥阿尔鼎麦（Altenburg），阿尔腾堡。

产银、铜、铁、铅、纸、袈裟布、呢布、帽、袜、磁器。

耶马尼分国三 今属英吉利

哈那洼，南隅多山，国都在中央沙（漠之）地。昔亦耶马尼之部落，以塞循诸处背叛，遂亦自为一国。百余年前，（既）〔即〕属英吉利管辖矣。其国设立底表第①官名百员，管理各部落之事。如遇改易规条，增减税饷，齐集会议。额设步兵八千八百二十七，骑兵四千一百十三，兰威兵万有八千。

哈那洼，东界普鲁社，西界尼达兰，南界威塞华里阿②，北界海。滨海膏腴。幅员万四千八百六十七方里，户百三十万五千三百五十口，领小部落四十有六。俗奉波罗特士顿教。产铜、铁、红铜、白铅、盐、布、谷、木。

耶马尼分国四

洼鼎麦，东界麻洼里阿，西界麻领③，南界（奥地里加国）〔欧塞特里阿〕，北界麻领。西有大山，余皆平旷。昔为耶马尼国中最美之部落，后值耶马尼衰弱，遂与塞循诸部各自擅命。其王住札什得。额设立占麻二：一各官办事之处，一聚集议事之所④。每二年会议一次。额设步兵万〔二千〕，骑兵三千六百，大炮手二千五百。幅员七千七百六十九方里，户百三十九万五千四百六十二口，领小部落十有七。俗奉波罗特士顿教，产谷、酒、畜牲、木、布、盐。

---

①底表第（Deputy），意为代表、议员。
②威塞华里阿（Westphalia），威斯特伐利亚。
③麻领（Baden），又作巴丁，即巴登。
④外文原著意为一由贵族组成，一由平民组成。

耶马尼分国五

麻领，<small>东界洼鼎麦，西界佛兰西，南界绥沙兰，北界麻洼里阿。</small>弹丸小部落耳。昔亦耶马尼所属，与塞循诸部同时分国。额设兵丁万，兰威阿兵万，兰斯端兵①十万。地不甚平，而极膏沃。幅员五千七百七十七方里，户百万有三千六百三十口，领小部落十有七。俗奉波罗特士顿教。产银、铜、铁、盐、谷、麦、布、苎麻、牲畜、自鸣钟。

耶马尼分国六<small>三部同处</small>

希西加司部，东界麻洼里阿，西界威塞华里阿，南界希西览斯达②。与希西览斯达为兄弟之国，俱弹丸小区耳。滨腊引河，北岸属希西加司，南岸属希西览斯达，中隔一河，联以桥梁。希西加司有新旧二部，旧城蕃庶，新城华丽。昔属耶玛尼，后以塞循诸部背叛，遂亦自主。设奈伊立多③以自理事。额〔兵〕万有八千。山林深密。幅员四千二百七十三方里，户五十三万八千七十三口，领小部落十有四。俗奉波罗特士顿教。产银、铜、铁、谷、苎麻。

希西含麦④部，在希西览斯达域内。幅员百六十方里，户万八千八百七十口。独部落。<small>案：凡所属别无小部落者，谓之独部落。犹中国无属县之直隶厅。</small>俗奉波罗特士顿教。先为耶玛尼之部落，后自设突支⑤

---

①兰斯端兵（landsturm），意为民兵。
②希西览斯达（Hesse – Darmstadt），黑森—达姆斯塔特。
③奈伊立多（elector），意为选帝侯。
④希西含麦（Hesse – Homburg），黑森—霍姆贝格。
⑤突支（Duchy），意为公国。

以治。

希西览斯达部，东、北俱界希西加斯尔，西、南俱界那肖①。在腊引河南岸，部落蕃丽。昔属耶玛尼，后亦设额兰突支②以自主。额兵九千。饶沃多山林。幅员四千二百七十三方里③，户（六）〔七〕十一万九千四百七十口，领小部落五。俗奉波罗特士顿教。产铜、铁、苎麻、盐、烟、麦。

耶马尼分国七

色西威麻④，东界（哈）〔阿〕尔（领）〔鼎〕麦，西界普鲁社，南界鲁那尔斯达⑤，北界普鲁社。土瘠而勤力作。幅员千四百二十七方里，户二十万一千口，领小部落二。俗奉波罗特士顿教。先属耶玛尼，后自为国。产羊毳。

耶马尼分国八 二部同处

墨几领麦塞追司⑥，东界斯特里司⑦，西界领墨，南界普鲁社，北界海。在耶马尼北隅。中有伊弥河⑧，西岸塞追斯⑨，东岸斯特力司。昔属耶玛尼，自与各处背叛，即设额兰突支以理政事。疆域稍阔，以塞追司为首部落，衢巷华丽，湖景映带。其山多树而耕种歉薄。幅员四千六百五十五方里，户四十五万八千三百七十八口，领小

①那肖（Nassau），又作那扫，即拿骚。
②额兰突支（Grand Duchy），意为大公国。
③应为三千六百方英里。
④色西威麻（Saxe–Weimar），萨克森—魏玛。
⑤鲁那尔斯达（Rudolstadt），鲁道尔斯塔特。
⑥墨几领麦塞追司（Mecklenburg–Schwerin），梅克伦堡—什未林。
⑦斯特里司（Strelitz），又作斯特力斯，即斯特热利斯。
⑧伊弥河（Elbe），又作伊尔敏河，即易北河。
⑨塞追斯（Schwerin），又作塞追司，即什未林。

部落十有五。俗奉波罗特士顿教。

又有脉几领麦斯特里司①，东、南俱界普鲁社，西界塞追司，北界海。在伊弥河东岸。先属耶玛尼，后设额兰突支以自治。斯特里司，其首部也。仅如大村市，居民万人。闻先日有二女曾嫁英吉利国王。濒湖多树，耕种薄收。幅员七百六十方里，户七万一千七百六十九口，领小部落四。俗奉波罗特士顿教。

耶马尼分国九

哈尔领麦②，东、西、南俱界哈那洼，北界海。在耶马尼之北。卑湿多芦苇，幅员二千（二）〔七〕百五十二方里，户二十一万七千七百六十九口。先属耶玛尼，后亦设禄以自主，领小部落七。俗奉加特力教。

耶马尼分国十

那肖，东、南俱界希西览斯达，西、北俱界腊引。地多大山，濒缅河③。幅员二千二百八十八方里，户三十万二千七百六十九口。先属耶玛尼，后亦设禄以自主，领小部落四。俗奉加特力教。产壳酒。

耶马尼分国十一

塞西俄达④，东界鲁那尔斯达，西界希西加司尔，南界麻洼里阿，北界普鲁社。壤沃市蕃，本耶玛尼所夺普鲁社之边地也。自与各部落叛后，即设禄以自主。幅员千一百六十三方里，户十八万三千六百八十

---

①脉几领麦斯特里司（Mecklenburg–Strelitz），梅克伦堡—斯特热利斯。
②哈尔领麦（Oldenburg），又作阿丁堡，即奥尔登堡。
③缅河（Mayn，Main），美因河。
④塞西俄达（Saxe–Gotha），萨克森—戈塔。

二口。俗奉波罗特士顿教。富而好文学，设有书馆，藏书六万卷。

耶马尼分国十二

色西各墨①，东、南俱界麻洼里阿，西界敏领壬②，北界鲁那尔斯达。山野平旷，有宝矿。幅员五百五十七方里，户八万有十二口，独部落。俗奉波罗特士顿教。先属耶马尼，后亦设禄以自主。兹禄之子，为弥尔尼壬之王。

耶马尼分国十三

塞西敏领壬③，东界各麦④，西界希西加司，南界麻洼里阿，北界威麻⑤。弹丸小区，分为两部落。塞西加斯尔⑥，幅员四百三十方里，户二万九千七百口。两部共辖于一王，以色西敏领壬为王居。俗奉波罗特士顿教。境内有沙尔孙凝大山⑦。产盐、煤、铁矿。

耶马尼分国十四三部同处

庵哈尔特肖⑧，四围俱界（部）〔都〕临几阿⑨。与庵哈尔曼麦⑩、庵哈尔各凌⑪同属一区。滨临伊尔敏河，间于塞循、麻（洼里阿）

①色西各墨（Saxe－Coburg），又作撒可堡，即萨克森—科堡。
②敏领壬（Meiningen），迈宁根。
③塞西敏领壬（Saxe－Meiningen），又作色西敏领壬，撒买宁，即萨克森—迈宁根。
④各麦（Coburg），科堡。
⑤威麻（Weimar），又作威密，即魏玛。
⑥塞西加斯尔，疑为希尔德堡豪森（Hildburg hausen）的讹译。
⑦沙尔孙凝大山（Salsungen Mt.），萨尔宗根山。
⑧庵哈尔特肖（Anhalt－Dessau），安哈尔特—德绍。
⑨都临几阿（Thuringia），图林根（Thueringen）。
⑩庵哈尔曼麦（Anhalt－Bernburg），安哈尔特—贝恩堡。
⑪庵哈尔各凌（Anhalt－Cothen），安哈尔特—科腾。

〔兰领麦〕之间。幅员三百六十方里，户五万二千九百四十口，独部落。俗奉波罗特士顿教。旧属耶玛尼之部落，近亦设禄以自主。国虽褊小，曾产名人。

庵哈尔曼麦，<small>四围俱界都临几阿。</small>幅员三百三十九方里，户三万七千有四十六口，独部落。俗奉波罗特士顿教。旧属耶马尼，近亦设禄以自主。

庵哈尔各凌，<small>南界特肖[1]，余界都临几阿。</small>幅员三百一十八方里，户三万二千四百五十四口，独部落。俗奉波罗特士顿教。旧属耶马尼，近亦设禄以自主。

耶马尼分国十五

墨兰斯温[2]，<small>东界普鲁社，余界哈那洼。</small>地土肥美，贸易蕃盛。幅员千五百二十方里，户二十万有九千五百二十七口，独部落。俗奉波罗特士顿教。旧属耶马尼，近亦设突支以自主。突支驻扎（鸟）〔乌〕尔分母特尔[3]。前时突支，政事不平，部众离叛。嗣更立突支，与部众更始。

耶马尼分国十六<small>二部同处</small>

斯厥先麦循那（瘐）〔瘦〕循[4]，<small>四面俱界普鲁社。</small>与斯厥先麦鲁那尔司达[5]同属一区。先属耶玛尼，近亦设突支以自主。幅员四百三十二方里，户五万三千九百三十七口[6]，独部落。俗奉波罗特士

---

①特肖（Dessau），德绍。
②墨兰斯温（Braunschweig，Brunswick），不伦瑞克。
③乌尔分母特尔（Wolfenbütte，Wofenbuettel），沃尔芬比特尔。
④斯厥先麦循那瘦循（Schwartzenburg－Sondershausen），施瓦尔岑贝格—宗德斯豪森。
⑤斯厥先麦鲁那尔司达（Schwartzenburg－Rudolstadt），施瓦尔岑贝格-鲁道尔施塔特。
⑥这是施瓦尔岑贝格—鲁道尔领土、人口的单独统计数字。

顿教。

耶马尼分国十七<small>二部同处</small>

和兴苏兰喜真人①，四围俱界洼鼎麦。与和兴苏兰色麻领人②同属一区，弹丸小地耳，分为二部。先属耶玛尼，近设勃林士③以自主。幅员百有八方里，户万四千八百二十口，独部落。俗奉波罗特士顿教。

和兴苏兰色麻领人，南界麻领，余俱界洼鼎麦。幅员三百八十六方里，户三万五千五百六十口，独部落。俗奉波罗特士顿教。昔属耶玛尼，近亦设勃林士自理政事。

耶马尼分国十八

利治丁斯鼎④，在塞循所属之依支麻治大山⑤内，幅员五十三方里，户五千五百四十六口，独部落。俗奉波罗特士顿教。先属耶马尼，后设勃林士以自主。其勃林士本欧塞特里国人，家富为欧罗巴洲之冠。

耶马尼分国十九

洼尔特⑥，东、南俱界希西加斯尔，西、北俱界威色华里阿。山野地也。幅员四百五十九方里，户五万一千八百十七口，领小部落二。俗奉波罗特士顿教。先属耶玛尼，后亦设勃林士以自主。

---

①和兴苏兰喜真人（Hohenzollern－Hechingen），霍亨佐伦—赫钦根。
②和兴苏兰色麻领人（Hohenzollern－Sigmaringen），霍亨佐伦—锡马林根。
③勃林士（prince），意为亲王、公爵之意。
④利治丁斯鼎（Liechtenstein），列支敦士登。
⑤依支麻治大山（Erz Gebirge，Krusne Hory），埃尔茨山脉。
⑥洼尔特（Waldeck），瓦尔德克。

魏源全集

1294

耶马尼分国二十二部同处

流斯额力司①东界塞循，西界（塞栖阿尔鼎麦）〔纽斯达〕②，南界麻洼里阿，北界普鲁社。与流斯色力司③（其）〔共〕有蕞尔之地，在塞循边界。幅员百六十五方里，户二万二千二百五十五口，独部落。俗奉波罗特士顿教。先属耶马尼，后亦设禄以自主。

流斯色力司，东界塞循，西界（塞栖阿尔鼎麦）〔罗敏斯特引〕④，南界麻洼里阿，北界（组）〔纽〕斯达。幅员四百（三）〔五〕十（六）〔三〕方里，户五万二千二百五口，独部落。俗奉波罗特士顿教。先属耶马尼，后亦设禄以自主。

耶马尼分国二十一

立比领底那⑤，东界哈那洼，西界威塞花里阿，南界立比利摩尔⑥，北界（威塞花里阿）〔哈那洼〕。在哈那洼之南，平壤膏沃。幅员二百一十二方里，户二万三千百十二口，独部落。俗奉波罗特士顿教。先属耶玛尼，后设勃林士以自主。

立比利摩尔，东界哈那洼，北界立比领底那，西、南俱界威塞花里阿。亦在哈那洼之南，地方多山，树木丛茂。幅员四百三十四方里，户六万九千六十二口，独部落。俗奉波罗特士顿教。先属耶马尼，后亦设勃林士以自主。

---

①流斯额力司（Reuss – Greitz），罗伊斯—格赖茨。
②纽斯达（Neustadt），诺伊斯塔特。
③流斯色力司（Reuss – Schleitz），罗伊斯—施莱茨。
④罗敏斯特引（Lobenstein），洛本施泰因。
⑤立比领底那（Lippe – Rintela），利珀—林特拉。
⑥立比利摩尔（Lippe – Detmold），利珀—德特莫尔德。

耶马尼分国二十二

汉麦，即来粤贸易之胜波利①国，在耶马尼之北，别属一区。至耶苏千年时，宋真宗三年。耶马尼王始得其地。幅员百二十八方里，户十二万三千六百四十八口，独部落。俗奉加特力教。及背叛后，即自专国。设立西匿士②二十八人，佐理政事。其西匿士，由部众公举家赀十万③以上者充之。四十年前被佛兰西侵扰，大受残害，近已相安。土产糖，商贾云集。

耶马尼分国二十三

墨里门④，东界哈那洼，余俱界哈尔鼎麦。在威萨河⑤口，幅员五十四方里，户四万八千四百三十二口。有新旧部落，旧部衢巷狭，房舍朴；新部极华盛。俗奉加特力教。前设官数人，事悉专断。近日必须会议，部众亦得预议。

耶马尼分国二十四

佛郎弗⑥，南界希西览斯达，余俱界那肖。濒临缅河，北岸佛郎弗部落，南岸沙治先⑦部落，有石桥以通行人。幅员百有五方里，户四万七千八百五十口，独部落。俗奉加特力教。安分尚文，多藏书籍及精巧器物。贸易甚盛，岁交易二次。

------

①胜波利（Hamburg），又作"甚波立"，即汉堡。
②西匿士（Senate），意为议院。
③外文原著意为"在本市有资产240镑"。
④墨里门（Bremen），又作北悯城，即不来梅。
⑤威萨河（Weser），威悉河。
⑥佛郎弗（Frankfurt），又作佛郎渡，即法兰克福。
⑦沙治先（Sachsenhausen），萨克森豪森。

耶马尼分国二十五

鲁密①，四围俱界脉几领麦②。幅员百十六方里，户四万六百五十口，独部落。俗奉加特力教。先属耶玛尼，后设突支以自主。贸易亦巨。四十年前被佛兰西侵扰，有墨鲁渣③拒敌不胜，炮台被毁。嗣得威引那④兵来援，始得退敌。

耶马尼国沿革原无，今补。

《职方外纪》：亚勒玛尼〔亚〕，在拂郎祭之东北。南四十五度半，北五十五度半，西二十三，东四十六度。国王不世及，乃其七大属国之君所共推者。或用本国之臣，或用列国之君，须请命教皇立之。国中设共学十九所。其气候，冬月极冷。善造暖室，微火温之，遂极暖。土人散处各国以为兵，极忠实可用，至死不贰。各国护卫宫城或从征他国亲兵，皆选此国人充之，本国人仅参其半。其工作极精巧，制器匪夷所思，能于戒指内纳一自鸣钟。地多水泽，冰坚后，人多于冰上用一种木屐，两足摄之，一足立冰上，一足从后击之，乘滑势一激数丈，其行甚速，手中尚不废常业也。又有法兰哥地人，最质直易信。行旅过者辄晋之，客或不答，则大喜延入，具酒食，或为计缓急，未室者则妻之。谓此人已经尝试，可信托也。多葡萄，善造酒，但沽与他方过客；土人滴酒不入口，惟饮水而已，即他国载酒至，亦不容入境。其属

①鲁密（Lubeck），又作利北邑，即吕贝克。
②脉几领麦（Mecklenburg），又作墨林堡，即梅克伦堡。
③墨鲁渣（Blucher），通译布鲁歇尔。
④威引那（Wien，Vienna），又作味隐，即维也纳。

国名博厄美亚①者，地生金，掘井恒得金块，有重十余斤者。河底常有金，如豆粒。有罗得林日亚②国者，最侈汰。西土宫室，多用帷幔障壁。其王有一延客堂，四周皆列珊瑚，琅玕交错，俨一屏障。又有一大铳，制作极巧，二刻之间，可连发四十次。

《海录》：亚咩里隔国，即耶马尼国也③。在峡山正西。由峡山西行，约一月可到。土番为顺毛乌鬼，性情淳良，疆域极大，分国数十，各有土王，不相统属，总名亚咩里隔。即《志》中所分二十五国也④。天气炎热，与南洋诸国同。中有一山，名沿（尼）〔你〕路⑤，近年葡萄亚国移都于此，旧都命世子监守。由沿（尼）〔你〕路西行十余日，至彼古⑥、达里⑦，则为英吉利所辖。其余各国亦多为荷兰、吕宋、佛朗机所侵据。至此者，足多生虫虱，须常洗剔始已。土产五谷、钻石、金、铜、蔗、白糖。

《皇清四裔考》：乾隆十八年，钦天监正刘松龄者，热尔玛尼亚人。其国在博尔都噶尔亚东北五千里。其国王不世及，或用本国臣，或用列国君，请命教王立之。即所谓意大里亚之教皇也，各国王即位必得其札付乃立。其土人散处各国为兵，极忠实，各国护卫宫城，皆选此国人充之。即所谓耶玛尼之红面兵也。工作精巧。所属有法兰哥地人，质直易信。多葡萄，善造酒，常沽往他处。又有属国名博厄美亚者，地生金，掘井恒得金块。有得罗林日亚⑧者，最侈汰，其

---

①博厄美亚（Bohemia），波希米亚，在捷克。
②罗得林日亚，洛林（Lorraine），在今法国东部。
③把南美洲和加勒比海一带释为德国是错误的。
④南美的"数十国"并非《四洲志》所说德国的二十五国。魏源严重误会了。
⑤沿你路（Rio de Janeiro），里约热内卢。
⑥彼古（Tabago），多巴哥。
⑦达里（Trinidad），特立尼达，由里约热内卢至特立尼达和多巴哥的时间应作"月余"。
⑧得罗林日亚，此数语录自《职方外纪》，"得罗林日亚"应为"罗得林日亚"之讹，即洛林。

王一延客堂，四周皆列珊瑚，俨如屏幛。由博尔都噶尔亚东北行，逾伊西巴尼亚、法兰得斯、拂朗（祭）〔察〕，乃至其地云。

《每月统纪传》曰：阿里曼国在欧罗巴列国之中间，比法兰西国更广大而蕃庶。但国主不一，犹中国昔时之列国。诸王、公、侯、伯等各驻本都，分治其邦。推广文艺，遍设学院。公学院内，所传之学理有五六科。学校各有本校师学政教授，一者训示正教，学习上帝圣书，著耶稣之本源如何，由何国而生，如何区处际遇，令学士专心寻绎此神善之学。先七八年间，读书于府学院。嗣后住公学院，三年毕，则进考试。若考得首，则为教师；二者例律学，亦满三年而考，考中为各落俗杂职，正印升至总职；三者医学，如未经住院三年，未经考试者终不许为医师；四者学习国政，凡农事、金厂、水利、江防、桥船、军器、百工以及诸国财用，进考既中，各依本分就禄，或掌田亩百姓，或百计经营，无所不求；五者杂学，凡古所传天文、地理、算术、草木、禽兽、鱼虫之学，金石之论，万物性情之学，考中者为府学教授。至于诸国之史，是凡学士所必知。欲进公学堂，先必知二三异国音语。凡汉人能通翻译者，皆得入其内。在阿理曼国大公学院之内，有学生一千、学正三四十人，皆受禄，无异官员，令各述学问，著书撰文。各公学院有灵台、天体仪、赤道仪、地平经仪、像限仪、地平经纬仪、玑衡抚辰仪、圭表等天文仪。别有医学院，院内各科之艺。

《万国〔地理〕全图集》：日耳曼列国诸侯并兴，自专权势，与中国周之诸侯不异。但有大事，则国王特命大臣赴公会中与列国会议。国中语音不异，所著之书亦同。其教门有二，即天主与异端。民性好学，务艺术，并中国之书皆读悉。今将各国列叙其情形焉。

一曰东部①，有山岭，多出水银、朱砂、铁。其草场广大，牧马五万七千、牛二十七万五千头、羊三十四万五千头。国中有多恼大河②，其都城曰味隐，居民三十万丁，巧造布帛。国王宫殿最壮，而躬亲节用，与居民如父子往来，和温待人。百姓固执天主教，最恨妖怪风水之说，而好饮食音乐。女皆风流秀丽，但不守节。其耳城③居民三万六千丁。其书院内藏书七万本。其近城有一圣处，为国人烧香拜像之所，厚奉金银器物，惟僧所诱惑。

一曰地罗里④，遍地山岭。居民朴实好猎。佛兰西侵其国时，居民奋击退敌。因山地硗瘦，往往出游外方。

一曰以利亚⑤，其南方及亚得亚海隅，多山洞谷。省会曰来巴⑥，居民四万余，造磁、织缎。其海口曰得利益⑦，每年所进船八千。其银馆本钱甚巨。国家准其居民尽力务事，不夺其时；又不塞通商之路，故生意甚盛。

一曰波希米⑧国，其形如釜，四界山岭，其中广谷。产五谷、畜牲、铁、铜、麻，巧造玻璃器，运卖外国，不胜其数。会城曰巴壹⑨，居民十万，语音与峩罗斯相似。其学院中，士子八百八十三人，务文艺。

---

①东部，指奥地利（Austria）。

②多恼大河（Donau，Danube），多瑙河。

③其耳城（Graz），格拉茨。

④地罗里（Tyrol，Tirol），蒂罗尔。其北部山区为今奥地利蒂罗尔州，南部平原于1919年划归意大利。

⑤以利亚（Illyria，Illyricum），在亚得里亚海东岸。

⑥来巴（Ljubjana，Laybach，Laibach），卢布尔雅那，今斯洛文尼亚首都。

⑦得利益（Trieste），的里雅斯特。

⑧波希米（Bohemia），波希米亚。

⑨巴壹（Praha，Prague），布拉格（今捷克首都）。

一曰默邻①，在波兰东，地僻小。出麻及呢布。其阿里木②号为坚城。

一曰拜焉部③，乃南方之地，东连东国，广袤方圆九万方里，居民四百万丁。惟古俗是崇，拘泥不通。现其国君建书院，纳士接贤，以开茅塞。屡与佛兰西国结盟起兵，以攻日耳曼国之主。此时旧怨已息。国家七千人户中，听民推一才智之人赴京会同办事。产物不多，民造美皮、清玻璃等货。国都曰门占城④，街市秀丽，与各国通市。居民勤力巧艺，故名扬四海。其时辰表，初造于此城者，其名曰尼林山⑤。又有城名曰雨山⑥，又曰澳堡⑦，今虽渐衰，尚多织布、造器之匠。

一曰威丁山，（西）〔东〕连拜国，其居民百六十万丁。四面山岭。多出葡萄酒与各佳果。其百姓大半奉事上帝，崇拜耶稣。其见识、文学为他国所景仰。其国王驻在突甲⑧都。威丁之西，乃巴丁大侯邦。出豆、麻、葡萄酒。山水清美。广袤方圆万八千方里，居民百二十万丁。国饷二百万员。都城曰甲利安⑨。

一曰撒孙，南连拜、东等国，北界出各项金、银、锡，虽五百年开其银厂，未穷尽也。古时日耳曼国之宝，尽出是山。山内民人乏粮，夏时掘矿为生，冬时巡游作乐。北方居民礼貌和悦，朴实不欺。羊毳最细，可作呢布。别造磁器，过于中国。其都城

①默邻（Brno，Brunn），今捷克布尔诺。
②阿里木（Olomouc，Olmutz），今捷克奥洛莫乌茨。
③拜焉部（Bayern，Bavaria），又作拜恩，即巴伐利亚（拜恩）。
④门占城（Munich，München），慕尼黑。
⑤尼林山（Nürnberg，Nuremberg），纽伦堡。
⑥雨山（Rengensburg），累根斯堡（雨堡）。
⑦澳堡（Augsburg），奥格斯堡。
⑧突甲（Stuttgart），斯图加特。
⑨甲利安（Karlsruhe，Calshuhe），卡尔斯鲁厄。

曰德停①，王殿及天主堂与收古迹之庄，皆美过他国。在来责邑，每年二次设市，各商云集，尤多诸术书册，古本新本，万万难数。每年贸易货物，价银三百万两。撒国西界，有多列侯地方。昔撒君临死之际，将其基业分与子等，故多褊小之域：一曰威密大侯，居民聪明，地居纳贤，以都城为众士之集处；二曰撒可堡，地方更广，内有牧场、出金之山地。君之子，乃英国女王之夫也；三曰撒黑堡屋②，居民三万二千人，虽少而有大臣典军，如大国无异；四曰黑堡③，乃最小地；五曰撒买宁，出盐甚多。撒孙国之东北，尚有三侯地。曰安合④，又分三分。地虽不多，而城邑曼衍。其小都中，美园丛林，山水幽雅，游观者不能去。北界还有墨林堡两侯之地，平坦，出五畜。墨南属保林帅侯地，方圆千里，居民二十六万丁，国饷每年银二十万两。又保布远离者，系立北⑤两侯，居民十万丁。互得⑥侯居民六万丁。又大素林⑦两侯，居民六万丁。由此侯者，破鲁斯国王室出也。又策士⑧两侯，居民九万三千丁。其最少者乃光石⑨侯，居民二万丁。此列侯虽无权势，却与列大国联姻，互相唇齿。其亲叔为西国⑩大王，亦与之平等往来。按日耳曼国例，各侯务各出兵丁，与国王合会防边。遇有国敌犯境，则合力拒逐。但列邦不守合和之议，常有争端。故嘉庆年间，

①德停（Dresden），德累斯顿。
②撒黑堡屋，指萨克森—希尔德堡豪森（Saxe – Hildburghausen）。
③黑堡，应是 Altenburg（阿尔腾堡），不大可能是 Schwarzbuyg（黑堡）。
④安合（Anhalt），安哈尔特。
⑤立北（Lippe），利珀。
⑥"互得"，"互"字应作"瓦"，指瓦尔得克（Waldeck）。
⑦大素林（Hohenzollen），霍亨佐伦。
⑧"策士"，疑"策"字当作"莱"。指罗伊斯（Reuss）。
⑨光石，指列支敦士登（Liechtenstein）。德语 Liechten 意为光，stein 意为石。
⑩"西国"，为"东国"之讹。

为佛兰西国所服，历六年之久。于嘉庆十六年①，各部募兵四万攻拒，而佛军始散。

一曰汉那耳部，在撒丁②之西，平坦，袤延方圆四万方里，居民百三十七万丁。地大半多沙，近水始有腴田、牧场。东方山岭出银、铜、铁、白铅，每年价银六十万两。不出五谷，而多出蜜。国君于康熙五十二年被英国民人奉召即位③。昔与英国唇齿，但道光十七年再立新君，屡有争端④。其都与国号同名。可宁延⑤乃大文学院，艺术之士于是兴焉。汉那耳西南，系（墨）〔黑〕西⑥列侯地。一曰（墨）〔黑〕西加西耳⑦，袤延方圆万三千方里，居民七十万丁，所起官兵万八千名。山出银、铁、铜。一曰黑西但邑⑧，方圆二千三百里，居民七十六万丁。出葡萄酒、麻、烟等。内地城邑最大坚固者，乃马因⑨，炮台周绕，每拒退三万之敌。又那堹侯地，为列君所分者，昔曾乘机驱逐荷兰所驻强兵，可谓忠勇。出葡萄酒与各项果实，不胜其数，其居民多富。又阿丁堡地，在滨海，地瘠，然海口通商，故地仅三百四十八里⑩，而有居民二十五万五千，每年收银饷二十万两。

在日耳曼国内，尚有自主之城邑不服国王，各自通商，设官

①"十六年"，应作"十八年"。

②"撒丁"，"撒孙"之讹，指萨克森。

③1714 年继承英国王位的不是当时的汉诺威选帝侯 Ernest Augustus，而是他的儿子 George。乔治一世在伦敦即位的时间如为当年春节后，亦应作康熙五十三年。

④维多利亚女王时，英国仍是汉诺威王朝。

⑤可宁延（Göttingen），格廷根，是城市名，也是欧洲著名的大学名。

⑥黑西（Hesse），黑森。

⑦黑西加西耳（Hesse – Cassel），黑森—卡塞尔。

⑧黑西但邑（Hesse – Darmstadt），黑森—达姆施塔特。

⑨马因（Mainz），美因兹（美因茨）。

⑩所述数字远低于当时奥尔登堡地区的土地面积统计数字。

以掌其政。一曰汉堡，在易北河口，系各国之易市，众商云集。其船只亦赴中国经商。于道光二十二年，其城大半焚毁。居民十二万丁。所进出货价银四千二百九十有余两。一曰北悯城，居民四万二千丁，在威悉河滨。其船亦赴广东通商。一曰利北邑，居民二万四千丁。虽古城，然生意微小。一曰佛（即）〔郎〕渡，乃最古城，（形）在河边，为各侯之公使会集。内有列国驻防之军，每年开大市，四方辐辏。

其地江河最长者来因河，由南至北，在日耳曼国之西，出荷兰国入海，如汉人之黄河也。河滨活①壤，产葡萄有名。沿河多古迹奇峰，游客皆图画之。又多恼江，在国中横流如带。其北方，则易北等河也。

国中居民，因分服列君，风俗殊异：北方居民，精神强健，最好学；南方、东方之民，好繁饮食；西南之民，劳苦度生。其民往来不睦，常有争事。

---

①"活"，为"沃"字之讹。

海国图志卷四十五邵阳魏源重辑

大西洋

耶马尼下

《地球图说》：亚利曼①诸小国亦习中国文字，善文武诸巧艺，工吹弹唱。其英吉利女王之夫，亦是国人也。昔本大国，今已分列阿士氏拉②与波路西亚③二国，外此又分裂许多小国，又别有四城，悉皆自主。但有大事，则分议协办，勿得自专。地势北方低陷，中央与南方皆山。土产五谷、葡萄酒、丹参、煤炭、银、铜、锡、磁器、玻璃、羊毛、布、钟表。

《地理备考》曰：亚里曼国又名曰尔马尼亚，在欧罗巴州之中。其国土自北极出地四十五度三分起至五十五度止，经线自东二度三十分起至十八度止。东至不鲁西亚、奥斯的里〔亚〕、波罗尼〔亚〕④、加拉哥维〔亚〕⑤ 四国，西连佛兰西、贺兰、北尔日加三国，南接苏益萨、意大里〔亚〕二国暨地中海，北界北海与州中海〔暨〕低那马尔加⑥国。长约二千四百里，宽约二千二百

---

①亚利曼（Allemagne），又作亚里曼，即德国。
②阿士氏拉（Austria），又作奥斯的里亚，即奥地利。
③波路西亚（Prussia），又作不鲁西亚、陂路斯，即普鲁士。
④波罗尼亚（Polonia），即波兰（Poland）。
⑤加拉哥维亚（Cracovia），克拉科夫（Kraków）。
⑥低那马尔加（Dinamarca），即丹麦（Denmark）。

里，地面积方约三十三万六千里。烟户一京三兆九亿口。本国除北方各地或坦夷平阳、或荒砂泽隰外，其余三方，冈陵络绎。河之至长者九，湖之至大者十二。地气悬殊：中央、东方皆尚温和；西北严寒，潮湿烟瘴；南方则稍和暖，峻岭登眺，舒畅宜人。五谷、百果、花卉、鸟兽甚蕃。土产五金及各色宝石、黑白矾、硝、磺、（磠）〔硇〕砂、磁粉等。至于国主，或王公摄理，或设官宰治，变易不一。所奉教有三：一罗马天主公教，一路得罗修教，一加尔威诺修教。国人奉罗马天主公教者〔约〕十分之七，奉路得罗修教者〔约〕五分之二，奉加尔威诺修教者为数无几。技艺精良，商贾云集。

（缘）〔原〕本国昔多客民寄寓，每遇战斗，纠合相御。战后仍分归各部。中间为罗马国征服。唐德宗贞元中，又为佛兰西国所取。梁太祖乾化元年①，亚里曼国人始推立官拉多②为君，自为一国。然君非世袭，由黎庶公立。每有各部豪酋，以势力军威自立为君，纷纷滋乱。明英宗正统三年，（为）奥（地）〔斯的〕里（加）〔亚〕国（所据）〔人为君时〕，始定世代相传。迨嘉庆十一年③，佛兰西国君那波良者，既攻入奥（大利）〔斯的里〕亚国，即更易前制，另立结盟章程。（载）〔再〕越八④载，当欧罗巴州军兴旁午之际，各国公使会集于维（耶）〔也〕纳地，议定亚里曼诸国各守疆界，互相结盟。由此分为众小国三十六。今则与奥（地）〔斯的〕里（加）〔亚〕、布鲁西〔亚〕、贺兰、（大尼）〔低那马尔加〕四国会同结盟，共为四十盟国，一切政事，会议办理。

①"梁太祖乾化元年"，应作"宋仁宗天圣二年"。
②官拉多，指康拉德二世（Konrad Ⅱ）。
③"十一年"，应作"十年"。
④"八"，应作"九"。

每国各派公使一员，齐集于佛郎哥佛尔的地方，而奥（地）〔斯的〕里（加）〔亚〕国之公使，恒为会议首领。再，亚里曼国之军有二者之分：一则额设兵丁，一则接应兵丁。道光二年，公同会议，凡结盟之国，各按人数多寡出兵若干，以备守御。每百人出额兵一名，每二百人出接应兵丁一名。彼此联络，互相保护。军分十二队，队则多寡不同，通共约有兵丁三十万零三千四百余名。其统领之元帅，乃各国会议推举者也。尽系陆营，并无水师。

其一，巴威耶拉①国，长一千一百四十里，宽八百四十里，地面积方四万零四百里。烟户四百零七万口，应出兵丁三万五千六百名。地居南方。王位历代传男。

其二，瓦尔敦巴〔耳〕②国，长五百里，宽三百六十里，地面积方九千六百里。烟户一百五十二万口，应出兵丁一万三千九百五十五名。地居南方。王位历代传男。

其三，亚诺威尔③国，长八百七十里，宽五百四十里，地面积方一万九千一百六十里。烟户一百五十五万口，应出兵丁一万三千零五十四名。地居北方。王位历代传男。

其四，萨克索尼〔亚〕④国，长五百里，宽三百里，地面积方九千三百八十里。烟户一百四十万口，应出兵丁一万二千名。地居中央。王位历代传男。

其五，巴敦⑤国，长七百里，宽三百四十里，地面积方七千五百四十里。烟户一百一十三万口，应出兵丁一万名。地居南方。

---

①巴威耶拉（Baviera，Bavaria），巴伐利亚。
②瓦尔敦巴耳（Wurtemberg，Wirtemberg），符腾堡。
③亚诺威尔（Hanover），又作汉那尔，即汉诺威。
④萨克索尼亚（Saxonia，Saxony），萨克森。
⑤巴敦（Baden），巴登。

公爵世袭。

其六，挨塞〔但斯特〕①国，长三百二十里，宽二百里，地面积方五千三百五十里。烟户七十万口，应出兵丁六千一百九十五名。地居中央。公爵世袭，男女皆得临御，惟以长幼为序。

其七，〔挨塞〕加塞尔②国，长四百里，宽二百五十里，地面积方五千六百六十里。烟户五十九万二千口，应出兵丁五千六百七十九名。地居中央。公爵世袭，未满十八岁，不得即位，或母后、或至戚暂为居摄。俟其成立，然后反（版）〔政〕。

其八，〔萨克索尼亚〕威马尔③国，土地版图迫近邻国，或四面环绕，或两相间摄，以致四散距隔，彼此不相联属，故不能定其长宽里数，总计地面积方约有一千八百二十里。烟户二十二万二千口，应出兵丁二千一百名。地居中央。公爵世袭。

其九，〔梅各棱不尔〕厄斯乖零④国，长四百里，宽二百八十里，地面积方六千四百六十里。烟户四十三万一千口，应出兵丁三千五百八十名。地居北方。公爵世袭。

其十，〔梅各棱不尔〕厄斯德勒利地斯⑤国，长一百八十里，宽一百里，地面积方九百九十里。烟户七万七千口，应出兵丁七百十七名。地居北方。公爵世袭。

其十一，美塞内英⑥国，约数十里。爵如伯。户二万一千

---

①挨塞但斯特（Hesse‐Darmstadt），黑森—达姆斯塔特。原书脱"但斯特"三字。

②挨塞加塞尔（Hesse‐Cassel），黑森—卡塞尔。

③萨克索尼亚威马尔（Saxe‐Weimar），萨克森—魏玛。

④梅各棱不尔厄斯乖零（Mecklenburg‐Schwerin），梅克伦堡—什未林。

⑤梅各棱不尔厄斯德勒利地斯（Mecklenburg‐Strelitz），梅克伦堡—斯特热利斯。以上二名，魏源均删去前半，但他不懂得应删到第六字"厄"，变成很古怪的地名。

⑥美塞内英（Meisseinheim），迈森内海姆。

〔口〕，公会应出兵二百。都城曰烘不尔厄①。

其十二，那搔②国，长二百二十里，宽一百五十里，地面积方二千七百九十里。烟户三十三万七千口，应出兵丁三千名。地居中央。公爵世袭。

其十三，（布）〔不〕伦瑞克国，地不相连，或在布鲁西亚国之内，或在亚诺威尔国之内，总计地面积方约有一千九百六十里。烟户二十四万二千口，应出兵丁二千名。地居北方。公爵世袭。

其十四，萨克撒各布尔厄额达③国，地不连属，错落别国疆域之中，总计地面积方约有二千二百里。烟户十四万五千口，应出兵丁一千三百九十四名。地居中央。公爵世袭。

其十五，萨克撒梅宁认④国，长五百里，宽一百二十里，地面积方一千二百里。烟户十三万口，应出兵丁一千二百六十八名。地居中央。公爵世袭。

其十六，〔萨克撒〕亚尔敦布尔厄⑤国，乃合三处共一国，总计地面积方约六百九十里。烟户十万零七千口，应出兵丁一千零二十六名。地居中央。公爵世袭。

其十七，〔安拿尔〕德搔⑥国，地不相联，错落别国疆域之中，总计地面积方约有四百六十里。烟户五万六千口，应出兵丁五百二十九名。地居北方。公爵世袭。

---

①烘不尔厄（Homburg），霍姆堡。
②那搔（Nassau），拿骚。
③萨克撒各布尔厄额达（Saxonia‐Coburgo‐Gotha，Saxe‐Coburg‐Gotha），萨克森—科堡—戈塔。
④萨克撒梅宁认（Saxonia‐Meiningen，Saxe‐Meiningen），萨克森—迈宁根。
⑤萨克撒亚尔敦布尔厄（Saxonia‐Alten‐burgo，Saxe‐Altenburg），萨克森—阿尔腾堡。
⑥安拿尔德搔（Anhalt‐Dessau），安哈尔特—德绍。

其十八，〔安拿尔〕伯尔尼布〔尔厄〕①国，土地版图，错落布鲁西亚国疆域之中，分上下二处，总计地面积方约有四百三十里。烟户三万八千口，应出兵丁三百七十名。地居北方。公爵世袭。

其十九，〔安拿尔〕咯敦②国，地不相联，分为四幅，二在黑里巴河③之左，二在黑里巴河之右，总计地面积方约有四百里。烟户三万四千口，应出兵丁三百二十四名。地居北方。公爵世袭。

其二十，〔留斯〕咯勒斯④国，长七十里，宽五十里，地面积方一百九十里。烟户二万五千口，应出兵丁二百名。地居中央。侯爵世袭。

其二十一，〔留〕意〔斯〕士给利斯⑤国，原与〔留斯〕罗奔斯的音⑥同为一国，道光五年分而为二。本国地面积方约有二百七十里，烟户三万口，应出兵丁二百八十名。地居中央。侯爵世袭。

其二十二，〔留斯〕罗奔斯的音国，自分域之后，地面积方约有三百二十里。烟户二万七千五百口，应出兵丁二百六十名。地居中央。侯爵世袭。

其二十三，〔斯瓜尔斯不尔〕厄卢德耳斯达⑦国，长九十里，宽七十里，地面积方五百七十里。烟户五万七千口，应出兵丁五百三十九名。地居中央。侯爵世袭。

---

①安拿尔伯尔尼布尔厄（Anhalt‐Bernburgo，Anhalt‐Bernburg），安哈尔特—贝恩堡。

②安拿尔咯敦（Anhalt‐Coethen，Anhalt‐Cothen），安哈尔特—科腾。

③黑里巴河（Elba，Elbe），易北河。

④留斯咯勒斯（Reuss‐Greiz），罗伊斯—格赖茨。

⑤留意斯士给利斯（Reuss‐Schleiz），罗伊斯—施莱茨。

⑥留斯罗奔斯的音（Reuss‐Lobenstein），罗伊斯—洛本施泰因。

⑦斯瓜尔斯不尔厄卢德耳斯达（Schwarz‐burgo‐Rudolstadt，Schwartzenburg‐Rudols-tadt），施瓦尔岑贝格—鲁道尔施塔特。

其二十四，〔斯瓜尔斯不尔〕厄孙德耳沙森①国，长一百二十里，宽六十里，地面积方四百九十里。烟户四万八千口，应出兵丁四百五十一名。侯爵世袭。

其二十五，〔里卑〕德的摩尔②国，长一百二十里，宽一百里，地面积方五百七十里。烟户七万六千口，应出兵丁六百九十一名。地居北方。侯爵世袭。

其二十六，（饶）〔里卑烧〕问布尔厄③国，长八十里，宽三十里，地面积方二百七十里。烟户二万六千口，应出兵丁二百四十名。地居北方。侯爵世袭。

其二十七，瓦尔德各④国，长百二十里，宽八十里，地面积方六百里。烟户五万四千口，应出兵丁五百十八名。地居中央。侯爵世袭。

其二十八，〔何痕索勒尔〕昔麻认⑤国，长一百二十里，宽七十里，地面积方五百五十里。烟户三万八千口，应出兵丁三百五十六名。地居南方。侯爵世袭。

其二十九，〔何痕索勒尔〕挨深认⑥国，长八十里，宽三十里，地面积方一百五十里。烟户一万五千口，应出兵丁一百四十五名。地居南方。侯爵世袭。

其三十，列支敦士敦国，长六十里，宽三十里，地面积方一百八十里。烟户六千口，应出兵丁五十五名。地居南方。侯爵

①斯瓜尔斯不尔厄孙德耳沙森（Schwarzburgo – Sondershausen，Schwartzenburg – Sonder-shausen），施瓦尔岑贝格—宗德斯豪森。
②里卑德的摩尔（Lippe – Detmold），利珀—德特莫尔德。
③里卑烧问布尔厄（Lippe – Schauenburgo，Lippe – Schauenburg），利珀—绍恩堡。
④瓦尔德各（Waldeck），瓦尔德克。
⑤何痕索勒尔昔麻认（Hohenzollern – Sigmaringen），霍亨佐伦—锡马林根。
⑥何痕索勒尔挨深认（Hohenzollern – Hechengen），霍亨佐伦—赫钦根。

世袭。

其三十一，挨塞烘（布）〔不〕尔厄①国，分为二区：一名烘不尔厄，一名美塞内英，不相联络。总计地面积方约有一百八十里。烟户二万一千口，应出兵丁二百名。地居中央。伯爵世袭。按美塞内英重见存参②。

其三十二，弗郎克佛尔的国，地不相联，总计地面积方约有一百四十里。烟户五万四千口，应出兵丁四百七十五名。地居中央。不设君位，民间自推官长八十五员理事。

其三十三，（布）〔不〕来（每）〔梅〕国，四方境土，皆为亚诺威尔国环绕，地面积方约一百里。烟户五万口，应出兵丁四百八十五名。地居北方。不设君位，黎庶自立官长治事。

其三十四，昂布尔厄③国，地不相联，总计地面积方约有一百七十里。烟户十四万八千口，应出兵丁二百九十八名。地居北方。不设君位，民间自立官长理事。

其三十五，卢卑各④国，地不相联，总计地面积方约有一百五十里。烟户四万六千口，应出兵丁四百零六名。地居北方。不设君位，庶民自立官长治事。

其三十六，尼发深⑤国，四方境土，皆（在）〔为〕科尔敦布尔厄⑥环绕，总计地面积方约有十二里。烟户二千八百五十九口，应出兵丁二十八名。地居北方。不设君位，庶民自立官长以治事。

（各）国内通商冲繁之地，海边大马头四处，内地大埠九处。

———————

①挨塞烘不尔厄（Hesse‑Homburgo，Hesse‑Homburg），黑森—霍姆堡。
②其实"烘不尔厄"亦重见。应删前面的第十一，调整排列次序。
③昂布尔厄（Hamburgo，Hamburg），又作含布，即汉堡。
④卢卑各（Lübeck），卢卑克。
⑤尼发深（Kniphausen），尼伐森。
⑥科尔敦布尔厄（Oldenburg），奥尔登堡。

《外国史略》曰：日耳曼，蛮族也。其疆为东国、陂路斯两国据其大半，然尚有小国属日耳曼者，风俗话音均同。其俗：身体高大，发黄眼蓝。耐冷不耐热，畏渴，好战。善牧牲畜，喜射猎。不农不工，付之奴婢。女习劳苦，男反安坐熊皮，饮酒赌博，产业荡尽，则自卖为奴。勇者为头目。然国有危难，不避死亡，妇女亦勇于赴敌。男女耻苟合。将战，则公择首领，欢呼贺之。战息复旧，不相统属。以日月山岭为神而崇敬之，战必先祷以诅敌。汉武帝元光年侵罗马，为罗马所败①。汉哀帝时②，罗马筑城于来尼河③，以逼侵日耳曼，日耳曼或降或亡。其后复纠合种类，力攻罗马国，几及四百年。是时中国交界之匈奴④等游牧于其郊，尽驱日耳曼种类迁于他国，散处佛兰西、英吉利、是班牙、亚非利加各海边。宋元徽间，罗马都陷，日耳曼之民萃焉。盖欧罗巴之民，半系日耳曼之族，在本国者无几，尚守古教，而猛性常存；散处佛兰西者，已进天主新教。唐元和八年，日耳曼之裔，复在佛国潜起募兵，自成一国。没后诸子各分其地⑤，而路得威号第一王，于唐武宗会昌年间创立国基，始有日耳曼之号。罗马国废，日耳曼之君仍其名号⑥，虽各部皆有本酋，五爵操权，而国王能得民心，自强政治，以弹压其下。但与罗马教皇积衅，因募兵前往意大里国，又欲据犹太国救世主所葬之墓，自领大军，与回族死战，

---

①日耳曼人为马略所败在汉武帝太初年间。
②应作汉宣帝时。
③来尼河（Rhien），莱茵河。
④指原在我国后来西迁的匈奴（Huns）。
⑤查理帝国王室内讧在唐元和九年之后。路易（虔诚者）在位期间难于说德国已自成一国。他死后，诸子三分帝国，Ludwig de Deutsche 所分得的地区称东法兰克王国，才奠定德意志国家的雏形。
⑥指神圣罗马帝国。

壮民多亡。其教主遂乘势弄权。南宋咸淳七年，有贤君出，立新例，令百姓迁善，虽向为盗窃者，俱许为良民，否则杀无赦。明永乐年间，国君复集会各教主辨论，名闻海外。后国分为十部，各部皆有君爵。正德十四年，是班亚君即位，使使来胁从天主新教，禁止耶稣本教，日耳曼百姓不从。万历四十五年①，老教、新教之民互相攻伐，三十年不息。兵火之余，遍地荒芜。而瑞丁、佛兰西、是班亚三国又来侵伐，日耳曼君乃盟国人于郊外，令两教之人任意拜上帝、救主耶稣，外求成于三国，时顺治四年②也。后日国又屡与佛兰西、土耳其两国肇衅。其东国之君，本日耳曼旧所兼摄。其君殁后无嗣，各国相争，以分其地。其国王女内招百姓为国家出力，外与意大里国和亲，遂获胜，国乃定。当佛兰西国大变，日耳曼民欲匡救其灾，卒为所败。嘉庆十年，日耳曼国奉事佛兰西。佛君尽变其国政，又创立他姓以主其国。嘉庆十七年③，国人逐之。各部相结，自为一国，随时会商国事。遂为海外不侵不叛之邦。

日耳曼地内有东国并陂路斯，所属之地方圆万一千四百三十八方里④，居民四千万。国内有王四位、大侯八位、侯九位、小酋十一位。别有城四座，事皆自主。各邦如之，计三十八处，与中国之土司无异。二十五年之内，居民增至千万丁。其国南连意大

---

① "四十五年"，应作"四十六年"。
② "四年"，应作"五年"。
③ "十七年"，应作"十八年"。
④ 当时的合计数字为二十五万一千余方英里。其中德国约十万方英里，奥地利约八万方英里，普鲁士约七万方英里。

里、瑞丁①等国，北及州中海、大尼国、巴得海隅②，东及峨罗斯、东国，西连佛兰西。南方有高山，北地悉平坦。其最长之河曰来尼河，由瑞士国流出，北向，最为广大，由日耳曼国过荷兰，入北海。多恼河由西流，东向。阿得河③在陂路斯国，伏④流地中，入巴得海隅。益北江⑤西流入北海。其北方最高之峰三百五十丈，南方之山高千二百丈，天气冷，多松；中央天气温热，多橡、多羊；西方产葡萄最美；北方产牛、马。新开运河甚长，其水道高于海百二十八丈，费银四百八十六万圆。北方居民聪明，有胆略，英国原民悉由此去。其语音为西洋之官话，若荷兰、瑞丁、大尼并英吉利之话，皆如之。凡各国所未见之书，惟日耳曼人能读之。百姓共三分，一曰上下五爵，一曰良民，一曰农夫。上爵之中有公、侯，受地者也。居民崇耶稣本教者千六百万，其余崇天主新教者⑥二十五万，皆犹太人也。在南方有邑一千零八所，北方之邑千（三）〔一〕百（一）〔三〕十一所。

除东国、陂路斯国各据之地，所有日耳曼列盟会各国，共计方圆四千五百里，居民千六百五十六万八千。农务兴焉，出五谷；善牧畜，羊之多甲于他国，马、牛、豕次之。林广而密，多木料，运出者由撒孙山⑦来。有银矿，每年价约八十九万六千圆；金矿每年约四万二千七十斤；银二百二十九万六千圆。亦出铜、白铅、

---

①瑞丁，此名为瑞士（Switzerland）之讹。

②《史略》和当时传入广州的汉文《欧罗巴洲全图》都称吕根（Rugen）北岸一带为巴得海隅，称其东面的海域为州中海。实际上州中海和巴得海都是波罗的海（Baltie Sea）。

③阿得河（Order，Odra），奥得河。

④"伏"，"洪"字之讹。

⑤益北江（Elbe），易北河。

⑥"者"，前疑脱"崇犹太教"。

⑦撒孙山，今图林根森林地带（Thüringen Wald）。

铁、锡。日耳曼国多儒，敬教劝学，为西方之最。

今将列国地方列于左：

一拜焉列国，于陈朝文帝年间进天主教。后地益广，与佛国合。南宋淳熙间始立君，为其国始祖。累世执天主新教，与东国结盟，且欲灭老教。近日与佛兰西约和以击东国，背前好焉。由是为日耳曼列国之害。佛兰西那（破）〔波〕里稳王时，封拜焉之君为王，益以地。自嘉庆九年①后，拜焉遂为日耳曼内大国，执天主新教。然其君爱民勤政，有名海外。计公帑银千六百二万一千三百圆，公费千五百三十七万五千三百圆，存库者八十二万六千圆。国之欠项七千四百七十七万圆。其地广袤千三百九十八里，居民四百四十一万。近河之地多丰，近山之地多硗。多恼河亘其间。买尼江②滨，葡萄所产也。多野兽。产卑酒，外国人好饮之。产五谷、麻、烟，作各项玩器而不能造布匹、丝、缎。国分八郡、二百三十一邑。都城曰闵金③，宫殿炫耀。亦设肄业院，各士云集。尼林山系古城，居民四万六千九百口，大半执正教。奥布④古邑，居民三万。威得布⑤居民二万六千。巴扫⑥居民一万。林布⑦居民二万二千。班山⑧居民二万。弗地⑨居民万五千，多犹太人。各处设大学院三间、中院七间、小院十八间、公学五千零五十一间。百姓颇聪明，国事悉听乡绅会议，君惟拱手而已。国中二十

---

① "九年"，疑应作"六年"。
② 买尼江（Main），美因河。
③ 闵金（München，Minich），慕尼黑。
④ 奥布（Augsburg），奥格斯堡。
⑤ 威得布（Wurtzburg），维尔茨堡。
⑥ 巴扫（Passau），帕骚。
⑦ 林布（Regensburg），累根斯堡。
⑧ 班山（Bamberg），班贝克。
⑨ 弗地（Furth），富尔特。

岁者多为兵，计三万五千丁。

一威丁山列国，在拜焉之西，亦古地也。其君悉本诸侯，不以国务为重，故兵叠侵之。嘉庆九年①，其君与佛君〔那〕波（那）〔里〕稳王盟，封为王，实为佛国附庸。然颇藉佛兰西权势，乡绅会议，听其号令。其山最高之峰二百二十丈，产铜、铁，微有银。林多松，各木料皆浮来尼河以至荷兰国。耕地在多恼河下，五谷不甚丰。人稠地狭，田园不足于耕，是以民多就食于外。其地广袤二百六十二里，居民百六十八万。每年入公帑银千六百零五万圆，出千六百三万四千圆，存留万五千五百圆。国之欠项千二百六十六万四千圆。邑百三十二座，居民百八万七千名，崇天主老教。民朴实勤劳，即移居他处，亦善积财。百姓运出木料、五谷、牲畜、烟、油、绵、布、麻布，价值八百万圆。田产之价，约一万万圆。牲畜千五百万只。学馆多在大学院，有从外国来学者。其国都曰突押②，居民三万八千。乌林③居民万四千六百。律岭④居民万一千五百。国有六大臣，俱不得自专，惟听五爵乡绅定议。每三年一次集会，以商国事。

一撒孙列国，在日耳曼中央。齐朝年间，其国日强，屡降他国。常驾小舟驶至英国，（据）〔掳〕其民，海外畏之。唐时，佛兰西大甲利王募兵伐之，大胜，强令奉天主教。百姓与佛国人习久，声音俱同，始知农务，遂辟荒地，建乡邑，土田丰盛。其君遂于日耳曼之间创国。居民颇聪明。明成化十七年，有贤士曰路

---

①"九年"，疑应为"十年"。

②突押（Stuttgart），斯图加特。

③乌林（Ulm），乌尔姆。

④律岭（Reutlingen），罗伊特林根。

得①，幼习耶稣教，贫乏不能自存。及冠，得《圣书》，遂弃俗入道，伏处三年，虔祷耶稣。后才思日进，以其道为教师。遂赴罗马国与教皇议论。旋国后，遂宣言教皇之谬，切劝各国去教皇异端。值新君践位，召路得询其教本末。路得遂将《圣书》翻译日耳曼语，令民读之，乃兴崇正道。于是路得之名扬海外，罗马教皇之徒憾之。日耳曼各国之中，以撒孙国君为正教之首，第国分则势微。康熙间，撒孙君仍崇天主新教，受王爵，国于陂兰②地，自此两国结衅。与瑞丁等国战多年。撒孙遂受佛兰西君（陂那）〔那波〕里稳王③之封，使募各属国兵与陂兰合。迨〔那〕波（那）里稳王败后，撒孙国遂将其地让给陂路斯国。国地日蹙，广袤仅二百七十二里，居民百七十二万。国帑每年收五百万圆，费用银四百九十七万圆，缺银九万八千五百圆。国之欠项银千一百一十七万圆。南方多山，益（比）〔北〕河出焉，广约百丈。地虽不甚丰，其民能竭力，故物产亦盛。田万一千顷，松林八千顷，葡萄八十顷。羊毛极细，所制造者，每年约二百万圆。河内产珍珠。矿价每年约银百五十万圆。所造之洋青，价约三十万圆，多运至中国。黄铜约六千石，黄铜线约二千石，马口铁汤匙每年约三百六十万件。造各项磁器者六万人，磁器之妙，甲于海外。织匠二千五百名，织大彩缎、麻布，每年约值三百万圆。大呢甚细。出花布。大小学院不胜数。女多美色，男带欢容，皆朴实端正。国分四部，其都城曰得信④，居民八万口。其大埠在益（比）

————————

① 路得（Martin Luther）于明成化十九年才诞生。
② 陂兰（Poland），波兰。
③ 三十年战争与拿破仑时期相距一百多年。
④ 得信（Dresden），德累斯顿。

〔北〕河。又立悉①邑，居民五万口，学士千二百名，四方商旅云集。金匦②邑居民二万二千，工制造。非山③邑居民万二千口，多事矿务。王操大权，有要务则五爵、士民会议而后行。军士一万三千七百丁。

一汉那尔列国，北及北海，西连荷兰，东南界陂路斯国。民性勇，与日耳曼多肇衅。康熙四十八年，屡与佛兰西国交战，后为佛君所据。未几，还其地。部落四散无统属。道光十七年，英国王之亚弟君其国，两国分矣。此地广袤六百九十四里，居民男八十五万，女八十六万。国帑所入每年约六百五十六万圆，所出五百五十八万圆。国之欠项千七百三十一万八千圆，存库项九十八万圆。其地大半沙漠④，独河边丰田。西方有山，出矿、银、铜、白铅等，每年价不上二十万圆。民务农通商，颇聪明。设学院，崇耶稣本教。其都城居民二万九千。额丁音⑤居民万二千，内多文士。吕尼部⑥居民万一千，军士万九千。

欧罗巴各国，惟日耳曼国四分五裂，各自称王立国，亦有未受王号。而专制一方者，随在有之。威丁山之西，与佛兰西交界之巴丁部，广袤方圆二百七十六里，居民百二十九万。岁入帑银四百五十九万二千圆，所出银四百五十三万八千圆，库内存留银五万四千圆。地濒来尼河，山水大佳，夏月异国来游览者，车马不绝。产葡萄、栗、杏、桃等。居民造自鸣钟，每年十万件。造金银玩物，甲于海外。其都曰甲利安城，居民二万三千五百。曼

①立悉（Leipzig），莱比锡。
②金匦（Karl－Marx－Stadt，Chemnitz），马克思城（克姆尼茨）。
③非山（Freyberg，Freiberg），弗赖贝格。
④应作"沙地"。本卷以下几处出现"沙漠"字样，同此解。
⑤额丁音（Göttingen），格廷根。
⑥吕尼部（Lüneburg），吕内堡。

林城①居民二万。害得山城②居民万三千五百。设肄业院，耶稣正教之士争赴之。

黑信国③，在日耳曼中，广袤方圆百八十二里，居民七十四万七千四百口。其地分四部。岁入帑三百六万五百圆，出帑三百二十五万八千二百圆，缺十八万七千七百圆。国之欠项百二十六万圆。其都城曰加悉④。

黑信所属侯地⑤，广袤方圆百五十三里，居民八十一万九千六百口。入公帑银三百九十万圆，所出如之。国之欠项二百十一万圆。地分十一郡。担城⑥居民二万九千口，国都在焉。买匿城⑦最坚固，居民四万五千口。

阿丁布⑧部，在日耳曼之西，与荷兰交界。广袤百一十四里，居民二十七万三千。地大半沙漠，鲜物产。每年入公帑银八十五万圆，所用如之。

鹿信布⑨部，本荷兰地。广袤八十九里，居民三十八万九千。地丰盛。

默林布治林⑩部，在巴得海隅。广袤二百八十八里，居民四十九万口。每年入国帑银百三十五万圆，所出如之。国之欠项五百

---

①曼林城（Mannhiem），曼海姆。

②害得山城（Heidelberg），海得尔堡。

③黑信国（Electoral Hesse），指黑森选帝侯领地，即黑森—卡塞尔（Hesse‐Cassel）。

④加悉（Kassel，Cassel），卡塞尔。

⑤黑信所属侯地，指黑森大公爵（Grand Duchy of Hesse）领地。

⑥担城（Darmstadt），达姆斯塔特。

⑦买匿城（Mainz，Mayence），美因兹。

⑧阿丁布（Oldenburg），奥尔登堡。Oldenburg 与荷兰之间还隔有汉诺威辖境 Ems 河流域及 Emden 城一带。所见介绍奥尔登堡的英文书，也只说它的某些情况类似荷兰，没说与荷兰交界。

⑨鹿信布（Luxembourg），卢森堡。

⑩默林布治林（Mecklenburg‐Schwerin），梅克伦堡—什未林。

五十万圆。其地多沙漠，产五谷，通贸易。

默林布士地勒①部，广袤方圆四十九里，居民八十九万六千口。每年入公帑银三十八万八千五百圆，所费如之。此沙漠之地，土产微。

撒孙围马②部，在日耳曼中间，广袤六十七里，居民二十五万。国帑银五十五万五千圆，所出之费六十万圆，缺四万五千圆。公欠项三百四十万六千圆。居民最聪明。其（土）君好学，能纳贤敬士。

右所言皆大侯之地。另有小酋地列于左：

合石老布③部，广袤方圆百八十六里，居民四十九万七千口。每年入公帑百三十七万圆，所出如之。

那扫部，广袤八十七里，居民三十（九）〔七〕万七千口。每年入公帑银一百零三万四千圆，所出如之。国之欠项百七十万圆。此最美之土，产嘉果及各美物。

报宁衰④地，广袤方圆六十九里，居民二十五万六千口。入公帑百四十三万八千圆。国之欠项六百九十三万九千圆。上上邑也。出矿，民朴实。

撒孙买宁⑤地，四十三里，居民十五万口。撒孙哥布⑥地，三十四里，居民十四万。撒孙亚丁布⑦地，二十四里，居民十二万。此二地在日耳曼中，居民繁多，勤劳营生，执正教。

---

①默林布士地勒（Mecklenburg‐Strelitz），梅克伦堡—斯特热利斯。

②撒孙围马（Saxe‐Weimar），萨克森—魏玛。

③合石老布（Holstein‐Oldenburg），荷尔斯泰因—奥尔登堡。

④报宁衰（Braunschwig，Brunswick），不伦瑞克。

⑤撒孙买宁（Saxe‐Meining），萨克森—迈宁根。

⑥撒孙哥布（Saxe‐Coburg），萨克森—科堡。

⑦撒孙亚丁布（Saxe‐Altenburg），萨克森—阿尔腾堡。

安哈第扫①地，十五里，居民六万二千。

安哈宾布②地，十四里，居民四万七千。

安哈哥丁③地，十二里，居民四万。

又有五爵之地，瓦得④地二十二里，立比地二十二里。悉马林⑤地十七里，路突城⑥地十六里，孙得好⑦地十五里，来西⑧地十五里，少布⑨地七里，古来西⑩地六里。希西⑪地五里，黑幸⑫地四里，光石地三里⑬，皆微小不足比数。

另有通商各城邑，能自操权，不服王化者。如：含布城，在日耳曼西北，距益（比）〔北〕河不远。列市通商，为日耳曼莫大之交易，日渐兴旺。其居民善积财帛，与各地贸易。一年所进船约三千只。三年前其邑灾，殿阁宫室皆火。今复建，比前更美。所属地七里，居民十五万。每年入公帑银二百四十七万圆，所出者二百五十八万圆。欠公项银千二百万圆。

北闵⑭城，在威悉河，亦通商，亦到中国贸易。居民六万五千。每年入公帑银六十万八千圆，出五十九万七千圆，存银万一

---

①安哈第扫（Anhalt - Dessau），安哈尔特—德绍。

②安哈宾布（Anhalt - Bernburg），安哈尔特—贝恩堡。

③安哈哥丁（Anhalt - Cothen），安哈尔特—科腾。

④瓦得（Waldeck），瓦尔德克。

⑤悉马林（Sigmaringen），锡马林根。

⑥路突城（Rudolstadt），鲁道尔施塔特。

⑦孙得好（Sonderhousen），宗德斯豪森。

⑧来西（Reuss - Schleitz），罗伊斯—施莱茨。

⑨少布（Lippe - Schauenburg），利珀—绍恩堡。

⑩古来西（Greitz, Greiz），格赖茨。

⑪希西（Hesse - Homburg），黑森—霍姆堡。

⑫黑幸（Hechingen），赫钦根。

⑬以上若干地方的面积，恕不一一核校。以列支敦士登（光石）而言，当时就有五十三平方英里，谓仅三里，似不合事实。

⑭北闵（Bremen），不来梅。

千圆。欠项银二百三万圆。

吕必古[1]城地，生意甚微。居民五万。入公帑银二十九万圆，出银二十八万圆，存银万九千三百圆。欠公项银百二十四万圆。

凡弗，亦大邑也，在买尼沿河，为最要之地。居民六万五千。日耳曼各君调兵护守，亦派公使会统办各国之事。

以上日耳曼各地，在海外各国，未有分裂如此之多者。国小而迫，各私其地。自日耳曼被邻国所侵，国内诸侯多与敌为奸，往往召外盗。久之，各自为主。且在各国界立关收饷，大碍通商。近日，陂路斯国因约其列君除内地之关，只在交界纳饷。由是通商始盛。所用之绵花至二十五万石，线纱四十万石。丝、缎、绸等货，所运入者四千四百石，运出者八千九百石。所运出之麻布，价三百八十九万圆。统计运入之货实过于运出，饷亦綦重，君民均获益焉。道光二十年，所进陂路斯等国之船共六千只，所出者五千九百只，此足以知日耳曼之通商广大。各国虽散处，而各海岛颇怀联络，各择贤士以议各国之事。若有战阵，各地募兵合为一军，以俟防御。共兵三十万三千五百，此内步兵二十二万八千余，骑兵四万余，炮手二万余。炮五百七十六门。各国境与佛兰西相向之地，筑三坚城。列国之军士相为护守。

《瀛环志略》曰：日耳曼界内江河最长者为来因河，自南而北，转西至嗹国界入（西）海[2]。河滨土脉腴润，产（蒲桃）〔葡萄〕最良。沿河多名山古迹。多恼河亦大水，在界内横流如带。北方则易北河，其名水也。北方之民多强健淳良，好学术；南方

---

[1]吕必古（Lübeck），卢卑克。
[2]《瀛环志略·日耳曼列国图》误易北河为莱茵河，误威悉河为易北河。此处谓莱茵河至丹麦界入海，亦因误易北河为莱茵河。

奢侈，醉饱无远图；西南一带勤苦谋生，力作不倦。界内列侯皆大小国婚媾，往来用敌体礼。会盟虽众，蛮触不免。遇大敌而心力不齐，难于制胜。幸维也纳歃盟之后，佛郎西止戈保境，未发难端。或亦恐众怒之难犯也。

海国图志卷四十六

欧罗巴人原撰　侯官林则徐译　邵阳魏源重辑

大西洋 欧罗巴洲

奥地里加国[①] 一作欧塞特里〔阿〕,

即《职方外纪》中莫尔大未亚也。图中博厄美（厄）〔亚〕即寒（亚）〔牙〕里也。又（奥）〔粤〕人呼曰双鹰。

奥地里加国，本耶马尼部落。后值耶马尼衰弱，遂自立国称王。因娶寒牙里之女王为妃，遂合寒牙里国为一。又蚕食耶马尼、波兰、意大里各国边境，增建部落，遂为欧罗巴洲大国。政事设贺官四人综理。其钱粮讼狱，无专官。如有控诉之事，在国都者，都内之官皆可断之；在各小部落者，则各地尊长及其塾师均可断之。岁征钱粮银六千三百万员。步兵十八万五千四百，骑兵三万八千四百，大炮手万七千八百，修理器械兵二千三百五十，出师开路修桥兵二万有六百。

奥地里亚国，东界俄罗斯，西界耶马尼，南界寒牙里，北界普鲁社及波兰。幅员二十六万有二百九十五方里，户三千二百十三万四千有三十七口，大部落九，小部落二百八十五。别有寒牙里属国。

---

①奥地里加（Austria），奥地利。不能说莫尔大未亚（Moldavia 摩尔达维亚）即奥地利。
　说捷克（Bohemia 博厄美亚）即匈牙利（Hungary 寒牙里）亦误。

下奥地里亚①部，东界寒牙里，西、南俱界塞底里阿②，北界（阿巴）〔磨那威阿〕③。本国四围皆山，幅员万五千一百八十方里，户二百有三万一千百三十口。境域辽阔，遂将部落分为二：曰上奥地里亚④、下奥地里亚。下奥地里亚领小部落二十，产金、银、铜、铁、锡、铅、布、呢、水银、银朱、玻璃、宝石、丝发。

上奥地里亚部，（东）〔南〕界（寒牙里）〔塞底里阿〕，（西）〔北〕界磨希弥阿，（南）〔东〕界下欧塞特里阿，（北）〔西〕界（磨那威阿）〔沙尔斯麦〕⑤。多山，产五谷。领小部落十有八。

塞底里阿，东界寒牙里，西界沙尔斯麦，南界依尔（那）里阿⑥，北界奥地里亚。幅员八千五百六十方里，户八十三万九千百二十八口。领小部落二十有五。产铁器、呢、布。

伊尔（那）里阿，东界格罗阿底阿⑦，西界揽麻地，南界海，北界塞底里阿。幅员万一千百三十九方里，户百有十三万八千五百零六口。地崎岖。领小部落二十。产苎麻、丝、谷、布、呢、磁器。

览麻地，东界（耶玛尼）〔伊尔那里阿〕，西界沙厘尼阿⑧，南界巴（海）〔麻〕⑨，北界绥沙兰。本意大里亚部落。幅员万八千二百六十方里，户四百二十七万九千七百六十四口。领小部落七十有二。俗奉加特力教。

---

①下奥地里亚（Lower Austria），下奥地利。
②塞底里阿（Styria），又作色底里阿，即施蒂利亚。
③磨那威阿（Moravia），摩拉维亚在今捷克。
④上奥地里亚（Upper Austria），上奥地利。
⑤沙尔斯麦（Salzburg），萨尔茨堡。
⑥依尔里阿（Illyria），又作依尔腊里、黎里亚、以利林，即伊利里亚。
⑦格罗阿底阿（Hrvatska，Croatia），克罗地亚。
⑧沙厘尼阿（Sardinia），撒丁王国。
⑨巴麻（Parma），帕尔马，在意大利。

代罗尔①，东界塞底里阿，西界绥沙兰，南界览麻地，北界耶〔玛尼之〕麻（尔）〔洼里阿〕。在（耶玛尼）〔欧塞特里阿〕极西。崇山峻岭，冰雪不消。俗颇淳厚，尊奉加特力教。幅员万一千有六十八方里，户七十七万六千三百九十口。领小部落二十有七。产盐、木、烟叶。

磨希弥阿，东界磨那威阿，西界耶玛尼，南界沙尔斯麦，北界普鲁社。为欧塞特里阿最沃之壤。周围大山，幅员二万有四百二十五方里，户三百七十四万八千三百六十一口。领小部落四十有七，设兵十二万五百二十有七。尊奉波罗特士顿教。产布、苎麻、树木，五金以锡为最。

磨那威阿，东界牙里西阿②，西界磨希（敏）〔弥〕阿，南界〔下〕奥地里亚，北界普鲁社。周围大山，其中沃壤。幅员万有三百二十一方里，户百九十九万四千八百五十口。领小部落二十有三。产呢、布、苎麻。

牙里西阿，东界俄罗斯，西界磨那威阿，南界寒牙里，北界波兰及俄罗斯。本波兰国部落。土少沙多，山地皆沃。幅员三万三千一百七十九方里，户四百三十八万五千六百有六口。领小部落三十五。设那步尔③、奈士④、可腊治⑤、西底士⑥四等官，以综庶政。奉波罗特士顿教。产盐、谷、蜜糖、树木。

---

①代罗尔（Tyrol），又作的罗尔、地鹿，即蒂罗尔。
②牙里西阿（Galicia），又作加利西、牙里西，即加里西亚，今波兰东南部及乌克兰西部。
③那步尔（Nobles），指贵族。
④奈士（Knights），指骑士。
⑤可腊治（Clergy），指教士。
⑥西底士（Representatives of the free cities），指市民代表。

寒牙里国附记一作博厄美（厄）

〔亚〕①，一作班那里阿②，一作匈牙利。

寒牙里，俗旧犷悍，较耶马尼尤甚。那卢弥③者，本寒牙里南隅各地总名，与意大里亚连界。意大里亚重兵镇守，扼其要隘。耶稣纪年四百④，晋安帝隆安四年。寒牙里之人⑤阿士多罗士⑥攻破那卢弥，率众前进，几将攻至欧罗巴洲之东方与阿细亚洲之中央。后有〔匈奴〕头目阿底那⑦于底依士⑧、那卢弥两处，各设官兵保障边徼。耶稣千年时，宋真宗咸平三年。遂立为国，建都于孛利斯麦⑨。传至雷士里俄列王⑩尤强勇，于千四百年⑪，明建文四年。率众攻击意大里亚，回国而卒。其女伊利萨麻嗣位，旋嫁奥地里亚国之阿尔麦王，遂为其属国。中被波兰侵据，旋即夺回。继而土鲁机侵扰不已，直至威音那⑫边界，百年受患。经奥地里亚国力战大胜，始不敢复寇。嗣迁都（那摩）〔摩那〕⑬，以格罗阿底〔阿〕、

①魏源再次误指捷克地区为匈牙利。

②班那里阿（Pannonia），班诺尼亚，匈牙利古名。

③那卢弥（Danube），多瑙河地区。

④英文原著作第四世纪，译文及注释均误。

⑤疑衍"寒牙里之人"五字。

⑥阿士多罗士（Ostrogoths），指奥斯特罗哥特（东哥特人）。

⑦阿底那（Attila），通译阿提拉。

⑧底依士（Theiss），指蒂萨河地区。

⑨孛利斯麦（Bratislava），德语作 Pressburg，历代匈牙利国王多在此加冕。今译布拉迪斯拉发（普雷斯堡）。

⑩雷士里俄列王（Louis the Great），指路易大帝。

⑪原著作十四世纪，译文及注释均误。

⑫威音那（Vienna），又作未伊那，即维也纳。

⑬摩那（Buda），布达，今布达佩斯（Budapest）的一区。

斯格那尼①、（寒牙里）〔曼腊〕②、特兰色洼尼③四部落路接土鲁机，画出边界，屯田养兵。六十家设一头目，无事耕田训练，有事百丁抽五，以御边徼。设官四等，一教师④，一世爵，一问事官⑤，一管各部落官。凡遇更例立王、加税添兵，则四等贺官齐集会议。番有二种：一曰麻亚⑥，一曰〔士〕加窝尼崦士⑦。数家为一村，多处茅屋。习波罗特士顿教者五百万，习加特力教者二百有十万，余俱习额力教。言语不同。耕种所获，自得八分，以一分归庙，一分归官。服色尚蓝。不剃发，编发辫。头戴小圆帽，外加阔边帽。产布、呢、金、银、铜、铁、铅、盐、煤、丝发、蜜腊、烟、苎麻。

寒牙里，东界土鲁机，西界色底里阿，南界土鲁机，北界牙里西阿。奥地里亚之属国也。幅员十三万三千方里，户千二百六十万口。大部落九，小部落二百九十有二。

下那卢弥⑧部，东界上那卢弥⑨，北界（下）〔上〕那卢弥，南界斯格那〔尼〕，西界奥地里亚。领小部落五十。尊奉波罗特士顿教。土产有酒、煤。

上那卢弥部，东界上底斯⑩，西界下那卢弥，南界斯格那〔尼〕，北界牙里西阿。领小部落六十有八。尊奉波罗特士顿教。产金、铜。

――――――――――――

①斯格那尼（Sclavonia），又作士拉窝尼，即斯拉沃尼亚。
②曼腊（Banat），巴纳特。
③特兰色洼尼（Transylvania），今罗马尼亚特兰西瓦尼亚。
④原文作 bishops and abbots，应译主教和修道院院长。
⑤问事官乃 Knights（骑士）的讹译。
⑥麻亚（Magyars），指马札尔人。
⑦士加窝尼崦士，原文作 Sclavonians。
⑧下那卢弥（Lower Danube），下多瑙。
⑨上那卢弥（Upper Danube），上多瑙。
⑩上底斯（Upper Teiss），上提斯（上蒂萨）。

上底斯部，<small>东界下底斯①，西界上那卢弥，南界下那卢弥，北界牙里西阿。</small>领小部落三十有二，尊奉额力教。产荷碧尔石、杂果及酒。

下底斯部，<small>东界特兰色〔洼尼亚〕，南界曼腊，西界上底斯，北界牙里西阿。</small>领小部落四十有三。尊奉额力教。产木、烟、牙硝、碱。

曼腊部，<small>东界特兰色〔洼尼亚〕，南界土鲁机，西〔界上卢那弥〕，北界（寒牙里）〔下底斯〕。</small>领小部落二十有八。尊奉额力教。

格罗阿氏〔阿〕部，<small>东界斯格拉〔尼〕，南界土鲁机，西界依尔里阿，北界（寒牙里）〔奥地里亚〕。</small>幅员三千七百五十六方里，户六十一万四千口。边界多山，东隅平衍。语音异寒牙里。设立总管，遇大事，至寒牙里会议。领小部落十有五，产谷、烟。

斯格腊②部，<small>东界（寒牙里）〔曼腊〕，南界土鲁机，西界格罗阿底，北界（寒牙里）〔下那卢弥〕。</small>在格罗阿底阿之东。幅员三千六百七十八方里，户三十四万八千口。领小部落十有六。土沃气和。音语庞杂。

特兰色〔洼尼亚〕部，<small>东、南俱界土鲁机，西、北俱界（寒牙里）〔下底斯〕。</small>在加底俺山③之外，地势崎岖。天时和暖，宜耕种。幅员二万三千五百九十四方里，户二百有二万七千五百六十六口。领小部落三十有二。尊奉加特力教、额力教、波罗特士顿教。产金、铁、盐、羊毛。

那尔麻氏④部，<small>东界土鲁机，西界海，南界都鲁机，北界依尔腊里。</small>领小部落六。俗强蛮。产谷、蜜糖。

---

① 下底斯（Lower Teiss），下提斯（下蒂萨）。

② 斯格腊（Sclavonia），又作斯加拉窝尼亚，即斯拉沃尼亚。

③ 加底俺山（Carpathian Mts.），喀尔巴阡山脉。

④ 那尔麻氏（Dalmatia），又作达马田，即达尔马提亚（在今克罗地亚）。

奥地里亚国沿革

《海录》：双鹰国，又名一（达）〔打〕辇[1]，在役古[2]港口之西北，与单鹰国为兄弟，患难相周恤，亦奉天主教。风俗大略亦与西洋同。番舶来广东，有白旗上画一鸟双头者，即此国也。案：双鹰旗即奥地里亚国，单鹰旗即普鲁社国，故与都鲁机毗连。广东人以其市舶旗所画呼之，非其本名也。

《贸易通志》曰：奥地利亚国，粤人呼为"双鹰"。土地甚广，产水银、朱砂、铜、铁、白矾、丝、绸、缎、五谷、酒、蜡、烟、皮毳。物产虽丰，民不务商。南有港口曰得尔士[3]，每年进口货价二千万员，出口货价九百万员。此条补入。

《万国地理全图集》曰：奥地利（域）〔或〕东国，即欧色特里国也。北极出地自四十三度至五十一度，偏东自八度至二十七度。南及土尔其国、亚得亚海隅、以他里列国；北接峨罗斯国、陂路斯国、日耳曼国；东至末他昧[4]，地连峨罗斯国；西至日〔耳〕曼尼国、以大里国。东国所属：在日〔耳〕曼尼内，广袤方圆二十二万八千方里，居民九百八十四万丁；匈牙利邦，广袤方圆三十七万五千方里；以他里内各省，广袤方圆五万一千方里，民人四百一十七万丁；波罗[5]国内各省，广袤方圆九万六千方里，居民四百零七万丁；答马地[6]邦，广袤方圆一万七千方里，居民三十二万丁。另（如）〔加〕其别族各丁，共计居民三千三百万人。

①一打辇（Orenta Regnum），意为东方边区，即奥地利。

②役古（Turquia，Turkey），土耳其。

③得尔士（Trieste），的里雅斯特，今意大利港市。

④末他昧（Moldavia），摩尔达维亚。

⑤波罗（Pologne），波兰（Poland）。

⑥答马地（Dalmatia），又作塔马地，即达尔马提亚。

所有之马，共计二百二十万只。国内遍有七百七十七邑，六百三十六郊，二千二百二十四塘，六万九千一百零五乡。每年收国帑者，共计银五千二百万员。国家欠银二万万员。太平之际，三军二十七万丁，战时七十五万丁。兵船共计三十一只。

又曰：东国未久立，宋元年间，一小邦诸侯。因其君智慧，日耳曼列侯推之为汗，其权势尚微。于明嘉靖四年，其汗获伯闵①国据之。此后列国改崇波罗士特正教，惟东汗固执异端，力传加特力教。遇有民人不悦服者，即逼迫强之，或出国、或背教，倘敢抗违，则定死罪。后取匈牙利国。与土耳其战，败。因要广教门，连三十年攻战。但正教各国力战，击退东军，强之议和。自后其国地方愈广。又据低地②并以他里大半，与是班牙国结为唇齿。佛兰西国忌其广大，往往开衅，干戈不息。佛兰西将武艺优娴，恒击胜奥地利亚。但议和之际，东国再加权复兴矣。现时欧罗巴各国权势最大者，第一英，第二峨，第三佛，第四奥也。其国商于广州互市，插旗画双鹰，故华人以双鹰国名之。

《万国〔地理〕全图集》曰：匈牙利邦之列地，一曰匈牙利国，其国一半山地，出金、铜；其余平坦，草场。多恼河横流其境。谷田五万顷，草场七万五千顷，林九万顷，园六万顷。其五爵弄全权，其农夫终身劳苦。所出者畜牲。每年山厂出金千五十斤，银四万一千斤，及葡萄酒、麻、丹参、蜜各货。昔为东方游牧达达里③所攻据，与列西国交战连年。嗣后奉耶稣之教，力勉进学。不期土耳其族（夺）〔奋〕兴，战服达达里。是以与东帝连和，共为唇齿，招之为王。但因东政因时异宜之处，变通增减，

---

① 伯闵（Bohemia），又作布威弥亚、破闵，即波希米亚（今捷克）。
② 低地（Venice），威尼斯。
③ 达达里（Tartary），鞑靼。

国之绅士会议各抒意见。其国都曰伯堡①，居民四万一千丁，城于多恼河边，经营最盛。伯息②居民六万一千丁，每年售出牲口不胜其数。伯息对面为补他③城，居民三万四千丁。其银场开在伸匿④，居民万七千丁，采矿者居半，其铜山最旺。阿丁堡⑤居民造葡萄酒，养豕每年八万只。剌固⑥城每被土耳其军侵伐。五庙⑦邑，昔有文艺之名，四方贤儒所会集。得伯新⑧邑，互市之地，其居民崇耶稣教。士额丁⑨居民三万丁，出烟，勤务作事。一曰七山地⑩，匈牙利之东地，其山出金、铁。居民大半崇正教，不拜圣像。此时服东国。其都曰黑曼⑪城，居民二万丁。冕城⑫居民三万丁，与土耳其国贸易丰盛。文学院之儒千二百。一曰可剌⑬地，士民勇战。因未向化，心野意巧，以农为生。产五谷、烟等货。匈牙利之南界，各农应募为兵，镇守疆境。遇土耳其军侵犯，则其乡兵冲锋突阵。塔马地城，沿亚得亚海瘠地，其居民因地硗不能耕，捕鱼为贼。山生药材、野蜜。其都会撒剌⑭小邑。加他罗⑮城四面

---

①伯堡（Bratislava，Presburg），今斯洛伐克的布拉迪斯拉发。

②伯息（Pest，Pesth），佩斯，今布达佩斯东部。

③补他（Buda），布达，今布达佩斯西部。

④伸匿（Schemnitz），斯克姆尼茨。

⑤阿丁堡（Œdenburg），厄登堡。

⑥剌固（Alba Regalis），斯图尔威森堡（Stuhlweisenburg）。

⑦五庙（Funfkirch），丰弗基尔，意为五座教堂。

⑧得伯新（Debrecen Debratzin），德布勒森。

⑨士额丁（Szegedin），塞格丁。

⑩七山地（Transylvania），又作郎西里瓦尼亚，即特兰西瓦尼亚。此地界喀尔巴阡山脉，德国人曾称为 Siebenbürgen（七保证）。

⑪黑曼（Hermanstadt），又作黑曼士达，即赫尔曼施塔德。

⑫冕城，指今罗马尼亚布拉索夫（Brasov）。

⑬可剌（Croatia），又作哥亚田、可亚田，即克罗地亚。

⑭撒剌（Zadar，Zara），扎达尔（萨拉）。

⑮加他罗（Cattaro），卡塔罗。

险固。

《地球图说》：阿士氏拉国，又名奥地利国，或曰东国。东南界峨罗斯、土耳基二国，西界瑞西国并亚利曼诸小国，北界波路西亚国。百姓约三千五百万。都城名未伊那，城内民三十万，（三）〔四〕分〔之三〕天主教，余耶稣教、犹太教。各国徙居，言语杂出，或与亚利曼、意大里口音相似。内有一大江，名拖（地）〔奴〕俾①。属国颇多。土产金、银、铜、红铜、水银、盐、五谷等物。

《地理备考》曰：奥斯的里〔亚〕国在欧罗巴州之中。其国土在北极出地四十二度起至五十一度止，经线自东六度起至二十四度。东至厄罗斯国，西连苏益（隆）〔萨〕国，南接土耳基、意大里二国暨〔亚的黎亚〕地（中）〔各〕海，北界〔萨克索尼亚〕布鲁西〔亚〕、波罗尼〔亚〕三国。长约三千一百里，宽约一千八百里，地面积方约三十四万零二百四十里。烟户三京二兆口。峻岭叠起，冰雪凝积。河至长者十八，湖至大者十一。中东二方，田土膏腴；余地高燥，物产微鲜。气温和，宜人物。产各种金石，称富庶。男女皆得嗣位，以长幼为序。奉罗马天主公教者过半；其额力西国②暨加尔威诺③、路得罗④等各修教，奉者无几；至若入德亚古教⑤，奉者尤寥寥。技艺精巧，匠肆林立，贸易丰盈。耶稣三十三载，〔即〕汉光武建元九年，为罗马国征服。厥后越四百余载有北狄侵扰。唐德宗贞元七年，为佛兰西所克，改号曰奥斯

①拖奴俾（Danube R.），又作达奴比约河，即多瑙河。
②额力西国，英文作 Greek Orthodox Church。
③加尔威诺，英文作 Calvinism。
④路得罗，英文作 Lutheranism。
⑤入德亚古教，英文作 Judaism。

的里亚。元世祖至元（三）〔十九〕年，亚里曼国君既获其地，以封其世子。其土地积方不及三万里。又越数十载，历代嗣君渐广邦基，与邻邦陆续结婚，附近各地，尽为所有。嘉庆九年，其国君进称可汗①。嗣后虽曾被佛兰西那波良占据过半。嘉庆十九年两国讲和后，侵地皆归还，仍为欧罗巴州富强名邦。本国所属各地，虽有亚里曼、波罗尼〔亚〕、意大里〔亚〕、翁给里〔亚〕②四者之名，然统分十五部，大小不等。

第一，奥斯的里〔亚〕部，分而为二：一名下奥斯的里〔亚〕，一名上奥斯的里〔亚〕。其下者长四百一十里，宽三百五十里，地面积方一万里，烟户一百万余口。维（亚）〔也〕纳城，乃国都也，建于达奴比约河岸，屋宇富丽，学塾、医院甚壮〔观〕。百货骈集，人烟辐辏。其上者长五百五十里，宽一百八十里，地面积方九百三十里。烟户约七十七万四千余口。首郡名灵斯③。

第二，义士的里亚④部，长五百里，宽四百五十里，地面积方一万一千里。烟户约七十七万余口。

第三，的罗尔部，长六百里，宽四百五十里，地面积方一万四千四百里。烟户约七十四万余口。

第四，布威弥亚部，长一千一百里，宽七百里，地面积方四万九千里。烟户约三百二十八万余口。此地昔为一国，迨后归服，方改为部。

第五，摩拉维亚部分为二：一名摩拉维〔亚〕，一名夕勒西

①原著作"皇帝"，魏源改为"可汗"。
②翁给里亚（Hungaria），匈牙利。
③灵斯（Linz），林茨。
④义士的里亚（Steyermark，Styria），又作士大境，即施泰尔马克（施蒂里亚）。疑"义"字衍。

〔亚〕①。其摩拉维〔亚〕，长（者）五百五十里，宽三百六十里，地面积方一万六千四百里。烟户约一百七十五万余口。其夕勒西〔亚〕，地面积方约有二千四百里，烟户约三十五万余口。

第六，壹黎里亚部，分为二：一名来巴士②，一名的里耶〔斯〕德③。其来巴士，长一千一百里，宽九百里，地面积方一万八百三十里。烟户约六十四万余口。其（约）〔的〕里（亚）〔也斯〕德，地面积方约有六百四十里，烟户约五十万余口。以上六部，皆与亚里曼国结盟，故名其地曰亚里曼。应出兵丁九万四千八百名。

第七，加里细〔亚〕④ 部，长一千三百五十里，宽五百里，地面积方四万二千里。烟户约三百二十三万余口。此地昔为一国，迨后归服，方改为部。

第八，布哥维纳⑤部，长四百五十里，宽二百八十里，地面积方六千六百里。烟户约五十四万余口。以上二部，皆名曰波罗尼〔亚〕地。其加里细〔亚〕，昔为波罗尼〔亚〕国之地，中国乾隆三十七年，归于本国管属，故仍名其地曰波罗尼〔亚〕。其布哥维纳，昔为土耳基国之地，后归本国管属，改为部，〔因与加里细亚邻近，亦名其地曰波罗尼亚〕。

第九，伦巴〔尔〕多威尼西〔亚〕奴⑥部，长五百里，宽四百里，地面积方二万三千六百八十里。分为二：一名米郎⑦，烟户

---

①夕勒西亚（Silesia），西里西亚。
②来巴士（Laybach），来巴哈，今斯洛文尼亚卢布尔雅那（Ljubljana）。
③的里耶斯德（Trieste），又作地益，即的里雅斯特。
④加里细亚（Galicia），又作雅尔西亚，即加里西亚。
⑤布哥维纳（Bukovina），布科维纳，今罗马尼亚东北部和乌克兰西部。
⑥伦巴尔多威尼西亚奴（Reino Lombardo－Veneziano），伦巴底—威尼斯省。
⑦米郎（Milan），米兰。

约二百二十万余口；一名威内萨①，烟户约九十二万余口。此部昔本意大里〔亚〕国之地，嘉庆十年，佛兰西国君那波良者立为一国。后归本国管属，改之为部。故仍名其地曰意大里亚。

第十，翁给里亚部，长二千里，宽一千二百五十里，地面积方十七万一千一百二十里，烟户约七百五十（五）〔二〕万余口。此地在昔自为一国，后归本国管属，改之为部。

第十一，斯加拉窝尼〔亚〕部，长六百二十里，宽二百二十里，地面积方八千八百里。烟户约二十八万八千余口。此地昔为一国，迨后归服，方改为部。

第十二，哥罗瓦西亚②部，长六百里，宽四百里，地面积方一万零一百里。烟户约五十六万余口。此地昔自为一国，后归本国管属，改为部。

第十三，达尔马西亚③部，长八百七十里，宽一百五十里，地面积方八千三百里。烟户约三十万余口。此地昔自为一国，后归本国管属，改为部。

第十四，达郎西里瓦尼〔亚〕部，长七百里，宽六百里，地面积方三万零八百七十里。烟户约一百八十万余口。此地昔自为一国，迨后归服，方改为部。

第十五，边疆之地，共四处，合为一部。一名斯加拉窝尼〔亚〕，地面积方约有四千里，烟户约二十三万余口；一名哥罗瓦西〔亚〕，地面积方约有八千一百里，烟户约四十万余口④。以上

---

①威内萨（Veneza），威尼斯（Venice）。
②哥罗瓦西亚（Croacia），克罗地亚。
③达尔马西亚（Dalmacia），达尔马提亚。
④下文魏源删"翁加里亚"及"达郎西里尼亚"二处。其实"翁加里亚"一处指巴纳特（Banat）的边疆地带，其他三处亦非指各该省的全境，仅指其划为边疆之地。

六部总名曰翁给里〔亚〕。康熙十一年①归于本国，均改为部。此国通商冲繁之地，或在海边，或内地大埠。

《外国史略》曰：奥地利国，亦名东国，中华称为"双鹰"，因其船旗名之也。本微国，宋真宗年间，日耳曼在东界别立君长以防范各国，且称之曰东境界，由此东国之名起焉②。迨元至元以后，与邻国或结盟，或交战，日增其地③。于明景泰七年，东国之君并日耳曼国之地入版图④。于明世宗嘉靖元年，与是班亚、荷兰等国交战不绝。是时东国广袤方圆五千四百里。维时回回土耳其国群兴，恨东国崇天主教，再围其城。佛国又忌之，亦助土耳其军侵之。本国屡战屡败，几失全地，独存意大里地而已。乾隆四年，所掌版舆尚广袤九千零四十三方里，居民二千九百万。其君卒⑤，女尚幼，欧罗巴列国结盟共侵其地，于是其女婿嗣东国之位。于乾隆二十年，其国后与他国结盟，欲灭破路斯国，七年力战而后退。其后嗣君明哲，屏斥奸邪。值佛国大变，其妹为佛国之后，被百姓所害，是以肇衅。四战四败，乃结平焉。于嘉庆十三年⑥，东国君之女，配佛国君（波）那〔波〕里稳王为妃，两国和好。嘉庆四年⑦，东国与峨、破等国盟，共为唇齿，战胜佛

①第一次奥土战争结束，签订《卡尔洛维茨和约》，原土耳其统治下的匈牙利、特兰斯瓦尼亚、克罗地亚和斯洛文尼亚划归奥地利，事在康熙三十七年，《备考》推迟到康熙五十一年，《图志》提前到康熙十一年，均不合史实。

②查理大帝时已设东方边区（Orienta Regnum），德皇鄂图一世（Otto Ⅰ）打败马札儿人之后重建东方边区，事在周世宗二年。德文 Österreich 意为东方王国。

③Rodolph Ⅰ打败捷克国王 OttokarⅡ，将所兼并的领土划归哈布斯堡家族，事在元至元元年之前一年。

④卢森堡家族在德国皇位上的最后一帝西吉斯孟于明正统二年死后，德国皇冠即重归哈布斯堡家族。

⑤查理六世卒于乾隆五年。

⑥"十三年"，应作"十四年"。

⑦"四年"，疑应作"十八年"。

国，尽复侵地。惜其民固执天主新教不改也。

东国地广袤方圆万一千一百八十八方里，居民三千七百三十一万八千。其（他）〔地〕部在日耳曼国内者，在国东方。通计东国公地方圆七百五十六里，居民百八十五万。在多恼河两边广谷，四面有山，最高者六百五十二丈，中者六百余丈，下者四百余丈，遍山林木。其地面共二百万八千八十七十亩，其中六十万亩为荒地，常有水患；百二十八万为良田，七十八万为葡萄圃，六十五万为草场，八十六万为林薮，牧牲牛羊皆备。

国都曰威音城，多恼河在焉。居民约四十万，城郭三十八座。河上有塔，高十四丈二尺，民好宾客。

二曰士大境，方圆数缺。邑二十，村九十六。男四十五万，女四十七万。昔居民崇耶稣正教，后迫君令，改崇天主新教。其地高于海面千五百八十一丈，其气冷。山虽多不高。计地三万五千九百顷，其中田七千顷，草场五千九百顷，园圃四千五百六十九顷，林千七百七十三顷，葡萄园五百四十八顷。山内有矿，产五金、石盐、石灰。其所造最繁者，为五金各器。其铁路甚广。其居民因执天主教，立教师千名、僧四百五十名、修道之女二十八名。

三曰来巴（邑）〔部〕，广袤方圆三百七十里，居民四十八万七千七百口。亦多山，出铜、铁。其城中居民万三千口。通商之处也。

四曰地鹿（邑）〔部〕，系意大里北边高山之地，广袤方圆五百一十七里，居民八十四万四百口。城二十二座。多冰岭，道路难行。溪流甚急，常涨溢为害。其水源能已瘤病，气候冷。民多重瘤，年多耄耋。山产五金，民多畜牛，果木香橼最多。亦产麻，每年万有余石。民多出外国生理，多巧术，能画像雕刻。童孩入学者十万八千五百六十六名。产蚕丝，每年约十八万斤。其百姓属东国统辖。佛兰西于嘉庆年间侵其地，老幼男女各持械拒之，各国皆景仰焉。其会城曰印布①。

五曰以利林，在亚得利亚海边，广袤方圆百四十四里。居民四十八万，多航海贸易。其会城曰地益，海隅最广港口也。因免税饷，商船云集。居民七万。由印度国所来书信，俱由此交递各地。

六曰破闵国，即东国北方。广袤方圆九百二十五里，居民四百二十二万五千。言语与破兰音不甚异。此地古时列侯所管，唐朝年间，其居民奉天主教，与日耳曼国合为一，后多改变。明永乐年间，其王招纳贤能，知罗马天主新教为异端，故返耶稣本教。于是天主教人以火焚老教之师，居民持械与战。于明武宗正德年间，地归东国，而后息兵焉。明泰昌时，复争教肇衅，与邻国交战三十年，东国战胜②。所失民人共七十八万口，但所存者益严禁天主新教。其地北极出自四十八度三十三分及五十一度二分，形势如釜，四高中低。田三万八千九百十六顷，葡萄四十四顷，园九千四百八十七顷，牧场六千百十六顷，潴泽三百三十四顷。气候甚冷。最大河，益百③、末道④等江也。其山出银、锡、铅、铁、硫磺、石灰。五谷足用。马十四万二千，牛九十七万四千，羊百三十四万九千。邑二百八十七座。各地分十六部。有天主教师、修道男女及大教师等。居民有艺术，岁造玻璃不下五十万圆，价

①印布（Innsbruck），因施布鲁克。
②三十年战争开始于明万历年间。
③益百（Elbe），易北河。
④末道（Vltava），伏尔塔瓦河。

与水晶等。所织之呢亦日多。乐勤劳，习诗书。会城曰巴拉①，居民十一万，其中六千为犹太人。屋宇甚多，居人稠密。有美殿，各艺士会焉。书院广大，亦有肄业者。

七曰默林②，广袤方圆四百九十八里，居民二百一十九万三千口，崇正教者七十万，犹太人二万八千口。山高四百四十丈。居民多养牲畜，并多饿者。其风俗与破闵国不甚殊异。

在日耳曼国外之地，第一曰达马田部，本属意大里，在亚得利亚海隅右边，广袤方圆二百五十一里，居民三十九万八千口。近海多港口，又多洲，所居者渔人。山内多盗贼。村三十三座。乡人好饮酒，水土瘴疠。河甚多，入夏即涸。居民精壮，外多和善，心极狠毒。

第（三）〔二〕曰破兰，昔属地加利西，方圆千六百三十三里，居民四百八十六万六千。地皆平坦，众水所潴，中有丰田。多牛、多蜜、多林木，有熊、狼、兔，出石盐、金砂、白矾。其居民大半为农，少聪明，鲜制造。崇天主教，五爵最多，每迫其民作乱。会城曰林伯③。（口）第（四）〔三〕曰云音④部，广袤四千一百八十六里，居民千二百一十九万二千口。属此地者七山，广袤一千零百里，居民二百一十万二千口；与土耳其国交界之地七百里，居民百二十二万口。

〔盖〕云音之地，在土耳其北之国。梁朝⑤年间，匈奴苗裔所别立者也。数侵各国。后周太祖广顺年间，败日耳曼之军，其国

①巴拉（Praha，Prague），布拉格。
②默林（Brno），布尔诺。
③林伯（Lemberg），又作邻山城，利沃夫（林贝格，在乌克兰境内）。
④云音（Hungarg），匈牙利。
⑤应作南北朝的宋朝。

日兴，招贤士，布术艺。宋理宗绍定十六年间①，蒙古人来侵，遍国遭杀。其王爱民如子，故兵退后，居民仍相聚自守。明景帝景泰年间②，土耳其族强服希腊国，而云音王效死力战，亡者不胜数。明正德八年，其国王阵亡③，云音国大半归土耳其国。嗣后民服老教，归上帝救主耶稣。康熙三十七年，其国归东国，强土耳其族来还侵地。乾隆四十年间④，东国之君多募其兵以攻佛国。道光十四年，瘟疫广流，毙者二十万余口。其民以此灾罪其管长，因作乱。然其地盛五谷，产良马，计牛四百万只，羊约九百万只。亦养蚕，每年出丝二百石。产葡萄约有三百种。其山产五金。北地有川，其铁若在水多月能变为铜。其民言语各异，务农，鲜制造。其天主新教师有财帛，自尊大。其五爵弄大权，待农夫如奴，不纳饷。有政务，则招两公会聚议其事，东国之君拱手听之。每年纳银五百万两。兵六万二千，又卫土耳其交界之民壮六万二千丁。其国都曰阿宾⑤、曰必布⑥。其地之大河，由土耳其国入海隅者，曰多恼江。

其所属云音之地：一曰哥亚田，在亚得利亚海隅，与土耳其国交界。入云音版舆者，广袤方圆百七十二里，居民五十七万五

①宋理宗以绍定为年号只有六年，无"绍定十六年"。蒙古人入侵匈牙利约在宋理宗嘉熙四年至淳祐元年间。

②景泰为明代宗年号。土耳其族强服希腊国，似系于明英宗正统年间较切。匈土之间的战争从明洪武后期至明嘉靖年间，激战次数甚多。

③匈牙利国王路易阵亡，事在明嘉靖五年。

④七年战争在乾隆二十八年就结束了。

⑤阿宾，当时传入广州的中文德、奥地图多作阿宝（Obuda），即老布达，今布达佩斯西部。"阿宾"可能是阿宝之讹，亦可能为其古德语名 Ofen（石灰窑）的不准确音译。

⑥必布，今斯洛伐克边境城市布拉迪斯拉发（Bratis lava）。九世纪时德语 Presburg（普雷斯堡），历代匈牙利国王多在此加冕。

千口，城七座。所属交界之民四十四万八千名，广袤方圆二百八十八里，城六座。其民甚愚，而兵甚伶俐。物产最多，未善造制。其山多高峰。二曰士拉窝尼，在云音、可亚田、土耳其中间。广袤方圆三百十里，居民六十万丁。有两河，时涨坏民地。多橡木，多瓜、烟、葡萄、胡丝、蜜糖。其民愚，多力①，鲜制造。崇天主教。土音与破兰不异。其会城曰益悉②，居民八千。又七山地方，在云音东，山岭围之，故各国难侵其地。多出五谷、葡萄、木料、烟、马、牛及各项鸟雀。其山出五金，地甚高，各川所发源也。城百二十一座，村六十，乡二千五百八十六。百姓最勤劳，善积财，通贸易。由日耳曼运入者，每年价银八十万两；运出者五十万两。民崇耶稣本教。各乡绅依律例以筹议，东国君不得擅行。国饷每年约四十万两。其交界凡步兵四营、骑马一营，以时防范。其会城曰黑曼士达，（造）〔告〕新布③等邑。

国地共方圆万二千一百八十八里，其居民三千七百三十一万八千口，军士四十六万九千，其日耳曼族千一百七十八万口④。其山方圆八千七百里，最高之峰千二百丈；平坦之地方圆三千四百里。江河或入黑海，或亚得利亚海，或巴得之海。最大者多恼河，周回万有二百里，若中国长江。居民种类不一，有由亚细亚中国之新疆来者。其属日耳曼者，厚重好施济，然纵欲疏慢；其属破兰者最愚，好饮酒作乐；属云音者敢死，有才能。

庶民分四品：教师、五爵、良民、农夫。其教师俱服其官宪，教主则有大权势；其爵分三分，有世田富财，骄傲；其良民亦分

①"力"，下疑脱"田"字。
②益悉（Essek），埃塞克。
③告新布（Klausenburg），今罗马尼亚克劳森堡。
④这是《史略》成书前奥地利帝国的统计数字。

三品，或由君、或由大臣、或由地主管之，随所居之城邑而服役；农夫甚贫，服地主若奴焉。在交界之民，力防土耳其之侵。

居民九分之一崇耶苏老教，余各奉天主新教。

农困于徭役。虽田盛地丰，谷不足食，多由他国运入。外国所买牲畜马只，每年约三百五十万。出蚕丝约四十一万石。其羊毛卖与外国者，每年十万有余石。云音多葡萄；其林密而深，多木料。若分田按价，则共计银六十三万八千圆：谷田银三十万一千一百万圆，葡萄圃十一万四千四百万圆，林十万三千圆，草场五万九千六百万圆，牧场三万三千六百万圆，园地二万六千三百万圆。其产物之价六万五千万圆。养马二百三十一万二千只，骡三万二千只，驴五万九千只，牛百一十六万只，羊（牛）二百八十万只，山羊二百十六万只，豕六百三十万只。①

昔居民无制造，今渐学习。每年所织之呢羽，运入者价银四万七千四百圆，运出者千九百六千四万圆。所运出之丝缎，约八十五万六千圆。运入之麻布七十三万九千圆，运出之者三百九十八万四千圆。玻璃、磁器亦不少，制造之匠二百五十万丁。道光十八年，所运出货价八千九百九十四万五千圆，运入八千四百九十六万圆。船不远驶，共三千三百只，水手一万七千丁。火轮船十五只。其大船远航者，五百一十三只。东国之通商在（要）要口曰多恼河②，面③掘地开渠，以广河道，遍国流通，如平地焉。

论教化，则东国只崇天主新教，不知有本教也。在书院之儒，务大学者四万八千；在庠序者二万五千余名。民之在学堂者百六

①以上畜产数字，马远高于所见当时的统计数字，牛、羊则远低于所见当时的统计数字，当有误。又银、圃、林、草场等数值均疑有误，原刻如此，今无法更改。
②疑此句当为"通商要口在多瑙河"。
③"面"，疑为"而"字之讹。

十一万名，在小学五十九万名。都中淫风最盛。国多矿，山出五金、石盐、石灰，计价银二千万圆，此时亦减。

国有大臣六员，别有兵、刑、钱、谷、工程、教化大臣十员。其君亲民如子，时时游民间，以知其害恶。各国惟土君操权。云音等国，则有五爵乡绅之公会，权过其君。每年公帑所收，东国之银八千七百万圆，入不敷出。是以国家多出银票，然往往亏空。欠项四万万圆。其兵弁共计二十七万，水师中品船八只，下品船二只，二桅船三只，小船四十九只，共载炮五百一十门。

《瀛环志略》曰：日耳曼全国，时以奥地利为共主，诸部如畿内之侯。当查理第五王①之兴也，掳佛王、服罗马、兼荷兰，声灵赫濯，几于霸矣。惜二教肇兵，贻谋不善。厥后日耳曼列侯自王其国，无复臣主之分。奥虽叠土日辟，而声威远逊。然西土论国势者，犹以峨、英、佛、奥为次第焉。

波兰国附格那耦②。案此即《职方外纪》图之波罗尼也。

波兰国，即古时之麻底阿③，其人则斯可腊夽④种类也。语音庞杂，风俗强悍。当意大里盛时，征讨各国，惟波兰未失寸土。自耶稣纪岁九百九十〔九〕年，宋（太）〔真〕宗（淳化元）〔咸平二〕年。有摩尼斯老士⑤始立国称王，建都于洼肖⑥。迨千有四

①西班牙国王 Carlos Ⅰ 为神圣罗马帝国皇帝后称查理五世。
②格那耦（Kraków），又作格腊耦、甲口、加拉哥维亚，即克拉科夫（Craeow）。
③麻底阿（Sarmatia），萨尔马提亚，应译沙麻底阿。
④斯可腊夽，原文作 Sclavonic。
⑤摩尼斯老士，原文作 Boleslous。
⑥洼肖（Warsaw），又作挖稍，即华沙。

百年①，明建文四年。协稔女王嗣位，与里都阿那②酋长查遮尔伦婚配，合为一国，仍曰波兰。里都阿那者，《职方外纪》作里都亚尼〔亚〕，正在洲中海东岸。以与波兰合国，故其海亦或名为麻底阿海云③。其后国中土豪，聚党数十万，擅权自恣，国王稍不如意，动辄废立；擅田土赋税，政自下出，王不能制。千七百七十余年，乾隆三十余年。普鲁社、俄罗斯、欧塞特里阿三国遣人说波兰王，愿助兵诛锄顽梗，约割地酬劳，议未决。千七百九十有二年，乾隆五十七年。三王合兵来攻，于是被俄罗斯国夺去十部落，普鲁社夺去东普鲁社④、西普鲁社⑤、波新⑥三部落，欧塞特里〔阿〕国夺去雅尔西阿一部落，波兰仅存洼肖与格那耦两部落，而格腊耦近又不服统辖，波兰惟洼肖一区。然膏腴阜产，亦足供给。各小部落设有总领，如遇会议，各以兵自随；稍不合，辄争斗，王亦置若罔闻，惟视其强弱而左右之。法旧严峻，近改宽大，人咸欣悦，而各部落亦较前驯帖。

波兰国，东界俄罗斯，南界欧塞特里〔阿〕，西北界（寒牙里）〔普鲁社〕。幅员四万八千六百五十五方里，户三百七十万口⑦。小部落四十有七。土人奉加特力教、由教、额力教。产布、呢、麦、木、谷。

格那耦，东、南俱界牙里西阿，西界普鲁社，北界洼肖。在洼肖之南，地土肥厚，幅员五百方里，户二万四千八百口⑧。土人尊奉加特力教。近自专制一方，不归波兰所辖。

---

①原著作十四世纪末，误译、误注。
②里都阿那（Lithuania），又作里都亚尼亚、力刀，即立陶宛。
③魏源不知道"麻底阿"为"沙麻底阿"之讹，反凭空造出一个"麻底阿海"，误。
④东普鲁社（East Prussia），东普鲁士，指波罗的海东南岸、维斯瓦河与涅曼河之间的地区。
⑤西普鲁社（West Prussia），西普鲁士，指格但斯克地区。
⑥波新（Posen），波森（波兹南）。
⑦这是 Kingdom of Poland 的单独统计数字。
⑧这是克拉科夫市的人口数字，当时克拉科夫共和国的人口约十一万。

波兰国沿革

《职方外纪》：波罗尼〔亚〕，在亚勒马尼〔亚〕东北，极丰厚。地多平衍，皆蜜林，国人采之不尽，多遗叶树中者。又产盐及兽皮，盐透光如晶，味极厚。其人美秀而文，和爱朴实，礼宾笃备，绝无盗贼，人生平未知有盗。国王亦不传子，听大臣择立贤君。其王世守国法，不得变动分毫。亦有立其子者，但须前王在位时预拟，非预拟不得立。即推立本国之臣，或他国之君亦然。国中分为四区，区居三月，一年而遍。其地甚冷，冬月海冻，行旅常于冰上历几昼夜，望星而行。有属国波多里亚①，地甚易发生，种一岁有三岁之获。草、菜三日内便长五六尺。海滨出琥珀，是海底脂膏从石隙流出，初如油，天热浮海面，见风始凝；天寒出隙便凝。每为大风，冲至海滨。原无，今补。

《万国地理全图集》曰：波兰国内之地，一曰牙里西，林丛广坦，兼有沙。国出五谷、畜牲。林多狼、熊，献皮受赏。其土多出盐。百姓并拜天主圣像，信僧诱惑。民惟务农，不织布帛。其省会邻山城，内有文学院。一曰罗多麦②，与牙里西为一国。其五爵代东帝治国政。百姓纳田赋税饷，待其五爵议定而后征收。其甲口城与其郊，广袤方圆千五百里，居民九万三千丁，不服他国。城内多庙寺，繁尼僧，通商邻地。

波兰国，昔日自主治民。因五爵相争，峨罗斯与奥地利亚、陂鲁斯两国，分夺其大半。道光十二年，效死乱叛，然交战十余合，不足抵御，自后仍归峨罗斯统辖。产五谷、蜜及木料。居民

---

①波多里亚（Podolia），又作破多里，即波多里亚（在今乌克兰）。
②罗多麦（Lodomiria），洛多米里亚。

大半五爵之奴也。其都城曰挖稍城，居民十五万丁，其中三万犹太国人，好攘夺。其东方称曰力刀地，与波兰国相仿。会城曰味里那①，其内有文学院。窝希尼②与破多里等部，昔归波兰国，遍处平敞。原无，今补。

《地理备考》曰：耶苏一千八百十四载，有波罗尼亚国者，统归峨罗斯国。东至峨罗斯。西、北皆连布鲁西亚国，南接加拉哥维〔亚〕国。长约一千二百（七）〔五〕十里，宽约八百里，地面积方约六万三千七百里。烟户三兆九亿二万五千口。土地平坦，多湖河，饶谷果。产银、铜、铁、锡、煤、〔白〕玉、纹石、硫磺、磁器等物。地气温和。一望平阳，无山障蔽，北风甚烈。（奉）所〔奉〕罗马天主公教或奉别教，概不禁止。技艺稍庸，匠肆鲜少。通国分为八部：一名马索维亚③，乃会城也，每年由厄罗斯国王钦派总管官一员驻扎节制；一名加拉哥维亚；一名三多迷尔④；一名加利斯⑤；一名鲁伯林⑥；一名波罗（谷）〔各〕⑦；一名波达拉给亚⑧；一名亚（鸟）〔乌〕斯多窝⑨。

又曰：加拉哥维亚国，原波罗尼〔亚〕国之地。当波罗尼〔亚〕国版图入厄罗斯国时，厄罗斯国王欲兼并一统，而奥斯的里〔亚〕亦欲据之。嘉庆二十年，各国公使齐集维（耶）〔也〕纳地会议，将其地两不归并，另立一国，且议以厄罗斯、奥斯的里

①味里那（Vilnius，Wilna，Wilno），维尔纽斯。

②窝希尼（Volhynia），沃尔希尼亚地区。

③马索维亚（Mazovia），马索维亚。

④三多迷尔（Sandomia），桑多米亚。

⑤加利斯（Kalisz），卡利什。

⑥鲁伯林（Lublin），卢布林。

⑦波罗各（Plock），普沃茨克。

⑧波达拉给亚（Podlaqula），波德拉库拉。

⑨亚乌斯多窝（Augustow），奥古斯图夫。

〔亚〕、布鲁西〔亚〕三部邦互相覆庇。北极出地四十九度五十八分起至五十度十六分止，经线自东十度五十三分起至十七度五十二分止。东、北皆连波罗尼〔亚〕国，西界比里尼加河①，南枕维世都拉河②，地面积方约有六百二十里。烟户一亿一万四千口。本国一望平原，景色雅致，饶谷果，地气较波罗尼〔亚〕国尤暖。不设君位，黎庶自推官长理事，二载更易。奉罗马天主公教，余教亦不禁止。民人勤劳，贸易昌盛，会城建于维世都拉河岸，货物骈集。其加拉辣多慕拉③、哥尔塞索维斯④二处，温泉甚多，赴浴如市，乃本国人烟辐辏之地。

①比里尼加河（Brinica），布里尼卡河。
②维世都拉河（Wista，Vistula），维斯瓦河。
③加拉辣多慕拉（Claralomla），克拉莱伦拉。
④哥尔塞索维斯（Korzeszowice），科尔泽斯佐维策。

海国图志卷四十七 邵阳魏源重辑

大西洋

瑞士国源案：《职方外纪》谓之大尔马齐亚①，与佛兰西、意大里、耶马尼、奥地里亚犬牙相错者也，与瑞丁之可称一"瑞"字者迥别。

佛郎西之东，奥地利西，意大里亚北，日耳曼列国南有②瑞士国，即绥沙兰。犹瑞丁称绥亦古③也，一作苏益萨。瑞人粗鲁。曩值意大里亚盛时，瑞亦以强称，率师攻击佛兰西。被意大里亚窥其空虚，遣兵往侵，几致覆国。不久旋为佛（浪）〔郎〕斯诸蛮夺据，裂为数国，以耶马尼为总领。传至哈士默④，复合为一。嗣在鸦地⑤东隅，择山谷形势，建筑险固之城。虽名属耶马尼，实专制一国。迨耶马尼无道，国中离叛，瑞国王恃城险可拒敌，兼有特尔之勇将，遂兴师与耶麻尼抗拒，连胜。从兹不受统辖。分疆域为十三部，以苏利赤⑥为国都。百余年复为佛兰西攻击，力不能敌，遂输诚于佛兰西。值西洋各国兵戈迭起，几作佛兰西、奥地里亚⑦及俄

---

①魏源误释大尔马齐亚（Dalmatia，Dalmaeija，达尔马提亚，在克罗地亚）为瑞士。
②以上二十一字为魏源加，《四洲志》原译无。
③葡文 Sueco，意为瑞典人，瑞典国应作绥亦夏（Suecia）。
④哈士默（Hapsburg，Habichtsburg），今译哈布斯堡。
⑤鸦地（Aar），阿尔地区。
⑥苏利赤（Zürich），又作苏力赤，士勒即苏黎世。
⑦"奥地里亚"，《四洲志》原译"欧塞特里阿"。

罗斯三国之战场，民罹其荼毒。迨佛兰西波利稔王时，始不受统辖。部众不愿立王，仅于麻尼①各大部落议设总领并小官数员，权理国事。立法过严，复思离散。遂分二十二头目，各自为治，不相统属。惟于每年集五部落会议一次，递相轮次，周而复始。所议无非守土御敌之策。额兵三万二千，分隶各部。遇有事，按丁抽调。风俗俭朴。尊加特力教。文学以仁尼洼②（疏留）〔苏利〕赤两部为最。河道三：蛮河③，自洼利斯④起，至仁尼洼湖⑤止，阿河⑥，自麻尼发源，至阿俄威阿⑦止；吴河⑧，自额里渠⑨至干斯顿湖⑩止。产麦、谷、钟表、袈裟布、麻布。

绥沙兰，即瑞国。东、北俱界奥地利亚国⑪，西界佛兰西，南界意大里亚。幅员万五千方里，户二百万有三千口。总部落二十有二，各设头目，不相统属。观此志注，断在洲中海之南，不在海北明矣。彼图中涉海而北者，及北方之瑞丁国，与瑞国判然二国也。则《海录》中，"在英吉利西⑫少北一语，谓瑞丁，非谓瑞国也"。

---

①麻尼（Bern），又作百尼，即伯尔尼。

②仁尼洼（Genèva），又作义尔威、热尼瓦城、日诺瓦，即日内瓦。

③蛮河（Rhône），罗纳河。

④洼利斯（Valais Canton），又作瓦勒、瓦来斯，即瓦莱州。

⑤仁尼洼湖（Lake of Genèva），又作义尼威湖，即日内瓦湖。罗纳河流进日内瓦湖之后，再在瑞士境内西南流，然后进入法国。

⑥阿河（R. Aare），阿勒河。其河源距伯尔尼尚远。

⑦阿俄威阿（Argovia, Aargau），又作押奥、亚尔科维亚，即阿尔高。

⑧吴河（Rhine），莱茵河。

⑨额里渠（Grau Bundten, Graubünden Canton），格劳宾登州。

⑩干斯顿湖（Lake of Constance），又作君士但湖、官斯丹萨大湖，即博登（Bodensee）湖，莱茵河流入博登湖后，又在瑞士境内西流，经瑞、德边界至巴塞尔，然后北流。

⑪奥地利亚国，奥地利。

⑫"西"，应作"东"。

苏利赤，东界都耦①，西界阿俄威阿，南界续②地，北界斯渣付侯新③。领大部落一，小部落二十。

牙厘④，东界奥地里加国，南界额里渠，西界额腊力司⑤，北界耶马尼。领大部落六，小部落十有八。

阿丙西尔⑥，四围俱界牙（尼）〔厘〕。领大部落二，小部落七。

都耦，东界奥地里加，南界牙厘，西界苏力赤，北界耶马尼。领大部落三，小部落六。

斯渣付侯新，东、西、北俱界耶马尼，南界苏力赤。领大部落一，小部落五。

续，东界色锥斯⑦，南界色锥斯，西界阿俄威阿，北界苏利赤。领大部落一。

色锥斯，东界额腊力斯，南界乌厘⑧，西界鲁沙尼⑨，北界苏利赤。领大部落二，小部落七。

额腊力斯，东、北界牙里，南界额里渠，西界乌厘。领大部落一，小部落一。

额里渠，东界（斯渣付侯新）〔意大里〕，西界乌厘，南界底西那⑩，北界额腊力司。领大部落一。

底西那，东、西、南俱界意大里，北界额里渠。领大部落二，小部

---

① 都耦（Thurgau, Thurgovia），又作突奥、独尔科维亚，即图尔高。

② 续（Zug），又作苏克，即楚格。

③ 斯渣付侯新（Schaffhouse），又作砂佛塞，即沙夫豪森。

④ 牙厘（St. Gallen, St. Gall），又作加律、桑牙禄、森的加罗，即圣加伦。

⑤ 额腊力司（Glarus, Glalis），又作加拉利斯，即格拉鲁斯。

⑥ 阿丙西尔（Appenzell），又作亚实悉邑、亚奔塞尔，即阿彭策尔。

⑦ 色锥斯（Schwyz），又作塞追司、熟义的斯，即施维茨。

⑧ 乌厘（Uri），又作乌黎，即乌里。

⑨ 鲁沙尼（Luzern, Lucern），又作路新、卢撒尔拿，即卢塞恩。

⑩ 底西那（Ticino, Tessin），又作他西那、德西怒，即提契诺。

落九。

乌厘，<small>东界额里渠，南界底西那，西界麻尼，北界塞追司。</small>领大部落一，小部落五。

（厘）洼利斯，<small>东界乌厘，南界意大里亚，西界洼〔瓦〕利（斯）〔司〕①，北界麻尼。</small>领大部落四，小部落十有三。

洼瓦利司，<small>东界（里）洼利司，西界仁尼洼，南界意大里亚，北界（稔）〔纽查底尔〕。</small>领大部落二。

麻尼，<small>东界乌厘，南界（厘）洼利司，西界绯里麦②，北界梳留赤③。</small>领大部落九，小部落三十有九。

唵那洼尔领④，<small>东界乌厘，南界麻尼，西、北俱界鲁沙尼。</small>领大部落一，小部落四。

鲁沙尼，<small>东界色锥司，南界唵那〔洼〕尔领，西界麻尼，北界阿俄威阿。</small>领大部落三，小部落九。

阿俄威阿，<small>东界苏利赤，西界麻塞里⑤，南界鲁沙尼，北界耶马尼。</small>领大部落一，小部落十有四。

麻色里，<small>东界阿俄威阿，西、南俱界梳留赤，北界耶马尼。</small>领大部落二，小部落十有七。

纽查底尔⑥，<small>东界（梳流治）〔麻尼〕，西、北界佛兰西，南界稔⑦。</small>领大部落二，小部落八。

稔部，<small>东界非里麦，南界仁尼洼，西界佛兰西，北界纽渣底尔。</small>领大部落

---

①洼瓦利司，Vaud（Waadt）的闽南语不准确音译。

②绯里麦（Fribourg，Freiburg），又作菲里麦、非布、弗里不尔厄，即弗里堡。

③梳留赤（Solothurn，Soleure），又作所罗顿、梭律勒，即索洛图恩。

④唵那洼尔领（Unterwalden），又作翁德尔瓦里的，即下沃尔登。

⑤麻塞里（Basel，Bâle），又作麻色里、巴悉、巴勒，即巴塞尔。

⑥纽查底尔（Neuchâtel），又作牛弗砂德尔，即纳沙特尔。

⑦"稔"，Vaud 的讹译，今译"沃"。

九，小部落二十有四。

非厘麦，东、（南）北俱界麻尼，西、〔南俱〕界稔。领大部落三，小部落九。

仁尼洼，东界（洼瓦利斯）〔意大里〕，西界佛兰西，南界意大里亚，北界佛兰西。领大部落四，小部落三十有五①。

案：瑞士，西北之山国也。东、西、南三界，界山为境，如翠屏然。其东北界君士但湖，西南界义尼威湖，自中部之路新地部西南，有大山亘百尼地之（北）〔南〕。所罗顿地部大水之南，迤西而南，亘法奥②地之西。义尼威湖亘其间，越湖而南，于湖东南，径罗纳③地部之西，而西南、而南、而东南。绕他西那地部之西而北，径加律地部之南而东，其孙地部之北，而入日耳曼界。又绕其孙④地之东而东南，他西那地之东，入意大里国界。其国之西北，巴悉邑西南，有山绵亘所罗顿地西、非布地西、义尼威湖西、义尼威邑西；而南入意大里国西界。其由加律地西北一支，由亚实悉邑西而入日耳曼。惟东北突奥地、正北士勒邑及路新地之东、押奥地无山而已。

瑞国沿革 原无，今补。

《万国地理全图集》曰：瑞国乃日耳曼、佛兰西、以他里三国

---

①以上漏列"梳留赤"（Solothurn）一部；"洼瓦利司"和"稔"又都是 Vaud 的讹译。
②法奥（Vaud），又作瓦乌的，即沃州。阿勒（Aare）河不与日内瓦湖接。
③罗纳（Rhône）河由瓦莱州向西，西北流入日内瓦湖，再流进法国。
④其孙（Grisons），格劳宾登（Grabünden）。莱茵河前后二源从提契诺州北界及东北界流进格劳宾登州，再向东北、北流进圣加伦州，入博登湖，又沿瑞、德边界西流，再向北流入德国。如从圣加伦州流向格劳宾登州便是倒流了，要是这样，就不可能流进德国。莱茵河没有从格劳宾登州流经提契诺州进入意大利；瑞士也没有别的河是这样流的。在瑞士，只有两条河流进意大利。但提契诺（Ticino）河和马吉亚（Maggia）河都是从提契诺州直接流入意大利的。

中间褊小山地也。北极出四十六度至四十八度，偏东自六度至十一度，广袤方圆五万七千方里。居民二百万丁。高峰刺天，终年有雪。但其山水雄奇，远国之士，每往遍游其地。欧国之大河，亦由此地流出。西方有湖，周绕密林，涧溪回环，鹿麕趫跃，无异园囿。其谷丰盛，多产药材，又多牛畜，奶饼最香。其居民历六百年不服王化，游牧山谷，帐逐水草。既无暴主苛政，各得其所。近日大半崇正教，拜救世主。其俗朴直而强健，是以各国募其兵丁为王宫之侍卫。因效死忠战，最胜于各国之军焉。全地分二十二部，在西南佛国交界热尼瓦城，建在湖滨，居民造时辰表，每年价银六百万两。所贩于中国者大半。

此城①之民虽服瑞丁，然其贵人自主国政。最著之城，乃基坦②、敦害米③等邑。

《地球图说》：瑞西国，又名瑞士国。东界阿士氏拉（图）〔国〕，南界意大利亚国，西界佛兰西国，北界亚利曼诸小国。百姓约有二百万之数。有至大之城，（一）名（熟）〔热〕尼瓦城，然非国王所建都也。国内分列二十二部。大半耶苏教，小半天主教。亦有书院以教养〔成人〕、幼〔童〕。士民之言语各随其地，北则亚利曼，西则佛兰西，南则意大里等音。有山名亚力伯④，终年积雪。地多硗瘠，物产不多，大半牧羊。本阿士氏拉国所辖。昔有善射者名得利，阿士底拉国官置频果于其子首，令射之，一矢果落，而子不受害。由是民不服，叛拒，自主其政，迄今六百三十年矣。道光二十八年，是国又不靖，尚未和好。土产奶饼、

---

①这段是讲挪威的，原书错编于此，魏源照辑。"城"疑为"国"字之讹。
②基坦（Christiania），克里斯丁亚那。1925 年改名奥斯陆（Oslo）。
③敦害米（Trondheim），特隆赫姆。
④亚力伯（Alps），指阿尔卑斯山。

药材、羊毛布、时辰表、鹿等物。

《地理备考》曰：苏益萨国，苏、绥、瑞三字音近，亦犹瑞丁之作苏以天也。在欧罗巴州之中，北极出地四十五度五十分起至四十七度四十九分止，经线自东三度四十三分起至八度五分止。东至奥斯的里亚国，西连佛兰西国，南接奥斯的（毕）〔里亚〕国〔之伦巴尔多威尼西亚奴省〕暨萨尔〔的〕尼〔亚〕国，北界亚里曼国。南北相距约五百里，东西相去约七百五十里，地面积方约二万四千里。烟户一兆九亿八万口。本国峰峦叠起，河之长者四，湖之大者十四。山上则冷，平原则温，谷中则热。田土高则瘠，下则沃。平隰〔之地所〕产谷果，适敷所需。草木丰茂，禽兽充斥。土产金、银、铜、铁、锡、铅、煤、白玉、红玉、碧玉、玛瑙、水晶、硫磺、硇砂、石膏、信石及各种花石等。至于朝纲，不设君位，惟立官长、贵族等办理国务。奉罗马天主公教者四，（及）加尔威诺修教者六。贸易昌隆，匠肆林立。昔为罗马国统属。罗马衰，始为佛兰西、亚里曼等递取。元成宗大德四年，国人诛戮官吏，以避苛政。越八载，有乌黎、孰义的斯、翁德〔尔〕瓦里的三国互相救援。明武宗正德八年，凡会盟者十（二）〔三〕国。嘉庆三年，苏益萨国又为佛兰西占据，改为十九小国。迨嘉庆二十年，佛兰西国王那波良败绩后，苏益萨国复得自立。更有奥斯的里〔亚〕国会议，为二十二部小国。素不养军，每国各按户口多寡，应出壮丁若干，以防不虞。

其一，给里孙[1]，长（二）〔三〕百五十里，宽一百八十里，地面积方三千八百八十里。烟户八万八千口。应出壮丁一千六百

---

[1]给里孙（Grisões），即格劳宾登（Grou‑Bunden）。下文的给里孙指 Liga Grisa，亦即格劳宾登（Grou‑Bunden）。

名。地居东方，通国分为三处。其三处：一名给里孙，一名加德①，一名森给里至②。

其二，伯尔尼，长三百里，宽二百里，地面积方四千七百六十里。烟户三十五万口，应出壮丁五千六百二十四名。地居中央，不设君位。

其三，瓦来斯，长三百余里，宽十余里，地面积方约二千五百四十里。烟户七万口，应出壮丁二百八十名。地居南方。

其四，瓦乌的国，长一百八十里，宽一百五十里，地面积方一千九百五十里。烟户十七万口，应出壮丁一千二百八十名。地居西方。

其五，德西怒国，长一百三十里，宽一百二十里，地面积方一千四百八十里。烟户十万零二千口，应出壮丁七千八百零四名。地居南方。首郡并无常处，惟以北灵索内③、卢加诺④、罗加尔奴⑤三地迭相为首，每至六载轮流更换。

其六，桑牙禄国，长一百五十里，宽一百一十里，地面积方一千一百里。烟户十四万四千口，应出壮丁二千六百三十名。地居东方。

其七，苏黎世，长一百二十里，宽一百一十里，地面积方一千二百四十里。烟户二十一万八千口，应出壮丁三千七百名。地居北方。

其八，卢撒尔拿，长一百二十里，宽一百里，地面积方一千

①加德（Liga Cadée，Gotteshaus – Bund），加德。
②森给里至（Liga das dez jurisdiccões），津格里奇滕（Zehn Gerichten）。
③北灵索内（Bellinzona，Bellingzona），贝林佐纳。
④卢加诺（Lugano），卢加诺。
⑤罗加尔奴（Logarno），洛卡诺（Locarno）。

里。烟户十一万六千口，应出壮丁一千七百三十四名。地居中央。

其九，亚尔科维亚，长百二十里，宽八十里，地面积方一千里。烟户十五万口，应出壮丁二千四百名。地居北方。

其十，弗里不尔厄，长一百二十里，宽七十里，地面积方六百四十里。烟户八万四千口，应出壮丁一千二百五十名。地居中央。

其十一，乌黎，长一百三十里，宽六十里，地面积方六百七十里。烟户一万三千口，应出壮丁二百三十六名。地居中央。

其十二，孰义的斯，长九十里，宽六十里，地面积方六百一十里。烟户三万二千口，应出壮丁六百零二名。地居中央。

其十三，加拉利斯，长九十里，宽五十里，地面积方四百里。烟户二万八千口，应出壮丁四百八十二名。地居中央。

其十四，牛弗砂德尔，长九十里，宽五十里，地面积方四百里。烟户五万一千口，应出壮丁九百六十名。地居西方。虽属不鲁西亚国王管辖，尚有国君分派之官四十五员。

其十五，独尔科维〔亚〕，长百里，宽八十里，地面积方四百六十里。烟户八万一千口，应出壮丁千五百二十名。地居北方。

其十六，翁德〔尔〕瓦里的，长八十里，宽六十里，地面积方三百三十里。烟户二万四千口，应出壮丁三百八十二名。地居中央，分为二处。其二处：一名上翁德尔瓦里的①，一名下翁德尔瓦里的。

其十（六）〔七〕，梭律勒，长一百二十里，宽八十里，地面积方三百五十里。烟户五万三千口，应出壮丁九百零四名。地居北方。

①上翁德尔瓦里的（Ohwald），上沃尔登（Ohwalden）。

其十八，巴勒，长八十里，宽五十五里，地面积方三百四十里。烟户五万四千口，应出壮丁九百八十名。地居北方。

其十九，亚奔塞尔，长一百里，宽六十里，地面积方一百九十里。烟户五万五千口，应出壮丁九百七十二名。地居东方，分为内外二处。

其二十，砂佛塞，长七十里，宽四十里，地面积方二百二十里。烟户三万口，应出壮丁四百六十六名。地居北方。

其二十一，日内巴拉①，长七十里，宽约二三十里，地面积方约一百二十里。烟户五万二千五百口，应出壮丁八百八十名。地居西方。

其二十二，苏克，长五十里，宽三十里，地面积方一百五十里。烟户一万四千口，应出壮丁二百五十名。地居中央。以上皆自推乡官数十员理事。

其通商之地，曰巴勒，曰苏黎世，曰日诺瓦，曰森的加罗，曰加（位）〔拉〕利斯，曰挨里搔②，曰牛弗砂德尔，曰（名）罗哥勒③，皆大市埠。

《瀛环志略》曰：瑞士，瑞子、束色楞、绥沙兰、苏益萨。在日耳曼南，奥地利亚西，佛郎西东，意大里亚北。东西约五六百里，南北约三四百里。万山叠嶂，中峰高接霄汉，常积冰雪。欧罗巴大河，多由此发源。山水清奇，甲于欧土。西④境有官斯丹萨大湖，围以密林，萦以清涧，丰草芳缛，麋鹿群游，尤为幽胜。产五谷、药材。所造奶饵极甘香。居民大半以牧畜为生，夏月驱牛羊入山，

①日内巴拉（Genebra），日内瓦州（Genève）。
②挨里搔（Herisau），赫里藻。
③罗哥勒（Locle），洛克勒。
④"西"，应作"东北"，因博登湖应在瑞士东北。

秋冬乃返。国无苛政，风俗俭朴，数百年不见兵革，称为西土乐郊。古时地属罗马。罗马衰乱，北狄据之，旋为佛郎西①所有，后为日耳曼所夺。其民鸷勇，日耳曼选为亲军，临阵皆效死力战。初分三部，后分为十三部，皆推择乡官理事，不立王侯，如是者五百余年。地无鸣吠，西土羡之。嘉庆三年，佛郎西摄王拿破仑。_{时拿破仑尚未即位}。以兵力取入版图，改为十九小部。拿破仑败，各国公使会议于维（耶）〔也〕纳，益以牙错之日内巴拉、牛弗沙德尔、_{本属普鲁士}。瓦来斯、_{本属奥地（理）〔利〕亚}。三部，共二十二部为瑞士国。仍其旧俗，共推乡官理事。酌地势，按户口，拔壮丁御侮。诸大国不得钤制。

按：瑞士，西土之桃花源也。惩硕鼠之贪残，而泥封告绝；主伯亚旅，自成卧治。王侯各拥强兵，熟视而无如何，亦竟置之度外，岂不异哉？花旗人甘明②者，尝游其地，极言其山水之奇秀，风俗之淳古。惜乎！远在荒裔，无由渐以礼乐车书之雅化耳。

---

①此"佛郎西"指法兰克王国（Frankreich）。
②甘明（Seneca Cummings），通译塞尼卡·坎明斯。

海国图志卷四十八
欧罗巴人原撰　　侯官林则徐译　　邵阳魏源重辑

大西洋欧罗巴洲

北土鲁机国源案：此即古时额力西

国①，《职方外纪》作厄勒祭〔亚〕者也，与翁加〔里〕国合成此
国②。其南境在阿细亚洲内者，曰南土鲁机。欧罗巴洲各国皆奉天
主教③，其奉回教者，惟此一国耳。

　　土鲁机种类甚多，原居鞑鞑里中央，牙萨底斯④之东北，与阿
尔特山⑤附近。其人伟躯赪面，不似蒙古、鞑鞑里人之瘦小。先日
非国，仅一游牧回教耳。至耶稣千年⑥宋真宗咸平三年纠集诸部头目，
攻服邻国。由戈腊山⑦而入巴社，夺得膏腴疆土，即在巴社立国称

①其实希腊在1830年就恢复独立了，《地理备考》已不把希腊列为欧洲土耳其属国。
　《四洲志》所据的外文原著仍列希腊为欧洲土耳其的十个属国之一是不对的。魏源认
　为"北土鲁机即古时额力西国"更误。
②当时匈牙利已为奥地利兼并了约半个世纪。魏源所见的新资料都没说匈牙利属欧洲土
　耳其。但他却据二百多年前的书，误匈牙利仍为欧洲土耳其属国，并说"北土鲁机"
　为希腊与匈牙利"合成"，尤误。
③当时基督教早已分为天主教、新教、希腊正教三大派。此名似作"基督教"为宜。
④牙萨底斯（Jaxartes），这是希腊人对锡尔河（Syrdar'ya）的称呼。
⑤阿尔特山（Altai Mts.），阿尔泰山。
⑥英文原著作第十世纪，译文及所注我国纪年均误。
⑦戈腊山（Khorassan），呼罗珊。

王，曰塞尔牙国①。旋渡欧富腊底斯河②，攻额力西，并攻阿丹③，所至无敌，遂在小阿细亚又立国曰罗翁国④。后又有都鲁机之头目攻胜西里阿⑤等国。是时阿细亚洲西边诸国咸属于都鲁机矣。恃其强悍，横行侵并，天道好还，于是欧罗巴各国与腊体讷国⑥同时兴兵，夺其耶路萨陵⑦、伊哥尼吾⑧两部。维时蒙古可汗亦由鞑靼里而攻其后，夺取巴社，并灭塞尔牙之王，皆在千二百十三年后⑨。宋宁宗嘉定六年，金宣宗（真）〔贞〕祐元年。嗣是国中无数头目各辖一方，而总辖于巴社之蒙古王⑩，此元代征取西域，尽建藩封之时也。千二百九十九年，元成宗大德三年。有荷多曼⑪者，少为海盗⑫，后为西底阿⑬头目，威服邻部，自立为王，遂为荷多曼国。其子荷占⑭嗣位，旋夺得普鲁萨⑮为国都。千四百五十三年，明景泰四年。麻荷弥王⑯又夺得

----

① 塞尔牙国（Seljue），塞尔柱王朝。
② 欧富腊底斯河（Euphrates），幼发拉底河。
③ 阿丹（Saracen princes），萨拉森君王，即阿拉伯。
④ 罗翁国（Roum，Rum），鲁姆。
⑤ 西里阿（Syria），又作叙利，即叙利亚。
⑥ 腊体讷国（Latin nations），拉丁国家。原著此句意为"欧罗巴列强遂组织十字军，拉丁国家之兵源源开至"。
⑦ 耶路萨陵（Jerusalem），耶路撒冷。
⑧ 伊哥尼吾（Iconium，Konya），伊科纽姆（肯亚）。
⑨ 这个年代疑应作 1231 年。所写公元年代既误，所注的我国历史纪年亦误。
⑩ 指伊儿汗（Il Khan）。
⑪ 荷多曼（Dttoman，Othman），又作阿多曼，即奥托曼。
⑫ 原著作 a leader of shepherds and bandits。
⑬ 西底阿（Scyrthia），西徐亚。
⑭ 荷占，原文作 Orchan。
⑮ 普鲁萨（Prusa），布尔萨。
⑯ 麻荷弥王，原文作 Mahomet Ⅱ。

额力西、观斯顿丁罗布尔①二地，又攻击伊揖、麻马里②、阿丹诸国并格利弥阿③之地，无不归附，威震欧罗巴洲。后又屡破寒牙里、威引那诸国。诸国连兵拒敌，丧师而返。复攻滨海罗尼士④、西普鲁⑤及额力西各海岛，阻于石礁，不能进。千七百年⑥康熙三十九年渐衰。千八百年间⑦，嘉庆五年。国王沉湎酒色，所属之巴札，各据一方。其先日所取欧罗巴洲内各部落，均起兵尽逐土鲁机人出境，俄罗斯亦出大兵攻击。土鲁机屡战屡败，失去富庶数部落，从此不能复振。伊揖之巴札，原土鲁机旧藩，此时皆不受其统辖。巴札之兵几灭土鲁机，卒割西里阿、巴里达⑧两地，始讲解罢兵。

政事与欧罗巴各国不同，权操自上，令出惟行，弗惟反。国王谓之额兰西尼阿。西尼阿者，神影也，以为奉神命而来治国。国人怀前王荷多曼之德，故后世虽经变乱被弑，仍立其后裔王为本国回教之主，无敢訾议。与《西域闻见录》所述塞克国⑨同。其设官有曰额兰威萨⑩者，巡察城内货物真伪，〔由〕额设六员（由）巴渣⑪官迁转；有曰加尼阿斯加⑫者，校阅官军；曰利依斯〔依〕分

①观斯顿丁罗布尔（Constantinople），又作君士但城、君士坦丁堡，即今伊斯坦布尔（Istanbul）。

②麻马里（Barbary，Maghreb），巴巴里（马格里布）。

③格利弥阿（Crimea），克里米亚。

④罗尼士（Rhodes Ⅰ.），罗得岛。

⑤西普鲁（Cyprus），塞浦路斯岛。

⑥原著作十七世纪，译文及所注我国历史年代均误。

⑦原著作十八世纪，译文及所注我国历史年代均误。

⑧巴里达（Palestine），巴勒斯坦。

⑨塞克国，疑指（Sacae，Sakes），即塞凯。

⑩额兰威萨（Grand Vizier），即首相。《四洲志》漏译其主要职责。

⑪巴渣（Pacha），本义为首脑，转指伊斯兰教国家的高级官衔。

⑫加尼阿斯加（Cadi asker），军事法官，其主要职责为主持军法。

尼①者，管理内外事务，曰特付〔特〕那依分尼②者，总理国库；曰直里弥依分尼③者，总管水师官军；曰巴札④者，管领官兵；曰磨尔那⑤者，管理回教事务兼掌教读书馆；曰麻富底⑥者，掌理律例，为国中尊贵之人，王前佩剑，仪制与王略有少间。王见额兰威萨，趋迎三步；接见麻富底，趋迎七步，制度法令，悉由参定。作奸犯科，向无斩罪。增用椎钉地置死之条，未尝施用。如有犯者，不过废弃而已。曰玉里麻⑦者，专司案牍；由麻富底考试呈名，以听王定夺。审判案件，多有贿属。

宫中姬妾数百，多由巴札各属国竞献希恩。王无聘娶之礼，以至尊无人敌体，唯于群美中择立正妃一、庶妾七，余皆婢媵。如正妻废弃，即迁入旧宫，别立一人。王如薨逝，嗣王即将前王妻妾统禁宫中，有白奄人守外门，黑奄人供内役，因其丑黑，可无防闲也。国中贵官燕居深厦，常有人侍立。其侍立之人，皆取机密不泄者为其心腹。图充役者，多伪作朴实，以矮小聋哑为上。

国库存贮总数，秘莫能知。征税赋支兵饷，每年约计三百九十万棒。兵有两种：一曰多孛那格里兵⑧，乃当日荷多曼王精选壮士入伍，人给田三百余亩，遂为定制；二曰加毕居里兵⑨，则随时考校入伍，孟夏、孟冬大阅。昔日队伍，为欧罗巴各国之最。近

①利依斯依分尼（Reis Effendi），此名现代土耳其语意为外交部长。但当时这一官职既管外交，也管内政。
②特付特那依分尼（tefterdar effendi），即财政大臣。
③直里弥依分尼（tchelebi effendi），即海军大臣。
④巴札（Capitan Pacha），即舰队总司令。
⑤磨尔那（Mollahs），即法绅。
⑥麻富底（Mufti），即最高审判官。
⑦玉里麻（ulema），即法绅成员（宗教、法律权威）。
⑧多孛那格里兵（toprakli），即近卫兵。
⑨加毕居里兵（capiculi），即雇佣兵。

日远不如旧，而骑兵轻捷，尚精战斗，保守炮台，心力甚坚。国中遇有警急，招民为兵，未尝规避。惟行阵无纪律，所至虏掠。战则一鼓作气，长驱冲敌；衰则如鸟兽散，不知有节制也。

服饰风俗颇似东方，宽衣阔袖，与欧罗巴窄服相反。入户以去屦在外为礼。饮食箕坐，以手取食。女处深闺，与男子不接见、不通问，内外甚严。其人似勇实怯，似良实狠，似捷实惰，似庄肃实淫佚，似慷慨实吝啬。国中咸遵回教，以国王为教主，自夸其教之奥妙为别教所无。严酒禁，喜施舍。乐修馆廨，以居行旅。吸食鸦片。信符咒邪术，咒所禁者，犯则处死。

文学浅拙，夺得额里西时，致额力西之文学几至毁灭。嗣有荷占王颇好文学，于普鲁萨部落〔建〕大书馆。文人谓之马特勒西（图），所赐甚厚，欲其久处肄业，以博玉里麻官职。马特勒西（图）文人有十等，年至四十岁才得上等。然其所学皆章句辨论，不知格物穷理，反嗤他国所造千里镜、显微镜、量天尺、自鸣钟，谓是小技淫巧。其天文不识欧罗巴之历算，而信阴阳家之选择，非吉日不敢行事。其房屋绘画、音乐等技，皆无巧妙。

惟俗尚孝弟，其父母身后，遗产惟子弟得有之，外人无预。婚姻先议奁赠多寡，嗣议位置妾媵几人。庶出如嫡，若不生育，即结发之妻，亦许休弃，皆与欧罗巴相反。其土人①有三类：额力西人，由斯人②，三角帽人③，而额力西居其过半。由斯人即不见重，所至受人欺凌，皆以烧面④为业，（乃）〔及〕他人所不屑为

①土人（rayahs），意为非穆斯林土耳其人，《四洲志》译为"土人"，《海国图志》百卷本误刻为"土人"。
②由斯人（Jews），即犹太人。
③三角帽人（Armenians），即阿美尼亚人。
④原著作 carry on banking，应译"经营银号"。参见陈华《有关〈四洲志〉的若干问题》一文，《暨南学报》1993 年 7 月。

之小贩；三角帽人伶俐俭朴，多在本国贸易，不甚外出也；额力西人较灵巧，有口辩，善交易，货无贰价，指天为誓。衣服尚长，以冠别贵贱。自官府以至技艺人等，冠各有定制。饮食甚俭，无非菜蔬、橄榄、糖果而已。酒是回教所禁，而国王与贵人多好之，余皆不饮，各以鸦片代酒。食烟者众，每不及四十岁。土产地毡、羊皮、黄蜡、蜜糖、鸦片、棉花、丝发、洋布、铜。

河道纷歧，在罗弥里阿①首部落内，有河九：马列沙河②，自大山发源，汇多尼箬河③、野机尼河④、阿达河⑤合流南行，出地中海；哇达河⑥汇特沙那河⑦合流出海，如斯特多马河⑧、弥士多河⑨、庵治加那斯河⑩均南注于海。在摩尔达威阿⑪部落有河四：温都河⑫、西列河⑬、密士特列河⑭，均自大山发源；勃律河⑮通（奥地里加国）〔欧塞特里阿〕，四流汇合，同归（拿）那〔拿〕

①罗弥里阿（Roumelia），又作路默利、罗美利亚、路米里，即鲁米利亚。
②马列沙河（Maritsa R.），马里查河。
③多尼箬河（Tundzha, Tundia R.），登贾河。
④野机尼河（Ergene R.），埃尔盖内河。
⑤阿达河（Arda R.），阿尔达河。
⑥哇达河（Vardar R.），瓦尔达尔河。
⑦特沙那河（Dzerna R.），今黑河（Crne Reka）。
⑧斯特多马河（Strama, Strimón R.），斯特鲁马河。
⑨弥士多河（Néstos, Mesto R.），内斯多斯河。
⑩庵治加那斯河（Aliákmon, Andje Karasvu R.），阿利亚克蒙河。
⑪摩尔达威阿（Moldavia, Moldova），今摩尔达维亚及罗马尼亚的摩尔多瓦地区。
⑫温都河（Kogilnik, Kundu R.），戈吉尔尼克（昆都）河。
⑬西列河（Siret, Sereth R.），塞列特河。
⑭密士特列河（Bistrifa, Bistritz R.），比斯特里察河。
⑮勃律河（Prut, Pruth R.），普鲁特河。

弥河①，经麻尔牙里阿②而出黑海。在洼腊赤阿③有河八：斯载尔河④自欧塞特里阿发源，阿鲁达河⑤自大山发源，与荷尔特斯河⑥、底流门河⑦、阿日士河⑧、单摩威沙河⑨、惹林尼沙河⑩、磨首河⑪诸水交汇，由那〔拿〕弥河注黑海。在麻尔牙（黑）〔里〕阿部落有河七：那〔拿〕弥河通（奥地里加）〔欧塞特里〕阿，底莫河⑫、额力甘芷河⑬、赞特腊河⑭、珂斯马河⑮、依斯加河⑯、多斯河⑰均归那（拿）弥河，与诸水汇流出黑海。在（威）沙〔威〕阿⑱部落有河三：依麻河⑲、摩尔牙里奄河⑳均归摩腊洼河㉑汇入那〔拿〕弥河，入（地中）〔黑〕海。在格罗底阿㉒部落有河四：沙

①那拿弥河（Dunay, Danube R.），又作拖奴俾江，即多瑙河。
②麻尔牙里阿（Bulgaria），又作不牙部、布牙里，即保加利亚。
③洼腊赤阿（Wallachia），瓦拉几亚，罗马尼亚南部地区。
④斯载尔河（Schyl R.），今纪乌（Jiu）河。
⑤阿鲁达河（Aluta R.），奥尔特（Olt）河。
⑥荷尔特斯河（Oltez R.），切尔纳（Cerna）河。
⑦底流门河（Teléorman, Teliorman R.），特列奥尔曼河。
⑧阿日士河（Arges, Argis R.），阿尔杰什河。
⑨单摩威沙河（Dimbovite, Dumbovitza R.），又作冬波维宜的萨河，即登博维察河。
⑩惹林尼沙河（Ialomita, Jalomnitza R.），雅洛米察河。
⑪磨首河（Buzau, Bouzer R.），布泽乌河。
⑫底莫河（Timok R.），蒂莫克河。
⑬额力甘芷河（Golyama Kamchiya, Great Kamchi R.），大坎奇亚河。（此河自流入黑海，不与多瑙河汇。）
⑭赞特腊河（Yantra, Jantra R.），扬特拉河。
⑮珂斯马河（Osum, Osma R.），奥苏姆河。
⑯依斯加河（Iskŭr, Iska R.），依斯卡河。
⑰多斯河（Touz R.），图兹河。
⑱沙威阿（Srbija, Servia），又作息昧、悉比，即塞尔维亚。
⑲依麻河（Ibar R.），伊巴尔河。
⑳摩尔牙里奄河（Bulgarian Morava），今托皮卡河（Topica R.）。
㉑摩腊洼河（Velika Morava），大摩拉瓦河。
㉒格罗底阿（Croatia, Hrvatska），克罗地亚。

威河①通（奥地里加）〔欧塞特里阿〕国，与哇麻士河②、摩士那河③、雷那河④三水汇归那〔拿〕弥河出（地中）〔黑〕海。在阿尔麻尼阿⑤部落有河三：特领河⑥、斯甘弥河⑦、窝卒沙河⑧，独流出地中海。在额力西部落有四：马威荷河⑨、沙林墨里河⑩、阿斯勃罗波达河⑪、希那达河⑫。除马威荷河之水入湖外，余俱分注地中海。

都鲁机国在欧罗巴洲各部落，黑海通连大海。东、西、南界海，北界俄罗斯、欧塞特里阿，西北界意大里。管总部落十，大部落四十有六，小部落二百四十有八，大小岛三十有四。

罗弥里〔阿〕，东界海，南界海及额力西，西界阿尔麻尼〔阿〕，北界沙威阿、（摩士尼）〔麻尔牙里阿〕。领大部落八，小部落七十有五。

摩尔达威〔阿〕，东界黑海，西界（奥地里加）〔欧塞特里阿〕，南界注腊治⑬、麻尔牙里〔阿〕，东北界俄罗斯。领大部落四，小部落三十有二。

注腊治，东南界麻尔牙里〔阿〕之那〔拿〕弥河，西界沙威阿，北界摩尔达威〔阿〕，西北界（奥地里加）〔欧塞特里阿〕。领大部落三，小部落二十有七。

---

①沙威河（Sava, Save R.），萨瓦河。
②哇麻士河（Vrbas, Verbes R.），弗尔巴斯河。
③摩士那河（Bosna R.），波斯尼亚河。
④雷那河（Drina, Dwina R.），德里纳河。
⑤阿尔麻尼阿（Albania），又作亚剌万、亚巴尼，即阿尔巴尼亚。
⑥特领河（Drini, Drin R.），德林河。
⑦斯甘弥河（Shkumbini, Scambi R.），什昆比尼河。
⑧窝卒沙河（Vjosa, Voujutza R.），维约萨河。
⑨马威荷河（Kifissos, Maveo R.），基菲索斯河。
⑩沙林墨里河（Piniós, Salembria R.），皮尼俄斯河。
⑪阿斯勃罗波达河（Akhelóós, Aspropotamos R.），阿黑洛沃斯河。
⑫希那达河（Sperkhiós, Hellada R.），斯珀希俄斯河。
⑬注腊治（Wallachia），又作瓦拉基、袜拉几亚，即瓦拉几亚。

麻尔牙里〔阿〕，东界黑海，西界沙威〔阿〕，南界罗弥里阿，北界摩尔达威〔阿〕之〔拿〕那弥（阿）〔河〕。领大部落九，小部落二十有九。

沙（部）〔威〕阿，东界麻尔牙里〔阿〕，西界摩士尼[1]，南界罗弥里〔阿〕，北界（奥地里加）〔欧塞特里阿〕。领大部落二，小部落二十有四。

摩士尼，东界沙威阿，西界格罗底〔阿〕，南界哈西俄威那[2]，阿尔麻尼〔阿〕，北界（奥地里加）〔欧塞特里阿〕。领大部落一，小部落十有二。

格罗底〔阿〕，东界摩士尼，西界意大里亚，南界哈西俄威那，北界（奥地里加）〔欧塞特里阿〕。领大部落二，小部落五。

哈西俄威那，东界阿尔麻尼〔阿〕，西界意大里亚，南界海及意大里亚，北界摩士尼、格罗底〔阿〕。领大部落一，小部落八。

阿尔麻尼〔阿〕，东界罗弥里〔阿〕，西南界海，北界沙威阿、摩士尼。领大部落六，小部落二十有一。

额力西，东界海，西界阿尔麻尼〔阿〕，南界海，北界罗弥里〔阿〕。领大部落十三，小部落十六。

干地阿岛[3]，在额力西之南少东。领大部落二，小部落五。

北土鲁机国沿革原无，今补。

《职方外纪》：厄勒祭〔亚〕，即额力西三字译音之转。在欧罗巴极南，地分四道。经度三十四至四十三，纬度四十四至五十五。其声名天下传闻，凡礼乐、法度、文字、典籍皆为西土之宗，至今古经尚循其文字。所出圣贤及博物穷理者，后先接踵。今为回回扰乱，渐不如前。其人喜啖水族，不尝肉味，亦嗜美酒。东北有

---

①摩士尼（Bosnia），又作布尼，即波斯尼亚。
②哈西俄威那（Hercegovia, Herzegovina），黑塞哥维那。
③干地阿岛（Candia），今克里特（Kriti）岛。

罗马（泥）〔尼〕亚国①。其都城周裹三层，生齿极众，城外居民，绵亘二百五十里。有一圣女殿，门开三百六十，以象周天。邻近有高山，名阿零薄②，其山顶终岁清明，绝无风雨。古时国王登山燎祀，其灰至明年不动如故。有河水，一名亚施亚③，白羊饮之即变黑；一名亚马诺，黑羊饮之即变白。有二岛：一为厄欧白亚④，海潮一日七次。昔名士亚利斯多⑤，遍穷物理，惟此潮不得其故，遂赴水死。其谚云：亚利斯多欲得此潮，此潮反得亚利斯多。一为哥而府⑥，围六百里，出酒与油蜜极美，遍岛皆橘、柚、香橼之属，更无别树。天气清和，野鸟不至其地。

又曰：翁加里〔亚〕在波罗尼〔亚〕之南，物产极丰，牛羊可供欧罗巴一州之用。有四水甚奇：其一从地中喷出，即凝为石；其一冬月常流，至夏反合为冰；其一以铁投之便如泥，再熔又成精铜；其一水色沉绿，冻则便成绿石，永不化矣。案：翁加里，今并入北都鲁机，故附诸后⑦。

《海录》：役，都律切。古国，在布路牙⑧、吕宋、佛朗机之后，案：此都鲁机国也。役即都鲁二字之双声，疆域大而奉回教，是其明证。云在吕宋、佛朗机之后者，言方向大概，非必接境。在伊宣各国之北，疆域极大。本回回种类，人民强盛，穿大袖衣，裹头，服皮服，不与诸国相往来。

---

①罗马尼亚国，《职方外纪》成书时虽已有罗马尼亚民族，罗马尼亚王国尚未成立。疑此名指鲁米利亚（Roumelia）。
②阿零薄（Olympus），奥林匹斯山。
③亚施亚（Axios，Axius），阿克西奥斯河。
④厄欧白亚（Evvovia，Euboea），埃夫维亚（尤比亚）岛。
⑤亚利斯多（Aristofeles），通译亚里士多德。他是病殁于卡尔西斯的，非赴水死。
⑥哥而府（Kérkira，Corfu），克基拉岛（科孚岛）。
⑦《海国图志》成书时，匈牙利早已不属奥斯曼帝国，魏源却写按语说"今并入北都鲁机"，误。
⑧原书作"西洋"，魏源改为"布路牙"，即葡萄牙。

西洋人谓之仍跛喇多①者，犹华人言大国也。唯称中华及袪古为然。西洋称大国者，惟中华及俄罗斯。《海录》中无俄罗斯者，专述海船贸易之国也。土鲁机兼跨欧罗巴、阿细亚二洲之境，故亦云大国。

《万国地理全图集》曰：土耳其国，一作都鲁机。其地南接希腊国与群岛之海②，北连峨罗斯、奥地利亚等国，东及黑海、马摩剌海湾③、群岛海至海外，西至亚地亚海隅④，西北至奥地利亚国。北极出地自四十度至四十六度，偏东自十三度至三十度，广袤方圆三十万里。居民八百万丁。北方之高岭，为土〔耳〕其交界。其多恼河为北疆。其平地不广，遍处山岭。沿海湾口甚多，北由君士但海峡⑤与黑海相连，南由他他尼里⑥与希群岛海交流。产棉花、烟、葡萄、南果、羊毛、羌花等货。其国古时列分。其居民族类各殊。至于土耳其为地主者，自新疆搬移亚齐亚西方，奉回回教，与蒙古族交战败，自避山穴，招各盗贼据地。其头目号曰阿多曼，废国主而自立新国。时元成宗元贞五年⑦也。按：此元代回回被蒙古军驱逐，自葱岭以东窜往葱岭以西也。新疆乃本朝之名，元代则名别什巴里⑧，此译者以今名称古地也。其后裔专务攻击邻国，强之入回教。于顺帝至元⑨年间，土耳其王督兵渡海峡，至欧罗巴地，胜败不常，两

---

①仍跛喇多，疑为 Imperio 与 La Porte 的综合音译。
②群岛之海或群岛海指希腊东、南、西三面诸希腊群岛（Greak Islands）所在的海域，即爱琴海（Aegean Sea）、克里特（Kriti）群岛周围的海域，及爱奥尼亚海（Ionian Sea）。
③马摩剌海湾（Marmara Denizi），又作马湾、马海湾，指马尔马拉海。
④亚地亚海隅（Coast of Adriatic Sea），亚得里亚海岸。
⑤君士但海峡（Karadeniz Bogǎzi），又作官士丹的诺伯拉峡，即博斯普鲁斯（Bosporus）海峡。
⑥他他尼里（Dardanells），达达尼尔海峡。
⑦"元贞五年"，应作"大德三年"。
⑧别什巴里，或称别失八里，仅为我国新疆部分地区。
⑨"至元"，应作"至正"。

主继亡。巴牙屑王①连战皆胜。于是蒙古大王侵国，巴牙屑王战败被虏，骄行渐减。其子孙如祖，复勇猛争战，于明朝景泰三年②攻取希腊之都，迄今为土耳其之国都也。连五十年得陇望蜀，攻击四方，伏尸遍野。自嘉靖年以后，王耽逸乐，臣下弄权，值峨罗斯国勃兴之际，肇衅相攻。峨罗斯百攻百胜，土耳其水陆战败。倘非列西国劝阻之，土耳其国则已倾覆。然佛兰西国恒救其危。道光元年，希腊畔之，土耳其力战，终不能胜，希腊遂自创立新国矣。六年后，土耳其再与峨罗斯死战不胜，纳银千万员，又割交界各地以讲和。道光二十年，英国助土耳（几）〔其〕王强服叙利地，但其国基已废，倾倒在旦夕。其妻妾奴共计六百口，择一位为其宠妃，初生子者为王后。殿内白黑阉官中多黠慧，便嬖（周）〔用〕事。兵共十万。全国分二十八部。各部总领每弄权腴下民。及其有罪，资业被籍入官，以充国帑。每年各税饷银千万员，欠项银四千万员。步兵九十四万丁，骑兵一十二万四千丁。大战舰八只，师船二十四只。今述土（尔）〔耳〕其各部如左：

路默利部，在东南方，居民大半土（尔）〔耳〕其人，好逸恶劳，惟勇攻战。节食禁酒，终日吸鸦片、饮珈琲。衣服甚美，以帕包头，帻缅。以吸烟之故，肩缩面瘦，形貌猥衰。坚执回教，藐视他人。尊贵者随意娶妻妾。其国都君士但城，在马湾边，乃罗马君士但丁汗于东晋年间所建，海港广便，各国商船所集。内有王宫，其广如城。其回回大殿即昔耶稣门生之堂，山水美景环之。亚得安城③周围十五里，内有古殿。加利城④在（罗）马海

①巴牙屑王，即巴亚吉德（Bayazid）。
②"三年"，应作"四年"。
③亚得安城（Edirne，Adrianople），又作安多黎诺伯勒城，即埃迪尔内（亚得里亚堡）。
④加利城（Gelibolu，Gallipoli），又作牙利邑，即格利博卢（加利波黑）。

湾，居民万七千丁，经商贸易。

路北不牙部，居民奉希腊教门，风俗话音与峨罗斯相近。其民安业勤劳。会城居民五万，由陆路通商。顺刺①城池坚固，击退峨罗斯军在此山隘。多恼河滨筑城设堡防备。

路西北布尼（城）〔部〕，地多山岭，出铁。其中二分奉希腊教门，怨恨土官，往往起乱。

息味部，向西北，居民奉希腊教，不服回回管辖，并力攻拒。国王强操政令。省会别甲邑②，城池坚固，屡被敌伐，守御不陷。

亚剌万部，在海边，地方崎岖，居民射猎好斗，天下精兵也。会城曰药翰尼那③。昔其总领逆国主，连年守御。居民三万五千丁，土民猛毅刚直。

黑坐义④小部，遍路巉岩，民居山谷，颛陋勇猛。

瓦拉基，地长一千零八十里，阔四百五十里。居民九十七万丁。地平坦。河滨沉茫，田宜麦。野多群畜。土民崇拜救主耶稣。惟官吏横征私派，民皆忍受。其都布加力⑤，居民八万丁。东北末大味⑥，地广袤方圆五万一千方里，居民五千万丁。西方多山岭，产五谷、南果、葡萄、烟、蜜蜡、硝盐、马、牛、豕，每年售马万计。恒时被虐主压服，亦蒙峨罗斯护恤，以避土王之勒索。其都城曰牙西⑦，在群岛中据干地亚洲，周围千五百里地，海滨丰亩。其橄榄果成好油。居民好自专制，土耳其二十三年强击而不

---

①顺刺（Choumla，Schumla），即科拉罗夫格勒（苏门）（Kalarovgrad，Sumen）。

②别甲邑（Beograd，Belgrade），又作百牙拉，即贝尔格莱德。

③药翰尼那（Ioannine，Joanine），艾奥尼纳。

④黑坐义（Hercegovina，Herzegovina），黑塞哥维那。

⑤布加力（Bucuresti，Bucharest），布加勒斯特。

⑥末大味（Moldavia），又作摩道，即摩尔达维亚。

⑦牙西（Iasi），雅西。

能服之。大半崇希腊教门。其岛山水最美，居民万五千丁。岛之海口，渐以沙淤，阻船进口。

《地球图说》：土耳基国东界黑海，南界地中海并希腊国，西界亚得利亚海并阿士氏拉国，北界（奥地里加）〔阿士氏拉〕及峨罗斯国。百姓约七百万之数。都城曰君士旦丁，内民六十万。述耶稣教、天主教、回回教、希腊教。其民首不戴帽，以帕围之，身穿长袍，席地坐，饮食不用匙箸，以手搏之。尚信守约。土膏衍沃，栽种不劳，故其民怠惰，好战猎。吸雅片。国王独揽政权，臣下无言责。民风男尊女贱，一男可娶数女。有大江名拖奴俾，中有高山曰喜麦①。产绵花、烟叶、架非、葡萄、南果、羊毛、羌花、雅片、蜜蜡、硝盐、铁、马、牛、羊、豕、橄榄油。

《地理备考》曰：土耳基〔亚〕国分〔见〕三州：一在欧罗巴州，一在亚细亚州，一在亚非里加州。地土广阔，烟户繁滋。

土耳基亚国，在欧罗巴州之南者，北极出地三十六度二十分起至四十八度二十分止，经线自东十三度起至二十七度三十分止。东至厄罗斯国暨黑海，西连奥斯的里〔亚〕国，南枕地中海暨额力西〔亚〕国，北接厄罗斯、奥斯的里〔亚〕二国。长约二千五百里，宽约二千里，地面积方二十五万里。烟户九兆口。地势：南方则山嶂岩参（崖）〔峛〕，络绎不绝；北方则平原坦阔，湖河纷歧。河至长者九，湖至大者十。田土最肥，谷果极丰。南方所产草卉，移植本国，靡弗适宜。林木稠密，药草备具，为欧罗巴州各国之最。产铜、铁、锡、铅、矾、磺、纹石等物。地气温和，惟污秽触犯，人多疾病。在昔汗位历代相传，于今分为四国，或汗或王，称谓各异。教奉〔乃〕科马尔回教，别教需（损）〔捐〕

---

①喜麦（Haemus），黑马斯山。

资方不禁止。技艺平庸。除都会外，匠肆不多，所造仅敷所需。贸易兴隆。惟官长掣肘，庶民荒弃，是以国内生理，皆外客经营。本国昔属罗马国，迨罗马国西迁后，夷狄侵扰。元成宗年间，有非里日亚①酋长侵夺额力西〔亚〕国之布鲁萨地，僭称为王，号曰科多马诺国②。传至其子，开辟疆土。越六十一载，其孙默拉德③者嗣位，攻陷安多黎诺伯勒城，而建都焉。其子又拒退佛兰西、亚里曼二国来侵之师。厥后蒙古人侵犯亚细亚州各地，本国之君巴耶西德者，前赴救之，为蒙古王达美尔兰所擒获。传至摩拉多④者，占据英吉利国属地甚多，破翁给里亚国之兵。迨其子马何美德王，（改）〔攻〕克〔官士丹〕的诺伯拉城，迁都其地。此后历代嗣君与欧罗巴各国交兵。康熙二十二年本国始衰，师多败北。乾隆五十四年，传至塞黎慕王⑤，丧地于厄罗斯国，复失厄日度于佛兰西国，三年后始再克复。嘉庆十二年，国人变乱，两次废立，又立马科美德王⑥，即现在之君也。

通国昔分七部，今改四国：一土耳基〔亚〕，又名科多马诺；一塞尔维〔亚〕；一袜拉几〔亚〕；一摩尔达维。其塞尔维〔亚〕等三国皆自立为国，不归土耳基〔亚〕统辖，但每岁纳贡于其国，以存旧属之谊。

其一，科多马诺国，东枕黑海，西（南）至（地中）〔诺尼约〕海⑦暨奥斯的里〔亚〕国。地面积方约十五万三千里，烟户

---

①非里日亚（Phrygia），弗里吉亚。
②科多马诺国（Ottomano），奥托曼国，亦称奥托曼艾米尔酋长国。
③默拉德，指穆拉德一世（Murad Ⅰ）。
④摩拉多，指穆拉德二世（Murad Ⅱ）。
⑤塞黎慕王，指色里姆三世（Selim Ⅲ）。
⑥马科美德王，指马茂德二世（Mahmud Ⅱ）。
⑦诺尼约海（Ionian Sea），爱奥尼亚海。

七兆口，君位世袭。国分四大部：一曰罗美里〔亚〕，首郡曰〔官丹的诺〕伯拉，乃本国都也，建于官士丹的诺伯拉峡，在黑海与马尔马拉海之间。从外而观，则楼台叠起，景色美丽；自内视之，屋宇朴素，街衢曲隘。然学医各院，书库、浴室靡弗备具。市廛林立，商贾云集。惟路涂污秽，瘟疫流行。一名波斯尼亚，一名西里斯的黎亚①，一名日萨壹尔②。

其二，塞尔维亚国，东至袜拉几亚国，西连科多马诺国，南接罗美里〔亚〕部，北界奥斯的里〔亚〕国。长约七百里，宽约三百五十里，地面积方二万二千五百里。烟户三亿八万口。侯爵世袭，通国分为十七府，建都于日索袜③、达奴比约④两河交汇之处。

其三，袜拉几〔亚〕国，东、南二方皆（在）〔至〕达奴比约河，西连塞尔维〔亚〕、翁给里〔亚〕二国，北接摩尔达维〔亚〕国暨奥斯的里〔亚〕国。长约一千里，宽约五百五十里，地面积方三万一千一百二十里。烟户七亿九万口。侯爵世袭。通国分为十八部，建都于冬波维宜的萨河岸。

其四，摩尔达维〔亚〕国，东至厄罗斯国，西连奥斯的里〔亚〕国，南接达奴比约河暨袜拉几〔亚〕国，北界厄罗斯、奥斯的里〔亚〕二国。长约七百五十里，宽约四百里，地面积方二万一千四百五十里。烟户四亿五万口。侯爵世袭。通国分十三部，建都于高阜之上。

其〔国〕通商冲繁之地，或濒海边，或在腹内。

———————————

①西里斯的黎亚（Silistria），锡利斯特里亚。
②日萨壹尔（Djezayrs），杰扎伊尔。
③日索袜（R. Jessova），杰索瓦河。
④达奴比约（R. Danubio），多瑙河。

《外国史略》曰：欧罗巴各国，惟土耳基国最广。居民聪明，聚集如云。罗马人降其地数百年后，其旧君之裔复立国焉。

唐时中国西界，有土耳基族望西迤逦，初与西域民战。自唐顺宗后，渐进回教，据印度西方犹太之地。南宋①以后，欧罗巴各国以其占圣墓地，合军攻退之。后蒙古游牧又攻之，走匿山内。元武宗至大年间②，有夷目曰阿士曼，招各山贼，恢复全地，再立土耳基族于亚悉亚之西。所虏之人，悉断其势皮，为回回以入阵，死亡千万。更招他族少壮者为兵。明初③，在欧罗巴希腊地立国④，闻北地构乱，欲侵取各国，尽绝耶稣教，立回教。于明建文帝六年⑤，连败欧罗巴各国之军，所虏者几万人。后益务侵欧罗巴地。于明英宗正统四年⑥，再战数载，欧罗巴人败绩。自后土耳基势日浩大。于嘉靖二十九年⑦，摩含默号第二王⑧即位，欲称雄盖世。甫立，即募水陆军攻据希腊之都⑨。越五十年，土耳基攻伐四方，据其地，又伐意大里国。嘉靖七年⑩，围东国之都，日耳曼各君皆畏其势。其地中海水师，任意驶驾，惟登陆攻城，每不克而退。二百五十年内，阅十三君，皆知好武广地，但国无法度。后始设教师、布律法，以治其民。其君惟听命于臣妾。殁后，继子尽杀

①应是"北宋末期"。
②应为"元成宗大德年间"。
③应为"元末"。
④指1362年迁都亚得里亚堡。
⑤"建文帝六年"，应为"洪武二十九年"。明代建文年号只有四年，亦无所谓建文帝六年。
⑥"四年"，应为"九年"。
⑦"嘉靖二十九年"，应为"景泰二年"。
⑧摩含默号第二王，指穆罕默德二世（Muhammat Ⅱ）。
⑨指君士坦丁堡。
⑩"七年"，应为"八年"。

其兄弟。各部兵帅滥索居民，遂屡叛，君屡被废。越三百年，欧罗巴各国日强，而土尔基国尚与东国结衅，战争不息。于康熙二十一年，东国合力鏖战大胜，尽复前所失地。于时峨罗斯乘势攻土耳基，取其地。凡在黑海边之国，皆一一归峨罗斯。同天主教门之国俱叛之。土耳基军又驶渡攻麦西国，与英人交战。道光元年，所属希腊民亦叛焉。于是英吉利、佛兰西、峨罗斯三国，皆集师以攻土耳基国，尽殄其水师，余众遂奔希腊。希腊人助以兵卒，复创立其国。其军伍训练，悉遵西洋法度。君颇聪明勤政，外国皆称颂焉。

土耳（其）〔基〕本列国也，居民各异。在欧罗巴，广袤方圆九千五百二十里，居民千五百五十万；在亚西亚，三万四千七百五十里，居民千二百五十万；在亚非利加，方圆三万八千四百三十里，居民五百五十万。

在欧罗巴之地有三所，名为土耳基之属，其实服事峨国。一摩道，广袤方圆八百零三里，居民四十五万，居东国、峨罗斯之间，南连土耳基，北极出自四十五至四十八度三十分。多恼河并他匿得①等河，皆经流此地。多牧场，所畜蕃盛，亦出蜜蜡。其居民未向化，风俗不醇，皆因希腊以崇天主教。虽务农，鲜制造，有蚂蚱屡茹其田。五爵恣其勒索，故民最（贫）乏，务通商。其君受土耳基之敕命，然即位必先由峨国议准，方能管其地。是以峨国之势益大。一瓦拉基，在摩道之南。其西、南两边与土耳（其）〔基〕交界，西北与东国相连。北极出自四十三度四十分至四十五度三十分，广袤方圆千二百九十七里。居民九十五万。多恼河亦通此地。丰五谷。居民怠惰，无所经（管）〔营〕，多缺乏。

---

①他匿得河（Dnestr, Dniester R.），德聂斯特河。

其君俯听峨国之命。

悉比焉部，北极出四十二度及四十四度五十分，广袤方圆五百六十里。居民九十万。北至东国、土耳基国。三方环山，多矿，但民不知掘。产五谷，多葡萄，其居民善养牲畜。无五爵，惟有农夫、匠、教师三品。各任贸易，不服外国。于明英宗天顺年，悉比邑与回回战败①。越四百年，民苦酷政，故生异心。于嘉庆五年②，众民啸起，攻击酷主，因与国人盟。今所立之君甚聪明，招乡绅会集议论，各国称颂。岁贡于土耳基。募兵万二千以防御。多恼河南边多建固城，其中最要者系百牙拉，即土耳基军所守者。

外有新立之国曰峨拉③，或黑山，广袤方圆六十五里，居民十万七千，在阿得利亚海边，土耳基终不能强服。居民自选头目，恣为海盗，亦贩卖牲畜。崇希腊之天主教。

布尼焉部，分上、下，在东国南及亚得利亚海隅，广袤方圆千零六十三里。居民八十五万，崇希腊天主教者三分之二，余为回回。多山林，出南果、葡萄、牲畜，造刀剑最精。都会曰撒拉约④，居民六万，所寓悉茅舍。

布牙里，系广地，东及黑海，北连瓦拉基，广袤方圆千七百四十里。居民百八十万。东方平坦，出牛、羊、五谷、葡萄、铁、钢、蜜糖。居民所崇之教与前不异。其都曰所非亚⑤。北方有坚城，四面环之。

亚巴尼部，在亚得利亚海边，广袤方圆七百里。居民三十万，

1379

---

①这次战争始于明景泰七年土军围攻塞尔维亚首都贝尔格莱德，天顺二年塞尔维亚战败。

②应为嘉庆九年。

③峨拉（Crna Gora），门的内哥罗（Montenegro），习称黑山。

④撒拉约（Sarajevo），萨拉热窝。

⑤所非亚（Sofiya，Sofla），索非亚。

语音各异。崇希腊之教。屡次叛逆。海边多支港，海贼所丛入。

土耳基最要之部曰路米里，广袤方圆四千四百里。居民六百八十万。多山磐腴田。君士旦，居民六十五万，本古城也。山水若仙界，昔所立天主礼拜堂甚宏丽，今为回回会处。其城在七山下，有海峡。其街狭，宫殿大而不美，海港极广，多风、无巨浪。亚得利亚邑，居民十万。牙利邑在海（陕）〔峡〕，居民八万。撒罗尼①，居民七万，大半崇回教。惟希腊人能勤，土耳基人则惰。

群岛之最大者曰干地亚，广袤方圆八十八里，居民二十七万。周朝时极旺相，居民百二十万。久服希腊国，后意大里威尼得②据之，此康熙四年③也。山水甚美，山峰高七百二十丈。地丰盛。居民万二千，畏土耳基之酷，不敢垦作。其城与岛同名，居民万二千。道光年间，土耳基虏掠百姓，戮者不胜数。其他岛虽小，各出橄榄油、葡萄等物。多水师，为海贼所惧。古时此岛各自为国，土耳基遏其势，归回教。中亦多商在各港贸易。希腊之族，尤狡狯善骗。

土耳基君操全权。昔有嗣君畏兄弟分权，尽杀之。其政悉按回回法，立辅政大臣四员，又立教师以办法律及教门各事。其大臣统摄文武三军兼理国事。各部设头目经理百姓，每自恃富强，擅权与国主战，故多作乱。峨罗斯及他国争来攻之。幸欧罗巴各国为之防御，得免。民分三品：一曰回回族，最尊贵；二曰徭事④，是崇希腊等教之门人，亦同纳赋；三曰奴婢，即由外国所贩卖及本地所养者。其国之兵三十七万，岁入国帑银二千五百万圆。

---

① 撒罗尼（Thessaloníki，Solonica），萨洛尼卡。
② 威尼得（Veneti，Venezia，Venice），威尼斯。
③ 威尼斯据克里特岛远早于康熙四年，土耳其占领克里特岛，则为康熙八年。
④ 徭事，Rayahs（非穆斯林的土耳其人）的讹译。

有大战舰、火轮船，水手多系希腊人。

《瀛环志略》曰：土耳（基）〔其〕三（方）〔土〕古大秦（东境），即意大里亚之罗马〔东境〕。为西域自古著名地。东（方）〔土〕创辟最早，巴庇伦①建国于前，西里亚代兴于后。犹太②，一作如大，又作如氏亚，又作如德亚，又作儒德亚。即《唐书》所谓拂（箖）〔菻〕国，以色列之族由此兴焉。其国自夏、商历汉季，传世最久。令辟贤王，后先辉映。西土为希腊开基之地。君士但丁则罗马东都，比于雒邑。（秦）〔泰〕西远隔神州，礼乐车书之化，无由渐被。而在彼土言之，则此数千里者，固商、周之耿、亳、豳、岐，声名文物之所萃也。土耳其本回部贱族，窜身买诺③，遗种繁滋。遭时衰乱，揭竿而起。恃其兵力，蚕食东西，遂使名城堕毁，典业散亡，文献无征，风流歇绝。三（方）〔土〕之民就俎醢之地而困膻污之俗者，数百年于兹。观泰西人所著书，西土之困于苛政也尤甚。胜、广之徒，时时攘臂，而彼昏不知，犹晏然为羊车之游。亡可翘足而待矣。

（秦）〔泰〕西诸国，跨亚细亚、欧罗巴两土者，惟峨罗斯与土耳（基）〔其〕。土耳（基）〔其〕疆域之大，不及峨罗〔斯〕，而擅膏腴之壤，据形便之地，百年来无止戈之日。七椿园讹为控噶尔④，又以千余年前一统之罗马移之土耳（基）〔其〕；又称峨罗斯本其属国，控噶尔用东西迭驾之法，峨罗斯大困，增贡乞和

---

①巴庇伦（Babylon），巴比伦。
②犹太（Judah, Judaea），又作如大、如氏亚、如德亚、儒德亚，即古犹太王国（朱迪亚）。
③买诺，应作亚细亚买诺（Asia Minor），即小亚细亚。
④控噶尔，瑞典文 Konungarike（王国）的音译，即 Konungariket Sverige（瑞典王国），指北方战争初期情况。所述虽有夸张之处，但战争初期俄军确败。"控噶尔"三字的音译亦无讹。徐继畲没弄清情况即大加斥责，轻率。

乃免。此出乌巴锡诅咒之言，而《闻见录》信之，误矣。两国黑海亘隔，风马牛本不相及。自峨罗斯开高加索部，详《峨罗斯图说》。而与土之东壤接；又开波兰诸部，而与土之西境毗连。其初构兵，在乾隆中年。维时峨罗斯勃焉方兴，战攻甚锐；土耳（基）〔其〕衰机甫兆，兵力犹强，胜败之数，大略相当。后则南风不竞，割讲频仍。近年内讧四起，危如累卵。然究未为峨所兼并者，则由英、佛护持而排解之也。欧罗巴人最恶回教，土耳（基）〔其〕之昏虐，又诸国所鄙夷。英、佛于土非有所爱，特以峨罗斯北地荒寒，不长水战，故仅能比肩英、佛，未足定霸一方。若土耳其为所并兼，则地兼三海，波罗的海、黑海、地中海。于欧罗巴已扼吭而附其背，诸国其能晏然已乎？

海国图志卷四十九<small>邵阳魏源重辑</small>

大西洋

希腊国<small>即古时额力西国，《职方外</small>
纪》作厄勒祭〔亚〕者也。昔为都鲁机所据，今仍自为一国。原
本无，今补。

《万国地理全图集》曰：希腊国者，土耳其邻国也。东、南、
西三方至群岛海，北接土耳其国。为半土。北极出地三十六至四
十二度，长一千二百里，阔三百里，广袤十万一千方里。居民百
九十二万。年运出一千有二百万员。产绵花、南果、羊毛、干葡
萄果、橄榄油、五谷、烟。天气和暖，岭险峡邃。古时希腊民艺
术超众，博学通达。工师营筑庙殿，及今尚传古迹。其匠刻象如
活人，其画工画山水林泉，摹写传神。周敬王十九年①，白西②国
王率军兵立寨数里，旗鼓遍野，师船满海，水陆并攻。当时希腊
之民效死力战，击退敌兵。以后国人益豪志吞邻国。有马其屯王
倾国往攻，皆为白西王所败③。侵至印度，国王病殒④。帅臣分其
国地，各自为王。缘此希腊文字语音广布各地，故希腊人教化天

---

①希波战争起因于周敬王二十年的米利都反波斯起义。但波斯军大举入侵希腊始于周敬
　王二十八年。
②白西（Persia），波斯。
③史实为亚历山大大帝屡胜波斯，并于公元前330年灭波斯帝国。
④亚历山大大帝撤退后，病殁于巴比伦。

下，不论至何处，皆有其文艺。其诗书列西国人无及之者也。东汉①年间，罗马王强服四方，亦攻胜希腊列国，归入版图。国人失其壮志。自后乃变其战法，以蛮类攻击罗马西地。及东、西罗马相分之际，其东帝恒驻于边，希腊始仍自为国，不受意大里节制。救世主降世五十年后，希腊民奉其教，弃绝神佛，惟拜独一真主。阅三百年，执正教。此后加特力教异端迷世，希腊见诱惑陷，如是救世主道理渐衰，存其名而离其实。既而回回始兴，志吞希腊国。希腊连年拒敌，再夺再失。其嗣王复多丧德，虽列西国合军攻击回回以据犹太国，亦不能守地而退。及土耳其族兴时，其回回如虎而翼，复力侵希腊国，强取其地。明景泰三年②，土耳其国来攻，重城长堑，希腊民若釜中鱼，国民四散。三百七十年受侵不已，民不能堪。于道光二年③愤起畔土尔其，列西国悯其雄气，各出精兵助之。土耳〔其〕王不得已退军，封希腊使自主。近日偃武息争矣。庶民好华，冠服效土耳其族。女梳其发为巧髻，身盖薄彻绵帕。男女悦歌喜乐。沿海港口甚多，土民好航海贸易，商贾巧而无信。国都曰鸦典④，宫殿古迹，为万世建宇之格式。古时众士聚其城中，辩道论理。耶稣之门生保罗至其邑传道。其神庙皆倾倒，尚存古迹而已。

其所辖之部：一曰那破里⑤，海口通商，居民万五千丁。得波

---

① 应为"西汉"。
② 应为"景泰四年"。
③ 应为"道光元年"。
④ 鸦典（Athinai, Athens），又作亚典、亚德纳斯、亚地拿，即雅典。
⑤ 那破里（Napoli），又作那波利，即阿戈利斯（Argolis）首府，今名纳夫普利昂（Návplion）。

（敕）〔勒〕撒城①坚固，土尔其兵攻破之，多所杀戮。希腊民报其仇，再获城后，虐杀土尔其之人，以暴易暴焉。一曰巴答城②，乃其海口，街道芜秽。墨所龙义城③，被希腊族人固守之。帖撒罗尼加城④居民六万丁，种绵及烟，勤劳度生。尚有群岛中归其国版者，希达屿⑤虽硗，勤农经商，故其居民四万，饮食无乏。所有八摩海岛⑥，于东汉和帝永元七年，耶稣门弟约翰流于此岛，上帝以天启传之。

又曰：希腊国沿海所有海湾，在东方曰君得撒⑦、曰〔撒〕罗尼加⑧，其南方曰尼鄂本多洲⑨、曰益义那⑩、曰那破里⑪，其西方曰〔阿〕尔加地⑫、曰勒颁多⑬。深入其地，为微地不成半土，称曰摩力亚⑭，其山中多游牧野夷。希腊西边又有倚阿尼等岛⑮，居民共计十九万丁。所出橄榄油、干葡萄、酒、蜜、南果。其岛皆有土酋掌岛政令，与英国始战终和，通商多日。

---

①得波勒撒城（Tripolizza），又作得破勒撒、的黎波里萨，阿卡迪亚（Arcadia）首府，今名特里波利斯（Tripolis）。
②巴答城（Patras），又作巴达辣斯，阿黑亚（Achaia）首府，今名帕特雷（Pátrai）。
③墨所龙义城（Missolonghi），在洛克里斯（Locris），今名梅索朗吉昂（Mesolóngion）。
④帖撒罗尼加城（Thessalonica），在马其顿（Macedonia），今塞萨洛基州首府塞萨洛尼基（Thessalóniki）。
⑤希达屿（Ìdhra，Hydra），希德拉岛。
⑥八摩海岛（Patmos），帕特莫斯岛。
⑦君得撒（Contessa），指今斯特里莫尼湾（Strimonikós Kólpos）。
⑧撒罗尼加（Salonica），指今塞迈科斯湾（Thermaikós Kólpos）。
⑨尼鄂本多洲（Negropont Channel），指今诺提奥斯埃夫维亚湾（Notios Evvoikos kólpos）。
⑩益义那（Egina），指今萨罗尼湾（Saronikós Kólpos）。
⑪那破里（Napoli），又作拿破里，指今阿戈利斯湾（Argolikós Kólpos）。
⑫阿尔加地（Arcadia），指今基帕里斯亚湾（Kiparissiakós Kólpos）。
⑬勒颁多（Lepanto），指今科林斯湾（Korinthiakós Kólpos）。
⑭摩力亚（Morea），又作摩利亚微地、摩里亚，即伯罗奔尼撒半岛（Peloponnesos）。
⑮倚阿尼等岛（Ionian Islands），又作惹尼亚海岛、以云群岛、以阿尼群岛，即爱奥尼亚群岛。

《地理备考》曰：希腊国，一名厄肋西亚国，即额力西。在欧罗巴州之南，南界地中海，东、西枕海港①，北连土耳基〔亚〕国。长约七百五十里，宽约五百里，地面积方约二万零八百三十里。烟户七亿口。本国地势，嵚岩参差，络绎不绝。湖河众多，皆非甚巨。岛屿湾峡，回环罗列。田土肥腴，谷果丰登。五金各矿，昔具今乏。地气温和。王位历代相传，奉额力西天主教，余教亦不禁止。技艺不甚精。

一曰惹尼亚海岛，在欧罗巴州南，其国土在北极出地三十六度起至四十度止，经线自东十九度三十分起至二十三度十分止，在（额力）〔厄肋〕西〔亚〕国西南方。除诸小岛外，其至大者惟七。烟户一亿七万六千（户）〔口〕，山势峻峭，石皇间隔。田土硗瘠，谷果敷用。地气温和。不设君位，民间自立官长理事，五载更易。技艺庸常，贸易（甚）〔昌〕盛。本国昔属（白）〔西〕西里〔亚〕国管属。嘉庆三年为佛兰西国君那波良者克服。迨与各国战败后，各国公使齐集维（耶）〔也〕纳地方会议，将本国另行建立，以英吉利国永为覆庇。英国派官辅理，凡有国务，与英国派官互相酌议。通国以七巨岛分为七部：一名哥尔佛②，〔首府亦名哥尔佛，〕乃本国都也。一巴说③，回环六十里。一三达卯拉④，地面积方约一百五十里。一宜达架⑤，长六十里，宽二十五里。一塞发罗尼〔亚〕⑥，长一百五十里，宽约五六十里，回环

---

①原著作东枕亚尔给白拉疴海（Archipelago，即爱琴海 Aegean Sea），西接若尼约海（Ionian Sea）。

②哥尔佛（Kerkira，Corfu），又作哥赋岛、各府岛，即克基拉岛克拉基市。

③巴说（Paxoi，Paxo），帕索岛。

④三达卯拉（Levkàs，Santa Maura），又作貌剌岛，即累夫卡斯岛。

⑤宜达架（Ithàki，Ithaka），又作地亚其，即伊萨基岛。

⑥塞发罗尼亚（Kefallinia，Cephalonia），又作西法罗尼，克法利亚尼岛。

五百五十里。一三德①，长五十里，宽三十里，地面积方一百八十里。一塞黎各②，回环一百八十里。其国通商冲繁之地三处，皆在海边③。

《地球图说》：希腊国，东、南、西三面都界地中海，北界土耳基国。其百姓约七十五万之数。都城曰雅典，城内民二万。所述之教，昔与耶稣教相似，至今则大不同。其都城昔亦美大，后为土耳基国入境，毁城易俗，今城尚修筑未完。政事与群臣议叙，不自专。人性好航海贸易，故其水手眼灵手敏。然奢华悦歌唱，女善梳髻而性端淑，身盖薄彻绵帕。产葡萄、酒、橄榄油、五谷、蔫叶、绵花、南果、羊毛。再西有七岛，总名以阿尼，现归英国保护。

《外国史略》曰：希腊国，一名额力西，其文字原由东方来。商太丁二年，结群相斗，围古城陷之，其国诗人能述其事。后各族类各立国相仇。周夷王十六年，士巴他④国立新例，并教以武艺，故其民善骑走，以勇怯为贵贱。后至周顷王十二年⑤，在亚典国兴立法律，传及后世。此后立志通商。独士巴他国用铁钱，以物交易，不喜文学。时〔白〕西国雄长海峡，所有小亚悉亚等国皆纳贡物。希腊人不服，〔白〕西国遂攻之。希腊人因击退白西人，自此国势大兴，立水师官，文学显著，万民尊敬。维时白西

①三德（Zàkinthos，Zante），又作散地耳、散他、散地，即扎金索斯岛。
②塞黎各（Kíthira，Cerigo），又作息利峨岛，即基西拉岛。
③这两段原著分别作《厄肋西亚国全志》、《惹尼亚海岛全志》。魏源把《厄肋西亚国全志》的主要内容砍掉，但保留开头几行。接着就砍掉《惹尼亚海岛全志》这个标题，加"一曰"二字几乎把该段内容全辑，又没有"二曰"、"三曰"，这种辑录法是容易造成混乱的。
④士巴他（Sparta），又作斯巴尔达、士帕大，即斯巴达。
⑤德拉古立法为周襄王三十一年，继周襄王的周顷王只在位六年，无周顷王十二年。

国王于周贞定王十八年①在海峡建桥，以侵希腊国，亚典人皆离其本地，登船以避敌。又与土巴他等族在关隘峡②死战，破白西之军，走其国王，希腊人于是自为其主，实赖亚典人之力。而亚典人又擅权，增饷困民，驱其王而自立新王，曰巴巴他。亲统大权，与列西国屡世攻击。汉景帝十年③，为罗马军所降服，自后归罗马国者五百余年。东晋哀帝时④，罗马国封为东国⑤，所驻之都曰君士旦丁邑，即土耳基君所居处。令改希腊拜偶像之俗。迨宋、齐间有北方匈奴，岁来侵掠，屡和屡战。唐时有回回亚拉国侵占东方，即土尔基也⑥。希腊国君死战不能击退。驱希腊之君而自即位。明孝宗十五年，全地归土耳基，独有数岛为意大里威尼得国所据。于明万历元年，列岛亦归土耳基。希腊求援于同教门之峨罗斯。乾隆间，峨军逼迫土耳基，破其战舰。道光六年⑦，英人与峨罗斯、佛兰西等国水师焚其战舰，择日耳曼之君以为希腊王，又皆出财以佐其国帑，又责土耳其勿再扰其界。道光十三年⑧，希腊人遂为国如初。

英吉利藩属地之以云群岛，在希腊之西，共有七岛，最广大者曰可赋岛、西法罗尼、散地耳，广袤方圆四千七百里，居民十七万五千口。虽不出五谷，尚能产绵花、橄榄油、盐、鱼、南果

---

① 第三次希波战争发生于周敬王年间。
② 关隘峡（Thermopylae），德摩比利隘口。
③ "十年"，应为"十一年"。
④ 罗马分裂为东西帝国在东晋孝武帝时，在此以前，罗马迁都君士坦丁堡为东晋成帝时，均非东晋哀帝时。
⑤ 东国，指东罗马帝国，即拜占庭（Byzantium）帝国。
⑥ 唐代时候的"回回亚拉"（阿拉伯穆斯林）同后来的土耳其人（突厥部落的后裔）是不同的。
⑦ "六年"，应作"七年"。
⑧ 希腊王国成立于道光十年。

等物。民之贫者皆离本地出外图生。昔此地有小国，后归罗马。嘉庆二年，佛兰西夺占此岛，英人驱之。于嘉庆十七年，招该岛之乡绅会议国政，且调兵士四千守之。其居民有志能学，且勤工匠。

《外国史略》曰：希腊国，微地耳。北与土耳其国连，东、西、（北）〔南〕三方及群岛之海。广袤方圆八百六十八里，居民九十三万三千口。其属多小岛，遍地分二十四部。在摩利亚微地，田地居十分之五，山林川湖树菜等圃各居十分之一。农夫约十万，所产五谷，不足民用，必运自外国。别出颜料、葡（蔔）〔萄〕、橄榄油、蚕丝、细果。海边人善捕鱼，民喜通商。道光二十一年，出入货共值四千三百七十五万二千二百圆。其商船三千一百九十七只，水手万八千六百名，内多为海贼。海港甚多，可避风。岛民颇向化，如叙剌岛①、安多岛②、米哥尼岛③、希得拉岛、破罗岛④，文墨狡狯。其都曰亚典，居民二万五千，无大屋宇，古多文艺。在摩利亚微地之会城曰得破勒撒，居民二万五千。在海隅最大之邑曰那波利，山水甚美，可巡游，多题咏焉。其王孙日耳曼人，常召各郡贵人助理其地，有七大臣摄内外国务。国之欠项三千五百员。每年所入国帑约四百万员。军士共万二千，水师之舟三十四只。其贵人各相争斗。

按：额力西国沿革，别详欧罗巴州总叙。其希腊仅守其都城一区之地⑤，故不以其全事载于此国。犹意大里沿革，亦冠于欧罗

①叙剌岛（Síros），锡罗斯岛。
②安多岛（Andros），安得罗斯岛。
③米哥尼岛（Mikonos），米科诺斯岛。
④破罗岛（Póros），波罗斯岛。
⑤魏源时希腊非"仅守其都城一区之地"。

巴总叙，不以入今列国中，反致全州沿革无纲领也。

《瀛环志略》曰：泰西故事云，上古之时，欧罗巴草昧未辟，人兽杂处。有虞氏之初，小亚细亚两河之间，已见前。有初立国者，曰巴庀伦①。一作巴必鸾，又作巴必罗尼亚，详《土耳其〔图〕说》。夏后氏之初，阿非利加之北境，有初立国者，曰厄日多。即麦西，详《阿非利加〔图〕说》。后有诺威氏之裔，曰日弯，建国于亚细亚之买诺。即土耳其中土。其国人渐有渡海峡而西者，即他大尼里海峡②。始知有额力西广土。夏后少康二十六岁，买诺人有伯辣斯日者，始立国于额力西之北境，曰西西恩。逾九十余岁，有厄日多人迁于额力西，名其地曰的丹。立国未成，众思故土，散归。夏后孔甲二十一岁，迦南③人议纳孤一作桔木抵额力西之南境，始鸠集人民，教以营宫室，种谷麦，昏濛渐启。商王外壬十二祀，厄日多之洒的斯人洒哥落率其邑人迁于雅典，立国曰亚德纳斯，一作亚地拿。始兴技业、立法制、辨伦类、造文字，额力西诸国闻风效慕，荒陋之俗一变。商王沃甲十三祀，亚德纳斯王昂非的安嗣位。是时希腊分十二国，时有诟争。昂非的安恐诸国之自相攻，则心力不齐，无以捍大敌，乃驰使十一国结为同盟，立公会于德尔摩比勒。每国遣使二人，岁二会，申约结，齐好恶，讲求利弊。又各出蓄积，贮于德尔佛斯堂，以备军储，每国以二人司之。由是，四邻辑睦，十二国如一国，外侮不生，晏然康阜。驾舟行地中海，懋迁有无，势益富强。当是时，十二国中，惟亚德纳斯与斯巴尔达一作士帕大最大，诸小国制度皆效两国所为。亚德纳斯王德修④以商王禀辛六祀嗣位。

①巴庀伦（Babylon，Babylonia），又作巴必鸾、巴必罗尼亚，即巴比伦。
②他大尼里海峡（Canakkale Boğazi，Dardanelles str.），达达尼尔海峡。
③迦南（Canaan），今巴勒斯坦。
④德修（Theseus），通译提修斯。

时国人分三等：曰爵绅、曰百工、曰农民。爵绅多专恣剥民，工农贫乏，国浸弱。德修王患之，乃汰官司、裁署舍、抑损豪贵，躬揽大权，惠民招商，远方归之如市；技业日精，盖藏日富，遂为西国大都会。子哥德落斯嗣，守成法，益加惠于工农，由是爵绅无权，而庶民之势重。哥德落斯卒，庶民私议曰：贤主不可再得，传之贪残，民且重困。乃扬言曰：能以入必得尔为君者，当听命。入必德尔①，西国所奉宗祖之神也。从此不立国王，以长官一人治事，曰阿尔干，以哥德落斯子孙为之，继序如王，而权体稍杀。越三百三十余年，周平王三十六年。国人又以为不便，定议阿尔干三年而更。寻废阿尔干，立九官以治事。九官由众推选，以三年为秩满。贤则留，否则更。然事权纷错，奸宄日多。有达拉固②者，以才学称，众公举修刑书。其性严刻，罪无大小，皆予诛死。时人号为血书。行之数十年，国人侧足。周灵王③年间，公举梭伦重定法制，删其苛刻，酌情罪，归平允，国人大悦。复建议事厅一，法制司一。以资财之多寡分齐民为四等，每等百人，有兴革则集议于议事厅。法制司设品官，定员数，选才德出众者领之。发号令、定刑赏，皆由法制司区画精详，舆论翕然。方亚德纳斯之废王而立官也，德巴斯④首效之，诸小国亦纷纷效之。德巴斯者，旧本非尼西亚⑤人，详《阿非利（亚）〔加〕图说》。其王加达慕斯于商王武丁年间，立国于额力西者也。迨梭伦重定法制，诸国又效之。斯巴尔达自（勤）〔勒〕利斯开国，传四百余年。至周成王

①入必德尔（Jupiter），朱庇特（主神）。
②达拉固（Draco，Drakon），通译德拉古。
③应作周定王。
④德巴斯（Thebes），底比斯。
⑤非尼西亚（Phoenicia），腓尼基。

十一年，有幽里寺德那斯、伯罗刻黎斯者，兄弟也，同即王位。自是国有二王，同朝治事，其制传八百余年不改，西土传为异事。至末造之噶黎厄美尼斯始改为一王。周夷王年间，其国有贤主曰利古尔厄①，重定法制，与梭伦之法大略相同，而兵制尤为尽善。俗俭啬，人壮武，尝伐米西奈②国灭之，得其膏腴之土，国势益强。是时东方之波斯国方强，再灭巴庇伦，势张甚。顾额力西诸国以外夷贱之，不加齿礼。会波斯有大将，本额力西人，波斯王厚遇之，擢其侄高班。其侄叛附亚德纳斯。亚德纳斯有罪人义比亚斯奔波斯，复挑构之。周敬王二十九年③，波斯王以舟师伐亚德纳斯，乞和不许。于是额力西诸国合纵御之。波斯破其大屿，燔其城。亚德纳斯大将率众破波斯于马拉多（拉）〔那〕④，夺其七船。波斯王达黎约⑤惭愤死，子泽耳士⑥立，一作舍尔时斯。誓雪仇耻，以三万人伐额力西，造长桥于他大尼里海峡，长二千丈，以渡军。斯巴尔达扼险拒之，波斯军败走。坏其船四百艘。亚德纳斯以计诱其余船入内港，围而歼之。泽耳士王大怒，倾国三十万众攻亚德纳斯。亚德纳斯弃城保于别屿，波斯毁其城。诸国咸来助战，争先陷阵，波斯军大溃，狼狈东走，泽耳士王乘渔舟遁。先是额力西诸国自昂非的安联盟之后，同心协力，屡破大敌。至是争取波斯遗财，颇有违言。亚德纳斯城扼海口，操形胜，且聚商舶，擅利权，斯巴尔达素忌之。既为波斯所毁，亚德纳斯人欲建复，而斯巴尔达阻挠之。由此两国交恶，盟约解散，诸小国各

①利古尔厄（Lykourgos，Lycurgo），来库古。传说是一位斯巴达年轻国王的叔父兼摄政。
②米西奈（Messinia），米塞尼亚。
③"二十九年"，应作"三十一年"。
④马拉多那（Marathon，Marathona），马拉松。
⑤达黎约（Darius I），通译大流士一世。
⑥泽耳士（Xerxes I），通译泽尔士一世（薛西斯一世）。有时亦译作舍尔时斯。

有所附，日启争端。亚德纳斯之西，有大洲曰西基利，即西治里。属于加尔达额①。有亚基庇亚底②者，生长此洲，任侠好施，素得众心。见亚德纳斯衰乱，因募兵攻之，破其水军。斯巴尔达与亚德纳斯有夙嫌，乘乱以大兵围其都城，毁之。亚德纳斯遂为亚基庇亚底所据。由是额力西诸国互相攻，日益衰乱。已而马基顿③兴。一作马斯多尼亚。马基顿亦十二国之一，在额力西北方，初甚微弱。周显王年间，有王曰非黎卑④，雄武有权略，与额力西诸国交兵，累战皆克。使客游说之，皆纳款为属国。王欲伐波斯，会中刺客死。子亚勒散得⑤一作阿勒山德黎嗣位，年二十一，英略过人。周显王三十有五年，以三万五千人伐波斯，取小亚细亚⑥，即买诺、叙里、犹太诸（内）〔地〕。波斯望风奔溃，其王弃营走，虏其妃后。因移兵巡行海上，攻破加尔达额之（城）都〔城〕⑦，屠八千人，并征服麦西，即厄日多。堕其沿海各城，所向披靡。游兵至五印度，皆纳款列东藩。波斯王悉起境内兵决死战，王击破之，围其苏撒⑧都城。会遭疾旋师，至巴庇伦，卒于军。诸将各引所部据新辟之土自王。从此额力西族散布西土，至汉初尚余四国：曰厄多里亚⑨，曰亚加

①加尔达额（Carthago，Carthage），迦太基。

②亚基庇亚底（Alkibades，Alcibiades），亚西比得。

③马基顿（Macedon，Macedonia），又作马斯多尼亚，即马其顿。

④非黎卑（Filipe Ⅱ），指腓力二世。

⑤亚勒散得（Alexandros），指亚历山大大帝。

⑥小亚细亚（Asia Minor），指安纳托利亚的中西部，即亚洲西部的半岛，不包括叙利亚、朱迪亚等地。亚历山大大帝是在取小亚细亚、打败大流士三世并俘其眷属之后才进兵叙利亚的，亦非在此之前。

⑦加尔达额之都城，实为推罗（Tyre），即腓尼基，今黎巴嫩的苏尔（Sur），不是推罗人在突尼斯湾建立的迦太基城。

⑧苏撒（Susa），波斯帝国首都，在今伊朗迪兹富勒（Dezful）之南。

⑨厄多里亚（Aitolia），埃托利亚。

压①，曰白阿西亚②，仍以马基顿为长。马基顿王非黎卑③性强暴，凌侮属国，三国患之。时罗马征伐四方，兵力方强，三国密求援。罗马命将以大兵入其希腊都城，因〔驻〕兵胁三国降。三国悔失计，求助于西里亚。一作叙里亚。西里亚者，兼小亚细亚诸部，即土耳其东中两土，为东方大国。时阿非利加之加尔达额国新败于罗马，亦赴西里亚求援。西里亚计四国亡，势且及已，率轻兵救希腊，罗马迎击之，西里亚王大败遁归。罗马兵踵至，围其都城，西里亚降。希腊四国闻之，皆纳土降，地归罗马。时汉惠帝五年④也。额力西诸国建于夏、商，至汉初乃亡，凡历一千数百年。古分十二国，乃今西土耳其⑤全境。新希腊则雅典一部，古亚德纳斯之南境也。其亚典都城最讲文学，为泰西之冠，凡西国文士，未游学于额力西，则以为未登大雅之堂也。

希腊新分十部：

首部曰雅典，一作亚的架⑥。都城在海湾，曰亚德纳斯。自昔为声名文物之地，今则市井寥落，景象萧条。

亚尔哥黎大⑦，一作拿破里⑧。城在海口，曰脑比里亚，通商之大埔头也。

亚加亚，城在海口，曰巴达辣斯，一作巴答。亦通商埔头，街衢

①亚加压（Akhaia, Achaia），又作亚加亚，即阿黑亚。
②白阿西亚（Boeocia），比奥夏。
③此"非黎卑"指腓力五世。
④汉惠帝五年是叙利亚的安条克三世在小亚细亚的马格尼西亚（Magnicia）附近被罗马军打败的年代。希腊被并入罗马版图为汉景帝中元四年。
⑤西土耳其，指土耳其欧洲部分。
⑥亚的架（Attica），阿提卡。一般作 Attica and Boeotia（阿蒂卡和比奥夏）。
⑦亚尔哥黎大，译自葡文 Argolida，英文作 Argolis，通译阿戈利斯。
⑧拿破里，又作那波利（Napoli）、脑比里亚（译自葡文 Nauplia），今纳夫普利昂（Nàvplion）。

污秽，商旅恶之。

美塞尼亚①，一作墨所龙义。首邑曰亚尔加的亚②，希之坚城，土人屡攻之不能下。

亚尔加的亚③，首邑曰的黎波里萨，一作德破勒撒。亦希坚城，昔为土耳其攻破，屠三千人。希人收复之后，尽戮土人之居守者。

拉哥尼亚④，海中大屿也。首邑曰迷斯达拉⑤，一作希达⑥。居民六万。土硗瘠而农作甚勤，兼务工商，故恒足以自给。

亚加尔拿尼亚⑦，一作尔加地⑧。首邑曰瓦拉说黎⑨，在西界海湾。

罗哥黎大⑩，首邑曰萨罗大⑪，一作座撒罗尼加⑫。居民六万⑬，勤苦力作。产绵花、烟。

---

① 美塞尼亚（Messinía，Messinia），一译美西尼亚，在伯罗奔尼撒半岛西南部。墨所龙义即今梅索朗吉昂（Mesolóngion），在佩特雷湾之北，二地相去较远。

② 亚尔加的亚（Arcadia，Kiparissía），指基帕里西亚。

③ 亚尔加的亚（Arcadhíe，Arcadia），阿卡迪亚。

④ 拉哥尼亚（Lakonia，Laconia），拉科尼亚。在伯罗奔尼撒半岛东南部，非任何一岛的全部。

⑤ 迷斯达拉（Mistra），米斯特拉，以前紧邻 Sparta，今即斯巴达新城（Spárti，Sparta）。

⑥ 希达（Ìdhra，Hydra），希德拉小岛的首邑希德拉，与米斯特拉不是同地。

⑦ 亚加尔拿尼亚（Akarnania），阿卡尔纳尼亚。

⑧ 尔加地（Arkadhía，Arcadia），即上文的亚尔加的亚（阿卡迪亚）部，不是亚加尔拿尼亚部。

⑨ 瓦拉说黎（Agrinion，Vrachori），阿格里尼昂。

⑩ 罗哥黎大，译自葡文 Locrida，英文作 Locris，即洛克里斯。

⑪ 萨罗大（Amfissa，Salona），安菲萨。

⑫ 座撒罗尼加（Thessaloníki，Thessalonica），即塞萨洛尼卡或萨洛尼卡，不是萨罗纳（安菲萨）。

⑬ 萨洛尼卡是当时希腊人口最多的城市，约有六万人口；但当时萨罗纳的人口远没那么多。

忧卑亚①，西界一洲。首邑曰哥罗奔多②。一作尼鄂奔多。

昔加拉大③，首邑曰黑尔（靡）〔摩〕波利斯④，一作摩力亚。中有山岭，（放流徒于此以此著名）〔牧人所聚，素称盗薮〕。海湾甚多，东方曰君得撒，曰撒罗尼加；南方曰益义拿，曰拿破里，曰可伦⑤；西方曰尔加地，曰勒颁多。

希腊之西有群岛，曰各府，曰散他，曰貌剌，曰地亚其，曰客花罗尼⑥，曰息利峨，曰散地，总名曰以阿尼岛。居民共计十九万，产橄榄油、葡萄干、酒、蜜、南果。岛各有渠掌政令，属于英吉利。

---

①忧卑亚（Evvoia，Eubea ou Ilha Negropsnto），埃维厄岛（优卑亚岛）。

②哥罗奔多（Khalkís，Chalcis，Negroponto），又作尼鄂奔多即卡尔基斯（尼哥罗奔多）。

③昔加拉大（Kikládhes，Cycladas，Cyclades），即基克拉泽斯群岛。

④黑尔摩波利斯（Ermoúpolis，Hermopolis），埃尔穆波利斯，今锡罗斯（Síros）。埃尔穆波利斯是伯罗奔尼撒半岛以东很远的一个小岛，不是伯罗奔尼撒半岛（摩力亚）。

⑤可伦（G. of Coron），今美锡尼亚湾（Messiniakós Kólpos）。

⑥客花罗尼（Cephalonia），今克法利尼亚（Kafallinía）岛。

海国图志卷五十

欧罗巴人原撰　　侯官林则徐译　　邵阳魏源重辑 A

大西洋 欧罗巴洲

英吉利国总记 原本

英吉利，又曰英伦，又曰兰顿。先本荒岛，辟地居处始自佛兰西①之人。因戈伦瓦②产锡最佳，遂有商舶往贸。于耶稣未纪年以前，蛮分大小三十种：居于西者曰墨士厄③，居于北者曰木利庵斯④，居于南〔委力斯〕⑤者曰西鲁力斯⑥，居于糯尔和〔及萨澨⑦〕者曰（委力斯曰）矮西尼⑧，居（腹地）〔于景⑨及弥特色斯〕者（曰萨澨）曰埂底伊⑩，尚有诸蛮，俱居于弥特色斯。旧皆茹血、衣毳、文身。惟脉士厄数种渐兴农事，创技艺，制器械，

---

①佛兰西，指高卢（Gaul）。

②戈伦瓦（Cornwall），又作戈伦和尔，即康沃尔。

③墨士厄，又作脉士厄，指贝尔加埃（Belgae）人。

④木利庵斯，指市里甘特（Brigants）人。

⑤南委力斯（South Wales），南威尔士。

⑥西鲁力斯，指锡卢雷（Silures）人。

⑦萨澨（Suffolk），又作萨贺，即萨福克。

⑧矮西尼（Iceni），指伊切尼人。

⑨景（Kent），肯特。

⑩埂底伊（Cantii），指坎蒂伊人。

修兵车，各蛮效之。旋被意大里国^①征服，旋叛旋抚。至耶稣纪岁百五十年^②，汉孝桓帝和平元年。分英地为七大部落：曰景，曰疏色司^③，曰依掩那司^④，曰委屑司^⑤，曰落滕马兰^⑥，曰伊什^⑦，曰麻可腊^⑧。与邻部塞循各自治理^⑨。八百年间，唐德宗贞元十五年^⑩。委屑司之伊末^⑪遂并合七部为一国，始名英吉利，建都兰顿，从此不属意大里^⑫。又二百年，宋真宗咸平三年^⑬。为领墨攻击，遂属领墨。其后叛服不常。公举壹货为王^⑭，传至显利二代王^⑮，先得爱伦，次得斯葛兰。显利四代王^⑯，即弃加特力教，而尊波罗特士〔顿〕教。至显利七代王^⑰，娶依来西白剌^⑱为国郡，案：英夷称其王妃曰郡。始革世袭之职，皆凭考取录用，开港通市，日渐富庶。遂为欧罗巴大国。

---

①意大里国，指罗马帝国。
②误译，提前了几百年。
③疏色司（Sussex），苏萨克斯。
④依掩那司（East Englas），东英格拉斯。
⑤委屑司（Wessex），韦萨克斯。
⑥落滕马兰（Northumberland），诺森伯兰。
⑦伊什（Essex），埃塞克斯。
⑧麻可腊（Mercryc），默克里克。
⑨英文原著无此语。
⑩"十五年"，应作"十六年"。
⑪伊末（Egbert），爱格伯。
⑫原著亦无此语。
⑬丹麦克努特征服英国全境为1017年，即宋真宗天禧九年。
⑭Edward the Confessor 于 1066 年 William of Normandy 入侵时战死，英国盎格鲁·撒克逊统治结束，开始诺曼王朝。
⑮亨利二世入侵英国，建立英国金雀花王朝。
⑯亨利四世建立英国兰加斯特王朝。英国弃天主教而尊新教晚于此时。
⑰亨利七世建立英国都铎王朝。
⑱依来西白剌（Elizabeth），伊丽莎白。

职官

律好司①衙门，管理各衙门事务，审理大讼。额设罗压尔录司②四人，厄治弥索司③二人，爱伦厄治弥索司一人，录司④二十一人，马诡色司⑤十九人，耳弥司⑥百有九人，委（尔）〔司〕高文司⑦十八人，弥索司⑧二十四人，爱伦弥索司三人，马伦司⑨百八十一人，斯葛兰比阿司⑩十六人，即在斯葛兰部属选充，三年更易；爱伦比阿司二十八人，即在爱伦部属选充，统计四百二十六人。有事离任，许荐一人自代。凡律好司家人犯法，若非死罪，概免收禁。

巴厘满⑪衙门，额设甘弥底阿付撒布来⑫（士）一（人），专辖水陆兵丁⑬；甘弥底阿付委士庵棉士⑭一（人），专司赋税，凡遇国中有事，甘文好司至此会议。

甘文好司⑮理各部落之事，并赴巴厘满衙门会议政事。由英吉

---

①律好司（House of Lords），贵族院（上议院）。

②罗压尔录司（Royal dukes），大公（封公爵的王子）。

③厄治弥索司（Archbishops），大主教。

④录司（Dukes with English Titles），英衔公爵。

⑤马诡色司（Marquesses），侯爵。

⑥耳弥司（Earls），伯爵。

⑦委司高文司（Viscounts），子爵。

⑧弥索司（Bishop），主教。

⑨马伦司（Barons），男爵。

⑩比阿司（Peers），贵族。

⑪巴厘满（Parliament），议会（国会）。

⑫甘弥底阿付撒布来（Committee of Supply），预算委员会。

⑬似应译由各部落议举。

⑭甘弥底阿付委士庵棉士（Committee of Ways and Means），岁入调查委员会。

⑮甘文好司（House of Commons），众议院，下议院。

利议举四百七十一名，内派管大部落者①百四十三名，管小部落者②三百二十四名，管教读并各技艺馆者③四名。由委尔士④议举（五十三）〔二十九〕名，内派管大部落者（三十）〔十五〕名，管小部落者（二十三）〔十四〕名。由爱伦议举百有五名，内派管大部落者六十四名，管小部落者三十九名，管教读并各技艺馆者二名。统共六百五十八名⑤，各由各部落议举殷实老成者充之。遇国中有事，即传集部民至国都巴厘满会议。嗣因各部民不能俱至，故每部落各举一二绅者至国会议事毕各回。⑥后复议定公举之人，常住甘文好司衙门办事，国家亦给以薪水。

布来勿冈色尔⑦衙门掌理机密之事，供职者先立誓后治事。

加密列冈色尔⑧衙门，额设十二名，各有执事。曰法士律阿付厘特利沙利⑨管库官，曰律（古）〔占〕色拉⑩管官，曰律布来（阿付）西尔⑪管印官，曰不列士顿阿付冈色尔⑫管官，曰色吉力达厘〔阿付〕士迭火厘火伦厘拔盟⑬管官，曰色吉力达厘阿付士迭火哥罗

---

①似应译"由大部落议举者"，下同。

②似应译"由小部落议举者"，下同。

③似应译"由大学议举者"，下同。

④委尔士（Wales），威尔士。

⑤《四洲志》漏译苏格兰代表的数字，又将苏格兰代表数字讹为威尔士代表的数字，故总计不足六百五十八人。

⑥以上二句共四十五字，外文原著无。

⑦布来勿冈色尔（Privy Couneil），枢密院。

⑧加密列冈色尔（Cabinet Couneil），内阁会议。

⑨法士律阿付厘特利沙利（First Lord of the Treasury），首相，不是财政大臣。

⑩律占色拉（Lord Chancellor），大法官。

⑪律布来西尔（Lord Privy Seal），掌玺大臣。

⑫不列士顿阿付冈色尔（President of the Council），枢密院议长。

⑬色吉力达厘阿付士迭火厘火伦厘拔盟（Secretary of State for the Home Department），内政大臣。

尼士奄窝①管官，曰占色拉阿付厘士支厥②管官，曰法士律阿付押弥拉尔底③管官，曰马士达依尼罗付厘曷南士④管官，曰布力士顿阿付离墨阿付观特罗尔⑤管官，曰占色腊阿付离律治阿付兰加司达管官⑦。

占色利⑧衙门专管审理案件，额设律海占色腊⑨一名，司掌印判事之职；委士占色腊⑩一名，司判事之职；马士达阿付离罗士⑪十一名，司判事之职。每判事，二人轮值，周而复始。扼冈顿依尼拉尔⑫司理算法之职。

经士冕治⑬衙（官）〔门〕专司审理上控案件，额设知付质治⑭一名，布依士尼质治⑮三名。

甘文布列⑯衙门专审理职官⑰争控之案，额设知付质治溢士知

---

①色吉力达厘阿付士迭火哥罗尼士奄窝（Secretary of State for Colonies and War），殖民地和陆军大臣。

②占色拉阿付厘士支厥（Chancellor of the Exchequer），财政大臣。

③法士律阿付押弥拉尔底（First Lord of the Admiralty），海军大臣。

④马士达依尼罗付厘曷南士（Master – general of the Ordnance），军械大臣。

⑤布力士顿阿付离墨阿付观特罗尔（President of the Board of Control），监督大臣。

⑥占色腊阿付离律治阿付兰加司达（Chancellor of the Duchy of Lancaster），代表英国国王的兰开斯特公。

⑦以上职官因漏译外交大臣，故不足十二名。

⑧占色利（The High Court of Chancery），最高法院。

⑨律海占色腊（Lord Chancellor），大法官。

⑩委士占色腊（Vice – Chancellor of England），英格兰副大法官。

⑪马士达阿付离罗士（Master of the Rolls），记录推事。

⑫扼冈顿依尼拉尔（Accountant – General），主计。

⑬经士冕治（King's Bench），高等法院。

⑭知付质治（Chief Justice），审判长。

⑮布依士尼质治（Puisné Judges），陪席推事。

⑯甘文布列（Court of Common Pleas），高等民事法庭。

⑰"职官"，应为"民事"。

加①衙门专审理田土婚姻之案，额设知付马伦②一名，布依士马伦③三名。

阿西士庵尼西布来阿士④衙门，额设撒久⑤六，每撒久设质治⑥二名，共十二名，专司审讯英吉利人犯。每年二次。依尼拉尔戈达些孙阿付厘比士⑦衙门，每年审讯各部落人犯四次。

舍腊达文⑧衙门。此官职掌原缺。

历⑨衙门，每年派马落⑩百人，稽查各部落地方是否安静，归则具结一次。

额设律占麻连⑪官值宿宫卫，马士达阿付厘夥士⑫专司马政，色吉力达厘押窝⑬专司收发文书，特里舍厘阿付利尼微⑭管理水师船⑮，勃列士顿阿付厘墨阿付特列⑯专司贸易，委士勃列士顿阿付厘墨阿付特列⑰副理贸易，比马士达阿付厘（夥）〔贺些〕士⑱专

---

①溢士知加（Exchequer），税务法院。

②知付马伦（Chiefbaron），审判长。

③布依士马伦（Puisné baron），陪席推事。

④阿西士庵尼西布来阿士（Court of Assize and Nisi Prius），巡回裁判法庭。

⑤撒久（Circuit），巡回裁判所。

⑥质治（judge），推事。

⑦依尼拉尔戈达些孙阿付厘比士（Court of General Quarter Session of the Peace），季度法庭。

⑧舍腊达文（the sheriff's tourn），州（郡）法庭。

⑨历（leet），（封建领主设的）民事法庭。

⑩马落（Manor），领主。

⑪律占麻连（Lord Chamberlaim），侍从长官。

⑫马士达阿付厘夥士（Master of the Horse），御马长官。

⑬色吉力达厘押窝（Secretary at War），作战部长，其职责不是"收发文书"。

⑭特里舍厘阿付利尼微（Treasurer of the Navy），海军财政局长。

⑮"船"，应为"财政"。

⑯勃列士顿阿付厘墨阿付特列（President of the Board of Trade），商务部长。

⑰委士勃列士顿阿付厘墨阿付特列（Vice-President of the Board of Trade），副商务部长。

⑱比马士达阿付厘贺些士（Paymaster of the Forces），军需长官。

司支放钱粮①，陂率马士达依尼拉尔②专司驰递公文，流底南依尼拉尔阿付厘曷南（上）〔士〕③协理火炮，法士甘（麿）〔糜〕孙拿阿付厘兰利委奴④管理田土钱粮，押多尼依尼拉尔⑤即总兵官，疏利西多依尼拉尔⑥即副总兵官。

爱伦额设律流底南阿付爱伦⑦一，律占色（腊）〔拉〕一，甘曼那阿付厘贺些士⑧一，知付色吉力达厘⑨一，委（土）士〔土〕厘沙腊⑩一，押多尼依〔尼〕腊尔⑪一，疏利西达依尼腊尔⑫一，皆驻札爱伦。

军伍

额设水师战舰百有五十，甘弥孙⑬百六十，（人管驾水师战舰）水师兵九万人，水手二万二千。英吉利陆路兵八万一千二百七十一名，阿悉亚洲内属国兵丁万有九千七百二十名。此所述军伍之数，毫无夸张，最可信。盖此书本夷字，非翻成汉字者比也。惟无养兵饷数，是为疏漏之大者⑭。

---

①"支放钱粮"似译"军需"较好。
②陂率马士达依尼拉尔（Post Master - General），邮政总长。
③流底南依尼拉尔阿付厘曷南士（Lieutenant - General of the Ord - nance），军械副总监。
④法士甘糜孙拿阿付厘兰利委奴（First Commission of the Land Revenue），土地税务署长。
⑤押多尼依尼拉尔（Attorney - General），检察长，不是"总兵官"。
⑥疏利西多依尼拉尔（Solicitor - General），副检察长，不是副总兵官。
⑦律流底南阿付爱伦（Lord Lieutenant of Ireland），爱尔兰副总督。
⑧甘曼那付厘贺些士（Commander of the Forces），武装部队司令。
⑨知付色吉力达厘（Chief Secretary），爱尔兰总督。
⑩委士土厘沙腊（Vice Treasurer），副财政部长。
⑪押多尼依尼腊尔（Attorney - General），检察长。
⑫疏利西达依尼腊尔（Solicitor - General），副检察长。
⑬甘弥孙（in commission of the line），现役战列舰。
⑭原著有养兵饷数5，784，808英镑，译者未译。

政事

凡国王将嗣位，则官民先集巴厘满衙门会议，必新王背加特力教而尊波罗特士顿教始即位。国中有大事，王及官民俱至巴厘满衙门，公议乃行。民即甘文好司供职之人。大事则三年始一会议。设有用兵和战之事，虽国王裁夺，亦必由巴厘满议允。国王行事有失，将承行之人交巴厘满议罚。凡新改条例、新设职官、增减税饷及行楮币，皆王颁巴厘满转行甘文好司而分布之。惟除授大臣及刑官，则权在国王。各官承行之事，得失勤怠，每岁终会核于巴厘满，而行其黜陟。

王宫岁用

甘文好司，岁输银二百五十五万员。凡有金银矿所产金银与赃罚银，俱供王宫支发。称国王曰京，岁需银三十万员；称王妻曰郡，岁需银二十五万员；值宿官曰占麻连①，管（马）〔家〕官曰士底赫②，管（家）〔马〕官曰麻司达阿好司，岁需银七十七万员；护卫官曰班侍阿勒尔③，岁需银三十七万五千员。此外尚有津贴罗厌尔（之官），嗑士达（之官）唔（官）里士曼④（等官），岁需银八十五万员。综计每年王宫需银五百九万五千员⑤。国用止述王宫而不及官禄、兵饷全额，殊不可解。

————————————————

①占麻连（Chamberlain），侍卫官。
②士底赫（Lord Steward），皇室庶务长。
③译者看错，以为原文是 pensioner，故讹译。其实原著为 Pensions，意为恩俸、特奖、临时津贴。
④罗厌尔嗑士达唔里士曼（royal establishment），皇家机构。
⑤"五百九万五千员"，应作"二百五十四万五千"元。

杂记

兰顿国都银号一所，因昔与佛兰西战，亏欠商民本银四十二万四千一百四十一万有奇，息银万有六千九百二十七万有奇，书票付给，分年支取。

河道先不通于各港，嗣经疏浚厄兰特冷河①，长九十里；疏浚历士河②，长百二十里；又浚依尔力斯（麿）〔縻〕耶河③、厄兰精孙河④、厄兰玉尼河⑤，四通八达。舟由港口至各部落，任其所之，贸易大便。

兰顿建大书馆一所，博物馆一所。渥斯贺⑥建大书馆一所，内贮古书十二万五千卷。在感弥利赤⑦建书馆一所。

有沙士比阿⑧、弥尔顿⑨、士（达）〔班〕萨⑩、特弥顿⑪四人，工诗文，富著述。俗贪而悍，尚奢嗜酒，惟技艺灵巧。土产麦、豆、稻，不敷民食，仰资邻国商贩。千八百年⑫，各国封港，外粮不至，本国竭力耕作，粮价始略减。所产呢羽皆不及佛兰西。纺织器具，俱用水轮、火轮，亦或用马，毋烦人力。国不产丝，均由他国采买。

---

①厄兰特冷河（Grand Trunk Canal），大特朗克运河。
②历士河（Leeds and Liverpool Canal），利兹和利物浦运河。
③依尔力斯縻耶河（Ellesmere Canal），埃尔斯米尔运河。
④厄兰精孙河（Grand Junction），大江克欣。
⑤厄兰玉尼河（Grand Union），大尤尼恩。
⑥渥斯贺（Oxford），牛津。
⑦感弥利赤（Cambridge），剑桥。
⑧沙士比阿（Shakespeare），莎士比亚。
⑨弥尔顿（Milton），弥尔顿。
⑩士班萨（Spenser），斯宾塞。
⑪特弥顿（Dryden），德莱顿。
⑫大陆封锁体系实际上始于1806年。

英吉利国在欧罗巴极西之地，四面皆海。南距佛兰西仅一海港，东近荷兰、罗汶①；东临大海，与士干里那威耶②对峙；西抵兰的③，北抵北极洋，幅员五万七千九百六十方里。户口千四百一十八万有奇。国东平芜数百里，西则崇山峻岭。大部落五十有三，小部落四百八十有五。

弥特色司部，东界伊什，西界墨经含④，南界舍利，北界赫（治）〔贺〕⑤。领小部落三。

兰顿国都，其首部也。都在甜河⑥北岸，东西距八里，南北距五里。户口百四十七万四千有奇，兵四千四百名，产金、银、时辰表、珍宝、波达酒。

落滕（司）〔马〕兰部，东界海，西、（南）〔北〕皆界斯葛兰，（北）〔南〕界特尔含。领小部落十有七。

艮马伦部，东界特尔含，西界海，南界兰加〔社〕，北界斯葛兰。领小部落二十有三。产铅。

育社部，东界海，西界兰加社，南界那弥⑦，北界特尔含。领小部落四十有三。产粗呢、白矾、白呢、绵花、地毡、细呢。

委士摩（含）〔兰〕⑧部，东界育社，西、北皆界艮马伦，南界兰加社。领小部落七。

兰加社部，东界育社，西界海，南界支社，北界委士摩兰。领小部落十

---

①罗汶，据原著，此名为 Germany（德国）的讹译。

②士干里那威耶（Scandinavia Pen.），斯堪的那维亚半岛。

③兰的（Atlantic Ocean），大西洋。

④墨经含（Buckingham），白金汉。

⑤赫贺（Hertford），又作赫里福德、希厘贺，即哈福德。

⑥甜河（Thames），泰晤士河。

⑦那弥（Derby），德比。

⑧委士摩兰（Westmorland），威斯特摩兰。

有七。有兰加士达炮台①一所。产呢、布、盐、煤、波达酒。

支社部，东界那弥，西界佛凌②，南界佘勒社③，北界兰加社。领小部落七。有士顿博炮台④一所，土产盐。

那弥部，东界纳鼎含，西界士达贺⑤，南界利（达洗）〔洗达〕，北界育社。领小部落七。土产磁器、铁、铅、煤。

讷鼎含部，东界领戈吾社⑥，西界那弥，南界利洗达，北界育社。领小部落八。

领戈吾社部，东界海，西界讷鼎含，南界感密利治⑦，北界育社。领小部落二十二。土产呢、长羊毛。

勒伦部，东、北皆界领戈吾社，西界（斯）〔利洗〕达，南界落含〔顿〕社⑧。领小部落三。

利洗达部，东界勒伦，西界洼隘⑨，南界落（尔）〔含〕顿，北界讷鼎含。领小部落六。产毡袜。

斯达贺部，东界那弥，西界佘勒社，南界窝洗斯达⑩，北界支社。领小部落七。产煤、铁、盐。

佘勒社部，东界斯达贺，西界闷俄脉里，南界希里贺，北界支社。领小部落九。产橡木。

①兰加士达炮台（Landcaster Castle），兰开斯特古堡。

②佛凌（Flint），弗林特。

③佘勒社（Shropshire），希罗普郡。

④士顿博炮台，疑指原著有所描述的 Castle of Chester，即切斯特古堡。

⑤士达贺（Stafford），斯塔福德。

⑥领戈吾社（Lincolnshire），林肯郡。

⑦感密利治（Combridge），又作感密力治、戈密力治，即剑桥郡。

⑧落含顿社（Northamptonshire），又作落斯含顿，即北安普敦郡。

⑨洼隘（Warwick），又作窝隘，即沃里克郡。

⑩窝洗斯达（Worcester），又作洼洗士达，即伍斯达。

佛凌部，东界支社，西界领糜①，南界领弥，北界海。领小部落二。

领弥部，东界佛凌，西界格那完，南界闷俄脉里，北界海。领小部落五。

格那完部，东界领弥，西界敖额里西②，南界麻里垣匿社，北界海。领小部落四。

敖厄里西岛部，南界格那完，东、西、北俱界海。领小部落四。产铜。

麻里垣匿社部，东界闷俄脉里，西界海，南界加里凝③，北界格那完。领小部落四。

闷俄墨里部，东界余勒社，西界麻里垣匿社，南界那落社④，北界领弥。领小部落三。

1408 加尔里〔凝〕部，东界墨力诺⑤，南界格尔马廷，西界海，北界麻里匿垣社。领小部落三。产铅。

拉落社部，东界希里贺，西界加里凝，南界墨力诺，北界闷俄脉里。领小部落四。

希里（货）〔贺〕部，东界窝洗士达，西界墨力诺，南界满茅治⑥，北界余勒社。领小部落五。

洼洗士达部，东界洼隘，南界俄罗洗士达，西界希里贺，北界斯达贺。领小部落五。产磁器、细呢。

窝隘部，东界落尔含，西界窝洗斯达，南界恶斯贺⑦，北界斯达贺。领小部落七。产铜、扣针。

落斯含顿部，东界韩鼎伦，西界洼隘，南界墨经含，北界利洗达。领小部

---

①领糜（Denbigh），又作领弥即登比。

②敖额里西（Anglesey），又作敖厄里西岛即安格尔西岛。

③加里凝（Cardigan），又作加尔里凝、卡迪根。

④那落社（Radnorshire），又作拉落社即拉德诺郡。

⑤墨力诺（Brecknock），布雷克诺克。

⑥满茅治（Monmouth），蒙默恩。

⑦恶斯贺（Oxford），牛津郡。

落五。

　　韩鼎伦部，东界戈密力治，西、北皆界落含顿，南界脉贺。领小部落二。

　　感密力治部，东界萨溇，西界韩鼎伦，南界赫贺，北界领戈吾社。领小部落四。

　　落尔和①部，东界海，西界感密力治，南界萨溇，北界海。领小部落一十五。产羽毛、呢、哔叽、五采缎。

　　伊什部，东界海，西界赫贺，南界景，北界萨贺。领小部落三十。产麦、呢。

　　萨溇部，东界海，西界感密力治，南界伊什，北界落尔和。领小部落七。产短羊毛。

　　赫贺部，东界伊什，西、北皆界墨经含，南界敏特塞司②。领小部落四。

　　脉贺部，东界感密力治，西界墨经含，南界赫贺，北界韩鼎伦。领小部落五。

　　墨经含部，东界赫贺，西界恶斯贺，南界脉社，北界落含顿。领小部落五。

　　恶斯贺部，东界脉经含，（西）〔南〕界俄罗洗斯达③，（南）〔西〕界脉（含）〔社〕，北界洼隘。领小部落五。

　　俄罗洗斯达部，东界恶斯贺，西界满茅治，南界稔社④，北界窝洗斯达。领小部落八。产细呢、铅、布、煤。

　　墨力诺部，东界希厘贺，西界格马廷⑤，南界厄拉磨凝⑥，北界拉落⑦。领

────────

①落尔和（Norford），诺福克。
②敏特塞司（Middlesex），米德尔塞克斯。
③俄罗洗斯达（Gloucester），格罗斯特。
④稔社（Wiltshire），威尔特郡。
⑤格马廷（Caermarthen），卡马森。
⑥厄拉磨凝（Glamorgan），又作额腊磨凝、厄腊磨凝，即格拉摩根。
⑦拉落（Radnor），拉德诺。

小部落三。

格尔马廷部，东界墨力诺，西界宾目鹿，南界海，北界加里凝。领小部落三。

宾目鹿部，东界格马廷，西、南、北皆界海。领小部落四。

额腊磨凝部，东界满茅治，西界格马廷，南界海，北界墨力诺。领小部落七。产铁、锡、马口铁、煤。

满茅治部，东界俄罗洗斯达，西界厄腊磨凝，南界海，北界希里贺。领小部落三。产绵花、羊毛、铁、煤。

戈伦和尔部，东界里完，西、南、北皆界海。领小部落一十七。有戈伦和尔炮台①一所，产铜、铁、锡。

里完部，东界疏马什，南界海，西界戈伦和尔，北界海。领小部落二十三。土产锡。

疏马什部，东界稔社，北界俄罗洗斯达，西界海，南界落尔什②。领小部落十四。产羊毛。

落尔什部，东界含社，西界里完，南界海，北界疏马什。领小部落十。

稔社部，东界含社，北界俄罗洗斯达，南界落尔什，西界疏马什。领小部落十一。产大呢、小呢、铁、细地毡。

含社部，东界舍利，西界稔社，南界海，北界脉社。领小部落十六，其首部距兰顿甚近。产橡木。

疏色司部，东界景，西界含社，南界海，北界舍利。领小部落十六。产绵花、羊毛。

景部，东界海，西界舍利，南界疏色司，北界伊什。土旷而沃，物产丰

---

①戈伦和尔炮台（Castle Terrible），恐怖城堡。
②落尔什（Dorset），多塞特。

盛。所属落洼①之②新圭博③，在国之南，海舶出入要港，距兰顿甚近。对海即是佛兰西，实兰顿咽喉之所。设立落洼大炮台，水师巨舰多泊此及渣咸④，两地所有军装器械、火药、火炮，均贮渣咸库。领小部落十七。

舍利部，东界景，南界疏色司，西界含社，北界兰顿。领小部落七。

脉社部，东、北界皆恶斯贺，西界稔（含）〔社〕，南界含社。领小部落五。

特尔含部，东界海，西界艮马伦，南界育社，北界落滕马兰。领小部落九。

萌岛部，四面界海。与艮〔马〕伦对峙。领小部落四。

英吉利所属斯葛兰（岛）〔地〕附记

斯葛兰地，三岛相接，一河中流。东南平旷，西北多山。本爱伦之人所辟，中为斯葛司⑤与毕斯⑥割据东南，遂名其地曰斯葛司。又有士特那腊果律⑦割据西北，于耶稣纪年五百⑧时，南齐永元二年。并吞斯葛司，建部落于阿果律⑨山上。传二百五十余年为塞

---

①落洼（Dover），多佛。

②"之"，为"等"字之讹。

③新圭博（Cinque Ports），英国东南海岸享有特权的 Dover，Sandwich，Hastings，Romney，Hythe 等五个港口。

④渣咸（Chatham），查塔姆。

⑤斯葛司（Scots），斯科特人。

⑥毕斯（Picts），皮克特人。

⑦士特那腊果律（Kingdom of Strathcluyd），斯特拉斯克莱德王国。

⑧原著作第五世纪，译文不确，所注我国历史纪年亦误。

⑨阿果律（Alcluyd），阿尔克莱德。

循之根尼剌①所灭，易名斯葛兰。后有布鲁士②与巴利葛③互争，英国之壹贺王④以兵助巴利葛，立为王。传至士都轧⑤，无道，部众渐怨，于千六百有三年，明万历三十（三）〔一〕年。英吉利遂乘间灭之，以伊邻麻社⑥为首部落，设官通商。然其众心至今向士都轧而不向英国也。伊邻麻社首部落设色孙⑦衙门一所，官十五人，以听讼；益士知加⑧衙门一所，以征赋税，岁征银二千三百八十五万员；甘文好司一所，执事四十五人，皆由官民公举；大书馆一所，贮书十万卷。习俗固执，胆大经营。

河渠五：火腊河⑨，发源边罗冕山⑩麓，至付利剌阿港⑪出海。坷来底河⑫、度稔河⑬，均源于揽绯里斯社⑭，一由腊纳社⑮出海，一由麻邑⑯出海。又有一河，发源和化⑰，至拔社⑱分流，一（经）

---

①根尼剌（reign of Kenneth），指肯尼思王朝。

②布鲁士（Bruce），通译布鲁斯。

③巴利葛（Baliol），通译巴利奥尔。

④壹贺王，指爱德华一世（Edward Ⅰ）。

⑤士都轧（Stuarts），指斯图亚特王朝。

⑥伊邻麻社（Edingburthshire），爱丁堡郡，即中洛锡安（Mid Lothian）郡。

⑦色孙（Court of Session），高等民事法庭。

⑧益士知加（Exchequer），财政部。

⑨火腊河（Forth R.），福思河。

⑩边罗冕山（Ben Lomond），洛蒙德山丘。

⑪付利剌阿港（Firth of Forth），福思湾。

⑫坷来底河（Clyde R.），克莱德河。

⑬度稔河（Tweed R.），特威德河。

⑭揽绯里斯社（Dumfries－shire），邓弗里斯郡。

⑮腊纳社（Lanark－shire），又作那纳社，即拉纳克郡。

⑯麻邑（Berwick），又作麻威壹社、麻壹社，即贝里克。

⑰和化（Forfar），又作和化社，即福洁尔。

⑱拔社（Perth－shire），珀思郡。

〔径〕行出海，曰底河①；一环绕而至曼付社②出海，曰泗比河③。

斯葛兰，东、南界英吉利，西、北界海。幅员二万九千六百方里，户二百三十六万三千八百四十〔二〕口，大部落三十，领小部落三百三十八。

伊邻麻社，东界哈领顿社④，（南）北界海，南界（北）〔比〕墨（尔）〔司〕社⑤，西界领利俄社⑥。领小部落七。

领利俄社，东界伊邻麻社，北界海，西界斯达凌⑦，南界伊邻麻社。领小部落三。

菉斯麻社⑧，东、南界英吉利，西界揽绯里斯社，北界麻威壹社。领小部落九。

揽绯里〔斯〕社，东界菉斯麻社，西界埃野社⑨，北界那纳社。领小部落十有四。

加尔格墨利社⑩，东界揽绯里〔斯〕社，南界海，西界稔达温⑪，北界埃野社。领小部落七。

稔达温社，东界加〔尔〕格墨利社，西、南界海，北界埃野社。领小部落五。

埃野社，东界揽绯里〔斯〕社，南界稔达温社，西界海，北界凌埠流社⑫。

①底河（Tay R.），泰河。
②曼付社（Banff–shire），班夫郡。
③泗比河（Spey R.），斯佩河。
④哈领顿社（Hadding ton–shire），哈丁顿郡，即东洛锡安（East Lothian）郡。
⑤比墨司社（Peebles–shire），皮布尔思郡。
⑥领利俄社（Linlithgow），林利思戈郡，即西洛锡安（West Lothian）郡。
⑦斯达凌（Stirling），斯特林。
⑧菉斯麻社（Roxbwrgh–shire），罗克思巴勒郡。
⑨埃野社（Ayr–shire），埃尔郡。
⑩加尔格墨利社（Kirkcudbright–shire），柯尔库布里郡。
⑪稔达温（Wigtown–shire），又作稔达温社，即威格敦郡。
⑫凌埠流社（Renfrew–shire），伦弗鲁郡。

领小部落十有七。产呢、煤、盐。

凌埠流社，东界那纳社，南界埃野社，西界海，北界揽麻顿社①。领小部落四，产布纱、裰娑布。

那纳社，东界（斯达凌）〔比墨司社〕，（南）〔西〕界凌埠流社，（西）北界（阿埃尔）〔揽麻顿〕社，〔南界揽徘里斯社。〕领小部落十有二，其首部有那纳炮台。产布纱、羽毛纱。

比墨司社，东界西尔格社②，南界揽绯里〔斯〕社，西界那纳社，北界依邻麻社。领小部落三。

西尔格社，东、南界菉斯麻社，西界比墨司社，北界依邻麻社。领小部落三。

麻壹社，东界海，南界菉斯麻社，西界依领麻社，北界哈领顿社。领小部落十。

哈领顿社，东、北界海，南界麻壹社，西界依邻麻社。领小部落五。

斯达凌社，东界领（九）〔力〕俄社③，南界那纳社，西界揽麻顿社，北界拔社。领小部落八。其首部有炮台二所。

揽麻顿社，东界斯达凌社，南界凌埠流社，西、北界阿埃尔社④。领小部落二。其首部有炮台。

阿兰岛⑤，在干代耶⑥之东，埃野社之西。领小部落一。

阿埃尔社，东界拔社，南界海，西界海，北界英哇尔社⑦。领小部落三十七。其首部有炮台二所。

———————

①揽麻顿社（Dumbarton - shire），丹巴顿郡。
②西尔格社（Selkirk - shire），塞尔扣克郡。
③领力俄社（Linlithgow - shire），林利思戈郡。
④阿埃尔社（Argyle - shire），阿益尔郡。
⑤阿兰岛（Arran），阿兰岛。
⑥干代耶（Kintyre - shire），金蒂尔郡。
⑦英哇尔社（Inverness - shire），又作莫哇尼斯社，即因弗内斯郡。

拔社，东界和化社，西界阿埃尔社，南界斯达凌社，北界英哇尔社。领小部落二十四。

噶利满兰部①，东界邑匪社②，南界海，西、北界拔社。领小部落四。

邑匪社，东界海，西界噶里满兰，南界海，北界拔社。领小部落十有三。其首部有经哈伦炮台。产大花缎、煤。

和化社，东、南界海，西界拔社，北界阿麻领社③。领小部落十有二。其首部有炮台二。

经加那引社④，东、南界海，西界和化，北界阿麻领社。领小部落七。

阿麻领社，东、北界海，南界和化社，西界曼付社。领小部落二十九。

曼付社，东界阿麻领社，余三方原缺⑤。领小部落八。

麻立社⑥，东、南界曼付社，西界泥伦⑦，北界海。领小部落五。

泥伦，东界麻立社，南界英哇呢斯社，西界罗士社⑧，北界海。领小部落一。

英哇呢斯社，东界阿（领）麻领〔社〕，西界海，南界阿埃尔社，北界罗斯社。领小部落三十八。产布。

罗斯社，东、西界海，南界英哇尼〔斯〕社，北界沙特兰社⑨。领小部落二十六。

沙特兰社，东界结尼司社⑩，西界海，南界罗士社，北界海。领小部落一

---

①噶利满兰部（Clackmannan – shire），克拉克曼南郡。

②邑匪社（Fife – shire），法夫郡。

③阿麻领社（Aberdeen – shire），阿伯丁郡。

④经加那引社（Kincardine – shire），金卡丁郡。

⑤余三方应是北界海，西界麻立社，南界阿麻领社。

⑥麻立社（Moray – shire），即莫里郡（埃尔金郡）（Elgin – shire）。

⑦泥伦（Mairn），奈恩。

⑧罗士社（Ross – shire），又作罗斯社即罗斯郡。

⑨沙特兰社（Sutherland – shire），萨瑟兰郡。

⑩结尼司社（Caithness – shire），凯恩内斯郡。

十三。

结尼司社，西界沙特兰，东、南、北皆界海。领小部落十一。

英吉利所属爱伦国附记

爱伦在英吉利之西少北，独峙一岛。佛兰西①始开垦，公举头目，综理阔略。耶稣纪年九百②始属于领墨。二百余年为英吉利侵夺，以腊墨领③为首部落，设官约束，法令严刻，止准货物运售兰顿，不许通他国。部众劫于威，心皆不服，遂于千六百四十年④，

明崇祯十三年。聚众屠杀英人四万，尽驱余众出境⑤，旋为兰顿兵平服。后乘英国与弥利坚连年争战，爱伦人始得渐与他国贸易。千七百九十八年，嘉庆三年。英国与佛兰西争战。佛兰西阴结爱伦人为助，爱伦遂复叛。军无纪律，佛兰西不及救应，数月仍为英吉利所平。自后英国亦敛其苛政，设爱伦总理大员驻扎腊墨领，并建书馆，贮书十万卷。赋税，每年征收银二千二百万四百七十六员。河道三：麻罗河⑥，自领塞⑦发源，至瓦达贺⑧港口出海。杉泠河⑨，自阿兰山⑩发源；（摩目）〔墨罗士纳〕河⑪受各湖之水，汇

---

①"佛兰西"，原著作"Celtic"（克尔特人）。

②原著作第九世纪。

③腊墨领（Dublin），都柏林。

④应为 1641 年（明崇祯十四年）。

⑤原著意为"尽驱余众入都柏林"。

⑥麻罗河（R. Barrow），巴罗河。

⑦领塞（Leinster），伦斯特。

⑧瓦达贺（Waterford），又作哇达活、哇达贺、哇挞贺，即沃特福德。

⑨杉泠河（R. Shannon），香农河。

⑩阿兰山，指艾伦湖（Lough Allen）东北十余公里处。

⑪墨罗士纳河，摩目河即博伊恩河（R. Boyne），在都柏林以北的德罗赫达（Drogheda）出海。汇香农河，由利墨里出海的应是墨罗士纳河（R. Brosna），通译布罗士纳河。

归杉冷河，由利墨里①港口出海。产豆、麦、牲畜。郭②地产金沙、金块，每块有重二十四两者。郭，地名。

爱伦四面皆海，在英吉利之西少北，幅员三万方里，户口七百七十六万七千四百有奇。大部落三十有二，小部落四百四十有二。

岭③部，东界海，西、北界密④，南界温罗⑤。领小部落六，产银。

吉尔那厘⑥部，东界温罗，南界加楼⑦，西界亏引斯加温逮⑧，北界密。领小部落十三。

奄特林⑨部，东、北界海，西界伦顿那厘⑩，南界那温。领小部落十有六，其首部曰敏尔化戍⑪，有大炮台。产夏布、棉布。

伦顿那厘部，东界奄特林，北界海，西界伦俄尔⑫，南界带伦⑬。领小部落十有二。产布。

伦俄尔部，东界带伦，西、北界海，南界化蛮那⑭。领小部落二十有九。

———————

①利墨里（Limerick），又作里敏利、离敏里，即利默里克。
②郭（Cork），科克。
③岭、拉墨岭、那墨利斯，都是上文腊墨岭（Dublin）的异译。通译都柏林。
④密（Meath），米思。
⑤温罗（Wicklow），威克洛。
⑥吉尔那厘（Kildare），又作吉尔拉里、吉尔那里，即基德尔。
⑦加楼（Carlow），卡洛。
⑧亏引斯加温逮（Queen's County），又作亏引斯加温递，即昆斯郡，今莱伊什（Lao-ighis）。
⑨奄特林（Antrim），安特里姆。
⑩伦顿那厘（Londonderry），伦敦德里。
⑪敏尔化戍（Belfast），贝尔法斯特。
⑫伦俄尔（Donegal），又作罗尼俄尔，即多尼戈尔。
⑬带伦（Tyrone），蒂龙。
⑭化蛮那（Fermanagh），弗马纳。

带伦部，东界伦顿那厘，西、南界摩那寒[1]，北界罗尼俄尔。领小部落二十。其首部有大炮台。

腊温部，东、南界海，西界阿马[2]，北界奄特林。领小部落二十。产夏布。

阿马部，东界那温，西界摩那寒，南界律[3]，北界带伦。领小部落八。产夏布。

摩那寒部，东界阿马，西界化蛮那，南界密，北界带伦。领小部落九。

化蛮那部，东界摩那寒，南界（带伦）〔加完〕[4]，西界里特临[5]，北界伦俄尔。领小部落九。产麻。

加完部，东界摩那寒，南界密，西界里特临，北界化蛮那。领小部落九。产夏布。

里特临部，东界加完，南界朗贺[6]，西界色厘俄[7]，北界海。领小部落七。产布。

色里俄部，东界里特临，西界麻约[8]，南界罗斯感门[9]，北界海。领小部落十有一。产布。

麻约部，东界色里俄，西、北界海，南界牙尔卫[10]。领小部落十有九。产布。

———————

①摩那寒（Monaghan），莫纳根。
②阿马（Armagh），又作阿麻，即阿尔马。
③律（Louth），劳思。
④加完（Cavan），卡万。
⑤里特临（Leitrim），利特里姆。
⑥朗贺（Longford），朗福德。
⑦色厘俄（Sligo），斯莱戈。
⑧麻约（Mayo），马尤。
⑨罗斯感门（Roscommon），罗斯科门。
⑩牙尔卫（Galway），高尔韦。

牙尔卫部，东界罗斯敢门，西界海，南界吉利野[1]，北界麻约。领小部落三十有六。

罗斯敢门部，东界朗贺，西界麻约，南界牙尔卫，北界色里俄。领小部落十有二。

朗贺部，东、南界卫色密[2]，西界罗士感门，北界里特临。领小部落六。

卫塞密部，东界密，西界罗斯敢门，南界经士加温[3]，北界加完。领小部落八。

密部，东界拉墨领，南界吉尔拉里，西界卫色密，北界摩那寒。领小部落十有六。

律部，东界海，西界摩那寒，南界密，北界阿麻。领小部落七。产夏布、羽毛纱。

经士加温部，东界吉尔拉里，西界（牙尔卫）〔底比那里〕[4]，南界亏引士加温递，北界卫色密。领小部落八。

格列野部，东界底比那里，南界里敏利，西界海，北界牙尔卫。领小部落十有六。产铅、铁、煤。

加里部，东、南界郭，西、北界海。领小部落二十有一。

郭部，东界哇达活，南界海，西界加里[5]，北界离敏里。领小部落三十有二。

离敏里部，东界底比那里，南界郭，西界加里，北界吉列野。领小部落十有四。

底比那里部，东界吉尔景尼[6]，西界离敏里，南界哇达贺，北界牙尔卫。领

①吉利野（Clare），又作格列野，即克莱尔。
②卫色密（Westmeath），又作卫塞密，即韦思特米思。
③经士加温（King County），又作经斯加温，即金斯郡，今奥法利（Offaly）。
④底比那里（Tipperary），蒂珀雷里。
⑤加里（Kerry），克里。
⑥吉尔景尼（Kilkenny），基尔肯尼。

小部落二十有三。

哇挞贺部，<small>东界温斯（稔）〔贺〕①，西界郭，南界海，北界底比那里。</small>领小部落十。

吉尔景尼部，<small>东界加楼，北界亏引斯加温逮，西界底比拉里，南界哇达贺。</small>领小部落十有一。

亏引斯加温逮部，<small>东界吉尔拉里，西界底比那里，南界吉尔景尼，北界经斯加温。</small>领小部落七。

加楼部，<small>东、南界温斯贺，西界吉尔（境）〔景尼〕，北界吉尔那里。</small>领小部落五。

温罗部，<small>东界海，西界吉尔那里，南界温〔斯〕贺，北界那墨利斯。</small>领小部落十有二。

温斯贺部，<small>东、南界海，西界哇达贺，北界温罗。</small>领小部落十有六。

①温斯贺（Wexford），又作温斯货，即韦克斯福德。

海国图志卷五十一_{邵阳魏源重辑}

大西洋

英吉利国广述上_{原无，今补。}

《英国论略》_{新嘉坡人所撰}：英吉利国，乃海中二方屿也。其南大岛曰伦墩国①，北岛曰苏各兰国②，两国共名英吉利。又有小岛称为倚耳兰③，鼎足环峙。_{道光二十二年，英夷在江宁与当事议款，其文书曰英国之以耳兰墩云云。盖其兵帅濮定渣，乃以耳兰墩人也。}南及英海峡，隔佛兰西国，北及大北海④，西至大西洋海，东距荷兰国不远。英岛⑤延袤二十六万一千方里，户千有五百万口；〔倚〕耳兰岛延袤九万六千方里，户七百万口。本国虽褊小，而除本国外，所割据他洲之藩属国甚多，若地中海岛⑥则有十四万户口，若亚非利加海滨新地则有二十五万三千户口，若五印度各藩属则有八千四万口，在北亚墨利加接花旗国地则有百五十万口，并其洲东群岛白黑居民八十二万口。别有新荷兰岛⑦，当中国南洋万余里，人户岁岁增益。

---

①伦墩国，指英格兰（英国的主要部分）。
②苏各兰国（Scotland），又作苏国、斯哥西亚国，即苏格兰。
③倚耳兰（Ireland），又作耳兰岛、意尔兰大、壹尔兰大，即爱尔兰岛。
④大北海，指北冰洋（Polar Sea）。
⑤英岛，又作必力旦岛，指大不列颠（Britannic）岛。
⑥地中海岛，指当时受英国管辖的地中海各岛。
⑦新荷兰岛（New Holland），指澳大利亚（Australia）。

此等属国互相离远，无陆可通，惟以舟船联络。本国生齿殷繁，岁有几万离家开垦新地，建邑造船，故其人散布天下。无论何埠，皆有英商贸易。其人肌肤白，发则自黄、白、红、黎，各色皆具，中多有红毛，故以红毛称之。剪发留短。其瞳睛或蓝、或棕、或黑。其女美艳闻四海。男四时衣呢戴毡，内衬汗衫，外罩背心短衫，内外二裤，冬则外套长袍，足蹑皮靴。女衣用绸缎及各洋布，随风俗、依时式，百变千式，首戴大帽，面挂薄帕，身衣长衫三四重。最好洁。首饰珠宝，不计价值。归必购各国之珍，以贻女

奁。民日三餐，早饮茶、加菲等暨面包、饼饵、牛乳油；午后大餐牛、羊、鸡、豚、鱼、菜。惟荷兰薯甲乎各国。居宅高广数层，垩饰精丽，墙贴华纸，板铺花毡，户垂帷帐，周悬山水之图。庶民惟拜天主，尽绝道、释，不奉异神。其教有二：一曰洗礼，一曰圣餐。城邑乡里，各派教主，每七日一礼拜，老幼男女，聚集（殷）〔殿〕堂，唱诗赞美教主耶稣之德，祈福忏罪，而后听教。教主尊若官府。英国近北海，故甚寒。其天气不定，今日晴霁，明日暖燠。夏暑而不热，水果佳甚。国有良马、绵羊，其毛以造呢羽。猎犬以捕野牲。国内约计马百二十五万只，牛、驴五百五十万只，田二百有七万三千顷。有麦无米，不赡于食，必由外国运至。山多石炭、锡、铁、铜，百货皆来自外国。国中无论男女皆习文艺，能诗画，兼工刺绣。婚姻必男女自愿，然后告诸父母，不用媒妁。惟拜教主，祈上帝，婚则以戒指插新妇之指，即为夫妇。因上帝原初止造一男一女，故不能娶二妇，亦不许出妻。多有男终身不娶、女终身不嫁者。父母产业男女均分，不能男多女少。嫁则婿受其赀焉。倘违禁娶两女者，其罪流。国人相接，除帽示敬，尊坐卑立。惟跪拜上帝，即见国王亦不拜也。英人有三品：一曰五爵，二曰绅士，三曰庶民。五爵惟其长子世袭，其余

皆为绅士。不论何等人，皆可供职。其教士之长大者等于五爵，下者如中国塾师。必学三四国语音，通经能文、精历法、明测验推步，然后可以教人。其医皆有考试，考中方许治病。其讼师学法律，亦有考试。画师画山水林泉及塑像，皆以逼真为贵，不似中国白描写意，虚多实少。农夫共计九十七万八千有余户。田地瘠硗，故设奇器引水以溉之，围以篱笆，有似园圃。英人最好花园、果林，五爵皆有猎场。冬月则盖暖室，内排各种蔬菜果树及远方异种草木，温养发芽，故四时常有异果名花。机房织造，不用手足，其机动以火烟，可代人力。以羊毛与棉花纺成洋布、大呢、羽毛，皆自然敏速。道光十八年，所制出丝绸、布帛、铜器百货，计价银三百万两有余，绵布计银万有二千四百万两，绵线计银二千七百六十万两，铁条与铁器计银九百四十万两，麻布计银九百六十万两，羽呢等货计银千有三百八十万两，共计一年运出之货，价银二万一千六百四十万有余两。而国内所用货物，不在此数。皆务工勤商，早夜经营之效。由人烟稠密，户口繁滋，田园不足于耕，故工匠百有三十五万户，多于农夫三之一。不止贸易一国一地，乃与天下万国通商也。所运进广州府之货物，如海菜、沙血蝎、洋蜡、槟榔、海参、燕窝、冰片、血珀、阿魏、息香、牛黄、乌木、红铜、珊瑚、玛瑙、绵花、绵纱、儿茶、青石、火石、象牙、犀角、白米、鱼翅、鱼肚、槟榔膏、玻璃器、锡、铅、铁、钢、没药、乳香、胡椒、苏木、木香、红木、檀香、沙藤、自鸣钟、时辰表、大呢、羽缎、哗叽、小绒、洋布、花布、手巾。所有运出者，茶叶、湖丝、绸缎、手巾、紫花布、夏布剪绒、绉纱、纹布、花幔、丝绢、绣绢、牙器、银器、漆器、云母、草席、磁器、白矾、笙竹、硼砂、樟脑、桂皮、桂油、桂子、硬饭头、铜箔、雄黄、牛胶、腾黄、澄茄、纸、墨、铅粉、麝香、大黄、白糖、冰糖、糖果、姜黄、银朱等货。一年间，所出入之货，价值不下银二千二百万员，而雅片不在此数。除大清国贸易外，尚有与花旗列国贸易之货，在道光十六年，共价银三千六百万两；其外国货运入本国海口者相仿。所用商船，大小万有四千五百余只，水手十四万八千名。道光十七年，外国船到英国埠头者，大小七千四百余只，每年所纳税饷共计银六千六百万两。按：此数不可信，考上文每年货价出入不过数千万，税饷不过税其十一，安有竟与货价银数相埒之理？是为夸诞不情。其广推贸易之法，有火轮船航河驶海，不待风水。又造轷辘路，用火车往来，一时可行百有八十里。虞船货之存失不定，则又约人担保之，设使其船平安抵岸，每银百两给保价三四圆，即如担保一船二万银，则预出银八百员；船不幸沉沦，则保人给偿船主银二万两。其通国行宝为金，每金三两分作银价二十二块，其银再分铜钱，兼用银票。钱钞楮币与金银同价。当中国汉朝时，英民犹未向化，游猎林中。值罗马国兵来侵，降服大半。按：罗马国，亦作罗汶国，即意大里亚也。东国野族蜂起攻击，土人逃匿山林。英地尽为各国所据。渐奉耶稣教，始知风化。宋朝年间，有邻部那耳曼①者，渡海力据英境，强役土民。不及二百年，两族合成一国，勤劳速兴。当明之季，英百姓尽崇正教，通文字，自弃旧俗，权势益增。民人敢作敢为，兵船出巡四海，屡拒退外国之兵。且文艺大兴，博览经典、法术、武艺，不可胜数。但其语音，与汉语大不同。其言长，切字多，正字少，只二十六字母，是以读书容易，数日间即可学之。故此学者无不通习文艺，如国史、天文、地理、算法，不晓者，则不齿于人。目前王后主国，年尚少，聪慧英敏，众民悦服。贵臣共十二人，为管国帑大

---

①那耳曼（Normany），诺曼底。

臣、审办大臣、持玺大臣、户部大臣、内国务宰相、外国务宰相、管印度国务尚书、水师部大臣、贸易部大臣、兵部大臣。此外尚有议士协办大臣等，皆理政事者也。设有大事会议，各抒己见。其国中尊贵者曰五爵，如中国之公、侯、伯、子、男，为会议之主；且城邑居民，各选忠义之士一二，赴京会议。国主若欲征税纳饷，则必绅士允从；倘绅士不允，即不得令国民纳钱粮；若绅士执私见，则暂散其会，而别择贤士。如有按时变通之事，则庶民择其要者，敬禀五爵、乡绅之会。大众可则可之，大众否则否之。每年税饷田赋入国帑者，共银万一千一百万两。除国用外，所余不及百万两。若越于此数，则减税饷。国之欠项共银二十三万六千七百万两有余，每年利息八千八百二十四万有余。施济闾阎，每年银二千五百万两。利息及施济两项银数皆不近情，不足信。其银乃各屋主良民所捐。又教师抽国产十分之一，每年银共四百万两。弁兵十九万丁，此据地里志及新闻纸数目，原本作九十万，非诞即讹。此外另募于五印度国若干万丁以镇守边境。水师兵船大小六百有十只，水手四万名。中有大舰，每只载大炮百有二十、或一百、或九十、或七十四、或六十门，其中等者或四十四、或二十八门，其小者或二十、或十、或六门也。自嘉庆十九年，西方列国大臣会议结和戢兵以后，兵船惟巡海护货而已。原无，今补。

《贸易通志》曰：英吉利本国止产锡、铜、煤炭，然其国人好利争胜，精技艺，治船械，不惮险远，故凡他国物产皆聚于伦墩国都。百姓插英吉利商船共计二万二千四百三十五只，载三千九百二十七万石，水手十有六万。别有小船十二万九千八百二十六只，水手五十八万。其最大之埠头为伦墩①、利味埔里②、胡里③、新堡④、牙尔木⑤、牙腊士莪力⑥、亚比耳亭⑦、伯利木⑧、可耳奇⑨、土比林⑩、比利法⑪等处。外国进口之船四千五百四十二只。道光十三年，货出口者三万二千万员，进口者二万一千万员。

《职方外纪》：欧罗巴西海迤北一带至冰海，海岛大者曰谙厄利（岛）〔亚〕⑫，即英吉利。曰意尔兰大（岛）。英夷属岛。其外小岛不下千百。意而兰大（岛）经度五十三至五十八，气候极和，夏热不择阴，冬寒不需火。产兽畜极多，绝无毒物。其国奉教之初，因一王宫之婢能识认真主，遂及王后、国王，以讫一国。其地有一湖，插木于内，入土一段化成铁，水中一段化成石，出水面方为原木也。旁一小岛，岛中一地洞，常出怪异之形，或云炼罪地狱之口也。（诸）〔谙〕厄利亚经度五十至六十，纬度三度半至十三，气候融和，地方广大，分为三道。其学二所，共十三院。其地有怪石，能阻声，其长七丈，高二丈，隔石发大铳，人寂不闻，故名聋石。有湖长百五十里，广五十里，中容三十小岛。有三奇事：一，鱼味甚佳，而皆无鬐翅；一，天静无风，倏起大浪，舟楫遇之无不破；一，有小岛无根，因风移动，人弗敢居，而草木极茂，孳息牛羊豕类极多。近有一地，死者不瘗，但移其尸于山，千年不朽，子孙亦能认识。地无鼠，有从海舟来者，至此遂死。又有三湖，细

①伦墩（London），又作兰敦、兰墩，即伦敦。
②利味埔里（Liverpool），又作里味池、利威浦，即利物浦。
③胡里（Hull），赫尔。
④新堡（New Cashe），纽卡斯尔。
⑤牙尔木（Greenock），又作绿诺邑，即格里诺克。
⑥牙腊士莪力（Glasgow），又作加剌我、甲拉峨，即格拉斯哥。
⑦亚比耳亭（Aberdeen），又作亚北丁，即阿伯丁。
⑧伯利木（Plymouth），又作北来口，即普利茅斯。
⑨可耳奇（Cork），又作哥耳其，即科克。
⑩土比林（Dublin），又作特拔林、突林城，即都柏林。
⑪比利法（Belfast），又作北发，即贝尔法斯特。
⑫谙厄利亚（English），指大不列颠岛。

流相通达，然其鱼绝不相往来，此水鱼误入彼水辄死。傍有海窖，潮甚时，窖吸其水而永不盈，潮退即喷水如山高。当吸水时，人立其侧，衣一沾水，人即随水吸入窖中；如不沾水，虽近立亦无害。

《万国地理全图集》曰：英吉利国乃海中两屿，其大者分二方，南曰英兰，北曰苏各兰，两者其名英吉利。其小岛曰倚耳兰，中隔海港，相离不远。北极出自四十九度五十八分至五十五度四十五分，偏东自二度至（四）〔西〕十二度。英岛袤延方圆二十六万方里，居民一千五百万。〔倚〕耳兰岛九万六千方里，居民七百万丁。其海滨隅奥，港汊分岐，市埠遍布。苏各兰海之群岛亦稠。英国距荷、佛两国不远，一日可渡，用火轮船仅需半日。苏各兰之北，山岭不绝，与英岛之西相同。其山硗沙，其坦地则丰产。至（以）〔倚〕耳兰岛，则泽渚广延焉。英吉利岛褊小，其河不大，故国都即在但士江①边，大船易入。山出石炭、锡、铜、铁、铅，而石炭最多，每年价银千万两。产骏马、牛、羊，共马百五十万，黄牛三百九十七万，羊二千六百二十四万。产大小麦、谷，其谷不足食，必由外国运入。居民不织布，乃制铁纲机关而造之。每年所造呢羽、哔叽等物，共计银千八百万两。其棉花布银，每年一万零二百万两。每年用棉花四十万七千石以织之，皆由外国运进。其务织者共四十九万三千名。其机关巧细，但弱女幼子亦可容易动之也。所用丝，由意大里及中国运入；所织价值，每年银三千万两。铁铜造铸机关、鸟枪、大炮、刀剑各项器械，价值银五千一百万两。道光十八年，所运之货计价银一万四千八百万两，所运进者共计银一万七千九百四十万两，故国用充裕。

英国现摄权者为女王，号捷胜②，尚少年、聪慧英敏，经嫁与

①但士江（Thames），又作但西河、坦米斯江、达弥塞河，即泰晤士河。
②捷胜（Victoria），维多利亚。

日耳曼之君。其大臣共十二位，谓管国帑大臣、审事大臣、持玺大臣、户部大臣、内国务宰相、外国务宰相、管印度国务大臣、水师部大臣、贸易部大臣等，余有议士协办等，以治国政。又有大爵公侯会议政事，又立绅士会以询问政务，筹办国饷。人稠地狭，田园不足于耕，只得外徙新地。昔皆往花旗国，今亦移至亚齐①南之大地矣。

英吉利分南、北、东、西之部：南方七部：苏悉②、北③、干地④、苏利⑤、汉威利⑥、突悉⑦等部。在此地海边，有造船之广厂，英国兵船与商船所云集之处，称谓港口⑧也。各兵船回家之时，即到其口修理。其南方遍处山岗，树林荫，河流清，春夏万红千紫。其城邑乃干得布利⑨，教师所驻，大有殿堂。又绿威⑩，系水手受伤之后，老迈所退之院。又风素耳⑪地，乃王室隐逸避静之宫殿。

东方各部曰以邑⑫、苏弗⑬、干桥⑭、匈丁敦⑮、林君⑯。那耳

---

①亚齐（Achin，Aceh），亚齐南之大地，指澳大利亚。
②苏悉（Sussex），苏塞克斯。
③北（Berk），伯克。
④干地（Kent），肯特。
⑤苏利（Surrey），萨里。
⑥汉威利（Cornwall），康沃尔。
⑦突悉（Dorset），多塞特。
⑧港口（Portsmouth），又作布茂土，即朴茨茅斯。
⑨干得布利（Canterbury），坎塔伯雷。
⑩绿威（Greenwich），格林威治。
⑪风素耳（Windsor），温莎。
⑫以邑（Essex），埃塞克斯。
⑬苏弗（Suffolk），萨福克。
⑭干桥（Cambridge），剑桥。
⑮匈丁敦（Huntingdon），亨廷登。
⑯林君（Lincoln），林肯。

威城①广造呢布。干桥邑乃大英有名之书院，学儒攻书之地。

中央各部曰中悉②、瓦威③、士答弗④、特末⑤、若丁翰⑥、（墨）〔黑〕度⑦、不敬翰⑧、屋度⑨、北翰敦⑩、来悉特⑪、北度⑫。其中系国都兰敦，居民百有四十七万四千名。其保罗殿堂⑬特异，可纳罕⑭超卓。其西殿⑮亦然。两堂内立英杰名师之像，以旌其德。若论其通商，则远国之船每年进其口者一千零五十七只，英船进者三千七百三十只。所有公银铺，每年所税本银六千万两。如有财而欲置之安稳，则缴于银铺也。其城之穹桥⑯下，路各有奇异。其屋度，乃国之古书院。其北明翰⑰，专造刀器铁皿。

北方各（都）〔部〕分兰甲⑱、突翰⑲、北匈⑳、西野㉑、君北

①那耳威城（Norwick），诺里奇。

②中悉（Middlesex），又作迷德勒塞斯，即米德尔塞克斯。

③瓦威（Warwick），沃里克。

④士答弗（Stafford），斯塔福德。

⑤特末（Derby），德比。

⑥若丁翰（Nottingham），诺丁汉。

⑦黑度（Hertford），哈福德。

⑧不敬翰（Buckingham），白金汉。

⑨屋度（Oxford），牛津。

⑩北翰敦（Northampton），北安普敦。

⑪来悉特（Leicester），莱斯特。

⑫北度（Beckford），贝德福。

⑬保罗殿堂（St. Paul's Cathedral），圣保罗大教堂。

⑭疑为 ornament 的音译，意为装饰，音译应作可纳冥。

⑮西殿指威斯敏斯特教堂（Westminster Abbey，圣彼得联合教堂），华人习称西敏寺。

⑯穹桥，指新伦敦桥（New London Bridge）。

⑰北明翰（Birmingham），伯明翰。

⑱兰甲（Lancashire），兰开夏。

⑲突翰（Durham），达勒姆。

⑳北匈（Northber land），诺森伯兰。

㉑西野（Westmoreland），威斯特摩兰。

地①，与苏国交界。其都系约古城②，内建广大之殿。新堡系石炭之大门口。曼识特③系属织造各项布之大邑。里味池系英国第次之港口，与花旗国广开通商，其居民二十万丁。另有大城邑，建于其国内。

西方各部曰织执④、黑（疫）〔疫〕度⑤、门口⑥、窝悉⑦、五悉⑧、孙悉⑨。有⑩海边有港口曰北多里⑪、曰北来口，在最深之海隅。其八邑⑫，有人夏月集会玩赏之处。瓦勒⑬部之居民系属土蛮⑭，言语不同，山岭险隘。此时众民向化，勤劳牧羊，出石炭焉。其城邑最少。

苏各兰（岛）南方丰沃，北方硗瘠。居民百计经营，不知辛苦，远商外邦，故地寒而家富。其民奉拜天主，敬畏耶稣。分三十二部，其会城曰以丁堡⑮，街舍最整。加剌我织造布匹，运出者每年价银千余万两。绿诺邑有海港。亚北丁系书院。

〔倚〕耳兰岛之居民，宽宏慷慨，宴会豪饮。惟奉加特力教，因崇其异端，惟僧是听，累生事端，甚激英国之怒。然其男上阵

---

①君北地（Cumberland），坎伯兰。

②约古城（York），约克。

③曼识特（Mancester），又作曼食悉，即曼彻斯特。

④织执（Shrop），希罗普。

⑤黑疫度（Hertford），赫里福德。

⑥门口（Monmouth），蒙默思。

⑦窝悉（Worcester），伍斯特。

⑧五悉（Gloucester），格罗斯特。

⑨孙悉（Somerset），索默塞特。

⑩"有"，为"在"字之讹。

⑪北多里（Bristol），布里斯托尔。

⑫八邑（Bath），巴思。

⑬瓦勒（Wales），又作瓦利士，即威尔士。

⑭指居尔特人（Celtic race）。

⑮以丁堡（Edingburgh），又作以丁布，即爱丁堡。

为兵力战，从不奔北。其会城曰土北林，南有港口，民十万七千。林勤①马头在〔倚〕耳（国）〔兰〕第三，北发乃马头第四。

英之海滨，多有海岛：南最大者称为威地②，山水清美；在佛海边，额西③、额耳西④两岛；在西方，曼岛⑤；在苏葛兰一带沿海，撒多海岛，但天寒，麦谷难登，每年大半冰雪，其居民专务捕鱼。

《地球图说》：英吉利国东南西北四面都界海，其二岛：一名必力旦，一名爱耳兰。又南曰英兰（岛），北曰苏各兰（岛）。英兰之民约一千六百万，都城地名伦敦，城内民百五十万，大半耶稣教，小半天主教。国内义学不少，而极大书院有二。江一，曰坦米斯。土产羽毛、布呢、哔叽、绵布、羊毛布、绸缎、磁器、煤炭、皮货、锡、铜、铁、铅等物。苏各兰之民约二百六十二万，统属耶稣教。盖二（岛）〔土〕本系二国，明朝始合为一。土产羊、牛、煤炭、羊毛、布等物。再西方有一岛，名爱耳兰，百姓约八百万，城名特拔林，城内民三十万，大半天主教，小半耶稣教。民食蕃薯、大麦、奶饼、豕肉。爱耳兰于嘉庆五年⑥间，亦与英国并合。其民穷苦，岁徙居于花旗等国。

《地理备考》：英吉利国在欧罗巴州之西北，北极出地五十度至六十一度止，经线自西三十五分起至十三度止。四面枕海，长约二千一百里，宽约一千零六十里，地面积方约十二万六千三百二十里，烟户二京（二）〔三〕兆四亿口。山陵众多，峻峭者少。

---

①"林勤"，应作"林勒"（Limerick），利默里克。
②威地（Wight），怀特岛。
③额西（Jersey），又作日塞尔、日西，即泽西岛。
④额耳西（Guernséy），又作给尔尼塞、危耳尼，即格恩济岛。
⑤曼岛（Isle of Man），又作漫岛，即马思岛。
⑥英国与爱尔兰合并为1801年1月，应申算为嘉庆四年。

其在（苏各兰岛）〔斯哥西亚国〕内之奔内维斯山①，乃通国之至大山也，高仅四百三十七丈。海岛甚多，四面回环，西面尤众。河之长者十三，湖之至大者八。通国田土稼穑，适敷所需。土产铜、铁、锡、铅、窝（元碯）〔宅、碯〕砂、纹石、火石、磁器、信煤等物。地气温和，不时更变，暝雾阴雨，寒多暑少。王位男女皆得临御，惟以长幼为序。奉者加尔诺修教。其天主公教，国中壹尔兰大之人奉者过半。若路得罗等各修教，亦有奉之者。技艺精巧，商舶众多。曩时居民皆塞尔达人②分派，后有哥度国人③蓦占其土，驱逐其人。汉孝宣帝五凤年间，罗马国用兵三十一载④，乃克其地，统归一部，历代兼摄。至四百七十五载，当罗马国衰弱，为卑勒敦人⑤所据。后加利多尼亚⑥地人频扰其地，因求安各罗人⑦协助，而安各罗人反乘机占地过半，互分七（酋）〔国〕，各霸一方⑧。唐德宗贞元中，有豪酋平七国为一。旋有（大尼）〔低纳马尔加〕国人据之。宋真宗天禧⑨间，有给列尔美者率舟师战败（敌）〔其〕军，遂王本国。孝宗乾道八年时，君英黎给⑩者，攻克壹尔兰大国，归于一统。元世祖至元中，嗣君并兼（苏各兰国）〔斯哥西亚〕，归为一统。不久复分为二。明神宗万历

---

①奔内维斯山（Ben-Nevis），尼维斯山。

②塞尔达人，指居尔特人（Celts）。

③哥度国人，实指迦太基人（Carthaginians）。

④"三十一载"，似应作"十二载"。

⑤卑勒敦人，指不列颠人（Briton）。

⑥加利多尼亚（Caledonia），喀里多尼亚。

⑦安各罗人，指盎格鲁人（Angles）。

⑧建立七个撒克逊国家的，非只盎格鲁人，还有朱特人（Jutes）和古撒克逊人（Old Saxon）。

⑨宋真宗天禧间是丹麦、挪威人占领英格兰的年代，魏源省略原文时没看清楚。诺曼底公威廉（William of Normandy）占领英格兰为宋英宗治平年间。

⑩英黎给，指亨利二世（Henry Ⅱ）。

三十一年，君薨无嗣，其（苏各兰）〔斯哥西亚〕国王因与先君姻戚，乃得临御本国，始合二国为一，称曰英吉利。乾隆四十年，所摄亚美里加州地始行叛乱，驱逐英官自立为国。乾隆五十八年，本国与佛兰西国交兵，九（战）〔载〕方息。未几佛兰西国君复率舟师进攻，幸本国师船云集，拥塞河道，不能进。嘉庆二十年，大败佛兰西于窝得尔禄①地方，始安。道光十七年，给列尔美王②薨后无嗣，其侄女维多里亚者接统，即本国现在之君也。

本国有英吉利、（苏各兰）〔斯哥西亚〕、壹尔兰大三国之分。其英吉利（岛）分为五十二部：东方则六，一名（多）〔迷德勒塞斯，首邑名〕伦敦，乃国都也，建于达（弥）〔迷〕塞河岸，宫室之壮丽，工商之云集，货物之富有，皆欧罗巴州第一。西方则十二部，南方则十部，北方则六部，中央则十八部。其斯哥西亚，即苏各兰（岛）也，分为三十三小部，南方则十三部，北方则六部，中央则十四部。其壹尔（南）〔兰〕大岛，分为三十二部，东方则十二部，西方则五部，南方则六部，北方则九部。

其国通商冲繁之地，内外不一。在海边者大半，在内地者三分之一。兼摄各地，五州之中皆有之。在欧罗巴州者，一名西利岛③，大小共一百四十五座，地膏腴，丰谷果；一名漫岛，长百里，宽五十里，地面积方二百五十里，铁、（矿）〔铅〕、五谷，所产富庶；一名日尔塞岛，长四十里，宽三十里，地面积方七十里，山峻田腴；一名给尔尼塞〔岛〕，长三十里，宽二十里，回环百二十里，川野沃（阔）〔润〕，四季温和；一名黑利科兰岛④，人烟

①窝得尔禄（Waterloo），滑铁卢。
②给列尔美王，指威廉四世（William Ⅳ）。
③西利岛（Seilly Isles），锡利群岛。
④黑利科兰岛（Ilha de Helgoland），赫尔戈兰岛。

稀疏，惟多网罟；一名日巴拉尔大①，在〔大〕吕宋国内，延袤十余里，三面环海，直接日巴拉尔大峡②，惟一径达塞维里亚③（部），地势崭岩，炮台城池甚固，风景壮丽，五方辐辏；一名马尔大岛④，长七十里，宽四十里，回环二百里，谷果茂盛，天气温和，昔属意大里亚国，今则归于本国。别有各岛，在亚细亚州、（未）〔亚非〕里加州、〔亚〕美里加州，阿塞〔亚〕尼亚州之中。

《外国史略》曰：英吉利国三洲环峙，小屿无数，亦西北岛国也。上古未通他国时，本山林土蛮，文身射猎，杀人祭鬼，惟与佛兰西人海边交易。有意大里国之罗马民于汉宣帝十八年来踞此岛，佛国出军渡海御之，不能胜。又率大小船八百艘进攻之，连年交战，终为罗马所据，延及苏各兰以北。越二百年，始有耶稣之徒来此传教化俗。宋文帝二十五年⑤，罗马国衰，又招日耳曼撒逊之族来此争战。迄三百年⑥，遂由欧罗巴之北海顺流下，遍肆劫掠。岛民有阿里弗⑦者潜探敌营，归领军士，突袭破之，而国基立焉。后大尼国来侵，焚掠民物。于宋英宗二年⑧，居民力战胜之，此英国兴隆之原也。英国北⑨邻佛兰西，屡交战，互相胜负。明宪宗二十年⑩，两国战息，其民始自营生，从欧罗巴学火药火器、学印书、务艺术、学罗针航海。向崇克力斯顿天主教，至是始改耶

①日巴拉尔大（Gibraltar），直布罗陀。
②日巴拉尔大峡（Strait of Gibraltar），直布罗陀海峡。
③塞维里亚（Sevilla），塞维利亚。
④马尔大岛（Malta），马耳他。
⑤"二十五年"，似应作"二十七年"。
⑥应为"八百年"。
⑦阿里弗，指阿尔弗烈德大王（Alfred the Great）。
⑧"二年"，应作"三年"。
⑨"北"，应作"南"。
⑩应是"明代宗景泰四年"。明宪宗成化二十年是英国玫瑰战争结束前一年。

稣教。然执天主教之西班亚王不信，为高大战舰来攻。英国募水手乘小船以攻其高舰。忽大风，敌舟触礁，损破大半，遁回本国。自后英国振兴，商船遍航四海。于明万历年间，始通中国。万历三十年①，复并苏各兰国，南北始合为一。但北岛之君欲立克力斯顿教，英人又逐之，而请荷兰之君以为之主。佛兰西恃强屡与列西国交战获胜，常思吞并。英人与他国连和，共为唇齿，以拒佛国。嗣后英国女王继位，竭心治国，选将练兵，战无不胜，佛国骄气渐敛。女王薨无后裔，于康熙五十二年招日耳曼所属汉（耶）〔那〕耳国②之峨耳治③为君，国益庶富。然常与佛兰西、西班亚两国交战。当此时，英国于四方开新埠。因本国人稠地狭，田园不足耕，是以驶到亚默利加之境开新埠，大兴贸易。既而欲增税饷，土民不从，且佛兰西、西班亚又协助土民，于是亚默（里）利加人遂自立国，即今花旗，名曰兼摄他国，亦名合众国。时乾隆四十七年也④。

英国于大地之中，居西北隅。北极出地自四十九度五十八分及五十度四十二分，中线偏东一度四十六分、偏西十度三十五分。国分三十部。大岛曰英吉利、曰苏各兰，小岛曰伊耳兰。苏各兰居北方，天气甚寒，山高，少五谷，有草场，足资游牧。土民犷悍，言语不通，日肆劫掠。苏各兰之南多物产，艺五谷，今亦属于英吉利。英吉利地山平坦，水甘草肥。惟东方沙漠⑤，无大河，南地则膏腴，饶物产。山虽不峻，而自北至南，绵亘直达国都。

①"三十年"，应作"三十一年"。
②汉那耳国（Hannover），汉诺威。
③峨耳治，指乔治一世（George I）。
④如指美国独立战争胜利结束，应为"乾隆四十六年"。如指英国正式承认美国独立，
　应为"乾隆四十八年"。
⑤似不应称为沙漠。

东北地有煤炭矿。西南地有锡、铁。西为瓦里士①部，山岭险隘，峒峡深邃，地硗而民良。伊耳兰岛西北多湖泽潴水，东南肥美，惜农无开垦之资。海港最阔者，苏各兰、伊耳兰之西滨。南有威地岛，崖谷奇峭，多异景。佛兰西港内，有危耳尼、日耳西等岛。伊耳兰海隅有漫岛。苏各兰西北有希白利群岛②，北方有阿耳加群岛③，最北有设兰群岛④，此三岛天气极寒，不生五谷，今不述焉。

英国无大河，最著名者为但西河，国都在焉。各国船皆泊于此。尚有得连地江⑤、太西江⑥、威邻江⑦、士威江⑧、威江⑨、（鸟）〔乌〕西江⑩，其长者只六十里⑪。天气寒热均平，多雨露，故其气畅茂。

田每亩比汉人六亩半，共一千三百七十四万六千九百余亩，游牧草场二千六（十）〔百〕五万余亩，未垦地一千五十万亩，不足垦地一千三百四十五万四千余亩，统计五千七百九十五万二千余亩。伊耳兰耕地一千四百六十万三千余亩，泽潴五百三十四万七百余亩，湖四十五万五千余亩，统计二千三十九万九千余亩。

物产较他国特异，因英船所至，多采奇葩归国种植，天寒建暖房，护以玻璃瓦。马高大多力而驯良，最佳者价值三（千）

---

①瓦里士（Wales），威尔士。
②希白利群岛（Hebrides Is.），赫布里底群岛。
③阿耳加群岛（Orkney Is.），奥克尼群岛。
④设兰群岛（Shetland Is.），设德兰群岛。
⑤得连地江（Trent R.），特伦特河。
⑥太西江（Tees R.），提兹河。
⑦威邻江（Witham R.），威瑟姆河。
⑧士威江（Severn R.），塞文河。
⑨威江（Wye R.），怀河。
⑩乌西江（Quse R.），乌斯河。
⑪误，塞文河就长354公里。

〔百〕两。牛亦高大，然止供乳肉耕田耳。绵羊毛造呢，山羊取乳。豕及五谷不敷食，由他国运入。每年出铁价银二千万余两，锡价银三十四万余两，铅银八十三万余两。煤炭最多，每年约二万四千余石。

英吉利分四十邑，瓦利士分十二邑，苏各兰分三十二邑，伊耳兰分四部三十二邑。英都兰墩在但西河岸，英国大邑也。长六十里，阔四十五里，街市皆众，居民约二百万口。礼拜堂最大者保罗礼拜堂，长五十丈，阔二十五丈，高三十四丈，康熙年间所建，费银四百五十万两。其西方礼拜殿最古，国中名贤事迹，皆立碑于此。计之各商会馆及银局、信局，尤他国所无。设学馆以传学术。有大桥跨但西河泊船约万五千只、火轮大小九百只，建船厂以备修理，经费银岁计五百余万。火车四万辆，载城内货物出入都城。兰墩之东，有藏大炮及兵器之库。但西河帆樯林立，城内外街衢阗塞，烟火万家，亦海外一大都会也。其次邑曰曼食悉，居民十八万，机房、织造坊不可胜数，恒用火为机关。其三邑曰利威浦，居民十六万，为商贾之大埠，与各国通商，泊船千余，多火轮船，贸易最大者花旗国为首。其四邑曰百官舍[1]，居民十四万，制造五金名器处也。有鸟枪局，日造万余枝出售。又布茂士港口，设大战舰厂，（木）市肆甚繁。

苏各兰都曰以丁布，居民十二万，此最（嘉）〔佳〕之地。邑建山上，街路高高下下。书院中务学术者二千余人。甲拉峨港口在海边，居民二十万，英国通商第三大埠也。各制造局匠十余万，故产瘠而通商广。

---

[1]百官舍此名译自 Birmingham，音译应为百名含；但 Birming 源自 Birm，亦译作"百吾"，ham 是"住所"之意，亦可译"舍"。总之译百名含、百名舍、百吾舍均可，不能译百官舍。

伊耳兰都曰突林城，居民二十万，民不好贸易，惟务耕勤学。大港口曰哥耳其，居民十万，每年进船三十只①。地极褊小，多城邑，无陆路，皆以舟相通。英人数万往垦其地。英国人矫健，鲜疾病，重信义。男女肌肤白，睛或蓝、或白、或（墨）〔黑〕。常衣呢，冠用毡，剃发须，性好洁、洗浴。气候或暖或凉，故终年穿暖衣，内着汗衫，一日数换，民多寿。常服者外背心短衫，内外二裤，冬则长袍，躔皮靴。女用绸裹手，编其发，首戴大帽，面挂薄帕，衣长衫数层，珠宝饰首。屋宇广大，因地气寒湿，盖藏甚密。有层楼，地铺花毡，窗悉玻璃，房设火炉，壁悬山水图画。爱洒扫。晨则饮茶，食干糇、酥油、冷肉；午则小食；大餐用牛、羊、鸡、鹅、饼面，饮小酒，饱后始饮葡萄汁，以牛肉为上膳。民常食惟荷兰薯。而伊耳兰之小民更贫苦。

君民皆无妾媵，无鬻子女者。男二十四岁以上，自度有俯畜之业，方议娶。娶妻不用媒妁，与女子自订可否，诺则告其父母而聘定焉。聘后往来，以知其情性。乃集两家亲朋赴礼拜堂，请教师，祈上帝，遂为夫妇。妇将己有业产财帛俱归其夫，终身无贰。生子数日，携至礼拜堂，教师浸于水内，曰施浸礼。男女五岁入学，习天道《圣经》及国史等书。十四五岁后，各择士、农、医、匠、商贾为终身之业。国人每岁迁移他国，多不回籍，而户口加增如故。四十五年前，英吉利民一千九百②十四万；三十五年前，加增③一千二百六十万九千八百；二十五年前，共计一千四百三十九万一千六百名；十五年前，共计一千六百五十三万七千名；

---

① 这是 1829 年的统计数字，当年科克港（Cork）进船 256，德罗赫达（Drogheda）进船才是 30，马礼逊看错了行。
② 据 1801 年数字，"百"字衍。
③ 据 1811 年数字，"加增"应作"增至"。

五年前一千八百六十六万四千七百名。是知四十五年之内加增人户八百万名。女多于男。每百人中务农者十之（三）〔二〕，农夫二十五名内，以五名为田主；开矿者十之一；制造者十之一；为商贾者十之二，余教师、法师、医生、武士、水手。故英民分五等：一曰五爵，即与中国公、侯、伯、子、男无异；二曰乡绅、文武官、法师、教师、医生、大商等；三曰贾匠及田主；四曰雇佣、水手及农民；五曰贫乏之人。每年赒恤银一千二百万两。伊耳兰大农夫十八万，小农夫十六万，佣工八十八万，制造各物之人四十万，商贾及各匠百一十五万，乡绅富户二十一万，工人六十万，男仆十一万，侍婢六十七万，不务业者二十三万。

国学生馆计三万八千间，入学者百二十七万余人，用费或自出，或捐自他人，或出自国家。小儿自二岁以上，又立赤子学，女人办之。其大学藏书六万本，盛膳以供养之，必艺术贯通乃推用焉。刑名、算学皆仿是。其学医者，除病院外，别有院藏人身、骸骨、支体、全身筋脉，俾入院者察之，以知病原施药焉。

庶民务贸易，勤计算，习经营，不避危难。有大兴作，不惜重资捐创。

农器便利，不用耒耜，灌水皆以机关，有如骤雨。凡田一亩，每年出麦九石，豆十五石，红白萝卜二百余石，以饲牲畜；荷兰薯六十石，乃庶民所食。统计五谷田地约七百五十万亩，草场一千七百万亩。

英人好猎，立苑囿围场，秋月驰马射猎，不捕野兽于山林也。

制造之匠纯用火机关，所藉以动机关者，煤炭。每年出煤五万二千五百余万石，矿深一百三十九丈。每年以一千二百万石制火炮、刀剑，约价银五千一百万两，作工者三十万人。绵花多运自花旗，每年约三百四十五万石，价银四千二百八十万两。道光十五年，运出绵布价值银四千六百五十万两，绵绸一千六百五十万两。古时英国绵布皆由印度运回，获利甚重。今物价益减，工人多有缺食者。绵羊毛每年产九十三万石，由外运入者四十二万石。所造呢羽售于各国者，道光十七年价值银二千二十八万两，别有一百万两绒绵之价。其地织匠共计四十万（石）〔名〕。

织造绸缎，每年用丝三十万石。前此多由欧罗巴列国买来。自道光二十三年以后，多由中国运入。道光十六年，所买湖丝共计银六百三十九万两，绸缎进口价银二百二十二万二千两。

麻布莫妙于伊耳兰。道光十五年运出一千七百五十万丈，价值银一千一百二十万两，只供本国之用。每年书册纸四十五万五千石，纳饷银二百四十万两。

他国运来之糖，每年约三百二十四万石，纳饷一千四百八十四万两，其质最粗。英人磋磨之，乃精且白。

小酒税并造酒之器，一年约银一千二百八十二万三千两。火酒更广，饷银一千六百五十万两。四面距海，民习水性。其先不出欧罗巴之外，万历年间方远驶各海，以开新埠。是时西班亚国专揽外洋贸易，英国协力攻胜之。又与荷兰、佛（郎）〔兰〕西交锋获胜。沿海之国，乃皆通商。道光十八年，船共计二万六千六百只，别有载煤炭驶海各小船进口共计一万九千只。火轮船与花旗国往来，最大者长二十三丈，阔三丈五尺，载一万九千一百石。尤大者载二万一千九百三十石。或用铁以作船身，久存不损。道光二十二年，运出之物价值银一万四千一百万两。二十三年一万五千六百万两，二十四年一万七千二百万两，二十五年相等。各国通商之数不在此，惟论中国而已。与中国贸易二百余年，起于前明，其始最微，每年不过几万两。近始饮茶，而茶日加增。昔设大公班衙为贸易之总，于道光十四年散局，贸易更旺。自与中国结好以后，尤有增益。于道光二十五年，粤省进口船共一百八十二只，运货银一千七十一万五千员。运出货价过于运进货（一）〔二〕倍，往往以现银交易。所纳船钞税项，是年共计银一百六十六万四千两。厦门所进船三十三只，运入货价银四十四万二千两，所运出货价银四万六千两，共计钞税银二万三千五百两。福州进口船五只，进口货价二十万六千两，运出者并所不能卖者二十万五千两。宁波（口）进〔口〕船八只，所运进货价银三万一千两，运出货价银五万三千四百两，共约钞税银八千二百七十两。道光二十五年半载内，所进上海船七十二只，运入货价银一百三十二万八千两，所出者七十七万二千两，税钞银一十四万九千两。通商之起原极微，而今日极大，利益万万。至于鸦片不正项之贸易，尚在其外也。

英国字母最少，翻译中国"四书"、"五经"及各著述，又刊印逐日新闻纸以论国政。如各官宪政事有失，许百姓议之，故人恐受责于清议也。礼拜堂计一万一千六百间，伊耳兰二千一百六十八间，每间立教师及监司。逢礼拜日集会，诵祷讲道，劝人修德。其中尚有崇正教之人，不设监司，惟请教师而已。此耶稣教大半在苏各兰，与以耳兰之天主教各不相入。

国立宰辅大臣，共商事务。国家费用，先与乡绅会议，而后征纳。通行银钱，一面印王象，一面书钱之名。国王薨，有子立子，无子立女。前世女主即位者五君，今女君立已五年，屡出巡幸，任民观瞻，不宴处深宫也。宗室储君，各食公爵俸禄，亦赴五爵公会议事。其储君统诸军士，为水师大提督。外有国帑、银库、律例、国玺、国内事务、藩属地、水师务、印度部、商部、兵部各大臣。有要务则国王召议事百十三员会议，与中国军机都察院无异。其下各有董事，虽官有迁调，其董事不易。政务以国帑大臣为首，与大臣筹画。其乡绅之会，则各邑士民所推迁者，议国大小事、每年征赋若干、大臣贤否、筹画藩属国事宜、斟酌邻国和战、变置律例，舌辩之士尽可详悉妥议奏闻。其五爵之会亦如之。遇国有大臣擅权，其乡绅即禁止纳饷。计乡绅六百五十八人，自每年十二月至次年四五月，皆云集焉。若乡绅有罪，惟同僚能监禁之。英国之人自立，悉赖此乡绅。苟或加害，则众皆协力抗拒。

英国赋税火酒、小酒、醋纸，于道光十九年共计银四千四百一十四万六千余两；印遗书、印新闻、印票、担保等牌，共银二千二十五万二千五百两；屋窗马车犬骡马只猎务，约银八百一十五万四千四百两；邮驿递信收银七百三万八千八百两，共计银四千六百四十七万九千两①。计入国帑银约一万五千九百万两有奇。惟田赋、盐课两项，系贫民所纳；其余赋税，皆富户日用之物而征焉。所出国帑：军士钱粮二千六十七万八百两，水师之费银一千六百七十九万二千五百两，国之欠项息银八千四百万有奇，火炮部四百八十九万四千两，文官俸禄银一百一十四万三千两，公使等俸禄银五十六万六千三百两外，尚有杂项之费用。所入仅敷所出。若所余者多则减税，所收者不足则增税。经乡绅议定，每人一年收四百五十两，每一百必纳其三块，以充国帑，共纳银一千五百万两有奇。

通国所行之宝系金块，价值银三两，分为二十银块，以此再分为十二块。亦用铜钱，十二块为一银块，以此铜钱再为四分也。但银钱重，船难多载，况计所有，多不足用；积贮又阻于通商。于是国立银局，内收税饷，出银票，以敷所用。道光初年，所出

---

①所列税项不全，总数字非分项数字之和。

银票计价五千四百万两有余，六年所贮现银三千万两有余，故所最著者银票。在国中及大邑，任商人别立银〔票〕，来往川流，不须动支实项，非若他国银票滥用，致局少现银，受害无穷。列国中惟英国银局最信，各国之商，俱寄资取利焉。

道光二十二年，募军士十二万二千五百六十八名，骑兵侍卫三营，常步兵九十营，水师兵一百班。又募民壮二十万。

各项战船最大者十三只，载大炮百二十门；次者十二只，载炮一百门；又次者三十四只，载炮八十门；又次者二十五只，载炮六七十门。所载兵丁水手自八百至六百不等。外有巡船及各项火轮船数百只。

英国属地，自欧罗巴日耳曼海口①起，曰黑峨兰屿②；西班亚南嘴头曰义巴塔固城③；意大里亚曰马他④等岛；在希腊西曰以云群岛⑤，此岛为英国之门户，保护最谨。英国公班于五印度国所摄权之地，分四大部：北曰旁葛剌；东曰马塔剌⑥，西曰网买，中曰亚甲所⑦。结约各国地，曰槟榔屿、新埠头、锡兰岛。在亚非利加，英国据其浪山地，亚非利加之最南头也；西方曰狮山⑧、旱北亚⑨；沿海堡曰亚加剌⑩，此地广袤，林密难悉；在东⑪海边曰押

①日耳曼海口（Deutsche Bucht），德意志湾。
②黑峨兰屿（Helgoland），赫尔戈兰岛。
③义巴塔固城（Gibraltar），直布罗陀（杰贝勒塔里格）。
④马他（Malta），马耳他。
⑤以云群岛（Ionioi Nísoi），爱奥尼亚群岛。
⑥马塔剌（Madras），马德拉斯。
⑦"亚甲所"，"所"字为"剌"字之讹，指阿格拉（Agra）。
⑧狮山（Sierra Leone），塞拉利昂。
⑨旱北亚（Gambia），冈比亚。
⑩亚加剌（Accra），阿克拉。
⑪"东"，为"西"字之讹。

新孙岛①、希利拿岛②；在东边曰貌力突岛③、西悉群岛④。在亚默利加之北方曰下加拿他⑤、上加拿他⑥、新报苏威⑦、新苏各兰⑧、盖瓦岛⑨、新寻地⑩，曰西北荒地。又英人所据在默西哥海隅⑪内之岛（也）〔曰〕安地亚⑫、巴巴突⑬、多米尼加⑭、吉那他⑮、牙买加⑯、门悉拉⑰、尼益⑱、吉⑲、路加⑳、因新地㉑、多巴峨㉒、突多拉㉓、安威剌㉔、丁剌㉕、巴哈马群岛㉖、北毋他㉗。在亚默利加

---

①押新孙岛（Ascension），阿森松岛。

②希利拿岛（St. Helena），圣赫勒拿岛。

③貌力突岛（Mauritius），毛里求斯。

④西悉群岛（Seychelles Is.），塞舌尔群岛。

⑤下加拿他（Lower Canada），下加拿大。

⑥上加拿他（Upper Canada），上加拿大。

⑦新报苏威（New Brunswick），新不伦瑞克。

⑧新苏各兰（Nova Scotia），新斯科舍。

⑨"盖瓦岛"，"益瓦岛"之讹，指 Prince Edward Island（爱德华王子岛）。

⑩新寻地（Newfoundland），纽芬兰。

⑪默西哥海隅（Gulf of Mexico），墨西哥湾。

⑫安地亚（Antigua），安提瓜。

⑬巴巴突（Barbardos），巴巴多斯。

⑭多米尼加（Dominica），多米尼加。

⑮吉那他（Grenada），格林纳达。

⑯牙买加（Jamaica），牙买加。

⑰门悉拉（Montserrat），蒙特塞拉特。

⑱尼益（Nevis），尼维斯岛。

⑲吉（St. Kitts I.），圣基茨岛。

⑳"路加"，应作"路西亚"（St. Lucia），即圣卢西亚。

㉑因新地（St. Vincent），圣文森特岛。

㉒多巴峨（Tobago），多巴哥。

㉓突多拉（Tortola），托托拉。

㉔安威剌（Anguilla），安圭剌。

㉕"丁剌"，疑为"丁剃"之讹，指特立尼达（Trinidad）。

㉖巴哈马群岛（Bahamas），巴哈马群岛。

㉗北毋他（Bermuda），百慕大群岛。

南方所居之地曰地米剌剌①等地，含士剌②在新荷兰奥大利亚洲，英人所据之地，在东边曰新南瓦勒③、地面山岛④，其西方曰鹄港⑤，南方民数未详。又有法兰岛⑥、新亚兰岛⑦，英人甫居之。香港岛⑧在亚拉百国西南之海峡。

①地米剌剌（Demerara），德梅拉拉。
②含士剌，此名是 Berbice 首府 New Amsterdam（新阿姆斯特丹）的讹译。
③新南瓦勒（New South Wales），新南威尔士。
④地面山岛（Tasmania），塔斯马尼亚岛。
⑤鹄港指 Perth 外港 Fremantle 弗里曼特尔，位于斯旺（Swan）河口。
⑥法兰岛（Flinders I.），弗林德斯岛。
⑦"新亚兰岛"，"新西兰岛"（New Zealand）之讹。
⑧"香港岛"，"亚丁（Aden）港"之讹。

海国图志卷五十二 ^{邵阳魏源重辑}

大西洋

英吉利国广述中

《皇清四裔考》：英吉利，一名英圭黎①国，居西北方海中。南近荷兰，红毛番种也，距广东界计程五万余里。国中有一山，名间允②，产黑铅，输税入官。国左有那村③，右有加厘皮申村④，皆设立炮台，二村中皆有海港通大船，海边多产火石。王所居名兰仑，有城距村各百余里。王世系近者为弗氏京（亚）〔也〕治⑤，传子昔斤京（亚）〔也〕治⑥，传孙非立京（亚）〔也〕治⑦，即今王也。康熙间始来通市，后数年不复来。雍正七年后，互市不绝。初，广东碣石镇总兵官陈昂奏言：臣遍观海外诸国，皆奉正朔，惟红毛一种，奸宄莫测。其中有英圭黎诸国，种族虽分，声气则一。请饬督抚关部诸臣，设法防范。乾隆七年十一月，英吉利巡船遭风飘至澳门海面，遣夷目至省城求济。广东总督策

①英圭黎（English），又译作英机黎、膺吃黎、谙厄利等，指英国。
②间允（Cumbrian Mts.），坎布连山脉。
③那村（Tibury），提布里。
④加厘皮申村（Gravesend），格雷夫森德。
⑤弗氏京也治，指乔治一世（George I）。
⑥昔斤京也治，指乔治二世（George II）。
⑦非立京也治，指乔治三世（George III）。

楞令地方官给赏粮，修船只。先是其互市处所，或于广，或于浙。二十二年，部议英吉利不准赴浙贸易，于是皆收泊广东。每夏秋交，由虎门入口，土产同西洋各国，而船械特多，制造尤巧绝。二十四年，方严丝斤出洋之禁。两广总督李侍尧奏言：近年英吉利夷商屡违禁令，潜赴宁波，今丝斤禁止出洋，可抑外夷骄纵之气。惟本年丝斤已收，请仍准运还。奏入，报可。是年英吉利夷商洪任辉①妄控粤海关陋弊。讯有徽商汪圣仪者，与任辉交结，擅领其国大班银一万三百八十两。按交结外国，互相买卖，借贷财物例治罪。二十七年，英吉利夷商白兰②等，求仍照前通市。两广总督苏昌奏准照东洋铜商搭配绸缎之例，酌量配买，每船准买土丝五千斤，二蚕湖丝三千斤。其头蚕湖丝及绸绫缎匹，仍如旧禁止，不得影射取利。自是英吉利来广互市，每船如额配买，岁以为常。其明年，并准带绸缎成匹者二千斤。

《海录》：英吉利国即红毛番，在佛朗机西南③对海。由散爹里向北少西行，经吕宋、佛朗机各境，约二月方到。海中独峙，周围数千里。民少而豪富，房屋皆重楼叠阁。急功尚利，以海舶商贾为生涯。海中有利之区，咸欲争之。贸易者遍海内，以明牙喇、曼达喇萨、孟买为外府。民十五以上则供役于王，六十以上始止。又多养外国人为卒伍，故国虽小而强兵十余万，海外诸国多惧之。海口埔头名懒伦，由口入舟行百余里，地名兰伦。国中一大市镇也。楼阁连亘，林木葱郁，居人富庶，匹于国都，有大吏镇之。

①洪任辉，指 James Flint。
②白兰，指 Henry Browne。
③"西南"，应作"西北"。

水极清甘。河有三桥，谓之三花桥①，桥各为法轮，激水上行，以大锡管接注通流，藏于街巷道路之旁。人家用水，俱无烦挑运，各以小铜管接于道旁锡管，藏于墙间，别用小法轮激之，使注于器。王则计户口而收其水税。三桥分主三方，每日转运一方，令人遍巡其方居民，命各取水。人家则各转其铜管小法轮，水至自注于器，足三日用则塞其管。一方遍则止其轮，水立涸。次日别转一方。三日而遍，周而复始。其禁令甚严，无敢盗取者，亦海外奇观也。国多娼妓，虽奸生子必育之。男女俱衣白，凶服则衣黑，武官俱服红。女衣其长曳地，上窄下宽，腰间以带紧束之，欲其纤也。带头以金为扣。两肩以丝带络成花样，缝于衣上。有盛宴，则令年少美女盛服歌舞，宛转轻捷。富贵家女人，亦幼而习之以为乐。军法五人为伍，伍各有长，二十人则为一队。号令严肃，无敢退缩。唯以连环枪为主。其海艘出海贸易，遇覆舟必放三板拯救。得人则供其饮食，资以盘费，俾得各返其国，否则有罚。此其善政也。其余风俗，大略与各西洋同。土产金、银、铜、锡、铅、铁、白铁、藤、哆嗦绒、哔叽、羽纱、钟表、玻璃、牙兰米酒，而无虎、豹、麋鹿。

《英吉利国夷情记略》歙叶钟进蓉塘《寄味山房杂记》：

英吉利不见《明史》，入本朝始通于中国。考地图，在中国西北百余度。其国东西马行约二日，南北六日。余地散处各州岛屿，与邻国分市，相距有数万里者，悉航海以通往来。荷兰在其东，佛兰西在东南，俄罗斯在东北，瑞国②及米利坚在其西，大西洋即

---

①三花桥，指 Southward Bridge（索斯瓦尔德桥）、Westminster Bridge（威斯敏斯特桥）和 Blackfairs Bridge（布莱克费尔斯桥）。
②瑞国，即瑞典（Sweden），在英国东北。

葡萄亚在西南，小西洋则在利未央①之东。其余小国无算，半环地中海，统名曰欧罗巴州。州人皆遵耶稣教。耶稣生东汉②时，始知以三百六十五日为一年。今称一千八百三十几年。以中国冬至后三日为冬至，十日为年节。耶稣生有天受，能通各国土音，创教劝人为善。后被恶人钉其体于十字架，剖割以毙。其徒号其教曰天主。国酋初不信，禁习颇严。后与他国相攻，不胜；祈于其寺，忽云中现一十字架，遂以十字架为先锋，克敌。因大信奉。于是造礼拜寺，供十字架。自郡国至乡间，在在皆有。男女七日一礼拜。无跪拜仪，以除帽为大礼。礼拜日，停工作，许嬉游。不知闰，故不以月系年。即以礼拜期为数。贵女贱男。自王至民，率一夫一妇，无妾媵。不分内外，妇亦与人往还。大约男以三十岁后，女以二十岁后，自相择偶，临时议婚。王则与邻国世互婚嫁。生子女成立后，即分以业，俾自治生。故配合多以财产较。亦有终身不嫁不娶者，听。凡交游至，问其妻，不及父母。知俯育，不知仰事。交易铸银为钱，大小不等，以便市鬻。死时须记赀财于簿，或施入仁会，或分交游、亲戚、子女，咸无争竞。三日除服，不知祭祀。乡国以仁会赀立贫院、幼院、病院，举公正之人董理，故通洲无鬻子女者。亦禁蓄奴婢。士、农、工、商，各世其业。国立大学，郡中学，乡小学，延师以教读。字横列不直行，笔以铅锥为之。分科以习书、医。士各有字，彼此不相通晓。商之子女，皆习书算。仕有土地世禄，传付长子。农以稼穑为上，次果木（收）〔牧〕畜。土地皆属于王，荒土呈官，注籍往垦，以三十年为期。满则归官，出示招投，各书愿出价目封贮，定期开

①"利未央"，"央"字应作"亚"，指非洲。
②"东汉"，应作"西汉"。

看，多者得，将价呈缴，始听耕作。期未满亦听转投，已满亦许接投，以是无地税。屋有赋，以架为额，高广不计，窗棂外向亦赋之。赋有四：一归王，一设巡逻兵分段瞭守，一养瞽目废疾，治兵再赋。每男妇许各雇一人司爨，役不有赋，雇他国人赋倍之。工分艺木、石、塑、画，不许搀越。能出一奇物，得专利三十年，他人学作有禁。有测度家，专看罗经行海。商则自小历风涛，习操楫、泅水。居室以白石为墙壁，木为梁栋，高垒五六层以避贼，次用砖，下用土。以白灰垩壁，使极光明。男短衣，色尚青白，冬呢夏羽，居常以布，悉单无棉夹，裘大衣长，其后两幅，愈贵愈长，甚至丈余者，数人在后提挈以行，称为礼服。富者以金线缘帽及领袖以自表。女则珠玉锦绣为饰，极其华艳。男受女制。凡食，早则饮茶，食干糇；午小食，脯大餐，牛羊鸡鸭，咸烧炙。饭则麦面。饱后始饮酒，食水果。不以箸，用刀叉匙器，用金银玻璃为上。尺曰码，每码约中国二尺四五寸，各国不一。斤曰磅，约十二两零。随身带笔簿，遇异闻异事则记。然诺以拉手为定，亦登于簿，无遗忘，无翻悔。遇军事，治税赋。于亚勒马尼国选兵，_{即耶玛尼国，所谓"红面兵"也}。其人忠实肯用命，备宿卫置巡逻，悉募于此，各国皆然，不以民也。若在东印度各国用兵，则在满剌加招募。_{满剌加恐当作孟加腊}。兵饷极厚，每于礼拜下日关领，一人需洋钱十元、八元不等，计一月人需银二十余两。盖自有身赋与其酋也。有官话，通行一州之地。无奴婢，故无责打骂詈，亦无笞杖之刑。有犯，镣铐手足，闭置暗室，视轻重定期，满始释。富者赎，重者窜荒地，役使开垦。死罪以绳吊颈毙之。大逆不道，则有器如鼓状，内藏锋刃，纳人置于通衢，过者蹴使滚，此为极刑。凡传召，以竹竿为符节，至即随以行。有深怨不解者，各请证人，至广场架鸟枪于肩，约药力所及，背立，发火互击，中不中皆息。凡病死，医者不得其故，则剖其脏腑头颅，考验病之所在，著书示后。盖以既死则无所惜。此欧罗巴各夷情之大略也。

其下篇曰：英吉利国，前明始大。自大西洋葡萄亚通中国，乞得澳门以居，置买茶叶、大黄等物归售各国，各国慕之，闻风踵至。乾隆年间，大开洋禁，以粤东为市易所，设洋商通事，西南各国麕至。惟俄罗斯船不许开舱，盖其国与我北方蒙古毗连，向有榷场互易，若再开东南市舶，恐碍蒙古生计也。至是澳夷始不得独擅其利，乃以澳门夷屋赁与各国居止。澳夷向有番差一人以约束、理词讼，司达一人治赋税。英吉利既常来，遂于乾隆四十几年间创立公司。公司者，国中富人合本银设公局，立二十四头人理事，于粤设总理人，俗谓大班、二班、三班、四班，外有茶师、写字、医生及各家子弟来学习者，共数十人。每年七八月，夷船到时，始至十三行夷馆，许雇唐人买办食用。年终事毕，船归各夷，仍往澳栖止。驾船者有船主统管一舟人，有大、二、三、四伙长测星日、看罗经、量刻漏、对洋图以掌舵行舟，有写字人登记数目出入，有医生治疾病，有兵卫掌枪炮，有水手管风帆以及搭客等。初年每舟不下千余人，牛羊犬马皆备。至澳，报同知衙门，派渔船引水入泊黄（浦）〔埔〕，洋商雇西瓜艑船，驳货出入。嗣海道日熟，递次减少。今每舟不过三四百人。大西洋既不得专利，来船日少。佛兰西幅员阔、人民众，然富者始饮茶，贫者以炒豆代，故船久不来。荷兰赀本薄，无多船。他如单鹰、双鹰、黄旗等国，间有至者。惟英吉利公司商船最盛。然所市皆非本国土产，皆采买他国，尤以万达剌沙①暨东印度各国采买最众，易茶丝等货以归，各国及俄罗斯西境皆就近至彼国转贩。每年三

---

①万达剌沙（Madras），马德拉斯。

四月间，英国海舶云集。其初不过数船，近年增至大舶二十只，益以小船。其茶叶收赋极重，约捋中国买价，又禁他人不得置。即船主、伙长等人置者，到日交公司酌领价值。由是富强日盛。有大、二、三、四等头人以治政事。其酋所居城名兰墩，跨海汉造桥，上行车马，下过舟航。富贵家皆有苑囿，春秋佳日，礼拜之期，听男女游玩。夜则街巷遍悬油灯，行者无庸烛，其费出于仁会。亦有诙谐杂剧，夜始演作，昼有禁，恐妨工作也。人性强悍，好上人，荷兰等国皆畏之，推为盟主，以时聘问。数年一会，各酋长至其国以申盟约，宴游累月，方各登航以归。惟米利坚夷不与相下。米利坚即中国所称花旗者，沃衍宜五谷，周亦数千里，人勤力作，常以余粮济各国。设十二酋长以理事。一酋死，复公举之，必众服而后立。故其人最重行谊，无梗化，无催科，有军事方治赋。英夷常起兵攻之，十余年不能胜。又禁谷麦不粜与英兵，英兵益困。各国力为和解，始罢兵。米夷常指英夷为山狗性，如稍畏让，彼必追来；一返身相向，反曳尾而去。故兵虽解，终不往还也。其在东印度各国采买，亦设大班诸人。遇有可乘隙，即用大炮兵舶占踞海口，设夷目为监督，以收出入税。先后得有孟剌甲、新（地坡）〔埠〕、新加坡等处。即葛剌巴，本荷兰在前明所踞者，英夷亦曾夺之，近始仍归荷兰。其用兵饷费，出于公司各港所征税。公司得收三十年，期满始归其国王。凡用兵，只禀命而自备资粮，以故到处窥伺。所恃惟枪炮，炮子用生铁铸，重者至三十斤，故所向无不披靡。至东印度，皆回民①，仍各有酋长。英夷虽据其海口，亦未深入其内地。其回夷贸易中国者，所

---

① 东印度不皆奉伊斯兰教。

驾舶亦需英夷测度以行，故用英夷旗号，名曰港脚①。嘉庆十一二年间，有大班喇佛②者，约孟剌甲兵头，以兵船十艘，窥伺安南，为安南所烬，无颜返国，以所余三艘顺抵粤洋。喇佛又与内奸说合，欲占澳门，不果。喇佛不能回覆兵头，遂潜匿不出，不能开舱。此十三年秋冬间事也。其兵头竟趋澳，占踞炮台，西夷仅保守大炮台，发禀告急。时总督吴熊光、巡抚孙玉庭调兵戒严，饬澳门文武驱逐。夷兵虽回舶，然不去也。直待十四年春，喇佛给与金银，带归以恤死难，方回。喇佛以此被革，改用四班益华成③为大班。盖议欲占澳时，惟伊不肯署名，嘉其有识也。喇佛旋以忧死于澳。益华成之后，有大班吐丹东④者，冀我大屿山为居止，寄信回国，求奇异物入贡，自粤趋天津口，天津盐政以闻，奉准入都朝见。该夷使等不能行跪拜礼。诏将贡物发还，即饬盐政护送回粤，此嘉庆二十二年秋事也。时总督蒋攸铦亦将就从事，不能如各国使臣仪。其初设公司，所来呢羽，立股分售与洋商，总商有三股、四股者，散商有两股、一股者，所买茶即以股分为则。其茶价照客价明加，每石有银十两、八两不等，名曰饷磅，以此重啖洋商。收茶时用以上下其手。洋商媚夷者，茶多溢额，如近年东裕行两股呢羽，交茶逾怡和四股之数，此明验也。洋商中贤愚不一，每年互相倾轧，倘有泄外夷之短者，该夷公司必知，遇事挑斥。故洋商遇地方官询以夷事，皆谬为不知，而中国用人行政及大吏一举一动，彼夷翻无不周知。闻嘉庆年间，夷船到口，

---

①初指 Country merchant，即在广州贸易的英国和印度斯坦散商；后转指 Country ship，即来自旧印度地区的英、印船只。
②喇佛，指 J. W. Roberts。
③益华成，指 J. P. Elphinstone，又译埃尔芬斯通。
④吐丹东指 Sir George T. Staunton，又译多马斯当东。

该大班等恭请红牌来省馆，诘朝穿大服、佩刀剑，到各洋行拜候。稍有名望之商，必辞以事不见。俟其再来然后往答，迎送如礼。一惟洋商言是听。迄年来，船益多，销茶益盛，洋商仰其厚润。于是夷船将到，洋商托言照应过关，即出远迎。又复常踞十三行之英夷，知汉字，能汉语，常矜其出入口税饷每年几及百万，而澳夷货来甚少，税饷极微，翻得坐享澳门市易租赁之利，每欲效之，遇班中人新来，多方播弄。如道光七八年，于夷馆前立大马头、置围墙栅栏。其地为对河居民来往渡口，禀控大宪，屡禁不遵。迨奉廷寄，巡抚朱桂桢亲督拆毁。该夷又将来船碇泊零丁洋面，不入口开舱，以八事入禀要挟。又纠各国夷随声附和，惟米利坚夷不从。回称：如我国有船至汝英国贸易，必遵汝英国制度，今来中国，图觅利耳；如无利，即请汝亦不来，何须喋喋也？维时各船主争噪，向例到即开舱，起货下货不过一二月，即开帆回。今久碇于外，不但货物霉蒸，一船数百人，食用何出？大班部楼顿①庸懦无能，听二、三、四班许供给各船食用，自七八月相持至下年正月。大班见不能了，潜附便舟而去。适洋商以所定茶不交，一年费用无出，再约齐至澳解说，始于是月十四五日入口开舱。三月初间，忽有火轮船自孟甲喇来，乃该港坐班及驻巡夷目专信申饬，令其作速开舱，毋误一年贸易。火轮船者，中立铜柱，空其内烧煤，上设机关，火焰上即自运动，两旁悉以车轮自转以行，每一昼夜，可行千里。自该处至粤，仅三十七日。据夷人云，道光初年始创造，不能装货，以通紧急书信而已，斯一奇也。是年秋，夷船到三班。边司②大班，事益以肆，竟带夷妇寓十三行，出

———————

①部楼顿，指 William Henry Chichly Plowden，又译部楼东。
②边司，指 Baynes，又译盼师。

入必乘肩舆，翻不许洋商乘轿入馆，种种故为干犯。大宪怵以言。遂架大炮于夷馆两旁，设兵守护。居民愤懑，即他国夷，亦谓天朝怀柔过甚。其肩舆乃东裕行司事谢治安所送，被官拿究，瘐死于狱。嗣通事头人蔡刚往谕。蔡刚有胆识、善语言，厉声辩诘，始有畏意，撤去兵炮，夷妇仍不肯遽回。盖洋商于奉谕饬查时，已具禀谓大班患病，需人乳为引，故带以来，俟稍愈，即遣回澳。故该夷得延抗也。先是道光三四年间，公司以缅甸西南必姑港①土产甚盛，发兵船占踞，为缅酋所败。兵船来粤取饷，碇零丁洋面，本新安县属，有兵上岸滋事，用鸟枪击毙数人。大宪责令洋商向大班索凶手。据称"此系过往兵船，未经入口，非我能约束；且带兵人如中国官长，我乃贸易民人，岂敢往谕"回覆。适是时，又有米利坚船载佛兰西夷商在黄（浦）〔埔〕以砂斗击卖水果人落水死，报验船主，将夷送出正法。而新安数命，迄无以偿。后闻其兵船不回国，在外三年始归该国，仍革去职事，以其不能约兵丁也。近年该班等又欲于澳门寓馆前立马头，竖旗杆，商之澳夷。澳夷初答以此中国地方，非我所主。继思英夷在省如此横行，倘洋商迎合，为之营干蒙准，是澳为彼有矣。次日向该班改说，此地乃中国界我居住已数百年，汝等来贸易，暂赁以居。现有十余国在此，如皆各立马头，竖旗杆，是此澳为汝各国之地矣。该班安念遂止。澳旁高山，西夷建一望海楼，面零丁洋，用大千里镜远观，可见数日后所到船，并能认知何国旗号。山后向有小路可上，原许一切人登眺。至是，西夷不许该班登眺，翻将山后小路铲去，大路设卡，彼亦无如何。时有英夷在葛剌巴犯事，潜逃来粤，原告踪至，控于澳夷目，将该夷拿禁炮台议罪，该班为之缓

①必姑港（Pegu），勃固。

颊，不听。及令他夷往视，又为守者拒不得入，因相口角，一并拿禁。诸班哑忍不能致辞。以上闻之通事头人蔡刚，定非虚妄。然十四年间，英夷曾占踞炮台，西夷仅得大炮台以守。幸大吏亲饬文武员弁驱逐，英夷始俯首而去。今此虽夷目裁抑，未尝非藉中国威灵也。又各夷尝颂中国之盛，实无比伦。他港贸易货物，每有售有不售者，至于置货，更非经年累月不能集。惟粤港无论何货，即压船之石、已烂之铁，及剪弃之碎呢片羽，一至即售，所置货值数百万，一二月即齐，立可开航。此虽绕大地一周，无此港口也。故英夷来船，皆有木榜横列数十款，闻系申戒之词，盖不独彼国土产来此销售，而茶叶、大黄，实彼生命攸关。况彼国赋饷所出，时虞封港，故告戒严极。无如夷性好强，又贪三十年之专利，而听积久盘踞奸夷之怂恿，以至屡行悖妄。苟非大宪镇静待之，几何不酿成事端也。近闻该公司之期久满，后日富商不得续入，屡屡控争。该国酋贪其重利，日事因循。迩以兵烦费重，加之在事头目，各怀己私，亏折支绌。再二三年，亦必散歇。公司一散，海疆可保永绥。盖党羽众多，势力始横。善治者必先设法解散，而后易于制驭。公司之夷，迩来横甚。散后则各管各船，各自牟利，此为易制。然恐不知者，翻以为忧。因备记之，俾见者知所去取焉。

又曰：澳门所谓新闻纸者，初出于意大里亚国。后各国皆出，遇事之新奇及有关系者，皆许刻印，散售各国无禁。苟当事留意探阅，亦可觇各国之情形，皆边防所不可忽也。源案："公司散则易制"，此语甚扼要领。不料十四年散后，粤督反行文英吉利索其专派公司来粤，总司贸易，其来人即义律也。误听洋商簧惑之谋，遂启边防无涯之祸。惜哉！探阅新闻纸，亦驭夷要策。

《海防余论》南海颜斯综：广东有通洋之利，恐有通洋之患。诸国熙熙，皆为利来，而英夷尤专为奇技淫巧，以易取中国之财。彼国无税亩之征，行什一之法。首务商贾，税课特重。其人深谋远虑，好大夸功，号令甚严，从无宽贷。用兵机警，国内人少，多募他国杂番而督以本国武官；爱惜士卒，知难即退。即如商船船主，御下甚严，仿佛军法。水手人等有过犯，与头目应议鞭多少，立案，生死不计。其俗谋夺人地，非必出自国主之意。所谓港脚者，不止殁迦挐三处①地方。散处海外，皆有大小兵船，时常巡徼，往来游奕，头目多有携眷。三五富人，群居谘议，欲占据某国之某地，告知国主，许往凑合钱粮，即抽拨各处之兵船，令往攻取。若战胜得地，其地利益，国主与出资之人均分，自有章程。前者夷兵到澳门，登岸进至黄（浦）〔埔〕，乃夷商公司所为，其明征也。各夷常说：天下富庶无如中华。诸国所来船多不觉其多，所来少不觉其少；无卖不尽之货，又买不尽此地之货，为海内第一，是天下更无大于中华。英吉利久有垄断之心，常谓（濠）〔壕〕镜澳西洋人可居，我辈不可居耶？其觊觎久矣。次则大屿山，货物艰于来往。若老万山，则孤悬海外，皆非其所属意。英吉利尝欲称帝、称可汗，诸国不服，仍王号。其本国船俗呼祖家，以别于港脚、白头港脚番。志在牟利，虽为所辖，不乐战争。船上船主必是英吉利。愚以为若有贫民陷夷，宜开一面网，许其自拔立功，加之重赏，足以疑惑其心。彼之伎俩，专务震动挟制。桅上悬炮，登岸放火。占据各处地方多用此法，然未敢尝试于大国之边疆。恐停贸易，则彼国之匹头，港脚之棉花，何处销售？茶叶等货，何处购买？彼之国计民生，岂不大有关系？彼若并阻诸国之来船，肆彼劫夺，则与之争斗者，当不止一国。彼能无虑

①殁迦挐三处，疑应为殁伽河等处，即恒河（Ganges R.）一带。

及此哉？驭夷者必先得其情，而后有以消其桀骜之气，折冲万里之外。刍荛之语，聊备采择。

《瀛环志略》曰：英吉利，英机黎，英圭黎，膺吃黎，谙厄利，英伦的，及列的不列癫。欧罗巴强大之国也。地本三岛①，孤悬大西洋海中。迤东两岛②相连，南曰英伦，一作英兰，北曰苏各兰。一作斯哥西亚，又作师古泰。两岛南北约二千余里，东西阔处五六百里，狭处三四百里。迤西别一岛曰阿尔兰③，一作耳兰，又作壹耳兰大。南北约七八百里，东西约五六百里。英伦南境与荷兰、佛郎西皆相近，舟行半日可达。距佛尤近，海港狭处止六七十里，两岸可以相望也。其地古时为塞尔达土番部落，后为北（狭）〔狄〕峨特族④所据。汉宣帝五凤三年，罗马大将恺撒一作人略塞萨尔略定西北诸番，渡海平英伦，建为别部，属意大里者数百年，至今犹有罗马城阙遗址。前五代时，罗马衰乱，峨特族、卑勒敦人据英伦。安各罗者，亦峨特种，亦悉众渡海，破走苏格兰两部，因胁降卑勒敦人，陈后主元年，据英伦立国。后分为七部，如列国小侯，时相攻伐。有部长厄伯德⑤者，娶佛郎西王之女。女奉天主教，招教师来其国，为制礼仪。由是其国渐强，唐德宗贞元十六年，灭六部归于一。是时大尼国即椎国方劫掠海上，突以兵船入英伦，据都城。英人以厚赂缓兵，寻以计焚其船。自是大尼寇抄不已，居人逃窜，田野荒芜。王子有亚腓烈⑥者，智略过人，幼时尝两赴罗马，与文（王）〔士〕游。方嗣王位，而大尼以大众来攻。王乃伪为乐工，

①实为二岛。
②实为一岛。
③阿尔兰（Ireland），又作伊琳，爱尔兰。
④应是高卢族（Gaul）。
⑤厄伯德（Egbert），通译爱格伯。
⑥亚腓烈（Alfred），通译阿尔弗烈德。

抱琴造敌营，请奏伎侑酒。因得纵观虚实，进兵决战，破其连营。是时佛郎西已陷北地，大尼迭侵扰。王枕戈寝甲，五十余战，而外患平。乃垦田劝农，招徕商旅，开学堂以译异书，立保约以弭盗贼，境内大治。王卒于唐昭宗年间。嗣王孱弱，大业遂衰。先是，英伦以尚天主教；久之，教师擅大权。王娶后，教师禁不令同室；王不听，教师劫后，以铁烙毁其容，寻毙之，王嗫不能仇。由是王仅守府，国势不振。大尼复来侵扰，许以岁赂，始给银一万七千斤，后增至二万四千斤，而兵不止。宋真宗（十九）〔二十〕年，大尼大举来伐，破伦敦都城，遂兼英。其王曰驾奴特[1]，立治粗有条理，英人安之。其子嗣位，苛敛好兵。英北族[2]英伦北部有酋曰威廉，一作给列尔美。欲图兴复，复请于罗马教王，教王以英土封之。宋英宗治平年间，威廉率舟师伐英，破大尼王，进攻据伦敦，遂王英。北族凌英民，英民多反侧。王怒，驱英民十万众于林中，皆冻馁僵死，以其田宅赐北族。既而悔恨卒。显理第一王[3]嗣。宋高宗二十（七）〔八〕年，显理第二王[4]嗣，有智谋。时天主教魁参预国事，王有所拔擢，教魁辄阻挠之，群臣怒，杀教魁。王惧教王之加罪也，自守斋、拜其墓，乃已。附近有伊琳大洲，即阿尔兰。王征服之，其世子刚猛好战，欲伐居犹太之回回族，先往聘修好，归途为他国所掳，以金赎回，后战死。其弟约翰嗣位，性强狡，好田猎，百姓疾之。又侮天主教师，罗马教王怒。弃绝英民，息礼拜，闭殿堂，废其婚葬，禁饮酒、食肉、剃须，民皆怨恫，咎王。王不得已，纳贡教王。由是权遂下移，民

---

①驾奴特（Canute），通译克努特。

②北族，指诺曼底（Normandy），在法国西北塞纳湾一带，不是在英伦北部。

③显理第一王，指亨利一世（Henry Ⅰ）。

④显理第二王，指亨利二世（Henry Ⅱ）。以下类推。

自择荐绅议政，不复关白。王愤甚，欲诛诸绅。诸绅欲招佛郎西世子为王。会王殁，（华）义都〔华〕第三王①一作义都亚尔多嗣。王有权略，平内难，与佛郎西构兵累年，互有胜负。其子嗣位，权复为绅民所侵。英有别部之酋，忽起兵攻王，夺其位。明建文帝元年，国人立显理第四王，募兵恢复，灭僭位者，国乃定。显理第五王立，伐佛郎西胜之。显理第六（位）〔王〕立，年尚幼，大臣摄政。时王宗分二派：一曰红玫瑰②派，一曰白玫瑰③派。因初分之第宅植此两种花，因以得名。两宗争王位，自相屠攻，国大乱者数十年，藩属皆叛。明宪宗成化年间，显理第七王嗣位，削平内乱，四境乂安。王性机敏，长于吏治，称为贤主。显理第八王立，性强傲，尚豪华，喜怒不常，娶西班牙王女为后，因助西班牙伐佛郎西。后无子，出之；再娶少艾，已而失宠，杀之；再娶，又杀之。王有佞臣，委以大权，偶忤意，立赐死，忠言至计如充耳。四国皆称为无道主。先是，日耳曼人路得④者，著书译解耶稣教旨，人多信之。王不谓然，手著一书驳诘之。王殁，嗣王崇信耶稣教，宽惠爱民，教士有法，举国喁喁望治。未几卒，其姊马利⑤一作马理嗣位。赘西班牙王子为婿，禁耶稣教，国人不悦。明嘉靖三十（六）〔七〕年，女主以利撒毕⑥即位，贤明知大体，勤于政治，英民颂之。是时，荷兰不肯从天主教，为西班牙所攻，英女主以兵助荷兰。西班牙因移兵伐英，师船泊英港，忽大风激浪，船触焦石，半沉坏，英人以小舟围而歼之，片帆无返者，国势益

---

①义都华第三王，指爱德华三世（Edward Ⅲ）。
②红玫瑰（Red Rose），玫瑰战争兰加斯特家族（House of Lancaster）的旗徽。
③白玫瑰（White Rose），约克家族（House of York）的族徽。
④路得，指马丁·路德（Martin Luther）。
⑤马利（Mary I，Mary Tudor），指玛丽一世（玛丽都铎）。
⑥以利撒毕，指伊丽莎白一世（Elizabeth Ⅰ）。

振。是时，苏格兰（岛）人布鲁斯[①]复自立为国。有女曰马理[②]，姿绝世，初嫁佛郎西王为后，佛王早卒；马理归母家，父卒，嗣王位。选群臣美丈夫为夫。夫有别宠，马理妒之，夤夜遣客杀夫，焚宫以灭其迹，而赘杀夫者为夫。时国人已竞尚耶稣教，而马理仍执天主教，又杀夫有邪行，国人围马理，将囚之，越城而逃，募兵决战，兵败，降于英。英女主谓马理犯伦肇乱，下之狱。马理在狱十八年，复与狱吏奸，因逃去，英人捕诛之。万历三十一年，英女主卒，无子。苏格兰王热给斯[③]者，一作惹米士。女主之姻也。英人奉以嗣王位，复与英伦合为一国。时天主教之徒结党谋反，窖公会殿下藏火药事发觉，悉诛死。万历四十二年[④]，查理第一王立，性拗癖，好戏狎，不恤民隐。由是士民怨畔，公会皆散，税饷无所出。王将与佛郎西战，授甲无应者，师船未战而退。顺治四年[⑤]，王募兵诛梗命者，国人与王战，虏王弑之。时有大绅负才望，摄王政以定国，自称保护主，申明法制，参以变通，英人称便。与西班牙、荷兰战，皆胜之。摄政数年，仓库充实。乃致位于先王世子[⑥]，曰查理第二王。为人淫侈多内宠，惰于听政。常与荷兰战，帅师者国之名将，入荷兰内港，毁其战船。王由此愈汰。忽伦敦大火，焚宫室、民居殆尽；已而瘟疫盛行，死者相枕藉，国势顿衰。其弟嗣位，素习天主教，强民相从。民习耶稣教久，不肯变。虑王之相难也，渡海招荷兰王为主。荷兰王率兵至，

---

①布鲁斯，指詹姆士五世（James V）。

②马理，指玛丽（斯图亚特，Mary stuat）。

③热给斯，指詹姆士（James）。

④“万历四十二年”，应作“天启五年”（1635 年）。

⑤“顺治四年”，应作“崇祯十五年”（1642 年）。后查理一世被国会处死，事在 1649 年，又晚于顺治四年。

⑥克伦威尔死后两年查理二世才复辟。

王奔佛郎西。康熙二十（七）〔八〕年，荷兰王入伦敦即王位，号曰威廉第三王①。雄武有大略，法度严明，百司任职，积粟如丘山，搜讨军实，悉成劲旅。由是威声大振。方欲席卷西土，会殁，无子。时日耳曼之汉挪瓦②王若耳治③，有贤声，康熙五十（二）〔三〕年，国人招请来英，奉以为王。王初莅英，不谙其俗。后为英故王之女，习于英事，相助为理，民大和。前王两宗苗裔尚存，起兵欲图恢复，王夷灭之。是时，英商船通行四海，日益富强，与佛郎西交兵，屡战胜。王卒，子若耳治第二王立，修法度，别等威，定亲疏，平讼狱，国称大治。伐西班牙，获全胜。又伐佛郎西，割其藩属之在亚墨利加者。乾隆二十（三）〔五〕年，若耳治第三王立，举动好循礼法，亦称贤主。先是前明中叶，英人泛海觅新地，得北亚墨利加腴土，徙国人实其地，日渐垦辟，遂成沃壤。英人倚为外府。后英国军兴连年，征税饷于亚墨利加，倍其常额。亚墨利加人据地起兵，英人攻之，八年不克。佛郎西与英世仇，倾国助之。英不能支。乾隆四十（七）〔八〕年议和，听其自立为米利坚国。亚墨利加之转音，即花旗国。英国由是虚耗。已而五印度贸易日盛，英富厚过于昔时。五印度者，一名温都斯坦。乾隆中年，东印度之孟加拉，因虐英商，英以大兵攻之，灭孟加拉，乘胜胁降东、中、南印度诸部，设四大部。孟加拉，麻打拉萨，孟买，亚加拉。麻喇甲、息力诸番族皆归统辖。英人遍设埔头，帆樯云集，百货流通，富饶遂为西国之最。嘉庆年间，佛郎西拿破仑得国，侵伐四邻，废西班牙王，而以其弟王西班牙。故王求援于英，英起兵伐佛郎西，血战累年。嘉庆二十（一）年，破佛郎西舟师于

①威廉第三王，指威廉三世（威廉·奥伦治，William Orange）。
②汉挪瓦（Hannover），汉诺威。
③若耳治，指乔治一世（George Ⅰ）。

海峡，以九万人登陆进攻。拿破仑率十万众御之于窝德尔禄，约日大战，自昧爽至日暮，枪炮之声震天地，数十里烟气迷漫，佛师大溃。英人乘势逐北，斩首二万级，禽拿破仑以归，流之荒岛。西班牙王复其故国。由是英国威振西土。王晚年得狂病，世子摄政。王卒，世子嗣立，有贤声，早卒。道光（九）〔十〕年，其弟嗣立，曰威廉第四王。初为水师总统，以厚德御下，不沽名誉。及即位，安民和众，不喜兵争，论者谓才能不越众，而德量有余。道光十（八）〔七〕年四月卒，无子，有女不慧，遗命立兄女维多里亚为王，即今在位之女主也。立时年十八，赘日耳曼撒可堡①侯世子博雅那为婿。

英国之制，相二人：一专司国内之政，一专司国外之务。此外大臣一管帑藏，一管出纳，一管贸易，一管讼狱，一管玺印，一管印度事务，一管水师事务，皆有佐属相助。都城有公会所②，内分两所：一曰爵房③，一曰乡绅房④。爵房者，有爵位贵人及耶稣教师处之；乡绅房者，由庶民推择有才识学术者处之。国有大事，王谕相，相告爵房，聚众公议，参以条例，决其可否；辗转告乡绅房，必乡绅大众允诺而后行，否则寝其事勿论。其民间有利病欲兴除者，先陈说于乡绅房，乡绅酌核，上之爵房；爵房酌议可行，则上之相，以闻于王，否则报罢。民间有控诉者，亦赴乡绅房具状，乡绅斟酌拟批，上之爵房核定。乡绅有罪，令众乡绅议治之，不与庶民同囚禁。大约刑赏征伐条例诸事，有爵者主议；增减课税、筹办帑饷，则全由乡绅主议。此制欧罗巴诸国皆

①撒可堡（Saxe-Cobury），萨克科堡。
②公会所，指国会。
③爵房，指上议院，或参议院。
④乡绅房，指下议院，或众议院。

从同，不独英吉利也。

按：粤东之居夷，自葡萄牙之居澳门始。维时尚方珍玩皆取办于粤，或不时给，辄为中涓所嬲。适葡人有（濠）〔蠔〕镜之请，当事利其居积货宝，便于贡办。又所谓欧罗巴者，尔时不知为何地？以为不过南洋诸夷之类，一枝暂借，无足重轻，非必贪其五百金之利也。葡萄牙本西洋小国，得此澳宅，如登天上，以其余资，广筑楼馆，绵亘万厦。欧罗巴诸国来粤者，倚为东道主人。其留粤收逋欠者，皆租其房屋，久居不去。诸夷之浸淫狎熟于粤东，则由澳门为之权舆也。林富一代名臣，而谋国之疏若此。语云：涓涓不绝，将成江河。可不慎哉！

按：英吉利夐然三岛，不过西海一卷石。揆其幅员，与闽、广之台湾、琼州相若①，即使尽为沃土，而地力之产能几何？所以骤致富强，纵横于数万里外者，由于西得亚墨利加，东得印度诸部也。亚墨利加一土，孤悬宇内，亘古未通声闻，英人于前明万历年间探得之，遂益万里膏腴之土，骤致不赀之富。其地虽隔英伦万里，而彼长于浮海，视如一苇之杭。迨南境为米利坚所割，所余北境，虽广莫而荒寒，类中国之塞北。燕支既失，英国几无颜色矣。五印度在中国西南，即所谓天竺佛国。英人于康熙年间，在孟加拉购片土造屋宇、立埠头。乾隆二十年，灭孟加拉，乘胜蚕食印度诸部。诸部散弱不能抗，遂大半为其所役属。其地产绵花，又产鸦片烟土。自中国盛行之后，利市十倍。英人所收税饷，五印度居其大半。失之桑榆，而收之东隅，抑何幸也。英人既得五印度，渐拓而东，南印度海之东岸，遍置埠头。

---

①英国本土的面积约为我国台湾岛的六倍。

阿喀剌、达（围）〔歪〕①取之缅甸，麻喇甲、息力即新奇坡易之荷兰，小西洋即印渡海利权，归掌握者八九矣。再东，则中国之南洋诸岛国，惟吕宋属西班牙。余皆荷兰埔头。繁盛如噶罗巴，即爪哇。冲要如马尼剌，即小吕宋。英人未尝不心艳之。而他人我先，无由凭空攫取。然往来东道，以两地为逆旅，西与荷不敢少连也。澳大利②一岛，孤悬巽维，广莫无垠，野番如兽，英人亦极意经营，欲收效于数十年、数百年之后。至如亚非利加之狮山，又名西尔拉里阿尼③。辟荒秽而取材；南亚墨利加之特墨④，践涂泥而耕作。盖四海之内，其帆樯无所不到，凡有土有人之处，无不睥睨相度，思朘削其精华。而目前之倚为外府而张其国势者，则在于五印度。其地在后藏西南，由水路至粤东不过两三旬。盖英人之属地，又已近连炎徼，而论者止知其本国，以为在七万里之外也。

英吉利岁入税饷，除还商民利息外，每年约得二千余万两，所出亦二千余万两。本国额兵九万，印度英兵三万，土兵二十三万，谓之叙跛兵⑤。兵船大小六百余只，火轮船百余只。其兵水师衣青，陆路衣红，重水师而轻陆路，专恃枪炮，不工技击，刀剑之外无别械。

英吉利本国地形褊小，而生齿最繁，可耕之土不足供食指之什一。北亚墨利加未分割之前，英民无业者，率西渡谋食。迨米利坚创据之后，英所余北境之土，寒不可耕。虽得五印度广土，

---

①达歪（Tavoy），土瓦。

②澳大利（Australia），澳大利亚。

③西尔拉里阿尼（Sierra Leone），塞拉利昂。

④特墨（Demerara），特梅拉拉。

⑤叙跛（Sepoy）兵，英国东印度公司所雇用的印度兵。

而其地本有居人，并无旷土。英人流寓虽多，终不能反客为主，故汲汲于寻新地。近年得新荷兰大岛，诛锄草莱，流徙罪人于此，贫民无生业者，亦载往安插。移民于八万里之外，其为生聚之谋，亦可谓勤且劳矣。

海国图志卷五十三 邵阳魏源辑

大西洋 欧罗巴洲

英吉利国广述下 原无，今补。

《记英吉利》道光十二年清河萧令裕：

英吉利，一名谙厄利，一名英机黎，一名英圭黎，在粤东贸易曰英吉利，盖对音翻译无定字也。自古未通中国，明天启时始有闻。据《职方外纪》。本荷兰臣属，后渐富强，与荷兰构兵，遂称敌国。《舟车闻见录》。国在欧〔罗〕巴之西。其王所居曰兰墩。东西广而南北狭，周数千里。欧罗巴者，明泰西利玛窦所称五大洲之一也。圣祖仁皇帝谓中国、西洋俱在赤道北四十度内。海洋行船，中国论更次，西洋论度数。自彼国南行八十度至大浪山，始复北行入广东界。《东华录》。又谓西洋至中土，有陆路可通，为鄂罗斯诸国所遮，改由中路而行者是矣。天时寒暖，与北方诸国略同。地多田少，驾马以耕，多种豆麦。国俗急功尚利，以海贾为生，凡海口埔头有利之地，咸欲争之。于是精修船炮，所向加兵。其极西之墨利加边地，与佛兰西争战屡年始得。又若西南洋之印度及南洋濒海诸市埠与南海中岛屿，向为西洋各国所据者，英夷皆以兵争之，而分其利。乾隆末已雄海外，嘉庆中益强大。凡所夺之地，曰彻第缸，曰茫咕噜，曰唵门，曰旧柔佛，曰麻六甲，此二地今为新嘉坡。此皆南洋濒海之市埠也。曰新埠，曰亚英〔加〕①，曰旧港，国之文都，曰苏门达拉②，曰彼古达里③，曰美洛居，曰葛留巴，此皆海中岛屿也。曰孟呀剌，曰孟买，曰曼达喇萨，曰马喇他，曰盆几里，曰唧肚，此皆印度之地也。分兵镇守，岁收其贡税，若唐时西突厥之于西域，回鹘之于奚契丹，各有吐屯、监使之官，以督其征赋焉。惟大海之南，曰印度海，唐天竺国居葱岭南，幅员三万里，分东、西、南、北、中五天竺。南天竺濒海；北天竺距雪山④；东天竺际海，与扶南、林邑接；西天竺与罽宾、波斯接；中天竺在四天竺之会，都城曰茶馎和罗城⑤。英夷在粤自称辖天竺国五印度地。其东印度之来粤懋迁者，又名为港脚⑥国。即唧肚也。粤人知港脚，不知即东印度也。印度与后藏、缅甸相邻，距英吉利之本国绝远，而奉其命令惟谨。若新埠沃野五百里新嘉坡与麻六甲相连，广袤二千数百里。则海道顺风至广东之老万山，或六七日程，或十余日云。

英吉利人，高准、碧眼，发黄红色，多拳生。婚嫁听女自择。女主赀财，夫无妾媵。自国王以下，莫不重女而轻男。相见率免冠为礼，至敬则以手加额，虽见王亦（植）〔直〕立不跪。西洋国皆奉天主耶稣教，故纪年托始于汉之元寿二年。英吉利、荷兰诸国，均称一千八百余年。盖其地在欧罗巴，仍大西洋之例也。顾世传英吉利辟天主教，《海国闻见录》，今麻六呷、新嘉坡所刊书，多

---

① 亚英加（Anjingo），今亚廷加（Attingal），在印度西南岸奎隆（Quilon）之南。

② 苏门达拉（Sumatera），苏门答腊。

③ 彼古达里，疑为古邦、达里（Kupang, Dili），即古邦、帝力，指帝汶（Timor）岛。

④ 雪山，喜马拉雅山。

⑤ 茶馎和罗城（Jabolpur），贾巴尔普尔。

⑥ 港脚指由旧印度地区来广州贸易的英、印商人或其船只，不是东印度或吉大港（唧肚）的别名。

尊信耶稣，殆属藩之地，本非英吉利部落，仍其旧俗，故有纷歧，抑濡染日久，其王亦从而和之耶？英吉利字体，旁行斜上，相传为马逻可所遗，用二十六字母谐声比附以成，谓之拉丁字，亦谓之拉体纳，<small>今钦天监有书拉体纳字人，粤海关选送。</small>大抵各国略同。而英吉利商粤久，效慕华风，多通汉文，书汉字。盖自顺治来，钦天监用西洋历法，西士如汤若望、南怀仁之属，皆入仕于朝。百数十年，渐染同文之治矣。<small>考旧档，乾隆二十四年，广督李侍尧奏，夷商于内地土音官话无不通晓，即汉字文义，亦能明晰。嘉庆中，广州府知府杨健详定英吉利国夷禀，许用汉字。</small>麻六甲者，《明史》之满剌加也，不知何年建华英书院，凡英夷学汉字者居之。又于新嘉坡建坚夏书院，凡弥利坚夷学汉字者居之。经、史、子、集，备聚其中，才秀者入院渐业，以闽粤人为导师。月刊书一种，谓之《每月统纪传》，或录古语，或记邻藩，或述新闻，或论天度地球，词义不甚可晓。而每月皆有市价篇，取入口、出口各货，分别等差，而详其价目焉。盖善贾市、争分铢，而王之俸饷经费，一皆于此取办，尤所措意也。凡他国互市，皆船商自主。独英吉利统于大班，名曰公司。其国中殷富，咸入赀居货，虽王亦然。岁终，会计收其余羡。公司限三十年，期满续三十年。近闻来粤之大班，多所干没，国人咸怨，限满将散公司矣。<small>《粤中采访》。</small>民十五以上役于王，六十免役。养他国人为兵，印度最强。军法五人为伍，伍各有长；二十人为一队。战舰逾百，胜兵十余万，号令严整，无敢退缩。<small>据《海录》。</small>或谓番舶在洋，日与海波上下，一履平地，即簸荡无主。又或谓夷以布缚两胯，屈伸不便，所曳革履，尤塞于步，夷登陆则技穷。然广州商胡出游，登山亦殊趫捷，涉浅水则一纵即过，此所目验也。且夷性沉鸷，多巧思，所制钟表仪器，中土所重，而船炮尤至精利。船以铁力木厚一二尺者为之，底皆二重。大者三十余丈，宽六七丈，入水、出水均二丈有奇。入水之处用铜包，不畏海水咸烂。其帮樯灌以松脂、桐油，坚硬若铁。船面四平，大者三桅，小者两桅，前后左右，俱有横桅以挂帆。帆用白布，上阔下仄，望如垂天之云。随风增减，一帆无虑千百缍，番人理之皆有绪。以前两帆开门，使风自前入，触于后帆，则风折而前。虽逆风亦可戗驶。每桅间置二盘，为望斗，可容二三十人。分作三节，每节横一杆，帆自杆下挂，多则九帆，少或四帆也。舱由面梯而下，一舱一梯，大者三舱，次者二舱，小者一舱。舱皆以窗眼为炮眼，平时上嵌玻璃。三舱之船，安大炮八十余门。其下尚有二舱，贮炮子什物及牛、羊、淡水也。上舶容千人，中者数百，惟商舶舱大而炮少，皆有柁师、历师。其转柁用柁轮而不用柁压。轮有铜、有木，轮之前置两罗经，罩以玻璃，蔽风雨。桅间复有一罗经，三针相对而后行。登桅照千里镜，见远舟如豆则不及；若大如拇指，即续长其桅而楔之，益左右帆而追之。数百里之遥，一时许达矣。以上据《粤中采访》及《定海县志》、《澳门纪略》。大炮重五六千斤，轻者二三千斤。或以铜，或以精铁。鸟铳有长枪，有短枪，有连环枪，发时多自来火。自来火者，小石如豆，皮函外铁，牙摩戛则火激而铳发。《澳门纪略》。大炮门子四十余斤，小亦二十余斤。每一发火，崩石摧山。又其发时以铳尺量之、测远镜度之，无不奇中。其船头有车轮铜炮，约重一千余斤，拉以皮革，随势低昂，自云陆路亦可用之。国中本产牙硝，又有倭磺，粤人谓之竺黄，制以杆，和以沙藤灰，迅利猛烈，药力乃倍。既发复装，再接再厉。《澳门纪略》及《粤中采访》。《坤舆外纪》：热尔马尼国有大铳，能于二刻间连发四十次，恐涉于夸，然亦可见其概矣。英吉利恃其船炮，渐横海上，识者每以为忧。顾其人素贪，无远略。所并海外诸国，遣官镇守，取其货税而已，非有纲纪制度为保世滋大之计。《汉书》

谓匈奴贪，尚乐关市、嗜汉财物，英吉利正其伦比。诚如汉之庙略，通关市不绝以中之，则驽马恋豆栈，即穿庐贤于城郭，毡罽美于章绂。古所云匈奴安于所习，心不乐汉，是以无窥中国者。英夷亦殆有然矣。然必中国驭以诚信，无相侵渔，番舶交易，斯百年无虞诈。若关市讥征，例外求索；或以细故，与为计较，蛮夷桀骜，挺险易动，则不可知也。或谓英吉利专贩鸦片，以蠹中国。鸦片流行，自嘉庆十年以后。其人精勤织作，商粤东已数十年，呢羽罽布之货走天下。初非全资于鸦片，故中土之人无吸食，彼亦莫能为也。或又谓船炮之精，中国无难仿效。《明史·外国传》：正德中，副使汪铉进佛郎机[①]火器，即佛兰西。小者二十斤，远可六百步；大者七十斤，远可五六里。凡塞上墩台城堡，悉置此炮。然将士不善用此，则存乎其人也。今英吉利铜炮，大至数千斤，无机括运用，转恐将以资敌。是在讲求用器之人与行军之纪律，尤制御之要云。

又康熙二十三年，台湾平，议开海禁。于是设榷关四于广东澳门、福建漳州府、浙江宁波府、江南云台山，署吏以莅之。姜宸英《湛园集》。宁波在宋、元、明三朝均置市舶司，海外诸番，莫不习知其地。顾设关时，舟山尚未置县。康熙二十七年设定海县。今夷人知舟山，不知定海也。商船出入宁波，往还百四十里，水急礁多，往往回帆径去。英吉利时名英圭黎，往来于澳门、厦门，复北泊宁波之舟山。监督宁波海关，屡请移关定海，部议不许。三十七年，监督张圣诏以定海、澳门宽广，水势平缓，堪容外番大舶，亦通各省贸易，请捐建衙署，以就商船，当岁增税银壹万余两。诏可。乃于定海城外道头之西，建红毛馆一区，安置夹板船之水梢。此

---

①此"佛郎机"指葡萄牙，不是指法国（佛兰西）。

英吉利番舶来定海之始也。其入粤贸迁，据《舟车闻见录》，以为雍正十二年。今考之《定海县志》，则来粤已先。顾粤关通市久，官吏多所求索；洋商通事规费渐增。雍正中，广东巡抚杨文乾等节次清厘，奏报充饷，名曰改正归公。乃归公未几，规费又渐如故转多，一归公正饷。由是所取无艺。夷商知浙税较粤为轻，而浙之商贩、牙行又争相招致。乾隆二十年，英吉利夷船收定海港，总商喀喇生、通事洪任辉、船商华苗殊请于宁绍台道，收饷定海，运货宁波。其明年复来数舶。二十二年，闽督、广督上言：浙关正税，视粤关则例，酌拟加征一倍。部议从之。得旨：洋船向收广东口，粤海关稽察征税。浙省宁波，不过偶年一至。今奸牙勾结渔利，至宁波者甚多。番舶云集，日久留住，又成一粤之澳门矣。海疆重地，民风土俗，均有关系。是以更定章程，视粤稍重，俾洋商无所利而不来，以示限制，意初不在增税也。今户部则例，浙海关税则未加，当由番舶未至，故不加收。俄而英吉利洪任辉等必欲赴宁波开港，既不得请，自海道驾船直入天津，仍乞通市宁波，并讦粤关陋弊。二十四年七月，命福州将军新柱等来粤按验，苛勒有状。监督李永标家人七十三等，拟罪如律。代作讼呈之刘亚（遍）〔匾〕，以教诱主唆伏法。夷商洪任辉，上命押往澳门圈禁三年，满日释逐回国。于是粤关规费又复裁改归公。总督李侍尧奏防范外夷五事：一曰禁夷商在省住冬；二曰夷人到粤，令寓居洋行管束；三曰禁借外夷赀本并雇倩汉人役使；四曰禁外夷雇人传信息；五曰夷船收泊黄埔，拨营员弹压。皆报可。二十六年，英吉利船来粤，携夷官公班衙番文，恳释洪任辉，疆吏饬驳。二十七年九月，三年届满，释夷囚洪任辉，交大班附舶载回。两广总督照会英吉利国王收管约束，毋任潜入内地。英吉利来粤商夷，由是知所敛戢矣。然英吉利诸番，本聚香山之澳门。自去澳门，移泊番禺之黄埔，有船坞而无夷楼。独以澳门属大西洋，听回易哥斯达诸岛，常鞅鞅生觊觎心。澳门，前明所谓（濠）〔蠔〕镜也。嘉（庆）〔靖〕中，佛郎机①得寓居焉，久之为西洋所据，历国朝不改，岁输租银五百于香山。而华民之错居澳地者，澳夷征租，不啻倍蓰。澳船额二十五，雍正中奏定。来澳止输船钞，货则听入夷楼。有买者，为出税。非若英吉利诸夷商，船货并税之。比澳夷挈家定居，长子孙，澳地得以自主。英夷或索逋未清，下澳押冬，住冬者曰押冬。必监督给照。逗遛，则驱之归国。押冬，夷赁庑澳门又须交租西洋之司达。西洋官名。自二十四年后至乾隆之末，阅三十余年，向之海关规费，所谓裁改归公者，又复强取如故，或加甚焉。在广州，夷商尤大以为不便，故其艳羡澳门，窥得宁波之隐意，迄未已也。乾隆五十七年九月，英吉利夷船入粤，以其王雅治②命，禀陈督府。前年大皇帝八旬万寿，未申祝釐，遣使臣马戛尔尼，将由天津入贡，广督奏闻。五十八年六月一日，贡舟自浙江定海洋北行，使臣马戛尔尼、息党东③（都），同行者四舟。大舟长三十二丈，阔五丈五尺，吃水五丈五尺，三桅三篷。大桅约十三丈，围一丈一尺；头桅约十二丈，围一丈；后桅约八丈，围六尺。安铁炮四十二、铜炮三十二，鸟枪腰刀各六百余。舵水兵役六百余。小舟长十丈，阔二丈二尺，双桅双篷，铁炮四，水梢十四。其年七月抵都后，献见事毕，使臣出其王表，请留一人居京师，理贸易事。高宗以都城距澳门将万里，何由顾及懋迁？且语言服制全殊，事不可行。特敕谕其王止之。使臣复言：请于浙江宁波珠山珠、舟音近，珠山，即舟山也暨直隶天津维舟通市，并依俄罗

---

①此"佛郎机"即"西洋"，即葡萄牙。
②雅治，指乔治三世（George Ⅲ）。
③息党东（staunton），通译斯当东。

斯故事，于都门别立一行交易。仍给附近珠山一小岛、附近广东省城一小地，俾有定居。或令澳门寓居之夷，得出入自便。又自广州城下澳，货物由内河行走，或不税，或少税。上以宁波、天津无通事洋行，交易未便；且俄罗斯自立恰克图以后，久不在京寄寓；都下为万方拱极之区，岂容外藩开设行店？若夷商抵广，例不得入省城，以杜民夷之争论，立中外之大防。今欲居珠山海岛并广东附近省城地，华夷参错，尤不可行。其诸番出入往来，亦应地方有司督洋行随时稽察，不得全无限制。至贸易纳税，皆有定则，不能以其国夷船多，使税则独为减少。所请均属格碍。

使谕使臣于朝，并作敕告戒其王。九月三日，贡使回国。时先乘贡舟已还泊定海，上令使臣由内河至定海放洋，军机大臣户部侍郎松筠伴押实行。贡使于路要求请寓宁波市茶丝各物，松筠为奏恳免税。既而到杭州，以行李从人上定海贡舟，使臣仍请道内河达广。上降意从之。饬松筠回京，改命两广总督长龄督带过岭。十一月十七日贡使抵粤，十二月七日乘贡舟返国。先是，上以远夷响慕，诚款可嘉。使人之来，燕赉优渥。比贡使越分干请，罔知大体。既未遂所求，虞有勾结煽诱，开边衅，或回至澳门，诱他国夷商垄断牟利。特简重臣护行，许以兵力弹压，所过提镇陈兵接护。圣虑周详，无微不至。以故谕旨覆奏，多用六百里驰递，火票牌单，朝夕络绎。顾英吉利藉贡陈丐虽未[①]，渠包藏叵测，较夷酋洪任辉益多非望，其本谋在立马头，减关税，如西洋澳门事例。不必欲舟山，未尝不意望舟山。宸令宣照，阴相制驭，未讼言其效尤澳门之隐，然已大沮夷气矣。五十九年，上念英夷贪狡，恐日久生心，复以所颁国王敕谕二道宣示两广总督，入于交代，

---

① "未"，下疑脱"遂"字。

俾后来者知所从焉。英吉利既贡之三年，为乾隆六十年。初，贡使将归，有旨许其再来款贡。是岁，在粤之大班波朗上事国主，备贡物交商舶寄粤，请代进。署两广总督朱珪译其副表，以前年贡使入都，赏赉优渥，藉表恂忱。又言天朝大将军前年督兵至的密①，英国（会）〔曾〕发兵应援。所谓的密者，在中土西北②，与英吉利海道毗连，盖即廓尔喀也。大将军者，大学士公福康安也。五十七年，福康安用兵西藏，英国自表其诚，以明效顺。奏入，敕书赐赉如例。嘉庆七年春，英吉利来兵船六，泊鸡颈洋，淹留数月，有窥澳门意。协办大学士两广总督吉庆饬洋商宣谕回国，以是年六月去。去之日，特遣其夷陈谢，谓佛兰西欲侵澳门，故辄举兵来护也。讹言请勿轻信，意将以掩其迹也。会西洋人索德超③等居京师者，言于工部侍郎管西洋堂〔务〕大臣苏楞额上闻，驰询吉庆，以英夷开帆日奏，_{以上均两广总督署旧档。}事遂寝。十年，英吉利国王雅治复遣其酋多林文④献方物，仍附商舶来粤。总督倭什布译汉表云：佛兰西与之构兵，播谣中国以间我。盖指七年来粤六兵船之事，恐为佛兰西中伤，妨其通市故也。复云：遇有事情要我出力，我亦喜欢效力云云。时海洋不靖，澳门之西洋夷目请备兵船二协剿海贼。当事者以无借助外番理，巽词拒之。至是英吉利来护货兵船四，泊虎门外，意将以入洋捕盗，故以效力为言。上命赍贡入京，按例颁赏。并以澳门已近内地，倘有劫掠，贻笑远人，谕新任总督那彦成整饬戎备，其护货兵船申划疆

---

①"的密"是我国西藏，不是"廓尔喀"。
②"西北"，应作"西南"。
③"索德超"外文全名：Joseph Bernardus d'Almeida。
④"多林文"外文全名：James Drummond。

界，勿令逾越。后三年而有度路利①之事。

又嘉庆十三年秋七月，英吉利来巡船三：曰家贲，曰拉，曰简敦。家贲船番梢七百，拉船番梢二百，简敦船番梢一百。他枪炮、剑刀、火弹称是。故事英吉利护货兵船例泊十字门外。其年货船未至，即给言护货，既而兵头度路利扬言法兰西侵据西洋，国主迁于亚美利加洲，英吉利与西洋世好，虑佛兰西入澳滋扰，因以兵刀来助。其实英夷败于安南，覆其七艘，故以余艘抵粤。驻粤大班喇佛，乃唆令占澳门为补牢计，澳夷不敢校也。然英夷惧中国不从，亦未敢显言据澳。两广总督吴熊光饬洋商谕大班，俾兵船旦夕回帆。度路利不听，议登岸入澳定居。澳夷理事官委黎多②服从，诡云国主有书，许令安置。八月二日，以二百人入三巴寺，一百人入龙松庙，以二百人踞东望洋，一百人踞西望洋。其在三巴寺者，十二日复移于西洋市楼，澳民惊怖，纷纷逃匿。熊光与监督常显会谕洋商，挟大班赴澳慰遣，坚不肯行。十六日，乃下令封舱，禁贸易、断买办，移驻澳左翼、碙石二镇，师船五十、红单船三十六，自虎门晋省防护。方迁延集议间，而英吉利复续来兵船八，每船番梢六七百，泊鸡颈、九洲洋。虎头门者，在东莞县，为中路海洋进口要隘也。左翼镇驻兵于此，建炮台焉。顾守御单弱，未可以抗夷舶。九月一日，遂驶三兵船入虎门，进泊黄埔。越三日，总督飞章入告，撤香山、虎门兵回营自卫。二十三日，度路利率其兵目十余、夷兵四十、水梢二百，自黄埔乘三板船三十余，直抵会城，入馆寄寓。二十六日，又载三板船十余，以禁断买办为名，云至十三行公司夷馆，取其素所储蓄。碙

---

① "度路利" 外文全名：Reard Admiral William O'Brein Drury。
② 委黎多（Veredor），澳门官职名。

石总兵黄飞鹏，方统师船驻省河，飞炮击之，毙夷兵一，伤夷兵三，始惧而退。顾其已入夷馆者自若也。初，封舱令下，大班请还累年夷帐，载所已市茶出口，或退茶洋行，而价银、息银全偿。监督常显严词饬驳。续来贸易夷舶皆泊零丁洋，停其带引入埔。会英吉利祖家所谓欧罗巴之本国也至船主一人，以封舱恐大班曰：犯中国而绝市，虽得澳门不如已。时兵总统船十余，征饷于来粤之商船，每一舶银数万圆。大班已不支。先时夷船七月抵广，换货后，十月即回帆。至是泊港外数月，货不得起。各国夷商亦咸怨。十月十日，前奏回。奉抗延剿办之谕旨，各路官军云集，二千六百名。距澳门八里之关闸、二十里之前山寨，复留重兵防守。英夷大恐，虑其贸易之停也。始议迁贿澳夷，约以番银六十万圆犒军，澳夷输款①英吉利之兵总悦，大班乃具状归诚，请给买办，复开舱，以入埔入澳夷兵陆续回归国。熊光许焉。十一月七日，英夷兵船起碇出洋，十一日，复开舱验货。上以熊光办理迟缓，又未亲莅澳门耀兵威，虽开舱在夷兵既退之后，而许其开舱则在夷兵未退之先。严旨切责，下部议夺职。代者永保，卒于途。特简百龄为两广总督，十四年三月抵任，承命确核英夷来去之由。受事第二日，驰赴澳门询访，尽得英夷觊觎实情，遂劾熊光示弱失体，畏葸有状。上震怒，下熊光于狱，论戍伊犁；调任巡抚孙玉庭以讳匿不陈，并勒回籍；镇广之将军都统等均罢。所支盐菜口粮银三万二千二百，熊光责偿二万，玉庭责偿一万一千二百。是役也，英吉利来船十一，淹留三四月之久，鲨帆飙忽，烽及会城。于时人心骇怖，寝息不安。而市井无赖之子，号召徒众千余，露刃张弮，伺夷兵一动，即劫掠城外巨室。素封之家，屏息待尽。熊光惶怯

---

①疑有讹夺。

不知所出，一切惟玉庭部署。顾粤东水师，实未足以当捕击。其调虎门兵回营自卫，尤失策。方是时，蔡牵、朱渍之余孽蹂躏海上无虚日，外洋商船频肆掳钞，遇夷舶则不敢动。一夷舶之利，足抵十商船，而卒无相侵夺者，自知其力不足以制也。水师不能御艇匪，而艇匪乃深畏夷舶，故夷舶之入虎门，晋省河，水师林立，相顾动色而已。赖英吉利贪贾市，虽涎澳门，于中国未有衅，溪壑已盈，逡巡遂去。而英夷亦旋革大班之职，以图占澳门，非国王意也。是岁，前山寨设游击守备、水师千总各一，把总外委、额外外委各二，募马步兵四百，分左右哨，为前山营。一把总率兵六十，防关闸。汛闸外里许之望厦村，并派弁兵协防。其虎门亭步汛之新埔山，添建炮台，以壮声援；蕉门之海口，排钉桩木，沉石其中，以杜绕虎门进狮子洋之路。层叠钤束，拊脊扼吭，盖皆为控制英夷故也。次年，改左翼与总兵，设水师提督，统五营，额兵四千五百余，镇虎门。以上均旧档及《粤中采访》。

　　又嘉庆二十一年夏五月，英吉利夷官加拉威礼来粤，由洋商递番字禀函，译云：英国太子摄政已历四年，感念纯皇帝恩德，仰慕大皇帝仁圣，于上年九月遣使起程来献方物，仍循乾隆五十八年贡道，由海洋舟山一路至天津，赴都请见。恳总督先奏。时两广总督蒋攸铦方入朝，广东巡抚董教增权总督事，许夷官晋见。以上档册。故事粤督抚大吏见暹逻诸国贡使于堂皇，贡使皆拜伏，如陪臣礼。加拉威礼不肯。迫洋商白总督，议相见之仪，往复再四。教增不得已，许之。其日署两广总督、广州将军、左右副都统、粤海关监督毕集，大陈仪卫，坐节堂。加拉威礼挟通事上谒，免冠致敬。通事为达其意，如禀函言。教增离座起立，问英吉利国王好，复坐。乃询贡使行日程途，允为入告。加拉威礼径出。此即前所议相见之仪也。当教增立询时，将军以下皆振衣起，副都统张永清独据案坐，不少动，意殊拂然。以上采访。教增奏入。俄而贡使罗尔美[1]、副贡使马礼逊[2]乘贡舟五已达天津。六月，上命户部尚书和世泰、工部尚书苏楞额往天津，率长芦盐政广惠料理贡使来京。一昼夜驰至圆明园，车奔石路，颠簸不堪，又贡使衣装辎车皆落后未至。诘朝，上升殿受朝会。正贡使已病，副贡使言衣车未至，无朝服，何以成礼？和世泰恐以办理不善获谴，遂饰奏两贡使皆病。上怒，却其贡不纳。遣广惠伴押使臣回粤。逾日，事上闻。上始谴和世泰，而酌收贡物，复赐其国王珍玩数事，以答远忱云。初，粤人贪红毛番之财，横索欺凌。又长吏缙绅夷夏之辨太严，持之过急，而视之甚卑。一买办、一仆使，皆官为制置，尺寸不能逾越。夷性犷悍，深苦禁令之束缚。粤海关之官商吏胥，于归公规费之外，又复强取如故，或加甚焉。英吉利积不能平，故欲改图，请互市于宁波、天津，又几幸如俄罗斯国留居京师。盖不甘受侮，将自表异于诸藩也。既三修职贡，未如所望，而举兵来澳门，又不得逞。十五年，大班喇佛等乃禀诉于广东巡抚韩崶，其略曰：始时洋商行用减少，与夷无大损益；今行用日夥，致坏远人贸迁。如棉花一项，每石价银八两，行用二钱四分，连税银约四钱耳。兹棉花进口三倍于前，行用亦多至三倍，每担约银二两，即二十倍矣。他货称是。是洋行费用，皆由祖家贸易摊还，其何以堪？巡抚韩崶咨总督监督，饬布政司核议。久之，竟寝不行。所谓行用者，始时每两奏抽三分，以给洋商之辛工也；继而军需出其中，贡价出其中，各商摊还夷债亦出其中，遂分内用、外用名目。此外，尚有官吏之诛求与游闲之款接，则

---

①"罗尔美"外文全名：William Pitt Lord Amberst。
②"马礼逊"外文全名：Robert Morrison。

亦皆出于入口、出口长落之货价。以故夷利渐薄，而觊望弥深。至是仍思藉贡输忱，以希恩泽。顾其贡表失辞，抗若敌体，复铺张攻伐佛兰西战功，有要挟意；又值理藩院诸臣迓接不如仪。上故疑其使人之慢，绝不与通。罗尔美等既出都，上始知不尽贡使之罪也，复降谕锡赍，追至良乡，及之。仍敕谕其王，交两广总督，俟贡使至粤颁发。以上档册。睿庙怀柔之意，度越千古矣。十一月二日，英吉利贡使抵粤，宴赍如常，仍免其归舟茶税。十二月四日，贡使放洋回国。濒行，两广总督蒋攸铦宴使臣于海幢寺，晓之曰：大皇帝不宝异物，后可勿劳贡献。如必欲入贡，广东为尔国贸易之所，贡舟应收泊广东，毋径赴天津。致驳回。使臣唯唯。攸铦复曰：尔国通市广州，于今百年，凡尔之俸饷经费，一惟于市取。办市之赀，每岁以数千万计，其利薄矣，中国之裨益于尔尤大矣。继今以往，宜效顺，毋自误。使臣应声曰：凡市，中国与本国两利，毋徒为我计也。以上采访。是岁设天津水师，置总兵官。未几复省。

《英吉利小记》道光二十一年魏源记：英吉利在荷兰、佛郎机两国西界，斗入海中。西、南、北三面皆大海，惟东面近陆，亦隔海港。东西长千六百里，南北横广六七百里，略肖中国台湾、琼州形势，本欧罗巴洲之小国也。国中产豆、麦，少稻，不给于食，皆仰给邻国。以濒海，专事贸易，故船炮讲求至精，与荷兰、佛郎机①相等。于是凡商舶所至之国，视其守御不严者，辄以兵压其境，破其城，或降服为属藩，或夺踞为分国。若西海②之亚默利加

①此"佛郎机"指法国（France）。
②西海指西大西洋。

边地；若西南海之亚非利加边地之甲城①、之孟迈、之孟塔拉②，皆其属藩；若南海之新嘉坡、之新埠、之美洛居、之三佛齐，皆其分岛也。其所属之国，地往往大于英吉利；其海道，或距本国十余日，或一二月，三四月，五六月，皆筑城据其险要，驻兵防守，设官收税；其中间以他国土地，不相联属，全以兵船往来联络之。国中无地丁钱粮，凡兵饷官禄，皆取给于关税。本国海口共五关，凡货出洋回国者，值番银千圆之货上税五十圆，每年计二百五十余万。其各属国之关税，则随处支用报销，不解回本国，每年计千二百余万，而孟塔拉地居六百万，孟迈地居三四百万。以鸦片烟土惟产二国，孟塔拉产大土，孟迈产小土，其行销中国最广，故其税最多。余各属国，合计每年不过二百余万而已。英吉利不产鸦片，亦不食鸦片，而坐享鸦片烟之利，富强甲西域。养兵十有九万，每兵岁饷番银七十二圆。武官以火器考试入伍，月俸多者番银三百圆，次二百六十圆，以次递减。其每月俸番银二千五百圆者六人，千五百者三十余人。今在舟山之伯麦③，即月俸二千五百，布尔利④月俸千有五百，一如中国之将军，一如中国之总兵也。文官则皆无论大小，皆先纳赀而后试之。得官后，不能称职，乃黜降之。国都地名伦墩，距海口二百里，有河通海，河广三十丈。王宫皆在城外，示守在四方之意。若环以城垣，则四方不畏服，以为示弱。其山后为旧王宫，山前面建者为新王宫。旧宫方四里，为朝贺之所；新宫甫营四十余年，方二里，为游幸之所。左隔河为城，距宫十五里。城外为太医院，医官数十，国

①甲城（Cape Town），开普敦。
②孟塔拉（Bengal），孟加拉。
③"伯麦"外文全名：James John Gorden Bremer。
④"布尔利"外文名：Burrell。

中就医者以千计。右三十里则先王之墓在焉。河桥五道，河中多火轮舟，过桥则倒其桅而过。火轮舟行最速，所以通文报。盖王宫依山阻水，山上有炮台，以师兵为营卫，故不必城中而后固也。英吉利与荷兰、佛兰西，其发皆卷而微红，不剃、不髻、不辫，惟剪留寸余，不使长。其长发者，惟妇人耳。故中国以"红毛"呼之。佛兰西即佛郎机，与荷兰、吕宋皆英吉利之邻国，富强亚之，未尝为所灭。惟东南海中，有葛留巴洲①，方数千里，荷兰据之，名新荷兰。又有洲方千余里，吕宋②据之，名小吕宋，曾为英吉利所争，分其税饷，旋亦不果。然距西洋之荷兰、吕宋祖国，水程四月有余。而华人妄谓荷兰、吕宋灭于英吉利云。西洋国皆奉天主教，故其纪年，以天主耶稣生于如德亚，当汉哀帝元寿二年庚申为托始。今英吉利辟天主教，不供十字架，而其书称一千八百四十年九月二十日，即道光二十年八月二十五日者，以旧为欧罗巴属国，犹随欧罗巴之称也。其国所宗教主曰葛尼③，其神名曰巴底行，距今千有六百二十六年。神有须发，一为立而合掌仰天之像，一为跪而合掌仰天之像，在家人奉之；亦有佛像曰巴底利，出家僧供之。僧尼缁衣大袖无发。以三月九日祭先，无木主，惟入庙诵经追荐而已。尊卑相见，重则免冠，轻则以手加额而扩之，皆立不跪。惟祭神乃跪，亦无拜礼。嫁娶择配，皆女自主之。如男女有成议，则及期会亲族，入巴底行庙，男女皆跽神前，僧为诵经，问男问女愿否？皆以愿对，则与二烛，各执其一，男授女，女授男，而吹熄之。复听诵经毕而归男家。女束发，左右各为小辫而挽之，略如总角。尚细腰，故带束甚固。衣长袍，而腰

---

①葛留巴洲，魏源又称之为"新荷兰"，指爪哇（Jawa）岛。
②此"吕宋"指西班牙。
③葛尼（God），意为上帝。

襕百结，两袖臂间亦各细襕如腰襕之状。国中女子之权胜于男子。富贵贫贱，皆一妻无妾。妻死乃得继娶，虽国王亦止一妃。女官有妊者，生子亦归正嫡，止可谓私幸，不得有嫔妾名号，其子亦不得称庶母也。今国王乃女主，名域多喇①，年二十有一，登位二载余，前所赘夫已死，去冬复赘所属邻国之二王子为婿。其国名乍密②，在海中，距英〔吉〕利国都五百里。王子名雅那博，年与女主同。左右侍从皆宫女，无男子。每临朝听政，二王子亦坐女主之后，国中宗室大臣皆坐而议政。凡国王临朝，手执金镶象牙杖，群臣进谒，屈一膝，以手执国王手而嗅之，是为其国中见君父最敬之礼。初，前王名乌连③，没后无子，有一侄而不及侄女之才，故遗命以国传侄女。他日女主有子传子，有女传女，如子女俱无，则大臣公择亲族中有才者嗣位。今女主生母尚在。此道光二十年秋，浙江宁波府获白夷安突德④所供也。道光十九年正月初八日子时，女王与色西哥麦国俄达王之子阿尔墨成婚，于罗厓尔先占士庙内行礼，邻国哈那洼国王执柯，其邻近国王之姑姊亦有特来观礼者。各官议送王子礼银三十万棒，每棒五员，凡百五十万员。宫中女官，第一等八人，曰"麻左尼士"者三，曰"加隐底士"者五，皆各承行一大部落之事。盖英国旧分七大部落，并邻部塞循而八也⑤；其次等女官十五，有人名，无官名，殆专理王宫事欤？一等女官，每人俸银三千五百圆，次等千五百圆，王宫女官俸银共四万一千五百圆，此皆见于《澳门月报》者。其女王

---

①域多喇（Victoria），通译维多利亚。
②乍密（Germany），德国，不是"在海中"。
③乌连，指威廉四世（William Ⅳ）。
④安突德的原外文名：Anstruther。
⑤Saxon 非在 Seven Saxon Kingdoms 之外。

之出，戴金丝冠，四面缀珠；身衣红色多罗呢长袍，或羽毛为之；胸前系金珠为饰。出则乘车，或乘大马，上用平鞍，后有倚背，左右有扶栏，从骑则皆跨鞍，以此别等威。国人见王不跪，惟免冠，手拔额毛数茎，投地为敬。其国人白肌，猫睛，高鼻，类在京之俄罗斯，而发拳黄，故称"红毛"。亦有肌白而发黑者，不贵也。其在粤、在浙，皆有"马礼逊"，乃官名，非人名。初奉佛教①，后奉天主教，净髭须。此台湾擒获白夷颠林②等所供者。初二十年，钦差大臣伊里布视师宁波时，源为友人邀至军中，亲询夷俘安突德，爰录梗概，而旁采他闻以附其后。原无，今补。

《台湾进呈英夷图说疏》总兵达洪阿、兵备道姚莹：

道光二十二年四月初六日，奉上谕：据达洪阿、姚莹驰奏，遵旨严讯夷供一折，览奏均悉。昨据奏称：逆夷复犯台港，经该总兵等生擒白夷十八人，红夷一人，黑夷三十人，汉奸五名。该逆夷中必有洞悉夷情之人，究竟该国地方周围几许？所属国共有若干？其最为强大不受该国统属者共有若干？又英吉利至回疆各部有无旱路可通？平素有无往来？俄罗斯是否接壤？有无贸易相通？此次遣来各伪官除仆鼎查系该国王所授，此外各伪官是否授自国王，抑由带兵之人派调？着达洪阿等逐层密讯，译取明确供词，据实具奏，毋任讳匿。钦此。查二次获红夷头目颠林、伙长律比及汉奸黄舟等，前经臣等提讯供情，业同起获夷书图信具奏。其前奏所未及者，谨督同各委员复提颠林等，逐层隔别究诘。据供：该国王城，地名兰邻③，在大地极西北隅海中。其国本不甚大，王城东、西、南、北周六十里，后枕大山，其名哀邻。近兰

---

①英国不奉"佛教"。
②"颠林"的外文全名：Henry Pottinger。
③兰邻（London），伦敦。

邻之西海中一地名埃伦①，自王城东南陆行半日许，即登海舟，南行十五昼夜至弼爹喇②，更南五十昼夜至急卜碌③，转东北行五十昼夜至望迈④，再自望迈东行二十五昼夜至新地坡⑤，其地东北即安南，更东行七昼夜即至广东，复三昼夜而至浙江。凡一百五十余日。极顺风一百二三十日夜亦可至，不顺风亦有迟至半年以上者。兰邻外自西北而西南更转东北而至广东。海中所属岛二十六处，皆其埠头，多他国地，据为贸易聚集之所：一曰埃伦，二曰弼爹喇，三曰（急）〔危〕时烟士⑥，四曰那（古）〔洼〕士哥沙⑦，五曰间拿达⑧，六曰的赊士⑨，七曰散达连⑩，八曰金山⑪，九曰士娇亚⑫，十曰急卜碌，十一曰马利加时架⑬，十二曰马哩询⑭，十三曰息赊厘⑮，十四曰士葛达喇⑯，十五曰烟⑰，十六曰望迈，十七曰士郎⑱，十八曰袜达喇沙⑲，十九曰孟呀喇，即孟加剌，

①埃伦（Ireland），爱尔兰。
②弼爹喇（Gibraltar），直布罗陀。
③急卜碌（Cape of Good Hope），好望角。
④望迈（Bombay），孟买。
⑤新地坡（Singapore），新嘉坡。
⑥危时烟士（West Indies），西印度群岛。
⑦那洼士哥沙（Nova Scotia），新斯科舍。
⑧间拿达（Canada），加拿大。
⑨的赊士（Turks Is.），特克斯群岛。
⑩散达连（Saint Helena），圣赫勒拿岛。
⑪金山（Gold Coast），指加纳。
⑫士娇亚（Equatorial Guinea），赤道几内亚。
⑬马利加时架（Madagascar），马达加斯加。
⑭马哩询（Maurtius），毛里求斯。
⑮息赊厘（Seychelles），塞舌尔群岛。
⑯士葛达喇（Socotra），索科特拉岛。
⑰烟（Yemen），也门。
⑱士郎（Ceylon），锡兰。
⑲袜达喇沙（Madras），马德拉斯。

二十曰磨面①，二十一曰槟榔屿，二十二曰马（功）〔叻〕格②，二十三曰新地坡，二十四曰路士伦③，二十五曰班地文④，二十六曰璞士爹厘耶⑤。以上诸岛皆英吉利埠头，设官主之。海中相去或一二千里、数千里不等，遥相联络。诸岛左右，复有别岛或自为国，或有荷兰别国埠头非其所属，亦有不能详者。前供实叻，即息（辣）〔辣〕，同望结仔⑥二处，皆荷兰埠头，因荷兰亦有"红毛"之称，同一贸易，故并雇用其黑夷，非英属也。吽朥油者，黑夷之通称，即华言无来由也。西海诸国最强大而为英吉利所畏者，一曰米利坚，华言称为花旗，在的赊士之西；二曰佛兰西，皆地土大于英吉利，而船炮如之，亦好贸易，与荷兰、黄祈⑦、大西洋俱在广东通市，颇恭顺。佛兰西船少，近年未至。此其海路之情形也。其陆路自兰邻外，并无土地，东北、东南，隔海之国甚多。颠林所知者，曰士袜国⑧、罗委国⑨、叻伦国⑩、颠麦，一名黄祈国、（付）〔什〕卑厘⑪国，达地厘国⑫，皆在其东北，土壤相接。北即北海，冰厚二三丈，极寒，人不敢往。又有荷兰国，

---

①磨面（Moulmein），毛淡棉。

②马叻格（Malacca），马六甲。

③路士伦（Port Louis），路易港，毛里求斯首都和主要港口。

④班地文（Cape Brabant），布腊班特角"路士伦"和"班地文"二地的位置应互易。

⑤璞士爹厘耶（Victoria），维多利亚，塞舌尔首都和主要港口。

⑥望结仔（Makassar），乌戎满当（望加锡）。

⑦黄祈（Denmark），又作颠麦，即丹麦。

⑧士袜国（Sweden），瑞典。

⑨罗委国（Norway），挪威，当时挪威还在瑞挪联盟中。

⑩叻伦国（Lappland），拉普兰地区。

⑪什卑厘（Siberia），西伯利亚。

⑫达地厘国（Tartary），指中亚的一些国家。

拿达伦①国、米利坚国②、佛兰西国、大西洋国、鸦沙尔国③、布路沙国④、记利时国⑤、埃地利国⑥、大吕宋国、的记国⑦，皆在其东南，国亦相接。问以俄罗斯及回部，皆茫然不知。惟隔荷兰、黄祈之东有罗沙国⑧，又东南有北叻思国⑨，似即俄罗斯地，而字音别也。荷兰、黄祈二国最近英吉利，隔海相距一千二百里。诸国皆不相统属，荷兰颇为英吉利欺凌，每倚佛兰西为援，则与英吉利固外好而阴忌之，未必听英吉利越其国而与俄罗斯贸易。此英吉利以东隔海诸国之情形也。其王现为女主，议政之大臣曰马伦侍⑩。其在浙江之统帅，人名沙连弥仆鼎查，其官为比利尼布颠第依弥⑪，一切兵听其调派。其次，主兵官为赞你留⑫，其人名沙有哥哈⑬，即吧噶。又，主船政官为押米娄⑭，其人名沙外廉巴加⑮，即思哑敕力巴敦。时仆鼎查系一等官，年得俸银一万圆。以下分等递减。其在厦门者，官为"善用勒弥沙"，人名时蔑，又称

---

①拿达伦（Netherlands），指荷兰，荷兰原为尼德兰的一部分。后欧洲许多国家习惯用"荷兰"一名称尼德兰。

②美国不是在英国东南。

③鸦沙尔国（Switzerland），瑞士。

④布路沙国（Prussia），普鲁士。

⑤记利时国（Belgium），比利时。

⑥埃地利国（Austria），奥地利。

⑦的记国（Turkey），土耳其。

⑧罗沙国（Russia），俄罗斯。

⑨北叻思国（Persia），今伊朗（Iran）。

⑩马伦侍（Barons），指男爵，因功劳封得领地的贵族。

⑪比利尼布颠第依弥（Plenipotentiary），官名，即全权特使。

⑫赞你留（General），将军，英国侵华陆军总司令。

⑬沙有哥哈（Sir Hugh Gough），卧乌古（郭富）。

⑭押米娄（Admiral），英国水师提督，英国驻香港舰队司令。

⑮"沙外廉巴加"的原文为 Sir William Parker。

士勿①，乃主船政之官。其在广东之香港者，文官为"马厘士列"，即马礼逊，其人名赞臣②；武官为"善用哈沙"，其人名礼亚时，皆授自国王，而听命于仆鼎查。又有甲毕丹亦主船政，又称急敦，亦授自国王；或有自贵官授之，而报名于王者。凡三桅大船黑夷以六头目管之，一正五副；二桅中船黑夷头目三人，一正二副；小船黑夷头目二人，一正一副。正头目夷言沙冷，副头目夷言燉低。此次大小夷船百余只，实在兵船连火轮船七八十只，内多即贸易之舟，配以夷官，改作兵船。其兵皆黑夷，雇自各岛，共约四五万人，每月工资番银二三员至十员不等。至同来兵船，见颠林被获，是否逃回浙江，抑往广东，无从追问。臣等伏思逆夷兵船，半即商舟，人众数万，月费工资数十万金；夷酋俸银、夷众口粮、军装火药，月费亦数万金；船本货本又数百万，计犯顺已逾二年，费亦不下二千万。夷以货财为命，今闭关，其货不行，所在私售无多，价亦大减。主客异形，逆夷虽富，何能久支？仆鼎查始冀为义律③故智，思得所欲。及不可得，且人船丧失，所耗益多，其情势必绌。饥而扑食，乃更扬言继师大举，窃恐其众将离，未必复能久持也。然贼穷必有变计，臣等防守不可不益加严。其余各条，皆如前供。地名、人名，翻译殊难。汉人或通其语，而不通其文。颠林能画，乃令图其国所属及各国形势。惟东北旱路，伊所未至，又回部绝远，故不得其详。汉奸五人中，惟郑阿二最通夷语，黄舟能汉字，乃使郑阿二传颠林之言，以广东土音翻译出之。间有误者，颠林似亦觉之，而每指正其误。更使律比等观所绘图，点首。察其情形，言似可信。谨遵旨覆奏，并将

---

①"士勿"的外文全名为：Henry Smith。
②"赞臣"的外文全名为：Alexander Robert Joho Ston。
③"义律"的外文全名：Charles Elliot。

《图说》进呈御览。原无，今补。

《英吉利地图说》兵备道姚莹进呈：英吉利国又称英机黎，或作膺乞黎氏，通称"红毛"，在大海极西北隅，四面皆海。其国都名兰邻，北枕大山，名哀邻。隔海而南，与荷兰、佛兰西、大吕宋邻近，相去皆千余里①。又有米利坚，在其西南海中，相距约万余里。国皆强大，不相统属，惟大吕宋稍弱。近中国之属岛名小吕宋者，久为英吉利所据，不能争。近七十年，英吉利谓其地少利，吕宋始以金赎回。荷兰亦常为英吉利侵凌，倚佛兰西为援，佛兰西大于英吉利也。然佛兰西人不善经商，今广东贸易之夷，自大西洋外，有英吉利、米利坚、荷兰、黄祈、佛兰西诸国，惟英吉利船较多，常年六七十艘。诸国无公司，独英吉利有之。公司者，其国王自以本钱贸易，故名。诸国至广东，十三行商公建楼屋居之，如客寓。诸夷商去来无定，非如大西洋之常住澳门也。英吉利通商广东，自云二百余年矣。英吉利王城，东西南北周六十里，东南城外车行半日即海。本国虽不甚大，人精巧，善制器械，以其强黠，胁制海中小国，皆为属岛。自王城稍西，海中一岛名埃伦；又南为弥爹喇，王城至此舟行十五昼夜；弥爹喇之西北一岛，名急时烟士；又西北为那古士哥沙；又西南为间拿达，皆其所辖。弥爹喇之西南，隔海一大洲，名米利坚，即华言花旗国之北境也。其北至南境陆也，大于英吉利数倍，船炮如之。英吉利入中国，必由其海面，故畏之。而据米利坚东之一小岛，名的赊士，设埠头。又于的赊士隔海相对一高山名散达连，亦设一埠头。又于散达连之东名金山，设一埠头。三处相望，声势犄角。义律即的赊士人也。自散达连而南为土峤亚，自金山而南为急卜碌，即《海

①英荷、英法的距离均较近。

国闻见录》所云呷也，盖海中大地西南一角之尽处。由弼爹喇至急卜碌，舟行五十日夜，皆自西而南。自此以后，则舟行转向东北，初为麻利加时架，更东北为麻里询，又东北为息赊厘，又北为士葛达剌，又北为烟，其东为望迈。自急卜碌至望迈，舟行五十日夜。更自望迈而南为士郎；又东北为袜达剌沙；北为孟呀喇，即孟加剌；又东南为磨面；又南为槟榔屿，一名新埠；又东为麻那格，即《明史》所云麻六甲也。前明本满剌加国，为佛郎机所灭，后归荷兰。英吉利有地在其南，名孟姑伦，与荷兰互易而有之，乃于其地之西，新开槟榔屿为大埠头。又东为新地坡，自急卜碌至此，本皆黑夷地，而英吉利据之，总称吽胜油，华言无来由是也。自望迈至新地坡，舟行二十五日夜。其东北即近安南。更舟行向东七日夜，即广东。《明史》：西洋利玛窦言，其国至中国九万里，英吉利又在其北，海道可知矣。马里询之极南，又有路士伦，又东北有班地文，又东北有璞士爹厘耶，皆英吉利属岛，夺自他国，以为聚积贸易之埠头。自埃伦至新地（波）〔坡〕，凡二十六岛，皆设官主之。诸岛在海中，相去或千里，或二三千里，势相联络。其左右复有别岛，或自为国，或为荷兰及他国所属者尚数十，而以英吉利为最。此其海路之形势也。其陆路，自本国外并无土地。国之东北隔海而地相连者，为士袜国、罗委国、叻伦国、颠麦国，一名黄祈国。更东为什卑厘国，又东为达地厘国。其北即北海，极寒，冰厚二三丈，盛夏不解，人无敢往者。其国之东南隔海而地相连者，最近之东为荷兰国，自此而南为那达伦国、米利坚[1]国、佛兰西国、捷罗那[2]国、布度基[3]国。布度基即

---

[1]"米利坚"，疑为"比利时"（Belgium）之讹。
[2]捷罗那（Genova），热那亚。
[3]布度基（Portugal），葡萄牙。

广东澳门之大西洋国也。荷兰之东，迤南为鸦沙尔国、布路沙国、记利时国、埃地利国、大吕宋国，又东为的记国。自西洋以东，如大吕宋，埃地利，记利时，布路沙①至的记诸国皆沿地中海。此其国以东陆路之情形也。问以俄罗斯及回部，其人皆茫然不知，惟言贺兰之东北为罗沙国，又东稍南为北叻思国，与《海国闻见录》载俄罗斯隔普鲁社即系黄祈、荷兰之境相似。乾隆年间，俄罗斯女王即西洋国之女，则其相去，当不甚远。特地名字音各别，或即所云罗沙及北叻思也。颠林未至东北诸国，故不能明。然其所绘图，与康熙年中西洋人南怀仁之《坤舆图说》、乾隆年中总兵陈伦炯之《海国闻见录》形势大略相同，可以参考。故大学士臣松筠尝为臣姚莹言俄罗斯大臣多西洋人。乾隆五十八年，英吉利贡使玛葛尔言，今俄罗斯之哈屯汗②，本大西洋国女③，乃前哈屯汗之外孙女也。其表兄袭汗，娶以为妃，然则俄罗斯与大西洋世为婚姻，英吉利本近大西洋，妇人为王其俗同，人之状貌又同，则其近可知。俄罗斯人有在京者，传询当得其实。然英吉利既隔海，而俄罗斯尚隔黄祈、荷兰、佛兰西诸国，未必与英吉利交结，故颠林及律比皆不知之。若回部，则以南怀仁及陈伦炯之图考之，相去甚远，所隔国尤多矣。至的记之东为巳罗④，又东为茂加⑤，又东南为也加刺⑥，又北为亚巴赊⑦，又东北为烟你士丹⑧，皆乌

①比利时和普鲁士都不沿地中海。
②哈屯汗，指哈德邻二世（Catharine Ⅱ），亦即叶卡特琳娜二世（АлексееВНа ЕкатерИНа Ⅱ）。
③喀德邻二世是德意志公爵的女儿。
④巳罗（Syria），叙利亚。
⑤茂加（Mecca），麦加。
⑥也加刺（Yemen），也门。
⑦亚巴赊（Bandār 'Abbās），阿巴斯港。
⑧烟你士丹（Hindustan），印度斯坦。

鬼地。其自的记转南，沿中海而西者，为衣接①埠头，为礼卑厘②，为埃治亚③，为都利士④埠头，亦皆乌鬼地，正与《海国闻见录》形势相同。颠林言伊船内本有《四海各国全图》，船破失水，不知所在，今据所能记忆者图之，其言或可信也。至其立国，自称一千八百余年，本无稽。然国俗，王死无子，则传位于女，其女有子，俟女死后立之，实已数易其姓，而国人犹以为其王之后，足见夷俗之陋。道光十八年，其国王死，无子复无女，乃传位于侄女，名役多厘里亚，今二十二岁，招夫两次，阿不尔称为边连士亚弼，犹华言驸马。生一子，今年二岁，异时女王死，即位为国王。边连士亚弼不理国事，大政则由三大臣在女王左右议决之。其第一者名马伦侍，极贵；次二人不知其名。其国文官少，武职多。大埠头设文官，名罗洛坚，如中华督抚；中埠头设文官，名沙外廉叻落坚，如中华知府；小埠头设文官，名未士洛云，如中华知县；诸埠头俱有大武官，名马凝接，如中华总兵，其余武官不可悉数。此次统兵至定海之统帅，其人名沙连弥仆鼎查，其官为比利呢布颠第依弥，最贵，一切由其调度。各官虽授自国王，有事故，则仆鼎查遣代。其次，主兵之官为赞你留，其人名沙有哥哈，即巴噶。又，主船政之官为押米娄，其人名沙外廉巴加，即思亚勒力巴敦，时皆在浙江。其厦门管船者，官为善用叻弥沙，人名时筬，又称士勿。在广东香港者，文官为马厘士列，华言马礼逊，其名赞臣。武官为善用哈沙，其人名礼亚时。凡管理贸易及船政官皆名甲毕丹，即《明史》所称加必丹未，又称急敦，如

①衣接（Egypt），埃及。
②礼卑厘（Libya），利比亚。
③埃治亚（Algérie, Algeria），阿尔及利亚。
④都利士（Tunisia），突尼斯。

华言船主也。船上管黑夷者，头目有正副，正名沙冷，副名燉低。大船一正五副，中船一正二副，小船一正一副。此次至内地夷船，名百余只，其实不过七十余只，且多贸易之船，配以夷官，非尽兵船也。又火轮船亦不过十只，用以急递信息，为诸船导引。黑夷皆雇自诸岛，月给工资番银二三员至七八员。其官，自仆鼎查年给俸银一万员，次等递减，小者亦数百员。凡造一船，费数万计；炮械火药，资用尤多。闭市后洋货不售，有私售者，货价大减。用兵日久，复多丧失，亦自苦之。其产鸦片烟土者凡三处：一为的记，二为孟迈，皆出小土，每块重六七两；惟孟加剌出大土，每块重四十五六两。而孟迈、孟加剌皆英吉利埠头，故其国货船此物独多。各国人皆不食，即英吉利亦自不食，惟华人及黑夷多嗜之。凡货易诸船，皆商贾自为之，王收其税，亦有领国王本钱者。谨据夷囚颠林、律比供及图，证以诸书如此。

海国图志卷五十四

欧罗巴人原撰　　侯官林则徐译　　邵阳魏源重辑

北洋①俄罗斯国

北洋俄罗斯国志

　　叙曰：俄罗〔斯〕与英吉利争印度情事已具《西南洋志》矣。恭读康熙《平定罗刹②方略》，俄罗斯兵守雅克萨③、尼布楚④二城者，每城兵仅数百，我黑龙江兵数千攻之，何难一举摧拉，而圣祖两致书察罕⑤、一寄书荷兰，往返数万里始定疆界，何哉？其时喀尔喀⑥、准噶尔未臣服，皆与俄罗斯接壤，苟狼狈犄角，且将合从以挠我兵力。自俄罗斯盟定，而准夷火器无所借，败遁无所投，即乾隆阿逆、土尔扈特之事，亦无所掣肘。于是西北版图开辟万里，皆远交近攻之力。经营于耳目之前，而收效于数十载、数世之后，岂咫见迩图所测高深万一哉？故具载本末，俾知两朝圣人御边柔远贻来世之深意。语曰：上兵伐谋，其次伐交，其次伐国。

---

①北洋，原指欧洲、亚洲的北部，在此专指俄罗斯。
②罗刹（Russia），俄罗斯。
③雅克萨（Albazino），阿尔巴济诺。
④尼布楚（Nerchinsk），涅尔琴斯克。
⑤察罕（Czar），沙皇。
⑥喀尔喀，原为我国的一部分，称外蒙古，1921年成立"君主立宪政府"，1924年成立蒙古人民共和国。

志北洋亦所以志西洋也。作《俄罗斯志》。

俄罗斯国总记 原本

俄罗斯旧国即古时额利西、意大里之东北边地，所谓西底阿土番是也。近数百年始强盛，疆域甲于诸洲，有在阿细亚洲者，有在欧罗巴洲者，有在墨利加洲者。其在欧罗巴之疆域七区：曰东俄罗斯、西俄罗斯、南俄罗斯、大俄罗斯、小俄罗斯、加匽俄罗斯①，并有所得南隅回教之新藩地。东界阿悉亚洲内部落，西界波兰、普鲁社及欧塞特里〔亚〕，南界都鲁机，北抵冰海②。里海以东至葱岭为哈萨克、布哈尔爱乌罕诸国地，里海以西、黑海以东为俄罗斯新地，黑海以西沿地中海东岸为南都鲁机地。幅员二百零四万方里，户六千五百万口。又有所得阿悉亚洲之新藩地共四部落，总分二区，曰东悉比里阿③、西悉比里阿④，东抵海，北抵冰海，西界欧罗巴洲内部落，南界中国、蒙古、索伦，幅员五十万方里，户百有三万八千三百五十六口。在墨利加洲内部落，仅葛西模斯⑤一小隅之地，方里户口均无纪载。其国都原建于大俄罗斯之莫斯科，后改都于东俄罗斯之比特革⑥，今仍还居旧都。其国旧本土番，不通上国，无异于今之鞑鞑里⑦。乐争斗，娴骑射，马上交锋，趫捷如飞。至千二百年，宋宁宗嘉泰元年。鞑鞑里之国汗率师捣其莫斯科国都，遂墟其社。

①加匽俄罗斯，即喀山汗国（Kingdom of Kasam）。
②冰海（Frozen Ocean），北冰洋（Aretic Ocean）。
③东悉比里阿（Eastern Siberia），东西伯利亚。
④西悉比里阿（Western Siberia），西西伯利亚。
⑤葛西模斯（Kotzebues），科策布（在美洲阿拉斯加）。
⑥比特革（Petersburg），又作彼得罗堡，即彼得堡。
⑦鞑鞑里，指蒙古族人，有时专指今蒙古国辖地。

即元太祖灭俄罗斯之事。至千五百年，明孝宗弘治十三年。有诺戈落①之人伊挽瓦尔西②者，起兵恢复俄罗斯北隅，并复西比里阿③，尽驱鞑鞑里蒙古，夺回三百年故疆，始抗衡欧罗巴洲各国。人犹雄悍，未谙西洋技艺。及至比达王④，聪明奇杰，离其国都，微行游于岩士达览⑤等处船厂火器局讲习工艺，旋国传授。所造火器战舰，反优于他国，加以训兵练阵，纪律精严。迨至近日，底利尼王⑥攻取波兰国十部落，又击败佛兰西国王十三万之众，其兴勃然，遂为欧罗巴最雄大国。

其国都设西匿士六十二员，分为两班。其管辖外部之官则分数等，不问辖地之广狭、收税之厚薄，而以所隶奴仆之多寡为小大。其奴仆最多有十二万五千者。官俱武职，其国之奴仆浮于兵额。在千八百十六年，嘉庆二十一年。官之奴仆有六百三十五万三千人，民之奴仆有九百七十五万七千人。千八百（二十）〔十二〕年嘉庆（二十五）〔十七〕年拒敌佛兰西时，兵止九万，加以镇守两都鲁机之兵，亦不满十五万，即并各处炮台防守兵、护卫兵数之，亦不足三十万。自击败佛兰西，威震邻国，开疆拓地。阅（十二）〔二十〕年，道光十（一）〔二〕年。即增兵至六十八万六千，倍于其旧。然其强非因兵卒之众，全因马上之趫捷。其养兵之法，每农夫给田五十埃加⑦、屋一间，俾赡一兵一马，无事则兵亦助耕。其水师亦增，大战船四十，小战船三十有五，桅船二十有八，小船

①诺戈落（Novgorod），诺夫哥罗德。
②伊挽瓦尔西，指伊凡三世（Ivan Ⅲ）。
③西比里阿（Siberia），西伯利亚。
④比达王，指彼得大帝（Peter the Great）。
⑤岩士达览，即阿姆斯特丹（Amsterdam）。
⑥底利尼王，指叶卡特琳娜二世（Eka Tepu Ha Ⅱ）。
⑦埃加，英亩（计量单位）。

三百，水师卒四万有四千。土人俱崇额利教①，设天文馆、算法馆、乐器馆、技艺馆、文学馆，又书院一所，内藏中国与俄罗斯国之书二千有八百册，于是文教亦盛。所居之屋，惟王宫、官署、庙宇以砖瓦，此外民居多用材木。衣则长与足齐，夏衣麻布，冬披羊裘，贵人衣皆饰以宝石、金刚钻。

河在欧罗巴洲北有四：窝尔牙河②，自诺戈落发源，至阿斯特腊赞③入海，长二千七百里；卢威那河④，自鹿那河⑤发源至阿占牙⑥入海；奈斯达河⑦，自威多司⑧发源，至比里⑨入海；端河⑩，自都腊⑪发源，至阿锁甫⑫入海。

产谷、麦、牛、羊、麻布、绿绒、盐、煤、蜜糖、蜜蜡、酒、五金、宝石、五色木。

重辑原无，今补。

《万国地理全图集》曰：峨罗斯国北及冰海，南至黑海、土耳其国，东接亚齐亚藩属国，西至瑞丁国、八得海⑬隅及陂鲁斯⑭、

①额利教，指希腊正教（Greek Orthodox Church）。
②窝尔牙河（Volga R.），又作窝里牙河、窝瓦河、服拉加江、窝尔加河，即伏尔加河。
③阿斯特腊赞（Astrakhan），阿斯特拉罕。
④卢威那河，指德维纳河（Dvina R.）。
⑤鹿那河（Luna R.），卢纳河。
⑥阿占牙（Archangel），即阿尔汉格斯克（Arkhangelsk）。
⑦奈斯达河，疑指第聂伯河（Dneper）。
⑧威多司（Valdayskaya Vazvyshennost），指互尔代丘陵。
⑨比里，疑指赫尔松（Kherson）。
⑩端河（Don R.），又作敦河，即顿河。
⑪都腊（Tula），又作土剌邑、土拉、斗拉，即图拉。
⑫阿锁甫（Azov），又作亚士弗，即亚速。
⑬八得海（Baltic Sea），又作巴尔的哥海，即波罗的海。
⑭陂鲁斯（Prussia），普鲁士。

奥地利等国。北极出自三十八度至六十度，偏东自二十二至六十三度，广袤圆方四百五十万方里，居民四千八百万丁。其地大半平坦，惟东方有山岭，北方天气严冷，野地水潦。窝里牙河流东南七千一百里入里海，其河深多船，欧罗巴至长之河也。地尼伯河①南流入黑海，顿河西南流入亚速海隅，土味那河②西北流入八得海隅，阿尼牙河③北流入白海。西北地多大湖，如剌多牙湖④、阿尼牙湖、西峨湖⑤是也。中央地广坦，无树林，皆草场游牧处。北方沿海，白海之海隅曰泽加牙海湾⑥，东北曰汾兰⑦、利牙⑧等海湾，南曰亚速海湾，各处港汊四通。但因北海全冰，船行不便，其南之黑海由他大尼里海（陕）〔峡〕⑨与地中海相连，故与外国海路交通甚难也。

地产五谷，阜如山积，麻为帆布，橡松木为材料，运出外国者不胜其数。其南方之马，强健善走。又多（生）〔牛〕，所运出之（生）〔牛〕油、牛皮无穷。山出金、铁、金刚石。

居民族类殊异，一曰萨剌瓦族⑩，居其大半，四千四百万丁；力登族⑪二百万丁，住在八得沿海；分族⑫在西北方，三百万丁；（同）达达里游牧在南方，二百万丁，尚奉回回之教；甲木族六十

①地尼伯河（Dnepr），又作聂卑尔河、地业江、奈巳河，即第聂伯河。
②土味那河，又作土喂拿江，指西德维纳河（Zap. Dvina）。
③阿尼牙河（Onega），又作疴内加河，即奥涅加河。
④剌多牙湖（Ladozhskoye），又作拉多牙湖，即拉多加湖。
⑤西峨湖（Seg），谢格湖。
⑥泽加牙海湾（Cheshskaya Guba），乔沙湾。
⑦汾兰（Finland），指芬兰湾。
⑧利牙（Rigas），指里加湾。
⑨他大尼里海峡，即达达尼尔（Dardanelles）海峡。
⑩萨剌瓦族，或称撒窝匿族，即斯拉夫族（Slavs）。
⑪力登族，即立陶宛族（Lithuanians）。
⑫分族（Finns），即芬兰族。

万丁，尚奉事菩萨，亦为游牧；日耳曼人开新地之氓，四百五十万丁；犹太散民五十八万三千丁，与他族种农夫，共计三千七百万丁。其中为国家或五爵之奴，贩卖人口无禁。住城邑内良民共计四百五十万丁，其中有上下中品者。隶五爵者九十万丁，不纳税赋，而多扞法网。

五爵威权太重，敢作敢为，通商广大。道光十二年，有船五千七百二十只进口，纳关税银三千七百万员。所运进货物共计银万七千万员，运出货物万六千二百万员。

唐朝年间，其民未向化，止游林内射猎。唐懿宗咸通年间，有头目招其族类，建邑开土。五代后周显德年间，女王代理国政，进天主教。嗣位者有十二子，分给国地，由此衅隙，争战不息。忽为蒙古所侵服。然国王不失望，于明正德元年，将蒙古一概驱逐。时有倚万王①，好乱残忍，城内被戮六万人。明万历四十年间，五爵暨教师择新王，靖国除乱。于康熙十年彼得罗王②幼时，为其女兄擅汗位，幼主隐修寺内，一面习骑射、演士卒，往白海建船通商，又攻击南方游牧而开新海口，遂招文艺贤士攻磨国民。及见女兄侍卫乱政，遂尽戮其人，亲揽国政。又巡行外国学艺术，愈久愈进。欲知造船之术，遂潜赴荷兰国学习工师。返国后与瑞丁国交战，而筑建新都，名为彼得罗堡。由此开海路，与八得海隅往来。水陆权势始兴。深明韬略，善晓兵机，攻无不胜。军多船繁，各国景仰。汗殁后，其后妃摄位，亦有权谋，虽嬖幸用事，而其将帅皆得人，故其国愈广。于乾隆二十六年，加他邻后③弑其夫王而代立，淫荡有才，广文艺，召工匠，养精锐，屡与土耳其

①倚万王，指伊凡雷帝，或称伊凡四世（Ivan Ⅳ）。
②彼得罗王，指彼得大帝，或称彼得一世。
③加他邻后，指叶卡特琳娜（АлексееВНа ЕкааТериНа）。

国交战皆胜。嗣子承统，与佛兰西肇衅，连年力战，佛兰西不得已议和。其弟即位，复征服土耳其，击退白西国。故此西方各国畏之，皆严兵防范以御其侵侮。

国汗操权，每公会议事，西国之尊贵者百二十人，咨问得失，令各抒意见。其部为七：管宗室，管外国，管兵，管民，管刑，管户，管文学。每年关税、田赋、杂税，共计银七千八百万两。

军士六十一万丁。水师大兵舰四十，战船三十五，兵船二十八，小舟三百，水手四万。临阵，其军士坚屹如磐，死不退走。国家欠银二万万，文武各官俸禄甚薄，多受贿枉法。

崇加特力天主教，无异希腊教门，在国都有教皇，大有权势。其教主分各部。庙七十万间，僧十六万，寺四百八十间，女寺百五十六间。

衣长衫，冬即羊皮。食物粗粝，以大麦粉为汤，用粉水为饮，嗜酒。不沐浴，卧地炉以自暖。以白菜养牛马。

城邑良民，分党自豪，视农如草。人多赌荡，放恣无度。

八得沿海地一望苍莽，终年如冬，故产物不多。松榆稠密，种田甚少。其都城彼得罗堡内，屋高如殿。城建水中，西风吹水入港，遍街涨溢，常患水潦。王廷袤四十五丈、阔三十八丈，宏丽光曜，大庙前立柱如林，皆奴仆自建，使费一千万员。道光十年，商船七百五十三，进口货价银一万零九百万员，出口价银八千三百万员。都城居民四十二万五千丁。尼瓦河①口在都城外，立冕城②军局以藏兵器。利牙城③在八得海口，居民三万丁，每年出入船千余。又有分兰部，乃瑞丁国所让割之地，天寒民贫。其亚

①尼瓦河（Neva），又作内袜河，即涅瓦河。
②冕城，指喀琅施塔得（Kronshtadt）。
③利牙城（Riga），里加。

坡城①居民万丁，皆崇上帝之真教，而拜救世主。所有地财虽少，天财甚厚。

大峨罗斯部广大过于他部，出五谷、麻等货。其内古都曰木吉城②，多五爵之宫室，镶以金。嘉庆十（六）〔七〕年佛兰西侵取国都，峨民自行纵火，焚毁殆尽。及战胜再建，复还其旧，今城中居民二十四万丁。汗建圣殿，高七十七丈，长二百有十丈。其城为国之中心，庶民集会之处。诺鄂古市③为贸易大馆，今已衰废。加路牙④居民二万五千丁，巧于制造。土剌邑居民三万五千丁，炼习铁器。都城北方各地，人民罕居，土人捕鱼为业。其极边夷族甚矮，以犬为马，使鹿如牛。白海滨亦有港口，冰消时商船出入不绝，居民万六千丁。白峨部⑤广坦，沃壤田，居民清洁，建屋齐整，会城曰吉菲⑥，四围山青水绿，风景甚美。南峨罗斯部，五谷极丰，足赡地中海各国。其平地内，有可萨种族⑦，善骑马，故国王募为骑兵，食本钱粮，不取国家之禄，而好劫掠为食。然用以巡逻，探敌营形势，深入掳杀，冒险不惧，倘逢敌追，即时飞走；平日安业乐务，行为朴实，待旅客有礼。女汗建新城，在阿得撒⑧海口，商船舳舻不绝，居民三万丁。

南半土及黑海者，称曰金地⑨，古时回回游牧地，产葡萄、柑

①亚坡城（Abo），即图尔库（Turku）。

②木吉城，指莫斯科（Moscow）。

③诺鄂古市，指诺夫哥罗德（Novgorod）。

④加路牙（Kaluga），卡卢加。

⑤白峨部，指乌克兰（Ukraine）地区。

⑥吉菲（Kieyv），又作几甫、几付，即基辅。

⑦可萨（Cossack）种族，即哥萨克族。

⑧阿得撒（Odessa），即敖得萨。

⑨金地，指克里木（Krymskiy）半岛。

桔、各项南果成皮，造番硷。山川秀丽，柳杨相映。其会城曰甲撒①，居民四万丁，勤务本业。

又曰：峨罗斯藩属国南至满州、蒙古、里海、白西尔、土尔其地，北及北冰海，东至东海，接海（陕）〔峡〕，间亚默利加，西连欧罗巴，西南接土尔其及黑海。北极出自三十七度至七十度，偏东自三十六度至一百九十度，诸国之最大者。然其北方冰雪之地，惟野兽所能生之，人迹所不到。其南方藩属曰告甲俗②，山岭崎岖，最高者千八百丈，其山之北，又复平坦。窝瓦河两边草场，玉海金山，自三十七至四十八〔度〕之里海，广大深渊。产金、铜、铁、金钢石。居民勇猛，风俗语音不同。一曰热阿义③人，本奉耶稣之教，近为异端迷惑。男女秀丽。其都曰得勒城④，街狭屋卑，但峨军守城以后，渐入佳境。一曰黑海之滨名颎里地⑤，四方山岭，土君贩卖人口为奴。一曰勒颎阿西地⑥种类，居山内，草木畅茂，禽兽繁殖，五谷不登，其民猛而野，既奉回回之教，与峨结敌，尽力击退峨军，连年攻战不息。其女最美，多卖远方为人妾，其价甚贵，如有才能，往往为国后。其会城曰迓大罕⑦，通商富财。其产最繁者为鱣鱼龙，捕于里海，而卖于各国。东方最丰青草，蒙古等种类游牧其中，卖马、羊、牛、皮货，易布匹。

其东方藩属曰西伯利〔亚〕，一作悉毕底阿，广袤圆方一百五

———————————

①甲撒，指巴克契撒莱（Bakhchisaray）。
②告甲俗（Caucasus），即高加索。
③热阿义（Georgia），即格鲁吉亚。
④得勒城，即第比利斯（Tbilisi）。
⑤颎里地，即埃里温（Erivan）。
⑥勒颎阿西地，指诺加伊斯（Nogais）种族。
⑦迓大罕（Astrakhan），即阿斯特拉罕。

十万方里，居民一百零三万八千丁。自南流北之河，曰勒那①，曰叶尼赛②，曰阿比③等。南方有苏米、排半两湖，终年结冰，毫无通路。产金、银、铜、铁、宝玉、嫩黄玉。草木惟在南方；北地不毛，惟有矮松、杨树，多狐狸、兔、貂鼠、海虎、水獭、毳兽。其居民各异种类，南方蒙古族，东南如满州之东（如）〔各〕种，北有撒摩叶侏儒④各种，大半尚崇佛，不拜上帝。峨国犯罪人流于此地，或逃走再捕获，则使开矿厂。又有率可萨类，多为兵。四月尚冰冻，所获毳皮，与蒙古通商，甚裕。所出铜五十一万二千五百石，铁九十九万石，金银百有余万两。其部落之名如左：近西之藩属曰多仆部⑤，设大铸矿之炉，俄罗斯总帅扎驻，理东地之政。南方生草木，有哈萨克游牧频次侵国，虽派防兵，时入钞掠。北方无物产，但调营汛，收其土贡。有芸益斯部⑥，遍地草场，多矿，不通商路。城内防兵四千，与哈萨克常结衅。有东色部⑦，丰盛，出谷蒸酒，士民沉湎。有东方耳谷部⑧，甚广大，银铅矿厂有名，居民秀雅好学，以皮及铅为赋。有他甲城⑨，在蒙古交界，汉俄互市，彼此获益，但陆商不如粤东海商之盛。牙谷部⑩在冻地，惟三月内冰消雪散，但其居民射猎，以毳皮为市，税官索需剥削，

①勒那（Lena），又作里那河，即勒拿河。
②叶尼赛（Yenisey），又作热尼西河，即指叶尼塞河。
③阿比（Ob），又作阿被河，即鄂毕河。
④撒摩叶侏儒，指萨莫耶（Samoyedes）矮人。
⑤多仆部（Tobol），即托博尔。
⑥芸益斯部，疑即叶尼塞（Yenisey）。
⑦东色部，疑即通古斯卡（Tunguska）。
⑧耳谷部，即伊尔库次克（Irkutsk）。
⑨他甲城，又作其他，即恰克图（Kyakhta）。
⑩牙谷部，即雅库特（Yakut）。

故民至饥寒。有阿谷部①在东海之滨，其会城在海隅，与邻岛通商，土官惟征其皮货，余皆不毛之地。有堪察加部②，极东北，长半土，少草木，繁野兽，土民矮小，以鱼为食，多居地穴，用犬如马，好淫醉。俄罗斯开口贸易，为罪人流徙之所。极东，亚律群岛③。自亚齐亚极东至亚默利加皆硗瘠，但有皮可市。古利群岛④接日本国，半归俄罗斯，惟南洲服日本也，俄商贾岁往取皮毳。亚齐亚东北之极，居民无主，并不服俄罗斯，但将皮易烟。原无，今补。

《地球图说》：俄罗斯国，《职方外纪》作莫（哥）〔斯哥〕未国⑤，或作麦（可斯）〔斯可〕未。东界亚细亚大洲内西比利亚国，即俄罗斯属国。南界黑海并土尔基国⑥，西界（里）〔东〕海并波路西〔亚〕国⑦、阿士氏拉国⑧，（并土尔基国苏以天国挪尔围国）北界北冰洋。国之东有高山一带，名由腊山，中央平坦，栽种五谷，可为牧场。其百姓约有（六）〔五〕千（七）〔六〕百万之数，都城名彼得罗城，城内民四十六万。有希腊教其规则见《希腊国图说》内、天主教、回回教、犹太教。（所用之人皆自外贩入为）〔多〕奴仆。内有莫斯高城，昔是国都，（道光）〔嘉庆〕十七年被佛兰西国侵伐，其城毁于（地雷）火，（炮）今（虽）〔复〕修筑。（完固然不复建都矣）其民多居国南，少在国北，以地近北冰洋，天气极冷也。

———————————

①阿谷部，又作阿谷士，即鄂霍次克（Okhotsk）。
②堪察加部，又作干查甲，即今堪察加（Kamchatka）。
③亚律群岛，又作阿来地群岛，即阿留申（Aleutian）群岛。
④古利（Kurilskiye）群岛，即千岛群岛。
⑤莫斯哥未国（Moskava），又作麦斯可未，指莫斯科（Moscow）大公国。
⑥土尔基国（Turkey），即土耳其。
⑦波路西亚国（Prussia），即普鲁士。
⑧阿士氏拉国（Austria），又作奥斯的里亚，即奥地利。

内有大江四：曰服拉加江，地尼伯江，土喂拿江，乌拉江①。其南方一带高山名告甲素山②。（计高一千八百丈）土产麻布、皮货、金、（红）〔银〕、铜、铁、（金刚石）〔铅〕、木料、（胡麻）五谷。原无，今补。

《地理备考》：厄罗斯国分〔见〕三州，一在欧罗巴州，一在亚细亚州，一在亚美〔里〕加州，疆土甚广，烟户实繁。

在欧罗巴州之北者，北极出地四十度起至七十度止，经线自东十六度起至六十二度止。东至乌拉尔山暨加斯比约海③，西连瑞西〔亚〕④、（布罗）〔不鲁〕西〔亚〕⑤、波罗尼〔亚〕⑥、奥斯的里〔亚〕四国暨州中海，南接土耳基〔亚〕、加拉哥维〔亚〕⑦ 二国暨黑海，北枕冰海。长约七千六百六十里，宽约五千五百里，地面积方约二百七十五万里。烟户五京六兆五亿口。地势平坦〔居多〕，东南山阜纤轸络绎。湖河之巨，出欧罗巴州各国之上。河至长者曰窝（斯）〔尔〕加，曰敦，曰聂阜尔，曰北者拉⑧，曰（科）〔疴〕内加，曰都纳⑨，曰内袜。湖至大者曰拉多加，曰（科）〔疴〕内加⑩，曰萨壹马⑪，曰北壹布⑫，曰巴牙纳⑬，曰壹

①乌拉江（Ural），即乌拉尔河。

②告甲素山（Caucasus Mts.），即高加索山脉。

③加斯比约海（Caspian Sea），即里海。

④瑞西亚（Suecia），即瑞典（Sweden）。

⑤不鲁西亚（Prussia），即普鲁士。

⑥波罗尼亚（Polonia），即波兰（Poland）。

⑦加拉哥维亚（Krakow），即克拉科夫（Cracow）。

⑧北者拉（Pechora），即伯朝拉河。

⑨都纳（Duna），即陶加瓦河（Daugava R.）。

⑩疴内加（Onega），即奥涅加湖（Onezhskoye）。

⑪萨壹马（Saima），即塞马湖（在芬兰境内）。

⑫北壹布（Paeipus），即楚德湖（Chudskoye）。

⑬巴牙纳（Paijanne），即派扬奈湖（在芬兰境内）。

尔门①。

其田土以附近河岸者为膏腴，北方各地至六十度外皆属不毛。西南多黍麦，东方则砂碛、鸿卤，北方宜荞麦、油麦，中央则胡麻、黄麻。土产黄金、铜、铁、矾、硝、白玉、水晶、纹石、滑石、磁器等物。地气：北方则冬月川河尽冰，有夜无昼，夏季终日云雾，有昼无夜；南方则天气晴和，万物蕃盛。

王位男女皆得袭嗣，惟以长幼为序。

奉额力西之天主教，别教亦不禁止。工技艺，盛商贾。

本国古称萨尔马西〔亚〕②，乃斯加拉卧尼〔亚〕国③所分。迨斯干的那威〔亚〕国④人禄利哥⑤者兴师克之，传至乌拉的米尔⑥父子，始定律例，建学辟肆。金宣宗元光二年为蒙古侵占。越二百五十四载，至本国宜万王⑦时，（始）〔非惟不受制于人，且〕征服〔加散⑧、亚斯达拉干⑨二处所居之〕蒙古〔人〕，并取（悉）〔西〕卑里亚（东北全）〔一带〕地〔方〕。明万历中，波利斯王薨后，国政紊乱，为波罗尼〔亚〕国所夺。嗣传至伯多罗王⑩，年少勤政，务稼穑，通关市，攻破瑞西〔亚〕国，威震邻邦，因谥曰大。传至加达利纳女王，宵衣旰食，攻克波罗尼亚国，吞并土耳基亚国各〔属〕地〔方〕，大辟疆土，遂为欧罗巴洲强富巨邦。

————————

①壹尔门（Ilmen），即伊尔门湖。
②萨尔马西亚（Sarmatia），即萨尔马提亚。
③斯加拉卧尼亚国（Esclavonia），即斯克拉沃尼亚。
④斯干的那威亚国（Scandinavia），即斯堪的纳维亚。
⑤禄利哥（Ruric），通译鲁里克。
⑥乌拉的米尔（Vladimir），通译弗拉基米尔。
⑦宜万王，指伊凡三世（Ivan Ⅲ）。
⑧加散（Kasan），即喀山。
⑨亚斯达拉干（Astrakhan），又作亚土他干，即阿斯特拉罕。
⑩伯多罗王，指彼得大帝。

至亚勒山德黎王①，与东国②结盟，共拒佛兰西国，击败那波良之军。其弟尼哥劳③于道光五年即位，是本国现在之君也。

本国地（方）〔分〕镇部，其镇四十有九，北方则十二镇：一名桑比德尔斯布尔厄④，建于内袜河滨，乃本国都也，最为富丽；一名亚尔干日〔耳〕⑤，一名非兰的〔亚〕⑥，一名（科）〔疴〕勒内⑦，一名斯多尼〔亚〕⑧，一名里窝尼〔亚〕⑨，一名北斯哥弗⑩，一名诺弗哥罗⑪，一名窝罗科达⑫，一名的威尔⑬，一名日罗斯拉⑭，一名哥斯德罗马⑮。南方则四镇：一名究⑯，一名给尔孙⑰，一名厄加德黎诺斯拉⑱，一名道里达⑲。西方则八镇：一名孤尔郎的〔亚〕⑳，一名威德比斯哥㉑，一名摩宜勒威㉒，一名明斯克，一

———————————

①亚勒山德黎王（Alexander Ⅰ），即亚历山大一世。

②东国，指奥地利。

③尼哥劳，即尼古拉一世。

④桑比德尔斯布尔厄（Sankt Peterburg），即圣彼得堡。

⑤亚尔干日耳（Alchangel），又称天使魁邑，即阿尔汉格斯克（Arkhangelsk）。

⑥非兰的亚（Finlandia），即芬兰（Finland）。

⑦疴勒内（Olonetz），即奥洛内。

⑧斯多尼亚（Estonia），即爱沙尼亚。

⑨里窝尼亚（Livonia），即利沃尼亚。

⑩北斯哥弗（Pskov），即普斯科夫。

⑪诺弗哥罗（Novgorod），又作那峨鹿、那阿俄洛，即诺夫哥罗德。

⑫窝罗科达（Vologda），即沃洛格达。

⑬的威尔（Tver），即特维尔。

⑭日罗斯拉（Yaloslavl），即雅罗斯拉夫尔。

⑮哥斯德罗马（Kostroma），即科斯特罗马。

⑯究，指基辅（Kiyev）。

⑰给尔孙，又作吉孙、卡循，即赫尔松（Kherson）。

⑱厄加德黎诺斯拉（Ecatherinoslav），即叶卡特琳诺斯拉夫。

⑲道里达（Taurida），即克里米亚（Crimea）。

⑳孤尔郎的亚（Courlandia），即库尔兰（Courland）。

㉑威德比斯哥（Vitebsk），又作威的塞、威底塞，即维切布斯克。

㉒摩宜勒威，又作目希里甫，即莫吉廖夫（Mogileov）。

名维里纳①，一名哥罗德诺②，一名窝黎尼〔亚〕③，一名波多里〔亚〕④。东方则八镇：一名白尔摩⑤，一名维牙德加⑥，一名（科）〔疴〕伦布尔厄⑦，一名加三⑧，一名新比尔斯克⑨，一名奔萨⑩，一名萨拉德夫⑪，一名亚斯达拉干。中央则十四镇：一名墨斯沟⑫，一名斯摩棱〔斯〕哥⑬，一名瓦拉的迷〔尔〕⑭，一名尼内诺乌科罗⑮，一名加娄架⑯，一名斗拉，一名里牙三⑰，一名当波弗⑱，一名（科）〔疴〕勒尔⑲，一名古尔斯克⑳，一名窝罗尼日㉑，一名者尔（厄）〔尼〕科弗㉒，一名加〔尔勾〕㉓。巴〔尔〕的哥海中则

①维里纳（Vilna），即维尔纽斯。
②哥罗德诺（Grodno），又作俄罗傩，即格罗德诺。
③窝黎尼亚（Volhynia），又作窝利音尼、窝尔希尼阿，即沃利尼亚。
④波多里亚（Podolia），又作破多邻，即波多利亚。
⑤白尔摩（Perm），又作北耳米，即彼尔姆。
⑥维牙德加（Viatka），即维亚特卡。
⑦疴伦布尔厄（Orenburg），又作阿林布，即奥伦堡。
⑧加三（Kazan），即喀山。
⑨新比尔斯克（Simbirsk），即率比尔斯克。
⑩奔萨（Penza），即今奔萨。
⑪萨拉德夫（Saratov），即萨拉托夫。
⑫墨斯沟（Moscow），又作莫斯口，即莫斯科。
⑬斯摩棱斯哥（Smolensko），又作土摩怜邑、斯摩连，即斯摩棱斯克（Smolensk）。
⑭瓦拉的迷尔（Vladimir），即弗拉基米尔。
⑮尼内诺乌科罗（Nijni Novgorod），即下诺夫哥罗德。
⑯加娄架（Kaluga），又作加路牙，即卡卢加。
⑰里牙三（Ryazan），即梁赞。
⑱当波弗（Tambov），即坦波夫。
⑲疴勒尔（Orel），即奥廖尔。
⑳古尔斯克（Kursk），即库尔斯克。
㉑窝罗尼日（Voronej），沃罗涅什（Voronezh）。
㉒者尔尼科弗（Chernigov），又作查尼俄甫，即契尔尼哥夫。
㉓加尔勾（Kharkov），即哈尔科夫。

三镇：一名达科①，一名厄塞尔②，一名亚兰③。其部则四：一名敦部，一名高加索部，皆在东南方；一名比牙黎斯德④部，在西方；一名北萨拉比亚⑤部，在南方。其国通商冲繁之地，内外不一，半濒海边，半属内地之阜。原无，今补。

《外国史略》曰：俄罗斯国之始本游牧部落，在欧罗巴东方。其号俄罗斯，始于唐敬宗宝历中。其后五代周世宗显德二年，国王娶希腊国王女，进天主教，百姓向化，遂以全国分其诸子，争端日起，分国为二，始与他国往来，通贸易。南宋宁宗嘉定年间，为蒙古所有。纳贡赋百余年，屡叛屡服。明英宗正统间，旧俄国以文第一王⑥募万民合力以驱蒙古。适蒙古王族内衅，俄国遂恢复旧围，且攻据陂兰国。其子号以文第二王⑦，尤好武，战无不胜，攻据东方大地，雄占阿西亚州，幅员愈广。政令严酷，旋为其下所弑。于是陂兰国王来干其国政。然陂兰之政尤暴虐，万历四十年遂激民变，共焚国都，驱逐出境。于是教主五爵咸集罗马城，择立国君。后与土耳基国争教肇衅。其教主教师不传业术，五爵操权，通商止在内地，不出外海。康熙十年，彼得罗大王即位，年尚少，其姊摄权。因与土耳基战，在黑海据一港口，由是备战船五十，航海以护商船。闻荷兰各国巧于建船，其王遂潜往英国船厂学习器械。归练水师，与瑞丁国战九年，瑞丁败，让巴得海

①达科（Dagö），指希乌马（Hiiumaa）。

②厄塞尔（Osel），即萨烈马（Saaremaa）。

③亚兰（Aland），即阿维南马（Ahvenanmaa）。

④比牙黎斯德（Bialystok），即比亚利斯托克。

⑤北萨拉比亚（Bessarabia），又作比沙腊弥阿，即比萨拉比亚。

⑥以文第一王（Ivan Ⅰ），即伊凡一世。据时间和史实推测，在此"伊凡一世"应作"伊凡三世"。

⑦"以文第二王"，应作"波利斯·戈东诺夫"。

港以东各地，遂建新都，称彼得罗堡，以为市埠，日渐雄盛。瑞丁复结土耳基国来攻，鏖战三次而后平。是时俄国水师船四十一艘，水手万四千名，炮二千一百门，遂自帝其国，立律令。在里海与白西国战，通商南海。又与中国立和约，立馆北京，定界碑于黑龙江。后俄国女王嗣位，佞臣营私，与土耳基国、破路斯屡交战，府库空虚。乾隆二十六年，世子嗣位，受制于妃。女王自立，又擅俄国之政。使其嬖臣据波兰国，拘其旧主，且激希腊人叛土耳基国以抑回教，遂与东国、破路斯两国分其地，再攻击土耳基。女主死，其世子亚勒撒得①嗣位，又值佛兰西国大变，俄国与东国、破路斯国结盟，攻击佛国，屡见败。嘉庆十一年，与佛君那波利稳王②议和。会佛国严禁各国与英吉利通商，而俄国不从，遂肇衅。嘉庆十六年，佛国王领兵六十万以伐俄罗斯，俄见其势大，引军先退，清野坚壁以待，佛军直抵其都。忽宫殿火起，焰烈四延，佛军奔溃。冬月冰雪中，沿途冻馁，无所食宿。俄国选劲骑乘势追击，歼敌大半，余走匿日尔曼国城中。俄罗斯又结东国、破路斯国之兵数十万以报前怨。嘉庆十八年复大战，佛军大败，竟破其都，逐其国王。自后俄国威权大震。其君亚勒撒得王道光十五年薨，其弟尼可老③即位，政令严肃，与土耳基国战获全胜，在列西国中，最为强盛。

其地在欧罗巴者，广袤方圆七万五千里，几占欧罗巴洲之半，别有阿西亚北方全地计二十七万九百里，兼亚默利亚西北地万七千五里，得全地面八分之一。北极出地自三十九度至七十八度，经度自三十六度至二百四十七度。南界土耳基、东国、黑海、白

①亚勒撒得，即亚历山大一世（Alexander Ⅰ）。
②那波利稳王，即拿破仑一世（Napoléon Ⅰ）。
③尼可老，即尼古拉一世。

西国，东南界西域、新疆、蒙古、黑龙江，北及冰海，西界瑞丁、巴得海隅及破路斯国、东国、土耳基国，此为一大陆地也。其在欧亚两大地之间，有葱岭①高山连及。亚西亚藩属地亦多山。其国内地悉平坦，有草无木，一带沙漠。多湖，最广者里海，乃天下最广大之湖也，水面方圆六千八百二十六里，与海无异。尚有在北地之拉多牙湖，广袤方圆二百九十二里。江河最长者曰阿被河，长五千八百里。热尼西河七百里，里那河六百里，皆在亚西亚藩属地，并北流入冰海。窝牙河在欧罗巴地，长五百里，东南流入里海。地业江长二百七十里，顿河二百四十里，得尼、得比等江，其水（名）〔各〕入大河或流入黑、白、里海。因水道广通，故舟楫四达。天气甚冷，冬时地遍冰雪，居民少食多眠。若行路，则驾犬马与鹿，推行冰上。其山硗无树木，地广民希。

统庶民六千二百五十万，语音风俗大同小异。又有撒窝匿族类，与俄国语音相同；力得族②类四千七百七十三万，在巴得海隅边者二百万；有（实）〔宾〕尼族类在此地者三百八十万；日耳曼国之客氓迁此者五十万；别有在北地四百万余，其民巧捷勇猛；亚米年③务贸易之民五十八万；犹太人二百一十八万；蒙古游牧族类四万；满州打牲族类四万；东北族类五万；北方矮民族类一万八千；杂类十万。崇希腊天主教者四千二百七十万，奉天主教、耶苏教、回教、佛教，教师礼拜堂甚多。道光十六年，所生之男一百零四万七千名，女九十九万九千名。其奴自耕其田者六万七千，据地者百二十五万，佃富民田者六百六十九万，佃官田者百五十六万，习技艺百工者二十一万，五爵所辖之农千有百三十六

---

①"葱岭"，应作"乌拉尔山脉"。
②力得族（Lettes），烈特人。
③亚米年，又作阿耳闵，指亚美尼亚人（Armenians）。

万，城邑居民百二十六万，商贾十二万，五爵男女上下约四十万，各官吏役二十万，各教师祭司及各教门二十万，军士约二百万。五爵不纳饷，以奴为产业，任意贩卖。居民九分之八居住乡里，多草寮，无瓦屋。其围一千五百所，乡一十五万所。其氓多由远方招至，开垦新地，大半日尔曼国之民。每年云集在山内者，多以掘矿为生，在北方冰地者，恃渔猎为业。惟国中有田，方圆约二万里，余皆荒地。农民三千八百二十八万。产大麦、粟、豆、三角等谷，西南地产谷颇多，尚有余运出他国。其草场虽广，不足肥牲畜。有野马日走千里，其骑军最矫捷善战。

每岁运出绵羊毛值银一千一百四十二万员。南方养驼，约四万六千五百只。林木多在北方，其林地方圆二万四千余里，材可造船。兼养蜜产蜡。南方无林木，则养蚕。国多渔户，北方冰海，则捕鲸之价每年约四十八万六千员。其最大之鱼矶在里海，有鲟龙鱼、狗肚鱼等，每年获值银约千四百万员。山开矿，产五金，亦产宝玉、金刚石。俄人不善制造而禁外国人所造之物运入本地，惟招外国人入境教之，国中有能制造新奇者，必赏之。然所造之人皆用奴，工价省而卖价昂，终不如各国之精良也。道光十九年，制造之厂计共六千八百五十五间，匠人四十一万，五金厂四百八十六间，制造之价银二千余万员。其君严禁外国羽呢入境，亦禁出境，只在蒙古地方与中国交易，所卖之呢皆俄国土人所织。

其通商各地，在亚士他干及那俄鹿邑，每年所卖货物万一千万余员，外国物件三千六百万员，茶叶三万四千箱，价约百八十一万圆。粗茶七千箱，价值七十二万四千五百员。中国布帛线缎价值四万五千员。其国内窝牙河等水路，商舟一万六千一百五十只，筏三百，其货价共计二万万员。在阿加并所汇入之江，计舟五千六百八十只，筏六百，其货物价值银七千五十九万六千员。

加马①并所汇入之江，舟二千五百六十只，筏一百四十，货价七千一百八十二万。北地那江②舟二千，筏二千六百五十，货价二千零七十八万九千员。在湖面之舟一万八千，货价一万三千二百二十万员。西土那江③舟二千三百五十四，筏一千九百八十，货价六十二万员。威悉河④舟六百九十，筏三千七百六十，货价六十二万员。地尼得河⑤舟二十，筏九十，货价七万二千员。地业河舟一千九百五十，筏一万二千四百二十，货物价值一千一百三十八万员。顿河舟五百八十，筏三百，货价七百五十三万三千员。盖俄国多山，江河上游皆浅，故舟少筏多，异于他国。又在亚西亚藩属地之阿比河，舟百九十，货价百四十万员。热尼西河、利那河舟四百七十，货价三百四十三万员。

俄国居民无志航海，惟在本港与外国商船贸易。道光十九年运出者共计九千四百八十二万八千员，运入者七千一百十八万员。税饷，道光十年千九百七十二万员，十九年二千六百四十万五千员。道光二十年，运出羽呢、布匹、丝线、五金器、皮物价银三百六十一万五千员，运出者银六百八十九万三千员。其通商之地，在巴得海隅之彼得罗堡，为其国都，乃最广之港也。尚有利牙、利瓦⑥等海口，有白海隅之天使魁邑港口，有黑海之阿得撒但⑦各港口，有在亚士弗小海隅之他安鹿⑧口。又在里海之大港口，与亚

①加马（Kama），指卡马河。
②北地那江（Sev. Dvina），即北德维纳河。
③西土那江（Zap. Dvina），即西德维纳河。
④威悉河（Wista），即维斯瓦河（在波兰）。
⑤地尼得河（Dnestr），即德涅斯特河。
⑥利瓦（Revel），即塔林（Tallinn）。
⑦阿得撒但，即敖德萨（Odessa）。
⑧他安鹿（Taganrog），即塔甘罗格。

士他干及白西国通商；在亚西亚藩属国，有阿林下①与中国交市；在西域通商者，有奇瓦②、布加拉③、可干④等地。

俄国本非一国，由兼并各地，半在欧罗巴，半在亚西亚。今共分十一大部。

其北地在白海之南，广袤二万四千四百四十六里，居民百二十五万。西北有大岛，四时冰雪，白熊、海犬所集，人迹不到，土人穴居，贫乏少食，惟使犬、使鹿，无他牲畜。南方多木，其都会曰天使魁，亦古港口也，各国之船云集。

其中央分十九郡，称大俄罗斯，广袤万四千八百八十三里，居民一千八百六十八万。各地平坦，丰五谷。彼得罗堡其大港口也，城建于康熙三十九年，冬春恒冰，各货物载于冰车，运至都中。其居民不善工作，技艺惟赖日耳曼国及各国寄寓之人，以足其用。尤防海潮水一涨，则其都危矣。国之古都曰莫斯口，在国中央，户口殷繁，商贾云集，街多且广。嘉庆十七年，佛军侵界入都，土人潜纵火，佛军二十五万溃逃一空，毙者四万，殿宇多为瓦砾，兵退再建，愈壮丽，居民三十四万。那俄鹿城，在明朝最盛，为俄国之大市，多礼拜堂，有极美之塔，居民一万。土拉邑为制造之薮，有匠七千，造枪炮、各项铁器、玩物，居民三万五千。加路牙邑居民二万七千，造皮毡篷布。士摩怜邑居民二万，嘉庆十六年佛、俄两军血战之地。

其在巴得海隅之部有三，共广袤千六百一十六里，居民百五十七万。一曰益兰部，其原土民在沙地为农，地主半日耳（国）

①阿林下（Selenga），色楞格商业路线，实指恰克图（Kyakhta）、买卖城的中俄贸易。
②奇瓦（Khiva），即希瓦。
③布加拉（Bukhara），即布哈拉。
④可干（Kokand），即浩罕汗国。

人，产麻谷等物，其海口都会曰利瓦，居民万五千，每年出入船约百只，在此铸炮铸钟。二曰勒兰部，地平坦，出五谷，居民耕田为奴，操权者皆日耳曼之族，其港口都会曰利牙，居民五万八千，进出船千二百只，货价四千万员，运出者多五谷，有肄业之院。三曰古耳兰①部，地多泽，沙漠无产，其气冷，仅有麻、谷，亦卖与外国，都会曰米道②。宾兰部③，方圆六千四百里，居民百四十三万，内多林泽，惟河边有居民，余皆荒芜，风俗亦殊，天气甚冷。居民崇耶稣教，城邑（基）〔甚〕少，屋皆草舍。

白俄罗斯地分三部，广袤三千五百八十五里，居民二百六十七万，地多林，百姓以猎为生，鲜大邑，居民多农，天气冷，无多产，都会曰闵士其④。小俄罗斯方圆九千九百二十九里，居民千一百一十二万，地分八部，为俄国之重地。一曰窝利（尼音）〔音尼〕部，地最丰盛，多牧场，资牲畜，又多密林，制造极巧，与邻地贸易。二曰破多邻部，有山岭，高不过五十丈。居民务农，亦有游牧之人。地平坦，耕田以马，极其劲健。民数约七十万，每遇招募骑兵，则一呼云集，然易生叛乱，故俄国畏之。其头目亦有武官长领等。俄国之官，在（北）〔此〕地无大权，幸其民猛而有信。

破兰国，广袤万三千里，居民千五万。惟五爵家有十万丁，余百姓皆奴，与俄族无异，惟自昔五爵多据地。明洪武年，王室废，所有新王必听五爵推立。乾隆、嘉庆年间，俄国屡合（衰）〔哀〕国之兵以分其地、削其权，遂不立君，听命于俄国焉。其国

---

①古耳兰（Courland），又作戈尔兰，即库尔兰。
②米道（Mittau），即米陶。
③宾兰部，又作宏兰，即芬兰（Finland）。
④闵士其，又作敏塞，即明斯克（Minsk）。

广袤二千二百六十七里，居民四百四十二万，五谷丰登，其农夫皆奴，其都会曰瓦（久）〔殳〕①，居民十三万。其城邑乃甲勒②、律宝③、苏瓦其④，多草舍，民贫乏，大半尚天主教。

又利道地部⑤，昔与破兰合，广袤千八百三十九里，居民二百四十二万。地悉平坦，多潴水。土（丰）〔产〕五谷、麻、木料物、蜜糖、蜡。居民多养牲畜，亦造酒（皮）〔及〕铁器，农甚贫，五爵则富。其都曰威拿⑥城，居民四万。

新俄罗斯国在西南方，系所取土耳基国游牧地也，广袤五千一百一十九里，居民二百二十八万。在多恼河土耳其国之交界，多游牧，建城防范。界内无水、无林木，土虽丰，鲜产物。其一郡曰吉孙，大半平坦，多牧场，民不知耕，招来氓开垦。在亚士弗海隅有折孙之半地⑦，系昔回回游牧之所，南方甚丰，出葡萄、甘橡各果，气甚暖，地甚富，羊皮甚柔，他国争货之。

沿里海之地，广袤万一千零二十四里，居民五百八十八万，本山地，分为六郡，大半属亚西亚，在里海边。其都会曰亚士他干城，居民四万，多渔户，大半回族。加撒郡居民四万，亦多回族，地丰盛，多产物。但民多怠惰，故地如荒野。其欧罗巴、亚西亚中间之地，广袤万一千七百五十三里，居民四百九十一万。此地在乌拉山内，天气甚寒，不出五谷，多五金之矿，居民以掘矿为生。其都为阿林布、扎耳米两邑。其在亚西亚州之藩属地，

①瓦殳，又作瓦肖，即华沙（Warszawa）。
②甲勒，即卡利什（Kalisz）。
③律宝，即卢布林（Lublin）。
④苏瓦其（Suwalki），即苏瓦乌基。
⑤利道地部，又作里都阿尼，即立陶宛（Lithuania）。
⑥威拿，又作威尔那，即维尔纽斯（Vilnius）。
⑦折孙之半地，指刻赤半岛。

所称西比利亚者，广袤二十一万九千四百五十方里，系亚西亚北方全地，居民五百七十八万。北有大泽，夏时尚见冰雪。西南有丰地，出金沙、红铜、铁、宝玉及象，居民半崇释教，以游牧渔猎为生。南有林木，亦出五谷，民不知耕。东方有半地曰干查甲，有两港通贸易，其地大半冰雪，出矿。地分东西两国，其都会曰多薄斯①，通贸易；又有曰云士其②，曰雅谷士③，曰其甲他，及东边阿谷士各海口。

　　其山外之地分十郡，大半昔属土耳其、白西等国，居民多回族。在里海并黑海之滨，其山内百姓，连年与俄国战而败退阵亡者千万。其男以猎为务，好虏掠；其女最美丽，回回国人贩买之。

　　在谷内，有崇天主教之族曰亚耳闵，曰（执）〔热〕阿耳义④，皆安分贸易，土丰盛而民不知耕。最大邑曰以利文，居民万五千，距白西国不远。又有得宾邑⑤、治利文邑⑥、得勒邑⑦，皆所辖也。额耳西地⑧，广袤二万六千九百里，居民四十二万，距中国新疆不远，民多游牧。俄国与新疆日相侵伐，崇回教，嘉庆二十三年后归俄国权辖。

　　其在亚默利加西北方之藩属地，广袤二万四千四百五十里，居民仅二万，海边之埠数百，皆俄人居之，渔猎为事，以鱼为食。又有列群岛：曰古利，曰亚来地，方圆七百五十里，居民五千，

①多薄斯（Tobolsk），即托博尔斯。
②云士其，即鄂木斯克（Omsk）。
③雅谷士（Yakutsk），即雅库次克。
④热阿耳义，指格鲁吉亚人（Georgians）。
⑤得宾邑（Derbent），即杰尔宾特。
⑥治利文邑（Chirvan），即奇尔万。
⑦得勒邑，即第比利斯（Tbilisi）。
⑧额耳西地，指吉尔吉斯（Kirgiziya）草原。

在港口以皮易食物，依海业渔，尤以捕鲸为业。

俄民颇聪明，语音各异，广招外国贤士以化其民，制度从佛兰西，文学从日耳曼，行藏甚巧，和颜耐苦，偶遭酷虐即作乱。惟上品之士好游各国，然国君严禁外出焉。俄军勇战，宁阵亡不后退，他国畏之。嗜饮少食，农衣羊皮，民半贫乏。其富者赌博宴饮，侈靡糜费，贫民小犯罪，鞭责与牲畜无异。俗重其君所赐号，与爵同荣。百姓不好文字，设学馆万一百五十，内有学生六十六万，禁各种书册，不准百姓诵读。然翻译外国书本颇多。

俄国之政，王自操权，五爵大臣，不敢干预。国无定例，亦不遵旧章，任意出令，故其君多自尊大妄行。幸人各向服，遵约束尔。其政务有十三大臣分司之，并有公会议国大务，亦有教主司教事。国帑所入银万五千五百万员。税饷最多者酒课，每年三千六百万员。国内务每年用银三千三百万员。其兵，陆路费银二千万员，国欠项银四万九千六百万员，兵士共计六十一万，钱粮甚微。其兵船在巴得海隅、黑海、白海、里海各处派调，共兵船三百四十只，载大炮六千四百四十门。

俄国与各国往来，调公使大臣驻各国之地。在土耳其国两侯之北地，居民三百八十五万，咸赖俄国保护，其权势最为浩大。原无，今补。

乌拉山内金矿，每年约金沙九千斤，红铜六万石，铁三百三十九万八百石，盐二百二十三万八百石。运出者皮货、麻、牛油、绵花、木料、呢羽、绘画、珠宝等物，运入者米、糖、茶叶、茶饼而已。见《外国史略》。

东（俄罗斯）〔海省〕五部

比特革部，东界那阿俄落，西界里圭①，南界伯斯波付②，北界宏兰。在东俄罗斯之北，俄罗斯王迁都于此。幅员万八千零九十方里，户八十万又八千五百十二口，辖小部落六，兵五万五千。疆域平芜，滨海岸，饶林木，田畴互错。惟天寒多冰雪，遇潮涨风烈，水漫溢为患，故千八百二十（九）〔四〕年道光（九）〔四〕年浸溺几及万人，产稻、麦、树木。

宏兰部，东界阿占牙尔，西界海，南界比特革，北界海。在宏兰港之北，距绥林国③仅隔一港，层峦叠嶂，林深箐密，冬寒雪厚。幅员十三万四千四百四十四方里，户百有三十四万六千一百三十九口，辖小部落三十有三。土番宏士种④类，淳朴，勤力作，语音朗爽异他部。

里圭部，东界比特革，南界利窝尼阿，西北界海。在宏兰海港之南，平衍多湖，夹岸茂林，美田畴，播种丰稔。幅员六千八百九十方里，户三十九万零三十二口，辖小部落三，土番宏士种类，皆习额利教⑤。其地本属绥林，千三百年元成宗大德四年为耶马尼所夺，后归俄罗斯。

利窝尼阿部，东界比特革，南界戈兰，西界海，北界里圭。亦在宏兰海港之南，洼土多湖，稠树，厥田称上上。幅员二万一百一十方里，户七十三万七千七百三十四口，辖小部落五，土番宏士种类，皆

---

①里圭（Revel），即雷维尔。
②伯斯波付（Pskov），即普斯科夫。
③绥林国，即瑞典（Sweden）。
④宏士种，指芬兰人。
⑤额利教，指希腊教。

习额利教，其地本属绥林，为耶麻尼所夺，今归俄罗斯。

戈兰部，东界利窝尼阿，南界威尔那，西、北界海。亦在宏兰海港之南少北，平壤有湖，丛树木，丰五谷。幅员九千五百四十四方里，户五十六万八千六百九十口。土番宏士种类，皆习额利教。其地亦本属绥林，为耶麻尼所夺，嗣归俄罗斯。

西俄罗斯八部

西俄罗斯有二：一名里都阿尼，一名屋列尼①。其里都阿尼所属五大部落：曰威尔那，曰俄罗雊，曰威的塞，曰敏塞，曰目希里甫。其屋列尼所属二大部落：曰窝尔希尼〔阿〕，曰波罗里阿。千四百年间，明建文四年。本属查遮尔伦②及波兰之地。查遮尔伦与波兰女王婚配，遂合为一国，查遮尔伦居于波兰。后为俄罗斯所夺，名之曰西俄罗斯。故至今七大部落仍属统辖。土番二种：曰白俄罗斯，曰黑俄罗斯。俄罗雊一部落，黑俄罗斯也，其余威尔那等部落皆白俄罗斯。幅员十六万五千方里，户八百八十万口。人甚粗鲁，地多沙石，耕仅糊口。产铁、木、蜜糖及豹、狼、熊、牲畜。

威尔那部，东界敏塞，南界俄罗雊，西界普鲁社，北界戈尔兰。辖小部落二十有七，首部落即名威尔那。有教习技艺馆、教习天文馆、教习造船馆，贸易蕃盛。

俄罗雊部，东界敏塞，南界窝尔〔希〕尼阿，西界瓦肖，北界威尔那。辖小部落十有四，首部落即俄罗雊。本渣遮尔伦故都，今则宫室仅存基址。

---

①屋列尼（Polish Ukraine），即波属乌克兰。
②查遮尔伦（Jagellon），即贾格尔隆。

威底塞部，东界斯摩（速）〔连〕，西界威尔那，南界敏塞，北界伯斯果甫。辖小部落二十有二，首部落即名威底塞，贸易亦盛。

敏塞部，东界目希里甫，西界普鲁社，南界窝尔希尼〔阿〕，北界威底塞。辖小部落三十有五，地卑湿，南隅多湖，恒有水患。

目希里甫部，东界斯摩（速）〔连〕，西界敏塞，南界查尼俄甫，北界威（尼）〔底〕塞。（滨海）辖小部落十有三，首部落即目希里甫，商贾所汇。

屋列尼部，东界布尔多瓦[1]、查尼俄甫，南界卡循，西界牙里西阿[2]、（查）〔瓦〕肖，北界（窝尔希尼阿）〔里都阿尼〕。辖二大部落：窝尔希尼阿，波罗里阿，均白俄罗斯也。域内有奈已河，河东属俄罗斯，河西旧属波兰，今亦全属俄罗斯。

窝尔希尼〔阿〕部，东界几甫，西界瓦肖，南界波罗里〔阿〕，北界敏塞。辖小部落三十有一，和暖平芜，畴错丰稔，产谷、酒、牛、羊。

波罗里阿部，东界几付，北界窝尔希尼〔阿〕，西界牙里西阿，南界〔比〕沙腊弥阿。辖小部落十有七，平旷略有小山，田畴美，商贾盛。

---

①布尔多瓦（Poltava），即波尔塔瓦。
②牙里西阿（Galicia），即加里西亚。

海国图志卷五十五<small>邵阳魏源重辑</small>

北洋

大俄罗斯十八部①

莫斯科部，东界阿那里麻②，南界都腊③，西界斯摩（速）〔连〕，北界底瓦④。本俄罗斯旧都也。封域寥阔，故曰大俄罗斯。幅员万有五百方里，户百二十八万九千八百二十口。辖小部落三，兵二万二千。土番皆习额利教。北界近绥林，层峦叠岭，林木葱茏，天寒多雪。尚不害麦，亦产谷。佛兰西那波利稔王曾率师来侵，踞其国都，为火所焚，不战自溃，死者无算，败绩而遁。盖俄罗斯设计空城，伏火以待也。先是莫斯科之屋庐，墙用木板，上覆以瓦，或有以铁为门，以铁代瓦者。自遭兵燹，极目荒旷，行人常虞迷失。嗣后鸠工修筑，砖瓦崇丽，修庙则仿之鞑鞑⑤（里）；造衙署监狱，则仿之佛兰西，而宝刹之轮奂，营帐之严壮，皆埒诸国。现存大钟一，宽六十七忽，<small>八寸为忽</small>。重二万二千顿，约值银七万棒；<small>五员为棒</small>。大炮一，内宽可容坐一人，从未施放。

①原著作十九部，译者漏译坦波夫（Tambov）部，故作十八部。
②阿那里麻，又作窝拉里麻、窝那里摩，即弗拉基米尔（Vladimir）。
③都腊，又作都拉，即图拉（Tula）。
④底瓦，又作底洼，即特维尔。
⑤鞑鞑（Tartar），即鞑靼。

那窝俄落部①，东界窝鹿那②，南界底瓦，西界北特革，北界（何）〔阿〕罗义斯③。地处北隅并辖麻尔底④濒海各地，为至蛮悍之区，不受约束。后为蒙古鞑靼（里王）所夺。疑即元太（祖）〔宗〕所攻服之钦察⑤也。至俄罗斯伊挽王⑥始征服其地。幅员五万六千五百五十一方里，户九十一万五千五百口。辖小部落八。壮丽虽不及国都，亦俄罗斯至大之部落。

尼斯诺科部⑦，东界加匿⑧，西界窝拉里麻，南界冰耶⑨，北界果士多罗麻⑩。滨临窝尔牙河，为阿细阿洲、欧罗巴洲，各国商贾所聚，惟河涨时有淹之患。幅员二万五百零一方里，户百三十四万口，辖小部落五。土番皆习额力教。

阿那里麻部，东界尼斯诺科，西界莫斯科，南界〔赫〕阿匿⑪，北界耶罗斯罗⑫。幅员万八千六百六十九方里，户百三十万六千零四十六口。辖小部落四。土番皆习额力教，产铁器。

底洼部，东界耶罗斯罗，南界莫斯科，西界伯斯果甫，北界诺科落。附近窝尔牙河，幅员二万四千二百十三方里，户百二十三万三千三百五十八口。领小部落五。土番皆习额力教。

①那窝俄落部，又作诺科落、诺戈落，即诺夫哥罗德（Novgorod）。
②窝鹿那，又作窝禄那、阿鹿那，即沃洛格达（Vologda）。
③阿罗义斯，即澳洛内（Olenets）。
④麻尔底，即波罗的（Baltic）。
⑤钦察，即钦察汗国（Qibcaq Ulus）。
⑥伊挽王，指伊凡三世（Ivan Ⅲ）。
⑦尼斯诺科部，即下诺夫哥罗德（Nizni-Novgorod）。
⑧加匿，即喀山（Kazan）。
⑨冰耶，即奔萨（Penza）。
⑩果士多罗麻，又作果斯多罗麻，即科斯特罗马（Kostroma）。
⑪赫阿匿，即梁赞（Ryazan）。
⑫耶罗斯罗，即雅罗斯拉夫尔（Yaroslavl）。

都腊部，东界〔赫〕阿匽，南界阿里尔①，西界加鲁牙②，北界莫斯科。幅员万一千九百零四方里，户百零九万三千七百二十口。领小部落四，土番皆习额力教。产铁器，居人富庶。

加鲁牙部，东界都拉，西界斯摩（速）〔连〕，南界阿里尔，北界莫斯科。幅员万二千七百三十六方里，户百十五万九千六百口。领小部落四。土番皆习额力教。土腴，产粗呢、粗布，贸易蕃盛。

（何）〔阿〕腊尔部，东界窝罗义斯③，南界戈塞④，西界渣尼俄甫⑤，北界都腊。幅员万六千七百七十九方里，户百二十七万零八十五口。领小部落五。土番皆习额力教。美田畴，产稻谷，运售于比特革。

窝罗义斯部，东南俱界端戈沙斯⑥，西界戈塞，北界旦摩甫⑦。附近端河，俄罗斯比达王始得其地。幅员三万二千四百八十七方里，户百（有）四〔十三〕万（四）〔六〕千（八）〔三〕百（二）〔五〕十〔七〕口。领小部落十一。土番皆习额力教，土沃，商贾盛。

斯摩（速）〔连〕部，东界莫斯科，南界阿腊里，西界委的塞⑧，北界底注。幅员二万二千零八十八方里，户百二十九万七（百）〔千〕有五十口。领小部落六。土番皆习额力教，庙宇华丽。

伯斯果甫部，东界底注，西、南界委底塞，北界比特革。在大俄罗斯之西，幅员二万二千二百九十三方里，户七十八万三千九百四十口。

---

① 阿里尔，又作阿腊里，即奥廖尔（Orel）。

② 加鲁牙，即卡卢加（Kaluga）。

③ 窝罗义斯，又作阿罗匿斯，即沃罗涅什（Voronezh）。

④ 戈塞，即库尔斯克（Kursk）。

⑤ 渣尼俄甫，即契尔尼哥夫（Chernigov）。

⑥ 端戈沙斯（Don Cossacks），又作端科萨斯、端戈沙司，即罗斯托夫（Rostov），或即顿河哥萨克。

⑦ 旦摩甫，即坦波夫（Tambov）。

⑧ 委的塞，即维帖布斯克（Vitebsk）。

领小部落四。土（悉）〔番〕俱习额力教。

耶罗斯罗部，东界果斯多罗麻，西界底洼，南界窝拉里麻，北界窝（麻）〔鹿〕那。在大俄罗斯之中央，幅员万四千五百二十八方里，户百有二万二千九百九十口。领小部落五。土番皆习额力教。

窝禄那部，东界①俄罗斯，南界巴母②，北界阿占牙尔，西界诺戈落。在大俄罗斯之北，幅员十六万三千七百有十二方里，户八十万零二千一百七十口。领小部落十有九。树木蕃茂，俗尚织机，不产五谷，皆仰商贩。土番皆习额力教。

阿罗义斯部，东界阿占牙尔，南界诺科落，西界宏兰，北界阿占牙尔。在大俄罗斯之北，幅员（七）〔八〕万有七百八十九方里，户三十五万二千九百口。领小部落七。土番俱习额力教。多树少五谷，仰商贩。

阿占牙尔部，东界阿细阿洲、俄罗斯，西界几摩③，南界窝禄那，北界冰海。在大俄罗斯之北，幅员三十四万六千一百三十三方里，户十六万二千六百六十口。领小部落四十有五。粮食俱由南方商舟运至，舟不回帆。至即折鹮为薪，以材木贱也。土番皆习额力教。俗皆业渔。

赫阿匽部，东、南俱界旦摩甫，（西）〔北〕界窝那里摩，（北）〔西〕界都腊。幅员万四千五百五十三方里，户百二十七万二百九十口。领小部落五。土番俱习额力教。

果斯多罗麻部，东界未压加④，西界耶罗斯罗，南界尼斯诺科〔落〕，北界窝禄那。幅员三万八千五百七十方里，户百四十二万二千七百口。

---

①"界"，后疑脱"亚细亚洲"四字。
②巴母，即彼尔姆（Perm）。
③几摩，即基特米（Kietmi）。
④未压加，即维亚特卡（Viatka），或即基洛夫（Kirov）。

领小部落六。土番皆习额力教。

戈塞部，东、南俱界阿罗匿斯，西界渣尼俄付，北界阿腊尔。幅员万四千九百五十四方里，户百六十一万一千有（五）〔九〕口。领小部落五。土番皆习额力教。

小俄罗斯三部

几富部①，东界布尔多洼②，西界牙尔西阿，南界卡循，北界阿尔希尼阿。土宜耕种，本俄罗斯旧地，前为鞑靼里、波兰两国所据，后复夺回。幅员万七千五百五十七方里，户百三十五万三千八百口。领小部落二十有二。首部落有新旧之别，旧城庙宇多荒芜，新城极壮丽。土番皆习额力教。俗尚洁，勤工作，屋墙俱饰以白，人多好胜。

查尼俄（南）〔里〕部，东界戈塞，南界布尔多洼，西界敏塞，北界阿（葛）〔甫〕尔。幅员二万二千九百八十八方里，户百三十七万八千五百口。领小部落七。土番皆习额力教。

布尔多洼部，东界阿罗匿斯，西界几付，南界（斯）〔加〕底里（加）〔斯拉〕那甫③，北界查尼俄付。幅员万六千八百零十方里，户百九十三万三千口。领小部落五。土番皆习额力教。土产谷、麦，农商富庶。

南俄罗斯五部

南俄罗斯：平衍宜麦，土番西底唵④最旷野，至俄罗斯比达王、加底尼里王⑤时，渐归教化。

---

①几富部，即基辅（Kiyev）。

②布尔多洼，即波尔塔瓦（Poltava）。

③加底里斯拉那甫，即第聂伯罗彼得罗夫斯克（Dnepropetrovsk），或即喀德邻诺斯拉夫（Catherinoslav）。

④西底唵，指西徐亚人（Scythians）。

⑤加底尼里王，即喀德邻二世（Catherine Ⅱ）。

加底里〔那斯拉甫〕部，东界端科萨斯，西界卡循，南界捣利达①，北界布尔多洼。千七百九十六年，波尔王②始设部落，招商贾，今则为俄罗斯国中等之埠。幅员二万九千七百五十（五）〔七〕方里，户九十四万四千九百（四十）〔十四〕口。领小部落四。土肥而难于取水。

卡循部，东界加底里那斯拉付，南界捣利达，西界密沙拉米③，北界几付。幅员二万五千七百二十八方里，户五十二万三千六百口。领小部落十有一。

捣利达（三）部，又名格里弥阿，北界卡循，东、南、西俱界里海。在欧罗巴俄罗斯极南。幅员四万三千五百六十二方里，户四十三万七千四百口。领小部落四。小山层叠，螺髻可观，和暖称乐土。前属耶（麻）〔那〕尼④，后属鞑鞑（里），俄罗斯连年攻战而得之。

密沙那弥部，东界卡循，西界（普鲁社）〔摩尔达维亚〕，南界里海，北界波那里〔阿〕。幅员万八千七百一十方里，户三十一万口。领小部落八。

端戈沙司部，东、南俱界（欧色特里，西）〔阿萨塔干⑤，北〕界窝罗匿斯，（北）〔西〕界（水耶新麦塞）〔加底里那斯拉付〕。幅员七万七千零三十四方里，户三十（一）〔九〕万〔八千〕口。领小部落十有九。土番本鞑鞑（里）种类，修伟淳朴，富足好施，家居力作，征战奋勇。部落生杀自擅，所征赋税，每年稍助俄罗斯新藩兵饷而已。查加色⑥，首部落也，滨临端河，常被水患，迁城高阜，仍其旧名。民

---

①捣利达（Tourida），又作格里弥阿，即克里米亚。
②波尔王，指保罗一世（Paul Ⅰ）。
③密沙拉米，即比萨拉比亚（Bessarabia）。
④耶那尼，即热那亚（Genoa）。
⑤阿萨塔干，又作阿沙塔干，即阿斯特拉罕（Astrakhan）。
⑥查加色，即切尔卡斯克（Tcherkask）。

免昏垫，而贸易不若旧部之便。

加匼俄罗斯五部

加匼〔俄罗斯〕领大部落五：加匼、未压加、新麦塞①、冰耶、巴母。本鞑鞑（里）之地，至千五百五十年，<small>明世宗嘉靖（三）〔二〕十九年。</small>始归俄罗斯。

加匼部，<small>东界阿临默②，（南）〔北〕界未压加，西界尼斯诺科〔落〕，（北）〔南〕界新（麻）〔麦〕塞。</small>幅员二万二千二百七十二方里，户百有十三万八千八百口，领小部落五。先时街道，咸铺木板，嗣因不戒于火，改用砖石。地多树木，产铜铁。土番普鲁社种类③，勤耕种，精焿皮，制造番舰。

未压加部，<small>东界巴母，西界果斯多罗〔马〕，南界加匼，北界窝（麻）〔鹿〕那。</small>幅员四万七千三百八（千）〔十〕一方里，户百二十六万（九）〔五〕千（五）〔九〕百口。领小部落十有二。土番（普鲁社）〔土耳其〕种类。产五谷，多运售于阿占牙尔，兼产铜、产番舰。

新麦塞部，<small>东界荷林墨，西界冰耶，北界加匼，南界（端戈沙斯）〔萨拉托夫〕。</small>滨临窝尔牙河，幅员二万九千九百一十方里，户百有九万五千一百四十口。领小部落七。土番（普鲁社）〔土耳其〕种类，出产铜、铁、树木。

冰耶部，<small>东界新麦塞，西界（单）〔旦〕摩甫，南界（端戈沙斯）〔萨拉托夫〕，北界加匼。</small>滨临苏腊河④，幅员万六千五百九十七方里，户百有

---

①新麦塞，即辛比尔斯克（Simbirsk）。
②阿临默，又作荷林墨、阿邻默，即奥伦堡（Orenburg）。
③普鲁社种类，原著作 Turkish race（突厥种族），译者误译。
④苏腊河，即苏拉河（Sura）。

四万四千八百口。领小部落五。土番（普鲁社）〔土耳其〕种类。勤耕种，地多树。

巴母部，东界阿细亚俄罗斯，西界未压加，南界荷林墨，北界阿鹿那。幅员十二万七千零一十七方里，户百二十三万二千四百七十口。领小部落十有五。土番（普鲁社）〔土耳其〕种类。西隅之山，产铜、铁尤旺。

俄罗斯南新藩五部

俄罗斯南新藩之萨加社①、纳希斯丹②、诺尼阿③、阿沙塔干、阿邻默五大部落同属一区，内有高加萨斯大山④，外临黑海、里海，壤地崎岖，不与各国往来。人皆化外，恃其险僻，谓无人敢侵其境。未几诺尼阿蛮区竟为巴社所夺，尚有滨海数小部亦为都鲁机所夺，而萨加社等部落是时又为俄罗斯所有。嗣因诺尼阿背叛巴社，俄罗斯率师征服，并得土鲁机所属之数小部。从兹滨海蛮区，悉为俄罗斯属地。土番皆习马哈墨回教，小谙文学技艺，劫掠为生。俄罗斯设兵、设官，极力抚导，惟阿林墨部近已归化，同于内地。次则萨加社亦加驯服。阿萨塔干平地多，有鞑靼（里）流寓之人，设勘⑤官名管束，税其牛羊，尚遵法度。若诺尼阿、纳希斯丹，则粗蛮如旧。因其地与巴社附近，欲籍其力以捍拒。虽有官弹压，羁縻而已。

萨加社部，东界纳希斯丹，南界诺尼阿，西界黑海，北界阿萨塔干。境内

---

①萨加社，即切卡西亚（Circassia）。
②纳希斯丹，即达吉斯坦（Dagestan）。
③诺尼阿，又作日尔日亚，即格鲁吉亚（Georgia）。
④高加萨斯大山，即高加索山脉（Caucasus Mts.）。
⑤勘（Khan），今译汗。

崇山峻岭，最高曰高加萨斯山，千（三）〔六〕百（二）〔五〕十丈，终年积雪。土不饶而宜麦。领小部落十有四，首部曰摩斯诺①，设有炮台，地极崎岖。自俄罗斯辟山路，造桥梁，五年始蕆。设总领一人及玉士领千五百名。玉士领，武官也，所乘马皆雄壮善走，兵器弓矢鸟铳，甲坚能御铳弹。所蓄奴仆分二等，一备战阵，一司耕作。其备战之奴仆，多至万人，修伟矫战。女多妍丽，出则以布蒙面，蹑木屐。童女以皮束下体，钉以银扣，俟嫁时夫亲释之。生儿女三四岁，亲朋即抱去抚育，教习事业，无异亲生。男至堪临阵，女至可婚配，始还其父母。谓亲自鞠养，恐其溺爱也。机士腊②小部落，濒氏力河③，市埠万家。而都鲁机之阿敏〔尼〕阿人④，十居七八。产丝发及酒。

诺尼阿部，东界纳希斯丹，南界都鲁机，西界黑海，北界萨加社。岩峦盘互，万木参天，山深多矿。本巴社之地，因国王与俄罗斯交兵，征国中年不及壮之丁尽入营伍，愤怨背叛。原欲自制方面，不意复为俄罗斯所得。领小部落二十。土番壮勇，而女多美。户三（千）〔十〕余万口，习额力教者大半，习马哈墨回教者仅小半。其俗：权贵之家，御仆残刻，无论田之硗沃，倍额收租，不计耕奴冻馁，故赤贫甚众，劫掠四出，虽良农负耒而耕，亦必手械自卫。特付里斯⑤首部落也。俗旧淳朴，今渐华靡。有习武馆，军装库。互市蕃盛。

阿萨塔干部，东界海，（西）〔南〕界萨加社，（南）〔西〕界端苛萨斯，北

①摩斯诺，即莫兹多克（Mozdok）。
②机士腊，即基斯拉尔（Kislar）。
③氏力河，即捷列克河（Terek）。
④阿敏尼阿人，指亚美尼亚人（Armenians）。
⑤特付里斯（Teflis），又作的非利斯，即第比利斯（Tbilisi）。

界阿林墨（萨）。地多旷野崇山，领小部落四十有一。首部落濒里海，巴社之丝发、宝石诸货皆售诸此。土番亦富足，善贸易，贫者捕鱼为生。东南隅有阿喇湖①，可以煮盐。格廉敏②为旧时首部，今虽颓废，居民尚七万余，内有英吉利、佛兰西、巴社、印度各国之商，而都鲁机国之阿敏尼阿人最众。

阿林墨部，东界阿细亚洲、俄罗斯，西界加匽，南界阿萨塔干，北界（帕尼）〔巴母〕。界阿细亚、欧罗巴两洲之间，地多草埔。东隅有河，发源乌腊岭③山中，谓之乌拉（领）〔岭〕河④，境内南历阿萨塔干而注里海。辖小部落三十有三，阿林墨，本首部落也。缘近边界，改移总领官于乌（腊）〔法〕，故近日以乌（腊）〔法〕为首部。土番顽梗，今渐入化。鞑鞑（里）之人，每年贩马至者万计，羊约六万。

纳希斯丹部，东界里海，南界巴社，西界诺尼阿，北界萨加社。近海岸，土膏沃。领小部落十有三。

北洋俄罗斯东新藩在阿细亚洲内地与蒙古、满洲相毗连之地。

悉毕厘阿国在阿悉亚洲之东北隅，俄罗斯藩属也。东界大洋，与弥利坚洲对峙，中隔一峡，谓之墨领峡⑤；西界乌拉岭，岭高仅三百余丈，而长则自北海⑥而至加斯比庵海，即里海也。阿细亚与欧罗巴即以此岭分界，中有一路可通车马，实为两洲之关键；北抵

①原著作 marshy lakes，意为许多湖沼，并非指咸海。
②格廉敏，即格雷林（Krelin）。
③乌腊岭，即乌拉尔山脉（Uralskoie Gory）。
④乌拉岭河，即乌拉尔河（Ural）。
⑤墨岭峡，即白令海峡（Bering Strait）。
⑥北海，指喀拉海（Kara Sea）。

冰海；南以阿尔台山①为界，阿尔台山起处距乌拉岭不远，自西而东直抵海岸，最高之峰二千丈，有出火焰者，山北为悉比厘阿，山南即蒙古、伊犁、鞑鞑里、黑龙江等处也。其地旧为鞑鞑（里）游牧之所，观此则俄罗斯东北亦旧为游牧国，故佛经谓北方为马主。元太祖封其长子尤赤于阿罗思②，故云亦游牧国也。额利西、罗汶国亦有人往焉。生齿日蕃，分族类，立头目，其萨克阿左右之地界连悉比厘阿者，为鞑鞑（里）凝匿士王所得，凝匿士王似是元代藩封③。阴遣人侦探悉比厘阿形势，欲越阿尔台山而取山北地，路险崎岖不果。迨俄罗斯自立国，不属鞑鞑里统辖，有俄罗斯之商至悉比厘阿海岸贸易，以洋货易皮货，日渐蕃盛，交结头目，盛夸俄罗斯之富庶，各头目惑之。间有率属至俄罗斯者，睹其国都市廛宫殿之壮丽，倾心归向，岁贡方物为藩属。俄罗斯遂于近海之乌弥河④口建炮台，扼要害，不劳一兵一矢，而悉比厘阿悉为俄罗斯所有。然地旷人稀，乃取国中罪人谪戍于此，以罪名之轻重，分派力役。及至伊挽、洼尔西二代王⑤时，恐生内患，将附近国都之鞑鞑（里）人，驱之加斯比废海。即里海。旋得（端）戈萨司之战士，用为前驱，恢复侵地。遂统大兵，欲尽驱鞑鞑（里）之人。鞑鞑（里）有豪健头目耶尔麻不服，领部众六千余，东据悉比厘阿，欲自立国而力不

①阿尔台山，原著所说的 Altai 山脉包括萨彦岭（Sayanskoi），雅布洛诺夫（Yablonoy）山脉及斯塔诺夫（Stanovoy）山脉等，并在附图上绘了一长串自西至东的山脉，总名谓阿尔泰山，与今之阿尔泰山有别。

②1225 年成吉思汗划分四子封地，只说尤赤的封地在额尔齐斯河以西，花剌子模以北，直至蒙古军马蹄所到之处。两年后，成吉思汗病逝，那时拔都尚未西征，未攻克斡罗思，因此元太祖并未将斡罗思封给尤赤。

③梁进德用闽南音把成吉思汗（Zingis Khan）译为凝匿士王，魏源猜为"元代藩封"，讹。

④乌弥河，又作痾比河、胡壁江，即鄂毕（Ob）河。

⑤洼尔西二代王，即伊凡三世（Ivan Vassilevitch Ⅲ）。

敌，仍臣服于俄罗斯。耶尔麻旋为其部下所杀。于是俄罗斯王复移驻防阿滦①之兵辟地至（华）〔因〕尼西（阿）〔河〕②，其居民曰倪俄斯族③，土沃淳良。大兵甫至，争贡皮毳。复沿庵雅腊河④而上，几至雅克萨⑤，即黑龙江雅克萨城。其居民曰模腊斯蒙古⑥即索伦，猛悍异常。俄罗斯惮于前进，改沿里那河左而行，崎岖冰雪，一片荒旷，惟产貂狐最贵。既而（端）戈萨司之兵，不畏冰雪，往来其地五十余年。至千六百三十九年，太宗文皇帝崇德四年。有（端）戈萨司之弥特厘⑦者，直至东洋荷葛斯⑧海岸侦探道路，复增兵前往，庵雅腊河以至麦加湖⑨远近之地，无不征服，此即康熙初年俄罗斯与我朝争黑龙江索伦地之事⑩。由彼径抵黑龙江。适遇满洲兵至，与之交锋，俄罗斯败归山后，阿模尔河即黑龙江，麦加湖即呼伦贝尔泊也⑪，山即外兴（尔）〔安〕大岭，《职方外纪》图谓之东金山。故濒江荒地，仍属满洲，后即以此为界。俄罗斯自此固守边疆，抚其所得之地，较之当日阿列山达王⑫、西沙尔王⑬时，幅员辽阔不啻倍蓰。由是欲穷东界所极，是否与阿弥利坚洲相连，抑或东洋有海间断，并欲于阿细亚洲之西直抵印度，已得捷径。惟阿悉阿洲东方与弥利坚洲

---

①阿滦，即纳雷姆（Navym）。

②因尼西河，又作日尼塞河、伊士江，即叶尼塞河（Yenisey）。

③倪俄斯族，指通古斯族（Tunguses）。

④庵雅腊河，即安加拉河（Angara）。

⑤雅克萨，即今阿尔巴济诺（Albazino）。

⑥译者把 Buryats（布里亚特族）误译作模腊斯蒙古，魏源又误猜为索伦。

⑦弥特厘，即季米特雷科皮洛夫（Dimitrei Kopilof）。

⑧荷葛斯，即鄂霍次克（Okhotsk）。

⑨麦加湖，即贝加尔（Baikal）湖。

⑩这是明崇祯、清顺治年间事，地点也是在贝加尔湖一带。

⑪魏源误释贝加尔湖为呼伦贝尔泊（今黑龙江西北的呼伦湖、贝尔湖）。

⑫阿列山达王，指亚历山大大帝（Alexander the Great）。

⑬西沙尔王，指恺撒（Gaius Julius Caesar）。

断续之处，屡访之。先日兰顿、荷兰商舶未得端倪，比达额列王①亦曾募荷兰人操舟访察无获，旋令雅古萨各官，雅古萨乃俄罗斯东方部落，非黑龙江之雅克萨也。遍考史记，亦无纪载，惟云里那河、因底雅加河②、阿腊斯加河③，水皆北流注海。千六百四十八年，顺治五年。有（端）戈萨司头目特斯纽④及孤底那⑤二人相继舟访，只言阿细亚洲与弥利坚洲不相连。千七百年，康熙三十九年。取得甘查甲，其地斗出东海大洋，风土迥异，似别有天地。其东之少南，即日本国所属之萨牙莲岛、热斯梭岛。正东边界则与欧罗巴滨海诸国相连，并得弥利坚洲一小隅之地及附近海岛。报至国都，而比达额列王已逝。其（女）〔妻〕加特腊因⑥嗣位，于千七百二十〔六〕年（康熙五十九）〔雍正四〕年继述（父）〔夫〕志，复遣官一士般麻⑦、一芝利果⑧、一墨领⑨，携熟谙天文地理之特里斯列⑩乘船东迈，一无所获。千七百二十八年，雍正六年。墨领复至东隅，仅考明阿细亚与弥利坚中隔一峡，虽不相连，而相距不甚远，遂以己名而名其峡曰墨领峡（从兹不复遣使矣）。

按：悉毕厘阿国分二域，西二部曰都莫斯，曰科利弗；东二部曰雅古萨，曰甘查甲。英夷图称此为四省，盖四大斯科也，与中国相首尾。四部之城池，又以都莫斯、雅古萨为最巨。其王独揽国权，虽有

①比达额列王，指彼得大帝（Peter the Great）。
②因底雅加河，又作英的日尔加河，即印迪吉尔卡河（Indikirka）。
③阿腊斯加河，即阿拉斯加河（Alaska）。
④特斯纽（Deschnew），今译德斯什纽。
⑤孤底那（Ankudinow），今译安库迪诺。
⑥加特腊因（Catherine Ⅰ），今译加特琳一世。
⑦士般麻（Spangberg），今译斯潘贝格。
⑧芝利果（Tchirirow），今译奇里罗。
⑨墨领（Behring），今译白令。
⑩特里斯列（Delisle de la Croyère），今译德列斯勒。

世家公卿莫敢专政。广兴文学，以化边鄙，声名文物，日进于旧。然因地制宜，故与欧罗巴之俄罗斯法度稍异。且距俄罗斯国都遥远，凡在悉毕厘阿之加弥业_{贵官名}每自专擅，不为百姓所服。幸当日甫得其地，即将本国之人分徙侨居，尚知王化，主客相维，故至今无敢背叛。水师官弁，多侵船料以肥其私。近日力惩前辙，兵共二万二千，半住都莫司，半住雅古萨，派守各口炮台者十之六，派防南界者十之四。因当日取悉比厘阿者，皆（端）戈萨司之兵，故仍以其人充伍。此外尚有甘查甲部，地处极边，屯兵较内地尤众。

悉比厘阿所居之人有两种，一流寓，一土著。流寓者或因官寄籍，或本国迁徙良民及谪配之人，亦有所俘绥领将士流戍此地，究皆官裔，无傈鄙之习。其罪犯定例，重者开矿采金，轻者酒馆服役，约束綦严。其迁徙良民授亩而耕，岁输丁银拉布尔^①入，只征男丁而不征女。土著者，西南隅近哈萨克，皆回教；东北隅近蒙古，则信奉剌麻教。文学技艺当推都莫司、雅古萨两部。在都莫斯者，多流寓之人；在雅古萨者，多武官客商。千七百九十年，_{乾隆五十（七）〔五〕年。}创书馆，贮史书，设梨园，大略与欧罗巴相等。敬宾客，耽曲糵。居则板屋，食亦俭薄，无非葱、蒜、鱼、肉、牛马乳。面多紫黄，似蒙古。慷慨勇猛，非耕牧即射猎，极北严寒，多不出户。

产米谷、大麦、小麦、粗麦、石盐、石髓、石奶油、野鸭、雁、鹅、牲畜。器用有大呢、玻璃、金、银、铜、铁、铅、红宝石、青金石、钻石、水晶、绿晶。别有一种石，刀切成片，可代玻璃。皮毳则灰鼠、貂鼠、白狐、黑狐、红狐、海狐、海虎、海

①拉布尔（ruble），今译卢布（货币单位）。

獭。壤沃厚，易播种。五金产自乌拉岭及阿尔台山，并有沙漠千有余里，中亦产金。千八百二十八年，道光八年。三处产金五十三䓫，铜三万千五百䓫，铁六万六千䓫，银三十（三）〔二〕万四千棒。近日银矿不旺，岁产不过四五六万棒。采取五金约万有三千余人。皮货俱运售于都莫司、雅古萨，东洋遥远，北海阻冰，或行数日无人烟，河道纡曲荒远，萑苻出没，贸易跋涉，艰难无匹。徒以产丰利厚，故商旅不绝，冒险争骛。甘查甲物产尤甚，运至雅古萨，征税甚轻，以货易货，大都烟酒、刀剑、玩物居多。中国恰克图城为俄罗斯与中国互市之所，以皮货、呢、绒、玻璃，易中国茶叶、大黄、磁器、丝发、棉花、烟叶。磁器每年交易约值二三十万棒。

大湖二：一巴西达湖，由波洼出海；一麦嘉湖，在阿尔泰山之北、雅古萨之（东）〔西〕南，众水所汇，最为浩淼。河十有四：乌弥河，自科利弗大山发源，纡绕北流，中途会走领河①、野代士加河②，并汇伊新河③、都莫尔河④诸水，由麻洼尼士加⑤而注之海。因尼西河自靰靰里发源⑥，北流至朱尔戈河⑦，会依那维河⑧，至都录山萨⑨又会党俄士加河⑩、阿牙那河⑪，（里那河）由

---

①走领河，即楚利姆河（Chulym）。
②野代士加河，又作义尔的士河，即额尔齐斯河（Irtysh）。
③伊新河，即伊希姆河（Ishim）。
④都莫尔河，即托博尔河（Tobol）。
⑤麻洼尼士加（Barvageska），即阿克萨尔卡（Aksarka）。
⑥叶尼塞河发源于东萨彦岭及唐努山之间的大小叶尼塞河。
⑦朱尔戈河，实指 Angara（安加拉河），或作 Upper Tungeska（上通古斯卡河）。
⑧依那维河，即耶拉古亦河（Elagoui）。
⑨都录山萨，即图鲁汉斯克（Turukhansk）。
⑩党俄士加河，即中通古斯卡河（Podkamennaya Tungeska）。
⑪阿牙那河，即下通古斯卡河（Nizhnyaya Tungeska）。

豆定萨①而注之海。〔里那河〕因底牙加河、阿那斯加河②、珂里马河③、阿那底河④均发源阿尔台山⑤，仅阿那底河一水趋东海，余俱北流而出冰海。

都莫司部，东界雅古萨，南界鞑鞑里，西界欧罗巴俄罗斯，北界海。领大小邑三十九。产金、银、铜、铁、锡、五谷、皮货、马、酒、材木、脂膏。

雅古萨部，即悉比厘阿首部，东界甘查甲，西界都莫斯，南界中国，北界海。领大小城五十有三。产银、铅、皮货。

科利弗部，东界雅古萨，西界鞑鞑里，南界中国，北界都莫斯。领大小城十。产金、银、铜、铁、铅。

甘查甲部，东界海，西界雅古萨，南北俱界海。领大小城十七。产皮货、海马、珍宝。

重辑原无，今补。

《地理备考》曰：亚悉亚州之地隶（尼）〔厄〕罗斯国者，曰西卑里〔亚〕，曰日尔日〔亚〕，曰是尔弯⑥，曰亚尔美尼〔亚〕⑦，

---

①豆定萨（Doudinsk），即今杜金卡（Dudinka）。
②阿那斯加河（Olensk），即奥列尼奥克河（Olenek）。
③珂里马河，又作哥义马河，即科累马河（Kolyma）。
④阿那底河，又作亚那的尔河，即阿纳德尔河（Anadyr）。
⑤所谓"阿尔台山"，是原著及其附图一连串由西向东并向东北方向延伸的山系，很不确切，再加上译者误会，所谓这五条河都发源于"阿尔台山"是远离实际。其实勒拿河发源于贝加尔湖北岸，奥列尼奥克的发源地距图上所谓"阿尔台山"1700公里以上，印迪吉尔卡及科累马二河发源于契尔斯基山脉；阿纳德尔河则发源于阿纳德尔高原。
⑥是尔弯，即奇尔万（Chirvan）。
⑦亚尔美尼亚，即亚美尼亚（Armenia）。

曰义米勒多①，曰明哥勒里〔亚〕②，曰达日斯丹③，曰西尔加西〔亚〕④，曰亚巴西〔亚〕⑤，曰高加索各等处。序列于左：案：西卑里，一作西比利，一作悉毕里〔阿〕，一作细密里〔亚〕，皆译音之殊。

　　西卑里〔亚〕在亚细亚洲之北，纬度自北四十八度起至七十度四十分止，经度自东五十度起至一百八十九度止。东枕白令、科各度斯各⑥二海，西连乌拉尔山，南接达尔给斯丹⑦、蒙古、满洲三国，北界北海。长一万三千里，宽五千余里，地面积方约五百六十六万九千四百五十里，烟户一兆余口。地势平坦，海滨鸿卤，南方峰峦参天，湖河甚多。河之长者曰（科）〔疴〕比，曰日尼塞，曰亚那巴拉⑧，曰勒那，曰英的日尔加，曰哥义马，曰亚那的〔尔〕，曰亚木尔⑨，曰义尔的士。湖之大者曰拜加尔，曰亚〔尔〕的音奴〔尔〕，曰德合尼⑩，曰比牙星各⑪，曰苏迷，曰沙〔尔〕加德森。至于田土，北方土旷人稀，西南膏腴丰茂。土产金、银、铜、铁、锡、铅、矾、硝、硫磺、（磠）〔硇〕砂、信石、纹石、磁器、各种兽皮。地气严寒，多冬少夏。所奉之教，或回、或释、或大秦、或天主，趣向不一。技艺平常，贸易丰盛。其地

---

① 义米勒多，即伊米雷塔（Imiretta）。
② 明哥勒里亚，即明格雷利亚（Mingrelia）。
③ 达日斯丹，即达吉斯坦（Dagestan）。
④ 西尔加西亚，即彻尔卡西亚（Circassia）。
⑤ 亚巴西亚，即今亚巴西亚（Abassia）。
⑥ 科各度斯各，即鄂霍次克海（Okhotsk）。
⑦ 达尔给斯丹，即土耳其斯坦（Turkestan）。
⑧ 亚那巴拉，即阿纳巴拉河（Anabara）。
⑨ 亚木尔（Amur），指黑龙江（河名）。
⑩ 德合尼，即查尼湖（Tchany L.）。
⑪ 比牙星各，即皮亚西诺湖（Ozero Pyasino）。

有镇部郡三者之分。其镇则四：一名德波尔斯各[①]，一名多木斯各[②]，一名耶尼塞斯各[③]，一名义尔古德斯各[④]。其部则二：一名（科）〔疴〕慕斯各[⑤]，一名亚古德斯各[⑥]。其郡则二：一名（科）〔疴〕哥德斯各[⑦]，一名冈扎德加[⑧]。

日尔日亚在亚细亚洲之西，纬度自北〔四十一度〕四十九分起至四十二度四十八分止，经度自东四十一度起至四十五度止。东至是尔弯地暨加斯比约海，西枕黑海暨亚尔美尼亚地，南接土耳基亚、白尔西亚二国，北界高加索山。长约一千里，宽约六百余里，烟户三亿口。境内崇山峻岭，田土朊腴，草木禽兽，无不繁衍。地气参差，寒暑俱极。技艺庸陋，贸易冷淡。首郡名的非利斯。

是尔弯在亚细亚洲之西，纬度自北三十八度四十分起至四十一度三十八分止，经度自东四十二度四十分起至四十七度三十九分止。东枕加斯比约海，西连日尔日亚地，南接（日）〔白〕尔西亚国，北界达日斯丹地。东西相距八百里，南北相去五百里，地面积方约一万二千二百里，烟户一亿五万口。境内峰多积雪，田土膏腴，生物茂盛，四季温和。技艺庸常，贸易萧疏。首郡名巴古[⑨]。

亚尔美尼亚在亚细亚洲之西，半属土耳基亚国兼摄，半属厄

①德波尔斯各，即托博尔斯克（Tobolsk）。
②多木斯各，即托木斯克（Tomsk）。
③耶尼塞斯各（Ienisseisk），即叶尼塞斯克（Yeneseysk）。
④义尔古德斯各，即伊尔库次克（Irkutsk）。
⑤疴慕斯各，即鄂木斯克（Omsk）。
⑥亚古德斯各，即雅库次克（Yakutsk）。
⑦疴哥德斯各，即鄂霍次克（Okhotsk）。
⑧冈扎德加（Kamtchaka），即堪察加（Kamchatka）。
⑨巴古，即巴库（Baku）。

罗斯国兼摄。其属厄罗斯者，又名黑里弯①，昔为白尔西〔亚国〕管辖，道光八年始为本国兼摄。东北界日尔日亚地，西连土耳基亚国，南接白尔西亚国。长宽皆约七百三十里，地面积方约九千九百里，烟户一亿六万口。境内冈陵平原互相间隔。土饶谷果，地气温和。西北地名黑里弯，东南地名那各斯齐弯②。

义米勒多在亚细亚洲之西，黑海之边。冈陵重叠，平原沃壤甚少。土产材木。鱼类充斥，土人弗取。地气温和，人安物阜。首郡名古泰西③。

明哥勒里亚在亚细亚洲之西，东至义米勒多地，西枕黑海，南接日尔日亚地，北界西尔加西亚地。长约五百里，宽百五十里，烟户约十万口。境内冈陵络绎，多树林，少陇亩。果实茂盛，禽兽充斥。土产丝、酒。首郡名宋鼻的④。

达日斯丹在亚细亚洲之西，纬度自北四十度三十三分起至四十三度四十八分止，经度自（度）〔东〕四十三度三十分起至四十六度四十分止。东枕加斯（北）〔比〕约海，西连西尔加西亚、日尔日亚二地，南接是尔弯地，北界高加索部。长约九百三十里，宽约二百二十里，地面积方约一万二千里，烟户二亿六万口。境内崇山峻岭，湖河甚多。田土肥厚，葡萄成丛，不植自生。禽兽蕃衍，鳞介充斥。产锡、铁、硫磺。地气不一，冷热互异。技艺萧疏，贸易清淡。首郡名古巴⑤。

西尔加西亚在亚细亚洲之西，纬度自北四十一度五十二分起

---

①黑里弯，即埃里弯（Yerevan）。
②那各斯齐弯，即纳希切万（Nakhichevan）。
③古泰西，即库塔伊西（Kutaisi）。
④宋鼻的，即松比迪（Zombidi）。
⑤古巴，即库巴（Kuba）。

至四十五度十一分止，经度自东三十四度二十分起至四十四度四十五分止。东枕（加斯比约海暨）达日斯丹地，西界黑海，南接日尔日亚地，北连高加索（山）〔部〕长约二千里，宽约五百里，地面积方约二万七千七百三十里，烟户二亿六万余口。境内峰峦参天，夏雪凝积，湖河甚多，灌溉田亩，产谷果丝绵。地气互异，平原温和，高陵寒凛。其地一名大加巴尔达，一曰小加巴尔达。

亚巴西〔亚〕在亚细亚洲之西，纬度自北四十二度三十分起至四十四度四十五分止，经度自东三十四度四十八分起至三十八度二十一分止。东至明哥勒里〔亚〕地，西连西尔加西〔亚〕地，南枕黑海，北界高加索山。长约八百余里，宽约五百里，烟户一亿九万余口。境内冈陵与平原相间，田土肥腴，生殖蕃衍，土产蜡、蜜、熟皮等物。其地一曰大亚巴西〔亚〕，诸酋统摄，各分部落；一曰小亚巴西〔亚〕，隶厄罗斯国兼摄。

高加索部在亚细亚洲之西，纬度自北四十度起至四十五度止，经度自东三十五度起至四十七度止。东枕加斯比约海，西连西尔加西〔亚〕地，南接高加索山，北界黑海①。长约二千余里，宽约七百二十里，地面积方约四万五千里，烟户一亿三万口。境内山陵绵亘，陇亩肥腴，间多潟卤。土产蜡、蜜、牛、狐、貂鼠、海虎各皮。地气温和，人安物阜。首郡名斯达窝罗波尔②。

《地球图说》：西比利亚国东界大东洋，南界满洲并蒙古，西界欧罗巴大州，北界北海。其百姓约七百万之数。所述之教，回回教、希腊教、释教。所习之艺，渔猎商贾。凡俄罗斯之居民犯罪，咸迁徙于此。与中国贸易之处名甲他城。地势东、南、西三

---

①高加索部不是"北界黑海"，而是北界阿斯特拉罕（Astrakhan）和顿河哥萨克（Don Cossacks）。
②斯达窝罗波尔，即斯塔夫罗波尔（Stavropol）。

方俱高，北方平坦。惜近北极之处，终年冰雪，五谷不登，草木野兽繁殖，人迹希少。土人每用木屐车一乘，负以五大犬，搭辇驰驱。南方颇温和，略堪栽种，内有盐湖数处，名不详述。又有〔云〕伊士江、胡壁江、里纳江①。此三江之大，甲于亚细亚洲。产金、银、铜、铁、金刚石、兽皮。

----

①里纳江，即勒拿河（Lena）。

海国图志卷五十六邵阳魏源辑

北洋

北洋俄罗斯国沿革原无，今补。

《皇清四裔考》：俄罗斯国东北至海，南接喀尔喀、准噶尔、哈萨克①、土尔扈特，西接西洋诸国。秦汉为浑庾、屈射、丁灵②诸国，匈奴并有其地。唐为骨利干国③，居瀚海④北，其地北距海。元时为阿罗思、吉利吉思⑤、昂可新⑥地。《元史》称吉利吉思南去大都万余里，其境长一千四百里，广半之。有谦河⑦西北流注于昂可剌河⑧，北入于海。今俄罗斯有昂噶喇河，即《元史》昂可剌河也。昂可新者，《元史》谓即唐之骨利干也。今名俄罗斯，即元

---

① 哈萨克，指中国新疆西北部的伊犁哈萨克自治州及哈萨克斯坦国（Kazakhstan）等地区。

② 丁灵族汉代主要分布在今贝加尔湖以南地区，汉初为匈奴所破，东汉时部分南迁，多数仍留漠北。后又称敕勒、铁勒等。

③ 骨利干族居今贝加尔湖以北地区，唐时以其地为玄阙州，后改称余吾州，隶瀚海都督府。

④ 瀚海，指今贝加尔（Baykal）湖。

⑤ 吉利吉思（Girgiz），在今叶尼塞河上游地区。

⑥ 昂可新，在今叶尼塞河下游地区。

⑦ 谦河（Kem R.），指叶尼塞河上游。

⑧ 昂可剌河（Angara R.），又作昂噶喇河，即安加拉河。

阿罗思转音也。案：元时阿罗思为一国，钦察为一国，太祖灭之①，以封其长子者也。吉利吉思为一地，昂可剌②为一地，谦州③为一地，益兰州④为一地，此则隶于岭北行营元帅府，皆在和林⑤以北，以阿尔泰岭、兴安大岭为界，在今日为俄罗斯东藩，而在元时则乃蛮⑥故地，非阿罗斯所属也，近始为俄罗斯所并。相传其国旧无汗号，西北近海计由⑦之地，其酋名依番瓦什里鱼赤⑧者，因族姓扰乱，求助于西费耶斯科⑨国，假其兵力服属诸族，自立为汗，历三百余年。今其酋皆称察罕汗云。其地寒，多阴少晴，蕃林木，稀人烟。分八道：曰西毕尔斯科⑩，曰喀山斯科⑪，曰佛罗尼使斯科⑫，曰计由斯科⑬，曰司马连斯科⑭，曰三皮提里普尔斯科⑮，曰郭罗多阿尔哈连斯科⑯，曰莫斯〔科〕洼斯科⑰。一斯科所属城堡名柏兴，多者至百余，少或一二十余。蒙古语谓民居曰板升⑱，与

---

①成吉思汗在世时，蒙古军只攻入钦察草原东部及俄罗斯南部地区。

②昂可剌（Angara），即安加拉。

③谦州（Kansk），在今俄罗斯土瓦（Tuva）自治共和国克孜尔（Kyzyi）西面约 80 公里。

④益兰州（Ilansk），今克孜尔。元朝时为统治叶尼塞河、安加拉河一带广大地区的政治、军事、交通中心，遗址名为登帖烈克（Den Terek）。

⑤和林（Qara-Qorum），哈剌和林（或哈剌和林）。

⑥相传乃蛮原居吉利吉思地区，十一二世纪为蒙古高原西部操突厥语的部落。

⑦此"计由"应指莫斯科。

⑧依番瓦什里鱼赤（Ivan Vasiljewicz），指伊凡三世（Ivan Ⅲ）。

⑨西费耶斯科（Sverige），又作式费耶忒，即今瑞典。

⑩西毕尔斯科（Siberia），即西伯利亚。

⑪喀山斯科（Kazan），指喀山汗国。

⑫佛罗尼使斯科（Voronezh），即沃罗涅什。

⑬计由斯科（Kiev），即基辅。

⑭司马连斯科（Smolensk），又作司马廉斯科，即斯摩棱斯克。

⑮三皮提里普尔斯科（Sankt Peterburg），即圣彼得堡。

⑯郭罗多阿尔哈连斯科（Gorodo Arkhangelsk），即阿尔汉格尔斯克。

⑰莫斯科洼斯科（Moskava），又作莫斯克洼斯科，即莫斯科（Moscow）。

⑱《四裔考》原文为：蒙古语谓民居曰拜甡……即明人所谓板升者也。

柏兴音近。俄罗斯邻蒙古，疑即其转音也。官制，汗左右近侍官四，得专政。每斯科设总管官一，彼中名噶噶林。每柏兴设头目。田则什一而税。凡业打牲者，纳貂鼠、狐狸、银鼠、灰鼠；其不打牲者，岁纳银钱二百。法律，凡叛逆犯上者支解；遇敌败北者斩；劫夺人及杀人者俱斩；伤人者断手；偷盗仓库官物者视贼之多寡，有劓（刵）〔耳鼻〕者，有以火灼之而发遣者；私铸钱者，镕铜灌口内以杀之；私卖烟酒者，重责籍其家，遣其人；因奸杀死本夫者，本妇则埋于地，露其首以杀之，奸夫则悬于树以杀之；犯奸者，本妇重责不离异，奸夫重责又罚银入官；其幼童与女子奸者，重责之，配为夫妇。俗尚天主教，不知朔望，或二十九日、或三十日、或三十一日为一月，十二月为一岁，每岁按四季大斋四次，或四十日、或三十余日，以冬季大斋完日为岁初。平时皆逢七斋戒。知节俭，厌兵戎，性矜夸贪得，喜诙谐，好词讼。每逢吉日，男子相聚会，饮醉则咏歌跳舞；妇女不避客，争相炫饰，游戏为队，行歌于途。卑贱见尊者，免冠立地而叩，尊长不免冠。平等相遇皆免冠立地而叩。男子与妇人遇，男子免冠，妇人立地而叩。以去髭髯为姣好，发卷者为美观。婚嫁亦用媒妁，聘娶之日，往叩天主堂，诵经毕，方合卺。殡殓有棺，俱送至堂内葬埋。不饮茶，服毡褐苎布。以麦面为饼饵，不为饭。每食用匙及小叉，无箸。俗尚贸易，务农者少，知种而不知耘，不以牛耕。居河滨者善泅。用瓜种大小银钱，有值三文、十文、五十文、百文者，亦有红铜钱，与小银钱通用。以十六寸为尺，十二两为斤，千步为里，后改五百步为里。其木则有杉松、马尾松、杨、桦、丛柳、樱蕖、榆、刺玫。其谷则有大麦、小麦、荞麦、油麦及稷。其蔬则有萝卜、蔓菁、白菜、王瓜、芫荽、倭瓜、葱、蒜。兽畜则有驼、马、牛、熊、狼、堪达韩、野猪、鹿、狍、黄羊、狐狸、兔、貂鼠、银鼠、灰鼠、礠鼠。〔礠鼠〕行地中，遇阳气即死，身大有重万斤者，骨色白润、类象牙，性最寒，食之可除烦热，骨可成器，彼中名麻门橐洼。禽则有鹰、鹏、鹞、鹘、海青、鸦〔虎〕、鸭鸡。又有聂木沁鸡，大如鹅，脚高尾短，有苍黑色而花纹者，有白色青斑者，其冠色不时变幻，人稍侵之，即鸣翅立冠下垂，比户畜之。俄罗斯称西费耶斯科国，为聂木沁云。鱼则有（鲴）〔鲻〕、鳍、鳝、鲤、石斑、鲫、鲂、鲢、鳇、鸭嘴、哈打拉、他库、木舒尔呼、松阿〔打〕、禅勾深、牙鲁、四帖里烈帖、鄂莫里。乐则有钟、鼓、喇叭、木笛、唢呐、铜弦、筝、胡琴。其土宜风俗物产大略如此。明时阻于朔漠，未通中国。顺治十二年，其国察罕汗始通使。

《一统志》曰：俄罗斯在喀尔喀楚库河①以北，东南至格尔必齐河②北岸，自大兴安岭③之阴以东至海与黑龙江所辖北境接界，西接西洋，西南至土尔扈特旧国及准噶尔界，北至海，去中国京师三万余里。其贡道由恰克都④经喀尔喀地进张家口，以达于京师。地在极北，古难详考。秦汉之间服属匈奴。《史记·匈奴传》：冒（赖）〔顿〕单于北服浑庚、屈射、丁灵、鬲昆⑤、薪梨之国。注正义曰：薪梨以上五国在匈奴北。按：《魏略》曰：匈奴北有浑窳国，有屈射国，有丁令国，有融昆国，有薪梨国。盖北海之南自有丁令，非乌孙之西丁令也。乌孙长老言，北丁令有马胫国。汉有坚昆、丁令，《汉书·匈奴传》：郅支单于北击，乌揭降。发其兵，西破坚昆，北降丁令。按：坚昆在乌孙北、乌揭之西，丁令又在其北。《史记》所谓丁令也，即今

---

①楚库河（Tchikor），即奇科尔河。

②格尔必齐河（Kerbetchi），即今格尔必齐河。

③大兴安岭，又称外兴安岭，即斯塔诺夫山脉。

④恰克都（Kyakhta），即恰克图。

⑤鬲昆，又作隔昆、坚昆、居勿、结骨，在今叶尼塞河上游一带。

俄罗斯也。**唐时有黠戛斯①、骨利干等国，**《唐书》：黠戛斯，古坚昆国也，地当伊吾之西，焉耆之北，白山之旁，或曰居勿，曰结骨，其种杂。丁令乃（奴匈）〔匈奴〕西鄙也，匈奴封汉降将李陵为右贤王、卫律为丁令王，后郅支单于破坚昆。于时，东距单于庭②七千里，南车师五千里，郅支留都之。后世得其地者，讹为结骨，稍号纥骨③，亦曰纥扢斯。云直回纥④西北三千里，南依贪漫山⑤地，夏沮洳，冬积雪，人皆长大，赤发、晳面、绿瞳，以黑发为不祥。黑瞳者必曰陵苗裔也。男少女多，俗逆优，气多寒。虽大禾，亦半。禾稼有禾粟、大小麦、青稷、穄。马至壮大。其君曰阿热，遂姓阿热氏，驻牙青山⑥，至回鹘牙所，橐驼四十日行。回鹘牙北六百里，得仙俄河⑦，河东北曰雪山⑧，地多水泉。青山之东，有水曰剑池⑨，偶艇以度，水悉东北流，经其国，合而北入于海。坚昆本强国也，地与突厥等，东至骨利干，南吐蕃，西南葛逻禄⑩。贞观二十二年入朝，帝以其地隶坚昆麻，隶燕然都护。乾元中为回纥所破，后语讹为黠戛斯，盖回纥谓之若曰黄赤面云。又云，骨利干处瀚海北，多百合，产良马。其地北距海，去京师最远，又北度海，则昼长夜短，日入烹羊，脾熟东方已明，盖近日入处也。太宗时入朝，以其地为元阙州。其大酋献马，帝取其异者号十骥。龙朔中以元阙州更为余吾州，隶瀚海都护府⑪。按：唐时坚昆在西，骨利干在东，皆今俄罗斯南境，今其人多赤发、晳面、绿瞳，盖坚昆裔也。**元时有俄罗斯及吉里吉思及撼合纳⑫、谦州、益兰州等处，**元时吉里吉思南去大都万有余里，其境长一千

---

①黠戛斯，主要在今叶尼塞河上游流域。

②单于庭，约当今乌兰巴托（Ulan Batar）。

③纥骨，又作纥扢斯，居今叶尼塞河上游一带。

④回纥，又作回讫、回鹘，初居色楞格河、鄂尔浑河一带，最盛时辖境曾达中亚费尔干纳（Fergana）盆地，公元788年改称回鹘。公元840年为黠戛斯所破，部众分三支西迁。其中一支迁至帕米尔高原以西的楚河一带。

⑤贪漫山（Sayan），即萨彦岭。

⑥青山，在阿巴坎（Abakan）河之西。

⑦仙俄河，即色楞格（Selenga）河。

⑧雪山，指俄蒙界山，在色楞格河之西，Zakamensk以东。

⑨剑池，指叶尼塞河。

⑩葛逻禄，初居新疆准噶尔，后徙碎叶（今吉尔吉斯斯坦托克马克），十三世纪初降于蒙古。

⑪瀚海都护府，在今蒙古杭爱山东端。

⑫撼合纳（Qabqanas），大叶尼塞河上游地区。

四百里，广半之，谦河经其中，西北流。又西南有水曰鄂普①，东北有水曰王舒②，皆巨浸也。会于谦③，而注于昂可剌河，以北入于海。俗与诸国异，土产名马，白、黑海青。昂可新者，因水为名，附庸于吉里吉思，去大都二万五千余里，即《唐史》所载骨利干国也。乌斯④亦因水为名，在吉里吉思东、谦河之北。撼合纳盖犹言布囊也，盖口小腹巨，地形类此，因以为名，在乌苏东，谦河之源所从出也。其境土惟有二山口可出入，山水林樾、险阻颇甚。谦州亦以河为名，去大都九千里，在吉里吉思东南，谦河西南，唐麓岭之北。《朔漠图》：自和宁北行三千里，名昂吉尔海子，自此又行五百余里至谦州、吉利吉思地，又行千里至大泽⑤云。源案：谦州在唐帑山之北、谦河之西，吉里吉思则在谦河之北，乌斯部在其东，昂可新则在极北、谦河入海之处。惟撼合纳在极东，为谦河之源，与今黑龙江交界⑥，此皆岭北之地。非元初阿罗思所有，至今日始尽并于俄罗斯，号东新藩四部，详后《元代北方疆域考》。此五部之西，则为元诸王海都等，金山以（此）〔北〕分地，《元史》无考。皆其地也。明时阻于朔漠，未通中国。本朝顺治初，其众曰罗刹，窃据黑龙江雅克萨之地，筑城居之，侵扰索伦、达虎尔等。索伦、达虎尔二部居额尔古纳河及净溪里江⑦之地，与罗刹接境。康熙十五年遣使入贡，谕以严禁罗刹，毋扰边陲。罗刹潜侵净溪里等处，迁延不去。命都统公彭（奉）〔春〕率兵进讨，罗刹窘迫乞降。及我兵回，潜据雅克萨如故。二十四年，复命黑龙江将军萨布素等统兵围之，降者日众。二十五年，其国察汉汗遣使上书言下国边民构衅，自当严治，乞撤雅克萨之围，且请分定边界，许之。二十八年，遣内大臣索额图等与其使臣费

---

①鄂普，指鄂毕河。

②王舒，指勒拿（Lena）河。

③鄂毕、勒拿二大河不相会，亦没有"会于谦"。

④乌斯，在乌斯河流域。

⑤此"大泽"指贝加尔湖。

⑥撼合纳在大叶尼塞河上游地区，不与黑龙江交界。

⑦净溪里江，今作结雅河（Zeya）。《尼布楚条约》签订时还是中国内河，后经《瑷珲条约》、《北京条约》，遂为沙俄割占。

要多罗等会议于尼布潮①之地，定格尔必齐河以北、大兴安山一带为界，其前所侵之尼布楚、雅克萨诸处俱入版图，于格尔必齐河旁立碑为志。自后贸易之使，每岁、每间岁一至，未尝稍违节度。三十三年，俄罗斯送回逃人二名，理藩院行文奖之。是年，察汉汗遣使入贡。圣祖阅其奏章，谕大学士曰：俄罗斯贡献，想从来所无，其国距京师甚远，从此陆路可直达彼处，自嘉峪关行十一二日至哈密，自哈密行十二三日至吐鲁番，过吐鲁番即鄂罗斯之境，闻其国辽阔，有二万余里。三十九年俄罗斯遣使奏赍至，圣祖曰：俄罗斯地方遥远，僻处西北海隅，然甚诚敬。噶尔丹窘迫求救于彼，曾拒而不答。曩者遣人分画疆界，即献尼布楚地以东为界。尼布楚等处原系布拉忒、吴郎海诸部落地，彼皆林居，以捕貂为业，人称之为土中人，后俄罗斯强盛并吞之，能遂献还，即此允当轸念也。其国王所居之城曰莫斯科洼，近西北大海，去京师甚远。相传其国本微弱，地亦狭，初居近海之计由地。后假兵力于西费耶斯科，国渐强盛。其国至依番瓦什里鱼赤始得西费耶斯科之助，以兵八千及饷收诸部族，遂雄长西北。称汗者历二十三代、五百五十余年，吞并喀山、托波儿②诸处亦一百六十余年。今其地广袤几二万余里，分八道，一道曰莫斯科洼斯科，国王所都；一道自托波儿河③东至尼布楚与中国分界处，曰西毕尔斯科，其六道曰喀山斯科、佛罗尼使斯科、计由斯科、司马连斯科、三皮提里普尔斯科、郭罗多阿尔哈〔连〕斯科。每一斯科如中国省会，其余小斯科无数。设官管辖。每斯科设一人统辖，曰噶噶林。各处省城堡名曰柏兴，犹中国州县，大者兵民数百或千余，小者一二百，设头目一人。有楼房屋舍，架大木为之。城垣亦皆列木栅，但绝少，多虚名耳。南界土尔扈特、哈萨克诸国及内附之喀尔喀，西北尚有十余国，大者曰西费耶斯科、图里耶斯科④，近为所侵掠，皆微弱云。康熙间，其国遣人来京师就学，设俄罗斯馆，派满洲助教一人、汉助

1549

---

①尼布潮，即尼布楚，在今涅尔琴斯克（Nerchinsk）。
②托波儿（Tobolsk），即托博尔斯克。
③托波儿河，即托博尔（Tobol）河。
④图里耶斯科（Turkey），又作图里雅，即土耳其。

教一人教习之。雍正五年，定俄罗斯来学喇嘛六人、学生四人，每十年更换一次。乾隆三十二年，王师追讨准噶尔部叛贼，阿陆尔撒纳由哈萨克窜入俄罗斯境，未即缚送。特命典属严词索取，适逆贼身毙，俄罗斯遂传送其尸，修词恭顺，与天朝永睦。地寒土湿，多雨雪，少晴和，山川险阻，林樾丛绕。居止有庐舍，水陆用舟车。风俗以去髭须为姣好，发卷者为美观。卑贱见尊长，以免冠立叩为恭敬。服毡罽，喜饮酒，不知茶。屑木为饼，不饭食。知种而不知耘，不知牛耕。居河滨者喜浴善泅。有钱文，大小银铜式不一。以十六寸为一尺，十二两为一斤，千步为一里。无节气书，知有四季而不知朔望。人材勇健，性矜夸贪得，平居和睦，喜诙谐，少争斗，好词讼，刑罚颇严。尚浮屠，自国王至庶民，有四季大斋戒十日。其山川有（怕）〔帕〕付林斯科山①、在国境东佛落克岭②西北，高出诸山之上，土人云冬夏积雪，人皆不能至。按：自喀尔喀诸部驻牧色楞格河下流，地名楚库柏兴③，入俄罗斯界。自此而北，水皆北流，沿路皆大山深谷，山多林薮，夏多蛇蝎，水多鱼。本朝康熙五十一年原任内阁侍读图理琛奉使土尔扈特，道经其国，归而著其山川风土。今依其所经次第，列诸大水于下。山虽多，而有名绝少，故不尽录之。佛落克岭、在费〔耶〕尔和土尔斯科④，地高十余里⑤，岭东流出二水，曰土拉河⑥，曰托波儿河，下流东会于额尔齐斯河⑦，山阴有水

---

①帕付林斯科山，今康日亚科夫（Konzhakov）山，乌拉尔山脉的第四高峰，高度为1569米。

②《异域录》原记为"费耶尔和土尔斯科佛落克岭"，本书删去前面8个字，仅余"佛落克岭"四字，而"佛落克"乃俄文"岭"的音译，因此，"佛落克岭"仅为一个地理通名，而非地名。本书又把"佛落克岭"误指为"乌拉尔山脉"。

③楚库柏兴（Cuku），即今诺沃色楞金斯克（Novoselenginsk）。

④费耶尔和土尔斯科（Verkhotturye），即韦尔霍图尔耶。

⑤此高度疑有误。

⑥土拉河（Tura），即图拉河。

⑦额尔齐斯河（Irtysh），又作厄尔齐斯河，即今额尔齐斯河。

曰喀穆河①，下流西会于滕吉斯湖②。**色楞格河**、源出喀尔喀境内，东北流至楚库柏兴，入俄罗斯界受东南来之楚库河，又东北流二百余里，至乌的柏兴③，受东南来之乌的河④，又北流二百余里，入白哈儿湖⑤，河广四五十丈，水清流（息）〔急〕，十月中始冻，两岸皆山，沿岸多丛柳、榆、桦、樱薁，中多鱼。**昂噶剌河**、自白哈儿湖西北⑥流出，又西北流一百三十里，至厄尔库城⑦，受西南来之厄卫库河⑧水，又西北流二千九百余里，〔受〕东北来之伊里穆河⑨，又数百里会伊聂谢河⑩流入北海⑪。此河长三千余里，受十余小水，又大于色楞格，两岸及河中皆高峰峭壁，水深溜急，舟行甚险，五六月尚有冰。旧志昂可拉河两岸皆山，自伊里穆河流入之处以至伊聂谢河中间河流，俄罗斯人又呼为通古斯科河⑫，又有十余小河皆注入之。昂噶拉河内有伯克五处，破落克八处，西费拉九处。其国谓水中高峰及临水悬（岸）〔崖〕曰伯克，有灭提别而伯克、巴达尔满斯克伯克、多达儿斯克伯克、灭费斯克伯克、费达穆克伯克。谓夹岸峭壁中有大石，河水陡下悬流曰破落克，有博合灭儿尔纳破落克、（牙皮）〔皮牙〕乃破落克、巴墩破落克、多尔规破落克、沙满斯克破落克、阿普林司克破落克、木尔苏克破落克、四铁烈洛什破落克。谓水浅〔有石〕，多在急流之处曰西费喇，有洛什西费喇、鄂标穆索斯奈西费喇、柏格西费喇、郭洛活瓦西费喇、郭费殷斯克西费喇、噶什那西费喇、鄂费夏那西费喇、鄂尔吉那西费喇、郭萨牙西费喇。源按：《元史》吉里吉思有谦河，西北流注于昂可喇河。《一统志》以昂可〔喇〕河当谦河，与《水道提纲》说不合，详《元代北藩考》。**伊聂谢河**、水自厄尔库城之西北，由昂噶拉河水行三千

——————————

①喀穆河（Kama），即卡马河。

②滕吉斯湖，又作宽定吉思海、腾格里大泽，即里海（Caspian Sea）。

③乌的柏兴（Udi），即乌兰乌德（Ulan Ude）。

④乌的河，即乌达（Uda）河。

⑤白哈儿湖，又作白哈尔湖、柏哈尔湖、菊海，即贝加尔湖。

⑥"西北"，应作"西南"。

⑦厄尔库城，又作额尔口城，即伊尔库次克（Irkutsk）。

⑧厄卫库河，即奥基琴（Okycen）河。

⑨伊里穆（Ilim）河，即伊利姆河。

⑩伊聂谢（Yenesey）河，即叶尼塞河。

⑪北海，在此指喀拉海（Kara Sea）。

⑫通古斯科（Tunguska）河，指上通古斯河。

余里至伊聂谢柏兴①得伊聂谢河，其水大于昂噶喇，不知发源之处，北流经伊聂谢柏兴，会东来之昂噶喇河，转东北流入于北海②，自此而北，地益寒，盖近北海矣。揭的河③、伊聂谢柏兴之西北二百五十余里，地名麻科斯科，有岭名佛落克，水从岭下流出，西北流二千五百余里至那里穆柏兴④，入于鄂布河。旧志揭的河，土人名为解梯，多湾曲，水色赤，沿河有小柏兴四五处，顺流约二千里，河面渐宽，水色渐白。

鄂布河、自麻科斯科西北，由揭的河水行二千五百余里至那里穆柏兴，得鄂布河。其水西北流至托穆斯科⑤，受〔东南〕〔西北〕来之托〔科〕〔木〕河，至那里穆柏兴又受东南来之揭的河，又西北流二千余里至萨马尔斯科⑥之地，转西〔南〕流，与厄尔齐斯河合，复西北流入北海。此河又大于伊聂谢，水浊溜缓，洲渚甚多。自此而北，地渐平坦，不甚大矣。

厄尔齐斯河、自那里穆柏兴西北，由鄂布河水行二千余里至萨马尔斯科，得厄尔齐斯河。其水自阿尔泰山发源，北流入俄罗斯境，又西北流至托波儿之地，受托波、土拉二河，转东北流，与鄂布河合，流入北海。此河大如色楞格，水浊溜急。其发源之阿尔泰山属中国西北塞外边界，即古金山也。计其源流与色楞格相等，不知几千里。旧志厄尔齐斯河在苏尔呼忒柏兴⑦西南六百余里。托波儿河、源出费雅尔土尔斯科地之佛落克岭西，东南流与土拉河会，又东北流入于厄尔齐斯河，其入厄尔齐斯河处之东，地名托波儿，在萨尔〔马〕斯〔河〕〔科〕西南一千余里，彼所称八道中之一道也，居民二千余户，驻兵二千余名，头目十数人，有庐舍市井，谓之西毕尔斯科，设噶〔噶〕林一人统之，凡诸柏兴皆其所辖云。旧志狄穆演斯科⑧西南六百余里为托波儿地，厄尔齐斯河来自东南，绕过托波儿，向东北〔由〕〔流〕，托波儿河来自西南，至北地而合。土拉河、源出佛落克岭东，东南流入托波儿河，会于厄尔齐斯河。其发源处，地名（贵）〔费〕耶和土尔斯科，在托波儿西北二千余里。自此西北，与

1552

①伊聂谢柏兴，即叶尼塞斯克（Yeniseysk）。
②参见上页注⑪。
③揭的（Ket）河，又作解梯河，即克特河。
④那里穆柏兴（Narym），即纳雷姆。
⑤托穆斯科（Tomsk），即托木斯克。
⑥萨马尔斯科，即汉特—曼西斯克（Khanty-Mansiysk）。
⑦苏尔呼忒柏兴，即苏尔古特（Surgut）。
⑧狄穆演斯科，即德姆扬斯科耶（Demoyanskoye）。

国城相近，彼谓之内地。**喀穆河**、在佛落克岭之北，从一山中流出，西南流千余里至黑林诺付之地，有佛落克岭北流出之费牙忒喀河①，（西）〔南〕流入此河，又流至喀山城，东南入佛儿格河②。此河上流至地名黑〔林〕诺付，俱属西毕尔斯科道，至喀山乃别为一道。自此而北，至国王所居莫斯科洼城，仅二十余里③，地势趋下，人烟稠密。旧志喀穆河大似色楞格河，水色赤溜急，自东北流西南，流至喀山相对之地，入佛尔格河。**佛尔格河**、发源西北山中，东南流至喀山城东南，受喀穆河，流三百余里，至西穆必尔斯科④之地，转西南流，又五百余里，入土尔扈特⑤国界，南流汇于滕吉思湖。此河大如鄂布河，水浊溜缓，在俄罗斯名佛儿格，在土尔扈特国名厄济尔。他水皆北流入海，惟此自北而南，不入海。其所经之喀山，亦八道中之一道也，在黑林诺付西南五百余里，地平坦，多田亩，产稻、稷、麦。环大水为城，有八门，周八里，居民五千余户，设总管统辖。其南三百余里，地名西穆必尔斯科。又西南五百余里，曰萨拉托付⑥。自此而南，即土尔扈〔特〕旧所游牧之地矣。**白哈尔湖**。在楚库柏〔兴〕五百余里，亦曰北海。去喀尔喀之北界千余里，有巨泽，南北长二百里许，东西广千余里，四面皆山，色楞格河自西南流入，昂噶喇河自西北流出。其从东流入者，又有一河，亦名昂噶喇河，中有洲，曰鄂辽汉⑦，在湖内之东北偏，南北五十余里，东西二百里，上有山冈，多野兽，水多鱼，蒙古五十余户游牧于此。十二月下旬冰始坚可行，三月尽冰始解。按：《唐书·地理志》骨利干、都播二部落北有小海，冰坚时马行八日可渡，海北多大山。其民状貌甚伟，风俗类骨利干，昼长而夕短，所谓小海，即此水也。又按：《史记·匈奴传》，匈奴留郭吉，迁之北海上。《汉书·苏武传》，匈奴徙武北海上无人处，使牧羝。武既至海上，廪食不至，掘野鼠、取草实而食之，杖汉节牧羊。单于弟（子轩）〔于轩〕王弋射海上，王死后，八众徒去，丁令盗武牛羊，武后穷厄。匈奴使李陵至海上为武置酒设乐，武终不降。后汉使复至匈奴，常惠夜见汉使，教使者谓单于言天子射上林中得雁，足有丝帛书，言武等在某泽中。前言北海海上，后言某泽，

---

①费牙忒喀河，即维亚特卡（Vyatha）河。
②佛儿格（Yolga）河，又作佛尔格河，厄济尔（Ijil）河，即伏尔加河。
③应不止"二十余里"。
④西穆必尔斯科（Simbirsk），即辛比尔斯克。
⑤土尔扈特人原居中国新疆，曾徙俄罗斯伏尔加河畔，乾隆年间归国。
⑥萨拉托付（Saratov），即萨拉托夫。
⑦鄂辽汉（Ol'khon），即奥列汉岛（在贝加尔湖中央偏西）。

以塞外遇水泽，通称海也。白哈尔湖，地在（勾）〔匈〕奴北，与丁令正相近，《史记·匈奴传》：冒（头）〔顿〕北服丁令，《汉书·李陵传》：匈奴立卫律为丁令王。注云：丁令，匈奴之别种。又《苏武传》注：丁零即上所谓丁令耳。然则俄罗南境，即丁零故地，而白哈尔湖，即苏武牧羝之北海上欤。其物产有麦、有大麦、小麦、荞麦、油麦。松、杉、桦、已上三种，各处有之。马、《唐书》：骨利干产良马，首似橐驼，筋骼壮大，日中驰数百里。今俄罗斯所产马皆高大逾常，即其类也。牛、羊、豕、鹿、《唐书》：有鞠国[①]居拔野古[②]东北，有木无草，地名苔苦[③]，无羊、马，人豢鹿若牛、马，惟食苔，俗以驾车，又以鹿皮为衣。《元史》：撼合纳在乌斯东，谦河之源所从出也，贫民无恒产者，皆以桦皮作庐帐，以白鹿负其行装，取鹿乳、采松实及斸山丹、芍药等根为食。今俄罗斯之东境，伊聂谢柏兴之地，有一种贫民名曰喀穆尼汉[④]，亦曰通古斯，俱畜鹿以供乘驭负载，鹿色灰白，形如驴，有角，名曰俄伦，即其类也。白狐、伊聂谢之北，地名土儿汗斯科[⑤]，产此兽。麻门橐洼、华言鼠也，产于极东北近海处牙（特库）〔库特〕[⑥]之地，身大如象，重万斤，行地中，见风即死，每于河滨上内得之。骨理柔润洁白如象牙，彼人以其骨制为碗碟、梳篦之类，肉性极寒，食之可除烦热云。此地最寒，距北海大洋止一月程，昼长夜短，亦不甚暗，虽日落夜深，犹可博弈，不数刻东方已曙。按《唐书》载，骨利干之北，昼长夜短，近日入处，即此地也。貂、各处有之，又有黑貂皮甚贵，亦产极东北牙（特库）〔库特〕之地。银鼠、青鼠、四帖（黑）〔里〕烈帖鱼。形类鲟，无鳞，脊上并两肋，有三骨连生，大不过三尺，味颇佳。冰未冻时，从北海由鄂布河溯流而来，甚多，人取食之。又有名鄂莫里者，长止尺余，白露后五日内，由（自）〔白〕哈儿湖逆流而来，取之不尽。其诸河内，皆产鲈、鳙、鲤、鲫、鲱、鲫等及哈呼拉鱼、他库鱼、石班鱼、穆舒呼鱼、松阿打鱼、勾深鱼、牙鲁鱼。

《职方外纪》：亚细亚西北之尽境，有大国曰莫（哥斯）〔斯

---

①有鞠国，居石勒喀（Shilka）河以北一带。

②拔野古，在蒙古克鲁伦（Kerulen）河一带。

③苔苦，约当今阿克塞诺沃—齐洛夫基科耶一带。

④喀穆尼汉，又作通古斯、索伦多居布哈特、呼伦贝勒。

⑤土儿汗斯科（Turakhansk），即图鲁汉斯克。

⑥牙库特（Yakut），即雅库特。

哥〕未亚①，即鄂罗斯也。俞正燮议此书不知有俄罗斯，岂知外域音殊字别，况此时鄂罗斯尚未兼并西费雅之地乎？即本朝之书称鄂罗斯，有曰罗刹者，有曰罗车国者，岂亦不知有俄罗斯耶？东西径万五千里，南北径八千里，中分十六道。有窝尔加河最大，支河八十，皆以为尾闾，而以七十余口入北高海②潴焉，不通大海。国内兵力甚强，日事吞并。其地夜长昼短，冬至日止二时。气极寒，雪下即坚凝。行旅驾车度雪中，其马疾如飞电，其室宇多用火温，雪中行旅为严寒所侵，血脉皆冻，坚如冰石。如蓦入温室之中，耳鼻辄堕于地。每自外来者，先以水浸其躯，俟僵体渐苏，方可入温室内。故八月以至四月，皆〔衣〕皮裘。多兽皮，如狐、貉、貂鼠之属，一裘或至千金者。熊皮以为卧褥，永绝虮虱。产皮处，即用以充赋税。以遗邻国，多至数十车。国人多盗，人竞畜猛犬，见人则噬，昼置阱中，夜闻钟声始放，人亟匿影闭户矣。惟国王许习文艺，其余虽贵戚大臣亦禁学，恐其聪明过主，为主辱也。故其国有"天主能知，国王能知"之谚。今亦稍信真教，其王常手持十字，国中亦传流天主之经或圣贤传记无禁矣。俗最浇，凡欲贸易，须假托外邦商贾，方取信国人。若言本土，则逆其诈矣。有大钟，以摇不以撞，摇非三十人不能，惟国主即位及其诞日鸣之。所造大炮，其长三丈七尺，一发用药二石，可容二人入内扫除。又有一蜜林，其树悉为蜂房，国人各界其树为恒产。案：窝尔加河见南怀仁《坤舆图》，北高海即里海，亦名腾吉斯海，即《异域录》之佛尔格河，源出土拉岭，径俄罗斯之南，入腾吉斯海。土尔扈特游牧河旁，谓之厄济尔河者也。纳林河亦会之，同入里海，至其夜长昼短，则别谓俄罗斯北方冰海之地，非里海地也。

《西域闻见录》：鄂罗斯，北边之大国，东界海，南界中国，

---

①莫斯哥未亚（Moskva），即莫斯科。
②北高海，指里海。

西北邻控噶尔①。东西距二万余里，南北窄狭，自千里至三千余里不等。称其王曰汗。自鄂罗斯之察罕汗殁，无子，国人立其女为汗，嗣后皆传女，近今已七世矣，仍袭其祖名号，故国人犹称为察罕汗也。其女主有所幸，或期年或数月则杀之，生女留承统续，谓其汗之嫡嗣也；生男则以为他人之种也。案：鄂罗斯汗卒子幼，则其妃代主国事，如中国太后临朝之例，非其汗之女也。但必女主殁，其子始嗣位，与中国之女后摄政归政者不同。松筠《绥服纪略》言之甚明。故鄂罗斯近日已易男汗，并无生子辄杀之说。其七世中亦皆母死子立，夫死妃代，迭主国事，非七世皆女主也。其人深目高鼻、睛碧、须发黄赤。男女皆蓄发，男发频以胶水刷之，使其卷曲，女发梳为高髻。男衣缚身，遍体扣绕。女衣裙衫袍褚，悉如汉装，但不缠足耳。无亵衣，故裙长而两袭。以银为钱，铸文肖其汗之面，重七钱余，谓之呵拉斯朗。以洋算成岁，分至启闭建闰、日月蚀，纤杪无差。喜楼居，有四五层者，其梁柱顶壁皆用木，密灌油灰，不须瓦薨；而金粉雕凿，极尽人工；开窗四达，或饰以各色玻璃，镂金银丝以隔蔽之，次用其国之田皮纸，率皆修整可观。木多易遭回禄，故火禁最严，一有不虞，则万家灰烬。室中皆床几椅凳，酷似南方。男女皆不能盘膝坐，一日两浴，见亲友宾客无拜跪揖让之仪，惟接吻以为礼。嗜茶，然必调糖而饮啜之。食以麦面为常馔，鱼为上品，猪次之，以大茴为佳味，人嗜之。菽米则充牲畜栈豆而已。都城雄壮，围数十里。官制，文武，皆悬刀为佩，刀柄有玉、金、银、铜、锡、铁之区别，官阶等级，视其刀柄而知。其民皆耕田纳税。三丁抽一、五丁抽二以为兵，兵各有营。自十六岁入营，给伊马匹器械，即不准归家，不娶妻，日居营中习学训练，遇有战陈之事，则随其将领而

---

①控噶尔，又作空科尔，即指瑞典。

去；月支阿拉斯朗钱一圆、粮一石，年至五十而后出伍。刑罚极严，男犯盗，女犯奸，杀人不问谋、故、斗、误以及出边私入别国，概以斧剁杀之。其国名山大川甚多，地之肥沃潆卤亦错杂不齐。土产冰糖、白糖、纸、茶、噶拉明镜、玻璃、元狐、黑貂、偺猁狲、银鼠、海龙、水獭，但金银缺少，其余果蔬之类咸备。鄂罗斯本控噶尔属国，称臣纳贡，由来已久。案：自明至本朝，西洋人著述，皆以鄂罗斯为第一大国，从无此语。乾隆二十年后，察罕汗恃其强大，不复称臣，缺其贡献，复兴兵扰其边境，以故两国连兵数年不解，鄂罗斯累遭大败，丧师二十余万，因而大困，力不能支，仍复称臣，常贡之外，岁增纳童男五百、童女五百而后罢兵。其俗最重君臣之义，如其汗虽无道之极，亦无有敢议其是非者，自古无叛逆篡夺之事，一姓相传，不知其阅几千年，案：此误以天主教一千几百年之数为其国王之年数也，俄罗斯称汗止三百余年，见《四裔考》及《一统志》。视他国之朝夕易姓者相悬矣。案《西北域记》：鄂罗斯一名罗刹，案：罗刹即罗斯之音转，或又传为罗车，又传为罗沙。古丁零国也，夜短昼长，多江湖，通舟楫。土产五谷、六畜、百果、诸蔬及玻璃、色毡、金纸、湖铁、红黑牛皮、皮毳之属。其人皙而隆准，深眶绿睛。亦有黑睛者，汉李陵之裔也。卷发赤须，衣止裹身，履无前齿，嗜酸辛，贪杯酌，餐饕鲜，饭粗粒。横板为屋，栅木为城，铸银为钱，编石为简。其教宗耶苏。康熙年间，始与中国通，遣其俊秀入我国学肄业，受《四子书》而去。乾隆二十年后，以阿睦尔萨纳之故、土尔扈特之嫌，复绝其贸易，不复与通。椿园氏曰：鄂罗斯虽为大国，而地形长狭，无率然环顾之势，且介乎中国控噶尔之间，议守之处太多，案：鄂罗斯北负海，故北面无所容守也，东接中国、蒙古，而有大山亘之，亦无容守也，惟西与欧罗巴各国接壤，故战争皆在西方，此全不知其国形势。故仅足自立。乾隆二十年①，与控噶尔连兵不解，控噶尔用荀莹故智，东西叠驾，虚实声击，致鄂罗斯地境，瓜分棋判，往来救援，疲于奔走。然后控噶尔大举入境，围其国都，数千年相传之统，几至夷灭。迨稽颡称臣，岁增朝贡，幸控噶尔仁慈，不轻灭人之国，舍之而去。则察罕汗不知度量，不察形势之所至也。乌有之事，孟浪之谈，纠不胜纠，别详《圣武记》。

又曰：控噶尔，西北方回子最大之国，案：误以汗名为国名，又误以天主教为回教。地包鄂罗斯东西界之外，案：止接西界，不接东界，以鄂罗斯北面濒海也。称其王曰汗，其大头目亦谓之阿奇木伯克。所辖各城，自万户至十余万户不等，均为其汗之阿拉巴图。合各城计之，小属于大，每一大城，属小城或三或四以至十余。大城阿奇木伯克，共计一千四百余员。建都之城，名务鲁木②，极广大。南北经过马行九十余日，东西亦然。荒诞之极。都城若此，则都城以外，又广几何？尽欧罗巴、亚细亚二洲不足容其疆域矣。委巷之谈，奈何出缙绅之口？城门二千四百，城内大江三，山河薮泽不可胜计。宫室阔远深邃，绵亘数十百里。黄屋朱门，皆以金玉珠贝为饰。地产金银，多于石子。珊瑚珠玉，数见不鲜。自鸣钟表、绸缎毡罽，尤多奇异。俗重大红宝石，如拳如卵者，人人悬佩。黄金为钱，每文重二两许。居人田园庐舍，坟墓牧场，各分地界，散布而居。各种公田，犹是古井田法。所辖之地，有不富饶者，其汗闻知，辄亲往巡视，暗携金银无算，潜抛掷于人烟聚集之区，如金遍地，间有拾取者，尚谓无害。如拾取人多甚至争拾，其汗则恻然而悯，惕然而惧，因广为施济，必至比户丰裕而后已。故入其地者，曾未有一贫窭蓝缕之人干求

---

①北方战争发生在康、雍年间，不是乾隆年间。
②务鲁木，即斯德哥尔摩（Stockholm）。

借贷之事。风俗敦厚，知礼让，彝伦攸叙，与中国不殊，迥非西域各国禽行兽处之比。唯敬天地日月，不知有神鬼仙佛圣人之道。每日男女礼拜，唪经之声雷动，犹天主教之风。前云回教，此又云天主教，矛盾之极。最戒军事，其说以天地生人，无非同类，奈何以人杀人，自残同类之理？故国虽富强，从无侵凌附近弱国之事。而兵则精锐，鸟枪可及二百余步。以死敌为勇，败而归者终身不齿于人数。其兵无入伍食粮之事，入为农、出为兵，训练皆于农隙，亦同三代以上法也。如有军事，其汗量敌之大小，命其阿奇木伯克或一人或二三人，各选其部下壮丁前往应敌。鄂罗斯本其属国，遍考西洋人著述及粤东商舶，有一人作此语否？历有年所。乾隆二十年后，

鄂罗斯停其贡赋，七年未尝责问；而鄂罗斯反以兵相加，控噶尔拨兵大战，鄂罗斯全军覆没，丧师八万。察罕汗又起十万之众，更借土尔扈特精兵数万，与控噶尔再战，又复大败。以故土尔扈特大惧，于乾隆二十五年弃鄂罗斯而投诚中国，而控噶尔戎兵数十万，出境长驱，直压鄂罗斯国都。察罕汗大恐，求和称臣，定于常币之外岁纳童男女各五百人，控噶尔许之，乃舍去。或曰控噶尔西界，亦多其属，岁修朝贡之礼如鄂罗斯云。案：此皆误听土尔扈特妄诞之谈，有同《西游演义》小说，不值与辩。

俞〔正〕燮《癸巳类稿》述曰：俄罗斯始见于《元史》，谓之阿罗思，又谓之（干）〔斡〕罗思。其大也在明中叶，至国朝而极大。其天气和蔼处亦有花痘之证，故阿睦尔撒纳入其境以痘死，惟沙漠行国趁凉者无之，盖居国皆如此也。俄罗斯有火器，《平定罗刹方略》言康熙二十三年正月十一日我师抵雅克萨，以其鸟枪归。《绝域纪略》云逻车国所遇，皆擅鸟枪。《黑龙江外纪》言其纳药筒中，凹凸如梅花式。《鲒碕亭集·画雅萨乐府注》言其国精火器。《异域录》言图理琛入其境，伊国具枪炮旗帜以迎，土尔

（特扈）〔扈特〕又借之以卫我使者。今雅克萨城有康熙时获俄罗斯炮三位，则言俄罗斯无火器者非也。噶尔丹扬言假俄罗斯火器兵，攻喀尔喀，岂举其所无以自败哉？康熙六十年，俄罗斯人来言，其地去北极二十度以上为北海，坚冰凝结，人不能至。圣祖以为始信东方朔记北方层冰千尺，冬夏不消之言不谬，是其国已极北，而或以其西南属国之控噶尔汗，谓在俄罗斯北，且谓控噶尔能征俄罗斯，又以女汗有男侍。俗闻小说，遂谓我使侍卫硕托，与其汗订十八条议于枕席之上，其说皆佻谬，且亦安得有十八条议哉？艾儒略等《职方外纪》、《坤舆图说》，皆侈陈冰海，若所足履目验者，而竟不知有所谓俄罗斯，至钱少詹为定《地球图说》，始纳入之。然则地诚圆，亦非五大洲，即五大洲，亦不必如西洋人所说。地之圆不圆，与西洋人无涉。

源案：《职方外纪》《坤舆图》有莫〔斯〕哥（斯）未亚大国，即俄罗斯也，此误。

《澳门新闻纸》己亥：欧罗巴洲各大国兵丁战船之多寡，当以俄罗斯为最多。俄罗斯户口五千万，战船一百三十只，兵一百余万，内有一半在各处防守边疆以及在属国。其次即算欧色特厘阿①，户口三千三百万，兵四十万，另有兰威阿兵②在外。佛兰西户口三千三百万，战船二百二十只，兵三十五万，另有国中各处防守兵在外。英吉利连爱伦③，户口二千四百万，战船五百三十只，兵十万，别有印度各属国之兵在外，所有战船共载大炮二万三千门。普鲁社户口比以上各国更少，兵只二十五万，连兰威阿兵共有三十五万，乃耕种之国，并无战船。

---

①欧色特厘阿（Austria），即奥地利。
②兰威阿兵（Landwehr），意为后备军。
③爱伦，即爱尔兰。

《每月统纪传》曰：康熙二十七年间，英吉利国之稣以天王[1]登位，立志分侵敌国。始侵大尼（王）〔国〕胜之。方罢战，又侵伐波林国[2]，逐其旧王，别置新王镇抚之。又攻日耳马尼国，列国皆震，莫不劝和。稣以天王不息干戈，复强侵俄罗斯国，烈风刻骨，英军不战败走，稣以天王匿身土耳其地，逃归本国。又霸侵那耳瓦邻国，被弹击而死。案：此英吉利与俄罗斯交战之事，志中无之，惟见于《每月统纪传》。所谓土耳其国者，一作土尔叽，即北都鲁机国。英吉利与俄罗斯陆地不接，盖兵船由地中海往侵，故战败则由土尔几国遁归也。

又曰：道光十三年，土尔叽国被（北）〔南〕方迤志比多[3]诸侯攻伐，夺去亚细亚内各部落。今土尔叽国王遣臣吁救于鄂罗斯汗，其汗坐视颠危，不救不扶。在俄罗斯汗之意，恨不得驱逐土尔叽出欧罗巴，归中国新疆本地。但英国与佛兰西国王不允，强使彼此平安。俄罗斯忽遣兵几万人，往守土尔叽国都，又命师船数只防范迤志比多艨舰。英国与佛兰西国之宰相见此光景，立谕两帮战船巡地中海，免致迤志比多诸侯围土耳叽国都，并免俄罗斯军骇愕土耳几国王。倘迤志比多诸侯不肯即议和，则以兵力勒令平安。

源案：此谓俄罗斯欲逐土尔几归中国新疆本地者，即第三十二卷中北都鲁机回回国于元代被蒙古军驱窜西域之事，故译者以本朝之新疆称元代之回疆也。或谓土尔扈特分牧俄罗斯之额济勒河[4]两岸，其南岸部落于乾隆时归中国，而北岸部落十余万尚留俄罗斯，此或指河北之土尔扈特。然土尔扈特北部在里海左右，去地中海及英佛诸国甚

---

①稣以天王，"稣以天"是瑞典的音译，国名。英国并无名为"稣以天"的国王。本段所言北方战争失实。英国海军在地中海作战之事亦讹。
②波林国（Poland），即波兰。
③迤志比多（Egypt），即埃及。
④额济勒河，即伏尔加河。

远，且土尔几乃回教，而土尔扈特则剌麻佛教，亦判然不伦。此土尔几仍当是北都鲁机国，而兵船巡地中海一语，尤可证英鄂二国行兵道路。

《贸易通志》曰：俄罗斯国康熙年间始兴。前此居民不知文学，近日始奉天主教。出口之货为材木、五谷、麻油、牛油、粗帆、麻布、皮货、铜、铁、白蜡、鱼肚，进口之货与西洋各国同。其国都曰彼得罗堡，贸易极盛。道光十年，国都进口之货计价万万员，出口之货七千四百万员，船进口者千有二百三十八只。其南北他港进口货价计三千三百万员，出者亦千六百万员。百余年前未有今日之十一，其国之兴隆崛起，可谓骤矣。其与中国贸易，惟准在蒙古地方，不准在南海。

《异域录》曰：俄罗斯国之西北诸国名曰图里耶斯科，凡言斯科者，皆部落之谓。案：图里耶，一作普里社，即与俄罗斯争战之空科尔汗也。空科尔，一作控噶尔。曰宜大里牙，即意大里亚。曰式费耶忒，案：在俄罗斯之西北，连年争战。未知于《四洲志》中何国。曰博尔托噶里牙，案：一作博尔都噶亚，即布路亚、大西洋国。曰雅尔马尼牙，案：即耶马尼。曰付兰楚斯①，案：即佛兰西。曰宜斯巴尼牙，案：一作以西把亚，即大吕宋。曰狄音②，未详。曰和尔斯提音③，未详。曰布鲁斯苛④，斯苛即斯科也，国未详。曰博尔斯苛⑤，未详。曰别穆斯苛⑥，未详。曰赛萨林穆斯苛⑦，案：赛萨林即绥沙兰也，即瑞国。曰昂假尔斯苛⑧，未详。曰贺兰斯苛，即荷兰。曰博玻

---

① 付兰楚斯（France），即法国。
② 狄音，即丹麦（Denmark）。
③ 和尔斯提音（Holstein），即荷尔斯泰因。
④ 布鲁斯苛（Prussia），即普鲁士。
⑤ 博尔斯苛（Polska），即波兰。
⑥ 别穆斯苛（Piemonte），即皮埃蒙特（Piedmont）。
⑦ 赛萨林穆斯苛，意为罗马皇帝，实指神圣罗马帝国。注作绥沙兰、瑞国，误。
⑧ 昂假尔斯苛，即英国。

林穆斯苟，即波兰。曰肆班斯苟，案：一作是班牙，即大吕宋也，与前重出。
其南面所有诸国部落名目，曰土尔扈特，曰哈萨克，曰布鲁特，此
三国今臣属。曰哈拉哈尔叭①，疑塔尔巴哈台。曰策旺拉布坦，即准夷酋名。
曰莽武特，疑是敖罕酋名。曰布哈尔，一作布噶尔，在敖罕西。曰哈萨儿巴
什，未详。曰伊尔钦，即叶尔羌。曰哈什哈尔，即喀什噶尔。曰库策，即
库车。曰阿克苏，今同。曰吐尔们②，未详。曰沙障③，即（尼）〔厄〕纳特
赫国④之汗名，在里海东。

国朝俄罗斯盟聘记 魏源

俄罗斯国至明始大，其地衮络满洲、蒙古、新疆之西北境，
与中国相首尾。其国都在大西洋⑤，而东接蒙古、黑龙江者，特其
边鄙云。自古不通中国，至元太祖始灭之，并灭其北之钦察国、
南之阿速国，合为一国，以封其长子尤赤。其地皆在葱岭西北，
未至东方也。其阿罗思裔族，逃于北海⑥计由之地，臣服于元。及
元亡后，俄罗斯族姓亦内争。其部长乞援于西费雅国⑦，假其兵八
千以平内乱，而割那尔瓦城⑧赂之，自立为汗，其国益强，尽驱元
裔蒙古出境，恢复旧疆，距康熙初察罕汗三百五十余年矣，数传
至明嘉靖时，南灭库程汗、阿斯坦拉汗，迁其人于阿尔泰山北，
遂与鞑靼、瓦剌⑨邻。有大斯科四：曰计由斯科，其北海旧都也；

①哈拉哈尔叭（Karakalpak），即卡拉卡尔帕克。
②吐尔们，即土库曼斯坦（Turkmenisten）。
③沙障，指沙·贾汉（Shah Jahan），印度莫卧儿帝国统治者。
④厄纳特赫国，指莫卧儿帝国（Mughal Empime）。
⑤大西洋，在此指欧洲。
⑥北海，指白海（White Sea）一带。
⑦西费雅国（Sverige），即瑞典（Sweden）。
⑧那尔瓦城，即纳尔瓦（Narva）。
⑨瓦剌，在额尔齐斯河东，萨彦岭南，阿尔泰山北。

曰莫斯克洼斯科，其新都也；曰喀山斯科，则葱岭①迤西、南抵里海，界西哈萨克地也；曰悉毕尔斯科，则葱岭①以东。复分四部：东抵额尔齐斯河、南界雅尔科布多为一部，东抵色棱格河、南界阿尔泰山为一部，又东抵朱尔克河、南界车臣汗蒙古②为一部，又东抵海、南界黑龙江索伦为一部。四部皆名悉毕尔斯科，乃其新藩属地也。阅百有三十余年，而至康熙世之察罕汗，故枭雄儿童时好战斗戏。及即位，同戏诸人皆为将，日事攻战，曾由地中海、黑海之间，攻服诸游牧部落，辟地至西印度③。又与图理雅国之控噶尔汗④争阿藻⑤城，大战破之，控噶汗请和，乃还其城，而尽夺阿藻东北千余里地，于是又增斯科三：曰司马廉斯科，曰郭罗多阿尔哈连斯科，曰佛罗尼斯科，共有大斯科七。又遣使索其先世所割之那尔瓦部于西费雅国，不与，连战数载，竟并其城数千里，以己名名之曰散丕特里普尔斯科⑥，而自迁都之，于是有大斯科八。其七道置噶噶林镇守之，而都城置大臣四，总八道之治。斯科者，若中国省治；一大斯科所属小斯科数十，若府治；柏兴数百，若县治也。每大斯科设总管官一，曰噶噶林，犹中国总督；每小斯科及柏兴设头目，犹守令。其疆域东北际海，东西二万余里，南北六千里。其东西之中，以乌拉岭分界，即葱岭北干，亦名大里布山，横抵冰海。乌拉岭以东，水皆入北海，乌拉以西，水皆西南入里海、地中海。其山川城郭、人物畜牧、种植痘疫、五方风气、部类别处、师兵罗卫，与中国大同。其地产名马，兵

①葱岭，疑应作乌拉岭（Uralskie Gory）。
②车臣汗蒙古，在今蒙古国东部。
③彼得大帝与波斯战只夺得里海西岸，并未辟地至西印度。
④土耳其并无所谓"控噶尔汗"，所记误。
⑤阿藻（Azov），即亚速。
⑥散丕特里普尔斯科（Sankt Peterburg），即圣彼得堡。

长骑战，长火器，甲坚可御铳弹。其国奴仆浮于兵额。大部落之奴仆，有至十二万者。其奴仆，一备战，一司农，每农给田五十亩，养一兵一马，无饷兵之费。其教崇耶稣以纪年。其书横行，自左而右。东合拉提诺①，西合托忒、乌珠克，而转译蒙古、清、汉文。拉提诺者，西洋字体；托忒者，厄鲁特字体；乌珠克者，唐古特字体。康熙四十四年，俄罗斯贸易使至。上阅其文字，谓兼三体云。初，俄罗斯东边接黑龙江者，以外兴安岭为界。当明末年，我大清方定黑龙江索伦、达瑚拉及使犬、使鹿各部，东北际海，而俄罗斯东部曰罗刹者，亦逾外兴安岭侵逼黑龙江北岸之雅克萨、尼布楚二地，树木城居之。两师相值，各罢兵。既又南向侵掠布拉特、乌梁海，夺四佐（岭）〔领〕。崇德四年，大兵再定黑龙江，毁其木城归，而未及戍守也。兵退而罗刹复城之。顺治十一年遣兵于黑龙江逐之，十五年，调高丽兵逐之，又数遣大臣督兵，以饷不继，半途返。顺治十二年、十七年，俄罗斯两附贸易商人至京奏书，绝不及边界事。康熙十五年，贸易商人尼果赉等至，圣祖召见之，贻察罕汗书，令约束罗刹毋寇边，久之未答也。而罗刹复东略人畜于赫哲、费雅哈地，薮我逋逃，阻我索伦貂贡，将割据黑龙江东北数千里瓯脱地②。上以其密迩留都，不可滋蔓，又重开边衅，乃于二十一年遣都统彭春等以兵猎黑龙江，径薄其郭，侦形势，于黑尔根及齐哈尔各筑城戍之，置十驿，通水运。又令喀尔喀车臣汗断其贸易，令戍兵刈其田稼以困之。二十四年四月，官兵乘冰解水陆并进克其城，纵其人归雅库③旧部。二十五年正月，罗刹复以火器来据城，我师围攻之，死守不去。

①拉提诺（Latino），意为拉丁文。
②此数千里非"瓯脱地"。
③雅库，即雅库茨克（Yakutsk）。

时荷兰贡使在都，称与俄罗斯邻，乃赐书付荷兰转达其汗，时察罕汗已卒，新察罕汗嗣立，知中国东方距己辽远，且限以行国，非若西北之西费雅、西南之图里雅，近在肘腋所必争也。海道往还迅速，九月，复书即至，言中国前屡赐书，本国无能通解者，今已知边人构衅之罪，即遣使臣诣边定界，请先释雅克萨之围。明年使由此方陆路至喀尔喀土谢图汗境①，文移往复。二十八年十二月，始与我大臣索额图等会议于黑龙江。一循乌伦穆河上游②之石大兴安③以至于海，凡山南流入黑龙江之溪河尽属中国，山北溪河尽属鄂罗斯；一循流入黑龙江之额尔呼纳河④为界，南岸尽属中国，北岸属俄罗斯，乃归我雅克萨、尼布楚二城，定市于喀尔喀东部之库伦⑤，而立石勒会议七条，满、汉、拉提诺、蒙古、俄罗斯五体文于黑龙江西岸。于是东北数千里化外不毛之地，尽隶版图。初，准噶尔之扰喀尔喀及中国也，动言借俄罗斯火枪兵六万，以张声势。然俄罗斯方西用兵，无南侵意。噶尔丹败，往投亦不受。及康熙三十五年，噶尔丹死。五十年，土尔扈特使由俄罗斯至。土尔扈特者，本与厄鲁特为四瓦剌之一，于明季与厄鲁特不睦，西越哈萨克投俄罗斯。俄罗斯以其行国也，指里海额济勒河之南、图里雅之东、哈萨克之北无城郭地与之使游牧已七八十年。至是，闻准夷败灭来贡。圣祖欲悉其要领，乃使兵部郎中图理琛等往报之，假道俄罗斯，经西悉毕尔及喀山两斯科往返行三载，以五十四年三月归，绘图呈御览，又为《异域录》数万言，记其

①土谢图汗境，在蒙古国中部。
②乌伦穆河上游，实指格尔必齐（Kerbetchi）河。
③石大兴安，指大兴安岭，即斯塔诺沃山脉。
④额尔呼纳（Ergone）河，即额尔古纳（Aregun）河。
⑤库伦，即乌兰巴托（Ulan Batar）。

所经河道，大者曰色棱格河，曰厄尔齐斯河，皆发源中国，流入
北海①。其近北海处，夏至无夜。色棱格河在土谢图汗部受鄂尔昆
河②、土腊河③之水，经俄罗斯境为楚库河，又北为昂可刺河，以
入北海。使命往来皆由此出入焉。我使臣过境时，边臣以察罕汗
命，厚致礼饩，以兵护行。时察罕汗春秋四十有一，在位二十六
年矣。其后汗卒子幼，其妃代临朝，为叩肯汗④，华言女主也。雍
正五年，其使臣萨瓦复与我喀尔喀亲王策凌议喀尔喀北界。自楚
库河以西，沿布尔谷时山⑤至博穆⑥、沙岭⑦为两国边境，而定市
于恰克图。议定，陈兵鸣炮，谢天立誓。俄罗斯国在大西洋，崇
天主教。其南境近哈萨克者，崇回教。其东境近蒙古者，崇佛教。

故尝遣人至中国学剌麻经典，以绥东方之众。并遣子弟入国子监，
习满、汉语言文字，居于旧会同馆十年，更代为例。乾隆十九年，
土尔扈特使复由俄罗斯入贡。二十二年，我师定西域，叛贼阿睦
尔（撤）〔撒〕纳逃入俄罗斯，朝廷命理藩院移文索之。俄罗斯以
渡河溺死闻。既而患痘真死，乃于明年移尸恰克图，请大臣往验
之。而厄鲁特叛贼舍楞害我副都统，复逃于俄罗斯，我使索之，
又不与，上怒，绝恰克图贸易。而舍楞于三十六年诱土尔扈特全
部十余万众趋伊犁来降。时俄罗斯与图理雅国兵争，图理雅以其
先世控葛尔汗失地，故世仇不服。俄罗斯屡征土尔扈特兵攻之。
土尔扈特兵不善战，惮于征役，叛逃投中国。廷议诸臣恐以收纳

①北海，即喀拉海（Kara Sea）。
②鄂尔昆（Orkhon）河，即鄂尔浑河。
③土腊（Tuhula）河，即土拉河。
④叩肯汗，指喀德邻一世（Catherine Ⅰ）。
⑤布尔谷时山，即布尔古特山（Bourgoutei）。
⑥博穆（Bom），指博木岭。
⑦沙岭，即沙毕鼐岭（Chabinai）。

逃亡启边衅，高宗命理藩院移文其边吏，告以伊犁本我地，土尔扈特本中国部落，舍楞乃我叛人，归斯受之，无爽盟约。俄罗斯无他言，亦不问土尔扈特所往。四十四年开市，五十四年复以纳我叛人闭市，严禁茶叶、大黄出界。逾三年，复通市。时汗位已数传，夫死妻立，妻死子立。恰克图办事大臣松筠于五十六年言女汗之子已长成，年三十余，将来嗣母位云。其聘中国未尝遣正使，皆贸易人来，附请大皇帝安，朝廷亦因其人答之。嘉庆十年，女汗之子嗣立，特遣正使来至边界，议礼不合而返。故《会典》礼部载朝贡之国九，俄罗斯不与焉。惟理藩院设库伦办事大臣掌蒙古与俄罗斯贸易之事，与东、西两将军会商，皆行文于其国萨那特衙门，不直达其汗也。俄罗斯既地广物阜，凡诸国至俄罗斯市者，则卫藏以西沙章汗、爱乌罕各部。其外市则西至安集延、伊犁、哈密、喀尔喀、东至黑龙江，秋高马肥，被毡捆货而至，面白微頳、高准、采鬒髯、红毡帽、油靴、帐居者，布列恰克图及黑龙江西岸。恰克图迤东为车臣汗部十四卡伦，地稍平衍。迤西则高山密林，中通峡沟，即色楞格河东岸绵亘至库伦八百余里，天然险隘也。方准噶尔强时，曾以兵窥俄罗斯境，由额尔口城深入六百里不见一人，疑俄罗斯设伏诱己，遂遁还。然自准噶尔灭于中国，俄罗斯亦震我兵威，故二百载无边患。始俄罗斯在明初立国时，俗尚雄悍，未识西洋技艺，至比达王才武奇杰，离其国都，潜游他国船厂、火器局讲习工艺，返国传授，其所造战舰火器，反为他国最。其境与英吉利、佛兰西中隔数国，惟舟行由地中海可相往来。自俄罗斯日强大，大西洋各国忌之。康熙二十七年，英吉利苏以天王以兵船由地中海攻之，俄罗斯纵其登岸而截其归路，会天大雨雪，敌军多冻死，英吉利王由北都鲁机国逃归。嘉庆十（三）〔七〕年，佛兰西波利稔王选兵十三万并约诸国兵五十万攻之，俄罗斯举国迁避，空其都城，待佛兰西深入，乘风雪夜，潜回纵火，风烈火猛，佛兰西兵大溃遁。自是威震大西洋。近日复与英吉利争中印度，别详后记。别记载《五印度志》内。

臣源曰：俄罗斯古不通中国。《汉书》：康居西北二千里，有奄蔡[①]国控弦十余万，与康居同俗，临大泽无涯。即北海，其今俄罗斯西域哉？又言：丁令在北海上。《唐书》：骨利干国居瀚海北地，北距海。其今俄罗斯东域哉？《魏书》：乌洛侯国从难水北行二十余日，有于巳尼大水，即北海。《皇清通考》据此疑乌洛侯即俄罗斯。然《魏史》列高丽国、百济、勿吉、契丹诸东夷间，又称为拓拔先世旧墟。且难水，今黑龙江。则所称有于巳尼大水者，盖塞外得水谓海之例，非俄罗斯北之大海明矣。《盛京通志》云：今黑龙东北有大泊，即于巳尼大水。又《一统志》：斡难河，即黑龙江之源，故黑龙江亦名难水。《旧唐书》曰：乌罗浑国即后魏之乌洛侯也，亦谓之乌罗护，在长安东北六千三百里，东与靺鞨、南与契丹、北与乌桓相接云云。是乌洛侯，即今索伦、锡伯之地，非俄罗斯。益可证官书《四裔考》之误，况原书作乌洛侯，而径改"侯"为"俟"，以叶"斯"音，亦涉牵强。今并不取。《元史》称阿罗思地南去大都万余里，元太宗时有其地。然钦察、阿速诸国及岭北诸部，皆不属阿罗思。则初境狭小，尚不及今俄罗斯地十之二，至近日乃横绝东、西、北海，又南侵及印度界，其兴勃然。方乾隆中，土尔扈特之弃俄罗斯而来也，以俄罗斯与图理雅国之控葛尔汗构兵，图理雅一作普里社、控葛尔，一作空科尔，一作洪豁尔。土尔扈特方恨其上国征役之迫、播迁之劳，故其诉告中国也，皆贬察罕而张控葛，谓控葛尔汗国在俄罗斯之北，征讨俄罗斯察罕汗，几为其所覆，城环万里，富雄八溟。而中国缙绅亦辄信之，笔诸载籍，荒矣哉！夫图理琛之奉使也，称所经地距北海仅一月程，其海滨夏至前后不夜。而康熙六十年，俄罗斯人至，称其地去北极二十度，以上为冰海，人不

①奄蔡，古西域族名，约分布在今咸海与里海之间。

能至。圣祖始信古记北方层冰冬夏不化之言为不诬。盖夏至不夜，则冬至不昼。故市舶但有东、西、南洋，从无至北海之人。是其国已极北，迫近冰海，安得复有大国在其北乎？俄罗斯与荷兰、英吉利、大西洋诸国接壤环峙，构兵通市。而利玛窦、南怀仁诸地图，开方计里，眉灿星胪，何地更位置此数万里之控葛尔，商船从未通，人迹从未至乎？今西洋互市数十国，有普里社者，逼俄罗斯西界，盖即《异域录》所称图里雅、控葛尔汗与俄罗斯构兵之国。是汗名，非国名。_{粤人称普鲁社为单鹰，以市舶桅旗所画称之。其国商舶岁至粤互市，并非荒渺绝域。《闻见录》妄听传闻，则好奇轻信之过。}乾隆末，库伦办事大臣松筠撰《绥服纪略》，亦辟控葛尔大于俄罗斯之夸诞，黟县俞正燮亦辩正赵氏翼谓鄂罗斯无火枪、其汗通我侍卫之诬妄。然又谓利玛窦等地图，不知有俄罗斯。今考利玛窦图，以"鄂罗"为"缚罗"；曰缚罗答[①]、曰缚罗得抹〔尔〕[②]、曰缚罗得没[③]，三地相连甚大。又有葛勒斯国[④]，皆在地中海之北、欧罗巴东境，正当俄罗斯国都。南怀仁《图说》则曰欧罗巴州东北有莫（哥斯）〔斯哥〕末亚大国，东西万五千里，南北八千里，中分十六道，兵力甚强，日事吞并，其地极寒，冬至昼仅二时。皆即鄂罗斯之明证。不可谓佛兰西非佛郎机，英吉利非英圭黎；榜葛剌非孟加腊；弥利坚非墨利加也。今粗胪其事涉中国者于篇，余详《海国图志》）。

附录：《澳门月报》道光十九年十二月报曰：我等闻俄罗斯之权柄阴谋有大害于我等东边之印度、巴社等国。盖俄罗斯书馆在北京，中国事情悉知。中国已知英吉利、印度之税饷皆由鸦片并茶叶多得中国之利益。而俄罗斯亦欲夺我等印度之贸易税饷，令公司所属之地不能安静，亦已足矣，又何必再用别法来相害耶？千八百三十七八年，我等

①缚罗答（Vologda），即沃洛格达。
②缚罗得抹尔（Vladimir），即弗拉基米尔。
③缚罗得没，即今诺夫哥罗得（Novgorod，新城）。
④葛勒斯（Greece）国，即希腊。

所属印度各地方出兵攻取印度西北，直到干拿哈①，又至加布尔②，英国兵马已近西藏之西界，相距叶尔羌、戈什哈地方不远，边疆上驻扎有大兵在此几座城，与达机土(赖)〔顿〕③并附近各国贸易极大。中国看我等先时在印度不过只有贸易行而已，后来却全胜印度地方，又见我等再得新奇坡④，又见我等好似有暗谋澳门、小吕宋之意，又见好似有犯中国之意。故此中国将自己之各埠头塞闭，只准在广东贸易，不肯待我等与大西洋、俄罗斯一样。今又兼有俄罗斯人挑动，故用此胆大之法。我等今要中国待我与大西洋、俄罗斯一体相同。

元代北方疆域考上 即今俄罗斯西北境

元太祖以阿罗思、钦察、阿速、康里⑤四部地封其长子尤赤。其域西起欧罗巴，北抵冰海，东界金山⑥、额尔齐斯河，北有钦察，南包阿速，东尽康里，地兼四国，而以阿罗思为王庭。故《蒙古源流》言成吉思汗令其长子珠齐于俄罗斯地方即汗位，珠齐即尤赤二字之音转。不言于钦察、阿速等地即汗位也。然则今日俄罗斯其即元后乎？非元后乎？曰：阿罗思复兴之时，《异域录》止言元末族姓内争，借兵于西洋式费耶忒国，始平内乱，不言元裔何往？惟《四洲志》始言明弘治中，有诺戈落部人起兵恢复俄罗斯，尽逐蒙古，夺回故疆。则今之俄罗斯非元后明矣。至元初征四国事，虽始自太祖，而实竟于太宗之世，则尤赤之封，亦当在太宗之世。考其事皆散见《本纪》及速不台、土图哈、麦里、昔里等传，别详于《元史》。中国所谓宽定吉思海者，据《乾隆十三排舆图》，塔尔巴哈巴之西有巴尔噶什泊，又西千余里有慈谟斯夸泊，又西

①干拿哈（Qandahār），即坎大哈。
②加布尔（Kābul），即喀布尔。
③达机士顿，即塔吉克斯坦（Tadzhikstan）。
④新奇坡，即新加坡。
⑤康里，指乌孜别克撒马尔罕（Samarkand）一带。
⑥金山，指阿尔泰（Altai）山脉。

北九千余里有额纳噶泊，泊中皆有岛。惟额纳噶泊最北可当宽定吉思海。见《西域水道记》。即《汉书·西域传》奄蔡国，逾康居大宛①境，北临大泽无涯者，然尚非大北海也。其太和岭②则乌拉岭之别名，乃葱岭之北干。康里即古康居，为今东哈萨克，在太和岭之东。钦察则在太和岭之西北而宽定吉思海一作腾（去）〔吉〕斯海，皆在太和岭东北，当为康里境内，非钦察境内。史称尤赤之封，其地极远，去京师数万里，驿骑急行二百余日方达京师。《地理志》所谓西北月祖伯地③，即尤赤所封。顾尤赤、月祖伯封域虽大，皆在金山以西。其金山以东，则海都、笃哇、昔里吉诸王分据。至元亡以后，阿罗斯旧裔恢复故国，日益强大，并金山东北诸蒙古王封地而有之，则迥非元初阿罗思之故疆矣。曰《元史》征阿罗思、钦察之军往返皆由阿速，则阿速在二国之南，当为今何地？曰：《明史·西域传》言阿速近天方及赛马尔罕④，倚山面川，川南流入海，即西哈萨克之河，南流入里海者也。又言沙哈鲁部在阿速西海岛中。考今哈萨克西部有格腾里大泽，泽中有大山，即里海之岛也。钦察之宽定吉思海在太和岭东北，阿速之格腾里海在太和岭西南，皆非大海。而里海东则征阿罗思兵往返必由之路。又哈萨与阿速音近，西哈萨克为今布哈尔，当即元阿速无疑。又土尔扈特游牧俄罗斯之厄济尔河者，在布哈尔西境，亦倚山面川，南流入里海，元时或在阿速境内欤，至钦定《续文献通考》以阿速为阿克苏，则无容喙焉。

---

①大宛，古西域国名，在今中亚费尔干纳盆地。王治在贵山城（今卡散赛 Kassansay）。
②太和岭，解为乌拉岭的别名，误，应作高加索山脉。
③月祖伯地，指钦察汗国月即伯时的国境，当时国都已迁至别儿哥萨莱城（Sarai-Berke），在今伏尔加格勒（Volgagrad）附近。
④赛马尔罕（Samarkand），即撒马尔罕。

元代北方疆域考下 即今俄罗斯东北境

元时北方疆域不但西有阿罗思、钦察也，乃并今日俄罗斯东北全境皆有之。考世祖都燕后，立岭北行中书省，统和林路总管府，以辖漠北地。盖自金山、杭海山[①]、兴安岭以北直抵北海之地皆隶焉。而《地理志》于岭北所辖疆域部落概不及，其附见西北地名末者，曰吉利吉思部、昂可剌部、乌斯部、撼合纳部、谦州、益兰州等处。而谦河受色楞格河之水贯诸部以入北海。色楞格河源岭南，自西而东，谦河源岭北，自东而西。《元史》则以谦河为正源。吉利吉思者即《唐书》黠戛斯国之音转也，南去大都万有余里。在和林正北，故距燕京远。相传乃满部即乃蛮始居此。其境长千有四百里，广半之，谦河经其中，西北流。又西南有大水曰阿浦[②]，东北有大水曰玉须[③]，皆会于谦，而注于昂可剌河，北入于海。又曰：谦州以谦河得名，去大都九千里，在吉利吉思东南、谦河西南、唐麓岭之北。乌斯部亦因水为名，在吉利吉思东、谦河之北。昂可剌（河）〔部〕亦以水得名，谦河下游入海之地，附庸于吉利吉思，去大都二万五千余里，昼长夜短，日没时炙羊肋熟，东方已曙。即唐史之骨利干国也。康熙间，图理琛使俄罗斯，作《异域录》曰：色〔楞〕格河北潴为巨泽，曰柏哈尔湖，亦曰小海。水自湖西北角流出，曰昂噶喇河，西北流百五十余里受西南来之厄尔库河，又西北流二千九百余里受东北来之伊里穆河，又北数百里会西来之伊聂谢河，转东北流入北海。伊聂谢去北海大洋一月程，时夏至前后，夜不甚暗，日落夜深，犹可棋弈，不数刻，

---

①杭海山，即蒙古的杭爱山。
②阿浦，即阿巴坎河（Abakan）。
③玉须，疑为 Sinda 等数河汇成的 Tuba 河。

东方日出也。源证以《元史》，谦即昂可喇上游，东北来之玉须即伊里穆河，西南来之阿浦即伊聂谢河，伊聂谢河以上为吉利吉思地，伊聂谢河以下为昂可剌地。伊里穆河以上为乌斯地，柏哈尔湖西岸为谦州。则知昂可剌河之名，当在谦河会伊聂谢以后，故以谦河纲纪诸部。自《异域录》称水自柏哈尔湖后即名昂可剌河，以下游之名被诸上游，于是《水道提纲》泥之，以出湖西北流百五十余里之厄尔库水即为阿浦河，则吉利吉思太近，不应距大都万余里，且其南更有何地位置谦州？不合一。史言元代疆域北至铁勒，《天文志》和林北极出地四十五度，夏至晷长三尺二寸四分，昼六十四刻，夜三十六刻；铁勒北极出地五十五度，夏至晷长三尺二寸四分，昼六十四刻，夜三十六刻；铁勒北极出地五十五度，夏至晷景长五尺一分，昼七十刻，夜三十刻；北海北极出地六十五度，夏至晷景长六尺七寸，昼八十二刻，夜十八刻。铁勒其吉利吉思之地，北海则昂可剌河入海之地欤。若以昂可剌河即在柏哈〔尔〕湖下，安能远濒北海，距大都二万五千里？不合二。谦州在唐麓岭北，唐麓岭即今唐努山乌梁海地，一作唐鲁。在和林西北、金山东北，故言谦河西南。《一统志》引《朔漠图》曰：自和林北行三千里，名昂吉尔海子，自此又行五百余里至谦州及吉利吉思。若谦河止于柏哈尔湖，则距唐麓山北之谦州尚远，安能以水得名？不合三。《土土哈传》：至元二十〔六〕年，从皇孙晋王征海都战于杭海岭。二十九年，略地金山，获海都户三千，还至和林。三十年春，进兵取乞里吉思，即吉里吉思。师次欠河，即谦河。水行数日，始至其境，尽收五部之众（而还），五部，除益兰〔洲〕〔州〕有乌斯。屯兵守之。海都闻之，引兵来争，败之于欠河。又《刘好礼传》，海都执好礼归欠州，脱走，（逾雪羡岭）〔东〕出铁壁山〔口〕，间道南行，数日至（南）〔菊〕海，始遇戍兵得归。是谦州近海都金山封地，故为其所割据，若仅在柏哈尔湖上游，则距金山远甚，何得为海都巢穴？且距吉利吉思更远，何得交兵于欠河？不合四。史言吉利吉思为乃满故居，谦州地为王罕故居者，乃满新庭在和林，为今赛音诺颜部地，《元秘史》：太祖征乃蛮时，其塔阳汗渡塔米尔河，登纳忽山以望敌。及败后，其子复由塔米尔河走阿勒合山，故知和林即乃蛮庭帐矣。王罕新庭在土拉河，为今土谢图汗地，《元秘史》：成吉思汗初年于土拉河黑林与王罕结父子。皆与谦河隔岭无涉。惟其故居在岭北者，则数千里皆谦河所萦贯。若谦河短狭，止于柏哈尔湖，安能亘两大部游牧之旧帐？不合五。知此则知色棱格河入柏哈尔湖后复西北行数千里，皆谦河之正干。谦河明，而岭北五部舆地纲领得矣。至撼合纳部则在诸部之东，谦河源所从出，桦皮为帐，白鹿负之，冬月亦乘木马出猎。其东界则为朱尔克河，别流入北海。其南界则近黑龙江之使鹿部矣，今俄罗斯东路不产马，乘鹿出入，即其地矣。其益兰州则诸部东西适中之地。至元七年，遣刘好礼为吉利吉思、撼合纳、谦州、益兰州等处断事官，而以此为治所，修库廪，置传舍，招陶冶工匠，铸农器，造舟楫，地在楚库河左右，为西北孔道。故海都兵至，即执刘好礼归谦州，以其当兵冲也。此数部总隶于岭北行中书省，皆在北干大山之北，吉利吉思、昂可剌、乌斯在其正北，与土拉河隔岭；撼合纳在其东北，与（干）〔斡〕难河①隔岭；谦州在西北，与和林隔岭；益兰州在二岭中断通色棱格河之地。世祖至元以后，诸王海都出没其间，恃荒远为薮穴，每败遁辄不知所往。至其屡次入寇，一由谦河而至杭海，是和林东必由之要道，一由额尔齐河而至金山，是和林西必由之要道。其金山以北地名，略见《藏兀尔传》，成宗大德元年，领

---

①斡难河，即鄂嫩（Onon）河。

征北诸军逾金山，攻海都军于达鲁忽河。师还，又大战于阿雷河①。又玉哇失与战于〔撒〕剌思河②，此皆额尔齐河所受之水。及海都逾金山而南，则屡战皆于铁坚古山③。我军逾金山北而追寇，则皆驻军于按台山④。此皆阿尔泰山南北，今唐努山乌梁海以北之地。成宗大德十年，海都及笃哇皆已死，笃哇子款撤已降，乃诏徙诸部降人于金山之阳，我军屯田于金山之北。军食既饶，又扼其心腹，于是海都、蔑里二部余众相率来降，北边始宁。盖海都封金山以北，其分地西以额尔齐斯河与拔都大王分界，东以谦河与岭北〔行〕中书省分界。自世祖都燕以后，岭北固鞭长莫及，和林亦兵备较虚。海都有割据漠北之志，故率笃哇及蔑里等屡于金山、杭海山两路拥兵出没，恃其险远，我出彼遁，我退彼出。观《马绍传》言，漠北民避乱南者七十余万，则其震荡侵轶之势可知。虽以开国之初师武臣力，然金山南北不奉正朔垂五十年，故元《经世大典》地图不著海都所封，而《地理志》则妄称阿力麻里为海都行营之所，又言阿力麻里在和林西北五千余里，是并不知阿力麻里为今伊犁，在和林之西南，故妄臆为极北，又臆为海都分地，又何讥焉？又何难焉？今则岭北际海，皆属俄罗斯东藩四部。以《异域录》及《四洲志》考之，则海都、笃哇等初分金山以北地，今俄罗斯之都莫斯部⑤，西界额尔齐斯河，南界科布多⑥者也。谦州则今俄罗斯之科利弗部⑦，东界谦河，北界吉利吉思，南界乌梁海及和林者也。其撼合纳地，则今俄罗斯之雅

---

①阿雷河（Alej），即今阿雷河。

②撒剌思（Saras）河，即撒雷思河。

③铁坚古山（Tegeigu），即帖坚固山，在阿尔泰山与扎卜哈河之间。

④按台山，指在蒙古西南部的阿尔泰山。

⑤都莫斯部，即托博尔斯克（Tobolsk）。

⑥科布多共有 8 部 39 旗，其中 3 部 10 旗在中国新疆，5 部 19 旗在蒙古科布多（Kobdu）省一带。

⑦科利弗部（Kolyvane），即科利万。

克萨①部，北界乌斯，东界朱尔克河，南界车臣汗蒙古及黑龙江、索伦者也。至俄罗斯尚有极东北之甘查甲②部，更在撼合纳之东北。《元史·地理志》未之及，凡古史沿革亦皆未之及。

《瀛环志略》曰：峨罗斯旧国在秦、汉为浑庾、屈射、坚昆、丁零诸部，受役属于匈奴，在唐为黠戛斯、骨利干等国。宋末元太祖起北方，拓地西域，以阿罗思、钦察、阿速三部分其长子，乃东峨、大峨两部地，非今日峨罗斯之全土也。元氏既衰，峨罗斯故王后裔再煽余烬，假邻国西费耶忒兵力今瑞典国驱逐蒙古，恢复疆土。迨后日益强盛，沿北海渐拓而东，绕出西域回部、外蒙古诸部之北，直达黑龙江东北徼外，名曰西伯利〔亚〕部。我朝顺治年间，筑城于雅克萨，侵扰索伦诸部，称为罗刹。屡遣兵毁其城，辄复据之。康熙年间，两致国书，复由荷兰附书，谕其国王。其王乃遣使上书，乞（撒）〔撤〕雅克萨之围，分定疆界，立碑为志，通贸易于车臣汗部之恰克图，并遣人来京师学习汉文，每十年更易，沿为常例。其西境自彼得罗崛起，日益恢拓，西割瑞典之芬兰，南兼高加索迤北诸部，西取白峨③诸部，又割波兰三分之二，土耳其、波斯北境亦多被侵割。于是峨罗斯境土，北环于冰海，西据波罗的海，东距大洋海，即东海。又跨海据北亚墨利加之一隅，长约二万余里，其南北之势则西土较阔，约六七千里，东土较狭，约四五千里。宇内疆土之恢阔，无过峨罗斯者，宜其强大莫与京矣。然在欧罗巴诸国中，亦不过比肩英、佛，而未能定霸于一方者，何也？尝以询之雅裨理④，曰：彼所有者，多北裔

①雅古萨，即雅库特（Yakut），撼合纳不是雅库特。
②甘查甲（Kamchatka），即堪察加。
③白峨，指白俄罗斯（Byelorussia）。
④雅裨理（Abeel），美国传教士。

穷荒之土，其东部层冰积雪，草不繁，牲不育，不可游牧，故漠北诸部弃而不居，峨人得之，收其皮、矿之利，所谓人弃我取，非力能驱除而据为己有也。迤西入欧罗巴界，户口稍盛，再西至大峨、东峨之南，不乏名都大邑。然较之英、佛诸国，总觉土满。舟楫之利、火器之精、心计之密，又远逊于诸国，逐鹿海隅，往往瞠乎其后。特因其疆土之广，究系海内大国，故诸国亦未敢轻视之。比权量力，不过齐、秦、晋、楚相为匹敌已耳。

峨罗斯都城临海，亦有巨舰数十，然水战究非所长，故不能在大海中与诸国角胜。其货船亦止往来西洋诸国，未尝涉大洋而至粤东。盖其国物产之最多者，曰铜铁，曰麻布，曰木料，曰牛马，邻近诸国皆仰给焉，不必求售远方。最珍贵者皮货，如狐、貂、海龙、骆驼绒、洋灰鼠之类，专以供中国之用。入海舶而载至炎方，计无不朽败者。通市之在陆而不由海，职是故也。

《西域闻见录》云：峨罗斯本控噶尔属国，峨罗斯缺其朝贡，又兴兵搅其边，控噶尔以大兵临之，峨罗斯恐惧乞降，增其岁贡，控噶尔乃舍之。又云：当峨罗斯与控噶尔连兵，属国土尔扈特不堪征调之苦，其汗乌巴锡叛峨罗斯，率其人户度戈壁内附，正乾隆年间勘定西域之时也。今考欧罗巴诸国并无控噶尔之名。百年以来，诸大国与峨罗斯构兵者，止有土耳其、佛郎西、波斯三国。佛郎西之侵峨，系嘉庆十（六）〔七〕年，峨人焚旧都以避之，其祸最烈，事在土尔扈特投诚之后。波斯之役，亦系近年，惟土耳其与峨罗斯连兵，前后近百年，道光初年犹交哄未已。《闻见录》所云交兵事，其为土耳其无疑。土耳其都城名君士但丁，一作康思坦胎诺格尔，"噶尔"即"格尔"，上五字之讹为"控"，或由于转音省文。旧本罗马东部，后来犹冒罗马之名，故《闻见录》称控噶尔都城名务鲁木、鲁木即罗马之转音也。土耳其本回部大国，所据者（亜）〔西土〕形胜之地，恃其虓悍，敢于侵扰强邻，峨罗斯与之构兵，至数十年之久，征发及于属藩，盖非得已。乌巴锡素不知兵，出辄挠败，多所亡失，又为舍楞所愚，欲恢复伊犁旧牧，倾国东徙，为哈萨克所掠，逼入沙漠，种类几致覆灭，乃决计内附，赐牧于喀拉沙尔。峨罗斯与控噶尔连兵之事，即土尔扈特人所传述。然土耳其虽称强大，比权量力，究非峨敌。疆场之役，峨屡胜而土屡败，未闻峨之挫于土也。乌巴锡怨峨罗斯征调之烦，致己狼狈失国，故盛夸敌人之强大，以轻蔑之。七椿园于大西洋国土形势概乎未有闻，遽信其夸诞之说，杜撰一莫大之控噶尔，比诸悬圃瑶池，同一荒唐矣。或云控噶尔乃图理雅国王之名，曾与峨罗斯争地相战，乌巴锡传述此事，误以汗名为国名。今考泰西人纪载，图理雅即普鲁士，国势远逊于峨，乾隆年间并无与峨交兵之事。

波兰故地尚有加拉哥维亚国[1]，袤延百余里，乃波兰遗民所立，自推乡长理事，不立君长，地在峨属波兰部之西南。

峨罗斯货船，嘉庆十一年，曾有来粤东者，道光二十八年，又有一船至上海，皆经奏明驳回。盖其国货船偶随诸国私来，并非奉其国命，故一经驳饬随即回航而去。

---

①加拉哥维亚国（Krakovia），即克拉科维亚共和国。

海国图志卷五十七

欧罗巴人原撰　侯官林则徐译　邵阳魏源重辑

北洋_{欧罗巴洲}

此卷五国皆在洲中〔海〕^①之北，与冰海近，故别为北洋。

普鲁社国记_{一作陂鲁斯，一作破路}

斯，一作埔鲁窎，一作图里雅^②，皆译音不同。《职方外纪》图作亚尔弥亚，《西域闻见录》作控葛尔国^③，又或作"马西噶（北）〔比〕"。

普鲁社国即来粤贸易之单鹰也，在欧罗巴中央之北，疆域旧小，部落星散。耶稣纪年千有八百年，_{嘉庆五年。}富律达和王^④夺得欧塞特厘国之西里西阿部^⑤并波兰之波新部^⑥，遂列于大国。甫六年，与佛兰西战，败绩于支那^⑦，国几不守。近日乘佛兰西为俄罗斯所败，兴兵复仇，并纠沿边番部助攻佛兰西，约以夺回疆土，即令各有其地，番众踊跃，争先破敌。事后王悔前言，推诿数年后始如约，至今未践。政事：设贺官四人，每会议，各国之贺官

---

①洲中海，指波罗的海（Baltic Sea）。

②图里雅，据土耳其（Turkey）的音译，《图志》作者误为普鲁士。

③控葛尔国，据瑞典文 Konungarike（王国）的音译，《图志》作者误作普鲁士。

④富律达和王，又称菲得王、威得王，指腓特烈二世（Friedrich Ⅱ）。

⑤西里西阿部（Silesia），又作西里栖阿、细勒西亚、治利西，即奥地利的西里西亚。

⑥波新部（Posen），即波兰的波森（波兹南，Poznan）。

⑦支那（Jena），即德国东部的耶拿。

（但）〔俱〕集于耶麻尼。兵三等：一曰士丹定阿弥①，一曰兰威阿②，一曰兰士端③。其兰士端之兵，惟护卫都城，不出征，未悉其数目。其士丹定阿弥之兵，额设驻防兵万有七千九百，步兵八万二千九百三十有八，骑兵万九千六百四十七，炮手万有三千五百，共十四万一千有奇。〔其兰威阿之兵〕年三十以（上）〔下〕为一班，年四十以（上）〔下〕为一班，（兰威阿之兵）以二十二万七千为〔第〕一班，十八万为（一）〔第二〕班，共兵五十万有奇。故墨兰领麦④之人，充伍者居十之二。其各部教门不一，或奉加特力教，或奉波罗士特教，或由斯教，或鲁低兰教。

普鲁社国在欧罗巴洲中央稍北，部落星散，幅员十万七千有二十五方里，户千有三百八十四万口，辖大部落九，小部落三百四十有三。

墨兰领麦部，东界波（斯）〔新〕，西界都领吉阿⑤，南界塞循⑥，北界〔波〕敏那尼阿⑦。在耶麻尼北少东，与波兰交界。幅员万六千零四十九方里，户百五十〔一万〕七千有三口，领小部落四十有一。其孛斯旦部⑧，则旧都也。又佛郎贺部⑨，近阿达（阿）〔河〕⑩，每五年开市交易一次，则俄罗斯、波兰之人皆至。国土瘠，虽竭力耕种亦不敷用。土产烟、苎麻、呢布、木、丝发、磁器、玻璃。

---

①士丹定阿弥（Standing Army），意为常备军。
②兰威阿（Landwehr），意为后备军。
③兰士端（Landstrurm），意为民兵。
④墨兰领麦，又作巴郎的布尔厄，即勃兰登堡（Brandenburg）。
⑤都领吉阿（Thuringia），即图林根（Thuringen）。
⑥塞循（Sachsen），即萨克森（Saxony）。
⑦波敏那尼阿（Pomerania），又作波弥那尼阿、陂墨邻部、博闵部，即波美拉尼亚。
⑧孛斯旦部（Potsdam），又作布坦邑，即波茨坦。
⑨佛郎贺部（Frankfort），又作凡弗城，即法兰克福。
⑩阿达河（Oder），又作阿得河，即奥得河。

东普鲁社部，东界俄罗斯，南界波兰，西界西普鲁社，北界（冰）〔巴尔底〕海①。幅员九千九百八十五方里，户七十七万二千五百七十七口，领小部落四十。其首部曰南塞②，有三城，贸易皆盛。土产与东普鲁社同。

波新部，东界波兰，西界墨兰领麦，南界西里栖阿，北界西普鲁社。在波兰国境，原属波兰，后为普鲁社所得。地平衍，幅员万一千八百八十五方里，户百有五万一千一百三十七口。设总领一人，领小部落四十有三。奉加特力教、由教、鲁底兰教。土产谷、牛、羊极多。

西里栖阿部，东界波兰、（塞）〔寒〕牙里，西界都领吉阿，南界欧塞特里〔阿〕，北界波新。在欧塞特里阿、波兰两国之中，滨阿达（阿）〔河〕，西边多山，东边多沙。幅员万五千（四）〔六〕百三十一方里，户二百四十五万五千四十九口，领小部落四十有二，皆尊波罗特士顿教，其首部曰墨里斯路③。又有额那斯部④，在山谷中，有炮台二。土产苎麻、烟、布、呢、铅、铜、铁、砒霜、盐。

都领吉阿部，东界鲁那底阿⑤，南界威麻⑥，西界阿那洼⑦，北界墨兰领麦。在塞循部落内最为坚固，幅员九千八百零九方里，户百三十九万六千二百四十口，领小部落二十有三。首部曰墨尼麦⑧，街衢广，贸易盛。

―――――――――

①巴尔底海（Baltic），又作巴得冰海，即波罗的海。
②南塞，又作泽城，但悉城，即波兰的格但斯克（Gdansk）。
③墨里斯路，即布雷斯劳（Breslan）。
④额那斯部，又作额剌，即格拉茨（Glatz）。
⑤鲁那底阿，疑为 Lusatia（卢萨提亚）。
⑥威麻（Weimar），即魏玛。
⑦阿那洼（Hanover），又作哈那洼、亚诺威尔，即汉诺威。
⑧墨尼麦，又作抹得堡固城、马德不尔厄、马德布，即马格德堡（Magdeburg）。

威塞花里阿①部，东界希西②、（领俄）〔俄领〕③，西界尼达兰④，南界腊引⑤，北界哈那洼。在荷兰、哈那洼之间，滨猎比河⑥，北岸多沙，南岸多石，山林深密，不能栽种。幅员七千八百六十七方里，户百二十一万零七百有十二口，领小部落二十有一。其首部曰曼斯达⑦，土最膏沃。又有敏领⑧一部，贸易最大。土产铁、煤、盐、火腿、布、大花缎、细麻布、哔叽。

腊引部，东界那省，西界尼达兰，南界佛兰西，北界威〔塞〕花里阿。先分数部，一曰汝里阿斯⑨，一曰格里威斯⑩，一曰罗洼腊引⑪，后并为一统，而名之曰腊引，在耶麻尼、荷兰之中，幅员九千七百二十五方里，户二百二十二万零八百五十三口，领小部落三十六。其首部曰戈禄尼⑫，贸易甚大。又格里威斯部，险固有炮台，以滨临腊引河得名。东岸有大山，西岸多山，产不敷食，土产苎麻、布、五金、丝发。

波弥那尼阿部，东界普鲁社，南界波新，西界墨兰领麦，北界（冰）〔巴尔底〕海。在巴尔底海沙滩对海有玉斯南岛⑬、乌林岛⑭、鲁凝岛⑮，

①威塞花里阿（Westphalia），又作西法里、维士德发里亚、西法部，即威斯特伐利亚。
②希西（Hesse），即黑森（Hessen）。
③俄领，即格廷根。
④尼达兰（Netherlands），又作尼德兰，即荷兰。
⑤腊引（Rhine），又作勒那纳（Rhenana），即莱茵。
⑥猎比（Lippe）河，即利珀河。
⑦曼斯达（Munster），又作闵士得、蒙斯德尔、闵得，即蒙斯特。
⑧敏领（Minden），即明登。
⑨汝里阿斯，疑为朱利克—艾克斯（Julich-Aix）。
⑩格里威斯（Clèves），即克利夫斯。
⑪罗洼腊引（Lower Rhine），又作下莱尼部，即下莱茵。
⑫戈禄尼（Köln），又作可伦、哥罗尼、哥伦，即科隆（Cologne）。
⑬玉斯南岛，即乌斯当（Usedom）岛。
⑭乌林岛（Wollen Ⅰ.），即沃林岛。
⑮鲁凝岛，即吕根岛（Rugen Ⅰ.）。

地皆硗瘠，资谷他部。幅员八千七百五十八方里，户万二千百四十口，领小部落四十有三。斯特鼎[1]、斯特腊山[2]，其港口也。

普鲁社国沿革原无，今补。

《贸易通志》曰：破路斯国政事有名，国人戴之。产五谷、材木、白铅、大（尼）〔呢〕、麻布。商船六百五十二只，外国船进口者二千只，所载入之货与各西洋国不异。此条补入。

《海录》：单鹰国又名带辇，在双鹰[3]西北，疆域风俗略同。今番舶来广东，用白旗画一鹰者是。

1584

又曰：埔鲁弯国又名马西噶比[4]，在单鹰之北，此以单鹰与（捕）〔埔〕鲁社国为二者，盖（捕）〔埔〕鲁弯指其国都，而来粤贸易之单鹰乃其属地，亦犹安集延之于敖罕也。疆域稍大。风俗与回回同。案：普鲁社奉天主教，且疆域与回回不相接，此言风俗偶同，非谓教门同也。自亚哩披华[5]至此，天气益寒，男女俱穿皮服，仿佛如中国所披雪衣，夜则以当被。自此以北濒海，则不知其所极矣。

《万国地理全图集》曰：陂鲁斯国南连俄罗斯、奥地利加、日尔曼、佛兰西等国，北及巴得冰海；东至波兰、俄罗斯国，西连绥林、领墨[6]等国。北极出地自四十九度至五十八度，偏东自六度至二十度，广袤方圆三十二万方里，居民一千三百万丁，其房屋三百三十一万一千间。每年入国币银三千六百万员，所出者相等。其中兵饷银千五百六十九万员，国之欠项银万三千万员，此时渐

---

①斯特鼎（Stettin），又作士得丁、斯德丁，即什切青（Szczecin）。
②斯特腊山（Stralsund），又作率他港、士达孙，即斯特拉尔松。
③双鹰，指奥地利。
④马西噶比，即马佐维亚（Mazovia）。
⑤亚哩披华，前人释为 Antwerpen（安特卫普），有待确考。
⑥领墨（Denmark），即丹麦。

减少。兵十六万五千人，其中侍卫万八千人，骑兵万九千人，炮手万五千七百，步兵十万零四千。另有民壮三十五万九千二百，共计五十二万四千。国分东西两方共十部，或在日耳曼内，或在于其国外。

陂鲁斯东路各部，一曰班丁堡①，纵横阿得河流，而大舟航其水面，沿河水泽泥地畅茂，草场畜牲，其余地平坦，多沙无土，故所出之五谷不足用。其地面四分之一系松、橡林而已。居民制造磁器，又织呢缎等货。其会城为国都，曰伯邻②，在北极五十度及三十一分，偏东十三度二十二分，居民二十二万丁。城周围三十六里，有市二十二，门十五，上帝之殿二十七。其居民大半皆崇耶稣正教。城内有孤子院，养孤子千人。武艺院、医院内收诸旅客贫民五千有余。其殿袤四十六丈，广二十七丈，高十丈，古状巍巍。其军局多大炮兵器，其文学院内有儒千六百余。其磁器造房有名，居民丝绸、布帛、百货制作，在西国最著出众，商旅不远万里而来。一曰陂墨邻部，广袤方圆三万六千方里，居民九十万丁，阿得河通流之，入巴得海。其海滨最低，有沙阜，时出琥珀。南方田丰肥，其余地多沙，出木料、麻、五谷。河口商船出入不绝。居民文学甚兴，会城士得丁在河滨，居民二万七千丁，自有商船百六十只。其郊长大，海口称曰瑞隐口③，大船出入无碍。率他港城在巴得海滨，居民万五千丁。其上帝之殿堂，盖以红铜。额林城④内建文学院。吉邻城⑤在海边，街直屋美，文石为

①班丁堡（Brandenburg），又作班丁布，即勃兰登堡。
②伯邻（Berlin），又作伯尔灵、比尔林、必林城，即柏林。
③瑞隐口，即斯维诺威斯切（Świnoujscie）。
④额林城，即格里门（Grimmen）。
⑤吉邻城，即科沙林（Koszalin）。

路。萨牙①居民七千丁，房屋高大。北勒有居民四千，城中学院之师，学问有名。近城有圣池，于宋朝年间，居民初进耶稣之教时，受洗礼每次数千人。田宜谷麦。突比城②离海不远，由小河交通，居民巧造琥珀奇器。

治勒隐班③之南一带山岭，阿得河源在此境自南至北通流。其地大半膏腴，所耕之六万九千顷，多出五谷。但人稠地狭，必由外国运入以补之也。有八千机杼织夏布，又卖羊毛与英国。山出铁，每年十五万石，银二千六百七十七斤。其会城曰伯老④，居民八十万六千丁，内多巧匠，其文院多名儒。濒河坚城，曰瑞匿⑤，曰勒匿⑥，曰额剌，曰峨告⑦，曰匿士⑧，皆深沟高垒。又一曰萨普部⑨，在隐班部西南，多五谷，其羊毛最细，居民好礼温柔，皆崇正教。其都会抹得堡固城，居民三万二千丁，垒高池深，屡次击退国敌。哈勒⑩为大文学院，内有千儒。吉令堡⑪昔乃尼姑所掌，多寺庙，令居民弃邪归正。又一曰陂斯部⑫，乃极东之境，与俄罗斯交界，即以此都会为国名。平坦无山，出五谷，出松、橡，高

---

①萨牙，又作士达甲，即施塔尔加德（Stargard）。
②突比城，即特尔译比亚陶（Trzebiatow）。
③治勒隐班（Schoenborn），又作隐班部，即申博恩。
④伯老（Breslau），又作北勒斯劳、必老，即弗罗茨瓦夫（Wroclaw）。
⑤瑞匿，即施魏德尼茨（Schweidnitz）。
⑥勒匿，即莱格尼茨（Leignitz）。
⑦峨告，即格罗斯格沃古（Grossglogou）。
⑧匿士（Neisse），又作耐士，即尼斯。
⑨萨普部，又作萨克索尼亚，即萨克森（Saxony）。
⑩哈勒（Halle），即哈雷。
⑪吉令堡（Quedlingburg），又作吉林布，即奎德林堡。
⑫陂斯部，指东普鲁士（East Prussia）。

宜建船，卖与英国。省会王山①，居民六万三千丁。其城垣周围二十七里，但不可防御攻敌。其河名曰河泽②，界境东、西陂鲁斯，城在此海口。泽城有六万居民，经营贸易。道光八年，所入之船千有五十只，运出麦最多，敌兵围困其城，所失者千五百万员。至北之墨麦城③，与西国通商。有得实城④，与佛兰西议和之处。有益平城⑤，在海口，每年进千四百船。又一曰波新部，昔属波兰，今陂鲁斯据其地，释其奴，教其子，令庶民向化，其民始怨终服。其地惟出五谷，无他物产。会城居民二万五千丁，街市广大，百姓半执异端。

陂鲁斯西路各部，一曰西法里，在日耳曼国中间，多泽、密林，居民织漂麻布，售火腿，半崇异端，未奉正教。其会城曰闵士得。一曰如勒山部，在莱尼河⑥沿山地，居民最巧，造各项铁器、布匹甚众，每年货价银数百万员。会城曰可伦，在来尼河边，居民五万丁，造香水、绸缎。其城之庙甚古，入之者自觉肃畏。本城内大文学院益百田⑦，人民蔚起，户口繁多，出铁器、布帛。突乡⑧在莱尼河边，街阔市广，为乐国。一曰下来尼部，多出葡萄酒，但缺五谷，因山水之秀，远客恒往游赏。全地在来尼河滨，

①王山，即哥尼斯堡（Königsberg），又作哥尼斯北尔，德文意为王山，第二次世界大战后划归苏联，改称加里宁格勒（Kaliningrad）。
②日河泽，又作威悉瓦河，指维斯瓦（Wisxa）河，波兰语意为弯河。
③墨麦城，又作特悉城，即马林堡（Marienburg）。
④得实城，即提尔西特（Tilsit）。
⑤益平城（Elbing），又作益宾城，即埃尔平。
⑥莱尼河（Rhine），又作耳兰英江，即莱茵河。
⑦益百田，埃尔伯费尔德（Elberfeld）。
⑧突乡，又作土悉突邑，即杜塞尔多夫（Düsseldorf）。

其都会曰谷邻城①，有民万二千。亚金②居民三万二千丁，织造布帛。

陂鲁斯国新立不久，在明朝年间，为日耳曼国之诸侯，尽忠治国，其王悦之，封以藩地。于康熙三十九年，始自称王号。其世子深通韬略，武艺绝伦，又善理财，遂以富强。嗣子菲得王，国帑充足，与外国结仇，百战百胜，自后威声大震。后王淫湎，其国渐衰，战败受辱。其世子屏斥奸邪，以厚风俗。但嘉庆十一年，佛兰西水军由海道侵国，战败，所失不可计数，割去地之一半。六年后，捐饷招兵，结列国为唇齿，击退佛军，攻复旧都，再取昔所据地。国王遂修文偃武，善得民心，务农商，兴学院，训练兵卒，召各部贵人会议政务，是以国势复盛。

《地理备考》曰：布鲁西〔亚〕国（一作普鲁社）在欧罗巴州之中，北极出地四十九度起至五十六度止，经线自东三度三十分起至二十度三十分止。通国分为东西二处：东方则东至厄罗斯、波罗尼〔亚〕、奥斯的里〔亚〕三国，西连亚诺威尔、布伦瑞克③二国，南接波罗尼〔亚〕、奥斯的里〔亚〕、萨克索尼〔亚〕三国，北界〔梅各棱不尔厄斯〕乖零④、〔梅各棱不尔厄斯〕德勒利地斯⑤二国暨州中海，长二千一百二十五里，宽一千一百三十七里，地面积方十万零八百五十里。西方则东至〔亚〕诺威尔、亚里曼⑥等国，西连贺兰、北尔日加⑦二国，南接佛兰西国，北界贺

---

①谷邻城，又作谷连邑，即科布伦茨（Coblenz）。
②亚金（Aachen），即亚琛。
③布伦瑞克（Brunswick），即不伦瑞克。
④梅各棱不尔厄斯乖零（Mecklenburg-Schwerin），即梅克伦堡—什未林。
⑤梅各棱不尔厄斯德勒利地斯（Mecklenburg-Strelitz），即梅克伦堡—斯特雷利茨。
⑥亚里曼（Allemanni），即德国（Germany）。
⑦北尔日加（Belgium），又作伯利诸恒，即比利时。

兰、〔亚〕诺威尔二国，长七百五十里，宽约六百余里，地面积方约一万七千五百里。总计烟户一京二兆四亿六万八千口。本国东北二方平坦广阔，地势低洼，颇为荒瘠；西南二方冈陵联络，田土膏腴，中有硗确。河之至长者九，湖之至大者八。土产金、银、铜、铁、锡、硝磺、矾、煤、雄黄、信石、白玉、琥珀、玛瑙、（磁）〔硇〕砂、磁粉及各色花石等，实为富庶。谷果敷用，牲畜蕃衍。至于王位，历代世袭。所奉之教，乃路得罗修教暨罗马天主公教。通国之人，奉修教者五分之三，奉公教者五分之二。至外国人寄寓，所奉何教，概不禁止。技艺精良，商贾云集。在昔民皆北狄之类，不受外辖。宋理宗嘉熙元年，始有亚里曼国人进薄其地，以兵服之。明宪宗成化二年，亚里曼国人暴虐无道，本国人冀避水火，求拯于波罗尼亚国王。越十二载，遂为波罗尼〔亚〕国所辖。明万历四十七年，波罗尼〔亚〕国君薨绝嗣，仍归本国管辖。时国君改立，开辟疆域，中国康熙四十年，〔其君自立为国。历代嗣君〕虽遭干戈之苦，然皆自能创业。嘉庆十一年，与佛兰西国战败，皆为那波良所取。越九载，各国公使集维耶纳①地会议，复还所丧各地，仍为欧罗巴州巨邦。通国分八部：一名巴郎的布尔（尼）〔厄〕部，首邑名伯尔灵，乃国都也，建于斯波勒河岸，宫室峻丽，贸易兴隆，人烟辐辏。一名波美拉尼〔亚〕部，首邑名斯德丁。一名细勒西〔亚〕部，首邑名北勒斯劳。一名波森部，首邑亦名波森。一名布鲁西亚部，首邑名哥尼斯北尔。一名萨克索尼〔亚〕部，首邑名马德不尔厄。一名维士德发里〔亚〕部，首邑名蒙斯德尔。一名勒那纳部，首邑名哥罗尼。以上八部之内，其巴郎的布尔（尼）〔厄〕、波美拉尼亚、细勒西亚、

---

①维耶纳（Vienna），即维也纳。

萨克索尼亚、维士德发里亚、勒那纳等六部，乃与亚里曼国结盟，通共应出兵丁七万九千二百三十四名。其国通商冲繁之处，内外不一，或为海边大马头，或为内地大埠头，兼摄之地惟一，名曰牛弗沙德尔①，在苏益萨国②境内。

《地球图说》：波路西亚国又名波路斯，又名普鲁社，东界俄罗斯国，南界阿士氏拉国③，西界伯利诸恒国并荷兰国，北界海。百姓约四百万。都城名比耳林，城内民二十二万，大半耶稣教，小半天主教。是国昔年最小，厥后东侵西占，以廓其地。书院广设，百工技艺娴习。地虽平坦，大半硗瘠，难树五谷。内有至大之江三，即耳兰英江、乌达江、伊拉伯江④是也。土产棉花、布、羊毛、〔麻〕布、呢、绸缎、磁器、木料、琥珀、铁器，并所造之奇器等物。

《外国史略》曰：陂路斯国，汉人谓之单鹰，亦以其船之旗名之。唐朝⑤年间在陂兰、日耳曼交界屡争斗，始立君自卫，所驻地曰班丁布。历三百年，陆续广地，后衰。及明永乐八年⑥，有何欣素林⑦者即位，抑五爵以靖地方，但其地褊小，无多物产。明嘉靖间，其君务令百姓服上帝、崇正教，国从此兴。万历四十七年国君卒，所有东界之陂路斯国尽归班丁布，境益辽，民日繁。维时在日耳曼国之西边各据地方，与欧罗巴列国结盟，连兵肇衅。明

---

①牛弗沙德尔（Neuchâtel），即纳沙特尔。
②苏益萨（Switzerland）国，即瑞士。
③阿士氏拉（Austria）国，即奥地利。
④伊拉伯江（Elbe），即易北河。
⑤"唐朝"，应作"宋朝"。
⑥"八年"，应作"十三年"。
⑦何欣素林（Hohenzollern），即霍亨索伦家族。

崇祯年间，有智勇之君曰〔威得〕威严①者（号第一王）兴焉，招新民垦荒地，和睦邻国，贤才云集，三十年物阜民康。其子缵述立国。嗣王好兵，广募壮士，多积财帛。卒后，其子号威得第（三）〔二〕王即位，辄募兵先取亲属所据治利西之地，败东国之兵，名扬海外。各国忌之，结盟来侵，战攻连岁，国帑空虚。既而陂路斯国权势愈增，版图愈广。威得王之侄嗣位，不履正道，欠项日积，先业日衰。嘉庆二年，威得威严王号第三王②即位，甚不好战，不肯肇衅。值佛兰西国之大变，陂路斯不之助，是以佛国深恨之。嘉庆十〔一〕年，佛国主（波那）〔那波里〕稳乘机攻败陂路斯军，降其坚城。虽俄罗斯兵来助，皆败退。（陂那）〔那波里〕稳王遂据地大半，重征税饷，待陂路斯如藩属。嘉庆十七年，佛军在俄罗斯国败退，陂、俄连合，结为唇齿，（胁）〔协〕力以遏佛国，招日耳曼、瑞丁、东等国陷其军。于是陂路斯武功大震，并列国之兵入佛之都，令佛之君（波那）〔那波里〕稳退位，其旧主威（声）〔严〕王复立，且恢复其原地加益焉。（波那）〔那波里〕稳王再举返国之时，陂军又合英人击败之，再入佛都，而立其原君。于是其王摄权，多设学馆，广通商，与日耳曼等国互易，大开造制之局，练军士，益民壮。其世子于道光二十年即位，力行善政，广贸易，恭奉救主耶稣，只畏上帝焉。

　　陂路斯国大半在日耳曼地内，为其外藩也。地广袤方圆千一百（七）〔八〕十八里，居民二百三十七万二千三百口。平坦无山，多沙，其泽潴长江自陂兰流来者，曰威悉河、尼悯河③，近海，水甚浅，东北两港，甚长甚窄，惟入小船，林甚广，天气冷。

①威得威严，指腓特烈·威廉（Friedrich Wilhelm）。
②威得威严王号第三王，指腓特烈三世。
③尼悯河（Niemen），即涅曼河。

其都城曰王山，居民六万五千口，在必额江①边，广大古邑也，多五谷、木料。但悉城在巴得海中，居民五万八千口，最广之埠也。屋五千余家，多制造物件，并将五谷、木料等货皆运出售于他国。益宾城居民万九千口。特悉城居民万一千五百口，此邑距俄罗斯界不远，昔佛兰西王与陂、俄二国于此结平焉。

博闵部广袤方圆五百七十四里，居民百八万五千丁。地平坦，在巴得海隅之南。阿得河分两支又分三派入海。其地大半沙硗，独比力、士他押两邑之郊外甚腴，产麦、谷。其海产狗肚鱼、琥珀。其会城曰士得丁，居民三万二千口，在阿得江边，出糖。冬多雪，广通商。士达孙在巴得海边，贸易次之。此部之书院在开瓦得②，居民一万零五百口。士达甲居民万有一千。比力在丰地，最多谷。南宋宝庆间，其崇佛教之居民，初进天主教，故作受浸礼之池，立教馆以志之。

在日耳曼界陂路斯王所据之地，一曰班丁布，广袤方圆七百三十里，居民百八十八万六千口。其地平坦多沙，出麻苎、木料，其居民颇聪敏，阿得并他小（港）〔江〕通流此地。曰必林城，在小江之边，国都在焉。军民三十五万四千丁。多艺术之师，学馆中海外之士云集。布坦邑距必林不远，为其（军）〔君〕之行馆，居民三万丁。班丁布邑居民万四千口，国之旧都在焉。凡弗城在阿得河边，商旅所云集也，居民二万四千丁。二曰陂新部，前属陂兰之地，广（方）〔袤〕方圆五百三十六里，居民百二十五万九千口，邑一百四十五座。其地平坦有湖泽，其林广密，最多谷。最贵者系五爵，广财帛。百姓大半崇天主新教，城中居民三万三

①必额江，即普雷格尔（Pregel）河。
②开瓦得，即格赖夫施瓦尔得（Greifswald）。

千口，有教师之魁居之。三曰治利西部，前属东国，广袤方圆七百四十一里，居民二百九十三万丁。西南多山，最丰盛，出谷、豆等物，绵羊毛最细，可造好呢羽；山内产银、铁、铜、石炭、硫磺、各种玉。每年所出之铁十万八千石，各矿值银百四十六万圆。所织之麻布，与中国夏布等。其呢羽由俄国运进中国，每年不下数十万匹，今俄国自织呢矣。其会城曰必老，居民九万口，广通商。比勒①居民万一千丁，勒匿万二千丁，勒力万四千丁，耐士万一千丁。地旷民繁，尚缺日用。四曰撒孙部，在班丁布之南，广袤方圆四百六十里，居民百六十六万九千丁。此丰盛之地，多产物，居民崇耶稣老教。其会城曰马得布，巩固之城也，居民五万五千口，多贸易。城内塔高及云。吉林布居民万七千三百口。布邑②居民万四千五百口，多织呢。益弗③居民二万五千口。五曰西法部，在撒孙西（向）〔面〕，广袤方圆三百六十八里，居民百四十万，地平坦多沙，产五谷，火腿尤胜，出铜铁各器。其会城曰闷得，其塔广大，礼拜堂尤美。比田城④居民七千九百口，此地出细白布。六曰来尼部，广袤方圆四百八十七里，居民二百六十四万，在来尼河之两岸，多山，出矿，若银、铜、铁、石炭、石盐等货。葡萄大有名。居民奉天主教，户口繁滋。所制造之铁、铜器及布匹、丝缎，广通商。其会城曰哥伦，是旧罗马君一千八百年前所建者。居民七万，有礼拜堂高大。土悉突邑在来尼河边，居民三万，系制造之地。附近巴闵邑⑤，（居民三万）人多巧思，

①比勒，即布热克（Brieg）。
②布邑，疑为哈尔伯斯塔特（Halberstadt），意为半邑。
③益弗，即埃尔富特（Erfurt）。
④比田城，即比勒费尔德（Bielefeld）。
⑤巴闵邑，即巴尔门（Barmen）。

崇耶稣本教，居民万四千丁，内有大书院。亚金邑居民四万丁，多造呢羽。谷连邑居民万四千。威悉邑①，巩固之城也，在来尼河边。

陂路斯国之形势，东与俄罗斯交界，南连东国及日耳曼列国，西与佛兰西国，北及巴得海隅，居各大国中间，四面受敌，非克自振拔不至此。别有（端）〔瑞〕士国中之微地，称曰匿查得②，广袤方圆十四里，居民六万。通计陂路（国）〔斯〕地延袤共五千零九十一方圆地里，其居民千五百三十一万三千口。或为田并牧场，或为园（埔）〔圃〕、葡萄（埔）〔圃〕，或为山林。地不丰沃，民能力农。每年产麦千五百五十万石，荷兰薯更多。即每年用千三百五十万石以蒸酒二万万樽，所造之啤酒过其数。所出之烟每年约二十万石，运出之油亦价重。其农务过他国者，因其前君宽释农夫之徭役，准竭力耕耘，故有七万新农垦千三百方圆地里。牲畜：马百五十万只，牛五百万只，绵羊千六百五十万只，豕二百五十万只，其价银二万万圆。棉羊价千二百万圆，其毛卖与外国者，约五万八千石。山出矿，道光十七年，掘出铁百四十五万五千石。铁条十五万石，铸铁器三十三万七千石，细器十三万四千石，长条铁百十四万一千万石，铁薄十三万三千石，铁线六万五千石。银二万四千斤。铅三万四千石。铜万九千三百石，铜器万六千一百四十八石，黄铜一万八千五百石。白铅二十一万五千四百石，白铅箔万五千六百石。（大）〔黛〕青入中国者八千七百石，白信石三千石，白矾三万三千石，铁矾三千八百石，铜三千四百石，石盐四万三千石。计其矿值每年银二千万圆，佣工

---

①威悉邑（Wesel），即韦塞尔。
②匿查得（Neuchâtel），即纳沙特尔。

人六万五千二百名，工费银约六百万圆。

陂路斯国生齿繁盛于他国，嘉庆二十年计一千万名，今一千五百万名。此地之五爵无大权。百姓崇正教者五分之三，天主教八分之三。大城十八座，居民各二万余。大邑八十五所，小邑六百零二座。国民精造织，毛布之杼二十九万，以织呢羽等货。每年用羊毛二千五百万斤，银七百五十万圆。纫线之纱五十五万件，织布匹之杼机五万九千九百，所用之棉花每年约十六万石。织线素色三万九千石，各色三千石。织丝缎之杼计万四千五十张，卖与外国每年约银五百万。烟每年国内种者二十万，运自外国者十一万八千石。用红萝卜造糖约十一万八千石。立学馆二万二千九百一十处，男教师、女教师二万五千五百七十五名，入学之男百一十万零九千名，女一百零六万二千名。大学院七百三十四间，男、女教师二千九百名，学生九万名。另设兵丁之学馆。又有艺术之大学百一十处，教师千四百名，儒生二万三千（石）〔名〕。其大院肄业计六处，在彼敦务者五千名，教师四百名，在都内者千八百名。其国广通商，（连）〔运〕出油、绵羊、苎麻、五谷、葡萄酒、木料、油种、麻种、铁、白铅、铁器、黄铜器、颜色、皮棉、书本、麻棉布匹、绸缎、琥珀；运进之货物系白糖、珈琲、烟、葡萄、丝、茶、香料、胡椒、丁香、豆蔻、锡、硝、玻璃、鱼、牲畜。其居民文学有名，农夫学史书，儿童知地理，女子悉天文。

其君曰威严，号第三王，操全权。招十八岁以上宗室并功绩之臣，日在国内请求军机。教门、医务、内国、外国之务，各有大臣以筹事入奏。其百姓亦立公会，每同官宪议政。国帑所入，每圆重七钱。其山林为官业者，每年售四百万圆，卖官业之价另银百万圆，矿铸五金、制造磁器九十一万七千圆，驿务百四十万圆，白鸽标务九十二万九千圆，税饷四千七百二十八万圆，杂税五千五百八十六万圆。国帑所出者，欠项利息八百五十七万四千圆，俸禄二百二十八万圆，赏赉一百万圆，大臣俸禄三十万六千圆，教门务宜三百万圆，内国务宜二百五十六万圆，外国务六十六万八千圆，军士二千三百七十二万圆，刑部与所属之务二百二十一万圆，户部务百四十三万圆，工部三百万圆，大宪百六十九万九千圆，养马十七万三千万圆，杂费二百四十三万圆。其国之欠项万七千四百八十六万圆，每年务填还，近日日减矣。国居各大国之中，故募兵不少。男不论贵贱尊卑，均入阵。儒则二年，常人则必三年后始为民壮，每年一操演。凡兵之数，步兵八万七千，马兵万九千，炮手一万四千。第一等民壮，自二十六岁及三十二岁，二十五万丁；第二等民壮，自三十三岁至三十九岁，一十八万丁，共计五十五万二千丁。有要务，其君与百姓议论然后定。纳贤儒，畏上帝，崇拜救主耶稣，为众民之表法。固保封疆，以免俄罗斯、佛兰西、东国之侵凌。

海国图志卷五十八

欧罗巴人原撰　　侯官林则徐译　　邵阳魏源重辑

大西洋 欧罗巴洲

嗹国 一作嗹马，一作领墨，一作 吝因，一作丁抹，一作大尼，一作丹麻尔，即来粤之黄旗国也。

嗹国，欧罗巴小国也。地形从日耳曼北出，如人之握拳伸臂于海中者。东界波罗的海，西界大西洋海，北隔海与那威①邻，南抵日耳曼之伊尔河②为界。地势参差，低洼平衍，高阜出水不过数尺，半多湖沙。物产歉薄，而陆地冲衢，据全洲要害。东有三岛：曰腊兰③，曰府领④，曰西兰⑤。此外尚有数岛。西兰岛之戈西哈（林）〔凝〕⑥，即国都也，得国最先，声势最强，好侵掠，邻国无不畏恶。自耶稣千有十七年，宋真宗天禧元年。加纳王⑦夺得英吉利地，旋与耶麻尼、波兰两国交兵连胜。马额女王⑧嗣位，复统兵征

①那威（Norway），又作那耳瓦、诺那、诺鲁威牙、那耳围，即挪威。

②伊尔河（Elbe），又作依弥河，即易北河。

③腊兰（Loland），又作拉兰，即洛兰岛。

④府领（Funen），又作菲俄尼亚大岛、副宁岛，即菲英岛（Fyn）。

⑤西兰（Zenland，Sjaelland），又作日伦、塞兰，指西兰岛。

⑥戈西哈林凝，又作可品哈音、可本海砼、哥宾哈音、哥卑纳给、可品哈阴，即哥本哈根。

⑦加纳王，指克努特（Canute）大王。

⑧马额女王，又作马加里达女王，指玛格丽特（Margaret of Waldemar）。

服瑞丁、那威两国。是时嗹国威震西海。迨至几立斯底奄王①，酷虐无道，国势骏衰。瑞丁背叛，率众直抵国都郊外，大肆焚掠，始还瑞丁侵地。二百年后，瑞丁又侵取嗹国边地。嗹国惟守旧疆，与海滨贸易埠头而已。嗣当俄罗斯与佛兰西争战，嗹国介两国间。俄罗斯假道，欲拒不能，欲避不可，乃与佛兰西合从。而佛兰西旋败，致芬兰之地，竟为俄罗斯所据。嗹国于俄罗斯兵退后，乘间夺得瑞丁部落，旋与议和，以新得之波墨拉厘阿②易回瑞丁侵去之老引墨③部落焉。政事：额设职官禄④一，加稳斯⑤十九，麻伦⑥十二，大讼狱王自审理。陆兵十万，战舰大小十有四。钱粮岁征

七八百万圆。旧无河道，疏浚通艘，内地所产始得出海，自此税饷日增。然遇意外之费，即不敷用。是以国家亏欠七百五十万圆，国都设立书馆一所，贮书四十万部。此外尚有大书馆二千五百所，蒙童馆三千所，文士精天文者，推第谷为最重。贸易尚勤俭，豪贵不敢凌贫贱也。产大呢、糖、稻米、麦。其互市广东，用黄旗。幅员二万二千方里，户二百又四万九千口。日伦岛即西兰东北为大埠头。即都城，一作可品哈音，一作哥卑纳给。诸国货船出入波罗的海者，必经由加的牙峡⑦，阔仅数里。因设关榷之，不则扼之，使勿越。诸国无如何，亦遂安之。日伦南有两岛，西南有非俄尼亚大岛，隔海西北为入德兰⑧部，其南曰（劳英不尔厄）〔石勒苏益克⑨〕部，

---

①几立斯底奄王（Christian），又作基里斯的亚奴、几利斯底奄王，指克里斯蒂安一世。
②波墨拉厘阿（Pomerania），又作波墨腊厘阿，即波拉美尼亚。
③老引墨（Lauenburg），又作劳布·劳英不尔厄，即劳恩堡。
④禄，指公爵（Duke）。
⑤加稳斯，即伯爵（Counts）。
⑥麻伦，即男爵（Barons）。
⑦加的牙峡（Kattegat），即卡特加特海峡。
⑧入德兰（Jutland，Jylland），又作越兰、若兰，即日德兰。
⑨石勒苏益克（Schleswig），又作塞力斯稔、威悉其，即石勒苏益格。

又东南为（科）〔荷〕尔斯德音①部，南邻日耳曼矣。又东曰（石勒苏益克）〔劳英不尔厄〕。东南（北）〔界〕俱日耳曼国。入德兰东北西俱海，多湖泊。（劳英不尔厄）〔石勒苏益克〕西海滨多礁石，其东皆波罗的海也。

嗹国沿革原无，今补辑。

《皇清四裔考》：嗹国地居西北方，凡历海洋六万余里始达广东界。国中土地平衍，山泽少著名者。有一山土名士嗹②，国人皆从此出入，前临大海，左右设炮台，距王城五十里。王所居，（地）〔土〕名颠地墨③，领墨国之得名以此也，或作丁抹国，即领墨之音转。或作嗹国，即领字丁字之音转。信奉天主，多同英吉利。土产黑铅、琥珀、白金及大青、葡萄干之属。自雍正年间有夷商来广通市，后岁以为常。

《万国地理全图〔集〕》曰：丁抹国，或曰黄旗国，乃半地，有海隔绝于瑞丁国也，惟南方与日耳曼国相邻。北极出自五十三度三十分至五十七度三十分，偏东自八度至十一度也。其东方群岛港汊，无几船只，若通行必纳税奉丁矣。国地平坦无山，海边沙碛，国地褊小，方圆只万二千方里，居民二百万。嘉庆年间，曾为佛兰西纠约与英交战，而英国水师轰击其都，强其国王交出战舰，以免为佛兰西所有。其沿海产五谷、牛畜、奶饼等货。赴市广东，因插黄旗，故称此名。国军共设四万丁，战舰数十。其国饷银每年四百万两。王专国事，不听尊贵五爵。其南方大半系日耳曼民，亦同言语。但本国之音与瑞典国相似。

---

①荷尔斯德音（Holstein），又作和尔色鼎、何石，即荷尔斯泰因。
②士嗹，实指西兰岛（Zealand）。
③颠地墨（Denmark），又作领墨、丁抹，即丹麦。

其都城曰可品哈阴，在屿上为市埠，居民十万丁。其街径直，其屋华丽，与日耳（马）〔曼〕国交界有亚里多那马头①，与翰堡港②最易交争，基（国）〔里〕③乃其国之南书院。近英国地海中有群岛，属丁抹所辖，其民业渔。极北海隅冰岛者，风气凛冽，中有火山，兼屡地震。其居民捕鲸取其油，衣海犬之皮。更远北极之下，亦有丁抹所开新地，以渔为务。其地冰海，夏时不开，无船能到。然民冒其险，真可谓鹰飞不到，名利所牵也。

案：《四州志》、《贸易通志》、《每月统纪传》、《万国全图》、《地理备考》、《外国史略》等书，或有嗹国而无大尼，或有大尼而无嗹国，其实嗹即大尼之合音也。考那威昔属大尼，《海录》谓其来粤贸易，亦称大尼，用黄旗。于是有海北之黄旗，海南之黄旗。迨嘉庆二十年，此见《地理备考》，若《外国史略》则作十八年。各国公使会议维耶纳，以瑞丁地附近于嗹者归嗹，而割那威与瑞丁。于是惟有海南黄旗之嗹国，海北无那威之名矣。前分大尼、嗹为二，今更正之。

《每月统纪传》曰：大尼国地微，三滨及海，惟南接阿理曼国之藩属国，延袤（百）〔万〕七千（万）正方里，居民百万有余。地平坦，北面赤地、穷发、旷野，西方沿海地不高，海水屡次涨溢，筑塘捍防，常为风飓所败，是以栽桦树等以坚固其沙。土产惟五谷、畜牲。每年卖与外国者，马万六千只，牛七千只，设遇英吉利国谷歉价昂时，所载入者岁数万石。国中建城一百，邑三十七，乡二千三百，里五千五百。户口希少，而心高志大，游遍天下，谋利积蓄。当宋朝年间，土人未向化，斥卤硗瘠，舍耕业

---

①亚里多那马头（Altona），即阿尔托纳。
②翰堡港（Hamburg），即汉堡。
③基里（Kiel），即基尔。

渔。沿海之民肆劫洋面，侵掠沿海。宋朝真宗（四）〔十八〕年，深入英吉利国，国王张徨，厚贿请其退师不许，英人乃设谋诱奸其军。大尼国王愤思复仇，乘船纵横洋面，截商船，扰边境，将为质之人割其鼻、手而溺之，遂领新军伐南方，与土人鏖战日久，乃讲和。不期英吉利王被弑，大尼王号曰驾卢特[1]，遂胁服英民从加特力天主教，赏罚严明。遂攻北国，屡战皆克。既获全胜，王没子立。英人复兴，锐力驱逐。是时大尼国五爵擅权，互相战斗，需索农工，国儿大乱。贤王兴焉，正位修政，驭下安民。明洪武〔二〕十年，大尼国王后摄权，其女主钟山川秀气，英妙不凡，立志合大尼、那耳瓦、瑞典三国为一，行军发令，动合机宜，所向臣服。其境延袤，过于邻国。嗣王效法，亦扩土疆，盛强再世。后王暴虐，耽溺女色，宫妾猝死，王猜疑服毒，株累无辜，恃强侵瑞典国，尽杀其五爵贵人九十人，逞虐作威，彼民咸怨。乘大尼王与南方邻邑构衅，瑞典阻兵自守，不贡钱粮，插盟誓死，不受大尼管辖。大尼王屡讨皆败，懊恨而死。于是国民进波罗士特正教[2]，崇拜救世主耶稣，而不恭偶像。大开海路，其传教之师远适各国，广布教化。近百年间，大尼复与瑞典国衅隙，发兵攻击，夺路奔走，讲和让地。大尼国威挫，遂为他国所轻。百姓不悦，以摄权之世爵为倡祸，故变旧例，废五爵，以王总国政，柄不旁落。嘉庆二年，大尼国王欲阻拒英吉利师船，将其国都兵船密泊海港，多建炮位。英军排舰开炮攻之，大尼梢手不变色，并力防堵。英船坏舵烂，讲和而退。七年后，佛兰西国王复密约其国师舰巡舟合侵英国，英国师船夺之，遂抵大尼国海口问罪勒降。王

①驾卢特（Canute），又作加奴度王，指克努特大王。
②波罗士特正教（Posteslantism），即新教。

曰：宁死不敢辱国，于是英水师放炮如雨，围困都城，焚屋四百间，危在旦夕。太子议降，将巨舰十八只、艟艨十五只，尽皆投出。当时大尼王年老迈，太子无才，国人会议，公举才智出众之士为副王以治国。

《贸易通志》曰：大尼国或呼曰黄旗，地褊狭，户口少，然专务贸易，产五谷、酥饼、牛、羊、豕。道光十年，出口商船三千六百九十三只，外国进口船四千四十四只，其货价不等。

案：西兰岛，一作塞兰，在海中，领小部落三。越兰部即猎兰，领小部落十有五。其南塞力斯（稳）〔稔〕部，领小部落二。英人名曰顿害米邑①。又南曰和尔色鼎部，领小部落三。英人曰北音邑②。南即哈那洼③之依涤河也。此嗹国全境云。

《地球图说》：埭尼国④又名（低纳）〔嗹〕马（尔加），粤人谓之黄旗，东（西北三面都）界巴得海，南界〔亚〕利曼⑤诸小国，〔西北两界北海，〕百姓约有二百〔五十〕万。都城在国东一海岛内，地名可本海硗，城内民十二万，统述耶稣教。国内有书院。土地膏腴，平坦无山。土产五谷、牛奶饼等物。所属大西洋有一大岛，名爱撒伦⑥，有火山，节次出火，不时地震。傍有（温泉逆）〔火浆喷〕流，（而上）约高（二）十〔五〕丈。人民业渔，取海犬皮为衣。

《地球图说》：青蓝国⑦系埭尼属国，东、南、西三面都界海，

①顿害米邑（Trondhein），即特隆赫姆。
②北音邑（Bergen），又作比音港，即卑尔根。
③哈那洼（Hannover），又作亚诺威尔，即汉诺威。
④埭尼国，又作嗹马、低纳马尔加，即丹麦（Denmark）。
⑤亚利曼（Allemagne），即德国。
⑥爱撒伦（Iceland），又作义斯兰地、冰兰岛，即冰岛。
⑦青蓝国，又作青地，即格陵兰（Greenland）。

北近北极，人民约计二万。天气极冷，冰雪不消。当地球偏北之
地，人迹罕至，物产全无。人好渔猎，捕鹿海牛、海犬、鲸鱼等
物，身体矮小，不甚聪明，以食鱼兽等肉耳。现有欧罗巴人在此
传教。此大尼所侵瑞丁国海北地也。

《地理备考》曰：大尼国一名低纳马尔加国，在欧罗巴州之
北。其国土在北极出地五十三度二十二分起至五十七度四十五分
止，经线自东五度四十五分起至十度〔十〕四分止。东至加的牙
海峡①〔暨巴尔的哥海②〕，西枕（大）〔北〕海，南接亚诺威尔
国，北连（亚）〔入〕德兰海汉③。长九百八十里，宽四百里，地
面积方约二万三千里，烟户一兆九亿五万口。地多平原，海边虽
属陡坡险峻，仍系砂碛低陷，西方尤荒芜。河则无几，其至长者
惟四，湖则甚多，其至大者有七。海岛不一，东则巴得海，西则
北海，极北则亚（西）〔德〕兰的海④，〔所在皆有。〕至大之岛名
义斯兰地，内有火山一座，昼夜吐火不熄。所有各岛，惟在巴得
海中者，土腴谷丰。余地次之。土产铁、矾、磁器、木料、熟皮。
禽兽蕃衍，鳞介充斥。地虽潮湿而气温和。沿海忽冷忽热，朝暮
大雾弥漫。男女皆得嗣位，惟以长幼为序。奉路得罗修教，其罗
马天主公教暨加尔威诺修教⑤，奉者无几。百工技艺稍庸，而贸易
兴隆，民人勤奋。原本国始与诺威、瑞西〔亚〕⑥ 二国并称斯干的
那瓦国⑦也。初则为夷狄所居之地，其极北海寇，昔日扰害欧罗巴

---

①加的牙海峡（Kattegat Straits），即卡特加特海峡。
②巴尔的哥海（Baltic Sea），又作麻尔底海，即波罗的海。
③入德兰海汉，即斯卡格拉克（Skagerrak）海峡。
④亚德兰的海（Atlantic Sea），即大西洋。
⑤加尔威诺修教（Calvinis），即加尔文教。
⑥瑞西亚（Suesia），即瑞典（Sweden）。
⑦斯干的那瓦国（Scandinavia），即斯堪的纳维亚。

州者，〔皆出于此。〕惟时斯干的那瓦国人各自置酋，不相统属。迨本国哥尔摩酋长自立为王，于是诺威国、瑞西〔亚〕国之酋长亦效尤，各称王。耶稣降生后一千年间，至加奴度（生）〔王〕，乃兼并诺鲁威牙国。越三百余载，至马加里达女王时，又兼并瑞西亚国。及薨后，三国土地皆并于亚里曼国。明英宗正统中，本国与诺鲁威国更立基利斯的亚奴者为王。时二国未与瑞西〔亚〕国谋，其国民遂别立一君。自后本国与瑞西亚国永不复合。嘉庆十二年，欧罗巴州扰攘之际，本国亦遭佛兰西国那波良王攻围其都，迨各国公使齐集维耶纳地会议，乃割诺鲁威国并于瑞西〔亚〕国，将瑞西〔亚〕国附近本国各地，裁归本国。通国分为五部：一低纳马尔加部，〔首府名哥卑纳给，〕乃本国都也，屋宇峻丽，工肆林立，制造精巧，百货骈集；一入德兰部；一石勒苏益克部；一（科）〔疴〕尔斯德音部；一劳英不尔厄部。后二部乃与亚里曼国结盟，通共应出兵丁三千六百名。兼摄各地，凡亚细亚州、未里加州、美里加州内皆有之。

《外国史略》曰：大尼国在日耳曼西北之间，微地也。益之以群岛，始能建为一国。扼州中海①口，各国商船出入海口者，必纳税饷于大尼，建炮台兵船严守之，故地小而能富强战守。其南方居民，多日耳曼语音，中国称为黄旗。古时与日耳曼同族，好驶船劫掠。罗马国废时，在海隅四处攻击。唐朝年间，与佛兰西、英吉利两国战，据其地，又肆虏掠于西班亚、意大里等国。唐咸通年间，大尼列族始合为一国。宋靖康中，攻陷英吉利，民大半进天主新教。南宋咸淳年间，列族之酋各广土地，据瑞丁并巴得海隅全地，威名大震。明天顺年与那威国合，又欲兼并瑞丁地，

①此"州中海"指波罗的海。

屡战败退。明嘉靖年，其民弃新教而归老教，至今不变。后其民在四海通商，如北极之岛及亚默利加群岛并五印度国等处，皆有市埠。又以右老教故，屡与日耳曼、瑞丁国争战，国民受害，如水益深。雍正以来，大尼国与中国广通商，每年商船九只到黄埔贸易。欧罗巴各国交战时，大尼国晏然作壁上观。然佛兰西与英人肇衅，大尼又与佛国结为唇齿，于是英人攻其都而取其战舰。嘉庆〔二〕十（八）年，大尼国以所据那威地让还瑞丁国，始安静。其地平坦，出五谷，多牛。北方一带沙漠，每风害田稼，则种树以护之。居民颇有胆略，远商寻利，亦多学院。与日耳曼国相连之地，曰老（市）〔布〕，曰何石，曰悉威其。在北（地之）〔之地〕若兰，其大岛曰西兰岛，小岛即副〔宁〕岛、拉兰岛，中有海峡，在瑞丁间，相去不过三四里，乃各国商船出入洲中海必由之路，故必纳税饷。民无制造，只运出五谷、牛油、麻子，每年约价一千二百万圆。其地广袤千二百二十里，居民二百零七万，城九十八座，所属船九千九百只，贸易甚兴。其都城曰哥宾哈音，在西兰岛海口，街广屋丽。悉威其邑居民一万二千，老布邑居民一万二千。另有所据北海隅之冰兰岛，广袤一千八百里，居民五万，气候甚冷，鲜产物，多火山，恒有山崩地裂之灾。民崇耶稣正教，食鱼牧羊。本港所出者，不足自赡，皆由外运入。

其地近英国之北，有法吕群岛①，居民只十之七，余皆荒寒之地，惟业渔及水手。又有青地，广袤二万方里，居民二万四千，冰雪长年不消，无草木食物，居民捕鱼而饮其油。其鲸油所用甚广，各国之船入夏与蛟龟并伐取之。百姓耐艰苦。

大尼国（都）在亚默利加海隅所据之岛八里，居民四万七千，

①法吕群岛，即法罗（Faroe）群岛。

人多黑面；在亚非利加西边者二十二里，居民三万三千。大尼国虽不大，然扼州中海口，地势要害，握商税兵旅之权。每年入公帑千五百二十八万圆，所出者千四百九十五万圆。欠项最重一万一千六百六十万圆。兵士三万，火炮千八十门。

瑞丁国那威国总记瑞丁一作瑞典，或作绥林，或作苏以天，或作雪尔际亚。那威一作诺鲁威，一作那委阿，一作那耳瓦，一作诺尔勿惹亚，皆音之转。

《外国史略》：瑞丁、那威同一区，西北抵冰海，西南抵耶麻尼海①，东北界抵麻尔底海，源案：麻尔底海、玻的亚海、斯多各海皆所谓州中海，随地异名也。并与俄罗斯都城波得罗堡接界，东北芬兰，即所谓西费耶斯科。东南斯多尼亚②，俄罗斯邑。南北距一千五百五十里，东西距三百五十里。地近冰海，为欧罗巴洲最寒之区。北隅山深雪厚，物产稀少，人皆粗鲁，牧猎为生。瑞丁与那威以伦佛厘尼斯山③为界，无酋长。耶稣纪年九（百后）〔世纪末〕，唐昭宗光化（三）年〔间〕。有哈罗佛额④统领瑞众屡出寇掠，人皆畏惧，遂自立为王，建都于斯笃和林⑤，距海仅六十里，同区之那威亦属焉。旋又攻得琏国之司兰⑥、阿尔厘⑦、希墨厘斯⑧三岛。立国三十余年，为琏国马里额女王所灭，并所属之那威皆被吞并。然瑞丁土人不服，屡叛屡败。迨至琏国几利斯底奄王暴虐无道，国政大乱。千五百二十年，明武宗正德十五

①耶麻尼海（German Sea），即北海。
②斯多尼亚，疑指爱沙尼亚（Estonia）。
③伦佛厘尼斯山，即多弗伦尼斯（Dofrines）山脉。
④哈罗佛额，指哈拉尔德·霍尔法格莱（Harold Harfager），挪威国王。
⑤斯笃和林（Stockholm），又作士突训、士笃哈尔姆、苏突、含岛、士的哥卢，即斯德哥尔摩。
⑥司兰，即设得兰（Shetland）群岛。
⑦阿尔厘，即奥克尼（Orkney）群岛。
⑧希墨厘斯，即赫布里底（Hebrides）群岛。

年。有瑞丁人额斯达瓦萨①者，树帜恢复，屡破琏国之众，竟抵国都，鏖战三载。琏国厌兵，遂还瑞丁故地。瑞丁复国为王，复攻耶麻尼，取回（粤）〔奥〕地（亚）〔利〕亚所侵地，又并波墨腊厘阿数部落，凡欧罗巴各国有事悉听瑞丁号令。千七百〔九〕年，康熙（三十九）〔四十八〕年。为（渣尔）〔彼得〕国王所败，求助于土鲁机。土鲁机为之和解，遂割厘阿厘委阿②数大部落以赂（渣尔）〔彼得〕，始罢兵。瑞丁仅守硗瘠边境。越数十年，传至额斯达瓦斯③，昏于政事，国内再变，王位虚悬。众择佛兰西兵帅墨那氏④为主。墨那氏恐本国王见讨，故厚结人心自树。又所属那威货物至唯国之都交易，多被挟制，皆瑞丁之大患。立衙门四：一官，一僧，一部落土著，一乡村土著。官衙门千二百人，分三等：曰希腊⑤，曰厘那⑥，曰西委那⑦，凡各首领均世袭。僧衙门大僧师曰阿治弥涉⑧，次曰弥涉⑨。部落（中）土著衙门由各部落中选举有租赋者充之，乡村土著衙门由各乡村选举有产业者充之。五年期集会议一次，期以三月，或展至四月。所议者，文武职官贤否及税饷增减，以听王命。凡会议之时，非服章服（之）〔或〕希腊无坐位。那威设立（鲁）〔斯〕多挺⑩衙门，随时会议，俟王准驳。然一事经三请，亦得准之。瑞丁步兵二万六千三百二十，骑

①额斯达瓦萨，又作古斯达鄂，即古斯塔夫·瓦萨（Gustav Vasa）。
②厘阿厘委阿，即拉脱维亚（Latvia）。
③额斯达瓦斯，即古斯塔夫四世（Gustav Ⅳ）。
④墨那氏，指贝尔纳多特（Bernadotte）。
⑤希腊（herra），意为爵士。
⑥厘那（reddar），意为骑士。
⑦西委那（sivena），意为绅士。
⑧阿治弥涉（archbishop），意为大主教。
⑨弥涉（bishop），意为主教。
⑩斯多挺（storthing），意指挪威的议会。

兵四千五百八十，火器兵二千四百，兰威阿兵八万三百六十有八。养兵之法，平日拨田耕种；行阵别给口粮。那威步兵九千六百四十有二，骑兵千有七十，火器兵千二百七十有八。兰威阿驻防兵粮饷如绥林之制。境内伦佛厘尼斯山最大，自（那威）〔绥林〕之俄鼎麻①迄（绥林）〔那威〕界，峰高八百丈，起伏绵亘，至北海滨忽高起壁立。河道四：那尔河②至额佛里③东出海，长二百六十里；额揽弥河④、特揽〔弥〕河⑤、腊勃河⑥自北发源，南出海，国中材木，皆由此出洋。湖二：曰委尼湖⑦，曰马里尔湖⑧，为众水之壑。岁浚河道，宣泄积水。奉波罗特士顿教。貌似俄罗斯，好文学，俗淳无盗，作事忍耐，专心技艺，推求金石草木质性。欧罗巴洲各国皆不及焉。产金、铜、银、铁、黑铅、细呢、白矾、硫磺、材木。综计绥林各部落岁产铁百八十万捆达，每捆达计重七十八斤。硫磺千一百五十捆达，白矾四万二千六百捆达。那威首部落沃牙哈斯⑨，向产金、银、黑铅，今则稀矣。那兰斯⑩岁产铜七千八百六十捆达，几力斯底奄山岁产铁十五万捆达。

　　瑞丁国四部，东界俄罗斯，南界洲中海，西、北界那威。幅员二十九万七千方里，户二百七十七万千二百五十二口。管大部落四，小部落十有七。

---

①俄鼎麻（Gottenburg），又作鄂堡、峨丁布、乙顿巴黎即哥德堡（Göteborg）。
②那尔河，又作达河，即达尔（Dahl）河。
③额佛里，即耶夫勒（Geffle）。
④额揽弥河，又作哥罗门河，即格罗马（Glama）河。
⑤特揽弥（Dramme）河，又作达拉门河，即哈林达耳（Hallingdal）河。
⑥腊勃河，即洛根（Logen）河。
⑦委尼（Wener）湖，又作威内尔湖，即维纳恩（Vänern）湖。
⑧马里尔（Mäler）湖，又作梅拉尔湖，即梅拉伦（Mälaren）湖。
⑨沃牙哈斯，即阿格胡斯（Aggerhuns）。
⑩那兰斯，疑即诺尔兰德（Nordland）。

绥林勃罗部，东界海，南界曷兰①，西、北界那威。领部落三。产细呢、硫磺、白矾。押沙尔②每年产银二三千码，铅一万六七千斤，铁矿尤旺。化伦③每年旧产铜四千万斤，近年只五百六十万斤，金五十码，银五十码，铁无定数。

腊巴兰部④。东界俄罗斯，南界那兰斯，西北界那威。

那兰部⑤，东界海，南界绥林勃罗巴，西界那威，北界腊巴兰。领部落一。每年旧产金三四十码，近年所产仅十之一。

曷兰部，东、南、西界海，北界绥林勃罗巴⑥。领部落九。产铁。

附那威国

那威国六部，东界俄罗斯及绥林，西、南、北俱界海。户百有五万零百三十二口。大部落六，小部落七。

沃牙哈斯部，东界绥林，南界海及几力斯底庵山，西界麻银哈斯⑦，北界特伦林⑧。领小部落一。土产金、银，今渐少。

肥引墨部⑨，东、南皆界俄罗斯，西界那兰斯，北界海。领小部落一。

那兰斯部，东界腊巴兰，南界特伦林，西、北界海。领小部落一。产铜。

特伦林部，东界那兰，南界沃牙哈斯，西界海，北界那兰斯。领小部落二。

麻银哈斯部，东界沃牙哈斯，南界几力斯底庵山，西界海，北界特伦林。领

①曷兰（Gothland），即哥德兰（Gotland）。
②押沙尔（Upsal），又作沃撒剌、乌布萨拉，即乌普萨拉（Uppsala）。
③化伦（Falun），即法伦。
④腊巴兰部，又作腊地，即拉普兰（Lappland）。
⑤那兰部，即诺尔兰德（Norland）。
⑥绥林勃罗巴，意指瑞典本部。
⑦麻银哈斯，即卑尔根胡斯（Bergenhuus）。
⑧特伦林，即特隆提因（Drontheim）。
⑨肥引墨部，即芬马克（Finnmark）。

小部落一。

几力斯底庵山部[①]，东、南、西皆界海，北界麻银哈斯、沃牙哈斯。领小部落一。产铁、白矾、黑铅、木材。皆原本。

《职方外纪》：欧罗巴西北有四大国：曰大（呢）〔泥亚〕，即黄旗之连国。曰诺而勿〔惹〕亚，即那尔威。曰雪际〔亚〕，瑞丁，一作雪尔际亚。曰鄂底〔亚〕[②]。即普鲁社国。论地界，此四国皆与亚勒马尼〔亚〕国相隔一海，道阻难通，西史称为别一天下。南北经度自五十六至七十三，其南夏至日长六十九刻，其中长八十二刻，其北夏至日轮横行地面，半年为一昼夜。地多山林，产兽及海鱼极大，异于他方。其大泥亚国，沿海产菽麦牛羊最多。（半）〔牛〕输往他国者，岁常五万。海中鱼蔽水面，舟为鱼涌，辄不能行。捕鱼不藉网罟，随手取之不尽也。近二十年内，一国士名地谷白剌格，酷嗜玛得玛第加之学，建一台于高山绝顶，以穷天象。究心三十年，累黍不爽。其所制窥天之器，穷极要（渺）〔眇〕。后有大国王延之国中，以传其学。今为西土历法之宗。其诺而勿惹亚穷五谷，山林多材木、鸟兽，海多鱼鳖。人惟驯厚，喜接远方宾旅。曩时过客侨居者，绝不索物价，今稍需即厌足矣，故其地绝无盗贼。其雪际亚，地分七道，属国十二，欧罗巴之北，称〔第一〕富庶云。

瑞丁国沿革那威国沿革附载。原本

无，今补辑。

《贸易通志》曰：瑞丁为北方之国，产铜、铁、木，每年进口货价千三百万员，出口千二百万员。本国船二千四百二十七只，

---

①几力斯底庵山部，即克里斯蒂安桑（Christiansand）。
②鄂底亚，即哥特兰（Gotland）岛。此地在《职方外纪》成书 23 年后始属瑞典。

外国船入口者千六百五十八只。瑞丁，一作瑞典，见《每月统纪传》。

《万国地理全图集》曰：瑞丁国西、南、北三方及海，但东连俄罗斯。北极出自五十五度至七十七度，偏东自八度至二十四度。袤三千九十里，延三百五十里。北方峇巍崎岖，其南沉潴泥地。其西海边港汉洄狄，若舟不幸遇之必危。其江河最多急流，不长，皆入布尼海隅①。天气严凝，大半难耕。居民用鹿为马，其牛羊皆雪中度生焉。居民共计四百万丁。古时此国众蛮突出，侵至欧罗巴之南地。于明万历②年间始奉正化、事耶稣，敢作敢为，又受日耳曼国俟之地，兵力甚强。嗣后权势再衰，五爵屡乱。于嘉庆年间，国中尊贵择佛兰西将军为王，修政安民。其土产木、铁、铜，但五谷不足用。其贫民不得食饼薯，则以咸鱼参调树皮为食。国饷银每年二百万两。其军一万，战舰亦不多。其商船亦到中国贸易。其都城曰士突训，亦通商马头。沃撒剌乃国之书院。其丁末之对面海口，称为鄂堡也。其国之北称为腊地，居民身矮，终身住冰雪之中，劳苦养生。夏时天气又暴热，蚊毒难堪。忽两月后，转瞬冻至。其民出入乘鹿，以奶哺之，以肉养之，以皮穿之，以筋为弓也。又那耳围者，其国西方窄地也。昔属丁末国，于嘉庆（十七）〔二十〕年始归〔瑞〕丁。天气寒凝，与瑞丁不异。其居民捕鱼以代五谷。沿海礁石林立，航船惟难。民性刚悍，虽服瑞丁，而其政事皆酋长专决。

《海录》：绥亦古国在英吉利西少北。案：绥亦古即瑞丁国也，在英吉利西地，其非海南之瑞国明矣。瑞国在英吉利之东也。风俗土产如英吉利，而民情较淳厚。船由荷兰往约旬余，由英吉利约六七日可到。来广

---

①布尼海隅，即波的尼亚湾（Gulf of Bothnia）。
②"万历"，应作"嘉靖"。

·

贸易，其船用蓝旗画白①十字。

《地球图说》曰：瑞丁国又作苏以天国，东南界海，西北界那尔威，百姓约有二百九十万。都城名士笃哈尔姆，城内民九万，皆耶稣教。有大书院。国北极冷，人民稀少。西方多山，中央江湖甚众。夏时暴热，约六十日或九十日，过此则终年寒冷，冰雪不消，难于耕种。有一兽名快鹿，可以御车代马，形状与暹罗所出大同小异，人饮其乳，食其肉，衣其皮，取其筋以为弓弦。嘉庆〔二〕十（七）年间，那威国与苏以天国合成一国，而是国之百姓亦有一百十万之数。其天气地势民风与苏以天国相符，土产大抵鹿、马、犬、牛、羊、鱼、红铜、木料等物。

《地理备考》曰：瑞西亚国与诺鲁威（亚）〔牙〕国原分二国。嘉庆二十年，各国公使齐集维耶纳地会议，将二国合而为一。惟二国田土殊地，风俗不一，故仍分释之。

瑞西亚在欧罗巴洲之北，北极出地五十五度二十分起至六十九度止，经线自东（至）〔九〕度起至二十二度止。东至厄罗斯国，西连诺鲁威（亚）〔牙〕国，南枕州中海，北界诺鲁威（亚）〔牙〕国暨冰海。长约二千七百里，宽约一千里，地面积方约二十四万里，烟户二兆八亿口。孤峰峭岭，各不相联。湖河数泽相间。居北六十度外，荒芜少人。河至长者，曰多尔内亚②，曰卢勒亚③，曰加黎塞利④，曰达勒加尔里⑤，曰加拉辣⑥，曰（达摩勒）〔摩达

①"白"，似应作"黄"。
②多尔内亚（Torneae），即托尔尼奥（Torneälv）河。
③卢勒亚（Luleae），即律勒（Luleälv）河。
④加黎塞利，即谢累夫特（Skellefteälv）河。
⑤达勒加尔里，即卡利克斯（Kalixälv）河。
⑥加拉辣，即克拉尔（Klarälven）河。

辣〕①，曰（科）达。湖之大者，曰威内尔，曰威德尔②，曰耶尔马耳③，曰美拉尔，曰西里然④，曰斯德尔⑤。南方稍有沃壤，北方尽低陷砂碛。土产银、铜、铁、锡、窝宅、白矾、硫磺、花石、木料、皮货。地气：稍南，入夏日长九时，冬则夜长九时；极北则冬有夜无昼，夏有昼无夜。技艺惟精铁器，贸易较诺〔鲁〕威〔牙〕尤（甚）〔盛〕。其国于明武宗正德十五年，始不受制于大尼国，立首领古斯达鄂者为王。始改古教，奉路德罗修教。至基利斯的那女王⑥，癖好文学，厌苦兵事，逊位于外戚加尔禄斯，而自之罗马国游学不复返。加尔禄斯即查理十二王，康熙三十八年即位，年少锐于战伐，攻克波罗尼〔亚〕国之地过半。波罗尼〔亚〕、大尼、厄罗斯三国将连兵来伐，王闻之，先举兵逐去波罗尼〔亚〕国王，围困大尼国都并败厄罗斯之兵，威声震一时。越数载，再兴师攻波罗尼〔亚〕国，败绩，奔赴土尔基国请救五载，未获所请乃归。复往围诺鲁威〔牙〕国城，薨于军中。　（嗣）〔峨〕王因以大众蹙之，嗣王屡战皆北，割东境之芬兰以讲和，峨军乃罢。嗣王将讨本国土酋之怀贰者，诸酋惧，弑王。其子立，好战增饷，又被废。嘉庆十四年，国戚加尔禄斯摄王位，其养子智略过人，善用兵，所向克捷。王薨，因传以位，亦更名加尔禄斯⑦，即今在位之王也。西境之那威，旧属哒国。嘉庆二十年，各国公使会议于维耶纳，以瑞地之附近于哒者归哒，而以那威归瑞。

1613

①摩达辣，即木塔拉（Motala）河。
②威德尔（Wetter），即维特恩（Vattern）湖。
③耶尔马耳，即耶尔马伦（Hjälmaren）湖。
④西里然（Siljan），即锡利延湖。
⑤斯德尔，即斯土尔（Stosjön）湖。
⑥基利斯的那女王，指克里斯蒂娜（Kristina）女王。
⑦加尔禄斯，指贝尔纳多特（Bernadotte），即查理·约翰十四世（Charles John XIV）。

通国分二十四部：一名斯德哥尔摩，乃本国都也，建于美拉尔湖岸，楼台叠起，风景雅丽，货物骈集，人烟辐辏；一乌布萨拉部，一威士德来斯部①，一尼哥兵部②，一（科）〔厄〕勒波罗部③，一加〔尔〕罗斯达部④，一哥巴尔卑〔耳〕部⑤，一日非勒波〔尔〕部⑥，一灵哥宾部⑦，一加尔马部⑧，一仍哥宾部⑨，一哥罗诺卑〔尔〕部⑩，一波勒金日部⑪，一斯加拉波〔尔〕部⑫，一（勒）〔厄〕尔佛斯波部⑬，一（科）〔哥〕德波〔尔〕部⑭，一亚〔尔〕慕斯达部⑮，一基利〔斯的〕安斯达部⑯，一马尔摩呼〔斯〕部⑰，一（科）〔哥〕德（罗）〔兰〕部⑱，一诺〔尔〕波敦部⑲，一威

①威士德来斯部（Vasteras），即韦斯特罗斯。指今西曼兰省。
②尼哥兵部（Nyköping），即尼彻平，指今南曼兰省（Södermanland）。
③厄勒波罗部（ÖrebroLän），即厄勒布鲁省。
④加尔罗斯达部（Karstad），即卡尔斯塔德，指今韦姆兰省（Varmlands）。
⑤哥巴尔卑耳部（Kopparberg），即科帕尔贝里省。
⑥日非勒波尔部（Gefleborg），即耶夫勒堡省（Gavleborg）。
⑦灵哥宾部（Linköping），即林雪平，指今东约特兰省。
⑧加尔马部（Calmar），即卡尔马省（Kalmar Län）。
⑨仍哥宾部（Jonkoping Län），即延雪平省。
⑩哥罗诺卑尔部（Kronobergs），即克鲁努贝里省。
⑪波勒金日部（Blekinge），即布莱金厄省。
⑫斯加拉波尔部（Skaraborg），即斯卡拉堡省。
⑬厄尔佛斯波部（Elfsborg），即艾尔夫斯堡省（Alvsborg）。
⑭哥德波尔部（Gottenborg），即哥德堡（Goteborg），指今哥德堡—布胡斯省（Goteborg-Bohus）。
⑮亚尔慕斯达部（Halmstad），即哈尔姆斯塔德，指今哈兰德省（Halland）。
⑯基利斯的安斯达部（Christianstadt），即克里斯蒂安斯塔德省（Kristianstad）。
⑰马尔摩呼斯部（Malmohus），即马尔默胡斯省。
⑱哥德兰部（Gotland），即哥得兰省。
⑲诺尔波敦部（Norrbotten），即北博滕省。

斯德〔尔波敦〕部①，一〔威斯德尔〕诺尔兰部②，一仍德兰部③。其国通商冲繁之地内外不一，半属内地埠头，半属海边。其所兼摄之地惟一海岛，在亚美里加州内。

诺鲁威〔牙〕国即那威国，在欧罗巴北。北极出地五十八度起至七十一度止，经线自东三度起至十度止。东至瑞西〔亚〕国，西枕北海，南接（州中）〔加的牙〕海峡，北界冰海。长三千四百里，宽八百里，地面积方约十五万五千里，烟户一兆零六万六千口。地势由南而北，崭岩崟（崖）〔嵯〕，海滨礁石槎枒，波涛激涌，舟误触立碎。川泽湖河相间。河至长者，一哥罗门，一达拉门，一罗慕斯达〔尔〕④，一萨尔敦⑤，一多尔内〔亚〕⑥，一亚尔敦⑦，一达纳⑧。湖至大者，一米约森⑨，一发门⑩，一的里斯⑪，一黎斯⑫。北界沙碛，寒冻不毛，居民以渔为业。南有腴壤，稼穑四旬即熟，林密少果实。五金惟银最多，纹石极美。禽兽繁衍，鳞介充斥。北则严寒，南则燠暑。冬令有夜无昼，不见日者七十五日；夏季有昼无夜，不见月者七十五日。五、六两月暴暖，蚊蚋密如尘沙。过此霰雪飞集，皆寒冻之日矣。国治与瑞西〔亚〕国同王而异法，奉路得罗修教，其天主公教暨加（诺）〔尔〕威诺

①威斯德尔波敦部（Vasterbotten），即西博滕省。

②威斯德尔诺尔兰部（Vasternorrland），即西诺尔兰省。

③仍德兰部（Jantland），即耶姆特兰省。

④罗慕斯达尔（Romsdal），即罗姆斯达尔河。

⑤萨尔敦（Salten），即萨尔坦河。

⑥多尔内亚（Torneä），疑即托尔尼奥河。

⑦亚尔敦（Alten），即阿尔塔河。

⑧达纳（Tana），即塔纳河。

⑨米约森（Miosen），即米约萨（Mjsa）湖。

⑩发门，即法蒙德（Famund）湖。

⑪的里斯（Tyris），即蒂里斯湖。

⑫黎斯（Rys），即勒斯湖。

修教，为数无几。工市少，技艺庸，惟商贾辐辏。通国分十七部：一亚日胡斯①，一（马斯）〔斯马〕勒难②，一里德马尔根③，一基利斯的安④，一布斯给卢⑤，一巴拉德〔斯〕北〔尔〕⑥，一内德尼斯⑦，一满达尔⑧，一斯达完（白）〔日〕尔⑨，一仍尔卢斯卑耳⑩，一南卑尔仁⑪，一北卑尔仁⑫，一罗慕斯达尔⑬，一南德伦的音⑭，一北德伦的音⑮，一诺尔兰⑯，一分马尔根⑰。其通商冲繁之地，半属海边，半属内地之埠。

《外国史略》曰：瑞丁国僻处北方，地冷不毛，古时居民惟以虏掠为生。宋朝时与大尼国始启争端，两国忽合忽分。明嘉靖二年，百姓自择立君曰古士达第一王，聪明智慧，始传耶稣正教。明崇祯二年，国王不忍视日耳曼国天主新教之徒剿灭正教，故领兵入日耳曼国维持保护，以寡胜众，自是瑞丁之名扬于各国。其后甲里第十二王，康熙三十（五）〔六〕年即位，尚年少，邻国兵

----

①亚日胡斯（Aggerhuns），即阿克什胡斯郡（Akershus）。

②斯马勒难（Smaalehnene），待考。

③里德马尔根（Hedemarken），即海德马克郡（Hedmark）。

④基利斯的安（Christian），即克里斯蒂安桑，指今西阿德尔郡。

⑤布斯给卢（Buskerud），即布斯克吕郡。

⑥巴拉德斯北尔（Bradsberg），即布拉德斯贝里。

⑦内德尼斯（Nedenes），即内德内斯。

⑧满达尔（Mandal），即曼达尔。

⑨斯达完日尔（Stavanger），即斯塔万格，指今罗加兰郡。

⑩仍尔卢斯卑耳（Jarlsberg），即雅尔斯贝里。

⑪南卑尔仁，即南卑尔根胡斯（Sondre-Bergenhuns）。

⑫北卑尔仁，即北卑尔根胡斯（Nordre-Bergenhuns）。

⑬罗慕斯达尔（Romsdal），即默勒—鲁姆斯达尔郡（Moreog Romsdal）。

⑭南德伦的音（Sondre-Trondhiem），即南特伦德拉格郡（Sor-Trondelag）。

⑮北德伦的音（Nordre-Trondhiem），即北特伦德拉格郡（Nord-Trondelag）。

⑯诺尔兰（Nordland），即诺尔兰郡。

⑰分马尔根（Finmarken），即芬马克郡（Finmark）。

来攻击。甲里王约大尼国共平之。后胜俄罗斯，破波兰军，侵日耳曼国，各国皆畏其威。俄罗斯军再至，甲里王追入深林，忽峨兵四面伏起环攻，王突围出，遂奔土耳其，间道归本国，再合兵力战，受伤而死。国民与五爵互相斗，国势益废，无能再兴。于是峨国进迫瑞丁，强夺其地，政事俱由峨国大臣主张，相沿日久。嘉庆年间，其君与佛兰西交战，民人恐惧，因驱其君，谋迎立佛国之将军代王位。赖峨国王击破佛军。嘉庆〔二〕十（八）年议平，获那耳威国地入版舆。到中国贸易。

瑞丁并那尔威，北极出地自五十五度二十二分至七十一度十一分，北至冰海，东南至峨罗斯并巴得海隅，西及北海。两国之南系平地，溪流不大，林甚密。广袤一万三千七百七十里。两国居民四百四十二万。气候（最）〔甚〕冷，在北长有冰雪，虽夏月亦不热，草木难生。山皆在北，而南则泽湖也。那尔威海边，其山石礁如齿，海汉甚深。瑞丁之农地一百七十方里，牧场三百四十方里，湖泽一千零六十方里，荒地一千四百六十方里，独南方可耕也。五谷不足用，居民惟种荷兰薯以养生，以捕鱼为业。山产铁及红铜，运出外国。百姓聪明，而不愿离本土。好酒，耗费，鲜制造，商船一千只。道光十二年，运进者价值千三百五十万圆，运出者价值千二百三十万圆。其（部回）〔都曰〕苏突含岛，居民八万三千。峨丁布居民一万九千。其国肄院，贤儒云集。北去平[1]居民一万九千。甲（申）〔里〕冕[2]一万二千。

瑞丁连那尔威国，俱硗地，鲜食物。松林最茂，其木料为各国所贵。银矿无几。业渔，喜宾客。瑞、那两地之民与日耳曼国

———————————

①北去平（Norrköping），即诺尔彻平。
②甲里冕，即卡尔斯克鲁纳（Karlskrona）。

之民最相亲，土音不远。其都城曰吉提亚那①，居民二万。比音港，居民二万二千八百，是此国之大港。顿害米居民一万二千，出松板，每年价百二十万圆。瑞丁王统辖两国事，必听乡绅会议。有理务之大臣七员，会议之大臣三员。所入国帑每年约千七十四万圆。所进用之军士三万九千，水师大战舰二十只，中船八只，小船八只，炮艇二百四十七只。那尔威国帑所入者银（三）〔二〕百七十八万圆，所出者银二百八十五万圆。军士一万二千，水师小船六只，炮艇一百一十七只。

《皇清四裔考》：瑞国在西北海中，达广东界俱系海洋，计程六万余里。国中土地平衍。有大山三：一曰庇高天牙礼华，阅三四年，（辙）〔辄〕有光烛天，望之若烟火，四面巉岩，壁立千仞，人迹不能到；一曰布农故巴黎，自山麓达于顶，俱白沙童然，无一草一木；一曰化伦士高劳华，山中产红铜，民为采纳于王。王所居地名士的哥卢②，国人会聚之地名曰乙顿巴黎，距王居七百余里。国中四面皆大泽，汪洋千顷。国人之散处者，非驾船不能往来。乙顿巴黎盖泊船总汇处也。凡大市镇，当国人贸易之期，则有官司至，若古司市者，故市镇皆设馆舍以供驻宿，置班衙以供使令。其人信奉天主，俗同英吉利。通市始自雍正十年，至今不绝。

《海录》：（盈黎）〔黎盈〕马禄加国在绥亦古_{即瑞丁}西北，与绥亦古同一岛，陆路相通而疆域较大，人稍粗壮，风俗土产亦同，即来粤黄旗船是也。_{即那威国。}

①吉提亚那（Christiania），即奥斯陆（Oslo）。
②士的哥卢，即斯德哥尔摩（Stockholm）。

海国图志卷五十九邵阳魏源重辑

外大西洋

外大西洋墨利加洲①总叙

　　呜呼！弥利坚国②非有雄材枭杰之王也，涣散二十七部落，涣散数十万黔首，愤于无道之虎狼英吉利，同仇一倡，不约成城，坚壁清野，绝其饷道，（遂）〔逐〕走强敌，尽复故疆，可不谓武乎！创开北墨利加者佛兰西，而英夷横攘之；愤逐英夷者弥利坚，而佛兰西助之，故弥与佛世比而仇英夷，英夷遂不敢报复，远交近攻，可不谓智乎！二十七部酋分东西二路，而公举一大酋总摄之，匪惟不世及，且不四载即受代，一变古今官家之局，而人心翕然，可不谓公乎！议事听讼，选官举贤，皆自下始，众可可之，众否否之，众好好之，众恶恶之，三占从二，舍独徇同，即在下预议之人亦先由公举，可不谓周乎！中国以茶叶、大黄岁数百万济外夷之命，英夷乃以鸦片岁数千万竭中国之脂，惟弥利坚国邻南洲③，金矿充溢，故以货易货外，尚岁运金银百数十万以裨中国之币，可不谓富乎！富且强，不横凌小国，不桀骜中国，且遇义

---

①墨利加洲（America），又作美理哥，即美洲。外大西洋，相对欧洲而言，指在大西洋西面的美洲地区。
②弥利坚国，即美国（The United State of America）。
③南洲，指南美洲。

愤，请效驰驱，可不谓谊乎！故不悉敌势，不可以行军；不悉夷情，不可以筹远。

魏源又曰：弥利坚与英夷所据皆北洲①，其南则最大者为字露国②，起赤道南三度至赤道南四十一度，大小数十部，广袤万余里，国中金、银、铜极多，国王宫殿皆以黄金为板饰之，惟铁最少、最贵。其道路自国都以达四方，凿山平谷，更布石为坦途，驿使传命，数里一更，三日夜可达二千里。其出音各种，而别有一正音可达万里之外，与中国官语相等，非西洋国国殊音之比，故与（南）〔北〕洲之弥利坚，皆墨利加之二大雄邦也。乌乎！八荒以外，存而不论，乌知宇宙之大哉！

墨利加洲沿革总说原本无，今补。

此洲明代始有闻，故前史无可考。今述沿革，自明代西人之书始。

《职方外纪》曰：亚墨利加，第四大洲总名也。地分南北，中有一峡相连。峡南曰南亚墨利加，南起墨瓦蜡泥海峡③，南极出地五十二度，北至加纳达④，北极出地十度半，西起二百八十六度，东至三百五十五度。峡北曰北亚墨利加，南起加纳达，南极出地十度半；北至冰海，北极出地度数未详；西起一百八十度，东尽福岛⑤三百六十度。地方极广，平分天下之半。

初，西土仅知有亚细亚、欧罗巴、利未亚三大洲，于大地全

---

①北洲，指北美洲。

②字露国（Peru），又作比鲁、伯路、北路、北卢，即秘鲁。

③墨瓦蜡泥海峡，即南美洲南部的麦哲伦海峡（Strait of Magellan）。

④加纳达（Canada），即加拿大。早期加拿大泛指北美地区。

⑤福岛，即加那利（Canarias）群岛。古称幸福岛。

体中止得什三，余什七悉云是海。至百年前，西国有一大臣名阁龙①者，素深于格物穷理之学，又生平讲习行海之法，居常自念天主化生天地，本为人生据所，传闻海多于地，天主爱人之意恐不其然，毕竟三洲之外，海中尚应有地。又虑海外有国，声教不通，沉于恶俗，更当远出寻求，广行化诲，于是天主默启其衷。一日行游西海，嗅海中气味，忽有省悟，谓此非海水之气，乃土地之气也，自此以西，必有人烟国土矣。因闻诸国王，资以舟航粮糗器具货财，且与将卒以防寇盗，珍宝以备交易。阁龙遂率众出海，展转数月，茫茫无得，路既危险，复生疾病，从人咸怨欲还。阁龙志意坚决，只促令前行。忽一日，舶上望楼中人大声言有地矣，众共欢喜，颂谢天主，亟取道前行，果至一地。初时未敢登岸，因土人未尝航海，亦但知有本处，不知海外复有人物。且彼国之舟向不用帆，乍见海舶既大，又驾风帆迅疾，发大炮如雷，咸相诧异，或疑天神，或谓海怪，皆惊窜奔逸莫敢前。舟人无计与通，偶一女子在近，因遗之美物、锦衣、金宝、装饰及玩好器具，而纵之归。明日，其父母同众来观，又与之宝货。土人大悦，遂款留西客，与地作屋，以便往来。阁龙命来人一半留彼，一半还报国王，致其物产。其明年，国王又命载百谷百果之种，并（携）〔移〕农师巧匠往教其地，人情益喜。居数年，颇得曲折，然犹滞在一隅。其后又有墨利哥②者，至欧罗巴西南海，寻得赤道以南之大地，即以其名名之，故曰（南）〔亚〕墨利加。数年之后，又有

---

①阁龙，又作可伦、可伦波，即哥伦布（Cristoforo Colombo），意大利航海家，1492年率领西班牙船队登上巴哈马群岛。
②墨利哥，又作亚美利哥，即亚美利哥·维斯普奇（Amerigo Vespucci），意大利航海家。1502年继哥伦布之后航行到达南美洲。

一人名哥尔德斯①，国王仍赐海舶，命往西北寻访，复得大地，在赤道以北，即北墨利加。

其地从来无马，土人莫识其状，适舟人乘马登岸，彼中人见之大惊，以为人马合为一体，疑兽非兽，疑人非人。但赍两种物（至）〔来〕，一是鸡豚食物等，云"尔若人类，则享此"；一是香花鸟羽等，云"尔若天神，则享此"。既而尝其食物，方明是人，从此往来不绝。其中大国与欧罗巴馈遗相通，西土国王亦命教中掌教诸士至彼劝人为善。数十年来，相沿恶俗稍稍更变。

其国在南墨利加者有孛露，有伯西尔②，有智加③，有金加西蜡④。南北相连处有宇革单⑤、加达纳⑥。在北墨利加者有墨是可⑦，有花地⑧，有新拂郎察⑨，有拔革老⑩，有农地⑪，有寄未利⑫，有新亚比俺⑬，有加里伏尔尼〔亚〕⑭，有西北诸蛮方。其外有诸岛，总名〔亚〕墨利加岛云。

《贸易通志》曰：默利加内地自昔荒芜，人迹罕到，草木畅

---

①哥尔德斯，疑为科尔特斯（Cortés），待考。

②伯西尔，又作被西、巴悉、巴拉西利，即巴西（Brazil）。

③智加（Chica），即今智利（Chile）南部巴塔哥尼亚地区。

④金加西蜡，指16世纪西班牙在南美北部的统治区（Castilia Deloro），包括今哥伦比亚（Colombia）西北部、委内瑞拉（Veneruele）北部和巴拿马（Panama）。

⑤宇革单，即墨西哥东南部的尤卡坦（Yucatan）半岛。

⑥加达纳，非加纳达之误。地名，待考。

⑦墨是可，又作麦西可、美诗歌，即墨西哥（Mexico）。

⑧花地，即美国的佛罗里达（Florida）。

⑨新拂郎察，即新法兰西（New France）。

⑩拔革老，又作瓦革了、巴革老，即加拿大圣劳伦斯湾以上一带。

⑪农地，疑为北美洲阿巴拉契亚（Appalachian）一带。

⑫寄未利，又作既未蜡、祈未蜡、鸡未腊，疑即今美国西部额斯哈特山脉地区。

⑬新亚比俺，又作新亚比安、新亚泥俺，疑在今加拿大西北沿海一带。

⑭加里伏尔尼亚，即加利福尼亚（California），包括墨西哥的加利福尼亚半岛和美国的加利福尼亚州。

茂，禽兽繁殖，土人游牧射猎为生。自欧罗巴商舟往彼垦地通市，商民云集，物产殷阜，技艺日广，教化日兴。

《每月统纪传》曰：亚墨利加南至冰海，北至冰海，西至大洋，东至大西洋，西北庶与亚细亚相连，只隔峡也。南极出地五十五度五十九分，北极出地八十度有余。自此更南更北，因冰如岳，船不能到，故不知其度数。西出地偏西一百六十八度一十八分，东出地偏西三十四度五十四分。

《美理哥国志略》曰：美理哥洲处于极西，自古无有海外之人至此地者，直至明代，西洋明理之士遥思地圆如球，东西二方未必遂无土地，于是有伊大理①人名哥伦布，禀其国王，求发船以往，国王不允。复求于葡萄牙国王，亦不允，复连禀西班雅国王，延至八年，始蒙许之。以大船一只、小船二只，共百余人，于弘治五年八月初向西启行，二十余日不见厓岸，同舟水手防致绝粮，皆欲返棹，船督哥伦布再三劝勉。后渐见空中有鸟，远有堤岸，由是用千里镜而远眺，乍见人烟，鼓棹前驱。船至傍岸，手执小旗祷谢上帝，众皆托足在此过冬。明年，舟旋返国。迨弘治十年，复有船主亚美理哥至此久驻，故后人即以其名名此地焉。

正德年间，有欧罗巴人解缆西行，先到美理哥洲，而后过亚细亚之中华、之印度，又过利未亚，以还欧罗巴。亦有解缆东行，先过利未亚，再过印度，过中华，而后西至美理哥洲，以返欧罗巴。可知自西而东，自东而西，皆环圆如球明矣。初，有葡萄牙人名嘉奴者，禀请发船五只东行，旋绕至西，（园）〔圆〕地而返。返之日，王赐以银铸小地球，上刻字云：始环地而旋者，其嘉奴乎！今则海道益习，洋船自东往西，或由西返东，环地而返，计

①伊大理，即意大利（Italy）。

不过八九月之间，即可周行全地，皆前人开创之功也。

美理哥地又分南北二方，广阔相似，中有狭地相连。南北二方所属各有数国，北方之极处则属英吉利、鄂罗斯二国，但其腹地则为美理哥兼摄邦国焉。有《美理哥国全图》，惜未之见。

《万国地理全图》曰：亚默利加大地自北七十度衮至〔南〕五十六度，长二万七千里。其大地分两方，一南一北，由巴那马微地①相连，南至大南海，北及冰海，东至大西洋海，西及大洋海一带，高山绵亘，直至海边，嶔岑嵬嵬，在南方层岗叠巘，高接云霄。（四）〔西〕山②之中，高峰百七十丈，其山之左右南北，广坦衮延，圆方六十万有余方里。地虽浩瀚，非亚、非沙漠之比，江河疏通支灌，草木丰茂。其高敞之地，高于海六十丈，似亚齐亚。土沃民饶，产物丰美，如白糖、加菲、橙、柑等果，由他国而移种者；及牛、马、羊等五畜，亦由异国运至而孳生者。民分四族：曰土人，乃原始所驻者；曰白面之氓，由欧列国来者；曰黑民之人，由亚非利加买来者；此等族类互相结亲。其居民似中国，然其行藏动止殊异。至白面之族，大半英吉利、是班牙、葡萄牙三国之后裔。古时亚默国隔重海，与列欧国无往来，其土民不知耕田，但知游猎。林内尚有几国，颜状慈善，性情敦让，但毫不识字，又不知农，惟待天生地产。于明朝年间，列欧国专务寻新地以开商路，于是智士名曰可伦，奏请是班牙国王兵船望西而驶，于明孝宗（四）〔五〕年得到其地，知山内藏金不少，据获其土，金玉山积。遇有葡萄亚船，被风飘到南方，亦守其新地。是时英国亦调船航海而抵亚默利加北方。其佛兰西亦据褊少之地。

---

①巴那马微地，又作巴那国峡，即巴拿马（Panamá）地峡。
②"四山"，应作"西山"，西班牙语 Cordilere Occidental，意为西山，今译科迪勒拉山脉。

此四国占据大地，惟是班牙国之藩属最延，不下欧罗巴之列国也。历三百年，忽于乾隆四十年间，入英国版图之士氓，齐心奋勇与英死战，而自立国。于道光年间，是班牙之新地逐一效尤，驱其旧主，而各自专制，此次尚存数岛以及英国北地。今陈其列国风俗之淳漓，民人之利病，疆域之大小，山川之形势，户口、田赋、兵防、学校之盛衰，逐一详述之。

又曰：北默利加，冰海周绕北极，沿海墺湾，石山巉岩，天气最寒，夏亦飞雪，秋先结冰。冬月全系长夜，星露满天；五六月间，则太阳不落，其冰渐消，浮于海面，若叠山然。列西国冒危，连年调船前往其境，幸到北极者，厚许赏给。此等船冬停冰中不动，水手以雪盖船。每年英吉利、荷兰等国，驾船遍驶，以捕鲸鱼、海犬、海马等兽，煮肉而收其油。夏时各国巡船百余，所获鲸鱼及骨价银计二百万有余两，但百千水手或覆舟，或被鲸拉溺深渊，好利习危，不顾生命。此海鱼鳖无数，居户捕以为食，而衣海犬之皮。穴处土中，人甚矮陋，冬时昼夜烧油自照。此处亚齐亚及亚默利加惟隔海峡，故峩罗斯国由其藩属迁此，以捕貂鼠、海虎之毳兽。

《地球图说》：北亚美利驾大洲，东界大西洋，南西两面界大东洋，北界北冰洋，百姓共三千零七十五万之数。洲北地近北极，故凡沿冰洋之处，当地球偏北，天气极寒，惟夏月太阳不隐，冰雪始消，漫浮于海，如叠山岳，舟触之者立摧破。其南方地当热道，则天又极暑矣。溯三百六十五年前，各国尚不知有此大洲。明朝弘治间，意大里国有一智士名可伦波，遍谒国王，愿借船觅地，均不信从，后大吕宋信从其言。驾船至彼，果得是洲，且山内金银充牣，惜远隔重洋，与欧罗巴列国无往来之礼，不知耕读，与木石居，与禽兽伍，好逸恶劳，食天生之果。以后英吉利、佛兰西、大吕宋三国之人相踵而至，繁延不绝，瓜分为属。峨罗斯国人闻之，亦徙民于兹，而割据属地焉。至中国乾隆四十年间，是洲之民不甘属英，两相决战，自立为花旗国①号，自主其地。又是洲之南，系大吕宋所属，今亦两相决战，定为麦西可国。但洲内尚有各种属国，即峨罗斯属国，埭尼②属国，英吉利属国，花旗国，麦西可国，跨氏马剌③国是也。

又曰：南亚美利驾大洲，东、南、北三面都界大西洋，西界大东洋④，百姓约千六百万之数。是洲在昔本系英吉利、佛兰西、大吕宋、葡萄亚、荷兰五国管辖，悉自立为国。惟国之小者力不能自树，仍为荷兰、英吉利、佛兰西三国瓜分，所属洲内之国：一曰可伦比⑤，二曰器亚那⑥，三曰比鲁，又名伯路。四曰被西，又名巴悉。五曰波利非亚⑦，六曰智理⑧，又名治理。七曰伯大加宜⑨，八曰育奈士迭国⑩。大半天主教，小半耶苏教。洲内多高山，而土地平坦。有三大江：曰亚脉松江⑪、阿利挪加江⑫、伯拉达江⑬。亚脉松之江，其大甲于天下，洲东有极大旷野，林木参天，（线）〔绵〕延万里，内多猛兽、大蛇、野马、野牛、驼鸟。土产金、

---

①花旗国，即美国。

②埭尼，即丹麦（Danmark）。

③跨氏马剌，即危地马拉（Guatemala）。

④大东洋，又作平海，即太平洋（Pacific Ocean）。

⑤可伦比，即哥伦比亚（Colombia）。

⑥器亚那，又作危亚那，即圭亚那（Guiana）。

⑦波利非亚，又作破利威，即玻利维亚（Bolivia）。

⑧智理，又作治理、治利、济利，即智利（Chile）。

⑨伯大加宜，又作巴他峨尼，即智利南部的巴塔哥尼亚地区（Patagonia）。

⑩育奈士迭国，即美国，列于南美洲各国之中，误。

⑪亚脉松江，又作马拉娘河，即亚马孙（Amazonas）河。

⑫阿利挪加江，又作科勒诺哥河，即奥里诺科（Orinoco）河。

⑬伯拉达江，又作银河，即拉普拉塔（La Plata）河。

银、马口铁、水银、金钢钻、煤炭、珍珠、铜、药材、木料、五谷、白糖、鸟兽皮等。洲之西，有一带高山，名安地师①，计二千一百四十四丈，折里得十二里，计长五千四百里，中有火山，不时地震。

《外国史略》曰：亚默利加大地分南北两洲，中隔东西海港，以巴那马一峡相连，广袤方圆七十五万里，南及大南洋，北至冰海，东及大西洋，西及大东洋。北极出地自七十二度及南极五十六度，偏西自三十五度及一百七十度，长约三千六百里，最广之处横阔一千零六十里，惟巴那马地甚窄，阔只六里，在南北二洲之间。其西面皆山，其东边亦有山，连延不绝。北半地有三角之形，广袤三十四万五千里，居民二千五百万，有大湖、长河、长江。东边海隅，西边皆山，地硗多沙石。所有各湖，广袤四千六百里。峨罗斯及英藩属、花旗、麦西哥等国，俱在南北两地内，西海隅有大西洋之群岛。南半地广袤方圆三十五万里，形状亦似三角，沿海之山，距海滨十五里，自南地嘴延及巴那马，高有三千三百丈者，上永积雪，内有火山四十余，地频震，火山出火浆为硫磺。东方平坦。其山出白金、黄金、白铜各宝。此洲各国：曰巴他峨尼，曰拉八他②，曰治利，曰乌路危③，曰巴拉危涯④，曰破利威，曰北路，曰巴悉，曰危亚那，曰可伦比等国及列西国之藩属地。此地与欧罗巴各国自古无往来。有是班牙国智士名可伦者，通地理，默思地既圆体，东半球既有地，西半球亦当有地，因请于国王，航海往访。望西而驶，浩无涯岸，从人皆欲退，可

①安地师，即安第斯（Andes）山脉。
②拉八他（La plata），即拉普拉塔。
③乌路危，即乌拉圭（Uraguay）。
④巴拉危涯，即巴拉圭（Paraguay）。

伦锐志前行，届（斯）〔期〕抵一大洲，可伦上岸，见居民驯良，皆以金饰身，问知其来处，遂据此地开矿。回报国人，来者益众，于是此洲名扬海外。又或过巴那国峡，而据北路各金银山，获宝千万。是洲广大之地，盖归是班亚国为藩属，人户虽罕，财宝极盛。后有葡萄亚国之船，到巴悉国据其地。英人亦于（此）〔北〕亚默利加据麦西哥金银之山开垦，佛兰西、荷兰、大呢等国亦从其后分据各地，皆较是班亚所属地甚为狭小于是欧罗巴各国互相争夺连三百年。乾隆三十（七）〔八〕年，英国藩属之民因增饷肇衅，佛兰西、是班亚、荷兰兼助之，英人于四十六年议和，由是听其自主，不为藩属，即今育奈（大）〔士〕迭国，中国所称花旗国也。嗣后是班亚于嘉庆年间与佛兰西交战不息，所有藩属亦皆叛之，各自立为列国。

《地理备考》曰：亚美〔里〕加洲即所称新域是也，中分两区，界枕四海，版舆亚于亚细亚洲。水道之多，甲于天下。土腴产丰，人烟稠密，地气互异。

亚美里加洲自纬度北七十一度起至南五十四度止，经度自巴黎斯午线西三十六度起至一百七十度止。本洲之地四面枕海，东至亚德兰的海①，西至大海暨白令海峡，南至南海，北至冰海。

本洲有外海、内海。外海者，东亚德兰的海，西平海，又名大海，南南海，北冰海，四面环绕，并皆相通；内海者，东安的列斯海②，西白令海，北巴非英③、阿德孙④二海，各自为（汇）〔道〕，不相通达。

---

① 亚德兰的海，即大西洋（Atlantic Ocean）。
② 安的列斯海，即加勒比海（Caribean Sea）。
③ 巴非英，指巴芬湾（Baffin Bay）。
④ 阿德孙，即哈得孙湾（Hudson Bay）。

　　江河之长，本洲为最。在南者尤甚于北，其较大者南北约十有二：曰马拉（良）〔娘〕，乃江河之首也；曰科勒诺哥，曰多干定①，曰桑方济各②，曰银河，皆注于大西洋海；曰马达（勤）〔勒〕那③，注于安的列斯海，是为南海之最；曰马更些④，注于冰海；曰桑罗棱索⑤，曰德拉瓦勒⑥，曰波多马哥⑦，皆注于大西洋海；曰米西西卑⑧，曰北河⑨，皆注于美诗哥海湾⑩，是为北河之最。

　　本洲之湖最盛，北区尤甚，每有因阴雨涨溢，泛滥国中。北区湖之大者曰意斯哥拉窝⑪，在新北勒达尼亚地⑫，曰苏卑里（的）〔约〕尔⑬，曰米济安⑭，曰呼伦⑮，曰厄列⑯，曰乌达里约⑰，皆在花旗国之北；曰尼加拉瓜⑱，在瓜的马拉国⑲。南区湖

---

①多干定，即托坎廷斯（Jocantins）河。

②桑方济各，即圣弗朗西斯科（São Francisco）河。

③马达勒那，即马格达莱纳（Magdalena）河。

④马更些，即马更些（Makenzie）河。

⑤桑罗棱索，即圣劳伦斯（Saint Lawrence）河。

⑥德拉瓦勒，又作底拉华河，即特拉华（Delaware）河。

⑦波多马哥，又作颇多麦河，即波托马克（Potomac）河。

⑧米西西卑，又作美斯细比河，即密西西比（Mississippi）河。

⑨北河，即北布拉沃河（又称格兰德河）。

⑩美诗哥海湾，即墨西哥湾（Gulf of Mexico）。

⑪意斯哥拉窝（l'Esclavage），即大奴湖（Great Slave Lake）。

⑫新北勒达尼亚地，指加拿大西北地区。

⑬苏卑里约尔，又作素比里耳湖，即苏必利尔湖（Superior L.）。

⑭米济安，又作美是干湖，即密歇根湖（Michigen L.）。

⑮呼伦，又作胡珑湖，即休伦湖（Huron L.）。

⑯厄列，又作伊里湖，即伊利湖（Erie L.）。

⑰乌达里约，又作安大里珂湖，即安大略湖（Ontario L.）。

⑱尼加拉瓜，即尼加拉瓜湖（Lago de Nicaragau）。

⑲瓜的马拉国，即危地马拉（Guatemala），实际上尼加拉瓜湖在今尼加拉瓜国。

之大者，曰马（加来）〔来加〕波①，在哥伦比亚国；曰的〔的〕加〔加〕②，在北卢国；曰诗拉（即）〔耶〕斯③，在北卢、巴拉西利二国之间；曰巴德斯④，在巴拉西利国之南。其余小湖不序。

本洲海岛甚多，有一岛一名者，有数岛同名者：曰日美斯⑤，曰苏登波敦⑥，皆在阿德孙海⑦；曰德拉诺瓦⑧，曰桑诺汉⑨，曰安的（斯哥）〔哥斯〕第⑩，曰迷给伦⑪，皆在桑罗棱索海湾⑫；曰北尔慕达斯⑬，曰郎加⑭，皆在亚德兰的海；曰卢加亚⑮，（曰）〔又名〕巴合马，（曰卢加亚）曰新波罗委连西亚⑯，曰桑萨瓦多〔耳〕⑰，曰大安的列斯⑱，曰古巴⑲，曰秾买加⑳，曰桑都名额

---

①马来加波，即马拉开波湖（Lago de Maracaibo），在今委内瑞拉。

②的加加，即今玻利维亚与秘鲁之间的的喀喀湖（Lago de Titicaca）。

③诗拉耶斯，即沙拉耶希湖沼（Lago temporerio dos Xarayes），在玻利维亚与巴西之间。

④巴德斯，即帕托斯湖（Lagoa dos Patos）。

⑤日美斯，即阿杰米斯卡岛（Agemisca I.）。

⑥苏登波敦，即索斯安普敦岛（Southampton）。

⑦阿德孙海，即哈得孙湾（Hudson Bay）。

⑧德拉诺瓦，即纽芬兰岛（Newfound land I.）。

⑨桑诺汉，即爱德华王子岛（Prince Edward I.）。

⑩安的哥斯第，即安提科斯提岛（Anticosti I.）。

⑪迷给伦，即马德伦群岛（Îs. de la Madeleine）。

⑫桑罗棱索海湾，即圣劳伦斯湾（Gulf of St. Lawrence）。

⑬北尔慕达斯，即百慕大群岛（Bermude Is.）。

⑭郎加，即长岛（Long I.）。

⑮卢加亚，又作巴合马，即巴哈马群岛（Bahama Is.）。

⑯新波罗委连西亚，即新普罗维登斯岛（New Providence I.）。

⑰桑萨瓦多耳，圣萨尔瓦多岛（San Salvador I.），又称华特林岛，在巴哈马群岛。

⑱大安的列斯，即大安的列斯群岛（Greater Antilles Is.）。

⑲古巴，即古巴岛（Cuba I.）。

⑳秾买加，即牙买加岛（Jamaica I.）。

斯[1]，曰波尔多黎各[2]，曰小安的列斯[3]，曰德彝达的[4]，曰马尔的尼各[5]，曰瓜德卢卑[6]，曰多米尼各[7]，曰（马）〔巴〕尔巴德[8]，曰安的各阿[9]，曰三达古卢斯[10]，皆在亚德兰的与安的列斯二海之间；一名发尔哥兰[11]，〔中有数岛〕曰诺委日耳〔日亚〕[12]，曰马加连义斯[13]，皆在南海；曰济罗哀[14]，曰若汉发尔难得斯[15]，曰亚拉巴额[16]，曰勒委列黎日多[17]，曰瓜达拉[18]，曰王古委尔[19]，曰昔德加[20]，曰哥的亚各[21]，皆在大海；曰加拉尔哥[22]，曰桑马（罗）

①桑都名额斯（Santo Domingo），即海地岛（Haiti I.）。
②波尔多黎各，即波多黎各岛（Puerto Rico）。
③小安的列斯，即小安的列斯群岛（Lesser Antilles）。
④德彝达的，即特的尼达岛（Trinidad I.）。
⑤马尔的尼各，即马提尼克岛（Martinique I.）。
⑥瓜德卢卑，即瓜德罗普岛（Guadeloupe I.）。
⑦多米尼各，即多米尼加岛（Dominica I.）。
⑧巴尔巴德，即巴巴多斯岛（Barbados I.）。
⑨安的各阿，即安提瓜岛（Antigua I.）。
⑩三达古卢斯，即圣克鲁斯岛（St. Croix）。
⑪发尔哥兰，即马尔维纳斯群岛（Islas Malvinas），或称福克兰群岛（Falkland Is.）。
⑫诺委日耳日亚，即索来达岛（Soledad）。
⑬马加连义斯（Magallanas），即火地岛（Tierra del Fuego）。
⑭济罗哀，即奇洛埃岛（I. de Chiloé）。
⑮若汉发尔难得斯，即胡安—费尔南得斯群岛（Arch. de Juan Fernández）。
⑯亚拉巴额，即科隆群岛（Arch. de Colón）。
⑰勒委列黎日多，即雷利维亚希里多群岛（Revilla Gigedo）。
⑱瓜达拉，即瓜达罗佩岛（Guadalupe I.）。
⑲王古委尔，即温哥华岛（Vancouver I.）。
⑳昔德加，即锡特卡岛（Sitka I.）。
㉑哥的亚各，即科迪亚克岛（Kodiak I.）。
㉒加拉尔哥，即圣劳伦斯岛（St. Lawrence I.）。

〔罢〕斯①，曰桑保罗②，曰桑若尔日③，曰亚（棱）〔留〕德斯④，皆在白令海。

本洲径地居七，其著名大径一，名曰巴那马，为南北二区相通之路。

本洲平原覃广，其在马更些、米西西（北）〔比〕二河之间者，地面积方约有三百三十七万五千里；其在南方者，地面积方约有二百六十五万里；其在安得斯山⑤、巴拉西利各山、亚德兰的海暨马加连义斯峡⑥之间者，名曰银河平原⑦，地面积方约有一百六十八万七千五百里；其在加给大河⑧滨至科勒诺哥河口者，地面积方约有三十六万二千五百里。其较小者不及备载。

本洲荒野次于亚细亚、亚非里加二洲之广，而硗瘠则同之。一在北卢、济利二国之间，一在北卢国海滨，乃其较大者也。

本洲地气南北互异，其南方夏暑与北方冬寒，均甚于欧罗巴洲。寒道严冷，南北皆然，物产维艰，人多寒疾。温道炎热，西南为甚。热道温和（不似）〔以视〕亚非里加洲之酷烈，为人物所难堪者，则本洲未之有也。

金银之多，本洲中热道为最，他洲莫及。至于铜、铁、锡、铅以及水银、石类等项，靡弗备具。至于飞潜动植，他洲所有者，此皆蓄育。

---

①桑马罢斯，即圣马修岛（St. Matthew I.）。
②桑保罗，即圣保罗岛（St. Paul I.）。
③桑若尔日，圣乔治岛（St. George I.）。
④亚留德斯，即阿留申群岛（Aleutian Is.）。
⑤安得斯山，即安第斯（Andes）山脉。
⑥马加连义斯峡，即麦哲伦海峡（Magellan's Str.）。
⑦银河平原，即拉普拉塔平原（La Plata Plain）。
⑧加给大河，即卡克塔河（Rio Caqueta）。

本洲人民约计五京九兆余口。

本洲原属古教，自欧罗巴洲人前来居住，始有奉耶稣之教。迄今奉古教者三十分之一，但所奉耶稣之教名目各殊，曰公教，曰修教，曰路得罗，曰加尔威诺，曰厄肋西亚①国教，各从所尚，趣向不同。又有奉大秦古教者。

本洲各国多有不设君位，〔大半〕立官宰理，有黎庶公举者，有历代相传者。至于欧罗巴洲兼摄各国，照藩属之例。

本洲技艺与欧罗巴洲技艺相同。盖三百年来自英吉利、佛兰西、亚里曼等国来居之后，所有技艺靡弗相授，因得工作精巧，织纺佳美。然各国中惟花旗国为魁，百工制造，俱与欧罗巴洲精巧相等。其美诗哥、北卢、哥伦比亚、济利、巴拉西利等国则次之，然巴拉西利等处仍属精巧。

本洲分建各国，曰〔合众国〕（育奈士迭国，亦曰弥利坚国，亦曰花旗国，皆外人名之也），曰美诗哥，曰德沙②，曰瓜的马拉，曰桑萨〔尔〕瓦多〔耳〕③，曰哄都勒斯④，曰尼加拉瓜，曰哥斯德尔黎加⑤，曰新加拉那大⑥，曰厄瓜（尔多）〔多尔〕，曰委内瑞辣⑦，曰北卢，曰波里维亚，曰济利，曰巴拉大河（花旗）〔合众〕国⑧，曰巴拉乖⑨，曰乌拉乖⑩，曰巴拉西利，曰海地。其欧

---

①厄肋西亚，即希腊（Greece）。

②德沙，即得克萨斯（Texas）。

③桑萨尔瓦多耳，即萨尔瓦多（El Salvador）。

④哄都勒斯，即洪都拉斯（Honduras）。

⑤哥斯德尔黎加，即哥斯达黎加（Costa Rica）。

⑥新加拉那大，即新格拉纳达（Nueva Granada）。

⑦委内瑞辣，即委内瑞拉（Venezula）。

⑧巴拉大河合众国，指阿根廷（Argentina）。

⑨巴拉乖，即巴拉圭（Paraguay）。

⑩乌拉乖，即乌拉圭（Uraguay）。

罗巴洲之英吉利、吕宋、佛兰西、贺兰、低那马尔加①、厄罗斯、瑞西亚等国兼摄之地，暨巴达科尼亚②部（分）落〔分〕，序于后。

本洲落机大山犹亚细亚之昆仑，绵亘极南北，为本洲各山之主，殆无与匹敌者矣。

弥利坚 即美里哥国 总记上

《美里哥国志略》曰：环地周围三百六十度，以天测地，则美理哥地属七十余度，中国亦属七十余度。若以南北环地而计，周围亦三百六十度，内三十余度属美理哥国，三十余度属中国。中国之京城与北极相去不过五十度，而美理哥国之都城，与北极相去亦不过五十二度，所以美理哥国之北甚寒，而中国之北亦然。自赤道至中国之南相去不过二十度，而美理哥之南至赤道亦不过相去二十九度，中国之东有大洋，而美理哥之东亦然。可知二地东南北皆无异，惟中国之西皆列国为交界，而美理哥西则茫茫无际焉。美里哥北有英吉利附庸之国，南有墨息哥国，案：墨息〔哥〕即墨西（西）科，亦作墨是可。东有压澜的海③，西有太平海。然以普天下分为二十一分，而兼摄邦国仅属一分矣。

原夫创国之始，即有伊大里、法兰西、西班雅、英吉利、荷兰等国人迢递而至贸易，至今不过三四百年。外国至者，亦年来年返。后见其无国主，民散俗朴，无不欲夺其土地。适值年荒，民多就食于别国，势益涣散，各国遂加之以师旅，新国不能自立。

---

①低那马尔加，即丹麦（Denmark）。
②巴达科尼亚，即巴塔哥尼亚地区（Patagonia）。
③压澜的海，即大西洋（Atlantic Ocean）。

追明万历年间，有英吉利人禀其女主，请开新国，遂创费治弥亚[1]之地。及占士王[2]，遂建城，令七人管治，内一人为首，六人助之，大小文武官吏任其选用，以王名名之曰占士城[3]。其后泰昌年间，英吉利王严谕庶民，奉上帝者画一同归波罗士特教，不得任意奉额利教、加特力教，违者加刑。由是国人愿请徙居新国者二三百人，盖奉加特力教，欲随意事上帝也。初至北方毗理某之地，即以此名新洲，后又名之曰新英吉利。时有土人头目名马沙雪，厚待英吉利人，为之地主。其后分茅列土，有马沙诸些部[4]，盖为此头目而名也。自泰昌、天启间，英人到新国者三千余人。因人众，始分居新韩赛[5]、罗底岛[6]、缅部[7]等地，惟总名则曰新英吉利矣。前英吉利人至新方者，特欲得随意奉教，故一至后，即起殿堂以事上帝，设官职，立学校。万历年间，有荷兰人至新地之南方，名其地曰新荷兰，其后，康熙三年英吉利人逐荷兰，改其地名曰新约基。崇祯年间，新荷兰之南有瑞典人居此，名之曰新遮些[8]，其南亦有瑞典人居其地，称曰底拉华[9]，既而皆为荷兰人夺之，英吉利又逐新荷兰而尽有其地。康熙二十年间，有英吉利人卫廉边者，其父前为水师帅，禽贼极多，王赐以金，不受，求赐一新地，于是王授以印信而往，名其地曰边西耳文[10]也。边者姓

---

①费治弥亚，即弗吉尼亚（Virginia）。
②占士王，指詹姆士一世（James I）。
③占士城，即詹姆斯敦（Jamestown）。
④马沙诸些部，即马萨诸塞州（Massachusetts）。
⑤新韩赛，即新罕布什尔（New Hampshire）。
⑥罗底岛，即罗得岛（Rhode I.）。
⑦缅部，即缅因州（Maine）。
⑧新遮些，即新泽西（New Jersey）。
⑨底拉华，即特拉华（Delaware）。
⑩边西耳文，即宾夕法尼亚（Pennsylvania）。

也，西耳文者野地也，谓边姓之野地也。崇祯五年，有英吉利人禀女王，欲居新国之极南，遂名其地曰马理兰①。马理者后也，兰者地也，谓王后所赐地也。顺治五年，有英吉利人至新方费治弥亚之南，称其地曰驾罗连②，内又分南北二（都）〔部〕。自万历年间始有费治弥亚部，及雍正十年始有磋治亚部③，越百数十年后，渐次而有十三部也。

其一费治弥亚，其二马沙诸些，其三罗底岛，其四新韩赛，其五干尼底吉④，其六新约基⑤，其七新遮些，其八底拉华，其九边西耳文，十马理兰，十一南驾罗连，十二北驾罗连，十三磋治亚。十三部人口共约百数十万，各部首领皆由英吉利国除授，而以英吉利国例治之。维时有法兰西国人，亦开垦新地之北，名为新法兰西，后亦名干那大⑥。于是渐次自北而西而南皆有民居，建炮台，意以防虞新英吉利人也。由是英吉利镇守费治弥亚之总制修书于法兰西之将军，令毋庸多设炮台，法兰西将军不允。其往来传信者，则本地人华盛顿也。于是总制传檄邻部，并奏于王。于康熙二十年，王遣大将率兵船数十、军兵数千至费治弥亚，交战三载，胜负未分。迨二十四年，法兰西之大将曰满鉴，英吉利大将曰吴里富，对垒于贵壁⑦，两将皆受炮伤，回营皆死，旋英吉利取胜。于是逐客民、毁炮台，夺其土为附庸，于康熙二十五年班师回国。此英吉利初据美理哥地之原始也。

自康熙二十五年干戈既息，又数十载，至乾隆间，齿日繁，田日辟，贸易日盛，英吉利王之心日侈，遂欲加重税饷，屡与人

---

①马理兰，即马里兰（Maryland）。
②驾罗连，即卡罗来纳（Carolina），后分南、北两州。
③磋治亚部，即佐治亚（Georgia）。
④干尼底吉，即康涅狄格（Connecticut）。
⑤新约基，即纽约（New York）。
⑥干那大，即加拿大（Canada）。
⑦贵壁，即魁北克（Québec）。

勒争。时英吉利有公司商船自中国贩茶回西，国例卖货者纳税，英吉利王改谕令买茶者纳之，土人不服，于是南驾罗连部则相约不买公司之茶，囤积二三年变为废物；费治弥亚与新约基之茶船皆被驱逐，不许进口；而波士顿之茶，夜为土人投诸海，于是新国人互相传约，英国若征买税者，我国一人亦不许买。英吉利王大怒，遣兵至新国，将别项饷税皆强勒倍收，民死不肯从。时乾隆三十九年，新国各部众袗耆至费治弥亚①会议，欲客民与土民仍前和好，复其旧制，收回新令。于是禀王，请不加征税饷，并撤兵回国。英吉利王不听，反增兵艘入境，掠货船，焚垣壁，国人弗忍其虐。如是袗耆复议，密约各部落皆出壮丁，整战舰，立华盛顿为帅，于乾隆四十一年七月初四日檄告各国，曰：

上帝生民，万族同体，各畀性命，使安其分。又恐民之强凌弱、众虐寡，蠢顽之无教，故又立国主以范围之、扶植之，非使其腴削之也。我国旧无渠长，及英吉利来王我地、臣我民，我民亦欢然而奉之，曰庶覆帱我乎，庶不灾疢我乎？然其政非甚有害，则民尚可忍而不变。乃英吉利王之凌虐我国，一而再，再而三，我众亦忍至经年屡月，而英吉利王终无悛悔，其势不可再坐视矣。故不得不议立首领，备兵甲，以自扶倾而救危。至英吉利王凌虐我国之事，各国或不尽知。今条列十二端，告白天下，知变动非我之罪。

一、旧例增改律例，须与国中袗耆合议，从民之愿，乃英吉利王径改新例，不与袗耆相议。及新例不便，再三禀改，不允所请。

一、每岁各部袗耆来集会城，欲至议事厅商酌一切，英吉利

---

① "费治弥亚"，应作"费城"（Philadelphia）。

王乃驱逐之。既逐散后，不许复聚商议。

一、土旷人稀，原望欧罗巴各国人至，庶农商日盛。乃英吉利王禁止各国之人入境，不欲户口日繁，惟英人独擅其地。

一、旧例本处理刑官，或先由衿耆选举，或先由王择定，再采公议。兹英吉利王自专，不令衿耆预闻。

一、旧例各部文武官各有定额，俸禄皆出自民。乃英吉利王擅加官额，派民供给，不与衿耆同商。

一、旧例各省弁兵亦有定数，粮饷亦出自民。兹英吉利王擅自增设，调派粮饷，亦不商之衿耆。

一、旧例文武员弁，或本土、或外人不定，有事必文武同议。英吉利王不然，武员则必专用兰墩人，有事不与文员商议，惟武员擅权，任武而不任文。

一、英吉利王刻剥钱粮，多于前制；禁停贸易，大异常规；民之所欲必违之，民之所患必兴之；专以万下而奉上，刻他国之人以私己国之人。

一、英吉利王所调各水路巡兵，惟有劫掠货船及毁拆城池，纵焚房屋。奉此为王，与奉寇仇何异？

一、英吉利王使弁兵常居民舍，以便时行欺侮。

一、被劫之良民，勒令从其为贼，往劫别艘。如有不从，即行加害。

一、英吉利大官，谕唆各部，使自纷争，并唆土蛮，使害居民，使各不相安。

以上各事，我国衿耆屡谏，而英吉利王不听，国人无如之何，不得不自创立邦国。新国既立，英吉利王亦其如我何？

英吉利王见檄，知十三部合为一国，益怒，复增兵船入境。新国拒战经年，胜负未分，又得法兰西国人出兵相助，于是彼此鏖战六七年之久。时三国战舰百十艘，将士数十万，阵亡者固不胜数。乾隆四十九年①，英吉利王知新国终不可胜，乃遣大臣来西讲和，结盟罢兵。国中衿耆议曰：我国之兵皆民也，今既相和，则众兵尽散，弃甲归农，法兰西兵船亦返，华盛顿亦归田里矣。倘英国再败盟兴师，何以备之？且国中有讼狱谁为处断？必立君长、定法制，乃可久安长治；立君而继嗣不贤，或至暴虐，国亦终乱，将何以善后？于是乾隆五十三年②春，各省衿耆会议于费治弥亚③，共推华盛顿为首，身后公举贤者，更代不世及，不久任。议四月毕，及散归，各执所议章程回告部内之人，再议一年，复至费治弥亚④再议然后定，并公举文武各员。其战阵所费公项，尚缺二十余万，以每年所收之饷渐次偿补。乾隆五十九年⑤，计新国之民不过三百九十二万一千三百二十五口，内为奴者六十九万五千六百五十五口，是年共征收饷银四百七十七万一千员。时尚无都城，衿耆共议，欲买费治弥亚与马理兰交界之颇多麦河⑥周围三十五里以筑都城，其河口至城之地，约有百余里。由是国内规模律例已备，乃立与邻国相通之制，以绝后世边衅，令民视四海如一家，视异国同一体，遇列国纷争，劝和为尚。此与欧罗巴内法兰西、荷兰、瑞典、英吉利、葡萄亚、西班雅、鄂罗斯、大尼、阿理曼等国及亚非利加洲内麻哥⑦、安遮耳⑧、都尼士⑨等国，亚

---

①"四十九年"，应作"四十八年"。
②"五十三年"，应作"五十二年"。
③④ "费治弥亚"应作"费城"（Philadelphia）。
⑤"五十九年"，应作"五十五年"。
⑥颇多麦河，即波托马克河（Potomace R.）。
⑦麻哥，即摩洛哥（Morocco）。
⑧安遮耳，即阿尔及利亚（Algéria）。
⑨都尼士，即突尼斯（Tunis）。

细亚内都耳基、即都鲁机。阿黎米①、白头回国。暹罗等国相通，各国皆有使至，独大清粤东则无，惟有贸易领事商人来往而已。此新国建立之本始也。

国制：首领之位以四年为限。华盛顿在位二次，始末八年，传与阿丹士②。时欧罗巴内有法兰西国夺新国货船，新国遂设艟艨兵士，复请华盛顿为帅，二年然后事靖。嘉庆五年华盛顿卒，国人呼之曰国父，以其有大勋劳于国故也。按：康熙二十年，英吉利与佛兰西争议时，已称华盛顿往来其间，彼时年至少亦必二十外，至乾隆四十年新国起兵拒英吉利时，华盛顿为帅，已相距百二十余岁矣。若嘉庆五年始卒，则百四十余岁矣，盖二人同名，非一人也③。嘉庆六年间，阿丹士在位四年，传与遮费逊④。其时户口有五百三十一万九千七百六十二丁。遮费逊在位八年，遂传与马底逊⑤。迨至嘉庆十七年，欧罗巴内列国干戈未息，时英吉利梢人不足用，乃捉新国船上梢人以补之，于是两国复相斗，二年后始靖。嘉庆二十二年，马底逊在位八年，传与满罗⑥。满罗在位八年，传与阿丹士之子⑦。阿丹士之子在位四年，传与查其逊⑧，计至道光十七年春正月二十八日，彼国则三月初四日也。则在位八年，今又传位与泛标伦⑨矣。立首领、设国法之时止有十三部，

①阿黎米，指阿拉伯（Arabia）各国。
②阿丹士，指约翰·亚当斯（John Adams）。
③在英法争夺伊利湖畔的军事冲突中，把英国驻弗吉尼亚总督的抗议书递交法军的，正是后来任美国首届总统的华盛顿，"传信"年份在1753年，即乾隆十八年，而《美里哥国志略》误作康熙年间，魏源未考，故有此按语。
④遮费逊，即杰费逊（Thomas Jefferson）。
⑤马底逊，即马迪逊（James Madison）。
⑥满罗，即门罗（James Monroe）。
⑦阿丹士之子，即约翰·昆西·亚当斯（John Quiney Adams）。
⑧查其逊，即杰克逊（Andren Jackson）。
⑨泛标伦，即范布伦（Martin Van Buren）。

见第三章。至乾隆五十六年增华满部①，五十七年建大基部②，嘉庆元年增典尼西部③，七年增阿嘻阿部④，十九年增累斯安部⑤，二十年增引底安部⑥，二十一年增美士细比部⑦，二十二年增伊理奈部⑧，二十三年增亚喇罢麻部⑨，二十四年增缅部，二十五年增美苏里部⑩，道光十六年增美是干⑪及阿干苏部⑫，通计二十六部，户口约有千三百余万矣。部落之名即本书中亦多不同，本无定字。

新国中原无亚细亚内中华、日本、暹罗、越南各国人至，惟有欧罗巴内伊大理、法兰西、荷兰、英吉利、西班雅、瑞典等国之人而已，各国亦不过年来年返，其久同处者惟英吉利为多，故新国人物规模体制，皆不异于英吉利。其后法兰西、荷兰等国三五成群而居，由是新国户口日盛一日。康熙二十八年约有十二万丁，乾隆二十一年约百万丁，乾隆四十年约三百万丁，乾隆五十五年计三百九十二万一千三百二十八丁，前未设户口之法，故举大数而言，至此而始立十年一计之法也。嘉庆五年五百三十一万六千五百七十七丁，嘉庆十五年七百二十三万九千九百零三丁，嘉庆二十五年九百六十三万八千一百八十一丁，道光十年一千二百八十六万六千九百二十丁。内为奴者约二百万。生齿虽日繁，终未忧人稠地狭。中华

①华满部，即佛蒙特州（State of Vermont）。
②建大基部，即肯塔基州（State of Kentuckey）。
③典尼西部，即田纳西州（State of Jennessee）。
④阿嘻阿部，即俄亥俄州（State of Ohio）。
⑤累斯安部，即路易斯安娜州（State of Louisiana）。
⑥引底安部，即印第安纳州（State of Indiana）。
⑦美士细比部，即密西西比州（State of Mississippi）。
⑧伊理奈部，即伊利诺斯州（State of Illinois）。
⑨亚喇罢麻部，即亚拉巴马州（State of Alabama）。
⑩美苏里部，即密苏里州（State of Missouri）。
⑪美是干，即密歇根州（State of Michigan）。
⑫阿干苏部，即阿肯色州（State of Arkansas）。

已过三万万，况新国之未过一千三百万者乎？近见英吉利国著书，称美利哥国原是英吉利罪人充军至此所衍苗裔，其言荒谬无稽之甚，不过英吉利人迁于乔木矣。惟其风教技艺实赖欧罗巴人始开耳。按：英吉利禁奉加特力教之人，故加特力教中三百余人迁往新地，而英吉利因造为罪人流谪之说，以诋弥利坚人。其实弥利坚国岂尽此三百余人之裔？即此三百余人，亦因不肯改教而迁他国，并非谪戍罪人也。

新国地势共列为三分：东离压（涧）〔澜〕的海数十里，有亚罢拉既俺山①，由南而北，其景如画，自山抵海，是为一分；西离太平海数百里，又有治臂外岭②，由北而南，其形如线，从岭抵亚罢拉山亦为一分；自治臂外岭至西之太平海，复又为一分，所谓三分也。由亚罢拉既俺山之东北转而往南，沿海而行，渐次广大，其东北角山海相连，毫无余地。东南则有平阳，山河相间，山顶有瀑布，由基泥伯小河③下流为美里麦河④、干尼底河⑤、哈地逊河⑥、底拉华河、苏贵合拿河⑦、颇多麦河、罗晏屋河⑧、奴细〔河〕⑨、北底河⑩、卸番亚河⑪。其西之治臂外山，高约百丈，与太平海相隔，约千五百余里，凡流注于太平海者无不经过此山。

①亚罢拉既俺山，即阿巴拉契亚山脉（Appalachian Mts.）。
②治臂外岭，即落基山脉（Rocky Mts.）。
③基泥伯小河，即肯尼贝克河（Kemnebeck R.）。
④美里麦河，即梅里麦克河（Merrimack R.）。
⑤干尼底河，即康涅狄格河（Connecticut R.）。
⑥哈地逊河，即哈得孙河（Hudson R.）。
⑦苏贵合拿河，即萨斯奎哈纳河（Susquehanna R.）。
⑧罗晏屋河，即罗河诺克河（Roanoke R.）。
⑨奴细河，即纽斯河（Neuse R.）。
⑩北底河，即佩迪河（Pedee R.）。
⑪卸番亚河，即萨凡纳河（Savannah R.）。

中有一美斯细比大河，由北而贯至南，且有美苏里河①、呵嘻呵河②出墨息哥国海口③。其北则有素比里耳湖、美是干湖、胡珑湖、伊里湖、安大里珂湖、磋治湖④、汕玭琏湖⑤。

南北寒暑不同，北方甚寒，愈南愈暑，由南而北，热亦渐减。田地亦然，北地可以依时而耕，南地近水，时患潦。由北边界与北极相去不过三十五度，若在北极至国之南界，则相去六十五度，在国之南界至南之中赤道，则相去二十五度，可知国内之地三十度无疑矣。以三十度列为三分，而近北极之一分，每岁中有四五月尽是冰雪；中央一分，每岁雪霜渐少；近南方之一分，阳和晴暖，时须纳凉。一年之四时不同，每月之寒暑亦异，故万物之生产自不齐，其大略也。欲知土地之美恶，必先知寒暑风雨之候，故设一寒暑针，用年月日较之，则可知其寒暑。欲知风信，必须以年月日纪之，方可知其大略。如马沙诸些部之波士顿城，每年有北风三十日，西风四十九日，西北风六十四日，东北风四十三日，东风三十二日，东南风十六日，南风三十七日，西南风八十八日。在华盛顿城，北风五十六日，西北风八十七日，东北风三十五日，东风十六日，东南风二十四日，南风四十日，西南风五十五日，西风五十六日。在累斯安部之巴顿而碌⑥城，十〔一〕〔二〕月内北风则三十九日，西风七日，东北风十一日，东风五十九日，东南风十六日，南风七十一日，西南风十五日，西风一百四十六日，土地美恶，亦可知矣。欲知雨之多少，须在上年每月

①美苏里河，即密苏里河（Missouri R.）。
②呵嘻呵河，即俄亥俄河（Ohio R.）。
③墨息哥国海口，指墨西哥湾（Galf of Mexieco）。
④磋治湖，即乔治湾（Geogian Bay）。
⑤汕玭琏湖，即善普伦湖（Champlam L.）。
⑥巴顿而碌，即巴吞鲁日（Baton Rouge）。

日纪天之星辰云雾，考验知之。在马沙诸些省波士顿城，每年约有二百二十四日天晴，八十四日兴云，三十五日下雨，二十二日降雪。在华盛顿城，每年天晴二百二十二日，兴云五十八日，下雨七十二日，降雪十三日。在累斯安之巴顿而碌城，十一月内天晴百六十二日，兴云七十六日，下雨九十七日，降雪则无。

世间日用之物无不从地产，而至要者莫如金、银、铅、铜、铁、锡之类。曩时金矿甚少，迩来始知亚罢拉既俺山之东，北驾罗连、南驾罗连、磋治亚、典尼西、亚刺罢麻等部皆有之。计道光四年所取之金估价银不过五千员，五年则一万七千员，六年二万员，七年二万一千员，八年四万六千员，九年十四万员，十年四十万六千员，十一年五十二万员，十二年六十七万八千员，十三年八十六万八百员，十四年八十九万八千员。银与铜及水银，则或有或无。铁则各处繁多，不胜用。惟锡及各项珍宝甚稀。煤炭则边西耳文等部良而且多。其始，地旷人稀，树木丛茂，人只取木而不敢煤，今则烟火日繁，树木不减于前，而煤炭愈旺于昔。盐则三面煮海，且有山中盐池及卤石，亦可为盐。更有一山，其水可作药，中有油气，竟可燃灯焚物，此乃土产物性之异者也。凡金、银、铅、铜、铁、煤、盐，中华例禁不许私开，惟西国人人准取。树木约有百三十余种，高者约三丈余，而至高者则莫如橡木，间有八九丈者，以之作船作柱甚美，其木则有四十四样；次则核桃，亦有十样；次则枫树，高茂，其汁甘可煎糖，每年约糖数千石，美苏里部内有一株最大，身围四丈六尺；次则桦树，尤壮观瞻，其皮可代瓦盖屋，作舫渡河，土人用作小舟，轻捷异常，出入背负，渡水既迅，携带又便。亦有蚕桑，以为绸缎。其余飞潜动植，他国所有者，新国皆有之。

开国之初，无知无识，不谙工作之事，或有人力而无物本，或有人力、物本而无知识，皆难成器，必三者兼备而物始成。即如中华之绸缎、磁器，既有人力、物本，又有知识，何怪其精美？如中华之匹头，已有人力、知识，独无物本，何怪其不成？至中华之时辰标，虽有人力、物本而无知识，亦何所用？新国则不然，如有物本而无知识，则延他国知识者以教习；或有知识而无物本，亦往别国运载；或有知识、物本而无人力，则以物力代之，如水力、火力、兽力皆是。昔新国之南方棉花稀少，且一车一机及一人纺织，成就不易，故棉价最高。迄嘉庆二十年间，国人知识日广，每地置车数十架，不用人力而以水力运行，纺数十车之花，以一女儿监之而已；织布每地置机数十张，不用人力而以水力旋绕，数十机之布，亦惟一小女督工而已。兹有一纺织所，内有纺花车万五千架，每日能织布四千丈，共计八百人，男一百、女七百。一女每月工银十二元至二十一元不等。内一总管，理所有出入之买卖，其工银每年三千元。别有一人总理八百人之事者，其工银每年二千元。至商主所赢之息，则十之一已，故近日棉价日贱。乾隆五十五年前，每年棉花从未有三万八千斤者，至道光五年间，每年多至二万七千万斤，估价银二千七百万圆，留五分之一在本国自用，余皆贩卖别国。自道光六年间至今，棉花日增，比之二十年前之价，则已减三分之二，然今之为商者，得利反重于二十年前，是以织布日多。前此多用苎萝布，自棉花日增，苎萝日减。至大小呢则资羊毛，故牧羊者亦不少。此物始自英吉利，而国人效之，究不如英吉利之精，故土人不买本国之呢。至今则用水力为之，益巧益多，并流贩于别国。亦有用人力为之者，留以自用；其水力为者，则卖与人也。若磁器，国内虽有其泥，惟不能制如中华之巧，今始略有焉。书板则极多，皆不用刊板而用铅字活板，故铸字、制纸、印书三等人甚多。

美理哥出商外国者，其始极少，今已蕃盛。乾隆五十五年共计外商本利银一千九百万员，至嘉庆元年则六千七百万员，其货物不过鱼油、兽皮、牛、羊、猪、马、烟、棉花、五谷等类，工作则有铁器、磁器、木器、玻璃器而已。国中关税甚少，无论入货出货皆无重敛。然在本国交易者，则不过南洲数国，在欧罗巴洲内，则有英吉利、法兰西、荷兰、葡萄雅、西班雅、破鲁斯、瑞典、鄂罗斯等国；在亚非利加洲内，则有埃岌多国；在亚细亚洲内，则有都耳基、回回、印度、葛剌巴、小吕宋、暹罗、大清等国。究其初至大清，则在乾隆四十八年始，由此日盛一日。道光十四年，本国入口船五千六百二十八只，外国入口船三千九百五十三只；本国出口船五千八百八十六只，外国出口船四千零三只，每年增减，皆有册报。道光十三年一千百八十八只，内大船六十五只。所载之货，道光十四年变价银约二百余万；山中之物，变价银约四百五十余万；屠宰牲口变价银约有三百余万；农圃之物，变价银约八百余万；棉花变价约五千余万；烟变价约六百五十余万；工作之器，变价约七百余万，共计变价银约一万万余。通计出口之货，惟棉花为最。道光十五年售出百三十六万六千五百九十九包，十六年百六十三万六千五百五十九包，每包约价银七十员，其银万有一千五百五十五万九千一百三十员。上年每包约六十五员，本年价稍昂，以二年相比，则十六年多于十五年二十七万包。（俱）〔其〕在外运回之货，约银万二千五百余万员。首领最喜贸易日繁，故有数款货物出入关口毋庸税饷者。

美理哥国有都城之官，有各部落之官。各部落内一首领、一副领，议拟人员无定数，公选议事者或十余人，或数十人无定。各省设一公堂，为首领、副领及土人议事之所。事无大小，必须各官合议然后准行；即不咸允，亦须十人中有六人合意然后可行。

本省之官由本省之民选择公举。都城内有一统领为主，一副领为佐，正副统领亦由各人选择。每省择二人至都城，合为议事阁，又选几人合为选议处。统领每年收各省饷项，除支贮库不得滥用外，每年定例享禄二万五千圆。若非三十五岁以上及不在本地生者，皆不能任此职。例以四年为一任，期满别选。如无贤可代者，公举复任。若四年未满，或已身没，或自解任，则以副统领当之；副统领不愿，则推议事阁之首；若亦不愿，则以选议处之首护理，设终无人愿当此职，则吏政府移文于各部首领，遍示士民速举焉。统领（三）〔之〕职，文武官皆听其号令。若遣使于邻邦，或迎使别国，皆统领主之。副统领亦由民选举，亦四年一任，享禄每年五千圆，所司无事，不过议事居首而已。至议事阁与选议处，皆以每年十二月内之初礼拜一日，齐集都城公所会议。议事阁之职，每部有二人，计二十六部，共五十二人。选议处共二百四十三人。以议事阁五十二人，分为三等，以二年为期，轮退后复择新者，是以每等以六年为一任，不过或先或后而已。又定例年未及三十以上者不能当此职。议事处则以二十五岁以上为例，二年为一任，期满别选，以十二月初礼拜之一日齐集会议，凡国中农务、工作、兵丁、贸易、赏罚、刑法、来往宾使、修筑基桥之事，皆此时议之。吏政府首领每年俸六千员，亦有左右佐事者几人；户政府如之；兵政府之首，则有几百人以佐之，廉俸亦如之，别有水师兵部，惟专理兵船，亦有佐事数十人，每年廉俸亦如之；礼政府不过数人佐之，每年廉俸四千圆；驿政府总理各部落来往文书，设驿于各部冲要，如有书札寄某处，则以路之远近计程费之多寡，其银以每四季包封送驿，工食银亦由驿政府发给。政府廉俸每年亦六千圆。国之大政有三：一则会议制例，二则谕众恪遵，三则究问其不遵者。是以国都有一察院，院内共七人，以每年正月齐集，究人因何不遵法律之故。审毕，或二三月然后回家。其各部亦分设七院，每年以四季齐集，究问不守例者。但为审官则不能会议制例，会议制例官亦不能兼摄审问也。新国制例有五：一曰国例，为二十六部所通行；二曰部落例，各部不同；三曰府例，每府亦不同，惟生于斯者守之；四曰县例，各县自立其规，各民自遵其制；五曰司例，亦由司自立，惟所属者遵之。此五例中，又小不能犯大，如司则不得犯县例焉。国例乃都城议事阁会议，分发各部。今将各大典悉列于下：

一、岁征粮饷，所有动支各项，皆于饷内拨发。

一、国帑不敷，必会议预为筹办，免致临时拮据。

一、与各国贸易、各部交通，即本土蛮人，皆宜同一体。

一、流民准其寄居入籍，以免失所。

一、设局铸银，务权衡轻重多寡，以归画一，并严禁伪造番银。

一、设驿传递公文书信，以时修其桥路。

一、教人习学六艺，如六艺中有超众者，则别予奖赏；或能自创新制，开前人所未及、为今人所乐效者，亦奖赏之。

一、各部立察院，以审判民间之事。或三部立一，或二部立一，视部分之大小酌议。

一、宜防海贼剿劫，如有捕获，无论本国外邦，必照例治罪；或有谋反叛逆及在外国滋事，尤必照例严办。

一、如遭外国欺凌，统领必先晓谕万民，倘未便讲和，致动干戈，务必踊跃向前；若两相盟会，即可戢兵。

一、以钱粮招民为陆路、水路之兵，必严核其技勇。

一、水陆兵士，务遵约束，不得骚扰。

一、国有攻战，除国中官兵而外，凡民有肯同仇敌忾者，即议给口粮。

一、专设法以治都城，与治各外部不同。

前例十四条，如有不遵者，则设法以引导之。除此例外，首领亦不能任意自为。凡统领遇馈送当受者，亦必商之议事阁及选议处，使大小文武皆得仿行。国人以律例为重，不徒以统领为尊。此外则由各文武自立例款，以约束其民；但不得以部例犯国例。其各府文武各自立例以治，因地制宜，惟亦不能以府例犯部例耳。下至县司亦如之。

立一国之首曰统领，其权如国王；立各部之首曰首领，其权如中国督抚；一部中复分中部落若干，如知府；再分小部落若干，如知县。其国都内立六政府，如六部尚书，惟无工部而有驿部。凡公选、公举之权，不由上而由下。通国水陆兵事，则推统领为主，兵有不遵者惩之。都中六政府之首，必听统领选择，副者则由正者择焉。设有升调革降，皆请命于统领，给文盖印，然后莅任。国内刑狱事，如察院审判不公，统领亦可更正之。设与外国相争，外邦求和，统领必会议而后定计。或外国使来，或本国使往，皆统领所理也。每年各部官会议之际，统领将一年收支各项、已行各事出示于众，并本年未行各事亦示之于各部官。若各部官散后复有要事，或与例不符，统领不能决者，则出示召各官复至议焉。所有条例，统领必先自遵行，如例所禁，统领亦断不敢犯之，无异于庶民，而后能为庶民所服。至各部落亦有例，其首领初立例时，亦如统领自誓，即（都）〔部〕内各事，亦如统领国内之事。府、州、县、司皆仿此。惟部、府、州道阻且长，居县者或艰于往返，故如有事会议，亦惟商之于县也。议事人例非二十一岁以上不得预。常例以三四月为期，如有要事，则无论何月。每年议事多少、几次，亦无定数。前期县官示谕某日某所公议何事，至期耆老通知于众，各将所欲公举之人书名纸上，置瓯内，后开瓯，以人多公举者为之。选官选人之时，领事人亦先质于众，或有人起对，请领事自行裁夺，则领事再语于众曰，如众中有欲吾选者，则举手为号。如举手过半者则可，如未过半则不可。又如（都）〔部〕中、府中、州中有要事会议，则各县各应选人赴会。领事则谓众云：今选人往城会议，当令何人往，众亦将保荐之人录名纸上，置瓯启瓯如前例。凡县官之职，一则以选人为首，所有县内一切诸事皆必尽知，即非其所管者亦必周知；二则在县内收饷，必悉知县内人丁多寡，何人有田若干？何人有地有屋若干？三则总理县主一年收支各数、言行各事，登录存档，不能苟且漏入漏出。其外则有总理揭借、（抛）〔拖〕欠、偷窃、捕盗、济贫等数人，如非常任事者，则别治生业；如常任事者，则各有俸禄。

国中察院有三：管理都城者曰京察院，管理二三部落者曰巡按察院，管理一部半部者曰分巡察院。在都城者，衙门共七人，一正六副，每年正月，齐集会审各案一次。如有因事不至者，四人亦可审，不及四人不能审。都城之内，若有不遵例者，亦京察院审之。若巡按察院审事不正，任其转告于京察院。巡按察院衙门有七：其一管缅、新韩赛、马沙诸些、罗底岛四部；其二管干尼底吉、华满二部及新约基之南半部；其三管新遮些部及边西耳文之东半部；其四管马理兰、底拉华二部；其五管北驾罗连及费治弥亚之东半部；其六管南驾罗连、磋治亚二部；其七管建大基、典尼西、阿嘻阿三部。惟亚剌罢麻、累斯安、美士细比、美苏理、伊理奈、引底安、美是干、新约基之北，边西耳文之西，费治弥亚之西等部人数无几，故以分巡察院兼理之。惟每巡按察院审事时，如无京察院在，则不能审；若有要事，则必有二巡按而后可。

又每年齐集二次审判，如此数部内有人在他巡按察院所属地犯法，则即由巡按察院审之。至分巡察院衙门，共三十有三，每院内一分巡察院，每年审事四次。若有要事，则无定次；倘审不公，亦可转告于巡按察院。此皆国察院也。其外又有数部察院，部内犯法则部察院审之。府、州亦如是。凡察院内有各科房、各工役以听差遣。凡原告、被告有愚蠢者，则有人代为书状，并同上堂代诉。人犯既齐，察院兼择本地衿耆以助审。衿耆少则十二人，多则二十四人。除本犯之亲友兄弟外，即先知有此事者，亦不能预。既审后，出而会议，遂定曲直。众衿耆将情由写明，送呈察院而退。察院观其是非，照例定罪。每县中亦有地保几人，劝和小事。国内立一律例院，有室数十余间，每间有一师掌教。凡进院习读者，以三年为满，皆训告规条律例，使人知遵守。

国中犯法，大者为反叛、杀人、强劫、放火。立国以来，告反叛者，未之有也；杀人，则每年多少不定；强劫，每年终不能无；放火，则二十六部中每年不过五六次；其强奸，每年亦有二三次，情奸亦时有之。其余或冒名伪造，或窃盗为非，或相斗相争，或醉后逞凶。今以马沙诸些一部言之，其犯法监禁者，道光元年则有七十一人，二年则八十四人，三年则九十一人，四年则一百零七人，五年则八十六人，六年则九十六人，七年则八十一人，八年则八十人，九年则百零四人，十年则七十九人，十一年则百有十五人，十二年则七十一人，十三年则七十六人，十四年则百有十九人。是年内窃盗者八十八人，冒名伪造者十人，强劫者四人，放火者一人，争斗者五人，情奸者六人，强奸者二人，脱逃复捕获者一人，杀人者二人。以上各年监犯，以十四年截计，除审后放出监外，尚存一百七十七人。刑法则有三：一绞死，二则监禁，三则罚赎。并无枭首、充军、拷打等刑。凡反叛、海盗皆绞死，杀人、强奸、强劫、放火等如之，或永监禁焉。其余或监禁、或罚金，随情轻重。各省、各府皆有监狱，监内左右上下皆用大石为之，或数人一房，或一人一房，皆极洁净，亦有小窗通风；房外四围有栏杆，余地可以散步。管监官体恤其衣食，劝戒以善言，约束以事业。今计道光十五年马沙〔诸〕些监内犯人所作工银，除管监官、教师并看门兵丁等工食并各犯衣食所用外，尚存银七千二百九十六圆，尽拨充公。

新国之济贫也，未贫预防其贫，既贫则防其愈贫。如其防火毁则多以砖石叠筑，并设水车、水筒以备不虞；防电闪倾颓，则立一长铁杆于门以拒之，电见铁杆即自顶旋绕至杆下而去。贫人收作佣工，倘无人收用，则本县设济贫院以居之，各分以事业，所得之项，全数入官。倘生子女，则有塾师教之。府、省亦然。至会城村族，不许有一丐食流离之人。然非先立一济贫之法，又安能禁人之乞食乎？凡有国者所宜留意。

每乡设学馆一所，乡中富者科银延师教一乡子弟。若乡中无富者，则在会城中官员处借助。其就学之童，每夕回家。男女皆可以为师。若女师束脩银，每月不过六员至十员，教女童读书外，并教刺绣；男师则二三十员不等，亦有专教一家者。又有县中学馆，有无多少不定。惟乡学馆不拘贫富。县学馆无束脩者不可入，因以此项延师故也。其馆本处人禀县官而后建，或县官公同建造者亦有之。其中所学，比之乡学又略大。更有会城中学馆，多少无定，城中富者建之，或设会而以会项建之，或官员助之。馆中条例，择几人议之并司其事，然后遍告同学。学者每年考试一场，取中者入馆内，如中国之秀才。习学以四年为例，不遵律戒，不待四年亦可以逐之。既习四年，则如中国之举人矣。散馆后，或为官、为士、为农、为工、为商，而各司其事。别有大学馆，惟许已中举者进焉。所学有三：一圣文，二医治，三律例规条。二者不可兼得，又以三年为期，期满则犹中国之进士矣。会城学馆每部一二所不等，三四所不等，惟进部者，通融计算约八九十所。每所延师五位至三十位不等，截长补短，每所约十位。其师每年束脩银一千至三千余圆不等，受业者每年每位送束脩银一二百圆不等。每馆之徒二三百不定，通融牵算，不过百四五十人。分析言之，圣文大学馆，国内约三四十所，每所师四五位，受业者约七八十人。又医治大学馆，约三四十所，每所为师者约七位，其徒数十人。习律例之馆，师徒多寡，亦与医馆大同小异。

新国器械与中华异，不但船只之桅帆桨橹，即筑屋建楼铺设以及兵器皆然。火炮能用弹子数十斤，手枪之口则有小剑，但无弓箭、长矛、藤牌而已。国人皆好音乐歌唱，故有吹弹敲戛各器，童蒙即有乐师教之。又有画地理、山水、人物、花卉、鸟兽之工，次则雕刻之工，又其次则建华屋、筑高桥等工。或有能创新出巧，如火轮船及水火织布之类，则地方官奖励之。

新国立仁会以济在监之犯。昔监内弊端甚众，由监出之犯，为恶甚于前，由是会中遂改各监之规模，分布二十六部监内，分善恶两途，善者居宽广之所，恶者居浅狭之所，俱不能相见。前收监者无事业，今则一日不能闲，并有善书，于礼拜日使诵。故今之犯法收监者，出监后即痛改前非，且前此监中所费极多，今犯人作工营生，故每年除支外，反有余赀。见十七章。又聋、盲、哑者，原属无用，今国内立仁会设馆训习，如聋哑者亦以手调音而教之；盲者即有凸字书，使他以手揣摩而读。至幼失怙恃者，亦有育婴之院。若醉酒乱性，难以强禁，乃设一节饮会馆，内藏一簿，登戒饮者姓名，愿戒不愿戒，各从其便。既进戒馆后，则不能再犯。共计各部，此馆约有四五千间，其登戒酒簿者约二百万人。其造酒之铺变为他项贸易者约四五千间，将酒铺卖人别寻生理者亦约七八千间。故酒费日少，戒饮之人日多。又城中设医生七十五人，访察酒之损益，今则皆知其无益而有损，故戒而不饮者大半。至于水手辈多是贫乏之人，故会内亦济之并及其妻儿也。凡无力延师训习者，亦设院延师以训之。国人于礼拜日皆不作工，故设一会所，逢礼拜日教人。内藏书极多，如不在者亦可借回家自习，至礼拜日复送回。又不至学馆诵习者，亦延师至家而教。亦有刊刷小书分赠，令人学善者。亦有一院，专刊圣书出售，如无力买者，亦可赠之。别有一会，名曰劝和会，如两人相争，或邻省相斗、两国不和者，劝之。每会中所用，多者每年不过二十万，少者不下数百圆。

开辟之始，未有人类。上帝既造一人为万物之主，又立一女子以配之，夫妇之礼自此始，历代相传无异，但无立姜及少年预聘之例。年十五以上者，访求淑女，若非亲谊，则踵府谒其父兄，结好往来三五载，彼此贤愚皆已知之，或面订佳期，或各告父母，并无奠雁迓轮及聘定之礼。娶之日，男女升堂携手，有一官或族正等书二人名，盖之以钤记、印信，其后报丁册，内列夫妇姓名，自后必终身偕老。国中二十六部无君臣之名，惟有上下之分，国领、部领、府领、县领之不同。各首领起居、饮食、衣服亦无异平民，但事权属之，人人皆敬之而已。其兄弟、父子、朋友三伦，与中国略同。

新国衣服之制：帽高至七八寸不等，或以黑绒、灰色绒为之，其矮者或圆、或六角、八角，帽前有皮檐一片，以遮日光，常有帽带系之。冬寒则以法兰仁毡为内衣，短小无领，外加一汗衫，四围缠身，不甚宽大。其领高出至颔下，有一颈巾系之。其外盖一背心，前夹后单，高至颈。胯下则用法兰仁毡为短小之裤，外则盖大裤。汗衫在里，前后有两钮扣，以十字交加带过胯吊扣后。盖一长衫，四围缠身，光滑无纹，袖长至掌，领包至枕后，前长如背心，后长至臀。以羊毛毡为袜，长不过膝。鞋以牛皮为之，底面皆然，但底厚不过五层，薄则一层，面亦有带系之。靴亦长不过膝，底厚者多上下皆用牛皮，穿时以大裤脚盖之。所有衣服钮扣，皆开在正面，无左右开也。饮食则每日三餐：早膳或饭或面及肉，亦有牛奶、鸡蛋、牛油、茶、架菲，架菲者，将青豆炒焦，研末水煎，或白滚水冲，隔渣。自七点钟至十点，各随其便，惟不多食，名曰早餐；至一点钟及五点后所食，则鸡、豚、鱼、鸭、牛、羊，多用燔炙，自割而食，并有生果、糖果、牛奶、鸡蛋等物，或茶或酒，合家同一台，台面用布铺盖后置各物其上，男女各一便，每人以一碟盛物，不用箸，惟用刀叉、调羹等，随人畅饱，故名大餐；晚上六点钟至九点不等，所食者与早餐同，此日用饮食之常规也。至于出外则车马，或一车一马至四马不等。每年月中并无节气，每日亦无吉凶，惟七日一礼拜而已。余与中国无异。丧事：始死则有一人为之沐浴，止穿一汗衫，敛手合掌置棺内，逾三五日葬焉；山地内或以石、以铁、以锡围之，然后放棺；亲朋送葬，素服不用白而用黑，坟之上下皆有石碑，碑上录亡者之生辰、死忌，又围石栏杆以防牛羊践踏。原志《序》曰：予生于美理哥国之马沙诸些部中，以地球格之，则与中华上下相对焉，可谓一天一渊也。今年三十有七，竟得渡海绕地而及中华。历见英吉利、法兰西、荷兰、西班亚、利未加、暹罗、日本、中华等国之士与各国之文艺，岂不奇哉？回忆少年在本国舍农业儒、登大学之堂者三年，始进会城书院而肄业，于各国古今文史、地理、天文、律例规条、四时土产悉欲博览研求，以应每岁掌院临场汇考，毋得逾等，在内四年，文凭给领。由是出而进于大院，习古圣经文，亦幸上等。三年别换文凭。时年二十有八，家无内顾，遂欲游览异乡之风俗，兼以予国所见闻传播异土。幸于葛留巴、新埠、麻六甲、新嘉坡得逢唐人，领略华书七八载，叹华人不好远游，至我西国之光采规模，杳无闻见，竟不知海外更有九州。或者上帝之启予心乎？将使宣而播之，联四海为一家也。不揣固陋，创为汉字地球图及美理哥合省国①全图，又以事迹风俗分类略书。百年而后流入中土，或有不耻下观者，其将击节叹喜乎？抑拉杂摧烧之乎？虽然，驰观域外之士，必不方隅自封而笑我已。道光十八年，岁次戊戌孟夏，高理文题于新嘉坡之坚夏书院。

---

①美理哥合省国，即美利坚合众国（The United States of America，简称美国）。

海国图志卷六十

外大西洋

弥利坚国总记中原本

案：粤人称曰花旗国。其实弥利坚即墨利加，又作美理哥，乃洲名，非国名也。西洋称部落曰士迭①。而弥利坚无国王，止设二十六部头目，别公举一大头目总理之，故名其国育奈士迭国②，译曰兼摄邦国。

育奈士迭国在北阿墨（剌）〔利〕加洲中为最巨之区，其地自古不通各洲，土旷人稀，皆因底阿生番③游猎其间。耶稣纪岁千（二）〔四〕百九十二年（宋祥兴十五年）〔明弘治五年〕吕宋之戈揽麻士④乘船西驶，始知此地，创立佛罗里达部落，开垦兴筑，将二百年，辟地未广。千五百八十四年，明万历十二年。英吉利女王衣里萨柏⑤时，有英吉利人往弥利坚海岸开垦，大吕宋人拒战，英吉利人败走。英国女王依里萨柏遂遣勇将精兵往垦其地，无人敢

---

①士迭，英文 State 的音译，其意为"州"。
②育奈士迭国，即美国（United States）。
③因底阿生番，即印第安人（Indians）。
④戈揽麻士，即航海家哥伦布（Cristoforo Colombo）。
⑤衣里萨柏，即伊丽莎白一世（Elizabeth I）。

阻，遂名其地曰洼治泥阿①。续遣二臣协创部落，复垦罗阿录②之地。英国占士王③遂设甘巴尼④二（员）分治之，一曰兰顿甘巴尼，一曰勃列茂⑤甘巴尼。又于所属各部落增设冈色尔⑥之官，而总辖于兰顿之冈色尔。又遣三巨舶，每舶载百有五人，濒河建筑部落，即以国王之名名之，曰占士部落⑦。千六百有七年，明万历三十五年。英人与土人争斗，英之首领士弥⑧为土目包哈但⑨所擒。自后英人不敢横行，惟与土人互相姻娅，生齿日炽。千六百二十一年，明天启元年。英国设总领于洼治尼阿。（是）〔上〕年严禁波罗特士顿教，斯教逃出数百人，由荷兰驾舟至弥利坚开垦，创建城邑曰纽英兰⑩。千六百二十八年，明崇祯元年。复得沙廉⑪地，即今马沙朱硕士⑫部落，自设总领，自立律例。千六百（三）〔二〕十（二）〔三〕年明（崇祯五）〔天启三〕年觅出纽含社⑬。千六百三十五年明崇祯八年觅出勃罗威电⑭，次年开出衮弱底格⑮。千六百三十八

---

①洼治泥阿，又作威耳额那城，即弗吉尼亚（Virginia）。
②罗阿录，即罗阿诺克（Roanoke）。
③占士王，即詹姆士一世（James I）。
④甘巴尼，Company 的音译，意为"公司"。
⑤勃列茂，即普利茅斯（Plymouth）。
⑥冈色尔，Council 的音译，意为"委员会"、"枢密院"。
⑦占士部落，即詹姆斯敦州（State of Jamestown）。
⑧士弥，即史密斯（Captain Smith）。
⑨包哈但，即波哈坦王（King Powhatan）。
⑩纽英兰，即新英格兰（New England）。
⑪沙廉，即萨伦（Salem）。
⑫马沙朱硕士，又作马撒主悉，即马萨诸塞州（Massachusetts）。
⑬纽含社，即新罕布什尔（New Hampshire）。
⑭勃罗威电，即普罗维登斯（Providence）。
⑮衮弱底格，又作衮特底格，即康涅狄格（Connecticut）。

年，明崇祯十一年。复开出纽含汾①，并历年在海岸所垦之缅地②，均建筑城邑，设官治理。尚有欧罗巴人续垦洲内各地。千六百（四）〔三〕十二年，明崇祯（十）五年。英国女王马里阿③救加特力教之律官来治此地，亦以国王之名名之，其地曰马里兰。千六百六十三年，康熙二年。英国查尔士王④令数巨往垦弥利坚南隅，即今之戈罗里那⑤，亦以国王之名名之，其首部落曰查尔士顿。后又扩地开疆，遂分为南戈罗里、北戈罗里。明年，英国复夺取荷兰与绥林所垦之纽育⑥、纽惹西⑦、（若地）〔地若〕拉洼⑧三部落。至（是）千六百八十〔二〕年，康熙〔二〕十（九）〔一〕年。英吉利水师官威廉边⑨者，复开宾西尔洼尼阿⑩部落。千七百三十二年，雍正十年。英人复垦若治阿⑪之地，竭心力，历艰险，至千七百五十二年，乾隆十七年。始成部落，无异于戈罗里。计英吉利占士王、（至）查尔士王二代⑫所得阿弥利坚洲内之部落十有六区，悉将因底阿土番驱之遐陬。千七百五十六年至六十三年，乾隆二十一年至二十八年。复兴兵夺据佛兰西国所垦之加那达、佛罗里达两大部落。除墨西科一国外，凡欧罗巴人所垦阿弥利坚洲部落归英国者十有八区。盛极生骄，强征税饷，部众吁免，不听。千七百七十六年，乾隆四十一

---

①纽含汾，即纽黑文（New Haven）。

②缅地，即缅因州（Maine）。

③马里阿，即玛丽亚女王（Queen Maria）。

④查尔士王，即查理二世（Charles Ⅱ）。

⑤戈罗里那，又作戈罗里、甲罗里，即卡罗来纳（Caroline）。

⑥纽育，又作新约城，即纽约（New York）。

⑦纽惹西，又名新遮些，即新泽西（New Jersey）。

⑧地若拉洼，又作地那洼，即特拉华（Delaware）。

⑨威廉边，即威廉宾（William Penn）。

⑩宾西尔洼尼阿，又作品林，即宾夕法尼亚（Pennsylvania）。

⑪若治阿，又作热可加，即佐治亚（Georgia）。

⑫原著作 Charles Ⅱ and James Ⅱ（查理二世与詹姆士二世）。

年。士众愤怒，次年遂约佛兰西、大吕宋、荷兰诸仇国助兵恢复。爰议以戈揽弥阿①之洼申顿②为首区，总统兵马，称为育奈士迭国，与英国血战七年，客不敌主，大破英军，国势遂定。千七百八十三年，_{乾隆四十八年。}即有附近弥斯栖比③各部落前来归之，千七百九十二年_{乾隆五十七年}有根特机④部落率众附之，千七百九十六年_{嘉庆元年}地尼西⑤部众咸背英吉利而附之。洼门⑥部落在阿希阿⑦地，开垦历十四年之久始成部落，于千八百有二年_{嘉庆七年}即来归之。因底阿那⑧、伊里内斯⑨、西隅之阿那麻马⑩同弥斯西比⑪、极南近海之佛罗里达、缅地、马沙朱硕斯⑫以及弥斯西比东边各部落、米梭里⑬诸部落，于千八百十六年至二十年_{嘉庆二十一年至二十五年}先后归之。千八百三十六年，_{道光十（五）〔六〕年。}阿干萨斯⑭、米治颜⑮同时附之。此外，尚有弥斯栖比西隅之雷栖阿那⑯一部落，亦以价赎诸佛兰西而归育奈士迭管辖。统计设立育奈士迭以后凡六十年，创建大部落二十有七，称大国，与英吉利为劲敌。

————————

①戈揽弥阿，即哥伦比亚特区（Columbia）。
②洼申顿，即华盛顿（Washington）。
③弥斯栖比，即密西西比（Mississippi）。
④根特机，又作根都基，即肯塔基（Kentuckey）。
⑤地尼西，又作地尼栖、鼎尼西，即田纳西（Tennese）。
⑥洼门，即佛蒙特（Vermont）。
⑦阿希阿，即俄亥俄（Ohio）。
⑧因底阿那，即印第安纳（Indiano）。
⑨伊里内斯，又作依里内士，即伊利诺斯（Illinois）。
⑩阿那麻马，即亚拉巴马（Alabanma）。
⑪弥斯西比，又作弥斯栖比，即密西西比（Mississippi）。
⑫马沙朱硕斯，即马萨诸塞（Massachusetts）。
⑬米梭里，又作弥梭里，即密苏里（Missouri）。
⑭阿干萨斯，即阿肯色（Arkansas）。
⑮米治颜，又作弥治颜、米济安，即密执安（Michigan）。
⑯雷栖阿那，即路易斯安娜（Louisiana）。

政事：自千七百八十九年_{乾隆五十四年}议立育奈士迭国，以戈揽弥阿之洼申顿为首区，因无国王，遂设勃列西领①一人，综理全国兵刑赋税，官吏黜陟。然军国重事，关系外邦和战者，必与西业②会议而后行，设所见不同，则三占从二。升调文武大吏，更定律例，必询谋金同。定例，勃列西领以四年为一任，期满更代，如综理允协，通国悦服，亦有再留一任者，总无世袭终身之事。至公举之例，先由各部落人民公举，曰依力多③，经各部落官府详定，送衮额里士衙门④核定人数，与西业之西那多⑤，里勃里先特底甫⑥，官额相若。各自保举一人，暗书弥封，存贮公所，俟齐发阅，以推荐最多者为入选。如有官举无民举，有民举无官举，彼此争执，即由里勃里先特底甫于众人所举中拣选推荐最多者三人，仍由各依力多就三择一，膺斯重任。其所举之人，首重生于育奈士迭国中，尤必居住（首区）历十四年之久，而年逾三十五岁方为合例，否则亦不入选。

设立副勃列西领一人，即衮额里士衙门西业之首领。若勃列西领遇有事故，或因事出国，即以副勃列西领暂理。其保举如前例。

设立衮额里士衙门一所，司国中法令之事，分列二等：一曰西业，一曰里勃里先好司。_{好司二字，犹衙门也。}

在西业执事者曰西那多，每部落公举二人承充，六年更代。所举之人，必居（首区）〔国中〕九年，而年至三十岁者，方为合

①勃列西领（President），意为总统。
②西业（Senate），意为参议院。
③依力多（Elector），意为候选人。
④衮额里士衙门（Congress），意为国会。
⑤西那多（Senator），意为参议员。
⑥里勃里先特底甫（Representative），意为众议院议员。

例。专司法律、审判、词讼,如遇军国重事,其权固操之勃列西领,亦必由西那多议允施行。常坐治事者额二十〔九〕人,曰士丹吝甘密底①;无额数者,曰甘密底。皆西那多公同拈阄,以六月〔或〕八(日)〔月〕为一任,期满复拈阄易之。

在里勃里先好司执事者曰〔里勃里先〕特底甫②,由各部落核计四万七千七百人中公举一人承充,二年更易。所举之人,须(居首区)〔为本国公民〕七年并年至二十五岁者,方合例。以现在人数计之,〔里勃里先〕特底甫约二百四十二人。立士碧加③一人,士碧加,头目也。总司其事。凡国中征收钱粮、税饷,均由〔里勃里先〕特底甫稽核。官府词讼,则〔里勃里先〕特底甫亦可判断。常坐治事之〔二十九〕士丹吝甘密底,每年于三月初四日,由士碧加于各〔里勃里先〕特底甫中拣派。(二十九人以六人专司会议其余或)〔最重要之甘密底为〕理外国事宜,或(设计)谋〔理税收途径〕,或理贸易,或理工(作)〔业〕,或理耕种,或理武事,或理水师,或理公众田地,或理案件,或理驿站,或理因底阿人事件,各司其事。(以)〔除六甘密底任斯同该届衮额里士外,其余均〕一年期满,再由士碧加选代。

每岁十二月内第一礼拜日,则滚额里士衙门之西那多、里勃里先衙门之〔里勃里先〕特底甫,齐集会议。或加减赋税,或国用不足商议贷诸他国、贷诸本国,或议贸易如何兴旺、铸银轻重大小,或议海上盗贼如何惩治,或国中重狱有无冤抑,或搜阅士卒、增益兵额,或释回俘虏,或严立法律、惩服凶顽,或他国窥伺如何防御,一一定议。至岁中遇有仓猝事宜,随时应变,又不

———————

① 士丹吝甘密底(Standing Committees),意为常务委员。
② 里勃里先特底甫(Repersentative),意为众议员。
③ 士碧加(Speaker),意为众议院议长。

在此例。

其专司讼狱衙门，在洼申顿者一，曰苏勃林①，在各部落者曰萨吉②，凡七；曰底士特力③，凡三十有三。各以本国法律判断。

苏勃林衙门一所，专司审讯，额设正官一员，副官六员。每一人分辖一萨吉，凡国内大官之讼，或案中有牵涉大官之讼，或本属萨吉所辖部落与别萨吉所辖部落不睦争执之讼，均归其审断。

萨吉衙门七所，每萨吉辖底士特力四五属不等。凡属下部落之狱有罚赎银百员以上者，或所犯之事例应监禁六月者，俱归萨吉审判。

底士特力衙门三十有三所，每底士特力辖部落多寡不等。凡属下部落有犯轻罪与在洋不法者，俱归底士特力审断，按其情节轻重，拟议罪名。间有不能结案者，送萨吉审断，或与萨吉会讯。

每部落设底士特力阿多尼④一员，麻沙尔⑤一员。底士特力阿多尼专司缉捕，理所属官民讼狱；麻沙尔会同萨吉、底事特力等衙门审判部内之事。国中于衮额里士之外，又设立士迭西格里达里⑥一人，（仁尼腊）仁尼腊尔⑦二人。在国中治事以士迭西格里达里为首，若行军则以两仁尼腊尔为首，俱听勃列西领调遣。又三人会合副勃列西领为加弥业⑧，掌国中印信、法律章程、官府文檄及他国来往文书、照票，兼理巴鼎荷非士存贮文案。凡加弥业

①苏勃林（Supreme Court），意为最高法院。

②萨吉（Circuit Court），意为巡回法庭。

③底士特力（District Court），意为地方法院。

④底士特力阿多尼（District Attorney），意为地方检察官。

⑤麻沙尔（Marshal），意为执法官。

⑥士迭西格里达里（Secretary of State），意为国务卿。

⑦仁尼腊尔（General），意为将军。

⑧加弥业（Cabinet），意为内阁。

总理邻国相交之事，内分五等：曰〔厘〕勃罗麻的模里敖①，曰衮苏拉模里敖②，曰龛模里敖③，曰阿支付士④，曰巴鼎荷非士⑤，各执其事。

其赋税，设立西格里达里荷非士⑥、衮多罗拉⑦二人，敖底多⑧五人，里尼士达⑨、特列沙那⑩、疏里西多⑪等官，专司征收支发，岁报其数于衮额里士衙门，以候稽核。

其武事，额设里贵西循模里敖⑫（官）、芒地兰模里敖⑬（官）、兵饷（官）〔局〕、管理因底阿土人事务（官）〔局〕、督理火器（官）〔局〕、绘图（丈）〔测〕量地（亩官）〔形局〕。其总兵曰仁尼腊尔因智甫⑭（官），统辖官兵，分东西二路：东路总兵统辖缅地、纽含社、马沙（宋）〔朱〕硕斯、洼门、衮特底格、律爱伦⑮、纽育、纽惹西、地那洼、马里兰、洼治尼阿⑯、南戈罗里、北戈罗里、佛罗里达、宾西尔洼尼阿、若治阿、根特机、地尼栖、阿希阿、弥治颜等二十部之兵；西路总兵统辖阿拉麻马、弥斯西

①厘勃罗麻的模里敖（Diplomatic Bureau），意为外交局。
②衮苏拉模里敖（Consular Bureau），意为领事局。
③龛模里敖（Home Bureau），意为内务局。
④阿支付士（Archives），意为档案局。
⑤巴鼎荷非士（Patent Office），意为专利局。
⑥西格里达里荷非士，不详。似应为官署，不应为官职。
⑦衮多罗拉（Controller），意为会计检查长。
⑧敖底多（Auditor），意为审计员。
⑨里尼士达（Register），意为注册员。
⑩特列沙那（Treasurer），意为财政部出纳局长。
⑪疏里西多（Solicitor），意为财政部法务官。
⑫里贵西循模里敖（Requisition Bureau），意为征召局。
⑬芒地兰模里敖（Bountyland Bureau），意为（军功）赐地局。
⑭仁尼腊尔因智甫（Genenal-in-chief），意为主将，最高将领。
⑮律爱伦，即罗得岛（Rhode Island）。
⑯洼治尼阿，即弗吉尼亚（Virginia）。

比、雷西阿那、阿干萨士、因地阿那、伊里内士、弥梭里、威士衮申达多里①等十一部之兵。国中节啬，养兵甚少。设马约仁尼那尔官②一员、墨里牙底阿士仁尼那尔官③三员、戈罗尼尔官④十九员、副戈罗尼尔官⑤十五员、马约官⑥二十八员、急顿官⑦百有四十员，领马兵两队、炮兵四队、步兵七队以及制造火器兵器绘图工匠，统计仅战兵七千有六百名，每年支发兵饷银九十八万八千三百十七员，津贴兵丁银四十九万五千五百员，每兵岁饷银将二百员。兵少饷厚，故训练精强。又制造军装器械银三十三万员，存贮军器库银二十三万一千五百员。瓜达麻士达底八门⑧银三十三万二千员，〔各处防守炮台兵银二十万员。〕国中防守地方汛兵（银）一百三十万员，各处防守炮台兵银二十万员。此守兵在战兵之外。共计战守兵饷及修理器械共需银三百（八）〔七〕十（七）〔八〕万（七千三）〔九〕百（一）〔八〕十（七）〔三〕员。

千七百九十八年，嘉庆三年。设立管理水师书记衙门，千八百十五年，嘉庆二十年。始立管领水师官。兵船不甚多，而与英吉利交战三年，地险心齐，水战练习，其名遂著。原设大兵船十五只，中兵船二十五只，小兵船二十三只，火烟轮兵船一只。近年因船不敷用，增修兵船，复设船厂七，雕刻厂⑨二所。历年支发水师银二百三十一万八千员，修船银百有六万五千员，津贴银七十八万二

---

①威士衮申达多里，即威斯康星准州。
②马约仁尼那尔官（Major General），意为陆军少将。
③墨里牙底阿士仁尼那尔官（Brigadier General），意为陆军准将。
④戈罗尼尔官（Colonel），意为陆军上校。
⑤副戈罗尼尔官（Lieutenant Colonel），意为陆军中校。
⑥马约官（Major），意为陆军少校。
⑦急顿官（Captain），意为陆军上尉或海军上校、舰队参谋长。
⑧瓜达麻士达底八门（Quartermaster's Department），意为军需署。
⑨雕刻厂，原著为 graving or dry-docks，应译干船坞。

千员，修船厂银七十九万八千一百二十五员，水上费用银四十三万八千七百四十九员，巡查南极费用银三十万员，共需银（五）〔六〕百（九）〔三〕十万有奇。

〔仁尼腊尔〕波斯（麻达仁尼腊尔）衙门①掌理国中水陆邮程递报之事。计递报道路约十一万二千七百七十四里，每年往来路程约二千五百八十六万九千四百八十六里，各处信驿计万有七百七十所，历年往来驿费银二百七十五万七千三百五十员，历年约收信价银二百九十九万三千五百五十六员，综计出入，有盈无绌。

国中原在非腊特尔非阿②设铸金银局一所。千八百三十五年，道光十五年。复在纽哈兰③、北戈罗里、若治阿三部落各增设一所，派官监铸。其炉灶器具机窍皆以火烟激动，不烦人力。计每年倾铸金钱值银二百十八万六千一百七十五员，银钱三百四十四万四千零三员，铜钱值银三万九千四百八十九员，统值银五百六十七万员。

各部落自立小总领一人管理部落之事，每部落一议事公所。其官亦分二等：一曰西业，一曰里勃里先特底甫。即由本部落各择一人自理其本部之事，小事各设条例，因地制宜；大事则必遵国中律例，如增减税饷、招集兵马、建造战船、开设铸局、与他部落寻衅立约等事，均不得擅专。所举执事之人，数月一更代，如分管武事、设立章程、给发牌照、开设银店、贸易工作、教门赈济贫穷以及设立天文馆、地理馆、博物馆、义学馆、修整道路桥梁、疏浚河道，皆官司其事。其法律大都宗欧罗巴之律删改而成。征收钱粮税饷，通酌国中经费出入，公议定额，不得多取。

---

①仁尼腊尔波斯衙门（General Post Office），意为邮政部。
②非腊特尔非阿，即费城（Philadelphia，又译费拉德尔菲亚）。
③纽哈兰，即新奥尔良（New Orleans）。

国中钱粮税饷，惟创业开国、军旅时兴，入不敷出，遂致亏欠民项，为数不赀。千七百八十三年，_{乾隆四十八年。}欠项仅四千二百万员，千七百九十三年，即多至八千有三十五万二千员。官府历年筹补，止余四千五百万员。千八百一十三年，_{嘉庆十八年。}因与英吉利交兵三年，即欠至万二千七百三十三万四千九百三十三员。迨至千八百一十六年，_{嘉庆二十一年。}兵戈寝定，二十年来统计所还子母共二万一千二百万员。当开国之初，轻税薄敛，原可足用。自与英国攻战，供亿浩繁，及向佛兰西赎回雷西阿那、佛罗里达两部落，所费亦不轻。于千七百九十八年_{嘉庆三年}及千八百一十三、四、五等年，始加征户口、田地、房产、奴仆等项钱粮，每年或加一百七十五万、或二百万、或三百万，多少不等。千八百十六年_{嘉庆二十一年}停止加征，惟征收入口货物税饷，视贸易之盛衰为多寡。按千八百十六年所征税饷多至三千六百三十万有奇。自此以后十年，即仅收千三百万以至二千万员不等。千八百二十五年至千八百三十四年，_{道光五年至道光十四年。}自二千万至三千万员不等，近年日见减少。此外，尚有出卖官地一项。其田地散在各部落，即先日价买佛兰西及因底阿土人田地，逐一丈量，划分当隰①。_{当隰，村庄也。}每当隰计三十六色循②，每色循计六（十）〔百〕四〔十〕埃加③。_{埃加，一亩也。}除留出学校、道路、河道基址千六百有四万二千零四埃加外，余俱由勃列西领出示招买，初定每埃加价值二员，先交半价，余半期年交讫。嗣因欠价不缴者二千二百万员，旋议减价，每埃加定价一员零先士二十五枚，不得赊欠。自后每年卖出田土价值，少则百余万员，多则六百万员有奇。在千

---

①当隰（township），意为镇区。
②色循（section），意为平方哩。
③埃加（acre），意为英亩，一英亩相当中国计量六亩。

八百三十五年道光十五年所得卖价多至千二百万员。截至是年为止，计阿希阿丈出田土千四百七十万零三千一百六十三埃加，已卖者千有六十万二千六百七十一埃加，得田价千有九百四十八万九千九百三十二员；因底阿那丈出（四）〔田〕土千有八百（九）〔六〕十九万零四百四十七埃加，已卖者八百三十九万零八百三十九埃加，得田价千有八十一万零百七十二员；依里内士丈出田土二千一百五十七万四千四百五十九埃加，已卖者四百三十四万零四百八十一埃加，得田价五百五十五万五千四百八十七员；阿那麻马丈出田土二千九百九十一万五千零八十八埃加，已卖者七百三十二万九千零三十埃加，得田价一千三百万零七千一百一十五员；弥斯西比丈出田土千有七百五十二万五千八百二十埃加，已卖者五千六百万零一千五百一十七埃加，得田价七百八十二万二千九百八十七员；雷西阿那丈出田土六百四十五万零九百四十二埃加，已卖者七十六万七千四百一十五埃加，得田价百有十六万二千五百九十一员；弥治颜湖①东丈出田土千有二百二十一万一千五百一十九埃加，已卖者三百二十万零七千八百二十二埃加，得田价四百零七万二千三百九十四员；弥治颜湖西丈出田土四百六十七万四千六百九十一埃加，已卖者十四万九千七百五十五埃加，得田价二十一万五千一百八十九员；阿干萨士丈出田土千有三百八十九万一千五百三十八埃加，已卖者六十六万八千三百六十二埃加，得田价八十六万一千八百一十六员；佛罗里达丈出田土六百八十六万七千一百三十埃加，已卖者四十九万二千九百零九埃加，得田价六十五万七千零九十二员。统计已卖田土四千（五）〔四〕百四十九万九千六百二十一埃加，未卖者万有二千（一）

---

①弥治颜湖，即密歇根湖（Michigan L.）。

〔二〕百三十九万七千四百六十三埃加。别有旷野荒郊旧土七万七千万埃加，已丈过万有二千二百三十万埃加。计卖出田价共六千七百八十二万零八十五员，除办理因底阿土人事务需银千有七百五十四万一千五百六十员，买雷西阿那部落需银二千三百五十二万九千三百五十三员，（罗）〔买〕佛罗里达部落需银六百四十八万九千七百六十九员，还若治阿部落银一百二十五万员，赎弥斯西比部落银店需银一百八十三万二千三百七十五员，地方官需银三百三十六万七千九百五十一员，丈量地亩需银七十八万六千六百一十七员，总共需银五千八百四十三万八千八百二十四员，综计出入，有盈无绌。

弥利坚国历年出纳款项，自千七百九十一年乾隆五十六年开国起至千八百三十二年，道光十二年。征收税饷银五万九千四百九十万零九千零六十七员，田土赋税银二千二百二十三万五千二百六十员，人丁钱粮千二百七十三万六千八百八十八员，递寄邮信银百有九万一千二百二十三员，公众田土价银四千零六十二万七千二百五十员，债银及库中所出银单等项银万有五千六百一十八万一千五百七十八员，银店股分利息及出银店股分银千有一百零五万二千五百零六员，杂项银六百四十二万八千八百九十二员。历年支银，文事需银三千七百一十五万八千零四十七员，邻国往来相交事件需银二千四百十四万三千五百八十二员，杂款需银三千二百十九万四千七百零三员，修整炮台银万有九千零五十三万八千六百四十三员，历次兵饷需银千有七百二十九万八千二百八十二员，别款兵饷需银六百七十一万零三百零七员，办理因底阿土人事件需银千有三百四十一万三千一百八十八员，设立水师兵船等项需银万有一千二百七十万零三千九百三十三员，归还军需借项本利银四千八百九万员。统计征收银八万四千（五）〔四〕百二十六万二千六百六十八员，除支发银八万四千二百二十五万零八百九十员，仍存贮国库银（三）〔二〕百零一万一千七百（七）〔九〕十（八）〔七〕员。

千八百三十三年，道光十三年。所征各款钱粮税饷，除支发兵丁银二百四十三万五千四百零三员，行营口粮银三百五十万零七千四百八十四员，修造军器、修补武备库共银五十三万零九百五十一员，修建炮台银九十六万一千四百八十员，修筑堤工银四十三万五千七百六十一员，浚河银二十四万员，建筑习武馆银十一万七千一百六十六员，办理因底阿土人事件银百有九十一万二千五百八十一员，水师兵船等项银三百九十万一千三百五十六员，还亏欠银百有五十四万三千五百四十三员，修道路桥梁银六十五万五千四百八十六员，立法各官公费银四十六万九千零七十四员，各路办事公费银六十五万八千六百零八员，审讯衙门支发银三十三万八千七百五十八员，修造路灯银三十一万三千九百三十员，修造税馆栈房（零）银二十五万零四百一十五员，丈量海岸银万八千五百一十三员，洼治尼阿疏浚运河银二十八万九千五百七十六员，与他国交往、贸易事务银九十五万五千三百九十六员，共计千有九百五十三万五千六百八十一员，尚有盈余银八百六十九万一千一百员。连历年盈余贮库共银千有百七十万零二千九百零五员。

千八百三十四年，道光十四年。征收税饷银千有六百二十一万四千九百五十七员，地租银四百八十五万七千六百员，银店息银二十三万四千三百四十员，出卖银店银三十五万二千三百员，杂税银十三万二千七百二十八员，支发文事杂项银八百四十万零四千七百二十九员，武事需银三百九十五万六千二百六十员，还国家亏欠银六百一十七万六千二百六十员，共计征收银二千一百七十九万一千九百八十二员，核计本年亏欠银二百八十一万零四十七员。在于盈余库项支销外，尚有余银八百八十九万二千八百五十八员，存贮国库。

千八百三十五年，道光十五年。征收各款钱粮税饷银〔二〕千有八百四十三万零八百八十一员，除支发各项银千有九百二十七万六千一百四十一员，盈余银九百一十五万四千七百四十员。共历年盈余贮库银千有八百四万七千五百九十八员。

疆域：东界阿兰底海，西界卑西溢海①、墨西果国②，南界墨西果国之墨西根海，北界英吉利、俄罗斯所属地，幅员二百三十万方里。以周围边界程途计之，径一万里，内滨海岸者三千六百里，滨湖岸者一千二百里；自卑西溢海至阿兰底海，东西距二千五百里。除国中各部落之外，西隅尚有地百三十万方里未尽开辟。地势内辽阔，外险阻，故虽英吉利兵亦不能再窥伺。

山陵最著者，在洼申顿有阿巴腊止庵山，又名阿里牙尼山，高峰仅二百四十丈，而迤长衮延，通数部落之远。在北哥罗里有墨力山③，其最高峰亦不过五百一十四丈有奇，在国之西隅有落机山④，峰高九百六十丈。此外山多，未能悉载。

川泽分岐，难以悉数。其最长者曰弥（校）〔梭〕里河⑤，自落机大山发源，至雷西阿那出海，长四千五百里。其次弥斯西比河，自威士衮中部落发源，至雷西阿那出海，长三千有百六十里。

---

①卑西溢海，即太平洋（Pacific Ocean）。
②墨西果国，即墨西哥（Mexico）。
③墨力山，即布莱克山（Black Mt.）。
④落机山，即落基山脉（Rocky Mts.）。
⑤弥梭里河，又作米诉利大河、米苏里河，即密苏里河（Missouri R.）。

两河往来舟楫最盛。此外，苏比厘阿湖①、休伦湖、安达里阿湖②，均处边界。惟弥治颜湖居于腹地，南北距三百六十里，东西距八十里，水深七十二丈，有弥支里墨机纳港③可通休伦湖。

　　国中地广人稀，以近年生聚计之，（自开国迄今）仅（数）百载，蕃庶数倍。在千七百九十年间，_{乾隆五十五年。}户仅三百九十二万九千八百二十七口，及千八百三十年，_{道光十年。}计白男五百三十五万三千（零九）〔百二〕十（二）〔三〕人，九十岁以上至百岁者二千有四十一人，百岁以上三百有一人；白女五百十（六）〔七〕万（八）〔一〕千（五）〔一〕百（三）〔一〕十（二）〔五〕人，九十岁以上至百岁者二千五百二十三人，百岁以上者二百三十八人；黑男十五万三千（一）〔四〕百（八）〔五〕十（四）〔三〕人，百岁以上者二百六十九人；黑女十六万（五）〔六〕千（七）〔一〕百（六）〔四〕十〔六〕人，百岁以上者三百八十六人；奴仆百有万二千（零七）〔八百二〕十（五）〔三〕人，百岁以上者七百四十八人；奴婢九十九万（五）〔六〕千（五）〔二〕百（四）〔二〕十（四）人，百岁以上者六百七十六人；白瞎人三千九百七十四名，黑瞎人千四百七十人；白聋哑人五千三百六十三名，黑聋哑人七百四十三名，统共千有二百八十六万六千九百十九人。即丁口之衍蕃，征国势之炽盛，果能永远僇力同心，益富且庶。虽欧罗巴强盛各邦，未之或先。

　　国人多由外域迁至，如居宾西尔洼尼阿者，皆由耶麻尼，言语近始更变；居雷西阿那、（校）〔弥棱〕里、依里内士、弥治颜等处者，皆佛兰西国之人；居阿希阿、因第阿那者，皆瑞国与耶

---

①苏比厘阿湖，即苏必利尔湖（Superior L.）。
②安达里阿湖，即安大略湖（Ontario L.）。
③弥支里墨机纳港，即密执利麦基诺峡（Michilimackinac Str.）。

麻尼之人；（尼）〔居〕纽育者，皆荷兰国人。种类各别，品性自殊，因地制宜，教随人便。故能联合众志，自成一国，且各处其乡，气类尤易亲睦也。（传闻）〔育奈士迭之拓殖晚于〕大吕宋开垦南弥利坚（之）〔百年。其〕初，野则荒芜，弥望无人；山则深林，莫知旷处；（攘剔）〔壤则〕启辟，始破天荒。数百年来，育奈士迭遽成富强之国，足见国家之勃起，全由部民之勤奋。故虽不立国王，仅设总领，而国政操之舆论，所言必施行，有害必上闻，事简政速，令行禁止，与贤辟所治无异。此又变封建郡县官家之局，而自成世界者。

国中黑人居六分之一，其中亦有似黑非黑，似白非白者，种已夹杂，难辨泾渭。各部落中不准黑人预政事，有数部落准其一体公举。其律例内载宾西尔洼尼阿、纽育部落之人皆得自主，惟黑奴子孙分属下等，凡事不得擅专。至千七百九十八年，_{嘉庆三年。}禁止买卖奴仆，即逃走亦不准收回，嗣西北之洼治尼阿、弥斯西比各部亦禁携奴仆进口，自此兴贩少息。惟南隅产棉之部落尚有（便）〔使〕用奴仆者。凡奴仆之例，重罪始经官治，小过家主自治，不得私置产业，学习文字、往庙拜神，必须白人带引。若因底阿之待仆人，则又不然，遇礼拜日，每奴散谷十八棒至二十四棒、薯六十四棒，并酌给鱼肉；冬夏布衣，下及奴之子女；又每二年人给洋毡，幼小者二人共得一毡，疾病设有医药。过其境，见其仆皆工作不辍，啸歌自得。如逢礼拜，概停力作。其工役三日一派，能并日完毕者，所余之日或得自作己业，游戏无禁。其恩恤奴仆，为诸部所未有。

风俗教门，各从所好，大抵波罗特士顿居多。设有济贫馆、育孤馆、医馆、疯颠馆等类。又各设义学馆，以教文学、地理、算法。除普鲁社一国外，恐无似其文教者。（其）〔有〕官地亩以供经费，复有国人捐赍津贴。千八百三十四年，_{道光十四年。}在纽育所属各小部义馆读书者，共五十四万有千余人，岁支脩脯七十三万二千员。如纽惹西、宾西尔洼尼阿、阿希阿、马里兰、洼治尼阿、南戈罗里、鼎尼西、根特机等处部落，亦皆捐设学馆，造就人材。又设授医馆二十三所、法律馆九所、经典馆三十七所，教人行医、通晓律法、博览经典、通各国音语。近计非腊特尔非阿藏书四万二千卷，甘墨力治①藏书四万卷，摩士顿②藏书三万卷，纽育藏书二万二千卷，衮额里士署③内藏书二万卷。迩来又增学习智识考察地里之馆，重刊欧罗巴书籍，人材辈出，往往奇异。

1674

技艺工作，最精造火轮船。即纺织棉布，制造呢羽、器具，均用火烟激机运动，不资人力。他国虽有，皆不能及。写绘丹青，亦多精巧，如急里④、委士⑤、士都窎⑥、纽顿⑦、阿尔士顿⑧、里士里⑨诸人，皆以妙手名。

地膏腴，丰物产。千八百三十四年，_{道光十四年。}海产之干鱼、腌鱼、鱼油、鳅鱼骨等物，约值银二百有七万零千四百九十三员。山产皮毛、洋参、木板、船桅木、树皮、木料、松香等物，约值银四百四十五万七千九百七十七员。田地家宅所出之牛、羊、马、猪、麦、面、干饼、薯、谷、米、租麦、苹果、烟叶、棉花、豆、糖、洋靛等类，约值银六千七百三十八万零七百八十七员。工作

---

①甘墨力治，指剑桥大学图书馆（Cambridge University Library）。
②摩士顿，指波士顿图书馆（Boston Athenaeum）。
③衮额里士署，指国会图书馆（Congress Library）。
④急里，指科普雷（Copley）。
⑤委士，指韦斯特（West）。
⑥士都窎，指斯图亚特（Stuart）。
⑦纽顿，指牛顿（Newton）。
⑧阿尔士顿，指阿尔斯顿（Allston）。
⑨里士里，指莱斯利（Leslie）。

所造香觑、蜡烛、皮鞋、洋蜡、酒、鼻烟、卷叶烟、铅锡器、绳索、桅缆、铁器、火药、糖、铜器、药材、布匹、棉纱、夏布、〔弹子、〕枪、雨伞、牛皮、麋皮、马车、马鞍、水车、乐器、书籍、图画、油漆、纸札、笔墨、（钉）〔缸〕瓦、玻璃、洋铁、石板、金器、银器、金叶、金钱、银钱、木箱、（砖）〔石〕灰、盐等类，约值银六百六十四万八千三百九十三员。

国中进口货物：茶叶、架非豆、红糖、椰子、杏仁、干菩提子、无花果、胡椒、香料、桂皮、豆蔻、米、酒、冰糖、灯油、丝发、匹头、金线等类。其各国所出棉布、夏布、皮毛、染料颜色、铜铁金银器皿、纸札、书籍，贩运进口者，交易之大，以英吉利为最，次佛兰西，再次即弥利坚本国及海南之姑麻岛①，弥利坚西南之墨西果国。若中国又其次也。此外通商之国，如俄罗斯、普鲁社、绥林、领墨、弥尔尼壬、荷兰、大吕宋、依达里、耶麻尼、散迷里、纽方兰、在弥利坚东北，属英国所辖之一大海岛。黑底②、在弥利坚之南，属佛兰西所辖之大海岛。小吕宋、葡萄亚、阿非里加洲各海岛、都鲁机、果揽弥阿③、墨腊西尔④、芝利⑤、庇鲁⑥等处。其余小国来贸易者不计其数。以千八百三十四年道光十四年计之，英吉利进弥利坚口岸货物约值四千五百五十六万六千有奇，出口货物约值四千一百六十四万八千四百二十员。中国茶叶进口者约计六百二十一万三千八百三十五员，在国内销流者居六分之一，此外尚有丝发

---

①姑麻岛，即古巴（Cuba）。注释为墨西哥，误，据1834年统计，美国外贸中，古巴居第三位，墨西哥第四位。
②黑底，即海地（Haiti）。
③果揽弥阿，即哥伦比亚（Colombia）。
④墨腊西尔，即巴西（Brazil）。
⑤芝利，即智利（Chile）。
⑥庇鲁，即秘鲁（Peru）。

等项百六十七万八千四百九十二员，共计值银七百八十九万二千三百二十七员。由本国出口运赴中国货物，计值银不过百〔有一〕万零四百（八）〔二〕十三员。其余各国进口货物，多寡不一。统计货值万（四千九百八十九万五千七百四十二）〔二千六百五十二万五千三百三十二〕员。千八百三十五年，道光十五年。各国进口货物共计银万（二千六百五十二万一千三百三十二）〔四千九百八十九万五千七百四十二〕员，出口运往各国货物共计银万有四百（三）〔二〕十（三）〔二〕万（九）〔四〕千（九）〔二〕百（七）〔一〕十三员。千八百三十五年，道光十五年。通国银铺五百有三家，赀本大小不等，其最巨者三千有五十万九千四百五十员，小者亦有十余万员，统计银铺赀本共万有八千一百八十二万九千二百八十九员。

国中运河长三千五百里，疏浚二十年始竣。其不通河道者，即用火烟车陆运货物，一点钟可行二三十里。其车路皆穿凿山岭，砌成坦途，迄今尚未完竣。如值天寒河冻，亦用火烟车驶行冰面，虽不及舟楫，而究省人力。

因底阿土人种类蕃多，屡因争战，被戮大半，惟弥斯西比之东有因底阿土人八万，西有因底阿土人十八万，余俱散处各部中间，自成村落。下窟上巢，有同鸟兽。疾则倩师巫歌跳，刺血诵咒，间用草木作药饵。信鬼好斗，行阵则佩符咒。犷者食人，尤嗜犬肉。其头目服牛皮，饰以羽毛，颈悬熊爪，履白皮，握羽扇。受伤则头插红漆木签九枝，以彰劳绩。散处各部，不受约束。近渐导以教化，招徕其党，给以房屋、耕织器具，并设冈色尔官治之，各立界限，不得逾越。创书馆庙宇，岁提库银万员、公捐银四万员，延师教课。千八百三十五年，道光十五年。在馆肄业之童蒙已千五百矣。弥斯西比、弥梭里平地中多有高陇，形似围墙，高自数忽以至三四十忽不等，每忽八寸。宽二三十埃加，埃加，亩也。内多土堆，参差不一，粗沙乱石，或方或圆，或作数角，诸史并无纪载。有谓因底阿人所造之坟茔。第土蛮何解造作？或谓洪水泛滥，波浪激成者近是。

补辑

《万国地理全图集》曰：花旗国，一曰兼摄邦国，因船插星旗，广东人谓之花旗，亦称之曰米利坚，皆指一国也。南及默西可海隅，北连英藩属，东及大西洋，西至大洋海。北极出自二十五度至四十度，偏西自七十度至百有余度，袤延圆方三百万方里。

其山在西方一带峰岭，余地大半平坦。其最长之江名曰米西悉江①，（北）〔南〕流九千九百里者，而接米诉利大河，两水合而南流入海也。通舟之长河，如瓦八〔河〕②、地尼士河、干撒河③、亚加那河④、红河⑤等。又造铁辖辘之路、火轮之车，以便陆地转运，每一时行百八十里。水路则火轮船前后梭织，故其江河帆楫奔驰不绝，如街衢无异。山出石炭、盐、铁、白铅、金、银，其林内有野牛及熊，其西方有海骡、狐狸等兽，又出五谷蔬菜，可谓隆盛之邦。惟其东方耕种大辟，而西方尚土旷人稀，每年土民自西移东者，千百计也。明万历年间，英国船初到时，荒芜稠林，天气冻冷，兼以土人暴行，遍处剿杀，而英民历艰难，披荆棘，百苦备尝，坚据其地而攻其敌。于明万历三十六年，英国主驱逐

---

①米西悉江，即密西西比河（Mississippi R.）。
②瓦八河，即沃八什河（Wabash R.）。
③干撒河，即堪萨斯河（Kansas R.）。
④亚加那河，即阿肯色河（Arkansas R.）。
⑤红河，又作列河、烈河，即雷德河（Red R.）。

加特力教，其民寻地涉海而抵亚默利加。赖上帝之恩麻，始困终亨，土民让地相给，人户日增，遂分其国为列邦。二百余年，英国欲加收税饷，其国公会之绅士不从，两国相争，较论长短，遇有商船载茶叶进口，居民并起投其茶箱于海，彼此怒愤结仇，与英兵交战，并结援佛兰西、是班牙、荷兰等国为助，齐心攻英。乾隆四十七年，英国议和，于是花旗自立新国，不立国王，公择元首，凡事会议而后行，四年后则退职。又公择忠臣良士二位，以为都城公会之官，供职六年而退。设律例规矩，募勇征饷，与列郡邦结为唇齿，缘此称曰兼摄邦国。国库每年所收银四千万员以下。于道光十七年，其国补还军费，毫无欠项。文官俸禄四百七十六万员，水师四百五十七万员，三军四百三十万员，杂费三百八十万员，（土）〔工〕费千三百万员。其三军上下一万丁，其水师武备甚善，屡与英国交锋获胜。其乡勇十万有余，各地举壮丁当差。国民经营希利，算悉锱铢，亦多怀普济之意。崇奉世主耶稣之教，舍身捐财，以招教师，颁文劝世。虽别国各开新地，而英民居其大半。是以语音、文字、规矩与英无异。出棉花、五谷，造杂项、布匹，通商最广。道光十七年，所运进之货共计银万四千万员，所运出者万一千七百万员。居民千四百万丁。二十年前尚止九百六十万，迅速增益。而各西列国之人，尚云集不已。所有土民，分给田土，安居乐业。最好进学，遍开序庠以习法术、武艺、文学。其列邦共计二十四部，所有最大之城邑，一曰破士敦城①，在马撒主悉邦之都会，此地虽瘠，而居民营造勤奋，共计（千七百）〔十〕万丁，通商万国。此城系大马头，四方所萃，文风甚盛，为全国之冠。一曰新约城，乃国中最广大之美邑，居民

①破士敦城，即波士顿（Boston）。

二十七万丁，每年进船千五百只，进货价银三千八百万员，出价银二千三百万员，居民灵利温和。（二）〔一〕曰兄弟爱城①，在品林邦，昔时土人让给英国而收租值，因始终忠信守约，是以土人终不侵伐，待如远客。其城亦系马头，街市正直，其居民勤劳积财，运出之石炭、铁皿、布匹，共计三百八十四万员，运进货物一千一百六十八万员。一曰巴里特摩②城，在南地马头，居民不辞险阻，多出麦粉，造建快船，驶航如飞。一曰威（额耳）〔耳额〕那城，乃初时开垦之地，人最聪明，国内忠臣襄政事者皆出是邦，产烟及粟米。洼申顿国都，以其始创国之人得名也。其南方之三邦，即南、北甲罗里那以及热可加，乃出棉花之地，此地惟黑奴务农。其白面之人，废时游荡，食烟饮酒，恋声色而已焉。其（西）〔东〕南之半地，曰缚利他③，（城）内地尚有土人据之，与白族交战，连年未息。西南方马头，曰新阿耳兰④，在大江口，居民七万，通商最大，运进之货每年价银千四百万员，运出者三千五百万员。此城周绕泽潴，气瘴晦冥，夏时民多染病。其西方之邦，尚新开地，乃最先游猎之人至此招集农夫垦种旷野，数十年而城邑、乡里、田畴并同内地，但有四万土人居此，为自主之邦，国家买其田而按例收其价，土人遂让之，而白面之类为其地主也。此外，西北各地皆英吉利、俄罗斯各商占据，捕野兽，用其皮。其中海虎等皮最贵，大半销卖于广东。土民身短而贫，人户甚罕。原无，今补。

《每月统纪传》曰：北亚米利加兼摄列邦辽阔，共有二十六

---

①兄弟爱城，即费城（Philadelphia），希腊语意为兄弟之爱。
②巴里特摩，即巴尔的摩（Baltimore）。
③缚利他，即佛罗里达（Floride）。
④新阿耳兰，即新奥尔良（New Orleans）。

部，又别有边地四部，共广二百四十万正方里。大清国共三百八十六万正方里。乾隆五十四年米利加国三百九十二万丁，嘉庆四年五百三十万丁，嘉庆十四年七百二十三万丁，嘉庆二十四年九百六十三万丁，道光十年一千二百八十五万丁。由是观之，其人烟稠密，户口繁滋，年增月累。设连年如此加益，数百年后其民繁多过今大国也。其国城共二百八十九。康熙四十年所产之物卖与外国共价银一百五十万圆，乾隆五十四年二千万圆，嘉庆四年七千九十万圆，嘉庆二十二年九千三百二十八万圆，道光五年九千九百五十三万圆，道光十年七千三百八十四万圆，道光十一年八千一百三十一万圆。进口货价自康熙四十年共银一百七十万圆，乾隆三十四年九百四十万圆，道光元年六千二百五十八万圆，道光七年七千四百四十九万圆，道光十一年一万三百一十九万圆。每年产物及制造货件共银一万五千万圆，可观其国丰盛矣。其国帑出入，乾隆五十五年入一千二十一万圆，出银七百二十万圆；嘉庆十四年入一千四百四十三万圆，出一千三百六十万圆；道光九年入二千四百七十六万圆，出银二千五百七万圆；道光十年入二千四百八十四万圆，出银二千四百五十八万圆。故此输用出入，皆制有余。道光九年，国帑项内尚存银五百六十六万。乾隆五十四年，拖欠银七千五百一十六万九千九百七十四圆，今已偿清。可用其余垦荒地，开运河，保障封疆。计国中弁兵共万二千丁，壮民百二十六万丁，巨战舰十二只，中兵船十七只，小兵船十六只，小舟七只。原无，今补。

《海录》：咩里干国在英吉利西，由散爹里①西少北行约二月，由英吉利西行约旬日可到，亦海中孤岛也。疆域稍狭，原为英吉

①散爹里，即圣赫勒拿岛（St. Helena I.）。

利所分封，今自为一国，风俗与英吉利同，即来广东之花旗也。

案：咩里干即弥利坚之音转，故言即〔来〕广东之花旗。然以洲言，则其地数万里，岂得谓之孤岛以国言，则二十七部落，富强为英夷劲敌，岂得谓之疆域稍狭，盖谢清高但至欧罗巴洲，未至弥利坚洲，故传闻不确不详。土产金、银、铜、铁、铅、锡、白铁、玻璃、沙藤、洋参、鼻烟、牙兰米洋酒、哆啰绒、羽纱、哗叽。其国出入，多用火船。船内外俱用轮轴，中置火盆，火盛冲轮，轮转拨水，无烦人力，而船行自驶。其制巧妙，莫可得窥。小西洋诸国近多效之。原无，今补。

海国图志卷六十一 <small>邵阳魏源辑</small>

外大西洋

弥利坚国总记下

育奈士迭者，华言总理部落，非地名也。夷图及《（茂）〔贸〕易通志》谓之兼摄邦国，又曰联邦国。其船旗方幅，红白相间，右角别作一小方黑色，上以白点绘北斗形，故名之曰花旗。南怀仁所云大铜人，即此之落哀伦岛①也。盖其地工作有高千余丈者云。

《地球图说》：合众国，又名弥利坚，又名花旗国，东界大西洋，南界麦西可海②，西界麦西可国③并大东洋，北界英属国，百姓约有二千万之数。都城地名瓦升敦④，部分三十。每部各立一贤士以为总统⑤，各总统公举一极正至公之贤士总摄三十部之全政，名伯理师天德⑥。又各部总统或一年、或二年为一任，惟总摄国政者四年为一任，按期退职，公举迭更，每岁俸银二万五千员。七分耶稣教，三分天主教。国内遍设大小书院，不计其数。国之男

---

①落哀伦岛，即罗得岛（Rhode I.）。
②麦西可海，又作美诗哥国海湾，即墨西哥湾（Gluf of Mexico）。
③麦西可国，又作美诗哥国，即墨西哥（Mexico）。
④瓦升敦，又作瓦盛敦、瓦昇屯，即华盛顿（Washington）。
⑤此"总统"指州长。
⑥伯理师天德，意为总统（President）。

女无不能书算者。其衣服制度、言语礼款，与英吉利国无异。所习之业，士农工商，又有捕鲸鱼等艺，多在西北等处。国内运载货物，陆则有大车小车藉马力以行走，又有火轮车，中可住千人，一时能行百八十里，故国内多造铁轨辘之路；在水则有火轮船，往来纷纭，较他国更繁盛，又有多船不用火轮而用马牵，亦稳而且利，则内地小河所用也。

国内有至大之城三，即牛亚尔葛城①、扑斯登城②、非拉达亚城③是也。至大之江三，即米西悉比江、米苏利江、可伦比江是也。江虽列三处，而其内支分不少。西方有高山相联不间，土地大半平坦。道光二十七年，与麦西可国两相决战，至二十八年盟约和好矣。土产棉花、布、呢、麦、米、烟、白糖、菉、谷、金、银、铅、铁、煤炭、油、木料并一切造作之器，熊、狼、虎、野猫、鹿、狐狸、水獭、海虎、海獤、皮物，至于野马、野牛，不胜其数。

《地理备考》曰：育奈士迭国，华言合众国也，即所称花旗，又曰弥利坚，在亚美里加州北区之中。北极出地二十五度起至五十二度止，经线自西七十度起至一百二十七度止。东枕亚德兰的海，西界大海暨美诗哥国，南连美诗哥国海湾，北接新北勒达尼〔亚〕④。长约一万里，宽约四千八百五十里，地面积方三百一十六万里，烟户一京七兆余口。平原广阔，冈陵延衮，山势峻峭。其亚巴拉士山为东山之首，在亚德兰的海滨，跨越诸地。罗说索山⑤

①牛亚尔葛城，即纽约（New York）。
②扑斯登城，又作波斯敦，即波士顿（Boston）。
③非拉达亚城，又称爱城，即费城（Philadelphia，又称菲拉德尔菲亚）。
④新北勒达尼亚（New Britania），即加拿大（Canada）。
⑤罗说索山，即落基山脉（Rocky Mts.）。

为西方之（冠兆）〔魁，北〕江源大半出此。河之长者曰米西西比，曰米苏利，曰哥隆比亚，曰亚巴拉济哥剌①，曰么比勒②，曰德拉瓦勒。湖之大者曰苏卑里约尔③，曰呼伦，曰米济安，曰厄列，曰安达里约，曰章巴拉音④。地气互异，各有不同冷热，西南为甚。田土参差不一，物产西南为最。谷果繁衍，人多务农。土产五金、煤、矾、磺、烟、麻、棉花、香料、药材。不设君位，国人各立官长理事，班次首领正副，权理国政，四载一举，周而复转。所奉之教乃修教⑤也。其余各教，任人尊奉，概不禁止。技艺精良，商贾辐辏。原本国昔为英吉利国兼摄之地，乾隆四十〔一〕年国人自立，驱逐英吉利官，别为一国。英吉利国与战，越八载不克，乃听其自立，不复统属。嘉庆十七年，本国复与英吉利国交兵，越三载始息。通国分二十六部：曰卖内⑥，曰新杭晒勒⑦，曰委尔蒙⑧，曰马萨朱塞，曰罗德岛，曰哥内的古⑨，曰新约尔克⑩，曰新日尔塞⑪，曰奔西〔尔〕瓦尼⑫，曰德拉（桑

1684

————————

① 亚巴拉济哥剌，指阿帕拉契科拉河（Apalachicola R.）。
② 么比勒，指莫比尔河（Mobila R.）。
③ 苏卑里约尔，指苏必利尔湖（Superior L.）。
④ 章巴拉音，指香普兰湖（Champlain L.）。
⑤ 此"修教"指新教（耶稣教）。
⑥ 卖内，又作买尼，即缅因（Maine）。
⑦ 新杭晒勒，又作新含部，即新罕布什尔（New Hampshire）。
⑧ 委尔蒙，又作洼满，即佛蒙特（Vermont）。
⑨ 哥内的古，又作君匪地谷，干捏底吉，即康涅狄格（Conneeticat）。
⑩ 新约尔克，即纽约（New York）。
⑪ 新日尔塞，又作纽折尔西，即新泽西（New Jersey）。
⑫ 奔西尔瓦尼，即宾夕法尼亚（Pennsylvania）。

〔委尔〕①，曰马黎郎②，曰委尔济尼〔亚〕③，曰北加洛犇④，曰南加洛犇⑤，曰惹尔（里）〔日〕亚⑥，曰阿拉巴麻，曰米西〔西〕比，曰卢宜西安⑦，曰音的亚那⑧，曰意黎乃⑨，曰迷苏利⑩，曰德内西⑪，曰根都基⑫，曰可宜约⑬，曰迷诗安⑭，曰阿尔干萨⑮。都城名瓦盛敦，建于波多麻哥河⑯岸，街衢宽阔，其直如矢，园亭花榭，景色幽佳，匠肆林立，远方辐辏，为本州富丽第一。其国通商冲繁之地，一名新约尔克，一名非拉德〔非〕亚，一名波斯敦，一名巴尔〔的〕么〔尔〕⑰，一名新尔良⑱，一名札尔勒斯敦⑲，皆沿海大埠也。

《外国史略》曰：弥利坚国南及麦西哥海隅，北连英藩属地，东及大西洋海，〔西〕及大东海，广袤方圆四万二千三十里，滨海地一千二百里，滨湖地四百里。北极出地自三十二度及五十四度

---

①德拉委尔，又作地瓦亚那、德拉瓦勒，即特拉华（Delaware）。

②马黎郎，又作马利地，即马里兰（Maryland）。

③委尔济尼亚，又作弗门部、威巴尼、勿尔吉尼阿，即弗吉尼亚（Virginia）。

④北加洛犇，又作北加罗林，即北卡罗来纳（North Carolina）。

⑤南加洛犇，又作南加罗林，即南卡罗来纳（South Carolina）。

⑥惹尔日亚，即佐治亚（Georgia）。

⑦卢宜西安，又作路义撒那、鲁西安纳，即路易斯安那（Louisiana）。

⑧音的亚那，又作印地亚，即印第安纳（Indiana）。

⑨意黎乃，即伊利诺斯（Illinois）。

⑩迷苏利，即密苏里（Missouri）。

⑪德内西，又作停尼士，即田纳西（Tennessee）。

⑫根都基，又作金突其、阡的伊，即肯塔基（Kentuckey）。

⑬可宜约，又作倭海阿，即俄亥俄（Ohio）。

⑭迷诗安，又作米治安，即密歇根（Michigan）。

⑮阿尔干萨，即阿肯色（Arkansas）。

⑯波多麻哥河，即波多马克河（Potomac R.）。

⑰巴尔的么尔，又作八的米城，即巴尔的摩（Baltimore）。

⑱新尔良，新奥尔良（New Orleans）。

⑲札尔勒斯敦，即查尔斯顿（Charleston）。

四十分。明朝中间地尚荒芜，居民亦罕，住林内，以猎为生，不知开垦。然今日掘出坟墓，似是古时广大之城邑，或系日本、高丽曾到之地，无从考究。今则为西国之大市。民数少而种类多，语音不一，风俗迥异，时结仇交战。自明朝时是班亚开创此州之后，英国亦到此地，欲开埠未果。万历十二年后，英民复至，不得食物，又遭土民之难，或受是班亚之害，或染烟瘴以毙，皆怨而反。会英国有奉天主教之民，为国中官吏所迫，航海西驶，逃于此地，自设公班衙，招氓开垦获利，英国亦以其地封五爵各据荒地。荷兰、瑞丁等国亦时调其民在海边开港，皆不久而服英吉利。别有佛兰西氓所据之地，久亦归英。于是英人日繁增，土人远避山林，其良善者渐向教化。复立议事之公会，有事则调遣其丁壮，日久其民益操自主，敢作敢为，不听英国之命。英人欲增饷税，民拒不纳，由此肇衅。乾隆三十（一）〔八〕年，英官在各港口征饷，居民宁将茶叶尽投于海，不愿纳税，英国亦封港口，且调兵前往。其氓复公议，宁死不受苛束，遂纠合部众，立才能之瓦升屯为将军，与英兵拒战，兼赴诉于各国，于是佛兰西、是班亚、荷兰等国合盟助之，英人不能敌，于乾隆四十六年议听其自为一国，不受英人节制，遂号为育奈士（造）〔迭〕国，自是与英人彼此相安。花旗军深入麦西哥地，麦民力守，终不肯降，后事尚未定也。

国内山岭分三段：一系东方，一系山外之西方，一系米西悉（北）〔比〕等谷。地本荒芜，广袤十一万三千八百方里。其东方地约三千里，沿河多港口，地方蕃盛。沿河各谷，可开六万四千万亩，居民五百五十万口。其西地多硗，濒海地愈肥，民愈罕。

西南牧场远阔。其湖在英吉利、花旗交界，称为上湖①。有热阿耳义湖，胡伦湖，以利〔湖〕，云他利湖②，皆广如海。入大西洋海之江：日（本）〔禾〕孙江③，长七十一里；破他马江④，一百三十六里；撒（瓦）〔凡〕那江⑤，一百五十里；亚拉（马他）〔他马〕哈江⑥，一百里；熟贵汉那江⑦，一百里。入麦西海隅之河：曰米西悉比河，六百六十里；米苏利河，六百二十里；阿希阿河，三百里；押（子）〔干〕萨河⑧，四百七十里；红河，三百三十里；地匿士河，百四十里。可伦比河，长二百三十里。（俱）入大东海，江河甚多，通商甚便，火轮船往来不绝。北方出棉花、烟、谷、薯等物，各国产物并制造者，铁条价银约二千零四万员，铅石价银约五十二万九千员，石炭价银一百八十六万员，石盐价银六百六十九万员，各项玉石价三百六十九万员；所畜牲马四百三十三万只，牛千四百九十七万只，绵羊千九百三十一万只，豕二千六百三十万只；鸡鸭鹅价值九百三十四万员，五谷、烟、薯、麻、棉花、羊毛、蜡、白糖、蚕丝、乳奶、饼油等价三千三百七十八万员，果子价七百二十五万员；每年所制造物值二千九百万员，园蔬菜花等二百九十四万员，干鱼、腌鱼、鱼油、鲸骨等货一百二十五万员，捕鱼银一千六百四十二万员，木料价一千二百万员，巴马油等货六十一万员，皮货一百零六万员，人参等货价

---

①上湖，指苏必利尔湖（Superior L.）。
②云他利湖，即安大略湖（Ontario L.）。
③禾孙江，即哈得孙河（Hudson R.）。
④破他马江，即波托马克河（Potomac R.）。
⑤撒凡那江，即萨瓦纳河（Savannah R.）。
⑥亚拉他马哈江，即阿尔塔马哈河（Altamaha R.）。
⑦熟贵汉那江，即萨斯奎哈纳河（Susquehama）。
⑧押干萨河，即阿肯色河（Arkansas R.）。

五十二万员，刀剑各铁器价六百四十五万员，金、银、宝物四百七十三万员，铅、锡、铁等各项九百七十一万员，羽毛、呢二千六百六十九万员，布匹四千六百三十五万员，杂物六百五十四万员。插花旗进本地之船共七千七百三十五只，外国载货入港口四千五百四十八只，花旗所运进之货值一万一千三百万员，外国船所运进一千四百七十二万员，是年所出之船七千七百九十只，外国船出口四千五百五十四只，花旗船运出之货价八千零二十五万员，外国船运出价二千三百万员，本国纳税一千四百四十八万员，各湖往来之花旗船与英人公共船只值一百六十六万员，可见其勤奋兴旺。惟其商人银局失信，故外国人无敢赊卖之也。

居民一千七百零八万六十六口，白面男人七百二十四万九千，女六百九十三万九千口，黑面人三十八万六千口，黑面奴二百四十八万七千口。白面人务农三百七十一万七千口，贸易者十一万七千口，制造匠七十九万一千口，航海水手五万六千人，运内河之人三万三千人，医生教师等六万五千人，术艺之士共一万六千二百三十三人，男女学生一百八十四万五千人。康熙三十九年，所有居民共计二十六万口，道光十年即至千二百八十六万口，大半系英国、日耳曼人。其国爵无尊贱定分，但人有才能、善积财则贵耳。其民崇拜上帝，多立礼拜堂，善经营。道光十五年，掘运河费九千九百万员，以铁造平路亦费四千六百万员。多识字读书，亦广印书。居民善开垦。凡欧罗巴各国民有缺乏，即迁居花旗国，如有受害者亦迁此地，故开辟愈广。其国律例合民意则设，否则废之。每（三）〔四〕年庶民择一长领统管各部，每年俸二万五千员。长领外复设户、兵、刑、水师、驿务诸部大官，俸各六千员。立两会：一曰尊会，即长领并大官办重务；一曰民会，论民人所献之议，所禀求之事，每四万人择一人，各国皆同。其水师大战舰十二只，载炮七八十及一百二十门，其次载四十四炮、三十六炮，又其次或载十六炮至十炮以下。又火轮船五只，趸船五只，军士六千丁防御各境。各部自募民壮，岁收饷五千六百万员，公费约五千三百万员。银局未清理，陆续破败者一百六十一家，所失本钱一万三千二百万员。通行银票四千三百三十万员，现银一千零二十八万员；通国银票六千三百八十四万员，现银二千六百八十四万员。通国银局十余年共失银不下七万八千二百万员。其失信损重，天下未有也。

东北贾尼邦部，天气甚冷，地产不丰，出木料等物，运出者每年约值二百万。居民五十万余，皆崇正教，多学馆。城邑不广。海多支港，木贱便于建船。公饷约六十一万员。居民多以捕鱼为务。

新含部，在买尼西，居民二十八万二千余口，北界一带白山有峰六百丈，出五谷、布匹，纳饷三万六千员。

弗门部居民二十九万一千，出五谷。

在南之马撒舒设①地，居民七十三万七千余口，造布匹、铁器，贸易通商，其都会曰破士屯，系大市，居民数万，船往来不绝。因新教旧教不合，故别开埠。公欠项六百七十二万员，每年货价银计四千二百万员。

罗地岛，居民十万八千，务农织布。都会曰天网②，系大通市，居民三万名。

君匿地谷部，居民三十万，在海边新港。居民勤劳向化，制造积财。饷税约十万零七千员，公费八万六千员，银局内积三十

①马撒舒设，又作麻沙朱色士，即马萨诸塞（Massachusetts）。
②天网，即普罗维登斯（Providence，意为天命、天祐）。

九万九千员。百姓甚聪明，有学馆。

新约部，人户稠密，居民二百四十二万口，其会城居民二十万有余，为花旗国最大之邑，各货由此出口。街衢广大，居民从正教，为各邦之宗。公欠项二千二百七十九万员，岁收饷约二千七百六十二万员。

新执西，海边之褊邑也。居民三十七万人，颇安分。公费八万八千员，公帑收四万七千员。

宾林部，旧日开埠与土人往来，秉公贸易，居民富裕。共一百七十二万四千口，多由日耳曼国来者。制造繁盛过他邦，每年约七千万员，内地开河、平铁路，以便贸易。农夫旺相，庶民受福。因失信，故所损者重。公欠项三千六百八十五员，公帑收九十二万四千员。其都城曰爱（戎地）〔城〕，居民十六万六千，亦大通市，花旗美地也。有大学馆，广布文学术艺。

地瓦亚小邦，七万八千口，居民务农，公帑积五十万员。

马利地部，居民四十六万九千口，多五谷、麦粉，每年约价七十六万员，公项一千五百万员，公费约百万员，公收三十五万员，入不敷出。港口八地米城，居民八万口，系通商大市，最旺相。

威（厄）〔巳〕尼部，地初开垦，居民百二十三万口，多出烟、棉花等货。其都会曰勒门[1]，居民一万六千口，百姓聪明，颇图私利。公欠项六百九十九万员。

可伦比部，为其国都，居民四万三千口，统领所驻议事之地也。其都曰瓦升屯城，居民二万口，以开创之统领得名。有公会所聚之殿，甚壮丽，如罗马国之古式。

---

①勒门，即里士满（Richmond）。

北加罗林部、南加罗林部、热阿义部，皆出棉花。弗利他部①多密林，昔属是班亚国。路义撒那部在麦西哥（河）〔海〕北岸，其会城中居民数万。

阿希阿部，居民百五十一万，地极兴旺，公欠项一千五百万员，公收三十一万员。

新开之地曰印地亚那，曰金突其，曰停尼士，曰亚拉巴马，曰米西悉〔比〕，曰（北）米苏利，曰以利乃，曰米治安，曰约瓦②，曰威君新③，居人甚罕。

在（东）〔红〕泽④边有亚利云地⑤，道光二十六年始与英国平分，甫迁之氓，渐垦务农。特察⑥南地，本属麦西哥，近为花旗人所居，地广而丰，但港浅有碍驶船。其始不服花旗管辖，拒战甚力。因麦西哥无战船军士，花旗有兵有舰，直侵其地，卒为花旗所踞。

《瀛环志略》曰：米利坚二十六部，其内地各部大小不甚悬殊，惟东北滨海数部壤地甚褊，如纽罕什尔、洼满地、麻沙朱色士、干捏底吉、纽折尔西、马理兰，已不及诸大部三分之一；而洛哀伦、特尔拉华二部，周回皆不过百余里，乃不及诸大部十分之一。此非分地之不均也。当欧人之初辟此土也，人户先栖托于海壖，各成聚落，后乃渐拓而西，日益垦辟。其国之三大埠头，_{摩士敦、纽约尔、非（勤）〔勒〕特耳。}又皆萃于东北，富商大贾之所聚，地虽褊小，气象固殊。内地各部，皆资耕作，幅员易广，而财力

①弗利他部，即弗罗里达州（Floride）。

②约瓦，即衣阿华（Iowa）。

③威君新，又作威士干逊，即威斯康星（Wisconson）。

④红泽，即加利福尼亚湾（Gulf de California）。

⑤亚利云地，即亚利桑那州（Arizona）。

⑥特察，即得克萨斯（Texas）。

不如海滨之盛，其势然也。迨华盛顿倡义拒英，华盛顿生于雍正九年，十岁丧父，母教成之，少有大志，兼资文武。部豪起兵相应，举事者十余部，因即分为十余国。其后续附、新分，遂成二十六部，皆仍其旧而安之，非裂地而定封也。洛哀伦人户止十余万，特尔拉华止八万余，不能因其弹丸黑子，并归大部。东方通商诸部，纽约尔最富厚，麻沙朱色土、宾夕尔勒尼安次之，缅与勿尔吉尼阿又次之。倭海阿土沃人殷，阡的伊、田纳西地处中原，沃野千里。南方诸国滨海，西方诸国傍河，地利之产运行较便，故国多富饶。计两湖之南，密士失必大河之东，已无不辟之土，河西止鲁西安纳、阿甘色、密苏尔厘三部，近益以威士干逊、衣阿华二部。其迤西数千里，密林奥草，野番所宅，开垦不易。然生齿日繁，数百年后，当亦阡陌云连，直抵西海之滨矣。

米利坚各国天时和正，迤北似燕晋，迤南似江浙，水土平良，无沙碛，鲜瘴疠。南方微有瘴气，亦不甚毒。其土平衍膏腴，宜五谷、棉花，英、佛诸国取给焉。蔬菜、果实、烟叶皆备，（所）〔山〕出石炭、盐铁、白铅。境内小河甚多，米人处处疏凿，以通运道。又造火轮车，以石铺路，熔铁汁灌之，以利火轮车之行，一日可三百余里。火轮船尤多，往来江海如梭织，因地产石炭故也。火轮船必须燃石炭，木柴力弱，不能用也。英吉利火轮石炭，皆自苏各兰带来。

米利坚政简易，榷税亦轻，户口十年一编。每二年于四万七千七百人之中，选才识出众者一人居于京城，参议国政。总统领所居京城，众国设有公会，各选贤士二人，参决大政，如会盟、战守、通商、税饷之类，六年秩满。每国设刑官六人，主谳狱，亦以推选充补。有偏私不公者，群议废之。合众国税入约四千万圆，文职俸禄四百七十六万圆，陆路官兵俸饷四百三十万圆，水师官兵俸饷四百五十七万圆，杂费三百八十万圆，开垦土费一千三百万圆。统领虽总财赋，而额俸万圆之外，不得私用分毫。众国旧亦有欠项，道光十七年一概清还，不复丐贷于民。然缘此公私银号多歇业，而国家或有不虞之费，无从取给云。

米利坚合众国额兵不过一万，分隶各炮台关隘，其余除儒士、医士、天文生外，农工商贾自二十岁以上、四十岁以下，一概听官征选，给牌效用为民兵，糇粮器械概由自备，无事各操本业，有事同入行伍。又设队长、领军等官，皆有职无俸。每岁农隙，集聚操演。其民兵约一百七十余万丁，与古人寓兵于农之法盖暗合焉。

危地马拉之东南，为南、北亚墨利加连界之地，名巴拿马，地属可仑比亚。以一线界隔两海，阔仅六十里。泰西人谓能将此土开为海道，则东、西两洋，一水相通，挂帆而西，直抵中国之东界，便捷甚矣。然石梗山脊，疏凿不易。

按：欧罗巴至中国，道途之纡远，阻于红海、地中海之间，隔苏尔士旱路一百七十里，若疏以通舟，则水程减二万里。米利坚至中国，道途之纡远，阻于巴拿马片土数十里，若疏以通舟，则西行而抵中国之东，水程当减三万余里。然两大洲中，束成至细之处，于形家为过峡，乃地气所联贯，如人之有咽吭，关两洲之脉络，天地之所以界东西也。今欲以人力凿通之，不亦慎乎？

按：字露即秘鲁为南亚墨利加著名之国，泰西人目为金穴，其民恃地中有宝，不屑耕稼，故土壤鞠为茂草，有怀金而啼饥者。米利坚产谷、绵，而以富称；秘鲁诸国产金银，而以贫闻。金玉非宝，稼穑为宝，古训昭然，荒裔其能或异哉？

按：泰西人所记四大土人民，惟巴他峨拿[①]土番肢体长大，高

---

①巴他峨拿，即巴塔戈尼亚（Patagonia）。

于常人一身之半。此外黝黑如阿非利加，丑怪如东南洋各岛野番，亦不过白黑妍媸之别，而五官四体，要无大异。乃知长耳比肩之民、飞头贯胸之国，古人故为恢奇之说尔。

南北亚墨利加海湾群岛①

北亚墨利加之南，南亚墨利加之北，细峡相连，自西北而东南，作湾环外向之势。其东北大小数百岛，星罗棋布。西北起米利坚佛勒尔勒厘部之东南隅，东南迄可仑比亚之东北隅，作湾环内向之势。两湾中间之海，名曰加勒。前明中叶，是班牙遣可仑②驾船觅新地，地无（主）〔王〕名，夙闻海外有五（度印）〔印度〕国，即云欲到五印度。西行数月，忽睹群岛，哗然以为抵印度矣，遂称之曰西印度，而不知印度在东方，与此无涉也。西船初到时，择群岛腴壤，开设埠头，诱交土番，谋垦辟。后察知土番昏懵，又强不可使，遂以兵力剿锄无孑遗，别买阿非利加黑奴垦田播谷，农务渐兴。其后复得墨西哥、秘鲁诸大国，岁致金银数十百万，视群岛如敝屣，不屑经营。久之为海盗所据，出没剽掠，商旅患之。已而欧罗巴诸国接踵西来，纷纷争据，群岛遂各有所属。是班牙之外，曰英吉利，曰佛郎西，曰荷兰，曰桅国，曰瑞国。群岛气候极温，与亚细亚南海诸岛相似。

---

①南北亚墨利加海湾群岛，指加勒比海（Caribbean Sea）地区（亦即西印度群岛）。
②可仑，即航海家哥伦布（Colombo）。